Textos Fundamentais de Direito Internacional Público

Textos Fundamentais de Direito Internacional Público

2023 • 6ª edição, revista e atualizada

Jorge Bacelar Gouveia
Professor Catedrático de Direito
Advogado e Jurisconsulto

ALMEDINA

TEXTOS FUNDAMENTAIS
DE DIREITO INTERNACIONAL PÚBLICO

AUTOR
Jorge Bacelar Gouveia
EDITOR
EDIÇÕES ALMEDINA, S.A.
Avenida Emídio Navarro, 81, 3D
3000-151 Coimbra
Tel.: 239 851 904 · Fax: 239 851 901
www.almedina.net · editora@almedina.net
DESIGN DE CAPA
EDIÇÕES ALMEDINA, S.A.
PRÉ-IMPRESSÃO
João Jegundo
IMPRESSÃO E ACABAMENTO

Maio, 2023

ISBN
978-989-40-1348-8

DEPÓSITO LEGAL

ALMEDINA | GRUPOALMEDINA

NOTA PRÉVIA À 6ª EDIÇÃO

É com a maior satisfação que se procede à 6ª edição deste livro, *Textos Fundamentais de Direito Internacional Público*, em boa hora publicado pela Livraria Almedina, que tem mantido uma longevidade que, nos dias de hoje, já se apresenta invejável.

Assim se cumpre o dever – pedagógico e cívico – de disponibilizar os textos normativos que ajudam à compreensão do Direito Internacional Público Positivo, cuja densidade dogmático-jurídica vai crescendo, em grande medida amparado pelo esforço hermenêutico que deve ser colocado na apreciação dos tratados internacionais mais relevantes.

Nesta nova edição, fez-se o aditamento de alguns artigos da Constituição da República Portuguesa de 1976, que juntamente com outras disposições pertinentes do Regimento da Assembleia da República se entendeu ser útil publicar na parte final desta obra.

Lisboa, 25 de abril de 2023

JORGE BACELAR GOUVEIA

I

DIREITOS DO HOMEM

1
Declaração Universal dos Direitos do Homem[1]

PREÂMBULO

Considerando que o reconhecimento da dignidade inerente a todos os membros da família humana e dos seus direitos iguais e inalienáveis constitui o fundamento da liberdade, da justiça e da paz no mundo;

Considerando que o desconhecimento e o desprezo dos direitos do homem conduziram a atos de barbárie que revoltam a consciência da Humanidade e que o advento de um mundo em que os seres humanos sejam livres de falar e de crer, libertos do terror e da miséria, foi proclamado como a mais alta aspiração do Homem;

Considerando que é essencial a proteção dos direitos do homem através de um regime de Direito, para que o homem não seja compelido, em supremo recurso, à revolta contra a tirania e a opressão;

Considerando que é essencial encorajar o desenvolvimento de relações amistosas entre as Nações;

Considerando que, na Carta, os povos das Nações Unidas proclamaram, de novo, a sua fé nos direitos fundamentais do homem, na dignidade e no valor da pessoa humana, na igualdade de direitos dos homens e das

[1] De 10 de dezembro de 1948. Texto oficial português publicado no *Diário da República*, 1ª série, de 9 de março de 1978, mediante o seguinte aviso do Ministério dos Negócios Estrangeiros: "Determinando o artigo 16º, nº 2, da Constituição da República Portuguesa que «os preceitos constitucionais e legais relativos aos direitos fundamentais devem ser interpretados e integrados de harmonia com a Declaração Universal dos Direitos do Homem», por ordem superior se publica o seu texto em inglês e a respetiva tradução em português".

mulheres e se declararam resolvidos a favorecer o progresso social e a instaurar melhores condições de vida dentro de uma liberdade mais ampla;

Considerando que os Estados membros se comprometeram a promover, em cooperação com a Organização das Nações Unidas, o respeito universal e efetivo dos direitos do homem e das liberdades fundamentais;

Considerando que uma conceção comum destes direitos e liberdades é da mais alta importância para dar plena satisfação a tal compromisso:

A ASSEMBLEIA GERAL

Proclama a presente Declaração Universal dos Direitos do Homem como ideal comum a atingir por todos os povos e todas as nações, a fim de que todos os indivíduos e todos os órgãos da sociedade, tendo-a constantemente no espírito, se esforcem, pelo ensino e pela educação, por desenvolver o respeito desses direitos e liberdades e por promover, por medidas progressivas de ordem nacional e internacional, o seu reconhecimento e a sua aplicação universais e efetivos tanto entre as populações dos próprios Estados membros como entre as dos territórios colocados sob a sua jurisdição.

Artigo 1º

Todos os seres humanos nascem livres e iguais em dignidade e em direitos. Dotados de razão e de consciência, devem agir uns para com os outros em espírito de fraternidade.

Artigo 2º

Todos os seres humanos podem invocar os direitos e as liberdades proclamados na presente Declaração, sem distinção alguma, nomeadamente de raça, de cor, de sexo, de língua, de religião, de opinião política ou outra, de origem nacional ou social, de fortuna, de nascimento ou de qualquer outra situação.

Além disso, não será feita nenhuma distinção fundada no estatuto político, jurídico ou internacional do país ou do território da naturalidade da pessoa, seja esse país ou território independente, sob tutela, autónomo ou sujeito a alguma limitação de soberania.

Artigo 3º

Todo o indivíduo tem direito à vida, à liberdade e à segurança pessoal.

Artigo 4º

Ninguém será mantido em escravatura ou em servidão; a escravatura e o trato dos escravos, sob todas as formas, são proibidos.

Artigo 5º

Ninguém será submetido a tortura nem a penas ou tratamentos cruéis, desumanos ou degradantes.

Artigo 6º

Todos os indivíduos têm direito ao reconhecimento, em todos os lugares, da sua personalidade jurídica.

Artigo 7º

Todos são iguais perante a lei e, sem distinção, têm direito a igual proteção da lei. Todos têm direito a proteção igual contra qualquer discriminação que viole a presente Declaração e contra qualquer incitamento a tal discriminação.

Artigo 8º

Toda a pessoa tem direito a recurso efetivo para as jurisdições nacionais competentes contra os atos que violem os direitos fundamentais reconhecidos pela Constituição ou pela lei.

Artigo 9º

Ninguém pode ser arbitrariamente preso, detido ou exilado.

Artigo 10º

Toda a pessoa tem direito, em plena igualdade, a que a sua causa seja equitativa e publicamente julgada por um tribunal independente e imparcial que decida dos seus direitos e obrigações ou das razões de qualquer acusação em matéria penal que contra ela seja deduzida.

Artigo 11º

1. Toda a pessoa acusada de um ato delituoso presume-se inocente até que a sua culpabilidade fique legalmente provada no decurso de um processo público em que todas as garantias necessárias de defesa lhe sejam asseguradas.

2. Ninguém será condenado por ações ou omissões que, no momento da sua prática, não constituíam ato delituoso à face do Direito Interno ou Internacional. Do mesmo modo, não será infligida pena mais grave do que a que era aplicável no momento em que o ato delituoso foi cometido.

Artigo 12º

Ninguém sofrerá intromissões arbitrárias na sua vida privada, na sua família, no seu domicílio ou na sua correspondência, nem ataques à sua honra e reputação. Contra tais intromissões ou ataques toda a pessoa tem direito a proteção da lei.

Artigo 13º

1. Toda a pessoa tem o direito de livremente circular e escolher a sua residência no interior de um Estado.

2. Toda a pessoa tem o direito de abandonar o país em que se encontra, incluindo o seu, e o direito de regressar ao seu país.

Artigo 14º

1. Toda a pessoa sujeita a perseguição tem o direito de procurar e de beneficiar de asilo em outros países.

2. Este direito não pode, porém, ser invocado no caso de processo realmente existente por crime de Direito comum ou por atividades contrárias aos fins e aos princípios das Nações Unidas.

Artigo 15º

1. Todo o indivíduo tem direito a ter uma nacionalidade.

2. Ninguém pode ser arbitrariamente privado da sua nacionalidade, nem do direito de mudar de nacionalidade.

Artigo 16º

1. A partir da idade núbil, o homem e a mulher têm o direito de casar e de constituir família, sem restrição alguma de raça, nacionalidade ou

religião. Durante o casamento e na altura da sua dissolução, ambos têm direitos iguais.

2. O casamento não pode ser celebrado sem o livre e pleno consentimento dos futuros esposos.

3. A família é o elemento natural e fundamental da sociedade e tem direito à proteção desta e do Estado.

Artigo 17º

1. Toda a pessoa, individual ou coletivamente, tem direito à propriedade.

2. Ninguém pode ser arbitrariamente privado da sua propriedade.

Artigo 18º

Toda a pessoa tem direito à liberdade do pensamento, de consciência e de religião; este direito implica a liberdade de mudar de religião ou de convicção, assim como a liberdade de manifestar a religião ou convicção, sozinho ou em comum, tanto em público como em privado, pelo ensino, pela prática, pelo culto e pelos ritos.

Artigo 19º

Todo o indivíduo tem direito à liberdade de opinião e de expressão, o que implica o direito de não ser inquietado pelas suas opiniões e o de procurar, receber e difundir, sem consideração de fronteiras, informações e ideias por qualquer meio de expressão.

Artigo 20º

1. Toda a pessoa tem direito à liberdade de reunião e de associação pacíficas.

2. Ninguém pode ser obrigado a fazer parte de uma associação.

Artigo 21º

1. Toda a pessoa tem o direito de tomar parte na direção dos negócios públicos do país, quer diretamente, quer por intermédio de representantes livremente escolhidos.

2. Toda a pessoa tem direito de acesso, em condições de igualdade, às funções públicas do seu país.

3. A vontade do povo é o fundamento da autoridade dos poderes públicos; e deve exprimir-se através de eleições honestas a realizar periodica-

mente por sufrágio universal e igual, com voto secreto ou segundo processo equivalente que salvaguarde a liberdade de voto.

Artigo 22º

Toda a pessoa, como membro da sociedade, tem direito à segurança social; e pode legitimamente exigir a satisfação dos direitos económicos, sociais e culturais indispensáveis, graças ao esforço nacional e à cooperação internacional, de harmonia com a organização e os recursos de cada país.

Artigo 23º

1. Toda a pessoa tem direito ao trabalho, à livre escolha do trabalho, a condições equitativas e satisfatórias de trabalho e à proteção contra o desemprego.
2. Todos têm direito, sem discriminação alguma, a salário igual por trabalho igual.
3. Quem trabalha tem direito a uma remuneração equitativa e satisfatória, que lhe permita e à sua família uma existência conforme com a dignidade humana, e completada, se possível, por todos os outros meios de proteção social.
4. Toda a pessoa tem o direito de fundar com outras pessoas sindicatos e de se filiar em sindicatos para a defesa dos seus interesses.

Artigo 24º

Toda a pessoa tem direito ao repouso e aos lazeres e, especialmente, a uma limitação razoável da duração do trabalho e a férias periódicas pagas.

Artigo 25º

1. Toda a pessoa tem direito a um nível de vida suficiente para lhe assegurar e à sua família a saúde e o bem-estar, principalmente quanto à alimentação, ao vestuário, ao alojamento, à assistência médica e ainda quanto aos serviços sociais necessários, e tem direito à segurança no desemprego, na doença, na invalidez, na viuvez, na velhice ou noutros casos de perda de meios de subsistência por circunstâncias independentes da sua vontade.
2. A maternidade e a infância têm direito a ajuda e a assistência especiais. Todas as crianças, nascidas dentro ou fora do matrimónio, gozam da mesma proteção social.

Artigo 26º

1. Toda a pessoa tem direito à educação. A educação deve ser gratuita, pelo menos a correspondente ao ensino elementar fundamental. O ensino elementar é obrigatório. O ensino técnico e profissional deve ser generalizado; o acesso aos estudos superiores deve estar aberto a todos em plena igualdade, em função do seu mérito.

2. A educação deve visar à plena expansão da personalidade humana e ao reforço dos direitos do homem e das liberdades fundamentais e deve favorecer a compreensão, a tolerância e a amizade entre todas as nações e todos os grupos raciais ou religiosos, bem como o desenvolvimento das atividades das Nações Unidas para a manutenção da paz.

3. Aos pais pertence a prioridade do direito de escolher o género de educação a dar aos filhos.

Artigo 27º

1. Toda a pessoa tem o direito de tomar parte livremente na vida cultural da comunidade, de fruir as artes e de participar no progresso científico e nos benefícios que deste resultam.

2. Todos têm direito à proteção dos interesses morais e materiais ligados a qualquer produção científica, literária ou artística da sua autoria.

Artigo 28º

Toda a pessoa tem direito a que reine, no plano social e no plano internacional, uma ordem capaz de tornar plenamente efetivos os direitos e as liberdades enunciados na presente Declaração.

Artigo 29º

1. O indivíduo tem deveres para com a comunidade, fora da qual não é possível o livre e pleno desenvolvimento da sua personalidade.

2. No exercício destes direitos e no gozo destas liberdades ninguém está sujeito senão às limitações estabelecidas pela lei com vista exclusivamente a promover o reconhecimento e o respeito dos direitos e liberdades dos outros e a fim de satisfazer as justas exigências da moral, da ordem pública e do bem-estar numa sociedade democrática.

3. Em caso algum estes direitos e liberdades poderão ser exercidos contrariamente aos fins e aos princípios das Nações Unidas.

Artigo 30º

Nenhuma disposição da presente Declaração pode ser interpretada de maneira a envolver para qualquer Estado, agrupamento ou indivíduo o direito de se entregar a alguma atividade ou de praticar algum ato destinado a destruir os direitos e liberdades aqui enunciados.

2
Pacto Internacional sobre os Direitos Económicos Sociais e Culturais e Protocolo Facultativo

2.1. Pacto Internacional sobre os Direitos Económicos Sociais e Culturais[1]

Os Estados Partes no presente Pacto:

Considerando que, em conformidade com os princípios enunciados na Carta das Nações Unidas, o reconhecimento da dignidade inerente a todos os membros da família humana e dos seus direitos iguais e inalienáveis constitui o fundamento da liberdade, da justiça e da paz no Mundo;

Reconhecendo que estes direitos decorrem da dignidade inerente à pessoa humana;

Reconhecendo que, em conformidade com a Declaração Universal dos Direitos do Homem, o ideal do ser humano livre, liberto do medo e da miséria, não pode ser realizado a menos que sejam criadas condições que permitam a cada um desfrutar dos seus direitos económicos, sociais e culturais, bem como dos seus direitos civis e políticos;

Considerando que a Carta das Nações Unidas impõe aos Estados a obrigação de promover o respeito universal e efetivo dos direitos e liberdades do homem;

Tomando em consideração o facto de que o indivíduo tem deveres para com outrem e para com a coletividade à qual pertence e é chamado a esforçarse pela promoção e respeito dos direitos reconhecidos no presente Pacto;

acordam nos seguintes artigos:

[1] De 16 de dezembro de 1966. Aprovado, para ratificação, pela Lei nº 45/78, de 11 de julho.

PRIMEIRA PARTE

Artigo 1º

1. Todos os povos têm o direito a dispor deles mesmo. Em virtude deste direito, eles determinam livremente o seu desenvolvimento económico, social e cultural.

2. Para atingir os seus fins, todos os povos podem dispor livremente das suas riquezas e dos seus recursos naturais, sem prejuízo das obrigações que decorrem da cooperação económica internacional, fundada sobre o princípio do interesse mútuo e do Direito Internacional. Em nenhum caso poderá um povo ser privado dos seus meios de subsistência.

3. Os Estados Partes no presente Pacto, incluindo aqueles que têm responsabilidade pela administração dos territórios não autónomos e territórios sob tutela, devem promover a realização do direito dos povos a disporem deles mesmo e respeitar esse direito, em conformidade com as disposições da Carta das Nações Unidas.

SEGUNDA PARTE

Artigo 2º

1. Cada um dos Estados Partes no presente Pacto compromete-se a agir, quer com o seu próprio esforço quer com a assistência e cooperação internacionais, especialmente nos planos económico e técnico, no máximo dos seus recursos disponíveis, de modo a assegurar progressivamente o pleno exercício dos direitos reconhecidos no presente Pacto por todos os meios apropriados, incluindo em particular por meio de medidas legislativas.

2. Os Estados Partes no presente Pacto comprometemse a garantir que os direitos nele enunciados serão exercidos sem discriminação alguma baseada em motivos de raça, cor, sexo, língua, religião, opinião política ou qualquer outra opinião, origem nacional ou social, fortuna, nascimento ou qualquer outra situação.

3. Os países em vias de desenvolvimento, tendo em devida conta os direitos do homem e a respetiva economia nacional, podem determinar em que medida garantirão os direitos económicos no presente Pacto a não nacionais.

Artigo 3º

Os Estados Partes no presente Pacto comprometemse a assegurar o direito igual que têm o homem e a mulher ao gozo de todos os direitos económicos, sociais e culturais enumerados no presente Pacto.

Artigo 4º

Os Estados Partes no presente Pacto reconhecem que, no gozo dos direitos assegurados pelo Estado, em conformidade com o presente Pacto, o Estado só pode submeter esses direitos às limitações estabelecidas pela lei, unicamente na medida compatível com a natureza desses direitos e exclusivamente com o fim de promover o bem -estar geral numa sociedade democrática.

Artigo 5º

1. Nenhuma disposição do presente Pacto pode ser interpretada como implicando para um Estado, uma coletividade ou um indivíduo qualquer direito de se dedicar a uma atividade ou de realizar um ato visando a destruição dos direitos ou liberdades reconhecidos no presente Pacto ou a limitações mais amplas do que as previstas no dito Pacto.

2. Não pode ser admitida nenhuma restrição ou derrogação aos direitos fundamentais do homem reconhecidos ou em vigor, em qualquer país, em virtude de leis, convenções, regulamentos ou costumes, sob o pretexto de que o presente Pacto não os reconhece ou reconhece os em menor grau.

TERCEIRA PARTE

Artigo 6º

1. Os Estados Partes no presente Pacto reconhecem o direito ao trabalho, que compreende o direito que têm todas as pessoas de assegurar a possibilidade de ganhar a sua vida por meio de um trabalho livremente escolhido ou aceite, e tomarão medidas apropriadas para salvaguardar esse direito.

2. As medidas que cada um dos Estados Partes no presente Pacto tomará com vista a assegurar o pleno exercício deste direito devem incluir programas de orientação técnica e profissional, a elaboração de políticas e de técnicas capazes de garantir um desenvolvimento económico, social e cultural constante e um pleno emprego produtivo em condições que

garantam o gozo das liberdades políticas e económicas fundamentais de cada indivíduo.

Artigo 7º

Os Estados Partes no presente Pacto reconhecem o direito de todas as pessoas de gozar de condições de trabalho justas e favoráveis, que assegurem, em especial:

a) Uma remuneração que proporcione, no mínimo, a todos os trabalhadores:

i) Um salário equitativo e uma remuneração igual para um trabalho de valor igual, sem nenhuma distinção, devendo, em particular, às mulheres ser garantidas condições de trabalho não inferiores àquelas de que beneficiam os homens, com remuneração igual para o trabalho igual;

ii) Uma existência decente para eles próprios e para as suas famílias, em conformidade com as disposições do presente Pacto;

b) Condições de trabalho seguras e higiénicas;

c) Iguais oportunidades para todos de promoção no seu trabalho à categoria superior apropriada, sujeito a nenhuma outra consideração além da antiguidade de serviço e da aptidão individual;

d) Repouso, lazer e limitação razoável das horas de trabalho e férias periódicas pagas, bem como remuneração nos dias de feriados públicos.

Artigo 8º

1. Os Estados Partes no presente Pacto comprometemse a assegurar:

a) O direito de todas as pessoas formarem sindicatos e de se filiarem no sindicato da sua escolha, sujeito somente ao regulamento da organização interessada, com vista a favorecer e proteger os seus interesses económicos e sociais. O exercício deste direito não pode ser objeto de restrições, a não ser daquelas previstas na lei e que sejam necessárias numa sociedade democrática, no interesse da segurança nacional ou da ordem pública, ou para proteger os direitos e as liberdades de outrem;

b) O direito dos sindicatos de formar federações ou confederações nacionais e o direito destas de formarem ou se filiarem às organizações sindicais internacionais;

c) O direito dos sindicatos de exercer livremente a sua atividade, sem outras limitações além das previstas na lei, e que sejam necessárias numa sociedade democrática, no interesse da segurança social ou da ordem pública ou para proteger os direitos e as liberdades de outrem;

d) O direito de greve, sempre que exercido em conformidade com as leis de cada país.

2. O presente artigo não impede que o exercício desses direitos seja submetido a restrições legais pelos membros das forças armadas, da polícia ou pelas autoridades da administração pública.

3. Nenhuma disposição do presente artigo autoriza aos Estados Partes na Convenção de 1948 da Organização Internacional do Trabalho, relativa à liberdade sindical e à proteção do direito sindical, a adotar medidas legislativas que prejudiquem – ou a aplicar a lei de modo a prejudicar – as garantias previstas na dita Convenção.

Artigo 9º

Os Estados Partes no presente Pacto reconhecem o direito de todas as pessoas à segurança social, incluindo os seguros sociais.

Artigo 10º

Os Estados Partes no presente Pacto reconhecem que:

1) Uma proteção e uma assistência mais amplas possíveis serão proporcionadas à família, que é o núcleo elementar natural e fundamental da sociedade, particularmente com vista à sua formação e no tempo durante o qual ela tem a responsabilidade de criar e educar os filhos. O casamento deve ser livremente consentido pelos futuros esposos;

2) Uma proteção especial deve ser dada às mães durante um período de tempo razoável antes e depois do nascimento das crianças. Durante este mesmo período as mães trabalhadoras devem beneficiar de licença paga ou de licença acompanhada de serviços de segurança social adequados;

3) Medidas especiais de proteção e de assistência devem ser tomadas em benefício de todas as crianças e adolescentes, sem discriminação alguma derivada de razões de paternidade ou outras. Crianças e adolescentes devem ser protegidos contra a exploração económica e social. O seu emprego em trabalhos de natureza a comprometer a sua moralidade ou a sua saúde, capazes de pôr em perigo a sua vida ou de prejudicar o seu desenvolvimento normal deve ser sujeito à sanção da lei. Os Estados devem também fixar os limites de idade abaixo dos quais o emprego de mão de obra infantil será interdito e sujeito às sanções da lei.

Artigo 11º

1. Os Estados Partes no presente Pacto reconhecem o direito de todas as pessoas a um nível de vida suficiente para si e para as suas famílias, incluindo alimentação, vestuário e alojamento suficientes, bem como a um melhoramento constante das suas condições de existência. Os Estados Partes tomarão medidas apropriadas destinadas a assegurar a realização deste direito reconhecendo para este efeito a importância essencial de uma cooperação internacional livremente consentida.

2. Os Estados Partes no presente Pacto, reconhecendo o direito fundamental de todas as pessoas de estarem ao abrigo da fome, adotarão individualmente e por meio da cooperação internacional as medidas necessárias, incluindo programas concretos:

a) Para melhorar os métodos de reprodução, de conservação e de distribuição dos produtos alimentares, pela plena utilização dos conhecimentos técnicos e científicos, pela difusão de princípios de educação nutricional e pelo desenvolvimento ou a reforma dos regimes agrários, de maneira a assegurar da melhor forma a valorização e a utilização dos recursos naturais;

b) Para assegurar uma repartição equitativa dos recursos alimentares mundiais em relação às necessidades, tendo em conta os problemas que se põem tanto aos países importadores como aos países exportadores de produtos alimentares.

Artigo 12º

1. Os Estados Partes no presente Pacto reconhecem o direito de todas as pessoas de gozar do melhor estado de saúde física e mental possível de atingir.

2. As medidas que os Estados Partes no presente Pacto tomarem com vista a assegurar o pleno exercício deste direito deverão compreender as medidas necessárias para assegurar:

a) A diminuição da mortalidade e da mortalidade infantil, bem como o são desenvolvimento da criança;

b) O melhoramento de todos os aspetos de higiene do meio ambiente e da higiene industrial;

c) A profilaxia, tratamento e controlo das doenças epidémicas, endémicas, profissionais e outras;

d) A criação de condições próprias a assegurar a todas as pessoas serviços médicos e ajuda médica em caso de doença.

Artigo 13º

1. Os Estados Partes no presente Pacto reconhecem o direito de toda a pessoa à educação. Concordam que a educação deve visar ao pleno desenvolvimento da personalidade humana e do sentido da sua dignidade e reforçar o respeito pelos direitos do homem e das liberdades fundamentais. Concordam também que a educação deve habilitar toda a pessoa a desempenhar um papel útil numa sociedade livre, promover a compreensão, tolerância e amizade entre todas as nações e grupos, raciais, étnicos e religiosos, e favorecer as atividades das Nações Unidas para a conservação da paz.

2. Os Estados Partes no presente Pacto reconhecem que, a fim de assegurar o pleno exercício deste direito:

a) O ensino primário deve ser obrigatório e acessível gratuitamente a todos;

b) O ensino secundário, nas suas diferentes formas, incluindo o ensino secundário técnico e profissional, deve ser generalizado e tornado acessível a todos por todos os meios apropriados e nomeadamente pela instauração progressiva da educação gratuita;

c) O ensino superior deve ser tornado acessível a todos em plena igualdade, em função da capacidade de cada um, por todos os meios apropriados e nomeadamente pela instauração progressiva da educação gratuita;

d) A educação de base deve ser encorajada ou intensificada, em toda a medida do possível, para as pessoas que não receberam instrução primária ou que não a receberam até ao seu termo;

e) É necessário prosseguir ativamente o desenvolvimento de uma rede escolar em todos os escalões, estabelecer um sistema adequado de bolsas e melhorar de modo contínuo as condições materiais do pessoal docente.

3. Os Estados Partes no presente Pacto comprometemse a respeitar a liberdade dos pais ou, quando for o caso, dos tutores legais de escolher para os seus filhos (ou pupilos) estabelecimentos de ensino diferentes dos dos poderes públicos, mas conformes às normas mínimas que podem ser prescritas ou aprovadas pelo Estado em matéria de educação, e de assegurar a educação religiosa e moral de seus filhos (ou pupilos) em conformidade com as suas próprias convicções.

4. Nenhuma disposição do presente artigo deve ser interpretada como limitando a liberdade dos indivíduos e das pessoas morais de criar e dirigir estabelecimentos de ensino, sempre sob reserva de que os princípios

enunciados no parágrafo 1 do presente artigo sejam observados e de que a educação proporcionada nesses estabelecimentos seja conforme às normas mínimas prescritas pelo Estado.

Artigo 14º

Todo o Estado Parte no presente Pacto que, no momento em que se torna parte, não pôde assegurar ainda no território metropolitano ou nos territórios sob a sua jurisdição ensino primário obrigatório e gratuito comprometese a elaborar e adotar, num prazo de dois anos, um plano detalhado das medidas necessárias para realizar progressivamente, num número razoável de anos, fixados por esse plano, a aplicação do princípio do ensino primário obrigatório e gratuito para todos.

Artigo 15º

1. Os Estados Partes no presente Pacto reconhecem a todos o direito:

a) De participar na vida cultural;

b) De beneficiar do progresso científico e das suas aplicações;

c) De beneficiar da proteção dos interesses morais e materiais que decorrem de toda a produção científica, literária ou artística de que cada um é autor.

2. As medidas que os Estados Partes no presente Pacto tomarem com vista a assegurarem o pleno exercício deste direito deverão compreender as que são necessárias para assegurar a manutenção, o desenvolvimento e a difusão da ciência e da cultura.

3. Os Estados Partes no presente Pacto comprometemse a respeitar a liberdade indispensável à investigação científica e às atividades criadoras.

4. Os Estados Partes no presente Pacto reconhecem os benefícios que devem resultar do encorajamento e do desenvolvimento dos contactos internacionais e da cooperação no domínio da ciência e da cultura.

QUARTA PARTE

Artigo 16º

1. Os Estados Partes no presente Pacto comprometemse a apresentar, em conformidade com as disposições da presente parte do Pacto, relatórios sobre as medidas que tiverem adotado e sobre os progressos realizados com vista a assegurar o respeito dos direitos reconhecidos no Pacto.

2. *a*) Todos os relatórios serão dirigidos ao SecretárioGeral das Nações Unidas, que transmitirá cópias deles ao Conselho Económico e Social, para apreciação, em conformidade com as disposições do presente Pacto;

b) O SecretárioGeral da Organização das Nações Unidas transmitirá igualmente às agências especializadas cópias dos relatórios, ou das partes pertinentes dos relatórios, enviados pelos Estados Partes no presente Pacto que são igualmente membros das referidas agências especializadas, na medida em que esses relatórios, ou parte de relatórios, tenham relação a questões relevantes da competência das mencionadas agências nos termos dos seus respetivos instrumentos constitucionais.

Artigo 17º

1. Os Estados Partes no presente Pacto apresentarão os relatórios por etapas, segundo um programa a ser estabelecido pelo Conselho Económico e Social, no prazo de um ano a contar da data da entrada em vigor do presente Pacto, depois de ter consultado os Estados Partes e as agências especializadas interessadas.

2. Os relatórios podem indicar os fatores e as dificuldades que impedem estes Estados de desempenhar plenamente as obrigações previstas no presente Pacto.

3. No caso em que informações relevantes tenham já sido transmitidas à Organização das Nações Unidas ou a uma agência especializada por um Estado Parte do Pacto, não será necessário reproduzir as ditas informações e bastará uma referência precisa a essas informações.

Artigo 18º

Em virtude das responsabilidades que lhe são conferidas pela Carta das Nações Unidas no domínio dos direitos do homem e das liberdades fundamentais, o Conselho Económico e Social poderá concluir arranjos com as agências especializadas, com vista à apresentação por estas de relatórios relativos aos progressos realizados na observância das disposições do presente Pacto que entram no quadro das suas atividades. Estes relatórios poderão compreender dados sobre as decisões e recomendações adotadas pelos órgãos competentes das agências especializadas sobre a referida questão da observância.

Artigo 19º

O Conselho Económico e Social pode enviar à Comissão dos Direitos do Homem para fins de estudo e de recomendação de ordem geral ou para informação, se for caso disso, os relatórios respeitantes aos direitos do homem transmitidos pelos Estados, em conformidade com os artigos 16º e 17º e os relatórios respeitantes aos direitos do homem comunicados pelas agências especializadas em conformidade com o artigo 18º

Artigo 20º

Os Estados Partes no presente Pacto e as agências especializadas interessadas podem apresentar ao Conselho Económico e Social observações sobre todas as recomendações de ordem geral feitas em virtude do artigo 19º, ou sobre todas as menções de uma recomendação de ordem geral figurando num relatório da Comissão dos Direitos do Homem ou em todos os documentos mencionados no dito relatório.

Artigo 21º

O Conselho Económico e Social pode apresentar de tempos a tempos à Assembleia Geral relatórios contendo recomendações de caráter geral e um resumo das informações recebidas dos Estados Partes no presente Pacto e das agências especializadas sobre as medidas tomadas e os progressos realizados com vista a assegurar o respeito geral dos direitos reconhecidos no presente Pacto.

Artigo 22º

O Conselho Económico e Social pode levar à atenção dos outros órgãos da Organização das Nações Unidas, dos seus órgãos subsidiários e das agências especializadas interessadas que se dedicam a fornecer assistência técnica quaisquer questões suscitadas pelos relatórios mencionados nesta parte do presente Pacto e que possam ajudar estes organismos a pronunciaremse, cada um na sua própria esfera de competência, sobre a oportunidade de medidas internacionais capazes de contribuir para a execução efetiva e progressiva do presente Pacto.

Artigo 23º

Os Estados Partes no presente Pacto concordam que as medidas de ordem internacional destinadas a assegurar a realização dos direitos reconhecidos no dito Pacto incluem métodos, tais como a conclusão de convenções, a adoção de recomendações, a prestação de assistência técnica e a organização em ligação com os governos interessados, de reuniões regionais e de reuniões técnicas para fins de consulta e de estudos.

Artigo 24º

Nenhuma disposição do presente Pacto deve ser interpretada como atentando contra as disposições da Carta das Nações Unidas e dos estatutos das agências especializadas que definem as respetivas responsabilidades dos diversos órgãos da Organização das Nações Unidas e das agências especializadas no que respeita às questões tratadas no presente Pacto.

Artigo 25º

Nenhuma disposição do presente Pacto será interpretada como atentando contra o direito inerente a todos os povos de gozar e a usufruir plena e livremente das suas riquezas e recursos naturais.

QUINTA PARTE

Artigo 26º

1. O presente Pacto está aberto à assinatura de todos os Estados Membros da Organização das Nações Unidas ou membros de qualquer das suas agências especializadas, de todos os Estados Partes no Estatuto do Tribunal Internacional de Justiça, bem como de todos os outros Estados convidados pela Assembleia Geral das Nações Unidas a tornaremse partes no presente Pacto.

2. O presente Pacto está sujeito a ratificação. Os instrumentos de ratificação serão depositados junto ao SecretárioGeral da Organização das Nações Unidas.

3. O presente Pacto será aberto à adesão de todos os Estados referidos no parágrafo 1 do presente artigo.

4. A adesão far-seá pelo depósito de um instrumento de adesão junto do SecretárioGeral da Organização das Nações Unidas.

5. O SecretárioGeral da Organização das Nações Unidas informará todos os Estados que assinaram o presente Pacto ou que a ele aderirem acerca do depósito de cada instrumento de ratificação ou de adesão.

Artigo 27º

1. O presente Pacto entrará em vigor três meses após a data do depósito junto do SecretárioGeral da Organização das Nações Unidas do trigésimo quinto instrumento de ratificação ou de adesão.

2. Para cada um dos Estados que ratificarem o presente Pacto ou a ele aderirem depois do depósito do trigésimo quinto instrumento de ratificação ou de adesão, o dito Pacto entrará em vigor três meses depois da data do depósito por esse Estado do seu instrumento de ratificação ou de adesão.

Artigo 28º

As disposições do presente Pacto aplicamse, sem quaisquer limitações ou exceções, a todas as unidades constitutivas dos Estadosfederais.

Artigo 29º

1. Todo o Estado Parte no presente Pacto pode propor uma emenda e depositar o respetivo texto junto do SecretárioGeral da Organização das Nações Unidas. O SecretárioGeral transmitirá então todos os projetos de emenda aos Estados Partes no presente Pacto, pedindolhes que indiquem se desejam que se convoque uma conferência de Estados Partes para examinar esses projetos e submetêlos à votação. Se um terço, pelo menos, dos Estados se declarar a favor desta convocação o SecretárioGeral convocará a conferência sob os auspícios da Organização das Nações Unidas. Toda a emenda adotada pela maioria dos Estados presentes e votantes na conferência será submetida para aprovação à Assembleia Geral das Nações Unidas.

2. As emendas entrarão em vigor quando aprovadas pela Assembleia Geral das Nações Unidas e aceites, em conformidade com as respetivas regras constitucionais, por uma maioria de dois terços dos Estados Partes no mesmo Pacto.

3. Quando as emendas entram em vigor, elas vinculam os Estados Partes que as aceitaram, ficando os outros Estados Partes ligados pelas disposições do presente Pacto e por todas as emendas anteriores que tiverem aceite.

Artigo 30º

Independentemente das notificações previstas no parágrafo 5 do artigo 26º, o SecretárioGeral da Organização das Nações Unidas informará todos os Estados visados no parágrafo 1 do dito artigo:

a) Acerca das assinaturas apostas no presente Pacto e acerca dos instrumentos de ratificação e de adesão depositados em conformidade com o artigo 26º;

b) Acerca da data em que o presente Pacto entrar em vigor em conformidade com o artigo 27º e acerca da data em que entrarão em vigor as emendas previstas no artigo 29º.

Artigo 31º

1. O presente Pacto, cujos textos em inglês, chinês, espanhol, francês e russo fazem igual fé, será depositado nos arquivos das Nações Unidas.

2. O SecretárioGeral da Organização das Nações Unidas transmitirá cópias certificadas do presente Pacto a todos os Estados visados no artigo 26º.

2.2. Protocolo Facultativo ao Pacto Internacional sobre os Direitos Económicos, Sociais e Culturais[1]

PREÂMBULO

Os Estados Partes no presente Protocolo,

Considerando que, em conformidade com os princípios proclamados na Carta das Nações Unidas, o reconhecimento da dignidade inerente a todos os membros da família humana e dos seus direitos iguais e inalienáveis constitui o fundamento da liberdade, justiça e paz no mundo;

Recordando que a Declaração Universal dos Direitos do Homem proclama que todos os seres humanos nascem livres e iguais em dignidade e em direitos e que todos os indivíduos têm direito a todos os direitos e liberdades proclamados naquela Declaração, sem distinção alguma, nomeadamente de raça, de cor, de sexo, de língua, de religião, de opinião política ou outra, de origem nacional ou social, de fortuna, de nascimento ou de qualquer outra situação;

Relembrando que a Declaração Universal dos Direitos do Homem e os Pactos Internacionais sobre Direitos Humanos reconhecem que o ideal do

[1] Aprovado pela Resolução da Assembleia da República nº 3/2013, de 21 de janeiro de 2013 e ratificado pelo Decreto do Presidente da República nº 12/2013, de 21 de janeiro de 2013.

ser humano livre, liberto do medo e da miséria, não pode ser realizado a menos que sejam criadas condições que permitam a cada um desfrutar dos seus direitos civis, culturais, económicos, políticos e sociais;

Reafirmando a universalidade, indivisibilidade, interdependência e inter-relação de todos os direitos humanos e liberdades fundamentais,

Relembrando que cada Estado Parte no Pacto Internacional sobre os Direitos Económicos, Sociais e Culturais (doravante designado como o «Pacto») se compromete a agir, quer através do seu próprio esforço, quer através da assistência e da cooperação internacionais, especialmente nos planos económico e técnico, no máximo dos seus recursos disponíveis, de modo a assegurar progressivamente o pleno exercício dos direitos reconhecidos no Pacto por todos os meios apropriados, incluindo em particular por meio de medidas legislativas;

Considerando que, para melhor assegurar o cumprimento dos fins do Pacto e a aplicação das suas disposições, conviria habilitar o Comité dos Direitos Económicos, Sociais e Culturais (doravante denominado o «Comité») para desempenhar as funções previstas no presente Protocolo;

acordaram no seguinte:

Artigo 1º – Competência do Comité para recebere apreciar comunicações

1. Um Estado Parte no Pacto que se torne parte no presente Protocolo reconhece a competência do Comité para receber e apreciar comunicações nos termos previstos nas disposições do presente Protocolo.

2. O Comité não deverá receber nenhuma comunicação respeitante a um Estado Parte no Pacto que não seja parte no presente Protocolo.

Artigo 2º – Comunicações

As comunicações podem ser submetidas por ou em nome de indivíduos ou grupos de indivíduos, sob a jurisdição de um Estado Parte, que aleguem serem vítimas de uma violação, por esse Estado Parte, de qualquer um dos direitos económicos, sociais e culturais enunciados no Pacto. Sempre que uma comunicação seja submetida em representação de indivíduos ou grupos de indivíduos, é necessário o seu consentimento, a menos que o autor consiga justificar a razão que o leva a agir em sua representação sem o referido consentimento.

Artigo 3º – Admissibilidade

1. O Comité só deverá apreciar uma comunicação após se ter assegurado de que todos os recursos internos disponíveis foram esgotados. Esta regra não se aplica se os referidos recursos excederem prazos razoáveis.

2. O Comité deverá declarar uma comunicação inadmissível quando:

a) Não for submetida no prazo de um ano após o esgotamento das vias de recurso internas, exceto nos casos em que o autor possa demonstrar que não foi possível submeter a comunicação dentro desse prazo;

b) Os factos que constituam o objeto da comunicação tenham ocorrido antes da entrada em vigor do presente Protocolo para o Estado Parte em causa, salvo se tais factos persistiram após tal data;

c) A mesma questão já tenha sido apreciada pelo Comité ou tenha sido ou esteja a ser examinada no âmbito de outro processo internacional de investigação ou de resolução de litígios;

d) A comunicação for incompatível com as disposições do Pacto;

e) A comunicação seja manifestamente infundada, insuficientemente fundamentada ou exclusivamente baseada em notícias divulgadas pelos meios de comunicação;

f) A comunicação constitua um abuso do direito de submeter uma comunicação; ou quando

g) A comunicação seja anónima ou não seja apresentada por escrito.

Artigo 4º – Comunicações que não revelem uma desvantagem evidente

O Comité pode, se necessário, recusar a apreciação de uma comunicação quando esta não demonstrar que o autor sofreu uma desvantagem evidente, exceto se o Comité considerar que a comunicação suscita uma questão grave de relevância geral.

Artigo 5º – Providências cautelares

1. A qualquer momento depois da receção de uma comunicação e antes de se pronunciar sobre o fundo da questão, o Comité pode transmitir ao Estado Parte interessado, para urgente consideração, um pedido no sentido de o Estado Parte tomar as providências cautelares que se mostrem necessárias, em circunstâncias excecionais, para evitar eventuais danos irreparáveis à vítima ou vítimas da alegada violação.

2. O facto de o Comité exercer as faculdades previstas no nº 1 do presente artigo, não implica qualquer juízo favorável sobre a admissibilidade ou o fundo da questão objeto da comunicação.

Artigo 6º – Transmissão da comunicação

1. Salvo se o Comité rejeitar oficiosamente uma comunicação, todas as comunicações apresentadas ao Comité ao abrigo do presente Protocolo deverão ser por ele confidencialmente comunicadas ao Estado Parte em causa.

2. No prazo de seis meses, o Estado Parte recetor deverá submeter, por escrito, ao Comité, as explicações ou declarações que possam clarificar a questão que originou a comunicação, indicando, se for caso disso, as medidas adotadas pelo Estado Parte para remediar a situação.

Artigo 7º – Resolução amigável

1. O Comité deverá oferecer os seus bons ofícios às partes interessadas a fim de que se chegue a uma resolução amigável do litígio com base no respeito das obrigações previstas no Pacto.

2. Um acordo que seja alcançado ao abrigo de uma resolução amigável determina a interrupção da análise da comunicação ao abrigo do presente Protocolo.

Artigo 8º – Apreciação das comunicações

1. O Comité deverá apreciar as comunicações recebidas ao abrigo do artigo 2º do presente Protocolo à luz de toda a documentação que lhe tenha sido submetida, desde que tal documentação seja transmitida às partes interessadas.

2. O Comité deverá apreciar as comunicações ao abrigo do presente Protocolo em sessões à porta fechada.

3. Quando apreciar uma comunicação ao abrigo do presente Protocolo, o Comité pode consultar, conforme apropriado, a documentação relevante emanada de outros órgãos, agências especializadas, fundos, programas e mecanismos das Nações Unidas, e de outras organizações internacionais, incluindo sistemas regionais de direitos humanos, bem como quaisquer observações ou comentários formulados pelo Estado Parte interessado.

4. Ao apreciar as comunicações recebidas ao abrigo do presente Protocolo, o Comité deverá considerar a razoabilidade das medidas tomadas pelo Estado Parte em conformidade com a Parte II do Pacto. Ao fazê-lo, o Comité deverá ter em consideração que o Estado Parte pode adotar uma série de possíveis medidas políticas para a realização dos direitos previstos no Protocolo.

Artigo 9º – Seguimento das constatações do Comité

1. Após a apreciação de uma comunicação, o Comité deverá transmitir a sua constatação sobre a mesma, em conjunto com as suas recomendações, se for o caso, às partes interessadas.

2. O Estado Parte deverá ter devidamente em conta as constatações do Comité, em conjunto com as suas recomendações, se for caso disso, e deverá submeter ao Comité, no prazo de seis meses, uma resposta escrita, incluindo informação sobre quaisquer medidas tomadas à luz das constatações e recomendações do Comité.

3. O Comité pode convidar o Estado Parte a submeter informação adicional sobre quaisquer medidas adotadas pelo Estado Parte em resposta às suas constatações ou recomendações, se for caso disso, incluindo nos relatórios a apresentar subsequentemente pelo Estado Parte ao abrigo dos artigos 16º e 17º do Pacto, conforme o Comité considere apropriado.

Artigo 10º – Comunicações interestaduais

1. Um Estado Parte no presente Protocolo pode, a qualquer momento, declarar ao abrigo do presente artigo que reconhece a competência do Comité para receber e apreciar comunicações em que um Estado Parte alegue que outro Estado Parte não está a cumprir as suas obrigações decorrentes do Pacto. As comunicações ao abrigo do presente artigo só podem ser recebidas e apreciadas se submetidas por um Estado Parte que tenha feito uma declaração reconhecendo, no que lhe diz respeito, a competência do Comité. Este não aprecia quaisquer comunicações de um Estado Parte que não tenha feito tal declaração. Às comunicações recebidas ao abrigo do presente artigo aplica-se o seguinte procedimento:

a) Se um Estado Parte no presente Protocolo considerar que outro Estado Parte não está a cumprir as suas obrigações ao abrigo do Pacto, pode, através de comunicação escrita, levar a questão à atenção desse Estado Parte. O Estado Parte pode também informar o Comité de tal questão. No prazo de três meses após a receção da comunicação, o Estado destinatário deverá apresentar ao Estado emissor da comunicação uma explicação, ou qualquer outro comentário escrito esclarecendo o assunto, os quais deverão incluir, na medida do possível e desde que seja pertinente, referência aos procedimentos e vias de recurso internas utilizadas, pendentes ou disponíveis sobre a matéria;

b) Se o assunto não for resolvido de forma satisfatória para ambos os Estados Partes interessados num prazo de seis meses após a receção da comunicação inicial por parte do Estado destinatário, qualquer um dos Estados pode submeter a questão ao Comité, mediante notificação ao Comité e ao outro Estado;

c) O Comité só pode apreciar uma questão que lhe tenha sido submetida depois de se ter certificado de que todos os recursos nacionais disponíveis na matéria foram invocados e esgotados. Tal não é a regra quando a aplicação dos recursos exceder os prazos razoáveis;

d) Sem prejuízo das disposições da alínea *c)* do presente número, o Comité deverá colocar à disposição dos Estados Partes interessados os seus bons ofícios, a fim de que se alcance uma resolução amigável do litígio, com base no respeito pelas obrigações consagradas no Pacto;

e) O Comité deverá realizar reuniões à porta fechada quando apreciar as comunicações ao abrigo do presente artigo;

f) Em qualquer questão que lhe seja reportada em conformidade com a alínea *b)* do presente número, o Comité pode solicitar aos Estados Partes interessados, referidos na alínea *b)*, que lhe deem toda a informação relevante;

g) Os Estados Partes interessados, referidos na alínea *b)* do presente número, têm o direito a ser representados quando o assunto estiver a ser analisado pelo Comité e a fazer qualquer submissão oralmente e ou por escrito;

h) O Comité deverá, com toda a celeridade devida, após a data de receção da notificação prevista na alínea *b)* do presente número, submeter um relatório, nos seguintes termos:

i) Se for alcançada uma solução nos termos da alínea *d)* do presente número, o Comité deverá limitar o seu relatório a uma breve exposição dos factos e da solução alcançada;

ii) Se não for alcançada uma solução dentro dos termos da alínea *d)*, o Comité deverá, no seu relatório, enunciar os factos relevantes que digam respeito ao litígio entre os Estados Partes interessados. As observações escritas e as atas das exposições orais feitas pelos Estados Partes interessados deverão ser anexas ao relatório. O Comité também pode comunicar apenas aos Estados Partes interessados quaisquer opiniões que possa considerar relevantes para o litígio existente entre ambos.

Em qualquer caso, o relatório deverá ser transmitido aos Estados Partes interessados.

2. Qualquer declaração feita ao abrigo do nº 1 do presente artigo deverá ser depositada pelos Estados Partes junto do Secretário-Geral das Nações

Unidas, o qual deverá transmitir cópias da mesma aos restantes Estados Partes. Uma declaração pode ser retirada a qualquer momento mediante notificação do Secretário-Geral. Tal retirada não prejudica a análise de qualquer questão que seja objeto de uma comunicação já transmitida ao abrigo do presente artigo; nenhuma outra comunicação feita por qualquer Estado Parte ao abrigo do presente artigo deverá ser recebida após a receção da notificação de retirada da declaração pelo Secretário-Geral, salvo se o Estado Parte interessado tiver feito uma nova declaração.

Artigo 11º – Procedimento de inquérito

1. Um Estado Parte no presente Protocolo pode, a qualquer momento, declarar que reconhece a competência do Comité prevista no presente artigo.

2. Se o Comité receber uma informação fidedigna indicando violações graves ou sistemáticas, por um Estado Parte, de qualquer um dos direitos económicos, sociais e culturais consagrados no Pacto, deverá convidar esse Estado Parte a cooperar no exame da informação e, para esse fim, a submeter observações sobre a informação em questão.

3. Tendo em consideração quaisquer observações que possam ter sido submetidas pelo Estado Parte interessado, assim como qualquer outra informação fidedigna que lhe tenha sido disponibilizada, o Comité pode designar um ou mais dos seus membros para conduzir um inquérito e reportar urgentemente ao Comité sobre a matéria. Caso se justifique e com o consentimento do Estado Parte, o inquérito pode incluir uma visita ao seu território.

4. Tal inquérito deverá ser conduzido de forma confidencial e a cooperação do Estado Parte deverá ser solicitada em todas as etapas do procedimento.

5. Após analisar as conclusões do inquérito, o Comité deverá transmitir as mesmas ao Estado Parte interessado, em conjunto com quaisquer comentários e recomendações.

6. O Estado Parte interessado deverá, dentro de seis meses após a receção das conclusões, comentários e recomendações transmitidos pelo Comité, submeter a este as suas próprias observações.

7. Depois de concluídos os procedimentos relativos a um inquérito levado a cabo em conformidade com o nº 2 do presente artigo, o Comité pode, após consultar os Estados Partes interessados, decidir pela inclusão

de um relato sumário dos resultados dos procedimentos no seu relatório anual previsto no artigo 15º do presente Protocolo.

8. Qualquer Estado Parte que tenha feito uma declaração em conformidade com o nº 1 do presente artigo pode, a qualquer momento, retirar a referida declaração mediante notificação dirigida ao Secretário-Geral.

Artigo 12º – Seguimento do procedimento de inquérito

1. O Comité pode convidar o Estado Parte interessado a incluir no seu relatório apresentado ao abrigo dos artigos 16º e 17º do Pacto, pormenores de quaisquer medidas tomadas em resposta a um inquérito conduzido ao abrigo do artigo 11º do presente Protocolo.

2 – Após o termo do período de seis meses referido no nº 6 do artigo 11º, o Comité pode, se necessário, convidar o Estado Parte interessado a dar-lhe informações sobre as medidas adotadas em resposta ao referido inquérito.

Artigo 13º – Medidas de proteção

Um Estado Parte deverá tomar todas as medidas apropriadas para garantir que os indivíduos sob a sua jurisdição não são sujeitos a qualquer forma de maus-tratos ou intimidação, em consequência das comunicações que enviam ao Comité no âmbito do presente Protocolo.

Artigo 14º – Assistência e cooperação internacionais

1. O Comité deverá transmitir, conforme considere apropriado e com o consentimento do Estado Parte interessado, às agências especializadas, fundos e programas das Nações Unidas e outros organismos competentes, as suas constatações ou recomendações relativas a comunicações e inquéritos que indiquem a necessidade de aconselhamento ou assistência técnica, bem como eventuais observações e sugestões do Estado Parte sobre tais constatações ou recomendações.

2. O Comité também pode levar ao conhecimento desses organismos, com o consentimento do Estado Parte em causa, qualquer questão resultante das comunicações consideradas ao abrigo do presente Protocolo, que os possa ajudar a decidir, no âmbito de competência de cada um, sobre a conveniência da adoção de medidas internacionais suscetíveis de contribuir para ajudar os Estados Partes a progredir na realização dos direitos reconhecidos no Pacto.

3. Deverá ser criado um fundo fiduciário em conformidade com os procedimentos relevantes da Assembleia Geral, a ser administrado de

acordo com as regras e regulamentos financeiros das Nações Unidas, a fim de prestar assistência especializada e técnica aos Estados Partes, com o consentimento do Estado Parte interessado, para melhorar a realização dos direitos consagrados no Pacto, assim contribuindo para o reforço das capacidades nacionais na área dos direitos económicos, sociais e culturais no contexto do presente Protocolo.

4. As disposições do presente artigo não prejudicam o dever de cada Estado Parte cumprir as suas obrigações ao abrigo do Pacto.

Artigo 15º – Relatório anual

O Comité deverá incluir no seu relatório anual um resumo das suas atividades ao abrigo do presente Protocolo.

Artigo 16º – Divulgação e informação

Cada Estado Parte compromete-se a tornar amplamente conhecidos e a difundir o Pacto e o presente Protocolo, bem como a facilitar o acesso à informação sobre as constatações e recomendações do Comité, em especial, sobre matérias que digam respeito a esse Estado Parte e a fazê-lo em formatos acessíveis às pessoas com deficiência.

Artigo 17º – Assinatura, ratificação e adesão

1. O presente Protocolo está aberto à assinatura de qualquer Estado que tenha assinado e ratificado o Pacto ou aderido ao mesmo.

2. O presente Protocolo está sujeito à ratificação por qualquer Estado que tenha ratificado o Pacto ou aderido ao mesmo. Os instrumentos de ratificação deverão ser depositados junto do Secretário-Geral das Nações Unidas.

3. O presente Protocolo fica aberto à adesão de qualquer Estado que tenha ratificado o Pacto ou aderido ao mesmo.

4. A adesão far-se-á mediante o depósito de um instrumento de adesão junto do Secretário-Geral das Nações Unidas.

Artigo 18º – Entrada em vigor

1. O presente Protocolo entrará em vigor três meses depois da data do depósito junto do Secretário-Geral das Nações Unidas do décimo instrumento de ratificação ou de adesão.

2. Para cada Estado que ratifique ou adira ao presente Protocolo após o depósito do décimo instrumento de ratificação ou de adesão, o Protocolo

entrará em vigor três meses após a data do depósito do seu instrumento de ratificação ou de adesão.

Artigo 19º – Emendas

1. Qualquer Estado Parte pode propor uma emenda ao presente Protocolo e apresentá-la ao Secretário-Geral das Nações Unidas. O Secretário-Geral deverá comunicar quaisquer emendas propostas aos Estados Partes, pedindo-lhes que o notifiquem sobre se concordam com a convocação de uma reunião de Estados Partes para discussão e votação das propostas. No caso de, no prazo de quatro meses a partir da data desta comunicação, pelo menos um terço dos Estados Partes se pronunciar a favor da convocação de tal reunião, o Secretário-Geral convocá-la-á sob os auspícios das Nações Unidas. Qualquer emenda adotada por uma maioria de dois terços dos Estados Partes presentes e votantes deverá ser submetida pelo Secretário-Geral à Assembleia Geral para aprovação e, posteriormente, a todos os Estados Partes para aceitação.

2. Uma emenda adotada e aprovada em conformidade com o nº 1 do presente artigo entra em vigor no trigésimo dia após a data em que o número de instrumentos de aceitação depositados atingir os dois terços do número de Estados Partes à data de adoção da emenda. De aí em diante, a emenda entra em vigor para qualquer Estado Parte no trigésimo dia seguinte ao depósito do seu respetivo instrumento de aceitação. Uma emenda será vinculativa apenas para aqueles Estados Partes que a tenham aceite.

Artigo 20º – Denúncia

1. Qualquer Estado Parte pode denunciar o presente Protocolo a qualquer momento, mediante notificação escrita dirigida ao Secretário-Geral das Nações Unidas. A denúncia deverá produzir efeitos seis meses depois da data de receção da notificação pelo Secretário-Geral.

2. A denúncia não prejudica a continuação da aplicação das disposições do presente Protocolo a qualquer comunicação apresentada nos termos dos artigos 2º e 10º ou de qualquer procedimento instaurado ao abrigo do artigo 11º antes da data em que a denúncia comece a produzir efeitos.

Artigo 21º – Notificação pelo Secretário-Geral

O Secretário-Geral das Nações Unidas deverá notificar todos os Estados referidos no artigo 26º, nº 1, do Pacto dos seguintes factos:

a) Assinaturas, ratificações e adesões ao abrigo do presente Protocolo;

b) Data de entrada em vigor do presente Protocolo e de qualquer emenda introduzida nos termos do artigo 19º;

c) Qualquer denúncia nos termos do artigo 20º

Artigo 22º - Línguas oficiais

1. O presente Protocolo, cujos textos em árabe, chinês, espanhol, francês, inglês e russo fazem igualmente fé, deverá ser depositado nos arquivos das Nações Unidas.

2. O Secretário-Geral das Nações Unidas deverá transmitir uma cópia autenticada do presente Protocolo a todos os Estados referidos no artigo 26º do Pacto.

3
Pacto Internacional sobre os Direitos Civis e Políticos e Protocolos Adicionais

3.1. Pacto Internacional sobre os Direitos Civis e Políticos[1]

Os Estados Partes no presente Pacto:

Considerando que, em conformidade com os princípios enunciados na Carta das Nações Unidas, o reconhecimento da dignidade inerente a todos os membros da família humana e dos seus direitos iguais e inalienáveis constitui o fundamento da liberdade, da justiça e da paz no Mundo;

Reconhecendo que estes direitos decorrem da dignidade inerente à pessoa humana;

Reconhecendo que, em conformidade com a Declaração Universal dos Direitos do Homem, o ideal do ser humano livre, usufruindo das liberdades civis e políticas e liberto do medo e da miséria, não pode ser realizado a menos que sejam criadas condições que permitam a cada um gozar dos seus direitos civis e políticos, bem como dos seus direitos económicos, sociais e culturais;

Considerando que a Carta das Nações Unidas impõe aos Estados a obrigação de promover o respeito universal e efetivo dos direitos e das liberdades do homem;

Tomando em consideração o facto de que o indivíduo tem deveres em relação a outrem e em relação à coletividade a que pertence e tem a responsabilidade de se esforçar a promover e respeitar os direitos reconhecidos no presente Pacto;

acordam o que segue:

[1] De 16 de dezembro de 1966. Aprovado, para ratificação, pela Lei nº 29/78, de 12 de junho.

PRIMEIRA PARTE

Artigo 1º

1. Todos os povos têm o direito a dispor deles mesmo. Em virtude deste direito, eles determinam livremente o seu estatuto político e dedicamse livremente ao seu desenvolvimento económico, social e cultural.

2. Para atingir os seus fins, todos os povos podem dispor livremente das suas riquezas e dos seus recursos naturais, sem prejuízo de quaisquer obrigações que decorrem da cooperação económica internacional, fundada sobre o princípio do interesse mútuo e do Direito Internacional. Em nenhum caso pode um povo ser privado dos seus meios de subsistência.

3. Os Estados Partes no presente Pacto, incluindo aqueles que têm a responsabilidade de administrar territórios não autónomos e territórios sob tutela, são chamados a promover a realização do direito dos povos a disporem de si mesmo e a respeitar esse direito, conforme às disposições da Carta das Nações Unidas.

SEGUNDA PARTE

Artigo 2º

1. Cada Estado Parte no presente Pacto comprometese a respeitar e a garantir a todos os indivíduos que se encontrem nos seus territórios e estejam sujeitos à sua jurisdição os direitos reconhecidos no presente Pacto, sem qualquer distinção, derivada, nomeadamente, de raça, de cor, de sexo, de língua, de religião, de opinião política, ou de qualquer outra opinião, de origem nacional ou social, de propriedade ou de nascimento, ou de outra situação.

2. Cada Estado Parte no presente Pacto comprometese a adotar, de acordo com os seus processos constitucionais e com as disposições do presente Pacto, as medidas que permitam a adoção de decisões de ordem legislativa ou outras capazes de dar efeito aos direitos reconhecidos no presente Pacto que ainda não estiverem em vigor.

3. Cada Estado Parte no presente Pacto compromete se a:

a) Garantir que todas as pessoas cujos direitos e liberdades reconhecidos no presente Pacto forem violados disponham de recurso eficaz, mesmo no caso de a violação ter sido cometida por pessoas agindo no exercício das suas funções oficiais;

b) Garantir que a competente autoridade judiciária, administrativa ou legislativa, ou qualquer outra autoridade competente, segundo a legislação do Estado, estatua sobre os direitos da pessoa que forma o recurso, e desenvolver as possibilidades de recurso jurisdicional;

c) Garantir que as competentes autoridades façam cumprir os resultados de qualquer recurso que for reconhecido como justificado.

Artigo 3º

Os Estados Partes no presente Pacto comprometemse a assegurar o direito igual dos homens e das mulheres a usufruir de todos os direitos civis e políticos enunciados no presente Pacto.

Artigo 4º

1. Em tempo de uma emergência pública que ameace a existência da nação e cuja existência seja proclamada por um ato oficial, os Estados Partes no presente Pacto podem tomar, na estrita medida em que a situação o exigir, medidas que derroguem as obrigações previstas no presente Pacto, sob reserva de que essas medidas não sejam incompatíveis com outras obrigações que lhes impõe o Direito Internacional e que elas não envolvam uma discriminação fundada unicamente sobre a raça, a cor, o sexo, a língua, a religião ou a origem social.

2. A disposição precedente não autoriza nenhuma derrogação aos artigos 6º, 7º, 8º, parágrafos 1 e 2, 11º, 15º, 16º e 18º.

3. Os Estados Partes no presente Pacto que usem do direito de derrogação devem, por intermédio do SecretárioGeral da Organização das Nações Unidas, informar imediatamente os outros Estados Partes acerca das disposições derrogadas, bem como os motivos dessa derrogação. Uma nova comunicação será feita pela mesma via na data em que se puser fim a essa derrogação.

Artigo 5º

1. Nenhuma disposição do presente Pacto pode ser interpretada como implicando para um Estado, um grupo ou um indivíduo qualquer direito de se dedicar a uma atividade ou de realizar um ato visando a destruição dos direitos e das liberdades reconhecidas no presente Pacto ou as suas limitações mais amplas que as previstas no dito Pacto.

2. Não pode ser admitida nenhuma restrição ou derrogação aos direitos fundamentais do homem reconhecidos ou em vigor em todo o Estado

Parte no presente Pacto em aplicação de leis, de convenções, de regulamentos ou de costumes, sob pretexto de que o presente Pacto não os reconhece ou reconhece os em menor grau.

TERCEIRA PARTE

Artigo 6º

1. O direito à vida é inerente à pessoa humana. Este direito deve ser protegido pela lei: ninguém pode ser arbitrariamente privado da vida.

2. Nos países em que a pena de morte não foi abolida, uma sentença de morte só pode ser pronunciada para os crimes mais graves, em conformidade com a legislação em vigor, no momento em que o crime foi cometido e que não deve estar em contradição com as disposições do presente Pacto nem com a Convenção para a Prevenção e a Repressão do Crime de Genocídio. Esta pena não pode ser aplicada senão em virtude de um juízo definitivo pronunciado por um tribunal competente.

3. Quando a privação da vida constitui o crime de genocídio fica entendido que nenhuma disposição do presente artigo autoriza um Estado Parte no presente Pacto a derrogar de alguma maneira qualquer obrigação assumida em virtude das disposições da Convenção para a Prevenção e a Repressão do Crime de Genocídio.

4. Qualquer indivíduo condenado à morte terá o direito de solicitar o perdão ou a comutação da pena. A amnistia, o perdão ou a comutação da pena de morte podem ser concedidos em todos os casos.

5. Uma sentença de morte não pode ser pronunciada em caso de crimes cometidos por pessoas de idade inferior a 18 anos e não pode ser executada sobre mulheres grávidas.

6. Nenhuma disposição do presente artigo pode ser invocada para retardar ou impedir a abolição da pena capital por um Estado Parte no presente Pacto.

Artigo 7º

Ninguém será submetido a tortura nem a pena ou a tratamentos cruéis, inumanos ou degradantes. Em particular, é interdito submeter uma pessoa a uma experiência médica ou científica sem o seu livre consentimento.

Artigo 8º

1. Ninguém será submetido a escravidão; a escravidão e o tráfico de escravos, sob todas as suas formas, são interditos.

2. Ninguém será mantido em servidão.

3. *a*) Ninguém será constrangido a realizar trabalho forçado ou obrigatório;

b) A alínea *a*) do presente parágrafo não pode ser interpretada no sentido de proibir, em certos países onde crimes podem ser punidos com prisão acompanhada de trabalhos forçados, o cumprimento de uma pena de trabalhos forçados, infligida por um tribunal competente;

c) Não é considerado como trabalho forçado ou obrigatório no sentido do presente parágrafo:

i) Todo o trabalho não referido na alínea *b*) normalmente exigido de um indivíduo que é detido em virtude de uma decisão judicial legítima ou que tendo sido objeto de uma tal decisão é libertado condicionalmente;

ii) Todo o serviço de caráter militar e, nos países em que a objeção por motivos de consciência é admitida, todo o serviço nacional exigido pela lei dos objetores de consciência;

iii) odo o serviço exigido nos casos de força maior ou de sinistros que ameacem a vida ou o bemestar da comunidade;

iv) Todo o trabalho ou todo o serviço formando parte das obrigações cívicas normais.

Artigo 9º

1. Todo o indivíduo tem direito à liberdade e à segurança da sua pessoa. Ninguém pode ser objeto de prisão ou detenção arbitrária. Ninguém pode ser privado da sua liberdade a não ser por motivo e em conformidade com processos previstos na lei.

2. Todo o indivíduo preso será informado, no momento da sua detenção, das razões dessa detenção e receberá notificação imediata de todas as acusações apresentadas contra ele.

3. Todo o indivíduo preso ou detido sob a acusação de uma infração penal será prontamente conduzido perante um juiz ou outra autoridade habilitada pela lei a exercer funções judiciárias e deverá ser julgado num prazo razoável ou libertado. A detenção prisional de pessoas aguardando julgamento não deve ser regra geral, mas a sua libertação pode ser subordinada a garantir que assegurem a presença do interessado no julgamento

em qualquer outra fase do processo e, se for caso disso, para execução da sentença.

4. Todo o indivíduo que se encontrar privado de liberdade por prisão ou detenção terá o direito de intentar um recurso perante um tribunal, a fim de que este estatua sem demora sobre a legalidade da sua detenção e ordene a sua libertação se a detenção for ilegal.

5. Todo o indivíduo vítima de prisão ou de detenção ilegal terá direito a compensação.

Artigo 10º

1. Todos os indivíduos privados da sua liberdade devem ser tratados com humanidade e com respeito da dignidade inerente à pessoa humana.

2. *a*) Pessoas sob acusação serão, salvo circunstâncias excecionais, separadas dos condenados e submetidas a um regime distinto, apropriado à sua condição de pessoas não condenadas;

b) Jovens sob detenção serão separados de adultos e o seu caso será decidido o mais rapidamente possível.

3. O regime penitenciário comportará tratamento dos reclusos cujo fim essencial é a sua emenda e a sua recuperação social. Delinquentes jovens serão separados dos adultos e submetidos a um regime apropriado à sua idade e ao seu estatuto legal.

Artigo 11º

Ninguém pode ser aprisionado pela única razão de que não está em situação de executar uma obrigação contratual.

Artigo 12º

1. Todo o indivíduo legalmente no território de um Estado tem o direito de circular livremente e de aí escolher livremente a sua residência.

2. Todas as pessoas são livres de deixar qualquer país, incluindo o seu.

3. Os direitos mencionados acima não podem ser objeto de restrições, a não ser que estas estejam previstas na lei e sejam necessárias para proteger a segurança nacional, a ordem pública, a saúde ou a moralidade públicas ou os direitos e liberdades de outrem e sejam compatíveis com os outros direitos reconhecidos pelo presente Pacto.

4. Ninguém pode ser arbitrariamente privado do direito de entrar no seu próprio país.

Artigo 13º

Um estrangeiro que se encontre legalmente no território de um Estado Parte no presente Pacto não pode ser expulso, a não ser em cumprimento de uma decisão tomada em conformidade com a lei e, a menos que razões imperiosas de segurança nacional a isso se oponham, deve ter a possibilidade de fazer valer as razões que militam contra a sua expulsão e de fazer examinar o seu caso pela autoridade competente ou por uma ou várias pessoas especialmente designadas pela dita autoridade, fazendo se representar para esse fim.

Artigo 14º

1. Todos são iguais perante os tribunais de justiça. Todas as pessoas têm direito a que a sua causa seja ouvida equitativa e publicamente por um tribunal competente, independente e imparcial, estabelecido pela lei, que decidirá quer do bem fundado de qualquer acusação em matéria penal dirigida contra elas, quer das contestações sobre os seus direitos e obrigações de caráter civil. As audições à porta fechada podem ser determinadas durante a totalidade ou uma parte do processo, seja no interesse dos bons costumes, da ordem pública ou da segurança nacional numa sociedade democrática, seja quando o interesse da vida privada das partes em causa o exija, seja ainda na medida em que o tribunal o considerar absolutamente necessário, quando, por motivo das circunstâncias particulares do caso, a publicidade prejudicasse os interesses da justiça; todavia, qualquer sentença pronunciada em matéria penal ou civil será publicada, salvo se o interesse de menores exigir que se proceda de outra forma ou se o processo respeitar a diferendos matrimoniais ou à tutela de crianças.

2. Qualquer pessoa acusada de infração penal é de direito presumida inocente até que a sua culpabilidade tenha sido legalmente estabelecida.

3. Qualquer pessoa acusada de uma infração penal terá direito, em plena igualdade, pelo menos às seguintes garantias:

a) A ser prontamente informada, numa língua que compreenda, de modo detalhado, acerca da natureza e dos motivos da acusação apresentada contra ela;

b) A dispor do tempo e das facilidades necessárias para a preparação da defesa e a comunicar com um advogado da sua escolha;

c) A ser julgada sem demora excessiva;

d) A estar presente no processo e a defenderse a si própria ou a ter a assistência de um defensor da sua escolha; se não tiver defensor, a ser informada do seu direito de ter um e, sempre que o interesse da justiça o exigir, a serlhe atribuído um defensor oficioso a título gratuito no caso de não ter meios para o remunerar;

e) A interrogar ou fazer interrogar as testemunhas de acusação e a obter a comparência e o interrogatório das testemunhas de defesa nas mesmas condições das testemunhas de acusação;

f) A fazerse assistir gratuitamente de um intérprete, se não compreender ou não falar a língua utilizada no tribunal;

g) A não ser forçada a testemunhar contra si própria ou a confessarse culpada.

4. No processo aplicável às pessoas jovens a lei penal terá em conta a sua idade e o interesse que apresenta a sua reabilitação.

5. Qualquer pessoa declarada culpada de crime terá o direito de fazer examinar por uma jurisdição superior a declaração de culpabilidade e a sentença, em conformidade com a lei.

6. Quando uma condenação penal definitiva é ulteriormente anulada ou quando é concedido o indulto, porque um facto novo ou recentemente revelado prova concludentemente que se produziu um erro judiciário, a pessoa que cumpriu uma pena em virtude dessa condenação será indemnizada, em conformidade com a lei, a menos que se prove que a não revelação em tempo útil do facto desconhecido lhe é imputável no todo ou em parte.

7. Ninguém pode ser julgado ou punido novamente por motivo de uma infração da qual já foi absolvido ou pela qual já foi condenado por sentença definitiva, em conformidade com a lei e o processo penal de cada país.

Artigo 15º

1. Ninguém será condenado por atos ou omissões que não constituam um ato delituoso, segundo o Direito Nacional ou Internacional, no momento em que foram cometidos. Do mesmo modo não será aplicada nenhuma pena mais forte do que aquela que era aplicável no momento em que a infração foi cometida. Se posteriormente a esta infração a lei prevê a aplicação de uma pena mais ligeira, o delinquente deve beneficiar da alteração.

2. Nada no presente artigo se opõe ao julgamento ou à condenação de qualquer indivíduo por motivo de atos ou omissões que no momento em

que foram cometidos eram tidos por criminosos, segundo os princípios gerais de Direito reconhecidos pela comunidade das nações.

Artigo 16º

Toda e qualquer pessoa tem o direito ao reconhecimento, em qualquer lugar, da sua personalidade jurídica.

Artigo 17º

1. Ninguém será objeto de intervenções arbitrárias ou ilegais na sua vida privada, na sua família, no seu domicílio ou na sua correspondência, nem de atentados ilegais à sua honra e à sua reputação.

2. Toda e qualquer pessoa tem direito à proteção da lei contra tais intervenções ou tais atentados.

Artigo 18º

1. Toda e qualquer pessoa tem direito à liberdade de pensamento, de consciência e de religião; este direito implica a liberdade de ter ou de adotar uma religião ou uma convicção da sua escolha, bem como a liberdade de manifestar a sua religião ou a sua convicção, individualmente ou conjuntamente com outros, tanto em público como em privado, pelo culto, o cumprimento dos ritos, as práticas e o ensino.

2. Ninguém será objeto de pressões que atentem à sua liberdade de ter ou de adotar uma religião ou uma convicção da sua escolha.

3. A liberdade de manifestar a sua religião ou as suas convicções só pode ser objeto de restrições previstas na lei e que sejam necessárias à proteção da segurança, da ordem e da saúde públicas ou da moral e das liberdades e direitos fundamentais de outrem.

4. Os Estados Partes no presente Pacto comprometemse a respeitar a liberdade dos pais e, em caso disso, dos tutores legais a fazerem assegurar a educação religiosa e moral dos seus filhos e pupilos, em conformidade com as suas próprias convicções.

Artigo 19º

1. Ninguém pode ser inquietado pelas suas opiniões.

2. Toda e qualquer pessoa tem direito à liberdade de expressão; este direito compreende a liberdade de procurar, receber e expandir informações e ideias de toda a espécie, sem consideração de fronteiras, sob

forma oral ou escrita, impressa ou artística, ou por qualquer outro meio à sua escolha.

3. O exercício das liberdades previstas no parágrafo 2 do presente artigo comporta deveres e responsabilidades especiais. Pode, em consequência, ser submetido a certas restrições, que devem, todavia, ser expressamente fixadas na lei e que são necessárias:

a) Ao respeito dos direitos ou da reputação de outrem;

b) À salvaguarda da segurança nacional, da ordem pública, da saúde e da moralidade públicas.

Artigo 20º

1. Toda a propaganda em favor da guerra deve ser interdita pela lei.

2. Todo o apelo ao ódio nacional, racial e religioso que constitua uma incitação à discriminação, à hostilidade ou à violência deve ser interditado pela lei.

Artigo 21º

O direito de reunião pacífica é reconhecido. O exercício deste direito só pode ser objeto de restrições impostas em conformidade com a lei e que sejam necessárias numa sociedade democrática, no interesse da segurança nacional, da segurança pública, da ordem pública ou para proteger a saúde e a moralidade públicas ou os direitos e as liberdades de outrem.

Artigo 22º

1. Toda e qualquer pessoa tem o direito de se associar livremente com outras, incluindo o direito de constituir sindicatos e de a eles aderir para a proteção dos seus interesses.

2. O exercício deste direito só pode ser objeto de restrições previstas na lei e que são necessárias numa sociedade democrática, no interesse da segurança nacional, da segurança pública, da ordem pública e para proteger a saúde ou a moralidade pública ou os direitos e as liberdades de outrem. O presente artigo não impede de submeter a restrições legais o exercício deste direito por parte de membros das forças armadas e da polícia.

3. Nenhuma disposição do presente artigo permite aos Estados Partes na Convenção de 1948 da Organização Internacional do Trabalho respeitante à liberdade sindical e à proteção do direito sindical tomar medidas

legislativas que atentem – ou aplicar a lei de modo a atentar – contra as garantias previstas na dita Convenção.

Artigo 23º

1. A família é o elemento natural e fundamental da sociedade e tem direito à proteção da sociedade e do Estado.

2. O direito de se casar e de fundar uma família é reconhecido ao homem e à mulher a partir da idade núbil.

3. Nenhum casamento pode ser concluído sem o livre e pleno consentimento dos futuros esposos.

4. Os Estados Partes no presente Pacto tomarão as medidas necessárias para assegurar a igualdade dos direitos e das responsabilidades dos esposos em relação ao casamento, durante a constância do matrimónio e aquando da sua dissolução. Em caso de dissolução, serão tomadas disposições a fim de assegurar aos filhos a proteção necessária.

Artigo 24º

1. Qualquer criança, sem nenhuma discriminação de raça, cor, sexo, língua, religião, origem nacional ou social, propriedade ou nascimento, tem direito, da parte da sua família, da sociedade e do Estado, às medidas de proteção que exija a sua condição de menor.

2. Toda e qualquer criança deve ser registada imediatamente após o nascimento e ter um nome.

3. Toda e qualquer criança tem o direito de adquirir uma nacionalidade.

Artigo 25º

Todo o cidadão tem o direito e a possibilidade, sem nenhuma das discriminações referidas no artigo 2º e sem restrições excessivas:

a) De tomar parte na direção dos negócios públicos, diretamente ou por intermédio de representantes livremente eleitos;

b) De votar e ser eleito, em eleições periódicas, honestas, por sufrágio universal e igual e por escrutínio secreto, assegurando a livre expressão da vontade dos eleitores;

c) De aceder, em condições gerais de igualdade, às funções públicas do seu país.

Artigo 26º

Todas as pessoas são iguais perante a lei e têm direito, sem discriminação, a igual proteção da lei. A este respeito, a lei deve proibir todas as discriminações e garantir a todas as pessoas proteção igual e eficaz contra toda a espécie de discriminação, nomeadamente por motivos de raça, de cor, de sexo, de língua, de religião, de opinião política ou de qualquer outra opinião, de origem nacional ou social, de propriedade, de nascimento ou de qualquer outra situação.

Artigo 27º

Nos Estados em que existam minorias étnicas, religiosas ou linguísticas, as pessoas pertencentes a essas minorias não devem ser privadas do direito de ter, em comum com os outros membros do seu grupo, a sua própria vida cultural, de professar e de praticar a sua própria religião ou de empregar a sua própria língua.

QUARTA PARTE

Artigo 28º

1. É instituído um Comité dos Direitos do Homem (a seguir denominado Comité no presente Pacto). Este Comité é composto de dezoito membros e tem as funções definidas a seguir.

2. O Comité é composto de nacionais dos Estados Partes no presente Pacto, que devem ser personalidades de alta moralidade e possuidoras de reconhecida competência no domínio dos direitos do homem. Terseá em conta o interesse, que se verifique, da participação nos trabalhos do Comité de algumas pessoas que tenham experiência jurídica.

3. Os membros do Comité são eleitos e exercem funções a título pessoal.

Artigo 29º

1. Os membros do Comité serão eleitos, por escrutínio secreto, de uma lista de indivíduos com as habilitações previstas no artigo 28º e nomeados para esse fim pelos Estados Partes no presente Pacto.

2. Cada Estado Parte no presente Pacto pode nomear não mais de dois indivíduos, que serão seus nacionais.

3. Qualquer indivíduo será elegível à renomeação.

Artigo 30º

1. A primeira eleição terá lugar, o mais tardar, seis meses depois da data da entrada em vigor do presente Pacto.

2. Quatro meses antes, pelo menos, da data de qualquer eleição para o Comité, que não seja uma eleição em vista a preencher uma vaga declarada em conformidade com o artigo 34º, o Secretário -Geral da Organização das Nações Unidas convidará por escrito os Estados Partes no presente Pacto a designar, num prazo de três meses, os candidatos que eles propõem como membros do Comité.

3. O SecretárioGeral das Nações Unidas elaborará uma lista alfabética de todas as pessoas assim apresentadas, mencionando os Estados Partes que as nomearam, e comunicáláá aos Estados Partes no presente Pacto o mais tardar um mês antes da data de cada eleição.

4. Os membros do Comité serão eleitos no decurso de uma reunião dos Estados Partes no presente Pacto, convocada pelo SecretárioGeral das Nações Unidas na sede da Organização. Nesta reunião, em que o quórum é constituído por dois terços dos Estados Partes no presente Pacto, serão eleitos membros do Comité os candidatos que obtiverem o maior número de votos e a maioria absoluta dos votos dos representantes dos Estados Partes presentes e votantes.

Artigo 31º

1. O Comité não pode incluir mais de um nacional de um mesmo Estado.

2. Nas eleições para o Comité terseá em conta a repartição geográfica equitativa e a representação de diferentes tipos de civilização, bem como dos principais sistemas jurídicos.

Artigo 32º

1. Os membros do Comité são eleitos por quatro anos. São reelegíveis no caso de serem novamente propostos. Todavia, o mandato de nove membros eleitos aquando da primeira votação terminará ao fim de dois anos; imediatamente depois da primeira eleição, os nomes destes nove membros serão tirados à sorte pelo presidente da reunião referida no parágrafo 4 do artigo 30º

2. À data da expiração do mandato, as eleições terão lugar em conformidade com as disposições dos artigos precedentes da presente parte do Pacto.

Artigo 33º

1. Se, na opinião unânime dos outros membros, um membro do Comité cessar de cumprir as suas funções por qualquer causa que não seja por motivo de uma ausência temporária, o presidente do Comité informará o SecretárioGeral das Nações Unidas, o qual declarará vago o lugar que ocupava o dito membro.

2. Em caso de morte ou de demissão de um membro do Comité, o presidente informará imediatamente o SecretárioGeral das Nações Unidas, que declarará o lugar vago a contar da data da morte ou daquela em que a demissão produzir efeito.

Artigo 34º

1. Quando uma vaga for declarada em conformidade com o artigo 33º e se o mandato do membro a substituir não expirar nos seis meses que se seguem à data na qual a vaga foi declarada, o SecretárioGeral das Nações Unidas avisará os Estados Partes no presente Pacto de que podem designar candidatos num prazo de dois meses, em conformidade com as disposições do artigo 29º, com vista a prover a vaga.

2. O SecretárioGeral das Nações Unidas elaborará uma lista alfabética das pessoas assim apresentadas e comunicálaá aos Estados Partes no presente Pacto. A eleição destinada a preencher a vaga terá então lugar, em conformidade com as relevantes disposições desta parte do presente Pacto.

3. Um membro do Comité eleito para um lugar declarado vago, em conformidade com o artigo 33º, faz parte do Comité até à data normal de expiração do mandato do membro cujo lugar ficou vago no Comité, em conformidade com as disposições do referido artigo.

Artigo 35º

Os membros do Comité recebem, com a aprovação da Assembleia Geral das Nações Unidas, emolumentos provenientes dos recursos financeiros das Nações Unidas em termos e condições fixados pela Assembleia Geral, tendo em vista a importância das funções do Comité.

Artigo 36º

O SecretárioGeral das Nações Unidas porá à disposição do Comité o pessoal e os meios materiais necessários para o desempenho eficaz das funções que lhe são confiadas em virtude do presente Pacto.

Artigo 37º

1. O SecretárioGeral das Nações Unidas convocará a primeira reunião do Comité, na sede da Organização.

2. Depois da sua primeira reunião o Comité reunirseá em todas as ocasiões previstas no seu regulamento interno.

3. As reuniões do Comité terão normalmente lugar na sede da Organização das Nações Unidas ou no Departamento das Nações Unidas em Genebra.

Artigo 38º

Todos os membros do Comité devem, antes de entrar em funções, tomar, em sessão pública, o compromisso solene de cumprir as suas funções com imparcialidade e com consciência.

Artigo 39º

1. O Comité elegerá o seu secretariado por um período de dois anos. Os membros do secretariado são reelegíveis.

2. O Comité elaborará o seu próprio regulamento interno; este deve, todavia, conter, entre outras, as seguintes disposições:

a) O quórum é de doze membros;

b) As decisões do Comité são tomadas por maioria dos membros presentes.

Artigo 40º

1. Os Estados Partes no presente Pacto comprometemse a apresentar relatórios sobre as medidas que houverem tomado e deem efeito aos direitos nele consignados e sobre os progressos realizados no gozo destes direitos:

a) Dentro de um ano a contar da data de entrada em vigor do presente Pacto, cada Estado Parte interessado;

b) E ulteriormente, cada vez que o Comité o solicitar.

2. Todos os relatórios serão dirigidos ao SecretárioGeral das Nações Unidas, que os transmitirá ao Comité para apreciação. Os relatórios deverão indicar quaisquer fatores e dificuldades que afetem a execução das disposições do presente Pacto.

3. O SecretárioGeral das Nações Unidas pode, após consulta ao Comité, enviar às agências especializadas interessadas cópia das partes do relatório que possam ter relação com o seu domínio de competência.

4. O Comité estudará os relatórios apresentados pelos Estados Partes no presente Pacto, e dirigirá aos Estados Partes os seus próprios relatórios, bem como todas as observações gerais que julgar apropriadas. O Comité pode igualmente transmitir ao Conselho Económico e Social essas suas observações acompanhadas de cópias dos relatórios que recebeu de Estados Partes no presente Pacto.

5. Os Estados Partes no presente Pacto podem apresentar ao Comité os comentários sobre todas as observações feitas em virtude do parágrafo 4 do presente artigo.

Artigo 41º

1. Qualquer Estado Parte no presente Pacto pode, em virtude do presente artigo, declarar, a todo o momento, que reconhece a competência do Comité para receber e apreciar comunicações nas quais um Estado Parte pretende que um outro Estado Parte não cumpre as suas obrigações resultantes do presente Pacto. As comunicações apresentadas em virtude do presente artigo não podem ser recebidas e examinadas, a menos que emanem de um Estado Parte que fez uma declaração reconhecendo, no que lhe diz respeito, a competência do Comité. O Comité não receberá nenhuma comunicação que interesse a um Estado Parte que não fez uma tal declaração. O processo abaixo indicado aplicase em relação às comunicações recebidas em conformidade com o presente artigo:

a) Se um Estado Parte no presente Pacto julgar que um outro Estado igualmente Parte neste Pacto não aplica as respetivas disposições, pode chamar, por comunicação escrita, a atenção desse Estado sobre a questão. Num prazo de três meses a contar da receção da comunicação o Estado destinatário apresentará ao Estado que lhe dirigiu a comunicação explicações ou quaisquer outras declarações escritas elucidando a questão, que deverão incluir, na medida do possível e do útil, indicações sobre as regras de processo e sobre os meios de recurso, quer os já utilizados, quer os que estão em instância, quer os que permanecem abertos;

b) Se num prazo de seis meses a contar da data de receção da comunicação original pelo Estado destinatário, a questão não foi regulada satisfatoriamente para os dois Estados interessados, tanto um como o outro terão o direito de a submeter ao Comité, por meio de uma notificação feita ao Comité bem como ao outro Estado interessado;

c) O Comité só tomará conhecimento de um assunto que lhe é submetido depois de se ter assegurado de que todos os recursos internos disponíveis foram utilizados e esgotados, em conformidade com os princípios de Direito Internacional geralmente reconhecidos. Esta regra não se aplica nos casos em que os processos de recurso excedem prazos razoáveis;

d) O Comité realizará as suas audiências à porta fechada quando examinar as comunicações previstas no presente artigo;

e) Sob reserva das disposições da alínea *c*), o Comité põe os seus bons ofícios à disposição dos Estados Partes interessados, a fim de chegar a uma solução amigável da questão, fundamentandose no respeito dos direitos do homem e nas liberdades fundamentais, tais como os reconhece o presente Pacto;

f) Em todos os assuntos que lhe são submetidos o Comité pode pedir aos Estados Partes interessados visados na alínea *b*) que lhe forneçam todas as informações pertinentes;

g) Os Estados Partes interessados visados na alínea *b*) têm o direito de se fazer representar, aquando do exame da questão pelo Comité, e de apresentar observações oralmente e ou por escrito;

h) O Comité deverá apresentar um relatório num prazo de doze meses a contar do dia em que recebeu a notificação referida na alínea *b*):

i) Se uma solução pôde ser encontrada em conformidade com as disposições da alínea *e*), o Comité limitarseá, no seu relatório, a uma breve exposição dos factos e da solução encontrada;

ii) Se uma solução não pôde ser encontrada em conformidade com as disposições da alínea *e*), o Comité limitarseá, no seu relatório, a uma breve exposição dos factos; o texto das observações escritas e o processo verbal das observações orais apresentadas pelos Estados Partes interessados são anexados ao relatório.

Em todos os casos o relatório será comunicado aos Estados Partes interessados.

2. As disposições do presente artigo entrarão em vigor quando dez Estados Partes no presente Pacto fizerem a declaração prevista no parágrafo 1 do presente artigo. A dita declaração será deposta pelo Estado Parte junto do SecretárioGeral das Nações Unidas, que transmitirá cópia dela aos outros Estados Partes. Uma declaração pode ser retirada a todo o momento por meio de uma notificação dirigida ao SecretárioGeral. O retirar de uma comunicação não prejudica o exame de todas as questões que são objeto de uma comunicação já transmitida em virtude do presente artigo; nenhuma outra comunicação de um Estado Parte será aceite após

o SecretárioGeral ter recebido notificação de ter sido retirada a declaração, a menos que o Estado Parte interessado faça uma nova declaração.

Artigo 42º

1. *a*) Se uma questão submetida ao Comité em conformidade com o artigo 41º não foi regulada satisfatoriamente para os Estados Partes, o Comité pode, com o assentimento prévio dos Estados Partes interessados, designar uma comissão de conciliação *ad hoc* (a seguir denominada Comissão). A Comissão põe os seus bons ofícios à disposição dos Estados Partes interessados a fim de chegar a uma solução amigável da questão, baseada no respeito do presente Pacto;

b) A Comissão será composta de cinco membros nomeados com o acordo dos Estados Partes interessados. Se os Estados Partes interessados não conseguirem chegar a um entendimento sobre toda ou parte da composição da Comissão no prazo de três meses, os membros da Comissão relativamente aos quais não chegaram a acordo serão eleitos por escrutínio secreto de entre os membros do Comité, por maioria de dois terços dos membros do Comité.

2. Os membros da Comissão exercerão as suas funções a título pessoal. Não devem ser naturais nem dos Estados Partes interessados nem de um Estado que não é parte no presente Pacto, nem de um Estado Parte que não fez a declaração prevista no artigo 41º

3. A Comissão elegerá o seu presidente e adotará o seu regulamento interno.

4. A Comissão realizará normalmente as suas sessões na sede da Organização das Nações Unidas ou no Departamento das Nações Unidas em Genebra. Todavia, pode reunirse em qualquer outro lugar apropriado, o qual pode ser determinado pela Comissão em consulta com o Secretário-Geral das Nações Unidas e os Estados Partes interessados.

5. O secretariado previsto no artigo 36º presta igualmente os seus serviços às comissões designadas em virtude do presente artigo.

6. As informações obtidas e esquadrinhadas pelo Comité serão postas à disposição da Comissão e a Comissão poderá pedir aos Estados Partes interessados que lhe forneçam quaisquer informações complementares pertinentes.

7. Depois de ter estudado a questão sob todos os seus aspetos, mas em todo o caso num prazo mínimo de doze meses após têla admitido, a Comis-

são submeterá um relatório ao presidente do Comité para a transmissão aos Estados Partes interessados:

a) Se a Comissão não puder acabar o exame da questão dentro de doze meses, o seu relatório incluirá somente um breve apontamento indicando a que ponto chegou o exame da questão;

b) Se chegar a um entendimento amigável fundado no respeito dos direitos do homem reconhecidos no presente Pacto, a Comissão limitarseá a indicar brevemente no seu relatório os factos e o entendimento a que se chegou;

c) Se não chegar a um entendimento no sentido da alínea *b*), a Comissão fará figurar no seu relatório as suas conclusões sobre todas as matérias de facto relativas à questão debatida entre os Estados Partes interessados, bem como a sua opinião sobre as possibilidades de uma solução amigável do caso. O relatório incluirá igualmente as observações escritas e um processo verbal das observações orais apresentadas pelos Estados Partes interessados;

d) Se o relatório da Comissão for submetido em conformidade com a alínea *c*), os Estados Partes interessados farão saber ao presidente do Comité, num prazo de três meses após a receção do relatório, se aceitam ou não os termos do relatório da Comissão.

8. As disposições do presente artigo devem ser entendidas sem prejuízo das atribuições do Comité previstas no artigo 41º

9. Todas as despesas dos membros da Comissão serão repartidas igualmente entre os Estados Partes interessados, na base de estimativas fornecidas pelo SecretárioGeral das Nações Unidas.

10. O SecretárioGeral das Nações Unidas está habilitado, se necessário, a prover às despesas dos membros da Comissão antes de o seu reembolso ter sido efetuado pelos Estados Partes interessados, em conformidade com o parágrafo 9 do presente artigo.

Artigo 43º

Os membros do Comité e os membros das comissões de conciliação *ad hoc* que forem designados em conformidade com o artigo 42º têm direito às facilidades, privilégios e imunidades reconhecidos aos peritos em missões da Organização das Nações Unidas, conforme enunciados nas pertinentes secções da Convenção sobre os Privilégios e Imunidades das Nações Unidas.

Artigo 44º

As disposições relativas à execução do presente Pacto aplicam-se, sem prejuízo dos processos instituídos em matéria de direitos do homem, nos termos ou em virtude dos instrumentos constitutivos e das convenções da Organização das Nações Unidas e das agências especializadas e não impedem os Estados Partes de recorrer a outros processos para a solução de um diferendo, em conformidade com os acordos internacionais gerais ou especiais que os ligam.

Artigo 45º

O Comité apresentará cada ano à Assembleia Geral das Nações Unidas, por intermédio do Conselho Económico e Social, um relatório sobre os seus trabalhos.

QUINTA PARTE

Artigo 46º

Nenhuma disposição do presente Pacto pode ser interpretada em sentido limitativo das disposições da Carta das Nações Unidas e das constituições das agências especializadas que definem as respetivas responsabilidades dos diversos órgãos da Organização das Nações Unidas e das agências especializadas no que respeita às questões tratadas no presente Pacto.

Artigo 47º

Nenhuma disposição do presente Pacto será interpretada em sentido limitativo do direito inerente a todos os povos de gozar e usar plenamente das suas riquezas e recursos naturais.

SEXTA PARTE

Artigo 48º

1. O presente Pacto está aberto à assinatura de todos os Estados Membros da Organização das Nações Unidas ou membros de qualquer das agências especializadas, de todos os Estados Partes no Estatuto do Tribunal Inter-

nacional de Justiça, bem como de qualquer outro Estado convidado pela Assembleia Geral das Nações Unidas a tornarse parte no presente Pacto.

2. O presente Pacto está sujeito a ratificação e os instrumentos de ratificação serão depositados junto do SecretárioGeral das Nações-Unidas.

3. O presente Pacto será aberto à adesão de todos os Estados referidos no parágrafo 1 do presente artigo.

4. A adesão farseá pelo depósito de um instrumento de adesão junto do SecretárioGeral das Nações Unidas.

5. O SecretárioGeral das Nações Unidas informará todos os Estados que assinarem o presente Pacto ou que a ele aderirem acerca do depósito de cada instrumento de ratificação ou de adesão.

Artigo 49º

1. O presente Pacto entrará em vigor três meses após a data do depósito junto do SecretárioGeral das Nações Unidas no trigésimo quinto instrumento de ratificação ou de adesão.

2. Para cada um dos Estados que ratificarem o presente Pacto ou a ele aderirem, após o depósito do trigésimo quinto instrumento de ratificação ou adesão, o dito Pacto entrará em vigor três meses depois da data do depósito por parte desse Estado do seu instrumento de ratificação ou adesão.

Artigo 50º

As disposições do presente Pacto aplicamse sem limitação ou exceção alguma a todas as unidades constitutivas dos Estados federais.

Artigo 51º

1. Qualquer Estado Parte no presente Pacto pode propor uma emenda e depositar o respetivo texto junto do SecretárioGeral da Organização das Nações Unidas. O SecretárioGeral transmitirá então quaisquer projetos de emenda aos Estados Partes no presente Pacto, pedindolhes que indiquem se desejam a convocação de uma conferência de Estados Partes para examinar estes projetos e submetê los a votação. Se, pelo menos, um terço dos Estados se declarar a favor desta convenção, o SecretárioGeral convocará a conferência sob os auspícios da Organização das Nações Unidas. Qualquer emenda adotada pela maioria dos Estados presentes e votantes na conferência será submetida, para aprovação, à Assembleia Geral das Nações Unidas.

2. As emendas entrarão em vigor quando forem aprovadas pela Assembleia Geral das Nações Unidas e aceites, em conformidade com as respetivas leis constitucionais, por uma maioria de dois terços dos Estados Partes no presente Pacto.

3. Quando as emendas entrarem em vigor, elas serão obrigatórias para os Estados Partes que as aceitarem, ficando os outros Estados Partes ligados pelas disposições do presente Pacto e por todas as emendas anteriores que aceitarem.

Artigo 52º

Independentemente das notificações previstas no parágrafo 5 do artigo 48º, o SecretárioGeral das Nações Unidas informará todos os Estados referidos no parágrafo 1 do citado artigo:

a) Acerca de assinaturas apostas no presente Pacto e acerca de instrumentos de ratificação e de adesão depostos em conformidade com o artigo 48º;

b) Da data em que o presente Pacto entrar em vigor, em conformidade com o artigo 49º, e da data em que entrarão em vigor as emendas previstas no artigo 51º

Artigo 53º

1. O presente Pacto, cujos textos em inglês, chinês, espanhol, francês e russo fazem igualmente fé, será deposto nos arquivos da Organização das Nações Unidas.

2. O SecretárioGeral das Nações Unidas transmitirá uma cópia certificada do presente Pacto a todos os Estados visados no artigo 48º

3.2. Protocolo Facultativo Referente ao Pacto Internacional sobre os Direitos Civis e Políticos[1]

Os Estados Partes no presente Protocolo:

Considerando que, para melhor assegurar o cumprimento dos fins do Pacto Internacional sobre os Direitos Civis e Políticos (a seguir denominado «o Pacto») e a aplicação das suas disposições, conviria habilitar o Comité dos Direitos do Homem, constituído nos termos da quarta parte

[1] De 16 de dezembro de 1966. Aprovado, para adesão, pela Lei nº 13/82, de 15 de junho.

do Pacto (a seguir denominado «o Comité»), a receber e examinar, como se prevê no presente Protocolo, as comunicações provenientes de particulares que se considerem vítimas de uma violação dos direitos enunciados no Pacto,

acordam no seguinte:

Artigo 1º

Os Estados Partes no Pacto que se tornem partes no presente Protocolo reconhecem que o Comité tem competência para receber e examinar comunicações provenientes de particulares sujeitos à sua jurisdição que aleguem ser vítimas de uma violação, por esses Estados Partes, de qualquer dos direitos enunciados no Pacto. O Comité não recebe nenhuma comunicação respeitante a um Estado Parte no Pacto que não seja parte no presente Protocolo.

Artigo 2º

Ressalvado o disposto artigo 1º, os particulares que se considerem vítimas da violação de qualquer dos direitos enunciados no Pacto e que tenham esgotado todos os recursos internos disponíveis podem apresentar uma comunicação escrita ao Comité para que este a examine.

Artigo 3º

O Comité declarará irrecebíveis as comunicações apresentadas, em virtude do presente Protocolo, que sejam anónimas ou cuja apresentação considere constituir um abuso de direito ou considere incompatível com as disposições do Pacto.

Artigo 4º

1. Ressalvado o disposto no artigo 3º, o Comité levará as comunicações que lhe sejam apresentadas, em virtude do presente Protocolo, à atenção dos Estados Partes no dito Protocolo que tenham alegadamente violado qualquer disposição do Pacto.

2. Nos seis meses imediatos, os ditos Estados submeterão por escrito ao Comité as explicações ou declarações que esclareçam a questão e indicarão, se tal for o caso, as medidas que tenham tomado para remediar a situação.

Artigo 5º

1. O Comité examina as comunicações recebidas em virtude do presente Protocolo, tendo em conta todas as informações escritas que lhe são submetidas pelo particular e pelo Estado Parte interessado.

2. O Comité não examinará nenhuma comunicação de um particular sem se assegurar de que:

a) A mesma questão não está a ser examinada por outra instância internacional de inquérito ou de decisão;

b) O particular esgotou todos os recursos internos disponíveis. Esta regra não se aplica se os processos de recurso excederem prazos razoáveis.

3. O Comité realiza as suas sessões à porta fechada quando examina as comunicações previstas no presente Protocolo.

4. O Comité comunica as suas constatações ao Estado parte interessado e ao particular.

Artigo 6º

O Comité insere no relatório anual que elabora de acordo com o artigo 45º do Pacto um resumo das suas atividades previstas no presente Protocolo.

Artigo 7º

Enquanto se espera a realização dos objetivos da Resolução nº 1514 (XV), adotada pela Assembleia Geral das Nações Unidas em 14 de Dezembro de 1960, referente à Declaração sobre a Concessão de Independência aos Países e aos Povos Coloniais, o disposto no presente Protocolo em nada restringe o direito de petição concedido a estes povos pela Carta das Nações Unidas e por outras convenções e instrumentos internacionais concluídos sob os auspícios da Organização das Nações Unidas ou das suas instituições especializadas.

Artigo 8º

1. O presente Protocolo está aberto à assinatura dos Estados que tenham assinado o Pacto.

2. O presente Protocolo está sujeito à ratificação dos Estados que ratificaram o Pacto ou a ele aderiram. Os instrumentos de ratificação serão depositados junto do SecretárioGeral da Organização das Nações Unidas.

3. O presente Protocolo está aberto à adesão dos Estados que tenham ratificado o Pacto ou a que ele tenham aderido.

4. A adesão farseá através do depósito de um instrumento de adesão junto do SecretárioGeral da Organização das Nações Unidas.

5. O SecretárioGeral da Organização das Nações Unidas informa todos os Estados que assinaram o presente Protocolo ou que a ele aderiram do depósito de cada instrumento de adesão ou ratificação.

Artigo 9º

1. Sob ressalva da entrada em vigor do Pacto, o presente Protocolo entrará em vigor três meses após a data do depósito junto do Secretário-Geral da Organização das Nações Unidas do 10º instrumento de ratificação ou de adesão.

2. Para os Estados que ratifiquem o presente Protocolo ou a ele adiram após o depósito do 10º instrumento de ratificação ou de adesão, o dito Protocolo entrará em vigor três meses após a data do depósito por esses Estados do seu instrumento de ratificação ou de adesão.

Artigo 10º

O disposto no presente Protocolo aplicase, sem limitação ou exceção, a todas as unidades constitutivas dos Estados federais.

Artigo 11º

1. Os EstadosPartes no presente Protocolo podem propor alterações e depositar o respetivo texto junto do SecretárioGeral da Organização das Nações Unidas. O SecretárioGeral transmite todos os projetos de alterações aos Estados Partes no dito Protocolo, pedindo -lhes que indiquem se desejam a convocação de uma conferência de Estados Partes para examinar estes projetos e submetêlos a votação. Se pelo menos um terço dos Estados se declarar a favor desta convocação, o SecretárioGeral convoca a conferência sob os auspícios da Organização das Nações Unidas. As alterações adotadas pela maioria dos Estados presentes e votantes na conferência serão submetidas para aprovação à Assembleia Geral das Nações Unidas.

2. Estas alterações entram em vigor quando forem aprovadas pela Assembleia Geral das Nações Unidas e aceites, de acordo com as suas regras constitucionais respetivas, por uma maioria de dois terços dos Estados Partes no presente Protocolo.

3. Quando estas alterações entrarem em vigor tornamse obrigatórias para os Estados Partes que as aceitaram, continuando os outros Estados Partes ligados pelas disposições do presente Protocolo e pelas alterações anteriores que tenham aceitado.

Artigo 12º

1. Os Estados Partes podem, em qualquer altura, denunciar o presente Protocolo por notificação escrita dirigida ao SecretárioGeral da Organização das Nações Unidas. A denúncia produzirá efeitos três meses após a data em que o SecretárioGeral tenha recebido a notificação.

2. A denúncia não impedirá a aplicação das disposições do presente Protocolo às comunicações apresentadas em conformidade com o artigo 2º antes da data em que a denúncia produz efeitos.

Artigo 13º

Independentemente das notificações previstas no parágrafo 5 do artigo 8º do presente Protocolo, o SecretárioGeral da Organização das Nações Unidas informará todos os Estados referidos no parágrafo 1 do artigo 48º do Pacto:

a) Das assinaturas do presente Protocolo e dos instrumentos de ratificação e de adesão depositados de acordo com o artigo 8º;

b) Da data da entrada em vigor do presente Protocolo de acordo com o artigo 9º e da data da entrada em vigor das alterações previstas no artigo 11º;

c) Das denúncias feitas nos termos do artigo 12º

Artigo 14º

1. O presente Protocolo, cujos textos inglês, chinês, espanhol, francês e russo são igualmente válidos, será depositado nos arquivos da Organização das Nações Unidas.

2. O SecretárioGeral da Organização das Nações Unidas transmitirá uma cópia autenticada do presente Protocolo a todos os Estados referidos no artigo 48º do Pacto.

3.3. Protocolo Adicional nº 2 com vista à Abolição da Pena de Morte[1]

Os Estados Partes no presente Protocolo:

Convictos de que a abolição da pena de morte contribui para a promoção da dignidade humana e para o desenvolvimento progressivo dos direitos do homem;

Recordando o artigo 3º da Declaração Universal dos Direitos do Homem, adotada em 10 de dezembro de 1948, bem como o artigo 6º do Pacto Internacional sobre os Direitos Civis e Políticos, adotado em 16 de dezembro de 1966;

Tendo em conta que o artigo 6º do Pacto Internacional sobre os Direitos Civis e Políticos prevê a abolição da pena de morte em termos que sugerem sem ambiguidade que é desejável a abolição desta pena;

Convictos de que todas as medidas de abolição da pena de morte devem ser consideradas como um progresso no gozo do direito à vida;

Desejosos de assumir por este meio um compromisso internacional para abolir a pena de morte;

acordam no seguinte:

Artigo 1º

1. Nenhum indivíduo sujeito à jurisdição de um Estado Parte no presente Protocolo será executado.

2. Os Estados Partes devem tomar as medidas adequadas para abolir a pena de morte no âmbito da sua jurisdição.

Artigo 2º

1. Não é admitida qualquer reserva ao presente Protocolo, exceto a reserva formulada no momento da ratificação ou adesão prevendo a aplicação da pena de morte em tempo de guerra em virtude de condenação por infração penal de natureza militar de gravidade extrema cometida em tempo de guerra.

2. O Estado que formular uma tal reserva transmitirá ao Secretário-Geral das Nações Unidas, no momento da ratificação ou adesão, as disposições pertinentes da respetiva legislação nacional aplicável em tempo de guerra.

[1] Aprovado, para ratificação, pela Resolução da Assembleia da República nº 25/90, de 27 de setembro de 1990.

3. O Estado Parte que haja formulado uma tal reserva notificará o Secretário-Geral das Nações Unidas da declaração e do fim do estado de guerra no seu território.

Artigo 3º

Os Estados Partes no presente Protocolo devem informar, nos relatórios a submeter ao Comité dos Direitos do Homem, ao abrigo do artigo 40º do Pacto, das medidas adotadas para dar execução ao presente Protocolo.

Artigo 4º

Para os Estados Partes que hajam feito a declaração prevista no artigo 41º, a sua competência reconhecida ao Comité dos Direitos do Homem para receber e apreciar comunicações nas quais um Estado Parte pretende que um outro Estado Parte não cumpre as suas obrigações é extensiva às disposições do presente Protocolo, exceto se o Estado Parte em causa tiver feito uma declaração em contrário no momento da respetiva ratificação ou adesão.

Artigo 5º

Para os Estados Partes no (Primeiro) Protocolo Adicional ao Pacto Internacional sobre os Direitos Civis e Políticos, adotado em 16 de dezembro de 1966, a competência reconhecida ao Comité dos Direitos do Homem para receber e apreciar comunicações provenientes de particulares sujeitos à sua jurisdição é igualmente extensiva às disposições do presente Protocolo, exceto se o Estado Parte em causa tiver feito uma declaração em contrário no momento da respetiva ratificação ou adesão.

Artigo 6º

1. As disposições do presente Protocolo aplicam-se como disposições adicionais ao Pacto.

2. Sem prejuízo da possibilidade de formulação da reserva prevista no artigo 2º do presente Protocolo, o direito garantido no nº 1 do artigo 1º do presente Protocolo não pode ser objeto de qualquer derrogação ao abrigo do artigo 4º do Pacto.

Artigo 7º

1. O presente Protocolo está aberto à assinatura dos Estados que tenham assinado o Pacto.

2. O presente Protocolo está sujeito à ratificação dos Estados que ratificaram o Pacto ou a ele aderiram. Os instrumentos de ratificação serão depositados junto do Secretário-Geral da Organização das Nações Unidas.

3. O presente Protocolo está aberto à adesão dos Estados que tenham ratificado o Pacto ou a ele tenham aderido.

4. A adesão far-se-á através do depósito de um instrumento de adesão junto do Secretário-Geral da Organização das Nações Unidas.

5. O Secretário-Geral da Organização das Nações Unidas informa todos os Estados que assinaram o presente Protocolo ou que a ele aderiram do depósito de cada instrumento da ratificação ou adesão.

Artigo 8º

1. O presente Protocolo entrará em vigor três meses após a data do depósito junto do Secretário-Geral da Organização das Nações Unidas do 10º instrumento de ratificação ou de adesão.

2. Para os Estados que ratificarem o presente Protocolo ou a ele aderirem após o depósito do 10º instrumento de ratificação ou adesão, o dito Protocolo entrará em vigor três meses após a data do depósito por esses Estados do seu instrumento de ratificação ou de adesão.

Artigo 9º

O disposto no presente Protocolo aplica-se, sem limitação ou exceção, a todas as unidades constitutivas dos Estados federais.

Artigo 10º

O Secretário-Geral da Organização das Nações Unidas informará todos os Estados referidos no nº 1 do artigo 48º do Pacto:

a) Das reservas, comunicações e notificações recebidas nos termos do artigo 2º do presente Protocolo;

b) Das declarações feitas nos termos dos artigos 4º ou 5º do presente Protocolo;

c) Das assinaturas apostas ao presente Protocolo e dos instrumentos de ratificação e de adesão depositados nos termos do artigo 7º;

d) Da data de entrada em vigor do presente Protocolo, nos termos do artigo 8º

Artigo 11º

1. O presente Protocolo, cujos textos em inglês, árabe, chinês, espanhol, francês e russo são igualmente válidos, será depositado nos arquivos da Organização das Nações Unidas.

2. O Secretário-Geral da Organização das Nações Unidas transmitirá uma cópia autenticada do presente Protocolo a todos os Estados referidos no artigo 48º do Pacto.

4
Convenção Europeia dos Direitos do Homem e Protocolos Adicionais

4.1. Convenção Europeia para a Proteção dos Direitos do Homem e das Liberdades Fundamentais[1]

Os Governos signatários, Membros do Conselho da Europa:

Considerando a Declaração Universal dos Direitos do Homem proclamada pela Assembleia Geral das Nações Unidas em 10 de dezembro de 1948;

Considerando que esta Declaração se destina a assegurar o reconhecimento e aplicação universais e efetivos dos direitos nela enunciados;

[1] De 4 de novembro de 1950. Aprovada, para ratificação, bem como protocolos adicionais nºs 1, 2, 3, 4 e 5, pela Lei nº 65/78, de 13 de outubro. Texto oficial português, segundo a versão resultante do Protocolo nº 11, aprovado, para ratificação, pela Resolução da Assembleia da República nº 21/97, de 3 de maio de 1997. Esta versão ainda inclui as alterações introduzidas pelo Protocolo Adicional nº 14, aprovado pela Resolução da Assembleia da República nº 11/2006, de 21 de fevereiro de 2006.
Através do artigo 2º daquela lei foram formuladas as seguintes reservas à Convenção:
a) O artigo 5º da Convenção não obstará à prisão disciplinar imposta a militares, em conformidade com o Regulamento de Disciplina Militar, aprovado pelo Decreto-Lei nº 142/77, de 9 de abril;
b) O artigo 7º da Convenção não obstará à incriminação e julgamento dos agentes e responsáveis da PIDE/DGS, em conformidade com o disposto no artigo 309º da Constituição;
c) O artigo 10º da Convenção não impedirá que, por força do disposto no nº 6 do artigo 38º da Constituição, a televisão não possa ser objeto de propriedade privada;
d) O artigo 11º da Convenção não obstará à proibição do lock out, em conformidade com o disposto no artigo 60º da Constituição;
e) A alínea *b*) do nº 3 do artigo 4º da Convenção não obstará a que possa ser estabelecido um serviço cívico obrigatório, em conformidade com o disposto no artigo 276º da Constituição;
f) O artigo 11º da Convenção não obstará à proibição de organizações que perfilhem ideologia fascista em conformidade com o disposto no nº 4 do artigo 46º da Constituição.

Considerando que a finalidade do Conselho da Europa é realizar uma união mais estreita entre os seus membros e que um dos meios de alcançar esta finalidade é a proteção e o desenvolvimento dos direitos do homem e das liberdades fundamentais;

Reafirmando o seu profundo apego a estas liberdades fundamentais, que constituem as verdadeiras bases da justiça e da paz do mundo e cuja preservação repousa essencialmente, por um lado, num regime político verdadeiramente democrático e, por outro, numa conceção comum e no comum respeito dos direitos do homem;

Decididos, enquanto Governos de Estados europeus animados do mesmo espírito, possuindo um património comum de ideais e tradições políticas, de respeito pela liberdade e pelo primado do Direito, a tomar as primeiras providências apropriadas para assegurar a garantia coletiva de certo número de direitos enunciados na Declaração Universal:

convencionaram o seguinte:

Artigo 1º – Obrigação de respeitar os direitos do homem

As Altas Partes Contratantes reconhecem a qualquer pessoa dependente da sua jurisdição os direitos e liberdades definidos no título i da presente Convenção.

TÍTULO I – Direitos e liberdades

Artigo 2º – Direito à vida

1. O direito de qualquer pessoa à vida é protegido pela lei. Ninguém poderá ser intencionalmente privado da vida, salvo em execução de uma

E através do artigo 4º as seguintes reservas ao Protocolo adicional nº 1:
a) O artigo 1º do Protocolo não obsta a que, por força do disposto no artigo 82º da Constituição, as expropriações de latifundiários e de grandes proprietários e empresários ou acionistas possam não dar lugar a qualquer indemnização em termos a determinar por lei;
b) O artigo 2º do Protocolo nº 1 não obstará à não confessionalidade do ensino público e fiscalização pelo Estado do ensino particular, em conformidade com o disposto nos artigos 43º e 75º da Constituição, nem obstará à validade das disposições legais relativas à criação de escolas particulares, em conformidade com o disposto no artigo 75º da Constituição.
A Lei nº 12/87, de 7 de abril, retirou, porém, as reservas constantes das alíneas *c*), *d*), *e*) e *f*) do referido artigo 2º e as constantes do artigo 4º

sentença capital pronunciada por um tribunal, no caso de o crime ser punido com esta pena pela lei.

2. Não haverá violação do presente artigo quando a morte resulte de recurso à força, tornado absolutamente necessário:

a) Para assegurar a defesa de qualquer pessoa contra uma violência ilegal;

b) Para efetuar uma detenção legal ou para impedir a evasão de uma pessoa detida legalmente;

c) Para reprimir, em conformidade com a lei, uma revolta ou uma insurreição.

Artigo 3º – Proibição da tortura

Ninguém pode ser submetido a torturas, nem a penas ou tratamentos desumanos ou degradantes.

Artigo 4º – Proibição da escravatura e do trabalho forçado

1. Ninguém pode ser mantido em escravidão ou servidão.

2. Ninguém pode ser constrangido a realizar um trabalho forçado ou obrigatório.

3. Não será considerado «trabalho forçado ou obrigatório» no sentido do presente artigo:

a) Qualquer trabalho exigido normalmente a uma pessoa submetida a detenção nas condições previstas pelo artigo 5º da presente Convenção, ou enquanto estiver em liberdade condicional;

b) Qualquer serviço de caráter militar ou, no caso de objetores de consciência, nos países em que a objeção de consciência for reconhecida como legítima, qualquer outro serviço que substitua o serviço militar obrigatório;

c) Qualquer serviço exigido no caso de crise ou de calamidade que ameacem a vida ou o bem-estar da comunidade;

d) Qualquer trabalho ou serviço que fizer parte das obrigações cívicas normais.

Artigo 5º – Direito à liberdade e à segurança

1. Toda a pessoa tem direito à liberdade e segurança. Ninguém pode ser privado da sua liberdade, salvo nos casos seguintes e de acordo com o procedimento legal:

a) Se for preso em consequência de condenação por tribunal competente;

b) Se for preso ou detido legalmente, por desobediência a uma decisão tomada, em conformidade com a lei, por um tribunal, ou para garantir o cumprimento de uma obrigação prescrita pela lei;

c) Se for preso e detido a fim de comparecer perante a autoridade judicial competente, quando houver suspeita razoável de ter cometido uma infração, ou quando houver motivos razoáveis para crer que é necessário impedi-lo de cometer uma infração ou de se pôr em fuga depois de a ter cometido;

d) Se se tratar da detenção legal de um menor, feita com o propósito de o educar sob vigilância, ou da sua detenção legal com o fim de o fazer comparecer perante a autoridade competente;

e) Se se tratar da detenção legal de uma pessoa suscetível de propagar uma doença contagiosa, de um alienado mental, de um alcoólico, de um toxicómano ou de um vagabundo;

f) Se se tratar de prisão ou detenção legal de uma pessoa para lhe impedir a entrada ilegal no território ou contra a qual está em curso um processo de expulsão ou de extradição.

2. Qualquer pessoa presa deve ser informada, no mais breve prazo e em língua que compreenda, das razões da sua prisão e de qualquer acusação formulada contra ela.

3. Qualquer pessoa presa ou detida nas condições previstas no parágrafo 1, alínea *c*), do presente artigo deve ser apresentada imediatamente a um juiz ou outro magistrado habilitado pela lei para exercer funções judiciais e tem direito a ser julgado num prazo razoável, ou posta em liberdade durante o processo. A colocação em liberdade pode estar condicionada a uma garantia que assegure a comparência do interessado em juízo.

4. Qualquer pessoa privada da sua liberdade por prisão ou detenção tem direito a recorrer a um tribunal, a fim de que este se pronuncie, em curto prazo de tempo, sobre a legalidade da sua detenção e ordene a sua libertação, se a detenção for ilegal.

5. Qualquer pessoa vítima de prisão ou detenção em condições contrárias às disposições deste artigo tem direito à indemnização.

Artigo 6º – Direito a um processo equitativo

1. Qualquer pessoa tem direito a que a sua causa seja examinada, equitativa e publicamente, num prazo razoável por um tribunal independente e

imparcial, estabelecido pela lei, o qual decidirá, quer sobre a determinação dos seus direitos e obrigações de caráter civil, quer sobre o fundamento de qualquer acusação em matéria penal dirigida contra ela. O julgamento deve ser público, mas o acesso à sala de audiências pode ser proibido à imprensa ou ao público durante a totalidade ou parte do processo, quando a bem da moralidade, da ordem pública ou da segurança nacional, quando numa sociedade democrática os interesses de menores ou a proteção da vida privada das partes no processo o exigirem, ou, na medida julgada estritamente necessária pelo tribunal, quando, em circunstâncias especiais, a publicidade pudesse ser prejudicial para os interesses da justiça.

2. Qualquer pessoa acusada de uma infração presume-se inocente enquanto a sua culpabilidade não tiver sido legalmente provada.

3. O acusado tem, como mínimo, os seguintes direitos:

a) Ser informado no mais curto prazo, em língua que entenda e de forma minuciosa, da natureza e da causa da acusação contra ele formulada;

b) Dispor do tempo e dos meios necessários para a preparação da sua defesa;

c) Defender-se a si próprio ou ter a assistência de um defensor da sua escolha e, se não tiver meios para remunerar um defensor, poder ser assistido gratuitamente por um defensor oficioso, quando os interesses da justiça o exigirem;

d) Interrogar ou fazer interrogar as testemunhas de acusação e obter a convocação e o interrogatório das testemunhas de defesa nas mesmas condições que as testemunhas de acusação;

e) Fazer-se assistir gratuitamente por intérprete, se não compreender ou não falar a língua usada no processo.

Artigo 7º – Princípio da legalidade

1. Ninguém pode ser condenado por uma ação ou uma omissão que, no momento em que foi cometida, não constituía infração, segundo o Direito Nacional ou Internacional. Igualmente não pode ser imposta uma pena mais grave do que a aplicável no momento em que a infração foi cometida.

2. O presente artigo não invalidará a sentença ou a pena de uma pessoa culpada de uma ação ou de uma omissão que, no momento em que foi cometida, constituía crime segundo os princípios gerais de Direito reconhecidos pelas nações civilizadas.

Artigo 8º – Direito ao respeito pela vida privada e familiar

1. Qualquer pessoa tem direito ao respeito da sua vida privada e familiar, do seu domicílio e da sua correspondência.

2. Não pode haver ingerência da autoridade pública no exercício deste direito senão quando esta ingerência estiver prevista na lei e constituir uma providência que, numa sociedade democrática, seja necessária para a segurança nacional, para a segurança pública, para o bem-estar económico do país, a defesa da ordem e a prevenção das infrações penais, a proteção da saúde ou da moral, ou a proteção dos direitos e das liberdades de terceiros.

Artigo 9º – Liberdade de pensamento, de consciência e de religião

1. Qualquer pessoa tem direito à liberdade de pensamento, de consciência e de religião; este direito implica a liberdade de mudar de religião ou de crença, assim como a liberdade de manifestar a sua religião ou a sua crença, individual ou coletivamente, em público e em privado, por meio do culto, do ensino, de práticas e da celebração de ritos.

2. A liberdade de manifestar a sua religião ou convicções, individual ou coletivamente, não pode ser objeto de outras restrições senão as que, previstas na lei, constituírem disposições necessárias, numa sociedade democrática, à segurança pública, à proteção da ordem, da saúde e moral públicas, ou à proteção dos direitos e liberdades de outrem.

Artigo 10º – Liberdade de expressão

1. Qualquer pessoa tem direito à liberdade de expressão. Este direito compreende a liberdade de opinião e a liberdade de receber ou de transmitir informações ou ideais sem que possa haver ingerência de quaisquer autoridades públicas e sem considerações de fronteiras. O presente artigo não impede que os Estados submetam as empresas de radiodifusão, de cinematografia ou de televisão a um regime de autorização prévia.

2. O exercício destas liberdades, porquanto implica deveres e responsabilidades, pode ser submetido a certas formalidades, condições, restrições ou sanções, previstas pela lei, que constituam providências necessárias, numa sociedade democrática, para a segurança nacional, a integridade territorial ou a segurança pública, a defesa da ordem e a prevenção do crime, a proteção da saúde ou da moral, a proteção da honra ou dos direitos de outrem, para impedir a divulgação de informações confidenciais, ou para garantir a autoridade e a imparcialidade do poder judicial.

Artigo 11º – Liberdade de reunião e de associação

1. Qualquer pessoa tem direito à liberdade de reunião pacífica e à liberdade de associação, incluindo o direito de, com outrem, fundar e filiar-se em sindicatos para a defesa dos seus interesses.

2. O exercício deste direito só pode ser objeto de restrições que, sendo previstas na lei, constituírem disposições necessárias, numa sociedade democrática, para a segurança nacional, a segurança pública, a defesa da ordem e a prevenção do crime, a proteção da saúde ou da moral, ou a proteção dos direitos e das liberdades de terceiros. O presente artigo não proíbe que sejam impostas restrições legítimas ao exercício destes direitos aos membros das forças armadas, da polícia ou da administração do Estado.

Artigo 12º – Direito ao casamento

A partir da idade núbil, o homem e a mulher têm o direito de casar-se e de constituir família, segundo as leis nacionais que regem o exercício deste direito.

Artigo 13º – Direito a um recurso efetivo

Qualquer pessoa cujos direitos e liberdades reconhecidos na presente Convenção tiverem sido violados tem direito a recurso perante uma instância nacional, mesmo quando a violação tiver sido cometida por pessoas que atuarem no exercício das suas funções oficiais.

Artigo 14º – Proibição de discriminação

O gozo dos direitos e liberdades reconhecidos na presente Convenção deve ser assegurado sem quaisquer distinções, tais como as fundadas no sexo, raça, cor, língua, religião, opiniões políticas ou outras, a origem nacional ou social, a pertença a uma minoria nacional, a riqueza, o nascimento ou qualquer outra situação.

Artigo 15º – Derrogação em caso de estado de necessidade

1. Em caso de guerra ou de outro perigo público que ameace a vida da nação, qualquer Alta Parte Contratante pode tomar providências que derroguem as obrigações previstas na presente Convenção, na estrita medida em que o exigir a situação, e em que tais providências não estejam em contradição com as outras obrigações decorrentes do Direito Internacional.

2. A disposição precedente não autoriza nenhuma derrogação ao artigo 2º, salvo quanto ao caso de morte resultante de atos lícitos de guerra, nem aos artigos 3º, 4º (parágrafo 1) e 7º.

3. Qualquer Alta Parte Contratante que exercer este direito de derrogação manterá completamente informado o Secretário-Geral do Conselho da Europa das providências tomadas e dos motivos que as provocaram. Deverá igualmente informar o Secretário-Geral do Conselho da Europa da data em que essas disposições tiverem deixado de estar em vigor e da data em que as da Convenção voltarem a ter plena aplicação.

Artigo 16º – Restrições à atividade política dos estrangeiros

Nenhuma das disposições dos artigos 10º, 11º e 14º pode ser considerada como proibição às Altas Partes Contratantes de imporem restrições à atividade política dos estrangeiros.

Artigo 17º – Proibição do abuso de direito

Nenhuma das disposições da presente Convenção se pode interpretar no sentido de implicar para um Estado, grupo ou indivíduo qualquer direito de se dedicar a atividade ou praticar atos em ordem à destruição dos direitos ou liberdades reconhecidas na presente Convenção ou a maiores limitações de tais direitos e liberdades do que as previstas na Convenção.

Artigo 18º – Limitação da aplicação de restrições aos direitos

As restrições feitas nos termos da presente Convenção aos referidos direitos e liberdades só podem ser aplicadas para os fins que foram previstas.

TÍTULO II – Tribunal Europeu dos Direitos do Homem

Artigo 19º – Criação do Tribunal

A fim de assegurar o respeito pelos compromissos que resultam, para as Altas Partes Contratantes, da presente Convenção e dos seus protocolos, é criado um Tribunal Europeu dos Direitos do Homem, a seguir designado o Tribunal, o qual funcionará a título permanente.

Artigo 20º – Número de juízes

O Tribunal compõe-se de um número de juízes igual ao número de Altas Partes Contratantes.

Artigo 21º – Condições para o exercício de funções

1. Os juízes deverão gozar da mais alta reputação moral e reunir as condições requeridas para o exercício de altas funções judiciais ou ser jurisconsultos de reconhecida competência.

2. Os juízes exercem as suas funções a título individual.

3. Durante o respetivo mandato, os juízes não poderão exercer qualquer atividade incompatível com as exigências de independência, imparcialidade ou disponibilidade exigidas por uma atividade exercida a tempo inteiro. Qualquer questão relativa à aplicação do disposto no presente número é decidida pelo Tribunal.

Artigo 22º – Eleição dos juízes

Os juízes são eleitos pela Assembleia Parlamentar relativamente a cada Alta Parte Contratante, por maioria dos votos expressos, recaindo numa lista de três candidatos apresentados pela Alta Parte Contratante.

Artigo 23º – Duração do mandato e destituição

1. Os juízes são eleitos por um período de nove anos. Não são reelegíveis.

2. O mandato dos juízes cessará logo que estes atinjam a idade de 70 anos.

3. Os juízes permanecerão em funções até serem substituídos. Depois da sua substituição, continuarão a ocupar-se dos assuntos que já lhes tinham sido cometidos.

4. Nenhum juiz poderá ser afastado das suas funções, salvo se os restantes juízes decidirem, por maioria de dois terços, que o juiz em causa deixou de corresponder aos requisitos exigidos.

Artigo 24º – Secretaria e relatores

1. O Tribunal dispõe de uma secretaria, cujas tarefas e organização serão definidas no regulamento do Tribunal.

2. Sempre que funcionar enquanto tribunal singular, o Tribunal será assistido por relatores que exercerão as suas funções sob a autoridade do Presidente do Tribunal. Estes integram a secretaria do Tribunal.

Artigo 25º – Assembleia Plenária

O Tribunal, reunido em assembleia plenária:

a) Elegerá o seu presidente e um ou dois vice-presidentes por um período de três anos. Todos eles são reelegíveis;

b) Criará secções, que funcionarão por período determinado;
c) Elegerá os presidentes das secções do Tribunal, os quais são reelegíveis;
d) Adotará o regulamento do Tribunal;
e) Elegerá o secretário e um ou vários secretários-adjuntos;
f) Apresentará qualquer pedido nos termos do artigo 26º, nº 2.

Artigo 26º – Tribunal singular, *comités*, secções e tribunal pleno

1. Para o exame dos assuntos que lhe sejam submetidos, o Tribunal funcionará com juiz singular, em *comités* compostos por 3 juízes, em secções compostas por 7 juízes e em tribunal pleno composto por 17 juízes. As secções do tribunal constituem os *comités* por período determinado.

2. A pedido da Assembleia Plenária do Tribunal, o Comité de Ministros poderá, por decisão unânime e por período determinado, reduzir para cinco o número de juízes das secções.

3. Um juiz com assento na qualidade de juiz singular não procederá à apreciação de qualquer petição formulada contra a Alta Parte Contratante em nome da qual o juiz em causa tenha sido eleito.

4. O juiz eleito por uma Alta Parte Contratante que seja Parte no diferendo será membro de direito da secção e do tribunal pleno. Em caso de ausência deste juiz ou se ele não estiver em condições de intervir, uma pessoa escolhida pelo Presidente do Tribunal de uma lista apresentada previamente por essa Parte intervirá na qualidade de juiz.

5. Integram igualmente o tribunal pleno o presidente do Tribunal, os vice-presidentes, os presidentes das secções e outros juízes designados em conformidade ao regulamento do Tribunal. Se o assunto tiver sido deferido ao tribunal pleno nos termos do artigo 43º, nenhum juiz da secção que haja proferido a decisão poderá naquele intervir, salvo no que respeita ao presidente da secção e ao juiz que decidiu em nome da Alta Parte Contratante que seja Parte interessada.

Artigo 27º – Competência dos juízes singulares

1. Qualquer juiz singular pode declarar a inadmissibilidade ou mandar arquivar qualquer petição formulada nos termos do artigo 34º se essa decisão puder ser tomada sem posterior apreciação.

2. A decisão é definitiva.

3. Se o juiz singular não declarar a inadmissibilidade ou não mandar arquivar uma petição, o juiz em causa transmite-a a um *comité* ou a uma secção para fins de posterior apreciação.

Artigo 28º - Competência dos *comités*

1. Um *comité* que conheça de uma petição individual formulada nos termos do artigo 34º pode, por voto unânime:

a) Declarar a inadmissibilidade ou mandar arquivar a mesma sempre que essa decisão puder ser tomada sem posterior apreciação; ou

b) Declarar a admissibilidade da mesma e proferir ao mesmo tempo uma sentença quanto ao fundo sempre que a questão subjacente ao assunto e relativa à interpretação ou à aplicação da Convenção ou dos respetivos Protocolos for já objeto de jurisprudência bem firmada do Tribunal.

2. As decisões e sentenças previstas pelo nº 1 são definitivas.

3. Se o juiz eleito pela Alta Parte Contratante, Parte no litígio, não for membro do *comité*, o *comité* pode, em qualquer momento do processo, convidar o juiz em causa a ter assento no lugar de um dos membros do *comité*, tendo em consideração todos os fatores relevantes, incluindo a questão de saber se essa Parte contestou a aplicação do processo previsto no nº 1, alínea *b*).

Artigo 29º - Decisões das secções quanto à admissibilidade e ao fundo

1. Se nenhuma decisão tiver sido tomada nos termos dos artigos 27º ou 28º e se nenhuma sentença tiver sido proferida nos termos do artigo 28º, uma das secções pronunciar-se-á quanto à admissibilidade e ao fundo das petições individuais formuladas nos termos do artigo 34º A decisão quanto à admissibilidade pode ser tomada em separado.

2. Uma das secções pronunciar-se-á quanto à admissibilidade e ao fundo das petições estaduais formuladas nos termos do artigo 33º A decisão quanto à admissibilidade é tomada em separado, salvo deliberação em contrário do Tribunal relativamente a casos excecionais.

Artigo 30º - Devolução da decisão a favor do tribunal pleno

Se um assunto pendente numa secção levantar uma questão grave quanto à interpretação da Convenção ou dos seus protocolos, ou se a solução de um litígio puder conduzir a uma contradição com uma sentença já proferida pelo Tribunal, a secção pode, antes de proferir a sua sentença, devolver a decisão do litígio ao tribunal pleno, salvo se qualquer das partes do mesmo a tal se opuser.

Artigo 31º – Atribuições do tribunal pleno

O tribunal pleno:

a) Pronunciar-se-á sobre as petições formuladas nos termos do artigo 33º ou do artigo 34º, se a secção tiver cessado de conhecer de um assunto nos termos do artigo 30º ou se o assunto lhe tiver sido cometido nos termos do artigo 43º;

b) Pronunciar-se-á sobre as questões submetidas ao Tribunal pelo Comité de Ministros, nos termos do artigo 46º, nº 4; e

c) Apreciará os pedidos de parecer formulados nos termos do artigo 47º.

Artigo 32º – Competência do Tribunal

1. A competência do Tribunal abrange todas as questões relativas à interpretação e à aplicação da Convenção e dos respetivos protocolos que lhe sejam submetidas nas condições previstas pelos artigos 33º, 34º, 46º e 47º

2. O Tribunal decide sobre quaisquer contestações à sua competência.

Artigo 33º – Assuntos interestaduais

Qualquer Alta Parte Contratante pode submeter ao Tribunal qualquer violação das disposições da Convenção e dos seus protocolos que creia poder ser imputada a outra Alta Parte Contratante.

Artigo 34º – Petições individuais

O Tribunal pode receber petições de qualquer pessoa singular, organização não governamental ou grupo de particulares que se considere vítima de violação por qualquer Alta Parte Contratante dos direitos reconhecidos na Convenção ou nos seus protocolos. As Altas Partes Contratantes comprometem-se a não criar qualquer entrave ao exercício efetivo desse direito.

Artigo 35º – Condições de admissibilidade

1. O Tribunal só pode ser solicitado a conhecer de um assunto depois de esgotadas todas as vias de recurso internas, em conformidade com os princípios de Direito Internacional geralmente reconhecidos e num prazo de seis meses a contar da data de prolação da decisão interna definitiva.

2. O Tribunal não conhecerá de qualquer petição individual formulada em aplicação do disposto no artigo 34º se tal petição:

a) For anónima;

b) For, no essencial, idêntica a uma petição anteriormente examinada pelo Tribunal ou já submetida a outra instância internacional de inquérito ou de decisão e não contiver factos novos.

3. O Tribunal declarará a inadmissibilidade de qualquer petição individual formulada nos termos do artigo 34º sempre que considerar que:

a) A petição é incompatível com o disposto na Convenção ou nos seus Protocolos, é manifestamente mal fundada ou tem carácter abusivo; ou

b) O autor da petição não sofreu qualquer prejuízo significativo, salvo se o respeito pelos direitos do homem garantidos na Convenção e nos respetivos Protocolos exigir uma apreciação da petição quanto ao fundo e contanto que não se rejeite, por esse motivo, qualquer questão que não tenha sido devidamente apreciada por um tribunal interno.

4. O Tribunal rejeitará qualquer petição que considere inadmissível nos termos do presente artigo. O Tribunal poderá decidir nestes termos em qualquer momento do processo.

Artigo 36º – Intervenção de terceiros

1. Em qualquer assunto pendente numa secção ou no tribunal pleno, a Alta Parte Contratante da qual o autor da petição seja nacional terá o direito de formular observações por escrito ou de participar nas audiências.

2. No interesse da boa administração da justiça, o presidente do Tribunal pode convidar qualquer Alta Parte Contratante que não seja parte no processo ou qualquer outra pessoa interessada que não o autor da petição a apresentar observações escritas ou a participar nas audiências.

3. Em qualquer assunto pendente numa secção ou no tribunal pleno, o Comissário para os Direitos do Homem do Conselho da Europa poderá formular observações por escrito e participar nas audiências.

Artigo 37º – Arquivamento

1. O Tribunal pode decidir, em qualquer momento do processo, arquivar uma petição se as circunstâncias permitirem concluir que:

a) O requerente não pretende mais manter tal petição;

b) O litígio foi resolvido;

c) Por qualquer outro motivo constatado pelo Tribunal, não se justifica prosseguir a apreciação da petição.

Contudo, o Tribunal dará seguimento à apreciação da petição se o respeito pelos direitos do homem garantidos na Convenção e nos protocolos assim o exigir.

2. O Tribunal poderá decidir-se pelo desarquivamento de uma petição se considerar que as circunstâncias assim o justificam.

Artigo 38º – Apreciação contraditória do assunto

O Tribunal procederá a uma apreciação contraditória do assunto em conjunto com os representantes das Partes e, se for caso disso, realizará um inquérito para cuja eficaz condução as Altas Partes Contratantes interessadas fornecerão todas as facilidades necessárias.

Artigo 39º – Resoluções amigáveis

1. O Tribunal poderá, em qualquer momento do processo, colocar-se à disposição dos interessados com o objetivo de se alcançar uma resolução amigável do assunto, inspirada no respeito pelos direitos do homem como tais reconhecidos pela Convenção e pelos seus Protocolos.

2. O processo descrito no nº 1 do presente artigo é confidencial.

3. Em caso de resolução amigável, o Tribunal arquivará o assunto, proferindo, para o efeito, uma decisão que conterá uma breve exposição dos factos e da solução adotada.

4. Tal decisão será transmitida ao Comité de Ministros, o qual velará pela execução dos termos da resolução amigável tais como constam da decisão.

Artigo 40º – Audiência pública e acesso aos documentos

1. A audiência é pública, salvo se o Tribunal decidir em contrário por força de circunstâncias excecionais.

2. Os documentos depositados na secretaria ficarão acessíveis ao público, salvo decisão em contrário do presidente do Tribunal.

Artigo 41º – Reparação razoável

Se o Tribunal declarar que houve violação da Convenção ou dos seus protocolos e se o Direito Interno da Alta Parte Contratante não permitir senão imperfeitamente obviar às consequências de tal violação, o Tribunal atribuirá à parte lesada uma reparação razoável, se necessário.

Artigo 42º – Decisões das secções

As decisões tomadas pelas secções tornam-se definitivas em conformidade com o disposto no nº 2 do artigo 44º

Artigo 43º – Devolução ao tribunal pleno

1. Num prazo de três meses a contar da data da sentença proferida por uma secção, qualquer parte no assunto poderá, em casos excecionais, solicitar a devolução do assunto ao tribunal pleno.

2. Um coletivo composto por cinco juízes do tribunal pleno conhecerá da petição, se o assunto levantar uma questão grave quanto à interpretação ou à aplicação da Convenção ou dos seus protocolos ou ainda se levantar uma questão grave de caráter geral.

3. Se o coletivo aceitar a petição, o tribunal pleno pronunciar-se-á sobre o assunto por meio de sentença.

Artigo 44º – Sentenças definitivas

1. A sentença do tribunal pleno é definitiva.

2. A sentença de uma secção tornar-se-á definitiva:

a) Se as partes declararem que não solicitarão a devolução do assunto ao tribunal pleno;

b) Três meses após a data da sentença, se a devolução do assunto ao tribunal pleno não for solicitada;

c) Se o coletivo do tribunal pleno rejeitar a petição de devolução formulada nos termos do artigo 43º

3. A sentença definitiva será publicada.

Artigo 45º – Fundamentação das sentenças e das decisões

1. As sentenças, bem como as decisões que declarem a admissibilidade ou a inadmissibilidade das petições, serão fundamentadas.

2. Se a sentença não expressar, no todo ou em parte, a opinião unânime dos juízes, qualquer juiz terá o direito de lhe juntar uma exposição da sua opinião divergente.

Artigo 46º – Força vinculativa e execução das sentenças

1. As Altas Partes Contratantes obrigam-se a respeitar as sentenças definitivas do Tribunal nos litígios em que forem Partes.

2. A sentença definitiva do Tribunal será transmitida ao Comité de Ministros, o qual velará pela sua execução.

3. Sempre que o Comité de Ministros considerar que a supervisão da execução de uma sentença definitiva está a ser entravada por uma dificuldade de interpretação dessa sentença, poderá dar conhecimento ao Tribu-

nal a fim que o mesmo se pronuncie sobre essa questão de interpretação. A decisão de submeter a questão à apreciação do tribunal será tomada por maioria de dois terços dos seus membros titulares.

4. Sempre que o Comité de Ministros considerar que uma Alta Parte Contratante se recusa a respeitar uma sentença definitiva num litígio em que esta seja Parte, poderá, após notificação dessa Parte e por decisão tomada por maioria de dois terços dos seus membros titulares, submeter à apreciação do Tribunal a questão sobre o cumprimento, por essa Parte, da sua obrigação em conformidade com o nº 1.

5. Se o Tribunal constatar que houve violação do nº 1, devolverá o assunto ao Comité de Ministros para fins de apreciação das medidas a tomar. Se o Tribunal constatar que não houve violação do nº 1, devolverá o assunto ao Comité de Ministros, o qual decidir-se-á pela conclusão da sua apreciação.

Artigo 47º – Pareceres

1. A pedido do Comité de Ministros, o Tribunal pode emitir pareceres sobre questões jurídicas relativas à interpretação da Convenção e dos seus protocolos.

2. Tais pareceres não podem incidir sobre questões relativas ao conteúdo ou à extensão dos direitos e liberdades definidos no título I da Convenção e nos protocolos, nem sobre outras questões que, em virtude de recurso previsto pela Convenção, possam ser submetidas ao Tribunal ou ao Comité de Ministros.

3. A decisão do Comité de Ministros de solicitar um parecer ao Tribunal será tomada por voto maioritário dos seus membros titulares.

Artigo 48º – Competência consultiva do Tribunal

O Tribunal decidirá se o pedido de parecer apresentado pelo Comité de Ministros cabe na sua competência consultiva, tal como a define o artigo 47º.

Artigo 49º – Fundamentação dos pareceres

1. O parecer do Tribunal será fundamentado.

2. Se o parecer não expressar, no seu todo ou em parte, a opinião unânime dos juízes, qualquer juiz tem o direito de o fazer acompanhar de uma exposição com a sua opinião divergente.

3. O parecer do Tribunal será comunicado ao Comité de Ministros.

Artigo 50º – Despesas de funcionamento do Tribunal

As despesas de funcionamento do Tribunal serão suportadas pelo Conselho da Europa.

Artigo 51º – Privilégios e imunidades dos juízes

Os juízes gozam, enquanto no exercício das suas funções, dos privilégios e imunidades previstos no artigo 40º do Estatuto do Conselho da Europa e nos acordos concluídos em virtude desse artigo.

TÍTULO III – Disposições diversas

Artigo 52º – Inquéritos do Secretário-Geral

Qualquer Alta Parte Contratante deverá fornecer, a requerimento do Secretário-Geral do Conselho da Europa, os esclarecimentos pertinentes sobre a forma como o seu Direito Interno assegura a aplicação efetiva de quaisquer disposições desta Convenção.

Artigo 53º – Salvaguarda dos direitos do homem
reconhecidos por outra via

Nenhuma das disposições da presente Convenção será interpretada no sentido de limitar ou prejudicar os direitos do homem e as liberdades fundamentais que tiverem sido reconhecidos de acordo com as leis de qualquer Alta Parte Contratante ou de qualquer outra Convenção em que aquela seja parte.

Artigo 54º – Poderes do Comité de Ministros

Nenhuma das disposições da presente Convenção afeta os poderes conferidos ao Comité de Ministros pelo Estatuto do Conselho da Europa.

Artigo 55º – Renúncia a outras formas de resolução de litígios

As Altas Partes Contratantes renunciam reciprocamente, salvo acordo especial, a aproveitar-se dos tratados, convénios ou declarações que entre si existirem, com o fim de resolver, por via contenciosa, uma divergência de interpretação ou aplicação da presente Convenção por processo de solução diferente dos previstos na presente Convenção.

Artigo 56º – Aplicação territorial

1. Qualquer Estado pode, no momento da ratificação ou em qualquer outro momento ulterior, declarar, em notificação dirigida ao Secretário-Geral do Conselho da Europa, que a presente Convenção se aplicará, sob reserva do nº 4 do presente artigo, a todos os territórios ou a quaisquer dos territórios cujas relações internacionais assegura.

2. A Convenção será aplicada ao território ou territórios designados na notificação, a partir do trigésimo dia seguinte à data em que o Secretário-Geral do Conselho da Europa a tiver recebido.

3. Nos territórios em causa, as disposições da presente Convenção serão aplicáveis tendo em conta as necessidades locais.

4. Qualquer Estado que tiver feito uma declaração de conformidade com o primeiro parágrafo deste artigo pode, em qualquer momento ulterior, declarar que aceita, a respeito de um ou vários territórios em questão, a competência do Tribunal para aceitar petições de pessoas singulares, de organizações não governamentais ou de grupos de particulares, conforme previsto pelo artigo 34º da Convenção.

Artigo 57º – Reservas

1. Qualquer Estado pode, no momento da assinatura desta Convenção ou do depósito do seu instrumento de ratificação, formular uma reserva a propósito de qualquer disposição da Convenção, na medida em que uma lei então em vigor no seu território estiver em discordância com aquela disposição. Este artigo não autoriza reservas de caráter geral.

2. Toda a reserva feita em conformidade com o presente artigo será acompanhada de uma breve descrição da lei em causa.

Artigo 58º – Denúncia

1. Uma Alta Parte Contratante só pode denunciar a presente Convenção ao fim do prazo de cinco anos a contar da data da entrada em vigor da Convenção para a dita Parte, e mediante um pré-aviso de seis meses, feito em notificação dirigida ao Secretário-Geral do Conselho da Europa, o qual informará as outras Partes Contratantes.

2. Esta denúncia não pode ter por efeito desvincular a Alta Parte Contratante em causa das obrigações contidas na presente Convenção no que se refere a qualquer facto que, podendo constituir violação daquelas obrigações, tivesse sido praticado pela dita Parte anteriormente à data em que a denúncia produz efeito.

3. Sob a mesma reserva, deixará de ser parte na presente Convenção qualquer Alta Parte Contratante que deixar de ser membro do Conselho da Europa.

4. A Convenção poderá ser denunciada, nos termos dos parágrafos precedentes, em relação a qualquer território a que tiver sido declarada aplicável nos termos do artigo 56º

Artigo 59º – Assinatura e ratificação

1. A presente Convenção está aberta à assinatura dos membros do Conselho da Europa. Será ratificada. As ratificações serão depositadas junto do Secretário-Geral do Conselho da Europa.

2. A União Europeia poderá aderir à presente Convenção.

3. A presente Convenção entrará em vigor depois do depósito de dez instrumentos de ratificação.

4. Para todo o signatário que a ratifique ulteriormente a Convenção entrará em vigor no momento em que se realizar o depósito do instrumento de ratificação.

5. O Secretário-Geral do Conselho da Europa notificará todos os membros do Conselho da Europa da entrada em vigor da Convenção, dos nomes das Altas Partes Contratantes que a tiverem ratificado, assim como do depósito de todo o instrumento de ratificação que ulteriormente venha a ser feito.

4.2. Protocolo Adicional nº 1[1]

Os Governos signatários, membros do Conselho da Europa:

Resolvidos a tomar providências apropriadas para assegurar a garantia coletiva de direitos e liberdades, além dos que já figuram no título i da Convenção para a Proteção dos Direitos do Homem e das Liberdades Fundamentais, assinada em Roma em 4 de novembro de 1950 (abaixo designada «a Convenção»);

convieram no seguinte:

Artigo 1º – Proteção da propriedade

Qualquer pessoa singular ou coletiva tem direito ao respeito dos seus bens. Ninguém pode ser privado do que é sua propriedade a não ser por

[1] De 20 de março de 1952.

utilidade pública e nas condições previstas pela lei e pelos princípios gerais do Direito Internacional.

As condições precedentes entendem-se sem prejuízo do direito que os Estados possuem de pôr em vigor as leis que julguem necessárias para a regulamentação do uso dos bens, de acordo com o interesse geral, ou para assegurar o pagamento de impostos ou outras contribuições ou de multas.

Artigo 2º – Direito à instrução

A ninguém pode ser negado o direito à instrução. O Estado, no exercício das funções que tem de assumir no campo da educação e do ensino, respeitará o direito dos pais a assegurar aquela educação e ensino consoante as suas convicções religiosas e filosóficas.

Artigo 3º – Direito a eleições livres

As Altas Partes Contratantes obrigam-se a organizar, com intervalos razoáveis, eleições livres, por escrutínio secreto, em condições que assegurem a livre expressão da opinião do povo na eleição do órgão legislativo.

Artigo 4º – Aplicação territorial

Qualquer Alta Parte Contratante pode, no momento da assinatura ou da ratificação do presente Protocolo, ou em qualquer momento posterior, endereçar ao Secretário-Geral do Conselho da Europa uma declaração em que indique que as disposições do presente Protocolo se aplicam a territórios cujas relações internacionais assegura.

Qualquer Alta Parte Contratante que tiver feito uma declaração nos termos do parágrafo anterior pode, a qualquer momento, fazer uma nova declaração em que modifique os termos de qualquer declaração anterior ou em que ponha fim à aplicação do presente Protocolo em relação a qualquer dos territórios em causa.

Uma declaração feita em conformidade com o presente artigo será considerada como se tivesse sido feita em conformidade com o parágrafo 1 do artigo 56º da Convenção.

Artigo 5º – Relações com a Convenção

As Altas Partes Contratantes consideram os artigos 1º, 2º, 3º e 4º do presente Protocolo como adicionais à Convenção e todas as disposições da Convenção serão aplicadas em consequência.

Artigo 6º – Assinatura e ratificação

O presente Protocolo está aberto à assinatura dos membros do Conselho da Europa, signatários da Convenção; será ratificado ao mesmo tempo que a Convenção ou depois da ratificação desta. Entrará em vigor depois de depositados dez instrumentos de ratificação. Para qualquer signatário que a ratifique ulteriormente, o Protocolo entrará em vigor a partir do momento em que se fizer o depósito do instrumento de ratificação.

Os instrumentos de ratificação serão depositados junto do Secretário-Geral do Conselho da Europa, o qual participará a todos os Membros os nomes daqueles que o tiverem ratificado.

4.3. Protocolo Adicional nº 4[1]

Os Governos signatários, Membros do Conselho da Europa:

Resolvidos a tomar as providências apropriadas para assegurar a garantia coletiva de direitos e liberdades, além dos que já figuram no título i da Convenção para a Proteção dos Direitos do Homem e das Liberdades Fundamentais, assinada em Roma em 4 de novembro de 1950 (abaixo designada «a Convenção»), e nos artigos 1º e 3º do primeiro Protocolo Adicional à Convenção, assinado em Paris em 20 de março de 1952;

convieram no seguinte:

Artigo 1º – Proibição da prisão por dívidas

Ninguém pode ser privado da sua liberdade pela única razão de não poder cumprir uma obrigação contratual.

Artigo 2º – Liberdade de circulação

1. Qualquer pessoa que se encontra em situação regular em território de um Estado tem direito a nele circular livremente e a escolher livremente a sua residência.

2. Toda a pessoa é livre de deixar um país qualquer, incluindo o seu próprio.

3. O exercício destes direitos não pode ser objeto de outras restrições senão as que, previstas pela lei, constituem providências necessárias, numa sociedade democrática, para a segurança nacional, a segurança pública, a

[1] De 16 de setembro de 1963.

manutenção da ordem pública, a prevenção de infrações penais, a proteção da saúde ou da moral ou a salvaguarda dos direitos e liberdades de terceiros.

4. Os direitos reconhecidos no parágrafo 1 podem igualmente, em certas zonas determinadas, ser objeto de restrições que, previstas pela lei, se justifiquem pelo interesse público numa sociedade democrática.

Artigo 3º – Proibição da expulsão de nacionais

1. Ninguém pode ser expulso, em virtude de disposição individual ou coletiva, do território do Estado de que for cidadão.

2. Ninguém pode ser privado do direito de entrar no território do Estado de que for cidadão.

Artigo 4º – Proibição de expulsão coletiva de estrangeiros

São proibidas as expulsões coletivas de estrangeiros.

Artigo 5º – Aplicação territorial

1. Qualquer Alta Parte Contratante pode, no momento da assinatura ou ratificação do presente Protocolo, ou em qualquer outro momento posterior, comunicar ao Secretário-Geral do Conselho da Europa uma declaração na qual indique até que ponto se obriga a aplicar as disposições do presente Protocolo nos territórios que forem designados na dita declaração.

2. Qualquer Alta Parte Contratante que tiver feito uma declaração nos termos do parágrafo precedente pode, quando o desejar, fazer nova declaração para modificar os termos de qualquer declaração anterior ou para pôr fim à aplicação do presente Protocolo em relação a qualquer dos territórios em causa.

3. Uma declaração feita em conformidade com este artigo considerar-se-á como feita em conformidade com o parágrafo 1 do artigo 56º da Convenção.

4. O território de qualquer Estado a que o presente Protocolo se aplicar em virtude da sua ratificação ou da sua aceitação pelo dito Estado e cada um dos territórios aos quais o Protocolo se aplicar em virtude de declaração feita pelo mesmo Estado em conformidade com o presente artigo serão considerados como territórios diversos para os efeitos das referências ao território de um Estado contidas nos artigos 2º e 3º

5. Qualquer Estado que tiver feito uma declaração nos termos do nº 1 ou 2 do presente artigo poderá, em qualquer momento ulterior, declarar

que aceita, relativamente a um ou vários dos seus territórios referidos nessa declaração, a competência do Tribunal para conhecer das petições apresentadas por pessoas singulares, organizações não governamentais ou grupos de particulares, em conformidade com o artigo 34º da Convenção relativamente aos artigos 1º a 4º do presente Protocolo ou alguns de entre eles.

Artigo 6º – Relações com a Convenção

As Altas Partes Contratantes considerarão os artigos 1º a 5º deste Protocolo como artigos adicionais à Convenção e todas as disposições da Convenção se aplicarão em consequência.

Artigo 7º – Assinatura e ratificação

1. O presente Protocolo fica aberto à assinatura dos membros do Conselho da Europa, signatários da Convenção; será ratificado ao mesmo tempo que a Convenção ou depois da ratificação desta. Entrará em vigor quando tiverem sido depositados cinco instrumentos de ratificação. Para todo o signatário que o ratificar ulteriormente, o Protocolo entrará em vigor no momento em que depositar o seu instrumento de ratificação.

2. O Secretário-Geral do Conselho da Europa terá competência para receber o depósito dos instrumentos de ratificação e notificará todos os Membros dos nomes dos Estados que a tiverem ratificado.

4.4. Protocolo Adicional nº 6[1]

Os Estados Membros do Conselho da Europa, signatários do presente Protocolo à Convenção para a Proteção dos Direitos do Homem e das Liberdades Fundamentais, assinada em Roma em 4 de novembro de 1950 (daqui em diante designada «a Convenção»):

Considerando que a evolução verificada em vários Estados-membros do Conselho da Europa exprime uma tendência geral a favor da abolição da pena de morte;

acordaram o seguinte:

[1] De 28 de abril de 1983. Aprovado, para ratificação, pela Resolução da Assembleia da República nº 12/86, de 6 de junho.

Artigo 1º – Abolição da pena de morte

A pena de morte é abolida. Ninguém pode ser condenado a tal pena ou executado.

Artigo 2º – Pena de morte em tempo de guerra

Um Estado pode prever na sua legislação a pena de morte para atos praticados em tempo de guerra ou de perigo iminente de guerra; tal pena não será aplicada senão nos casos previstos por esta legislação e de acordo com as suas disposições. Este Estado comunicará ao Secretário-Geral do Conselho da Europa as disposições correspondentes da legislação em causa.

Artigo 3º – Proibição de derrogações

Não é permitida qualquer derrogação às disposições do presente Protocolo com fundamento no artigo 15º da Convenção.

Artigo 4º – Proibição de reservas

Não são admitidas reservas às disposições do presente Protocolo com fundamento no artigo 57º da Convenção.

Artigo 5º – Aplicação territorial

1. Qualquer Estado pode, no momento da assinatura ou no momento do depósito do seu instrumento de ratificação, de aceitação ou de aprovação, designar o território ou os territórios a que se aplicará o presente Protocolo.

2. Qualquer Estado pode, em qualquer momento posterior, mediante declaração dirigida ao Secretário-Geral do Conselho da Europa, alargar a aplicação deste Protocolo a qualquer outro território designado na sua declaração. O Protocolo entrará em vigor, no que respeita a esse território, no primeiro dia do mês seguinte à data de receção da declaração pelo Secretário-Geral.

3. Qualquer declaração feita em aplicação dos dois números anteriores poderá ser retirada, relativamente a qualquer território designado nessa declaração, mediante notificação dirigida ao Secretário-Geral. A retirada produzirá efeito no primeiro dia do mês seguinte à data da receção da notificação pelo Secretário-Geral.

Artigo 6º – Relações com a Convenção

Os Estados Partes consideram os artigos 1º a 5º do presente Protocolo como artigos adicionais à Convenção e, consequentemente, todas as disposições da Convenção são aplicáveis.

Artigo 7º – Assinatura e ratificação

Este Protocolo fica aberto à assinatura dos Estados Membros do Conselho da Europa signatários da Convenção. Será submetido a ratificação, aceitação ou aprovação. Um Estado membro do Conselho da Europa não poderá ratificar, aceitar ou aprovar este Protocolo sem ter simultânea ou anteriormente ratificado a Convenção. Os instrumentos de ratificação, aceitação ou aprovação serão depositados junto do Secretário-Geral do Conselho da Europa.

Artigo 8º – Entrada em vigor

1. O presente Protocolo entrará em vigor no primeiro dia do mês seguinte à data em que cinco Estados membros do Conselho da Europa tenham exprimido o seu consentimento em ficarem vinculados pelo Protocolo, em conformidade com as disposições do artigo 7º

2. Relativamente a qualquer Estado membro que exprima posteriormente o seu consentimento em ficar vinculado pelo Protocolo, este entrará em vigor no primeiro dia do mês seguinte à data de depósito do instrumento de ratificação, de aceitação ou de aprovação.

Artigo 9º – Funções do depositário

O Secretário-Geral do Conselho da Europa notificará aos Estados membros do Conselho:

a) Qualquer assinatura;

b) O depósito de qualquer instrumento de ratificação, de aceitação ou de aprovação;

c) Qualquer data de entrada em vigor do presente Protocolo, em conformidade com os artigos 5º e 8º;

d) Qualquer outro ato, notificação ou comunicação relativos ao presente Protocolo.

4.5. Protocolo nº 7[1]

Os Estados Membros do Conselho da Europa, signatários do presente Protocolo:

Decididos a tomar novas providências apropriadas para assegurar a garantia coletiva de certos direitos e liberdades pela Convenção para a Proteção dos Direitos do Homem e das Liberdades Fundamentais, assinada em Roma em 4 de novembro de 1950 (abaixo designada «a Convenção»);

convieram no seguinte:

Artigo 1º – Garantias processuais em caso de expulsão de estrangeiros

1. Um estrangeiro que resida legalmente no território de um Estado não pode ser expulso, a não ser em cumprimento de uma decisão tomada em conformidade com a lei e deve ter a possibilidade de:

a) Fazer valer as razões que militam contra a sua expulsão;

b) Fazer examinar o seu caso; e

c) Fazer-se representar, para esse fim, perante a autoridade competente ou perante uma ou várias pessoas designadas por essa autoridade.

2. Um estrangeiro pode ser expulso antes do exercício dos direitos enumerados no nº 1, alíneas *a*), *b*) e *c*), deste artigo, quando essa expulsão seja necessária no interesse da ordem pública ou se funde em razões de segurança nacional.

Artigo 2º – Direito a um duplo grau de jurisdição em matéria penal

1. Qualquer pessoa declarada culpada de uma infração penal por um tribunal tem o direito de fazer examinar por jurisdição superior a declaração de culpabilidade ou a condenação. O exercício deste direito, bem como os fundamentos pelos quais ele pode ser exercido, são regulados pela lei.

2. Este direito pode ser objeto de exceções em relação a infrações menores, definidas nos termos da lei, ou quando o interessado tenha sido julgado em primeira instância pela mais alta jurisdição ou declarado culpado e condenado no seguimento de recurso contra a sua absolvição.

Artigo 3º – Direito a indemnização em caso de erro judiciário

Quando uma condenação penal definitiva é ulteriormente anulada ou quando é concedido o indulto, porque um facto novo ou recentemente

[1] De 22 de novembro de 1984. Aprovado, para ratificação, pela Resolução da Assembleia da República nº 22/90, de 27 de setembro de 1990.

revelado prova que se produziu um erro judiciário, a pessoa que cumpriu uma pena em virtude dessa condenação será indemnizada, em conformidade com a lei ou com o processo em vigor no Estado em causa, a menos que se prove que a não revelação em tempo útil do facto desconhecido lhe é imputável no todo ou em parte.

Artigo 4º – Direito a não ser julgado ou punido mais de uma vez

1. Ninguém pode ser penalmente julgado ou punido pelas jurisdições do mesmo Estado por motivo de uma infração pela qual já foi absolvido ou condenado por sentença definitiva, em conformidade com a lei e o processo penal desse Estado.

2. As disposições do número anterior não impedem a reabertura do processo, nos termos da lei e do processo penal do Estado em causa, se factos novos ou recentemente revelados ou um vício fundamental no processo anterior puderem afetar o resultado do julgamento.

3. Não é permitida qualquer derrogação ao presente artigo, com fundamento no artigo 15º da Convenção.

Artigo 5º – Igualdade entre os cônjuges

Os cônjuges gozam de igualdade de direitos e de responsabilidades de caráter civil, entre si e nas relações com os seus filhos, em relação ao casamento, na constância do matrimónio e aquando da sua dissolução. O presente artigo não impede os Estados de tomarem as medidas necessárias no interesse dos filhos.

Artigo 6º – Aplicação territorial

1. Qualquer Estado pode, no momento da assinatura ou no momento do depósito do seu instrumento de ratificação, aceitação ou aprovação, designar o ou os territórios a que o presente Protocolo se aplicará e declarar em que medida se compromete a que as disposições do presente Protocolo sejam aplicadas nesse ou nesses territórios.

2. Qualquer Estado pode em qualquer momento ulterior e por meio de uma declaração, dirigida ao Secretário-Geral do Conselho da Europa, estender a aplicação do presente Protocolo a qualquer outro território designado nessa declaração. O Protocolo entrará em vigor, em relação a esse território, no primeiro dia do mês seguinte ao termo de um prazo de dois meses a partir da data de receção dessa declaração pelo Secretário-Geral.

3. Qualquer declaração feita nos termos dos números anteriores pode ser retirada ou modificada em relação a qualquer território nela designado, por meio de uma notificação dirigida ao Secretário-Geral. A retirada ou a modificação produz efeitos a partir do primeiro dia do mês seguinte ao termo de um prazo de dois meses após a data de receção da notificação pelo Secretário-Geral.

4. Uma declaração feita nos termos do presente artigo será considerada como tendo sido feita em conformidade com o nº 1 do artigo 56º da Convenção.

5. O território de qualquer Estado a que o presente Protocolo se aplica em virtude da sua ratificação, aceitação ou aprovação pelo referido Estado e cada um dos territórios a que o Protocolo se aplica, em virtude de uma declaração subscrita pelo referido Estado nos termos do presente artigo, podem ser considerados territórios distintos para os efeitos da referência ao território de um Estado, feita no artigo 1º

6. Qualquer Estado que tiver feito uma declaração em conformidade com o nº 1 ou 2 do presente artigo poderá, em qualquer momento ulterior, declarar que aceita, relativamente a um ou vários dos seus territórios referidos nessa declaração, a competência do Tribunal para conhecer das petições apresentadas por pessoas singulares, organizações não governamentais ou grupos de particulares, em conformidade com o artigo 34º da Convenção relativamente aos artigos 1º a 5º do presente Protocolo ou alguns de entre eles.

Artigo 7º – Relações com a Convenção

Os Estados consideram os artigos 1º a 6º do presente Protocolo como artigos adicionais à Convenção e todas as disposições da Convenção se aplicarão em consequência.

Artigo 8º – Assinatura e ratificação

O presente Protocolo fica aberto à assinatura dos Estados membros do Conselho da Europa, signatários da Convenção. Ficará sujeito a ratificação, aceitação ou aprovação. Nenhum Estado membro do Conselho da Europa poderá ratificar, aceitar ou aprovar o presente Protocolo sem ter, simultânea ou previamente, ratificado a Convenção. Os instrumentos de ratificação, de aceitação ou de aprovação serão depositados junto do Secretário-Geral do Conselho da Europa.

Artigo 9º – Entrada em vigor

1. O presente Protocolo entrará em vigor no primeiro dia do mês seguinte ao termo de um prazo de dois meses a partir da data em que sete Estados membros do Conselho da Europa tenham expressado o seu consentimento a estar vinculados pelo Protocolo nos termos do artigo 8º

2. Para o Estado membro que exprima ulteriormente o seu consentimento em ficar vinculado pelo Protocolo, este entrará em vigor no primeiro dia do mês seguinte ao termo de um prazo de dois meses a partir da data do depósito do instrumento de ratificação, aceitação ou aprovação.

Artigo 10º – Funções do depositário

O Secretário-Geral do Conselho da Europa notificará aos Estados membros do Conselho da Europa:

a) Qualquer assinatura;

b) O depósito de qualquer instrumento de ratificação, aceitação ou aprovação;

c) Qualquer data de entrada em vigor do presente Protocolo nos termos dos artigos 6º e 9º;

d) Qualquer outro ato, notificação ou declaração relacionados com o presente Protocolo.

4.6. Protocolo adicional nº 12[1]

Os Estados membros do Conselho da Europa, signatários do presente Protocolo:

Tendo em conta o princípio fundamental segundo o qual todas as pessoas são iguais perante a lei e têm direito a uma igual proteção da lei;

Resolvidos a adotar novas medidas tendentes a promover a igualdade entre todas as pessoas através da aplicação coletiva de uma proibição geral

[1] Aprovado pela Resolução da Assembleia da República nº 232/2016, de 25 de novembro, e ratificado pelo Decreto do Presidente da República nº 182/2016, de 25 de novembro.
Nota relativa à tradução: dando cumprimento à Resolução da Assembleia da República nº 39/2013, que recomenda a substituição da expressão «Direitos do Homem» pela expressão «Direitos Humanos», nomeadamente em textos para publicação e divulgação [alínea *a*) da referida resolução], efetuou-se essa substituição sempre que no texto é feita referência à primeira das duas expressões. Tal implicou alterar a designação, até ao momento utilizada, da Convenção, dos Protocolos e do Tribunal.

de discriminação prevista na Convenção para a Proteção dos Direitos Humanos e das Liberdades Fundamentais, assinada em Roma, em 4 de novembro de 1950 (doravante denominada «a Convenção»);

Reafirmando que o princípio da não-discriminação não impede os Estados Partes de adotarem medidas tendentes a promover uma igualdade plena e efetiva, desde que exista uma justificação objetiva e razoável para tais medidas;

acordam no seguinte:

Artigo 1º – Proibição geral de discriminação

1. O gozo de qualquer direito previsto por lei será assegurado sem discriminação designadamente em razão do sexo, da raça, da cor, da língua, da religião, da opinião política ou outra, da origem nacional ou social, da pertença a uma minoria nacional, da fortuna, do nascimento ou de qualquer outra situação.

2. Ninguém pode ser discriminado por uma autoridade pública, seja por que motivo for, incluindo os motivos referidos no nº 1.

Artigo 2º – Aplicação territorial

1. Qualquer Estado pode, aquando da assinatura ou do depósito do respetivo instrumento de ratificação, aceitação ou aprovação, especificar o ou os territórios aos quais se aplica o presente Protocolo.

2. Qualquer Estado pode, em qualquer momento posterior, mediante declaração dirigida ao Secretário-Geral do Conselho da Europa, estender a aplicação do presente Protocolo a qualquer outro território indicado na declaração. O Protocolo entra em vigor, para esse território, no 1º dia do mês seguinte ao termo de um período de três meses após a data de receção dessa declaração pelo Secretário-Geral.

3. Qualquer declaração feita, nos termos dos dois números anteriores, em relação a qualquer território nela indicado, pode ser retirada ou modificada mediante notificação dirigida ao Secretário-Geral do Conselho da Europa. A retirada ou modificação produz efeitos no primeiro dia do mês seguinte ao termo de um período de três meses após a data de receção da notificação pelo Secretário-Geral.

4. Qualquer declaração feita em conformidade com este artigo será considerada como tendo sido feita em conformidade com o nº 1 do artigo 56º da Convenção.

5. Qualquer Estado que tenha feito uma declaração nos termos dos nºs 1 ou 2 deste artigo pode, em qualquer momento posterior, em nome de um ou mais dos territórios indicados nessa declaração, declarar que aceita a competência do Tribunal para receber os pedidos apresentados por indivíduos, organizações não-governamentais ou grupos de indivíduos, tal como previsto no artigo 34º da Convenção, em relação ao artigo 1º do presente Protocolo.

Artigo 3º – Relação com a Convenção

Os Estados Partes considerarão os artigos 1º e 2º deste Protocolo como artigos adicionais à Convenção, aplicando-se, por conseguinte, todas as disposições da Convenção.

Artigo 4º – Assinatura e ratificação

O presente Protocolo está aberto à assinatura dos Estados membros do Conselho da Europa que assinaram a Convenção. Ele está sujeito a ratificação, aceitação ou aprovação. Um Estado membro do Conselho da Europa não pode ratificar, aceitar ou aprovar o presente Protocolo sem antes, ou simultaneamente, ter ratificado a Convenção. Os instrumentos de ratificação, aceitação ou aprovação serão depositados junto do Secretário-Geral do Conselho da Europa.

Artigo 5º – Entrada em vigor

1. O presente Protocolo entra em vigor no primeiro dia do mês seguinte ao termo de um período de três meses após a data em que 10 Estados membros do Conselho da Europa tenham manifestado o seu consentimento em ficarem vinculados pelo Protocolo, em conformidade com o disposto no artigo 4º.

2. Para qualquer Estado membro que manifeste posteriormente o seu consentimento em ficar vinculado por este Protocolo, este entra em vigor no 1º dia do mês seguinte ao termo de um período de três meses após a data do depósito do instrumento de ratificação, aceitação ou aprovação.

Artigo 6º – Funções do Depositário

O Secretário-Geral do Conselho da Europa notificará todos os Estados membros do Conselho da Europa:

a) De qualquer assinatura;

b) Do depósito de qualquer instrumento de ratificação, aceitação ou aprovação;

c) De qualquer data de entrada em vigor do presente Protocolo, em conformidade com os artigos 2º e 5º;

d) De qualquer outro ato, notificação ou comunicação relativos ao presente Protocolo.

Em fé do que os abaixo-assinados, devidamente autorizados para o efeito, assinaram o presente Protocolo.

Feito em Roma, em 4 de novembro de 2000, em francês e inglês, fazendo ambos os textos igualmente fé, num único exemplar, o qual será depositado nos arquivos do Conselho da Europa. O Secretário-Geral do Conselho da Europa remeterá uma cópia autenticada a cada um dos Estados membros do Conselho da Europa.

4.7. Protocolo Adicional nº 13[1]

Os Estados membros do Conselho da Europa, signatários do presente Protocolo:

Convictos de que o direito à vida é um valor fundamental numa sociedade democrática e que a abolição da pena de morte é essencial à proteção deste direito e ao pleno reconhecimento da dignidade inerente a todos os seres humanos;

Desejando reforçar a proteção do direito à vida garantido pela Convenção para a Proteção dos Direitos do Homem e das Liberdades Fundamentais, assinada em Roma em 4 de novembro de 1950 (a seguir designada «a Convenção»);

Tendo em conta que o Protocolo nº 6 à Convenção, relativo à abolição da pena de morte, assinado em Estrasburgo em 28 abril de 1983, não exclui a aplicação da pena de morte por atos cometidos em tempo de guerra ou de ameaça iminente de guerra;

Resolvidos a dar o último passo para abolir a pena de morte em quaisquer circunstâncias:

acordam no seguinte:

[1] Aprovado pela Resolução da Assembleia da República nº 44/2003, de 20 de março, e ratificado pelo Decreto do Presidente da República nº 33/2003, de 23 de maio.

Artigo 1º – Abolição da pena de morte

É abolida a pena de morte. Ninguém será condenado a tal pena, nem executado.

Artigo 2º – Proibição de derrogações

As disposições do presente Protocolo não podem ser objeto de qualquer derrogação ao abrigo do artigo 15º da Convenção.

Artigo 3º – Proibição de reservas

Não é admitida qualquer reserva ao presente Protocolo, formulada ao abrigo do artigo 57º da Convenção.

Artigo 4º – Aplicação territorial

1. Qualquer Estado pode, no momento da assinatura ou do depósito do respetivo instrumento de ratificação, aceitação ou aprovação, designar o território ou os territórios a que se aplicará o presente Protocolo.

2. Qualquer Estado pode, em qualquer momento ulterior, mediante declaração dirigida ao Secretário-Geral do Conselho da Europa, tornar extensiva a aplicação do presente Protocolo a qualquer outro território designado na declaração. O Protocolo entrará em vigor, para esse território, no 1º dia do mês seguinte ao decurso de um período de três meses após a data da receção da declaração pelo Secretário-Geral.

3. Qualquer declaração formulada nos termos dos dois números anteriores pode ser retirada ou modificada, no que respeita a qualquer território designado naquela declaração, mediante notificação dirigida ao Secretário-Geral. Tal retirada ou modificação produzirá efeito no 1º dia do mês seguinte ao decurso de um período de três meses após a data da receção da notificação pelo Secretário-Geral.

Artigo 5º – Relações com a Convenção

Os Estados Partes consideram as disposições dos artigos 1º a 4º do presente Protocolo adicionais à Convenção, aplicando-se-lhes, em consequência, todas as disposições da Convenção.

Artigo 6º – Assinatura e ratificação

O presente Protocolo está aberto à assinatura dos Estados membros do Conselho da Europa que tenham assinado a Convenção. O Protocolo está sujeito a ratificação, aceitação ou aprovação. Nenhum Estado membro do Conselho da Europa poderá ratificar, aceitar ou aprovar o presente Protocolo sem ter, simultânea ou anteriormente, ratificado, assinado ou aprovado a Convenção. Os instrumentos de ratificação, de aceitação ou de aprovação serão depositados junto do Secretário-Geral do Conselho da Europa.

Artigo 7º – Entrada em vigor

1. O presente Protocolo entrará em vigor no 1º dia do mês seguinte ao termo de um período de três meses após a data em que 10 Estados membros do Conselho da Europa tenham manifestado o seu consentimento em vincular-se pelo presente Protocolo, nos termos do disposto no seu artigo 6º

2. Para cada um dos Estados membros que manifestarem ulteriormente o seu consentimento em vincular-se pelo presente Protocolo, este entrará em vigor no 1º dia do mês seguinte ao termo de um período de três meses após a data do depósito, por parte desse Estado, do seu instrumento de ratificação, de aceitação ou de aprovação.

Artigo 8º – Funções do depositário

O Secretário-Geral do Conselho da Europa notificará todos os Estados membros do Conselho da Europa:

a) De qualquer assinatura;

b) Do depósito de qualquer instrumento de ratificação, de aceitação ou de aprovação;

c) De qualquer data de entrada em vigor do presente Protocolo, nos termos dos artigos 4º e 7º;

d) De qualquer outro ato, notificação ou comunicação relativos ao presente Protocolo.

Em fé do que, os abaixo-assinados, devidamente autorizados para o efeito, assinaram o presente Protocolo.

Feito em Vilnius, em 3 de Maio de 2002, em francês e em inglês, fazendo ambos os textos igualmente fé, num único exemplar que será depositado nos arquivos do Conselho da Europa. O Secretário-Geral do Conselho da Europa transmitirá cópia autenticada do presente Protocolo a todos os Estados membros.

4.8. Protocolo Adicional nº 15[1]

PREÂMBULO

Os Estados membros do Conselho da Europa e as outras Altas Partes Contratantes na Convenção para a Proteção dos Direitos Humanos e das Liberdades Fundamentais, assinada em Roma, em 4 de novembro de 1950 (doravante denominada «a Convenção»), signatários do presente Protocolo:

Tendo em conta a declaração adotada na Conferência de Alto Nível sobre o Futuro do Tribunal Europeu dos Direitos Humanos, que decorreu em Brighton nos dias 19 e 20 de abril de 2012, bem como as declarações adotadas nas conferências que se realizaram em Interlaken nos dias 18 e 19 de fevereiro de 2010 e, em Esmirna, nos dias 26 e 27 de abril de 2011;

Tendo em conta o parecer nº 283 (2013) adotado pela Assembleia Parlamentar do Conselho da Europa de 26 de abril de 2013;

Considerando a necessidade de garantir que o Tribunal Europeu dos Direitos Humanos (doravante denominado «o Tribunal») pode continuar a desempenhar o seu papel proeminente na proteção dos Direitos Humanos na Europa;

acordam no seguinte:

Artigo 1º

No fim do preâmbulo da Convenção, é aditado um novo considerando, cuja redação é a seguinte:

«Afirmando que, em conformidade com o princípio da subsidiariedade, incumbe em primeiro lugar às Altas Partes Contratantes assegurar os direitos e liberdades definidos nesta Convenção e nos respetivos Protocolos, e que ao fazê-lo elas gozam de uma margem de apreciação, sob a supervisão do Tribunal Europeu dos Direitos Humanos criado por esta Convenção,»

[1] Aprovado pela Resolução da Assembleia da República nº 231/2016, de 25 de novembro, e ratificado pelo Decreto do Presidente da República nº 101/2016, de 25 de novembro.
Nota relativa à tradução: dando cumprimento à Resolução da Assembleia da República nº 39/2013, que recomenda a substituição da expressão «Direitos do Homem» pela expressão «Direitos Humanos» nomeadamente em textos para publicação e divulgação [alínea *a*) da referida resolução], efetuou-se essa substituição sempre que no texto é feita referência à primeira das duas expressões. Tal implicou alterar a designação, até ao momento utilizada, da Convenção e do Protocolo.

Artigo 2º

1. É introduzido um novo nº 2 no artigo 21º da Convenção, cuja redação é a seguinte:

«Os candidatos deverão ter menos de 65 anos de idade à data em que a lista de três candidatos é solicitada pela Assembleia Parlamentar, em conformidade com o artigo 22º.»

2. Os nºs 2 e 3 do artigo 21º da Convenção passam a constituir, respetivamente, os nºs 3 e 4 do artigo 21º.

3. É eliminado o nº 2 do artigo 23º da Convenção. Os nºs 3 e 4 do artigo 23º passam a constituir, respetivamente, os nºs 2 e 3 do artigo 23º.

Artigo 3º

No artigo 30º da Convenção, é eliminada a expressão «salvo se qualquer das partes do mesmo a tal se opuser».

Artigo 4º

No nº 1 do artigo 35º da Convenção, a expressão «num prazo de seis meses» é substituída pela expressão «num prazo de quatro meses».

Artigo 5º

Na alínea *b*) do nº 3 do artigo 35º da Convenção, é eliminado o texto «e contanto que não se rejeite, por esse motivo, qualquer questão que não tenha sido devidamente apreciada por um tribunal interno».

DISPOSIÇÕES FINAIS E TRANSITÓRIAS

Artigo 6º

1. Este Protocolo está aberto à assinatura das Altas Partes Contratantes na Convenção que podem manifestar o seu consentimento em ficarem vinculados pela:

a) Assinatura sem reserva de ratificação, aceitação ou aprovação; ou

b) Assinatura sujeita a ratificação, aceitação ou aprovação, seguida de ratificação, aceitação ou aprovação.

2. Os instrumentos de ratificação, aceitação ou aprovação deverão ser depositados junto do Secretário-Geral do Conselho da Europa.

Artigo 7º

Este Protocolo entra em vigor no primeiro dia do mês seguinte ao termo de um período de três meses após a data em que todas as Altas Partes Contratantes na Convenção tenham manifestado o seu consentimento em ficarem vinculadas pelo Protocolo, em conformidade com o disposto no artigo 6º

Artigo 8º

1. As emendas introduzidas pelo artigo 2º deste Protocolo aplicam-se apenas aos candidatos nas listas apresentadas para a Assembleia Parlamentar pelas Altas Partes Contratantes ao abrigo do artigo 22º da Convenção após a entrada em vigor deste Protocolo.

2. A emenda introduzida pelo artigo 3º deste Protocolo não se aplica a nenhum caso pendente no qual uma das partes se tenha oposto antes da entrada em vigor deste Protocolo, a uma proposta de uma secção do Tribunal deferir a competência ao tribunal pleno.

3. O artigo 4º deste Protocolo entra em vigor a seguir ao termo de um período de seis meses após a data de entrada em vigor deste Protocolo. O artigo 4º deste Protocolo não se aplica às petições sobre as quais a decisão definitiva na aceção do nº 1 do artigo 35º da Convenção foi tomada antes da data de entrada em vigor do artigo 4º deste Protocolo.

4. Todas as outras disposições deste Protocolo aplicam-se a partir da data da sua entrada em vigor, em conformidade com o disposto no artigo 7º

Artigo 9º

O Secretário-Geral do Conselho da Europa deverá notificar todos os Estados membros do Conselho da Europa e as outras Altas Partes Contratantes na Convenção:

a) De qualquer assinatura;

b) Do depósito de qualquer instrumento de ratificação, aceitação ou aprovação;

c) Da data de entrada em vigor deste Protocolo em conformidade com o artigo 7º; e

d) De qualquer outro ato, notificação ou comunicação relativos a este Protocolo.

Em fé do que os abaixo-assinados, devidamente autorizados para o efeito, assinaram este Protocolo.

Feito em Estrasburgo, em 24 de junho de 2013, em francês e inglês, fazendo ambos os textos igualmente fé, num único exemplar, o qual deverá ser depositado nos arquivos do Conselho da Europa.

O Secretário-Geral do Conselho da Europa deverá remeter uma cópia autenticada a cada um dos Estados membros do Conselho da Europa e às outras Altas Partes Contratantes na Convenção.

5
Estatuto de Roma do Tribunal Penal Internacional[1]

PREÂMBULO

Os Estados Partes no presente Estatuto:

Conscientes de que todos os povos estão unidos por laços comuns e de que as suas culturas foram construídas sobre uma herança que partilham, e preocupados com o facto de este delicado mosaico poder vir a quebrar-se a qualquer instante;

Tendo presente que, no decurso deste século, milhões de crianças, homens e mulheres têm sido vítimas de atrocidades inimagináveis que chocam profundamente a consciência da Humanidade;

Reconhecendo que crimes de uma tal gravidade constituem uma ameaça à paz, à segurança e ao bem-estar da Humanidade;

Afirmando que os crimes de maior gravidade que afetam a comunidade internacional no seu conjunto não devem ficar impunes e que a sua repressão deve ser efetivamente assegurada através da adoção de medidas a nível nacional e do reforço da cooperação internacional;

Decididos a pôr fim à impunidade dos autores desses crimes e a contribuir assim para a prevenção de tais crimes;

[1] Aprovado pela Resolução da Assembleia da República nº 3/2002, de 18 de Janeiro, e ratificado pelo Decreto do Presidente da República nº 2/2002, de 18 de Janeiro. Com as alterações aprovadas pelas Resoluções da Assembleia da República nº 30/2017, nº 31/2017, de 20 de fevereiro, e ratificadas pelos Decretos do Presidente da República nº 20/2017 e nº 21/2017, de 20 de fevereiro. Também inclui a alteração introduzida pela resolução da Assembleia da República nº 134/2021, de 4 de maio.

Relembrando que é dever de todo o Estado exercer a respetiva jurisdição penal sobre os responsáveis por crimes internacionais;

Reafirmando os objetivos e princípios consignados na Carta das Nações Unidas e, em particular, que todos os Estados se devem abster de recorrer à ameaça ou ao uso da força contra a integridade territorial ou a independência política de qualquer Estado, ou de atuar por qualquer outra forma incompatível com os objetivos das Nações Unidas;

Salientando, a este propósito, que nada no presente Estatuto deverá ser entendido como autorizando qualquer Estado Parte a intervir num conflito armado ou nos assuntos internos de qualquer Estado;

Determinados em prosseguir este objetivo e, no interesse das gerações presentes e vindouras, a criar um tribunal penal internacional com caráter permanente e independente no âmbito do sistema das Nações Unidas, e com jurisdição sobre os crimes de maior gravidade que afetem a comunidade internacional no seu conjunto;

Sublinhando que o Tribunal Penal Internacional criado pelo presente Estatuto será complementar das jurisdições penais nacionais;

Decididos a garantir o respeito duradouro pela efetivação da justiça internacional;

convieram no seguinte:

CAPÍTULO I – Criação do Tribunal

Artigo 1º – O Tribunal

É criado, pelo presente instrumento, um Tribunal Penal Internacional («o Tribunal»). O Tribunal será uma instituição permanente, com jurisdição sobre as pessoas responsáveis pelos crimes de maior gravidade com alcance internacional, de acordo com o presente Estatuto, e será complementar das jurisdições penais nacionais.

A competência e o funcionamento do Tribunal reger-se-ão pelo presente Estatuto.

Artigo 2º – Relação do Tribunal com as Nações Unidas

A relação entre o Tribunal e as Nações Unidas será estabelecida através de um acordo a ser aprovado pela Assembleia dos Estados Partes no presente Estatuto e, seguidamente, concluído pelo presidente do Tribunal, em nome deste.

Artigo 3º – Sede do Tribunal

1. A sede do Tribunal será na Haia, Países Baixos («o Estado anfitrião»).

2. O Tribunal estabelecerá um acordo com o Estado anfitrião relativo à sede, a ser aprovado pela Assembleia dos Estados Partes e seguidamente concluído pelo presidente do Tribunal, em nome deste.

3. Sempre que entender conveniente, o Tribunal poderá funcionar noutro local, nos termos do presente Estatuto.

Artigo 4º – Estatuto legal e poderes do Tribunal

1. O Tribunal terá personalidade jurídica internacional. Possuirá, igualmente, a capacidade jurídica necessária ao desempenho das suas funções e à prossecução dos seus objetivos.

2. O Tribunal poderá exercer os seus poderes e funções, nos termos do presente Estatuto, no território de qualquer Estado Parte e, por acordo especial, no território de qualquer outro Estado.

CAPÍTULO II – Competência, admissibilidade e Direito aplicável

Artigo 5º – Crimes da competência do Tribunal

1. A competência do Tribunal restringir-se-á aos crimes mais graves que afetam a comunidade internacional no seu conjunto. Nos termos do presente Estatuto, o Tribunal terá competência para julgar os seguintes crimes:

a) O crime de genocídio;

b) Os crimes contra a Humanidade;

c) Os crimes de guerra;

d) O crime de agressão.

2. (Revogado).

Artigo 6º – Crime de genocídio

Para os efeitos do presente Estatuto, entende-se por «genocídio» qualquer um dos atos que a seguir se enumeram, praticado com intenção de destruir, no todo ou em parte, um grupo nacional, étnico, rácico ou religioso, enquanto tal:

a) Homicídio de membros do grupo;

b) Ofensas graves à integridade física ou mental de membros do grupo;

c) Sujeição intencional do grupo a condições de vida pensadas para provocar a sua destruição física, total ou parcial;

d) Imposição de medidas destinadas a impedir nascimentos no seio do grupo;

e) Transferência, à força, de crianças do grupo para outro grupo.

Artigo 7º – Crimes contra a Humanidade

1. Para os efeitos do presente Estatuto, entende-se por «crime contra a Humanidade» qualquer um dos atos seguintes, quando cometido no quadro de um ataque, generalizado ou sistemático, contra qualquer população civil, havendo conhecimento desse ataque:

a) Homicídio;

b) Extermínio;

c) Escravidão;

d) Deportação ou transferência à força de uma população;

e) Prisão ou outra forma de privação da liberdade física grave, em violação das normas fundamentais do Direito Internacional;

f) Tortura;

g) Violação, escravatura sexual, prostituição forçada, gravidez à força, esterilização à força ou qualquer outra forma de violência no campo sexual de gravidade comparável;

h) Perseguição de um grupo ou coletividade que possa ser identificado, por motivos políticos, raciais, nacionais, étnicos, culturais, religiosos ou de sexo, tal como definido no nº 3, ou em função de outros critérios universalmente reconhecidos como inaceitáveis em Direito Internacional, relacionados com qualquer ato referido neste número ou com qualquer crime da competência do Tribunal;

i) Desaparecimento forçado de pessoas;

j) Crime de *apartheid*;

k) Outros atos desumanos de caráter semelhante que causem intencionalmente grande sofrimento, ferimentos graves ou afetem a saúde mental ou física.

2. Para efeitos do nº 1:

a) Por «ataque contra uma população civil» entende-se qualquer conduta que envolva a prática múltipla de atos referidos no nº 1 contra uma população civil, de acordo com a política de um Estado ou de uma organização de praticar esses atos ou tendo em vista a prossecução dessa política;

b) O «extermínio» compreende a sujeição intencional a condições de vida, tais como a privação do acesso a alimentos ou medicamentos, com vista a causar a destruição de uma parte da população;

c) Por «escravidão» entende-se o exercício, relativamente a uma pessoa, de um poder ou de um conjunto de poderes que traduzam um direito de propriedade sobre uma pessoa, incluindo o exercício desse poder no âmbito do tráfico de pessoas, em particular mulheres e crianças;

d) Por «deportação ou transferência à força de uma população» entende-se a deslocação coativa de pessoas através da expulsão ou de outro ato coercivo, da zona em que se encontram legalmente, sem qualquer motivo reconhecido em direito internacional;

e) Por «tortura» entende-se o ato por meio do qual uma dor ou sofrimentos graves, físicos ou mentais, são intencionalmente causados a uma pessoa que esteja sob a custódia ou o controlo do arguido; este termo não compreende a dor ou os sofrimentos resultantes unicamente de sanções legais, inerentes a essas sanções ou por elas ocasionadas acidentalmente;

f) Por «gravidez à força» entende-se a privação de liberdade ilegal de uma mulher que foi engravidada à força, com o propósito de alterar a composição étnica de uma população ou de cometer outras violações graves do Direito Internacional. Esta definição não pode, de modo algum, ser interpretada como afetando as disposições de Direito Interno relativas à gravidez;

g) Por «perseguição» entende-se a privação intencional e grave de direitos fundamentais em violação do Direito Internacional por motivos relacionados com a identidade do grupo ou da coletividade em causa;

h) Por «crime de *apartheid*» entende-se qualquer ato desumano análogo aos referidos no nº 1, praticado no contexto de um regime institucionalizado de opressão e domínio sistemático de um grupo rácico sobre um ou outros e com a intenção de manter esse regime;

i) Por «desaparecimento forçado de pessoas» entende-se a detenção, a prisão ou o sequestro de pessoas por um Estado ou uma organização política, ou com a autorização, o apoio ou a concordância destes, seguidos de recusa em reconhecer tal estado de privação de liberdade ou a prestar qualquer informação sobre a situação ou localização dessas pessoas, com o propósito de lhes negar a proteção da lei por um longo período de tempo.

3. Para efeitos do presente Estatuto, entende-se que o termo «sexo» abrange os sexos masculino e feminino, dentro do contexto da sociedade, não lhe devendo ser atribuído qualquer outro significado.

Artigo 8º – Crimes de guerra

1. O Tribunal terá competência para julgar os crimes de guerra, em particular quando cometidos como parte integrante de um plano ou de uma política ou como parte de uma prática em larga escala desse tipo de crimes.

2. Para os efeitos do presente Estatuto, entende-se por «crimes de guerra»:

a) As violações graves às Convenções de Genebra, de 12 de agosto de 1949, a saber, qualquer um dos seguintes atos, dirigidos contra pessoas ou bens protegidos nos termos da Convenção de Genebra que for pertinente:

i) Homicídio doloso;

ii) Tortura ou outros tratamentos desumanos, incluindo as experiências biológicas;

iii) O ato de causar intencionalmente grande sofrimento ou ofensas graves à integridade física ou à saúde;

iv) Destruição ou apropriação de bens em larga escala, quando não justificadas por quaisquer necessidades militares e executadas de forma ilegal e arbitrária;

v) O ato de compelir um prisioneiro de guerra ou outra pessoa sob proteção a servir nas forças armadas de uma potência inimiga;

vi) Privação intencional de um prisioneiro de guerra ou de outra pessoa sob proteção do seu direito a um julgamento justo e imparcial;

vii) Deportação ou transferência, ou a privação de liberdade ilegais;

viii) Tomada de reféns;

b) Outras violações graves das leis e costumes aplicáveis em conflitos armados internacionais no quadro do Direito Internacional, a saber, qualquer um dos seguintes atos:

i) Atacar intencionalmente a população civil em geral ou civis que não participem diretamente nas hostilidades;

ii) Atacar intencionalmente bens civis, ou seja, bens que não sejam objetivos militares;

iii) Atacar intencionalmente pessoal, instalações, material, unidades ou veículos que participem numa missão de manutenção da paz ou de assistência humanitária, de acordo com a Carta das Nações Unidas, sempre que estes tenham direito à proteção conferida aos civis ou aos bens civis pelo Direito Internacional aplicável aos conflitos armados;

iv) Lançar intencionalmente um ataque, sabendo que o mesmo causará perdas acidentais de vidas humanas ou ferimentos na população civil, danos em bens de caráter civil ou prejuízos extensos, duradouros e graves no meio ambiente que se revelem claramente excessivos em relação à vantagem militar global concreta e direta que se previa;

v) Atacar ou bombardear, por qualquer meio, aglomerados populacionais, habitações ou edifícios que não estejam defendidos e que não sejam objetivos militares;

vi) Provocar a morte ou ferimentos a um combatente que tenha deposto armas ou que, não tendo meios para se defender, se tenha incondicionalmente rendido;

vii) Utilizar indevidamente uma bandeira de tréguas, a bandeira nacional, as insígnias militares ou o uniforme do inimigo ou das Nações Unidas, assim como os emblemas distintivos das Convenções de Genebra, causando deste modo a morte ou ferimentos graves;

viii) A transferência, direta ou indireta, por uma potência ocupante de parte da sua população civil para o território que ocupa ou a deportação ou transferência da totalidade ou de parte da população do território ocupado, dentro ou para fora desse território;

ix) Os ataques intencionais a edifícios consagrados ao culto religioso, à educação, às artes, às ciências ou à beneficência, monumentos históricos, hospitais e lugares onde se agrupem doentes e feridos, sempre que não se trate de objetivos militares;

x) Submeter pessoas que se encontrem sob o domínio de uma parte beligerante a mutilações físicas ou a qualquer tipo de experiências médicas ou científicas que não sejam motivadas por um tratamento médico, dentário ou hospitalar, nem sejam efetuadas no interesse dessas pessoas, e que causem a morte ou façam perigar seriamente a sua saúde;

xi) Matar ou ferir à traição pessoas pertencentes à nação ou ao exército inimigos;

xii) Declarar que não será dado abrigo;

xiii) Destruir ou apreender bens do inimigo, a menos que as necessidades da guerra assim o determinem;

xiv) Declarar abolidos, suspensos ou não admissíveis em tribunal os direitos e ações dos nacionais da parte inimiga;

xv) O facto de uma parte beligerante obrigar os nacionais da parte inimiga a participar em operações bélicas dirigidas contra o seu próprio país, ainda que eles tenham estado ao serviço daquela parte beligerante antes do início da guerra;

xvi) Saquear uma cidade ou uma localidade, mesmo quando tomada de assalto;

xvii) Utilizar veneno ou armas envenenadas;

xviii) Utilizar gases asfixiantes, tóxicos ou similares, ou qualquer líquido, material ou dispositivo análogo;

xix) Utilizar balas que se expandem ou achatam facilmente no interior do corpo humano, tais como balas de revestimento duro que não cobre totalmente o interior ou possui incisões;

xx) Empregar armas, projéteis, materiais e métodos de combate que, pela sua própria natureza, causem ferimentos supérfluos ou sofrimentos desnecessários ou que surtam efeitos indiscriminados, em violação do Direito Internacional aplicável aos conflitos armados, na medida em que tais armas, projéteis, materiais e métodos de combate sejam objeto de uma proibição geral e estejam incluídos num anexo ao presente Estatuto, em virtude de uma alteração aprovada em conformidade com o disposto no artigo 121º e no artigo 123º;

xxi) Ultrajar a dignidade da pessoa, em particular por meio de tratamentos humilhantes e degradantes;

xxii) Cometer atos de violação, escravidão sexual, prostituição forçada, gravidez à força, tal como definida na alínea *f)* do nº 2 do artigo 7º, esterilização à força e qualquer outra forma de violência sexual que constitua também um desrespeito grave das Convenções de Genebra;

xxiii) Aproveitar a presença de civis ou de outras pessoas protegidas para evitar que determinados pontos, zonas ou forças militares sejam alvo de operações militares;

xxiv) Atacar intencionalmente edifícios, material, unidades e veículos sanitários, assim como o pessoal habilitado a usar os emblemas distintivos das Convenções de Genebra, de acordo com o Direito Internacional;

xxv) Provocar deliberadamente a inanição da população civil como método de fazer a guerra, privando-a dos bens indispensáveis à sua sobrevivência, impedindo, nomeadamente, o envio de socorros, tal como previsto nas Convenções de Genebra;

xxvi) Recrutar ou alistar menores de 15 anos nas forças armadas nacionais ou utilizá-los para participar ativamente nas hostilidades;

xxvii) Utilizar armas que usam micróbios ou agentes biológicos ou tóxicos, seja qual for a origem ou método de produção;

xxviii) Empregar armas cujo principal efeito seja ferir por fragmentos que no corpo humano escapam à deteção por raios-X;

xxix) Utilizar armas laser especialmente desenhadas para o combate, causando cegueira permanente, tanto a olho nu como com uso de proteção ocular.

c) Em caso de conflito armado que não seja de índole internacional, as violações graves do artigo 3º comum às quatro Convenções de Genebra de 12 de agosto de 1949, a saber, qualquer um dos atos que a seguir se indicam, cometidos contra pessoas que não participem diretamente nas hostilidades, incluindo os membros das forças armadas que tenham deposto armas e os que tenham ficado impedidos de continuar a combater devido a doença, lesões, prisão ou qualquer outro motivo:

i) Atos de violência contra a vida e contra a pessoa, em particular o homicídio sob todas as suas formas, as mutilações, os tratamentos cruéis e a tortura;

ii) Ultrajes à dignidade da pessoa, em particular por meio de tratamentos humilhantes e degradantes;

iii) A tomada de reféns;

iv) As condenações proferidas e as execuções efetuadas sem julgamento prévio por um tribunal regularmente constituído e que ofereça todas as garantias judiciais geralmente reconhecidas como indispensáveis;

d) A alínea *c)* do nº 2 do presente artigo aplica-se aos conflitos armados que não tenham caráter internacional e, por conseguinte, não se aplica a situações de distúrbio e de tensão internas, tais como motins, atos de violência esporádicos ou isolados ou outros de caráter semelhante;

e) As outras violações graves das leis e costumes aplicáveis aos conflitos armados que não têm caráter internacional, no quadro do Direito Internacional, a saber qualquer um dos seguintes atos:

i) Atacar intencionalmente a população civil em geral ou civis que não participem diretamente nas hostilidades;

ii) Atacar intencionalmente edifícios, material, unidades e veículos sanitários, bem como o pessoal habilitado a usar os emblemas distintivos das Convenções de Genebra, de acordo com o Direito Internacional;

iii) Atacar intencionalmente pessoal, instalações, material, unidades ou veículos que participem numa missão de manutenção da paz ou de assistência humanitária, de acordo com a Carta das Nações Unidas, sempre que estes tenham direito à proteção conferida pelo Direito Internacional dos conflitos armados aos civis e aos bens civis;

iv) Atacar intencionalmente edifícios consagrados ao culto religioso, à educação, às artes, às ciências ou à beneficência, monumentos históricos, hospitais e lugares onde se agrupem doentes e feridos, sempre que não se trate de objetivos militares;

v) Saquear um aglomerado populacional ou um local, mesmo quando tomado de assalto;

vi) Cometer atos de violação, escravidão sexual, prostituição forçada, gravidez à força, tal como definida na alínea *f)* do nº 2 do artigo 7º, esterilização à força ou qualquer outra forma de violência sexual que constitua uma violação grave do artigo 3º comum às quatro Convenções de Genebra;

vii) Recrutar ou alistar menores de 15 anos nas forças armadas nacionais ou em grupos, ou utilizá-los para participar ativamente nas hostilidades;

viii) Ordenar a deslocação da população civil por razões relacionadas com o conflito, salvo se assim o exigirem a segurança dos civis em questão ou razões militares imperiosas;

ix) Matar ou ferir à traição um combatente de uma parte beligerante;

x) Declarar que não será dado abrigo;

xi) Submeter pessoas que se encontrem sob o domínio de outra parte beligerante a mutilações físicas ou a qualquer tipo de experiências médicas ou científicas que não sejam motivadas por um tratamento médico, dentário ou hospitalar, nem sejam efetuadas no interesse dessa pessoa, e que causem a morte ou ponham seriamente a sua saúde em perigo;

xii) Destruir ou apreender bens do inimigo, a menos que as necessidades da guerra assim o exijam;

xiii) Utilizar veneno ou armas envenenadas;

xiv) Utilizar gases asfixiantes, tóxicos ou similares ou qualquer líquido, material ou dispositivo análogo;

xv) Utilizar balas que se expandem ou achatam facilmente no interior do corpo humano, tais como balas de revestimento duro que não cobre totalmente o interior ou possui incisões;

xvi) Utilizar armas que usam micróbios ou agentes biológicos ou tóxicos, seja qual for a origem ou método de produção;

xvii) Empregar armas cujo principal efeito seja ferir por fragmentos que no corpo humano escapam à deteção por raios-X;

xviii) Utilizar armas laser especialmente desenhadas para o combate, causando cegueira permanente, tanto a olho nu como com uso de proteção ocular;

xix) Provocar deliberadamente a inanição da população civil como método de fazer a guerra, privando-a dos bens indispensáveis à sua sobrevivência, impedindo, nomeadamente, o envio de socorros.

f) A alínea *e*) do nº 2 do presente artigo aplicar-se-á aos conflitos armados que não tenham caráter internacional e, por conseguinte, não se aplicará a situações de distúrbio e de tensão internas, tais como motins, atos de violência esporádicos ou isolados ou outros de caráter semelhante; aplicar-se-á, ainda, a conflitos armados que tenham lugar no território de um Estado, quando exista um conflito armado prolongado entre as autoridades governamentais e grupos armados organizados ou entre estes grupos.

3. O disposto na alínea *c*) e na alínea *e*) do nº 2 em nada afetará a responsabilidade que incumbe a todo o Governo de manter e de restabelecer a ordem pública no Estado e de defender a unidade e a integridade territorial do Estado por qualquer meio legítimo.

Artigo 8º *bis* – Crime de agressão

1. Para efeitos do presente Estatuto, entende-se por 'crime de agressão', o planeamento, a preparação, o desencadeamento ou a execução por uma pessoa que se encontre em posição de controlar ou conduzir de forma efetiva a ação política ou militar de um Estado de um ato de agressão que, pelo seu carácter, pela sua gravidade e dimensão, constitui uma violação manifesta da Carta das Nações Unidas.

2. Para efeitos do nº 1, entende-se por 'ato de agressão', o uso da força armada por um Estado contra a soberania, integridade territorial ou independência política de outro Estado, ou de qualquer outra forma incompatível com a Carta das Nações Unidas. Independentemente da existência ou não de uma declaração de guerra, em conformidade com a Resolução 3314 (XXIX) da Assembleia Geral das Nações Unidas, de 14 de dezembro de 1974, qualquer um dos seguintes atos deverá ser considerado um ato de agressão:

a) A invasão do território de um Estado ou o ataque contra o mesmo pelas forças armadas de outro Estado, ou qualquer ocupação militar, ainda que temporária, decorrente dessa invasão ou desse ataque, ou a anexação pelo uso da força do território, no todo ou em parte, de um outro Estado;

b) O bombardeamento do território de um Estado pelas forças armadas de outro Estado, ou o uso de quaisquer armas por um Estado contra o território de outro Estado;

c) O bloqueio dos portos ou das costas de um Estado pelas forças armadas de outro Estado;

d) O ataque pelas forças armadas de um Estado contra as forças terrestres, navais ou aéreas, ou contra a marinha mercante e a aviação civil de outro Estado;

e) A utilização das forças armadas de um Estado, que se encontram no território de outro Estado com o consentimento do Estado recetor, em violação das condições previstas no acordo, ou qualquer prolongamento da sua presença naquele território após o termo desse mesmo acordo;

f) O facto de um Estado permitir que o seu território por ele posto à disposição de um outro Estado, seja por este utilizado para perpetrar um ato de agressão contra um Estado terceiro;

g) O envio por um Estado, ou em seu nome, de bandos ou de grupos armados, de forças irregulares ou de mercenários que pratiquem contra um outro Estado atos de força armada de gravidade equiparável à dos atos acima enumerados, ou que participem substancialmente nesses atos.

Artigo 9º – Elementos constitutivos dos crimes

1. Os elementos constitutivos dos crimes auxiliam o Tribunal na interpretação e aplicação dos artigos 6º, 7º, 8º ou 8º *bis*.

2. As alterações aos elementos constitutivos dos crimes poderão ser propostas por:

a) Qualquer Estado Parte;

b) Os juízes, através de deliberação tomada por maioria absoluta;

c) O procurador.

As referidas alterações entram em vigor depois de aprovadas por uma maioria de dois terços dos membros da Assembleia dos Estados Partes.

3. Os elementos constitutivos dos crimes e respetivas alterações deverão ser compatíveis com as disposições contidas no presente Estatuto.

Artigo 10º

Nada no presente capítulo deverá ser interpretado como limitando ou afetando, de alguma maneira, as normas existentes ou em desenvolvimento de Direito Internacional com fins distintos dos do presente Estatuto.

Artigo 11º – Competência *ratione temporis*

1. O Tribunal só terá competência relativamente aos crimes cometidos após a entrada em vigor do presente Estatuto.

2. Se um Estado se tornar Parte no presente Estatuto depois da sua entrada em vigor, o Tribunal só poderá exercer a sua competência em relação

a crimes cometidos depois da entrada em vigor do presente Estatuto relativamente a esse Estado, a menos que este tenha feito uma declaração nos termos do nº 3 do artigo 12º

Artigo 12º – Condições prévias ao exercício da jurisdição

1. O Estado que se torne Parte no presente Estatuto aceitará a jurisdição do Tribunal relativamente aos crimes a que se refere o artigo 5º

2. Nos casos referidos nas alíneas *a*) ou *c*) do artigo 13º, o Tribunal poderá exercer a sua jurisdição se um ou mais Estados a seguir identificados forem Partes no presente Estatuto ou aceitarem a competência do Tribunal de acordo com o disposto no nº 3:

a) Estado em cujo território tenha tido lugar a conduta em causa, ou, se o crime tiver sido cometido a bordo de um navio ou de uma aeronave, o Estado de matrícula do navio ou aeronave;

b) Estado de que seja nacional a pessoa a quem é imputado um crime.

3. Se a aceitação da competência do Tribunal por um Estado que não seja Parte no presente Estatuto for necessária nos termos do nº 2, pode o referido Estado, mediante declaração depositada junto do secretário, consentir em que o Tribunal exerça a sua competência em relação ao crime em questão. O Estado que tiver aceite a competência do Tribunal colaborará com este, sem qualquer demora ou exceção, de acordo com o disposto no capítulo IX.

Artigo 13º – Exercício da jurisdição

O Tribunal poderá exercer a sua jurisdição em relação a qualquer um dos crimes a que se refere o artigo 5º, de acordo com o disposto no presente Estatuto, se:

a) Um Estado Parte denunciar ao procurador, nos termos do artigo 14º, qualquer situação em que haja indícios de ter ocorrido a prática de um ou vários desses crimes;

b) O Conselho de Segurança, agindo nos termos do capítulo VII da Carta das Nações Unidas, denunciar ao procurador qualquer situação em que haja indícios de ter ocorrido a prática de um ou vários desses crimes; ou

c) O procurador tiver dado início a um inquérito sobre tal crime, nos termos do disposto no artigo 15º

Artigo 14º – Denúncia por um Estado Parte

1. Qualquer Estado poderá denunciar ao procurador uma situação em que haja indícios de ter ocorrido a prática de um ou vários crimes da competência do Tribunal e solicitar ao procurador que a investigue, com vista a determinar se uma ou mais pessoas identificadas deverão ser acusadas da prática desses crimes.

2. O Estado que proceder à denúncia deverá, tanto quanto possível, especificar as circunstâncias relevantes do caso e anexar toda a documentação de que disponha.

Artigo 15º – Procurador

1. O procurador poderá, por sua própria iniciativa, abrir um inquérito com base em informações sobre a prática de crimes da competência do Tribunal.

2. O procurador apreciará a seriedade da informação recebida. Para tal, poderá recolher informações suplementares junto dos Estados, dos órgãos da Organização das Nações Unidas, das organizações intergovernamentais ou não governamentais ou outras fontes fidedignas que considere apropriadas, bem como recolher depoimentos escritos ou orais na sede do Tribunal.

3. Se concluir que existe fundamento suficiente para abrir um inquérito, o procurador apresentará um pedido de autorização nesse sentido ao juízo de instrução, acompanhado da documentação de apoio que tiver reunido.

As vítimas poderão apresentar exposições no juízo de instrução, de acordo com o Regulamento Processual.

4. Se, após examinar o pedido e a documentação que o acompanha, o juízo de instrução considerar que há fundamento suficiente para abrir um inquérito e que o caso parece caber na jurisdição do Tribunal, autorizará a abertura do inquérito, sem prejuízo das decisões que o Tribunal vier a tomar posteriormente em matéria de competência e de admissibilidade.

5. A recusa do juízo de instrução em autorizar a abertura do inquérito não impedirá o procurador de formular ulteriormente outro pedido com base em novos factos ou provas respeitantes à mesma situação.

6. Se, depois da análise preliminar a que se referem os nºs 1 e 2, o procurador concluir que a informação apresentada não constitui fundamento suficiente para um inquérito, o procurador informará quem a tiver apresentado de tal entendimento. Tal não impede que o procurador examine,

à luz de novos factos ou provas, qualquer outra informação que lhe venha a ser comunicada sobre o mesmo caso.

Artigo 15º *bis* – Exercício da jurisdição em relação ao crime de agressão (denúncia efetuada por um Estado, agindo por sua própria iniciativa)

1. O Tribunal pode exercer a sua jurisdição em relação ao crime de agressão, em conformidade com as alíneas *a)* e *c)* do artigo 13º, sob reserva do disposto no presente artigo.

2. O Tribunal só pode exercer a sua jurisdição em relação aos crimes de agressão cometidos um ano após as alterações terem sido ratificadas ou aceites por trinta Estados Partes.

3. O Tribunal exerce a sua jurisdição em relação ao crime de agressão, em conformidade com o presente artigo, sob reserva de uma decisão a ser tomada após 1 de janeiro de 2017 pela mesma maioria de Estados Partes que aquela que é exigida para a adoção de uma alteração ao Estatuto.

4. O Tribunal pode, em conformidade com o artigo 12º, exercer a sua jurisdição em relação a um crime de agressão resultante de um ato de agressão praticado por um Estado Parte, a menos que esse Estado Parte tenha previamente declarado que não aceita tal jurisdição mediante declaração depositada junto do Secretário. Essa declaração pode ser retirada em qualquer momento, devendo o Estado Parte considerar essa possibilidade no prazo de três anos.

5. Quanto a um Estado que não é parte no presente Estatuto, o Tribunal não exerce a sua jurisdição em relação ao crime de agressão, quando este é cometido pelos nacionais ou no território desse Estado.

6. Se concluir que existe fundamento suficiente para abrir um inquérito em relação a um crime de agressão, o procurador certifica-se primeiro que o Conselho de Segurança verificou a existência da prática de um ato de agressão pelo Estado visado. O Procurador notificará o Secretário-Geral das Nações Unidas do caso levado a tribunal, bem como de quaisquer informações ou documentos pertinentes.

7. Quando o Conselho de Segurança verificou a existência da prática de um ato de agressão, o procurador pode abrir um inquérito em relação a um crime de agressão.

8. Sempre que não se verifique a existência da prática de um ato de agressão no prazo de seis meses a contar da data da notificação, o Procurador pode abrir um inquérito em relação a um crime de agressão desde

que a Secção de Instrução tenha autorizado a abertura do inquérito em relação a um crime de agressão segundo o procedimento previsto no artigo 15º, e salvo decisão em contrário do Conselho de Segurança, em conformidade com o artigo 16º

9. A verificação da existência da prática de um ato de agressão por um órgão externo ao Tribunal não afeta as conclusões do Tribunal ao abrigo do presente Estatuto.

10. O presente artigo não afeta as disposições relativas ao exercício da jurisdição em relação aos outros crimes referidos no artigo 5º

Artigo 15º *ter* – Exercício da jurisdição em relação ao crime de agressão (reenvio pelo Conselho de Segurança)

1. O Tribunal pode exercer a sua jurisdição em relação ao crime de agressão, em conformidade com a alínea *b)* do artigo 13º, sob reserva do disposto no presente artigo.

2. O Tribunal só pode exercer a sua jurisdição em relação aos crimes de agressão cometidos um ano após as alterações terem sido ratificadas ou aceites por trinta Estados Partes.

3. O Tribunal exerce a sua jurisdição em relação ao crime de agressão, em conformidade com o presente artigo, sob reserva de uma decisão a ser tomada após 1 de janeiro de 2017 pela mesma maioria de Estados Partes que aquela que é exigida para a adoção de uma alteração ao Estatuto.

4. A verificação da existência da prática de um ato de agressão por um órgão externo ao Tribunal não afeta as conclusões do Tribunal ao abrigo do presente Estatuto.

5. O presente artigo não afeta as disposições relativas ao exercício da jurisdição em relação aos outros crimes referidos no artigo 5º

Artigo 16º – Transferência do inquérito e do procedimento criminal

O inquérito ou o procedimento criminal não poderão ter início ou prosseguir os seus termos, com base no presente Estatuto, por um período de 12 meses a contar da data em que o Conselho de Segurança assim o tiver solicitado em resolução aprovada nos termos do disposto no capítulo VII da Carta das Nações Unidas; o pedido poderá ser renovado pelo Conselho de Segurança nas mesmas condições.

Artigo 17º – Questões relativas à admissibilidade

1. Tendo em consideração o décimo parágrafo do preâmbulo e o artigo 1º, o Tribunal decidirá sobre a não admissibilidade de um caso se:

a) O caso for objeto de inquérito ou de procedimento criminal por parte de um Estado que tenha jurisdição sobre o mesmo, salvo se este não tiver vontade de levar a cabo o inquérito ou o procedimento ou não tenha capacidade efetiva para o fazer;

b) O caso tiver sido objeto de inquérito por um Estado com jurisdição sobre ele e tal Estado tenha decidido não dar seguimento ao procedimento criminal contra a pessoa em causa, a menos que esta decisão resulte do facto de esse Estado não ter vontade de proceder criminalmente ou da sua incapacidade efetiva para o fazer;

c) A pessoa em causa tiver sido já julgada pela conduta a que se refere a denúncia e não puder ser julgada pelo Tribunal em virtude do disposto no nº 3 do artigo 20º;

d) O caso não for suficientemente grave para justificar a ulterior intervenção do Tribunal.

2. A fim de determinar se há ou não vontade de agir num determinado caso, o Tribunal, tendo em consideração as garantias de um processo equitativo reconhecidas pelo direito internacional, verificará a existência de uma ou mais das seguintes circunstâncias:

a) O processo ter sido instaurado ou estar pendente ou a decisão ter sido proferida no Estado com o propósito de subtrair a pessoa em causa à sua responsabilidade criminal por crimes da competência do Tribunal, nos termos do disposto no artigo 5º;

b) Ter havido demora injustificada no processamento, a qual, dadas as circunstâncias, se mostra incompatível com a intenção de fazer responder a pessoa em causa perante a justiça;

c) O processo não ter sido ou não estar a ser conduzido de maneira independente ou imparcial, e ter estado ou estar a ser conduzido de uma maneira que, dadas as circunstâncias, seja incompatível com a intenção de fazer responder a pessoa em causa perante a justiça.

3. A fim de determinar se há incapacidade de agir num determinado caso, o Tribunal verificará se o Estado, por colapso total ou substancial da respetiva administração da justiça ou por indisponibilidade desta, não estará em condições de fazer comparecer o arguido, de reunir os meios de prova e depoimentos necessários ou não estará, por outros motivos, em condições de concluir o processo.

Artigo 18º – Decisões preliminares sobre admissibilidade

1. Se uma situação for denunciada ao Tribunal nos termos do artigo 13º, alínea *a*), e o procurador determinar que existem fundamentos para abrir um inquérito ou der início a um inquérito de acordo com os artigos 13º, alínea *c*), e 15º, deverá notificar todos os Estados Partes e os Estados que, de acordo com a informação disponível, teriam jurisdição sobre esses crimes. O procurador poderá proceder à notificação a título confidencial e, sempre que o considere necessário com vista a proteger pessoas, impedir a destruição de provas ou a fuga de pessoas, poderá limitar o âmbito da informação a transmitir aos Estados.

2. No prazo de um mês a seguir à receção da referida notificação, qualquer Estado poderá informar o Tribunal de que está a proceder, ou já procedeu, a um inquérito sobre nacionais seus ou outras pessoas sob a sua jurisdição, por atos que possam constituir crimes a que se refere o artigo 5º e digam respeito à informação constante na respetiva notificação. A pedido desse Estado, o procurador transferirá para ele o inquérito sobre essas pessoas, a menos que, a pedido do procurador, o juízo de instrução decida autorizar o inquérito.

3. A transferência do inquérito poderá ser reexaminada pelo procurador seis meses após a data em que tiver sido decidida ou, a todo o momento, quando tenha ocorrido uma alteração significativa de circunstâncias, decorrente da falta de vontade ou da incapacidade efetiva do Estado de levar a cabo o inquérito.

4. O Estado interessado ou o procurador poderão interpor recurso para o juízo de recursos da decisão proferida por um juízo de instrução, tal como previsto no artigo 82º Este recurso poderá seguir uma forma sumária.

5. Se o procurador transferir o inquérito, nos termos do nº 2, poderá solicitar ao Estado interessado que o informe periodicamente do andamento do mesmo e de qualquer outro procedimento subsequente. Os Estados Partes responderão a estes pedidos sem atrasos injustificados.

6. O procurador poderá, enquanto aguardar uma decisão a proferir no juízo de instrução, ou a todo o momento se tiver transferido o inquérito nos termos do presente artigo, solicitar ao tribunal de instrução, a título excecional, que o autorize a efetuar as investigações que considere necessárias para preservar elementos de prova, quando exista uma oportunidade única de obter provas relevantes ou um risco significativo de que essas provas possam não estar disponíveis numa fase ulterior.

7. O Estado que tenha recorrido de uma decisão do juízo de instrução nos termos do presente artigo poderá impugnar a admissibilidade de um caso nos termos do artigo 19º, invocando factos novos relevantes ou uma alteração significativa de circunstâncias.

Artigo 19º – Impugnação da jurisdição do Tribunal ou da admissibilidade do caso

1. O Tribunal deverá certificar-se de que detém jurisdição sobre todos os casos que lhe sejam submetidos. O Tribunal poderá pronunciar-se oficiosamente sobre a admissibilidade de um caso em conformidade com o artigo 17º

2. Poderão impugnar a admissibilidade de um caso, por um dos motivos referidos no artigo 17º, ou impugnar a jurisdição do Tribunal:

a) O arguido ou a pessoa contra a qual tenha sido emitido um mandado ou ordem de detenção ou de comparência, nos termos do artigo 58º;

b) Um Estado que detenha o poder de jurisdição sobre um caso, pelo facto de o estar a investigar ou a julgar; ou por já o ter feito antes; ou

c) Um Estado cuja aceitação da competência do Tribunal seja exigida, de acordo com o artigo 12º

3. O procurador poderá solicitar ao Tribunal que se pronuncie sobre questões de jurisdição ou admissibilidade.

Nas ações relativas a jurisdição ou admissibilidade, aqueles que tiverem denunciado um caso ao abrigo do artigo 13°, bem como as vítimas, poderão também apresentar as suas observações ao Tribunal.

4. A admissibilidade de um caso ou a jurisdição do Tribunal só poderão ser impugnadas uma única vez por qualquer pessoa ou Estado a que se faz referência no nº 2. A impugnação deverá ser feita antes do julgamento ou no seu início. Em circunstâncias excecionais, o Tribunal poderá autorizar que a impugnação se faça mais de uma vez ou depois do início do julgamento. As impugnações à admissibilidade de um caso feitas no início do julgamento, ou posteriormente com a autorização do Tribunal, só poderão fundamentar-se no disposto no nº 1, alínea c), do artigo 17º

5. Os Estados a que se referem a alínea *b*) e a alínea *c*) do nº 2 do presente artigo deverão deduzir impugnação logo que possível.

6. Antes da confirmação da acusação, a impugnação da admissibilidade de um caso ou da jurisdição do Tribunal será submetida ao juízo de instrução e, após confirmação, ao juízo de julgamento em primeira instância.

Das decisões relativas à jurisdição ou admissibilidade caberá recurso para o juízo de recursos, de acordo com o artigo 82º.

7. Se a impugnação for feita pelo Estado referido na alínea *b*) e na alínea *c*) do nº 2, o procurador suspenderá o inquérito até que o Tribunal decida em conformidade com o artigo 17º.

8. Enquanto aguardar uma decisão, o procurador poderá solicitar ao Tribunal autorização para:

a) Proceder às investigações necessárias previstas no nº 6 do artigo 18º;

b) Recolher declarações ou o depoimento de uma testemunha ou completar a recolha e o exame das provas que tenha iniciado antes da impugnação; e

c) Impedir, em colaboração com os Estados interessados, a fuga de pessoas em relação às quais já tenha solicitado um mandado de detenção, nos termos do artigo 58º.

9. A impugnação não afetará a validade de nenhum ato realizado pelo procurador nem de nenhuma decisão ou mandado anteriormente emitido pelo Tribunal.

10. Se o Tribunal tiver declarado que um caso não é admissível, de acordo com o artigo 17º, o procurador poderá pedir a revisão dessa decisão, após se ter certificado de que surgiram novos factos que invalidam os motivos pelos quais o caso havia sido considerado inadmissível nos termos do artigo 17º.

11. Se o procurador, tendo em consideração as questões referidas no artigo 17º, decidir transferir um inquérito, poderá pedir ao Estado em questão que o mantenha informado do seguimento do processo. Esta informação deverá, se esse Estado o solicitar, ser mantida confidencial. Se o procurador decidir, posteriormente, abrir um inquérito, comunicará a sua decisão ao Estado para o qual foi transferido o processo.

Artigo 20º – *Ne bis in idem*

1. Salvo disposição em contrário do presente Estatuto, nenhuma pessoa poderá ser julgada pelo Tribunal por atos constitutivos de crimes pelos quais este já a tenha condenado ou absolvido.

2. Nenhuma pessoa poderá ser julgada por outro tribunal por um crime mencionado no artigo 5º, relativamente ao qual já tenha sido condenada ou absolvida pelo Tribunal.

3. O Tribunal não pode julgar uma pessoa que já tenha sido julgada por outro tribunal por atos também punidos pelos artigos 6º, 7º, 8º ou 8º *bis*, a menos que o processo nesse outro tribunal:

a) Tenha tido por objetivo subtrair o arguido à sua responsabilidade criminal por crimes da competência do Tribunal; ou

b) Não tenha sido conduzido de forma independente ou imparcial, em conformidade com as garantias de um processo equitativo reconhecidas pelo Direito Internacional, ou tenha sido conduzido de uma maneira que, no caso concreto, se revele incompatível com a intenção de submeter a pessoa à ação da justiça.

Artigo 21º – Direito aplicável

1. O Tribunal aplicará:

a) Em primeiro lugar, o presente Estatuto, os elementos constitutivos do crime e o Regulamento Processual;

b) Em segundo lugar, se for o caso, os tratados e os princípios e normas de Direito Internacional aplicáveis, incluindo os princípios estabelecidos no Direito Internacional dos conflitos armados;

c) Na falta destes, os princípios gerais do direito que o Tribunal retire do Direito Interno dos diferentes sistemas jurídicos existentes, incluindo, se for o caso, o Direito Interno dos Estados que exerceriam normalmente a sua jurisdição relativamente ao crime, sempre que esses princípios não sejam incompatíveis com o presente Estatuto, com o Direito Internacional nem com as normas e padrões internacionalmente reconhecidos.

2. O Tribunal poderá aplicar princípios e normas de Direito tal como já tenham sido por si interpretados em decisões anteriores.

3. A aplicação e interpretação do Direito, nos termos do presente artigo, deverá ser compatível com os direitos humanos internacionalmente reconhecidos, sem discriminação alguma baseada em motivos tais como o sexo, tal como definido no nº 3 do artigo 7º, a idade, a raça, a cor, a religião ou o credo, a opinião política ou outra, a origem nacional, étnica ou social, a situação económica, o nascimento ou outra condição.

CAPÍTULO III – Princípios gerais de Direito Penal

Artigo 22º – *Nullum crimen sine lege*

1. Nenhuma pessoa será considerada criminalmente responsável, nos termos do presente Estatuto, a menos que a sua conduta constitua, no momento em que tiver lugar, um crime da competência do Tribunal.

2. A previsão de um crime será estabelecida de forma precisa e não será permitido o recurso à analogia.

Em caso de ambiguidade, será interpretada a favor da pessoa objeto de inquérito, acusada ou condenada.

3. O disposto no presente artigo em nada afetará a tipificação de uma conduta como crime nos termos do Direito Internacional, independentemente do presente Estatuto.

Artigo 23º – *Nulla poena sine lege*

Qualquer pessoa condenada pelo Tribunal só poderá ser punida em conformidade com as disposições do presente Estatuto.

Artigo 24º – Não retroatividade *ratione personae*

1. Nenhuma pessoa será considerada criminalmente responsável, de acordo com o presente Estatuto, por uma conduta anterior à entrada em vigor do presente Estatuto.

2. Se o Direito aplicável a um caso for modificado antes de proferida sentença definitiva, aplicar-se-á o Direito mais favorável à pessoa objeto de inquérito, acusada ou condenada.

Artigo 25º – Responsabilidade criminal individual

1. De acordo com o presente Estatuto, o Tribunal será competente para julgar as pessoas singulares.

2. Quem cometer um crime da competência do Tribunal será considerado individualmente responsável e poderá ser punido de acordo com o presente Estatuto.

3. Nos termos do presente Estatuto, será considerado criminalmente responsável e poderá ser punido pela prática de um crime da competência do Tribunal quem:

a) Cometer esse crime individualmente ou em conjunto ou por intermédio de outrem, quer essa pessoa seja ou não criminalmente responsável;

b) Ordenar, provocar ou instigar à prática desse crime, sob forma consumada ou sob a forma de tentativa;

c) Com o propósito de facilitar a prática desse crime, for cúmplice ou encobridor, ou colaborar de algum modo na prática ou na tentativa de prática do crime, nomeadamente pelo fornecimento dos meios para a sua prática;

d) Contribuir de alguma outra forma para a prática ou tentativa de prática do crime por um grupo de pessoas que tenha um objetivo comum. Esta contribuição deverá ser intencional e ocorrer:

i) Com o propósito de levar a cabo a atividade ou o objetivo criminal do grupo, quando um ou outro impliquem a prática de um crime da competência do Tribunal; ou

ii) Com o conhecimento de que o grupo tem a intenção de cometer o crime;

e) No caso de crime de genocídio, incitar, direta e publicamente, à sua prática;

f) Tentar cometer o crime mediante atos que contribuam substancialmente para a sua execução, ainda que não se venha a consumar devido a circunstâncias alheias à sua vontade. Porém, quem desistir da prática do crime, ou impedir de outra forma que este se consuma, não poderá ser punido em conformidade com o presente Estatuto pela tentativa, se renunciar total e voluntariamente ao propósito delituoso.

3. *bis*. No que respeita ao crime de agressão, o disposto no presente artigo aplica-se apenas às pessoas que se encontrem em posição de controlar ou conduzir de forma efetiva a ação política ou militar de um Estado.

4. O disposto no presente Estatuto sobre a responsabilidade criminal das pessoas singulares em nada afetará a responsabilidade do Estado, de acordo com o Direito Internacional.

Artigo 26º – Exclusão da jurisdição relativamente a menores de 18 anos

O Tribunal não terá jurisdição sobre pessoas que, à data da alegada prática do crime, não tenham ainda completado 18 anos de idade.

Artigo 27º – Irrelevância da qualidade oficial

1. O presente Estatuto será aplicável de forma igual a todas as pessoas, sem distinção alguma baseada na qualidade oficial. Em particular, a qualidade oficial de Chefe de Estado ou de Governo, de membro de Governo ou do Parlamento, de representante eleito ou de funcionário público em caso algum eximirá a pessoa em causa de responsabilidade criminal, nos termos do presente Estatuto, nem constituirá de per si motivo de redução da pena.

2. As imunidades ou normas de procedimento especiais decorrentes da qualidade oficial de uma pessoa, nos termos do Direito Interno ou do

Direito Internacional, não deverão obstar a que o Tribunal exerça a sua jurisdição sobre essa pessoa.

Artigo 28º – Responsabilidade dos chefes militares e outros superiores hierárquicos

Para além de outras fontes de responsabilidade criminal previstas no presente Estatuto, por crimes da competência do Tribunal:

a) O chefe militar, ou a pessoa que atue efetivamente como chefe militar, será criminalmente responsável por crimes da competência do Tribunal que tenham sido cometidos por forças sob o seu comando e controlo efetivos ou sob a sua autoridade e controlo efetivos, conforme o caso, pelo facto de não exercer um controlo apropriado sobre essas forças, quando:

i) Esse chefe militar ou essa pessoa tinha conhecimento ou, em virtude das circunstâncias do momento, deveria ter tido conhecimento de que essas forças estavam a cometer ou preparavam-se para cometer esses crimes; e

ii) Esse chefe militar ou essa pessoa não tenha adotado todas as medidas necessárias e adequadas ao seu alcance para prevenir ou reprimir a sua prática ou para levar o assunto ao conhecimento das autoridades competentes, para efeitos de inquérito e procedimento criminal;

b) Nas relações entre superiores hierárquicos e subordinados, não referidos na alínea *a)*, o superior hierárquico será criminalmente responsável pelos crimes da competência do Tribunal que tiverem sido cometidos por subordinados sob à sua autoridade e controlo efetivos, pelo facto de não ter exercido um controlo apropriado sobre esses subordinados, quando:

i) O superior hierárquico teve conhecimento ou não teve em consideração a informação que indicava claramente que os subordinados estavam a cometer ou se preparavam para cometer esses crimes;

ii) Esses crimes estavam relacionados com atividades sob a sua responsabilidade e controlo efetivos; e

iii) O superior hierárquico não adotou todas as medidas necessárias e adequadas ao seu alcance para prevenir ou reprimir a sua prática ou para levar o assunto ao conhecimento das autoridades competentes, para efeitos de inquérito e procedimento criminal.

Artigo 29º – Imprescritibilidade

Os crimes da competência do Tribunal não prescrevem.

Artigo 30º – Elementos psicológicos

1. Salvo disposição em contrário, nenhuma pessoa poderá ser criminalmente responsável e punida por um crime da competência do Tribunal, a menos que atue com vontade de o cometer e conhecimento dos seus elementos materiais.

2. Para os efeitos do presente artigo, entende-se que atua intencionalmente quem:

a) Relativamente a uma conduta, se se propuser adotá-la;

b) Relativamente a um efeito do crime, se se propuser causá-lo ou estiver ciente de que ele terá lugar numa ordem normal dos acontecimentos.

3. Nos termos do presente artigo, entende-se por «conhecimento» a consciência de que existe uma circunstância ou de que um efeito irá ter lugar numa ordem normal dos acontecimentos. As expressões «ter conhecimento» e «com conhecimento» deverão ser entendidas em conformidade.

Artigo 31º – Causas de exclusão da responsabilidade criminal

1. Sem prejuízo de outros fundamentos para a exclusão de responsabilidade criminal previstos no presente Estatuto, não será considerada criminalmente responsável a pessoa que, no momento da prática de determinada conduta:

a) Sofrer de enfermidade ou deficiência mental que a prive da capacidade para avaliar a ilicitude ou a natureza da sua conduta, ou da capacidade para controlar essa conduta a fim de não violar a lei;

b) Estiver em estado de intoxicação que a prive da capacidade para avaliar a ilicitude ou a natureza da sua conduta, ou da capacidade para controlar essa conduta a fim de não violar a lei, a menos que se tenha intoxicado voluntariamente em circunstâncias que lhe permitiam ter conhecimento de que, em consequência da intoxicação, poderia incorrer numa conduta tipificada como crime da competência do Tribunal, ou de que haveria o risco de tal suceder;

c) Agir em defesa própria ou de terceiro com razoabilidade ou, em caso de crimes de guerra, em defesa de um bem que seja essencial para a sua sobrevivência ou de terceiro ou de um bem que seja essencial à realização de uma missão militar, contra o uso iminente e ilegal da força, de forma proporcional ao grau de perigo para si, para terceiro ou para os bens protegidos.

O facto de participar numa força que realize uma operação de defesa não será causa bastante de exclusão de responsabilidade criminal, nos termos desta alínea;

d) Tiver incorrido numa conduta que, presumivelmente, constitui crime da competência do Tribunal, em consequência de coação decorrente de uma ameaça iminente de morte ou ofensas corporais graves para si ou para outrem, e em que se veja compelida a atuar de forma necessária e razoável para evitar essa ameaça, desde que não tenha a intenção de causar um dano maior que aquele que se propunha evitar. Essa ameaça tanto poderá:

i) Ter sido feita por outras pessoas; ou

ii) Ser constituída por outras circunstâncias alheias à sua vontade.

2. O Tribunal determinará se os fundamentos de exclusão da responsabilidade criminal previstos no presente Estatuto serão aplicáveis no caso em apreço.

3. No julgamento, o Tribunal poderá ter em consideração outros fundamentos de exclusão da responsabilidade criminal distintos dos referidos no nº 1, sempre que esses fundamentos resultem do Direito aplicável em conformidade com o artigo 21º O processo de exame de um fundamento de exclusão deste tipo será definido no Regulamento Processual.

Artigo 32º – Erro de facto ou erro de direito

1. O erro de facto só excluirá a responsabilidade criminal se eliminar o dolo requerido pelo crime.

2. O erro de direito sobre se determinado tipo de conduta constitui crime da competência do Tribunal não será considerado fundamento de exclusão de responsabilidade criminal. No entanto, o erro de direito poderá ser considerado fundamento de exclusão de responsabilidade criminal se eliminar o dolo requerido pelo crime ou se decorrer do artigo 33º do presente Estatuto.

Artigo 33º – Decisão hierárquica e disposições legais

1. Quem tiver cometido um crime da competência do Tribunal, em cumprimento de uma decisão emanada de um governo ou de um superior hierárquico, quer seja militar ou civil, não será isento de responsabilidade criminal, a menos que:

a) Estivesse obrigado por lei a obedecer a decisões emanadas do governo ou superior hierárquico em questão;

b) Não tivesse conhecimento de que a decisão era ilegal; e

c) A decisão não fosse manifestamente ilegal.

2. Para os efeitos do presente artigo, qualquer decisão de cometer genocídio ou crimes contra a Humanidade será considerada como manifestamente ilegal.

CAPÍTULO IV – Composição e administração do Tribunal

Artigo 34º – Órgãos do Tribunal

O Tribunal será composto pelos seguintes órgãos:

a) A Presidência;

b) Uma secção de recursos, uma secção de julgamento em 1ª instância e uma secção de instrução;

c) O Gabinete do Procurador;

d) A Secretaria.

Artigo 35º – Exercício das funções de juiz

1. Os juízes serão eleitos membros do Tribunal para exercer funções em regime de exclusividade e deverão estar disponíveis para desempenhar o respetivo cargo desde o início do seu mandato.

2. Os juízes que comporão a Presidência desempenharão as suas funções em regime de exclusividade desde a sua eleição.

3. A Presidência poderá, em função do volume de trabalho do Tribunal, e após consulta dos seus membros, decidir periodicamente em que medida é que será necessário que os restantes juízes desempenhem as suas funções em regime de exclusividade. Estas decisões não prejudicarão o disposto no artigo 40º

4. Os ajustes de ordem financeira relativos aos juízes que não tenham de exercer os respetivos cargos em regime de exclusividade serão adotados em conformidade com o disposto no artigo 49º

Artigo 36º – Qualificações, candidatura e eleição dos juízes

1. Sob reserva do disposto no nº 2, o Tribunal será composto por 18 juízes.

2. *a*) A Presidência, agindo em nome do Tribunal, poderá propor o aumento do número de juízes referido no nº 1 fundamentando as razões

pelas quais considera necessária e apropriada tal medida. O Secretário comunicará imediatamente a proposta a todos os Estados Partes.

b) A proposta será seguidamente apreciada em sessão da Assembleia dos Estados Partes convocada nos termos do artigo 112º e deverá ser considerada adotada se for aprovada na sessão por maioria de dois terços dos membros da Assembleia dos Estados Partes; a proposta entrará em vigor na data fixada pela Assembleia dos Estados Partes.

c):

i) Logo que seja aprovada a proposta de aumento do número de juízes, de acordo com o disposto na alínea *b*), a eleição dos juízes adicionais terá lugar no período seguinte de sessões da Assembleia dos Estados Partes, nos termos dos nºs 3 a 8 do presente artigo e do nº 2 do artigo 37º;

ii) Após a aprovação e a entrada em vigor de uma proposta de aumento do número de juízes, de acordo com o disposto na alínea *b*) e na alínea *c*), subalínea i), a Presidência poderá, a qualquer momento, se o volume de trabalho do Tribunal assim o justificar, propor que o número de juízes seja reduzido, mas nunca para um número inferior ao fixado no nº 1. A proposta será apreciada de acordo com o procedimento definido nas alíneas *a*) e *b*). A ser aprovada, o número de juízes será progressivamente reduzido, à medida que expirem os mandatos e até que se alcance o número previsto.

3. *a*) Os juízes serão eleitos de entre pessoas de elevada idoneidade moral, imparcialidade e integridade, que reúnam os requisitos para o exercício das mais altas funções judiciais nos seus respetivos países.

b) Os candidatos a juízes deverão possuir:

i) Reconhecida competência em Direito Penal e Direito Processual Penal e a necessária experiência em processos penais na qualidade de juiz, procurador, advogado ou outra função semelhante; ou

ii) Reconhecida competência em matérias relevantes de Direito Internacional, tais como o Direito Internacional Humanitário e os direitos humanos, assim como vasta experiência em profissões jurídicas com relevância para a função judicial do Tribunal.

c) Os candidatos a juízes deverão possuir um excelente conhecimento e serem fluentes em, pelo menos, uma das línguas de trabalho do Tribunal.

4. *a*) Qualquer Estado Parte no presente Estatuto poderá propor candidatos às eleições para juiz do Tribunal mediante:

i) O procedimento previsto para propor candidatos aos mais altos cargos judiciais do país; ou *ii)* O procedimento previsto no Estatuto do Tribunal Internacional de Justiça para propor candidatos a esse Tribunal.

As propostas de candidatura deverão ser acompanhadas de uma exposição detalhada comprovativa de que o candidato possui os requisitos enunciados no nº 3.

b) Qualquer Estado Parte poderá apresentar uma candidatura de uma pessoa que não tenha necessariamente a sua nacionalidade, mas que seja nacional de um Estado Parte.

c) A Assembleia dos Estados Partes poderá decidir constituir, se apropriado, uma comissão consultiva para o exame das candidaturas. Neste caso, a Assembleia dos Estados Partes determinará a composição e o mandato da comissão.

5. Para efeitos da eleição, serão estabelecidas duas listas de candidatos:

A lista A, com os nomes dos candidatos que reúnam os requisitos enunciados na alínea *b*), subalínea i), do nº 3; e

A lista B, com os nomes dos candidatos que reúnam os requisitos enunciados na alínea *b*), subalínea ii), do nº 3.

O candidato que reúna os requisitos constantes de ambas as listas poderá escolher em qual delas deseja figurar. Na primeira eleição de membros do Tribunal, pelo menos nove juízes serão eleitos de entre os candidatos da lista A e pelo menos cinco de entre os candidatos da lista B. As eleições subsequentes serão organizadas por forma a que se mantenha no Tribunal uma proporção equivalente de juízes de ambas as listas.

6. *a*) Os juízes serão eleitos por escrutínio secreto, em sessão da Assembleia dos Estados Partes convocada para esse efeito, nos termos do artigo 112º Sob reserva do disposto no nº 7, serão eleitos os 18 candidatos que obtenham o maior número de votos e uma maioria de dois terços dos Estados Partes presentes e votantes.

b) No caso em que da primeira votação não resulte eleito um número suficiente de juízes, proceder-se-á a nova votação, de acordo com os procedimentos estabelecidos na alínea *a*), até provimento dos lugares restantes.

7. O Tribunal não poderá ter mais de um juiz nacional do mesmo Estado. Para este efeito, a pessoa que for considerada nacional de mais de um Estado será considerada nacional do Estado onde exerce habitualmente os seus direitos civis e políticos.

8. *a*) Na seleção dos juízes, os Estados Partes ponderarão sobre a necessidade de assegurar que a composição do Tribunal inclua:

i) A representação dos principais sistemas jurídicos do mundo;

ii) Uma representação geográfica equitativa; e

iii) Uma representação equitativa de juízes do sexo feminino e do sexo masculino.

b) Os Estados Partes terão igualmente em consideração a necessidade de assegurar a presença de juízes especializados em determinadas matérias, incluindo, entre outras, a violência contra mulheres ou crianças.

9. *a)* Salvo o disposto na alínea *b)*, os juízes serão eleitos por um mandato de nove anos e não poderão ser reeleitos, salvo o disposto na alínea *c)* e no nº 2 do artigo 37º

b) Na primeira eleição, um terço dos juízes eleitos será selecionado por sorteio para exercer um mandato de três anos; outro terço será selecionado, também por sorteio, para exercer um mandato de seis anos; e os restantes exercerão um mandato de nove anos.

c) Um juiz selecionado para exercer um mandato de três anos, em conformidade com a alínea *b)*, poderá ser reeleito para um mandato completo.

10. Não obstante o disposto no nº 9, um juiz afeto a um tribunal de julgamento em 1ª instância ou de recurso, em conformidade com o artigo 39º, permanecerá em funções até à conclusão do julgamento ou do recurso dos casos que tiver a seu cargo.

Artigo 37º – Vagas

1. Caso ocorra uma vaga, realizar-se-á uma eleição para o seu provimento, de acordo com o artigo 36º

2. O juiz eleito para prover uma vaga concluirá o mandato do seu antecessor e, se esse período for igual ou inferior a três anos, poderá ser reeleito para um mandato completo, nos termos do artigo 36º

Artigo 38º – A Presidência

1. O presidente, o 1º vice-presidente e o 2º vice-presidente serão eleitos por maioria absoluta dos juízes.

Cada um desempenhará o respetivo cargo por um período de três anos ou até ao termo do seu mandato como juiz, conforme o que expirar em primeiro lugar.

Poderão ser reeleitos uma única vez.

2. O 1º vice-presidente substituirá o presidente em caso de impossibilidade ou recusa deste. O 2º vice-presidente substituirá o presidente em caso de impedimento ou recusa deste ou do 1º vice-presidente.

3. O presidente, o 1º vice-presidente e o 2º vice-presidente constituirão a Presidência, que ficará encarregue:

a) Da adequada administração do Tribunal, com exceção do Gabinete do Procurador; e

b) Das restantes funções que lhe forem conferidas de acordo com o presente Estatuto.

4. Embora eximindo-se da sua responsabilidade nos termos do nº 3, alínea *a*), a Presidência atuará em coordenação com o Gabinete do Procurador e deverá obter a aprovação deste em todos os assuntos de interesse comum.

Artigo 39º – Juízos

1. Após a eleição dos juízes e logo que possível, o Tribunal deverá organizar-se nas secções referidas no artigo 34º, alínea *b*). A secção de recursos será composta pelo presidente e quatro juízes, a secção de julgamento em 1ª instância por, pelo menos, seis juízes e a secção de instrução por, pelo menos, seis juízes. Os juízes serão adstritos aos juízos de acordo com a natureza das funções que corresponderem a cada um e com as respetivas qualificações e experiência, por forma que cada juízo disponha de um conjunto adequado de especialistas em Direito Penal e Processual Penal e em Direito Internacional. A secção de julgamento em 1ª instância e a secção de instrução serão predominantemente compostas por juízes com experiência em processo penal.

2. *a*) As funções judiciais do Tribunal serão desempenhadas em cada secção pelos juízos.

b):

i) O juízo de recursos será composto por todos os juízes da secção de recursos;

ii) As funções do juízo de julgamento em 1ª instância serão desempenhadas por três juízes da secção de julgamento em 1ª instância;

iii) As funções do juízo de instrução serão desempenhadas por três juízes da secção de instrução ou por um só juiz da referida secção, em conformidade com o presente Estatuto e com o Regulamento Processual.

c) Nada no presente número obstará a que se constituam simultaneamente mais de um juízo de julgamento em 1ª instância ou juízo de instrução, sempre que a gestão eficiente do trabalho do Tribunal assim o exigir.

3. *a*) Os juízes adstritos às secções de julgamento em 1ª instância e de instrução desempenharão o cargo nessas secções por um período de três

anos ou, decorrido esse período, até à conclusão dos casos que lhes tenham sido cometidos pela respetiva secção.

b) Os juízes adstritos à secção de recursos desempenharão o cargo nessa secção durante todo o seu mandato.

4. Os juízes adstritos à secção de recursos desempenharão o cargo unicamente nessa secção. Nada no presente artigo obstará a que sejam adstritos temporariamente juízes da secção de julgamento em 1ª instância à secção de instrução, ou inversamente, se a Presidência entender que a gestão eficiente do trabalho do Tribunal assim o exige; porém, o juiz que tenha participado na fase instrutória não poderá, em caso algum, fazer parte do juízo de julgamento em 1ª instância encarregue do caso.

Artigo 40º – Independência dos juízes

1. Os juízes são independentes no desempenho das suas funções.

2. Os juízes não desenvolverão qualquer atividade que possa ser incompatível com o exercício das suas funções judiciais ou prejudicar a confiança na sua independência.

3. Os juízes que devam desempenhar os seus cargos em regime de exclusividade na sede do Tribunal não poderão ter qualquer outra ocupação de índole profissional.

4. As questões relativas à aplicação dos nºs 2 e 3 serão decididas por maioria absoluta dos juízes.

Nenhum juiz participará na decisão de uma questão que lhe diga respeito.

Artigo 41º – Escusa e recusa de juízes

1. A Presidência pode, a pedido de um juiz, escusá-lo do exercício de alguma das funções que lhe confere o presente Estatuto, em conformidade com o Regulamento Processual.

2. *a*) Nenhum juiz pode participar num caso em que, por qualquer motivo, seja posta em dúvida a sua imparcialidade. Será recusado, em conformidade com o disposto neste número, entre outras razões, se tiver intervindo anteriormente, a qualquer título, num caso submetido ao Tribunal ou num procedimento criminal conexo a nível nacional que envolva a pessoa objeto de inquérito ou procedimento criminal. Pode ser igualmente recusado por qualquer outro dos motivos definidos no Regulamento Processual.

b) O Procurador ou a pessoa objeto de inquérito ou procedimento criminal poderá solicitar a recusa de um juiz em virtude do disposto no presente número.

c) As questões relativas à recusa de juízes serão decididas por maioria absoluta dos juízes. O juiz cuja recusa for solicitada poderá pronunciar-se sobre a questão, mas não poderá tomar parte na decisão.

Artigo 42º – O Gabinete do Procurador

1. O Gabinete do Procurador atua de forma independente, enquanto órgão autónomo do Tribunal. Compete-lhe recolher comunicações e qualquer outro tipo de informação, devidamente fundamentada, sobre crimes da competência do Tribunal, a fim de as examinar e investigar e de exercer a ação penal junto do Tribunal.

Os membros do Gabinete do Procurador não solicitarão nem cumprirão ordens de fontes externas ao Tribunal.

2. O Gabinete do Procurador será presidido pelo procurador, que terá plena autoridade para dirigir e administrar o Gabinete do Procurador, incluindo o pessoal, as instalações e outros recursos. O procurador será coadjuvado por um ou mais procuradores-adjuntos, que poderão desempenhar qualquer uma das funções que incumbam àquele, em conformidade com o disposto no presente Estatuto. O procurador e os procuradores-adjuntos terão nacionalidades diferentes e desempenharão o respetivo cargo em regime de exclusividade.

3. O procurador e os procuradores-adjuntos deverão ter elevada idoneidade moral, elevado nível de competência e vasta experiência prática em matéria de processo penal. Deverão possuir um excelente conhecimento e serem fluentes em, pelo menos, uma das línguas de trabalho do Tribunal.

4. O procurador será eleito por escrutínio secreto e por maioria absoluta de votos dos membros da Assembleia dos Estados Partes. Os procuradores-adjuntos serão eleitos da mesma forma, de entre uma lista de candidatos apresentada pelo procurador. O procurador proporá três candidatos para cada cargo de procurador-adjunto a prover. A menos que, aquando da eleição, seja fixado um período mais curto, o procurador e os procuradores-adjuntos exercerão os respetivos cargos por um período de nove anos e não poderão ser reeleitos.

5. O procurador e os procuradores-adjuntos não deverão desenvolver qualquer atividade que possa interferir com o exercício das suas funções

ou afetar a confiança na sua independência e não poderão desempenhar qualquer outra função de caráter profissional.

6. A Presidência poderá, a pedido do procurador ou de um procurador-adjunto, escusá-lo de intervir num determinado caso.

7. O procurador e os procuradores-adjuntos não poderão participar em qualquer processo em que, por qualquer motivo, a sua imparcialidade possa ser posta em causa. Serão recusados, em conformidade com o disposto no presente número, entre outras razões, se tiverem intervindo anteriormente, a qualquer título, num caso submetido ao Tribunal ou num procedimento criminal conexo a nível nacional, que envolva a pessoa objeto de inquérito ou procedimento criminal.

8. As questões relativas à recusa do procurador ou de um procurador-adjunto serão decididas pelo juízo de recursos:

a) A pessoa objeto de inquérito ou procedimento criminal poderá solicitar, a todo o momento, a recusa do procurador ou de um procurador-adjunto, pelos motivos previstos no presente artigo;

b) O procurador ou o procurador-adjunto, segundo o caso, poderão pronunciar-se sobre a questão.

9. O procurador nomeará assessores jurídicos especializados em determinadas áreas, incluindo, entre outras, as da violência sexual ou violência por motivos relacionados com a pertença a um determinado sexo e da violência contra as crianças.

Artigo 43º – A Secretaria

1. A Secretaria será responsável pelos aspetos não judiciais da administração e do funcionamento do Tribunal, sem prejuízo das funções e atribuições do procurador definidas no artigo 42º

2. A Secretaria será dirigida pelo secretário, principal responsável administrativo do Tribunal. O secretário exercerá as suas funções na dependência do presidente do Tribunal.

3. O secretário e o secretário-adjunto deverão ser pessoas de elevada idoneidade moral e possuir um elevado nível de competência e um excelente conhecimento e domínio de, pelo menos, uma das línguas de trabalho do Tribunal.

4. Os juízes elegerão o secretário em escrutínio secreto, por maioria absoluta, tendo em consideração as recomendações da Assembleia dos Estados Partes.

Se necessário, elegerão um secretário-adjunto, por recomendação do secretário e pela mesma forma.

5. O secretário será eleito por um período de cinco anos para exercer funções em regime de exclusividade e só poderá ser reeleito uma vez. O secretário-adjunto será eleito por um período de cinco anos, ou por um período mais curto se assim o decidirem os juízes por deliberação tomada por maioria absoluta, e exercerá as suas funções de acordo com as exigências de serviço.

6. O secretário criará, no âmbito da Secretaria, uma Unidade de Apoio às Vítimas e Testemunhas. Esta Unidade, em conjunto com o Gabinete do Procurador, adotará medidas de proteção e dispositivos de segurança e prestará assessoria e outro tipo de assistência às testemunhas e vítimas que compareçam perante o Tribunal e a outras pessoas ameaçadas em virtude do testemunho prestado por aquelas. A Unidade incluirá pessoal especializado para atender as vítimas de traumas, nomeadamente os relacionados com crimes de violência sexual.

Artigo 44º – O pessoal

1. O procurador e o secretário nomearão o pessoal qualificado necessário aos respetivos serviços, nomeadamente, no caso do procurador, o pessoal encarregue de efetuar diligências no âmbito do inquérito.

2. No tocante ao recrutamento de pessoal, o procurador e o secretário assegurarão os mais altos padrões de eficiência, competência e integridade, tendo em consideração, *mutatis mutandis*, os critérios estabelecidos no nº 8 do artigo 36º

3. O secretário, com o acordo da Presidência e do procurador, proporá o estatuto do pessoal, que fixará as condições de nomeação, remuneração e cessação de funções do pessoal do Tribunal. O estatuto do pessoal será aprovado pela Assembleia dos Estados Partes.

4. O Tribunal poderá, em circunstâncias excecionais, recorrer aos serviços de pessoal colocado à sua disposição, a título gratuito, pelos Estados Partes, organizações intergovernamentais e organizações não governamentais, com vista a colaborar com qualquer um dos órgãos do Tribunal. O procurador poderá anuir a tal eventualidade em nome do Gabinete do Procurador.

A utilização do pessoal disponibilizado a título gratuito ficará sujeita às diretivas estabelecidas pela Assembleia dos Estados Partes.

Artigo 45º – Compromisso solene

Antes de assumir as funções previstas no presente Estatuto, os juízes, o procurador, os procuradores-adjuntos, o secretário e o secretário-adjunto declararão solenemente, em sessão pública, que exercerão as suas funções imparcial e conscienciosamente.

Artigo 46º – Cessação de funções

1. Um juiz, o procurador, um procurador-adjunto, o secretário ou o secretário-adjunto cessará as respetivas funções, por decisão adotada de acordo com o disposto no nº 2, nos casos em que:

a) Se conclua que a pessoa em causa incorreu em falta grave ou incumprimento grave das funções conferidas pelo presente Estatuto, de acordo com o previsto no Regulamento Processual; ou

b) A pessoa em causa se encontra impossibilitada de desempenhar as funções definidas no presente Estatuto.

2. A decisão relativa à cessação de funções de um juiz, do procurador ou de um procurador-adjunto, de acordo com o nº 1, será adotada pela Assembleia dos Estados Partes em escrutínio secreto:

a) No caso de um juiz, por maioria de dois terços dos Estados Partes, com base em recomendação adotada por maioria de dois terços dos restantes juízes;

b) No caso do procurador, por maioria absoluta dos Estados Partes;

c) No caso de um procurador-adjunto, por maioria absoluta dos Estados Partes, com base na recomendação do procurador.

3. A decisão relativa à cessação de funções do secretário ou do secretário-adjunto será adotada por maioria absoluta de votos dos juízes.

4. Os juízes, o Procurador, os procuradores-adjuntos, o secretário ou o secretário-adjunto, cuja conduta ou idoneidade para o exercício das funções inerentes ao cargo em conformidade com o presente Estatuto tiver sido contestada ao abrigo do presente artigo, terão plena possibilidade de apresentar e obter meios de prova e produzir alegações de acordo com o Regulamento Processual; não poderão, no entanto, participar, de qualquer outra forma, na apreciação do caso.

Artigo 47º – Medidas disciplinares

Os juízes, o procurador, os procuradores-adjuntos, o secretário ou o secretário-adjunto que tiverem cometido uma falta menos grave que a prevista no nº 1 do artigo 46º incorrerão em responsabilidade disciplinar nos termos do Regulamento Processual.

Artigo 48º – Privilégios e imunidades

1. O Tribunal gozará, no território dos Estados Partes, dos privilégios e imunidades que se mostrem necessários ao cumprimento das suas funções.

2. Os juízes, o procurador, os procuradores-adjuntos e o secretário gozarão, no exercício das suas funções ou em relação a estas, dos mesmos privilégios e imunidades reconhecidos aos chefes das missões diplomáticas, continuando a usufruir de absoluta imunidade judicial relativamente às suas declarações, orais ou escritas, e aos atos que pratiquem no desempenho de funções oficiais após o termo do respetivo mandato.

3. O secretário-adjunto, o pessoal do Gabinete do Procurador e o pessoal da Secretaria gozarão dos mesmos privilégios e imunidades e das facilidades necessárias ao cumprimento das respetivas funções, nos termos do acordo sobre os privilégios e imunidades do Tribunal.

4. Os advogados, peritos, testemunhas e outras pessoas cuja presença seja requerida na sede do Tribunal beneficiarão do tratamento que se mostre necessário ao funcionamento adequado deste, nos termos do acordo sobre os privilégios e imunidades do Tribunal.

5. Os privilégios e imunidades poderão ser levantados:

a) No caso de um juiz ou do procurador, por decisão adotada por maioria absoluta dos juízes;

b) No caso do secretário, pela Presidência;

c) No caso dos procuradores-adjuntos e do pessoal do Gabinete do Procurador, pelo procurador;

d) No caso do secretário-adjunto e do pessoal da Secretaria, pelo secretário.

Artigo 49º – Vencimentos, subsídios e despesas

Os juízes, o procurador, os procuradores-adjuntos, o secretário e o secretário-adjunto auferirão os vencimentos e terão direito aos subsídios e ao reembolso de despesas que forem estabelecidos pela Assembleia dos Estados Partes. Estes vencimentos e subsídios não serão reduzidos no decurso do mandato.

Artigo 50º – Línguas oficiais e línguas de trabalho

1. As línguas árabe, chinesa, espanhola, francesa, inglesa e russa serão as línguas oficiais do Tribunal.

As sentenças proferidas pelo Tribunal, bem como outras decisões sobre questões fundamentais submetidas ao Tribunal, serão publicadas nas línguas oficiais. A Presidência, de acordo com os critérios definidos no Regulamento Processual, determinará quais as decisões que poderão ser consideradas como decisões sobre questões fundamentais, para os efeitos do presente número.

2. As línguas francesa e inglesa serão as línguas de trabalho do Tribunal. O Regulamento Processual definirá os casos em que outras línguas oficiais poderão ser usadas como línguas de trabalho.

3. A pedido de qualquer Parte ou qualquer Estado que tenha sido admitido a intervir num processo, o Tribunal autorizará o uso de uma língua que não seja a francesa ou a inglesa, sempre que considere que tal autorização se justifica.

Artigo 51º – Regulamento Processual

1. O Regulamento Processual entrará em vigor mediante a sua aprovação por uma maioria de dois terços dos votos dos membros da Assembleia dos Estados Partes.

2. Poderão propor alterações ao Regulamento Processual:

a) Qualquer Estado Parte;

b) Os juízes, por maioria absoluta; ou

c) O procurador.

Estas alterações entrarão em vigor mediante a aprovação por uma maioria de dois terços dos votos dos membros da Assembleia dos Estados Partes.

3. Após a aprovação do Regulamento Processual, em casos urgentes em que a situação concreta suscitada em Tribunal não se encontre prevista no Regulamento Processual, os juízes poderão, por maioria de dois terços, estabelecer normas provisórias a serem aplicadas até que a Assembleia dos Estados Partes as aprove, altere ou rejeite na sessão ordinária ou extraordinária seguinte.

4. O Regulamento processual e respetivas alterações, bem como quaisquer normas provisórias, deverão estar em consonância com o presente Estatuto. As alterações ao Regulamento Processual, assim como as normas provisórias aprovadas em conformidade com o nº 3, não serão aplicadas

com caráter retroativo em detrimento de qualquer pessoa que seja objeto de inquérito ou de procedimento criminal, ou que tenha sido condenada.

5. Em caso de conflito entre as disposições do Estatuto e as do Regulamento Processual, o Estatuto prevalecerá.

Artigo 52º – Regimento do Tribunal

1. De acordo com o presente Estatuto e com o Regulamento Processual, os juízes aprovarão, por maioria absoluta, o Regimento necessário ao normal funcionamento do Tribunal.

2. O procurador e o secretário serão consultados sobre a elaboração do Regimento ou sobre qualquer alteração que lhe seja introduzida.

3. O Regimento do Tribunal e qualquer alteração posterior entrarão em vigor mediante a sua aprovação, salvo decisão em contrário dos juízes. Imediatamente após a adoção, serão circulados pelos Estados Partes para observações e continuarão em vigor se, dentro de seis meses, não forem formuladas objeções pela maioria dos Estados Partes.

CAPÍTULO V – Inquérito e procedimento criminal

Artigo 53º – Abertura do inquérito

1. O procurador, após examinar a informação de que dispõe, abrirá um inquérito, a menos que considere que, nos termos do presente Estatuto, não existe fundamento razoável para proceder ao mesmo. Na sua decisão, o procurador terá em conta se:

a) A informação de que dispõe constitui fundamento razoável para crer que foi, ou está a ser, cometido um crime da competência do Tribunal;

b) O caso é ou seria admissível nos termos do artigo 17º; e

c) Tendo em consideração a gravidade do crime e os interesses das vítimas, não existirão, contudo, razões substanciais para crer que o inquérito não serve os interesses da justiça.

Se decidir que não há motivo razoável para abrir um inquérito e se esta decisão se basear unicamente no disposto na alínea *c*), o procurador informará o juízo de instrução.

2. Se, concluído o inquérito, o procurador chegar à conclusão de que não há fundamento suficiente para proceder criminalmente, na medida em que:

a) Não existam elementos suficientes, de facto ou de direito, para requerer a emissão de um mandado de detenção ou notificação para comparência, de acordo com o artigo 58º;

b) O caso seja inadmissível, de acordo com o artigo 17º; ou

c) O procedimento não serviria o interesse da justiça, consideradas todas as circunstâncias, tais como a gravidade do crime, os interesses das vítimas e a idade ou o estado de saúde do presumível autor e o grau de participação no alegado crime;

comunicará a sua decisão, devidamente fundamentada, ao juízo de instrução e ao Estado que lhe submeteu o caso, de acordo com o artigo 14º, ou ao Conselho de Segurança, se se tratar de um caso previsto na alínea *b*) do artigo 13º

3. *a*) A pedido do Estado que tiver submetido o caso, nos termos do artigo 14º, ou do Conselho de Segurança, nos termos da alínea *b*) do artigo 13º, o juízo de instrução poderá examinar a decisão do procurador de não proceder criminalmente em conformidade com o nº 1 ou o nº 2 e solicitar-lhe que reconsidere essa decisão.

b) Além disso, o juízo de instrução poderá, oficiosamente, examinar a decisão do procurador de não proceder criminalmente, se essa decisão se basear unicamente no disposto no nº 1, alínea *c*), ou no nº 2, alínea *c*). Nesse caso, a decisão do procurador só produzirá efeitos se confirmada pelo juízo de instrução.

4. O procurador poderá, a todo o momento, reconsiderar a sua decisão de abrir um inquérito ou proceder criminalmente, com base em novos factos ou novas informações.

Artigo 54º – Funções e poderes do procurador em matéria de inquérito

1. O procurador deverá:

a) A fim de estabelecer a verdade dos factos, alargar o inquérito a todos os factos e provas pertinentes para a determinação da responsabilidade criminal, em conformidade com o presente Estatuto e, para esse efeito, investigar, de igual modo, as circunstâncias que interessam quer à acusação, quer à defesa;

b) Adotar as medidas adequadas para assegurar a eficácia do inquérito e do procedimento criminal relativamente aos crimes da jurisdição do Tribunal e, na sua atuação, o procurador terá em conta os interesses e a situação pessoal das vítimas e testemunhas, incluindo a idade, o sexo, tal como definido no nº 3 do artigo 7º, e o estado de saúde; terá igualmente em conta a natureza do crime, em particular quando envolva violência sexual, violência por motivos relacionados com a pertença a um determinado sexo e violência contra as crianças; e

c) Respeitar plenamente os direitos conferidos às pessoas pelo presente Estatuto.

2. O procurador poderá realizar investigações no âmbito de um inquérito no território de um Estado:

a) De acordo com o disposto no capítulo IX; ou

b) Mediante autorização do juízo de instrução, dada nos termos do nº 3, alínea *d*), do artigo 57º

3. O procurador poderá:

a) Reunir e examinar provas;

b) Convocar e interrogar pessoas objeto de inquérito e convocar e tomar o depoimento de vítimas e testemunhas;

c) Procurar obter a cooperação de qualquer Estado ou organização intergovernamental ou dispositivo intergovernamental, de acordo com a respetiva competência e ou mandato;

d) Celebrar acordos ou convénios compatíveis com o presente Estatuto, que se mostrem necessários para facilitar a cooperação de um Estado, de uma organização intergovernamental ou de uma pessoa;

e) Concordar em não divulgar, em qualquer fase do processo, documentos ou informação que tiver obtido, com a condição de preservar o seu caráter confidencial e com o objetivo único de obter novas provas, a menos que quem tiver facilitado a informação consinta na sua divulgação; e

f) Adotar ou requerer que se adotem as medidas necessárias para assegurar o caráter confidencial da informação, a proteção de pessoas ou a preservação da prova.

Artigo 55º – Direitos das pessoas no decurso do inquérito

1. No decurso de um inquérito aberto nos termos do presente Estatuto:

a) Nenhuma pessoa poderá ser obrigada a depor contra si própria ou a declarar-se culpada;

b) Nenhuma pessoa poderá ser submetida a qualquer forma de coação, intimidação ou ameaça, tortura ou outras formas de penas ou tratamentos cruéis, desumanos ou degradantes; e *c*) Qualquer pessoa que for interrogada numa língua que não compreenda ou não fale fluentemente será assistida, gratuitamente, por um intérprete competente e poderá dispor das traduções necessárias às exigências de equidade;

d) Nenhuma pessoa poderá ser presa ou detida arbitrariamente, nem ser privada da sua liberdade, salvo pelos motivos previstos no presente Estatuto e em conformidade com os procedimentos nele estabelecidos.

2. Sempre que existam motivos para crer que uma pessoa cometeu um crime da competência do Tribunal e que deve ser interrogada pelo procurador ou pelas autoridades nacionais, em virtude de um pedido feito em conformidade com o disposto no capítulo IX, essa pessoa será informada, antes do interrogatório, de que goza ainda dos seguintes direitos:

a) A ser informada, antes de ser interrogada, de que existem indícios de que cometeu um crime da competência do Tribunal;

b) A guardar silêncio, sem que tal seja tido em consideração para efeitos de determinação da sua culpa ou inocência;

c) A ser assistida por um advogado da sua escolha ou, se não o tiver, a solicitar que lhe seja designado um defensor oficioso, em todas as situações em que o interesse da justiça assim o exija, e sem qualquer encargo se não possuir meios suficientes para lhe pagar; e

d) A ser interrogada na presença de advogado, a menos que tenha renunciado voluntariamente ao direito de ser assistida por um advogado.

Artigo 56º – Intervenção do juízo de instrução em caso de oportunidade única de proceder a um inquérito

1. *a*) Sempre que considere que um inquérito oferece uma oportunidade única de recolher depoimentos ou declarações de uma testemunha ou de examinar, reunir ou verificar provas, o procurador comunicará esse facto ao juízo de instrução.

b) Nesse caso, o juízo de instrução, a pedido do procurador, poderá adotar as medidas que entender necessárias para assegurar a eficácia e a integridade do processo e, em particular, para proteger os direitos de defesa.

c) Salvo decisão em contrário do juízo de instrução, o procurador transmitirá a informação relevante à pessoa que tenha sido detida, ou que tenha comparecido na sequência de notificação emitida no âmbito do inquérito a que se refere a alínea *a*), para que possa ser ouvida sobre a matéria em causa.

2. As medidas a que se faz referência na alínea *b*) do nº 1 poderão consistir em:

a) Fazer recomendações ou proferir despachos sobre o procedimento a seguir;

b) Ordenar que o processado seja reduzido a auto;

c) Nomear um perito;

d) Autorizar o advogado de defesa do detido, ou de quem tiver comparecido no Tribunal na sequência de notificação, a participar no processo ou, no caso dessa detenção ou comparência não se ter ainda verificado ou não tiver ainda sido designado advogado, a nomear outro defensor que se encarregará dos interesses da defesa e os representará;

e) Encarregar um dos seus membros ou, se necessário, outro juiz disponível da secção de instrução ou da secção de julgamento em 1ª instância de formular recomendações ou proferir despachos sobre a recolha e a preservação de meios de prova e a inquirição de pessoas;

f) Adotar todas as medidas necessárias para reunir ou preservar meios de prova.

3. *a*) Se o procurador não tiver solicitado as medidas previstas no presente artigo mas o juízo de instrução considerar que tais medidas são necessárias para preservar meios de prova que lhe pareçam essenciais para a defesa no julgamento, o juízo consultará o procurador a fim de saber se existem motivos poderosos para este não requerer as referidas medidas. Se, após consulta, o juízo concluir que a omissão de requerimento de tais medidas é injustificada, poderá adotar essas medidas oficiosamente.

b) O procurador poderá recorrer da decisão tomada pelo juízo de instrução oficiosamente, nos termos do presente número. O recurso seguirá uma forma sumária.

4. A admissibilidade dos meios de prova preservados ou recolhidos para efeitos do processo ou o respetivo registo, em conformidade com o presente artigo, reger-se-ão, em julgamento, pelo disposto no artigo 69º, e terão o valor que lhes for atribuído pelo juízo de julgamento em 1ª instância.

Artigo 57º – Funções e poderes do juízo de instrução

1. Salvo disposição em contrário do presente Estatuto, o juízo de instrução exercerá as suas funções em conformidade com o presente artigo.

2. *a*) Para os despachos do juízo de instrução proferidos ao abrigo dos artigos 15º, 18º, 19º, 54º, nº 2, 61º, nº 7, e 72º, deve concorrer a maioria de votos dos juízes que o compõem.

b) Em todos os outros casos, um juiz do juízo de instrução agindo a título individual poderá exercer as funções definidas no presente Estatuto, salvo disposição em contrário prevista no Regulamento Processual ou decisão em contrário do juízo de instrução tomada por maioria de votos.

3. Independentemente das outras funções conferidas pelo presente Estatuto, o juízo de instrução poderá:

a) A pedido do procurador, proferir os despachos e emitir os mandados que se revelem necessários para um inquérito;

b) A pedido de qualquer pessoa que tenha sido detida ou tenha comparecido na sequência de notificação expedida nos termos do artigo 58º, proferir despachos, incluindo medidas tais como as indicadas no artigo 56º, ou procurar obter, nos termos do disposto no capítulo IX, a cooperação necessária para auxiliar essa pessoa a preparar a sua defesa;

c) Sempre que necessário, assegurar a proteção e o respeito pela privacidade de vítimas e testemunhas, a preservação da prova, a proteção de pessoas detidas ou que tenham comparecido na sequência de notificação para comparência, assim como a proteção de informação que afete a segurança nacional;

d) Autorizar o procurador a adotar medidas específicas, no âmbito de um inquérito, no território de um Estado Parte sem ter obtido a cooperação deste nos termos do disposto no capítulo IX, caso o juízo de instrução determine que, tendo em consideração, na medida do possível, a posição do referido Estado, este último não está manifestamente em condições de satisfazer um pedido de cooperação face à incapacidade de todas as autoridades ou órgãos do seu sistema judiciário com competência para dar seguimento a um pedido de cooperação formulado nos termos do disposto no capítulo IX;

e) Quando tiver emitido um mandado de detenção ou uma notificação para comparência nos termos do artigo 58º, e tendo em consideração o valor das provas e os direitos das partes em questão, em conformidade com o disposto no presente Estatuto e no Regulamento Processual, procurar obter a cooperação dos Estados, nos termos do nº 1, alínea *k*), do artigo 93º, para a adoção de medidas cautelares que visem a apreensão, em particular no interesse superior das vítimas.

Artigo 58º - Mandado de detenção e notificação para comparência do juízo de instrução

1. A todo o momento após a abertura do inquérito, o juízo de instrução poderá, a pedido do procurador, emitir um mandado de detenção contra uma pessoa se, após examinar o pedido e as provas ou outras informações submetidas pelo procurador, considerar que:

a) Existem motivos suficientes para crer que essa pessoa cometeu um crime da competência do Tribunal; e

b) A detenção dessa pessoa se mostra necessária para:

i) Garantir a sua comparência em tribunal;

ii) Garantir que não obstruirá, nem porá em perigo, o inquérito ou a ação do Tribunal; ou

iii) Se for o caso, impedir que a pessoa continue a cometer esse crime ou um crime conexo que seja da competência do Tribunal e tenha a sua origem nas mesmas circunstâncias.

2. Do requerimento do procurador deverão constar os seguintes elementos:

a) O nome da pessoa em causa e qualquer outro elemento útil de identificação;

b) A referência precisa do crime da competência do Tribunal que a pessoa tenha presumivelmente cometido;

c) Uma descrição sucinta dos factos que alegadamente constituem o crime;

d) Um resumo das provas e de qualquer outra informação que constitua motivo suficiente para crer que a pessoa cometeu o crime; e

e) Os motivos pelos quais o procurador considere necessário proceder à detenção daquela pessoa.

3. Do mandado de detenção deverão constar os seguintes elementos:

a) O nome da pessoa em causa e qualquer outro elemento útil de identificação;

b) A referência precisa do crime da competência do Tribunal que justifique o pedido de detenção; e

c) Uma descrição sucinta dos factos que alegadamente constituem o crime.

4. O mandado de detenção manter-se-á válido até decisão em contrário do Tribunal.

5. Com base no mandado de detenção, o Tribunal poderá solicitar a prisão preventiva ou a detenção e entrega da pessoa em conformidade com o disposto no capítulo IX do presente Estatuto.

6. O procurador poderá solicitar ao juízo de instrução que altere o mandado de detenção no sentido de requalificar os crimes aí indicados ou de adicionar outros. O juízo de instrução alterará o mandado de detenção se considerar que existem motivos suficientes para crer que a pessoa cometeu quer os crimes na forma que se indica nessa requalificação, quer os novos crimes.

7. O procurador poderá solicitar ao juízo de instrução que, em vez de um mandado de detenção, emita uma notificação para comparência. Se o juízo considerar que existem motivos suficientes para crer que a pessoa cometeu o crime que lhe é imputado e que uma notificação para comparência será suficiente para garantir a sua presença efetiva em tribunal, emitirá uma notificação para que a pessoa compareça, com ou sem a imposição de medidas restritivas de liberdade (distintas da detenção) se previstas no Direito Interno. Da notificação para comparência deverão constar os seguintes elementos:

a) O nome da pessoa em causa e qualquer outro elemento útil de identificação;

b) A data de comparência;

c) A referência precisa ao crime da competência do Tribunal que a pessoa alegadamente tenha cometido; e

d) Uma descrição sucinta dos factos que alegadamente constituem o crime.

Esta notificação será diretamente feita à pessoa em causa.

Artigo 59º – Procedimento de detenção no Estado da detenção

1. O Estado Parte que receber um pedido de prisão preventiva ou de detenção e entrega adotará imediatamente as medidas necessárias para proceder à detenção, em conformidade com o respetivo Direito Interno e com o disposto no capítulo IX.

2. O detido será imediatamente levado à presença da autoridade judiciária competente do Estado da detenção que determinará se, de acordo com a legislação desse Estado:

a) O mandado de detenção é aplicável à pessoa em causa;

b) A detenção foi executada de acordo com a lei;

c) Os direitos do detido foram respeitados.

3. O detido terá direito a solicitar à autoridade competente do Estado da detenção autorização para aguardar a sua entrega em liberdade.

4. Ao decidir sobre o pedido, a autoridade competente do Estado da detenção determinará se, em face da gravidade dos crimes imputados, se verificam circunstâncias urgentes e excecionais que justifiquem a liberdade provisória e se existem as garantias necessárias para que o Estado de detenção possa cumprir a sua obrigação de entregar a pessoa ao Tribunal. Essa autoridade não terá competência para examinar se o mandado de detenção foi regularmente emitido, nos termos das alíneas *a*) e *b*) do nº 1 do artigo 58º

5. O pedido de liberdade provisória será notificado ao juízo de instrução, o qual fará recomendações à autoridade competente do Estado da detenção. Antes de tomar uma decisão, a autoridade competente do Estado da detenção terá em conta essas recomendações, incluindo as relativas a medidas adequadas a impedir a fuga da pessoa.

6. Se a liberdade provisória for concedida, o juízo de instrução poderá solicitar informações periódicas sobre a situação de liberdade provisória.

7. Uma vez que o Estado da detenção tenha ordenado a entrega, o detido será colocado, o mais rapidamente possível, à disposição do Tribunal.

Artigo 60º – Início da fase instrutória

1. Logo que uma pessoa seja entregue ao Tribunal ou nele compareça voluntariamente em cumprimento de uma notificação para comparência, o juízo de instrução deverá assegurar-se de que essa pessoa foi informada dos crimes que lhe são imputados e dos direitos que o presente Estatuto lhe confere, incluindo o direito de solicitar autorização para aguardar o julgamento em liberdade.

2. A pessoa objeto de um mandado de detenção poderá solicitar autorização para aguardar julgamento em liberdade. Se o juízo de instrução considerar verificadas as condições enunciadas no nº 1 do artigo 58º, a detenção será mantida. Caso contrário, a pessoa será posta em liberdade, com ou sem condições.

3. O juízo de instrução reexaminará periodicamente a sua decisão quanto à liberdade provisória ou à detenção, podendo fazê-lo a todo o momento, a pedido do procurador ou do interessado. Aquando da revisão, o juízo poderá modificar a sua decisão quanto à detenção, à liberdade provisória ou às condições desta, se considerar que a alteração das circunstâncias o justifica.

4. O juízo de instrução certificar-se-á de que a detenção não será prolongada por período não razoável devido a demora injustificada da parte do procurador.

A produzir-se a referida demora, o Tribunal considerará a possibilidade de pôr o interessado em liberdade, com ou sem condições.

5. Se necessário, o juízo de instrução poderá emitir um mandado de detenção para garantir a comparência de uma pessoa que tenha sido posta em liberdade.

Artigo 61º – Apreciação da acusação antes do julgamento

1. Salvo o disposto no nº 2, e num prazo razoável após a entrega da pessoa ao Tribunal ou a sua comparência voluntária perante este, o juízo de instrução realizará uma audiência para apreciar os factos constantes da acusação com base nos quais o procurador pretende requerer o julgamento. A audiência terá lugar na presença do procurador e do arguido, assim como do defensor deste.

2. O juízo de instrução, oficiosamente ou a pedido do procurador, poderá realizar a audiência na ausência do arguido, a fim de apreciar os factos constantes da acusação com base nos quais o procurador pretende requerer o julgamento, se o arguido:

a) Tiver renunciado ao seu direito a estar presente; ou

b) Tiver fugido ou não for possível encontrá-lo, tendo sido tomadas todas as medidas razoáveis para assegurar a sua comparência em Tribunal e para o informar dos factos constantes da acusação e da realização de uma audiência para apreciação dos mesmos.

Neste caso, o arguido será representado por um defensor, se o juízo de instrução decidir que tal servirá os interesses da justiça.

3. Num prazo razoável antes da audiência, o arguido:

a) Receberá uma cópia do documento especificando os factos constantes da acusação com base nos quais o procurador pretende requerer o julgamento; e

b) Será informado das provas que o procurador se propõe apresentar em audiência.

O juízo de instrução poderá proferir despacho sobre a divulgação de informação para efeitos da audiência.

4. Antes da audiência, o procurador poderá reabrir o inquérito e alterar ou retirar parte dos factos constantes da acusação. O arguido será notificado de qualquer alteração ou retirada em tempo razoável, antes da realização da audiência. No caso de retirada de parte dos factos constantes da acusação, o procurador informará o juízo de instrução dos motivos da mesma.

5. Na audiência, o procurador produzirá provas satisfatórias dos factos constantes da acusação, nos quais baseou a sua convicção de que o arguido cometeu o crime que lhe é imputado. O procurador poderá basear-se em provas documentais ou um resumo das provas, não sendo obrigado a chamar as testemunhas que irão depor no julgamento.

6. Na audiência, o arguido poderá:

a) Contestar as acusações;

b) Impugnar as provas apresentadas pelo procurador; e

c) Apresentar provas.

7. Com base nos factos apreciados durante a audiência, o juízo de instrução decidirá se existem provas suficientes de que o arguido cometeu os crimes que lhe são imputados. De acordo com essa decisão, o juízo de instrução:

a) Declarará procedente a acusação na parte relativamente à qual considerou terem sido reunidas provas suficientes e remeterá o arguido para o juízo de julgamento em 1ª instância, a fim de aí ser julgado pelos factos confirmados;

b) Não declarará procedente a acusação na parte relativamente à qual considerou não terem sido reunidas provas suficientes;

c) Adiará a audiência e solicitará ao procurador que considere a possibilidade de:

i) Apresentar novas provas ou efetuar novo inquérito relativamente a um determinado facto constante da acusação; ou

ii) Modificar parte da acusação, se as provas reunidas parecerem indicar que um crime distinto, da competência do Tribunal, foi cometido.

8. A declaração de não procedência relativamente a parte de uma acusação, proferida pelo juízo de instrução, não obstará a que o procurador solicite novamente a sua apreciação, na condição de apresentar provas adicionais.

9. Tendo os factos constantes da acusação sido declarados procedentes, e antes do início do julgamento, o procurador poderá, mediante autorização do juízo de instrução e notificação prévia do arguido, alterar alguns factos constantes da acusação. Se o procurador pretender acrescentar novos factos ou substituí-los por outros de natureza mais grave, deverá, nos termos do presente artigo, requerer uma audiência para a respetiva apreciação.

Após o início do julgamento, o procurador poderá retirar a acusação, com autorização do juízo de instrução.

10. Qualquer mandado emitido deixará de ser válido relativamente aos factos constantes da acusação que tenham sido declarados não procedentes pelo juízo de instrução ou que tenham sido retirados pelo procurador.

11. Tendo a acusação sido declarada procedente nos termos do presente artigo, a Presidência designará um juízo de julgamento em 1ª instância que, sob reserva do disposto no nº 9 do presente artigo e no nº 4 do artigo 64º, se encarregará da fase seguinte do processo e poderá exercer as funções do juízo de instrução que se mostrem pertinentes e apropriadas nessa fase do processo.

CAPÍTULO VI – O julgamento

Artigo 62º – Local do julgamento

Salvo decisão em contrário, o julgamento terá lugar na sede do Tribunal.

Artigo 63º – Presença do arguido em julgamento

1. O arguido terá de estar presente durante o julgamento.

2. Se o arguido, presente em tribunal, perturbar persistentemente a audiência, o juízo de julgamento em 1ª instância poderá ordenar a sua remoção da sala e providenciar para que acompanhe o processo e dê instruções ao seu defensor a partir do exterior da mesma, utilizando, se necessário, meios técnicos de comunicação. Estas medidas só serão adotadas em circunstâncias excecionais e pelo período estritamente necessário, após se terem esgotado outras possibilidades razoáveis.

Artigo 64º – Funções e poderes do juízo de julgamento em 1ª instância

1. As funções e poderes do juízo de julgamento em 1ª instância enunciadas no presente artigo deverão ser exercidas em conformidade com o presente Estatuto e o Regulamento Processual.

2. O juízo de julgamento em 1ª instância zelará para que o julgamento seja conduzido de maneira equitativa e célere, com total respeito pelos direitos do arguido e tendo em devida conta a proteção das vítimas e testemunhas.

3. O juízo de julgamento em 1ª instância a que seja submetido um caso nos termos do presente Estatuto:

a) Consultará as partes e adotará as medidas necessárias para que o processo se desenrole de maneira equitativa e célere;

b) Determinará qual a língua, ou quais as línguas, a utilizar no julgamento; e

c) Sob reserva de qualquer outra disposição pertinente do presente Estatuto, providenciará pela revelação de quaisquer documentos ou de informação que não tenha sido divulgada anteriormente, com suficiente antecedência relativamente ao início do julgamento, a fim de permitir a sua preparação adequada para o julgamento.

4. O juízo de julgamento em 1ª instância poderá, se se mostrar necessário para o seu funcionamento eficaz e imparcial, remeter questões preliminares ao juízo de instrução ou, se necessário, a um outro juiz disponível da secção de instrução.

5. Mediante notificação às partes, o juízo de julgamento em 1ª instância poderá, conforme se lhe afigure mais adequado, ordenar que as acusações contra mais de um arguido sejam deduzidas conjunta ou separadamente.

6. No desempenho das suas funções, antes ou no decurso de um julgamento, o juízo de julgamento em 1ª instância poderá, se necessário:

a) Exercer qualquer uma das funções do juízo de instrução consignadas no nº 11 do artigo 61º;

b) Ordenar a comparência e a audição de testemunhas e a apresentação de documentos e outras provas, obtendo para tal, se necessário, o auxílio de outros Estados, conforme previsto no presente Estatuto;

c) Adotar medidas para a proteção da informação confidencial;

d) Ordenar a apresentação de provas adicionais às reunidas antes do julgamento ou às apresentadas no decurso do julgamento pelas partes;

e) Adotar medidas para a proteção do arguido, testemunhas e vítimas; e

f) Decidir sobre qualquer outra questão pertinente.

7. A audiência de julgamento será pública. No entanto, o juízo de julgamento em 1ª instância poderá decidir que determinadas diligências se efetuem à porta fechada, em conformidade com os fins enunciados no artigo 68º ou com vista a proteger informação de caráter confidencial ou restrita que venha a ser apresentada como prova.

8. *a*) No início da audiência de julgamento, o juízo de julgamento em 1ª instância ordenará a leitura ao arguido dos factos constantes da acusação previamente confirmados pelo juízo de instrução. O juízo de julgamento em 1ª instância deverá certificar-se de que o arguido compreende a natu-

reza dos factos que lhe são imputados e dar-lhe a oportunidade de os confessar, de acordo com o disposto no artigo 65º, ou de se declarar inocente.

b) Durante o julgamento, o juiz-presidente pode dar instruções sobre a condução da audiência, nomeadamente para assegurar que esta se desenrole de maneira equitativa e imparcial. Salvo qualquer orientação do juiz-presidente, as partes poderão apresentar provas em conformidade com as disposições do presente Estatuto.

9. O juízo de julgamento em 1ª instância poderá, oficiosamente ou a pedido de uma das partes, a saber:

a) Decidir sobre a admissibilidade ou pertinência das provas; e

b) Tomar todas as medidas necessárias para manter a ordem na audiência.

10. O juízo de julgamento em 1ª instância providenciará para que o secretário proceda a um registo completo da audiência de julgamento onde sejam fielmente relatadas todas as diligências efetuadas, registo que deverá manter e preservar.

Artigo 65º – Procedimento em caso de confissão

1. Se o arguido confessar nos termos do nº 8, alínea *a*), do artigo 64º, o juízo de julgamento em 1ª instância apurará:

a) Se o arguido compreende a natureza e as consequências da sua confissão;

b) Se essa confissão foi feita livremente, após devida consulta ao seu advogado de defesa; e

c) Se a confissão é corroborada pelos factos que resultam:

i) Da acusação deduzida pelo procurador e aceite pelo arguido;

ii) De quaisquer meios de prova que confirmam os factos constantes da acusação deduzida pelo procurador e aceite pelo arguido; e

iii) De quaisquer outros meios de prova, tais como depoimentos de testemunhas, apresentados pelo procurador ou pelo arguido.

2. Se o juízo de julgamento em 1ª instância estimar que estão reunidas as condições referidas no nº 1, considerará que a confissão, juntamente com quaisquer provas adicionais produzidas, constitui um reconhecimento de todos os elementos essenciais constitutivos do crime pelo qual o arguido se declarou culpado e poderá condená-lo por esse crime.

3. Se o juízo de julgamento em 1ª instância estimar que não estão reunidas as condições referidas no nº 1, considerará a confissão como não tendo tido lugar e, nesse caso, ordenará que o julgamento prossiga de acordo com

o procedimento comum estipulado no presente Estatuto, podendo transmitir o processo a outro juízo de julgamento em 1ª instância.

4. Se o juízo de julgamento em 1ª instância considerar necessária, no interesse da justiça, e em particular no interesse das vítimas, uma explanação mais detalhada dos factos integrantes do caso, poderá:

a) Solicitar ao procurador que apresente provas adicionais, incluindo depoimentos de testemunhas; ou

b) Ordenar que o processo prossiga de acordo com o procedimento comum estipulado no presente Estatuto, caso em que considerará a confissão como não tendo tido lugar e poderá transmitir o processo a outro juízo de julgamento em 1ª instância.

5. Quaisquer consultas entre o procurador e a defesa, no que diz respeito à alteração dos factos constantes da acusação, à confissão ou à pena a ser imposta não vincularão o Tribunal.

Artigo 66º – Presunção de inocência

1. Toda a pessoa se presume inocente até prova da sua culpa perante o Tribunal, de acordo com o direito aplicável.

2. Incumbe ao procurador o ónus da prova da culpa do arguido.

3. Para proferir sentença condenatória, o Tribunal deve estar convencido de que o arguido é culpado, para além de qualquer dúvida razoável.

Artigo 67º – Direitos do arguido

1. Durante a apreciação de quaisquer factos constantes da acusação, o arguido tem direito a ser ouvido em audiência pública, tendo em conta o disposto no presente Estatuto, a uma audiência conduzida de forma equitativa e imparcial e às seguintes garantias mínimas, em situação de plena igualdade:

a) A ser informado, sem demora e de forma detalhada, numa língua que compreenda e fale fluentemente, da natureza, motivo e conteúdo dos factos que lhe são imputados;

b) A dispor de tempo e de meios adequados para a preparação da sua defesa e a comunicar livre e confidencialmente com um defensor da sua escolha;

c) A ser julgado sem atrasos indevidos;

d) Salvo o disposto no nº 2 do artigo 63º, o arguido terá direito a estar presente na audiência de julgamento e a defender-se a si próprio ou a ser assistido por um defensor da sua escolha; se não o tiver, a ser informado do direito de o tribunal lhe nomear um defensor sempre que o interesse da justiça o exija, sendo tal assistência gratuita se o arguido carecer de meios suficientes para remunerar o defensor assim nomeado;

e) A inquirir ou a fazer inquirir as testemunhas de acusação e a obter a comparência das testemunhas de defesa e a inquirição destas nas mesmas condições que as testemunhas de acusação. O arguido terá também direito a apresentar defesa e a oferecer qualquer outra prova admissível, de acordo com o presente Estatuto;

f) A ser assistido gratuitamente por um intérprete competente e a serem-lhe facultadas as traduções necessárias que a equidade exija, se não compreender perfeitamente ou não falar a língua utilizada em qualquer ato processual ou documento produzido em tribunal;

g) A não ser obrigado a depor contra si próprio, nem a declarar-se culpado, e a guardar silêncio, sem que este seja tido em conta na determinação da sua culpa ou inocência;

h) A prestar declarações não ajuramentadas, oralmente ou por escrito, em sua defesa; e

i) A que lhe não seja imposta quer a inversão do ónus da prova, quer a impugnação.

2. Para além de qualquer outra revelação de informação prevista no presente Estatuto, o procurador comunicará à defesa, logo que possível, as provas que tenha em seu poder ou sob o seu controlo e que, no seu entender, revelem ou tendam a revelar a inocência do arguido, ou a atenuar a sua culpa, ou que possam afetar a credibilidade das provas da acusação. Em caso de dúvida relativamente à aplicação do presente número, cabe ao Tribunal decidir.

Artigo 68º – Proteção das vítimas e das testemunhas e sua participação no processo

1. O Tribunal adotará as medidas adequadas para garantir a segurança, o bem-estar físico e psicológico, a dignidade e a vida privada das vítimas e testemunhas.

Para tal, o Tribunal terá em conta todos os fatores pertinentes, incluindo a idade, o sexo, tal como definido no nº 3 do artigo 7º, e o estado de saúde, assim como a natureza do crime, em particular, mas não apenas quando este envolva elementos de violência sexual, de violência relacionada com a pertença a um determinado sexo ou de violência contra crianças. O procurador adotará estas medidas, nomeadamente durante o inquérito e o procedimento criminal. Tais medidas não poderão prejudicar nem ser incompatíveis com os direitos do arguido ou com a realização de um julgamento equitativo e imparcial.

2. Enquanto exceção ao princípio do caráter público das audiências estabelecido no artigo 67º, qualquer um dos juízos que compõem o Tribunal poderá, a fim de proteger as vítimas e as testemunhas ou o arguido, decretar que um ato processual se realize, no todo ou em parte, à porta fechada ou permitir a produção de prova por meios eletrónicos ou outros meios especiais. Estas medidas aplicar-se-ão, nomeadamente, no caso de uma vítima de violência sexual ou de um menor que seja vítima ou testemunha, salvo decisão em contrário adotada pelo Tribunal, ponderadas todas as circunstâncias, particularmente a opinião da vítima ou da testemunha.

3. Se os interesses pessoais das vítimas forem afetados, o Tribunal permitir-lhes-á que expressem as suas opiniões e preocupações em fase processual que entenda apropriada e por forma a não prejudicar os direitos do arguido nem a ser incompatível com estes ou com a realização de um julgamento equitativo e imparcial.

Os representantes legais das vítimas poderão apresentar as referidas opiniões e preocupações quando o Tribunal o considerar oportuno e em conformidade com o Regulamento Processual.

4. A Unidade de Apoio às Vítimas e Testemunhas poderá aconselhar o procurador e o Tribunal relativamente a medidas adequadas de proteção, mecanismos de segurança, assessoria e assistência a que se faz referência no nº 6 do artigo 43º

5. Quando a divulgação de provas ou de informação, de acordo com o presente Estatuto, representar um grave perigo para a segurança de uma testemunha ou da sua família, o procurador poderá, para efeitos de qualquer diligência anterior ao julgamento, não apresentar as referidas provas ou informação, mas antes um resumo das mesmas. As medidas desta natureza deverão ser postas em prática de uma forma que não seja prejudicial aos direitos do arguido ou incompatível com estes e com a realização de um julgamento equitativo e imparcial.

6. Qualquer Estado poderá solicitar que sejam tomadas as medidas necessárias para assegurar a proteção dos seus funcionários ou agentes, bem como a proteção de toda a informação de caráter confidencial ou restrito.

Artigo 69º – Prova

1. Em conformidade com o Regulamento Processual e antes de depor, qualquer testemunha se comprometerá a fazer o seu depoimento com verdade.

2. A prova testemunhal deverá ser prestada pela própria pessoa no decurso do julgamento, salvo quando se apliquem as medidas estabelecidas no artigo 68º ou no Regulamento Processual. De igual modo, o Tribunal poderá permitir que uma testemunha preste declarações oralmente ou por meio de gravação em vídeo ou áudio, ou que sejam apresentados documentos ou transcrições escritas, nos termos do presente Estatuto e de acordo com o Regulamento Processual. Estas medidas não poderão prejudicar os direitos do arguido, nem ser incompatíveis com eles.

3. As partes poderão apresentar provas que interessem ao caso, nos termos do artigo 64º O Tribunal será competente para solicitar oficiosamente a produção de todas as provas que entender necessárias para determinar a veracidade dos factos.

4. O Tribunal poderá decidir sobre a relevância ou admissibilidade de qualquer prova, tendo em conta, entre outras coisas, o seu valor probatório e qualquer prejuízo que possa acarretar para a realização de um julgamento equitativo ou para a avaliação equitativa dos depoimentos de uma testemunha, em conformidade com o Regulamento Processual.

5. O Tribunal respeitará e atenderá aos privilégios de confidencialidade estabelecidos no Regulamento Processual.

6. O Tribunal não exigirá prova dos factos do domínio público, mas poderá fazê-los constar dos autos.

7. Não serão admissíveis as provas obtidas com violação do presente Estatuto ou das normas de direitos humanos internacionalmente reconhecidas quando:

a) Essa violação suscite sérias dúvidas sobre a fiabilidade das provas; ou

b) A sua admissão atente contra a integridade do processo ou resulte em grave prejuízo deste.

8. O Tribunal, ao decidir sobre a relevância ou admissibilidade das provas apresentadas por um Estado, não poderá pronunciar-se sobre a aplicação do direito interno desse Estado.

Artigo 70º – Infrações contra a administração da justiça

1. O Tribunal terá competência para conhecer das seguintes infrações contra a sua administração da justiça, quando cometidas intencionalmente:

a) Prestação de falso testemunho, quando há a obrigação de dizer a verdade, de acordo com o nº 1 do artigo 69º;

b) Apresentação de provas, tendo a parte conhecimento de que são falsas ou que foram falsificadas;

c) Suborno de uma testemunha, impedimento ou interferência na sua comparência ou depoimento, represálias contra uma testemunha por esta ter prestado depoimento, destruição ou alteração de provas ou interferência nas diligências de obtenção de prova;

d) Entrave, intimidação ou corrupção de um funcionário do Tribunal, com a finalidade de o obrigar ou o induzir a não cumprir as suas funções ou a fazê-lo de maneira indevida;

e) Represálias contra um funcionário do Tribunal, em virtude das funções que ele ou outro funcionário tenham desempenhado; e

f) Solicitação ou aceitação de suborno na qualidade de funcionário do Tribunal, e em relação com o desempenho das respetivas funções oficiais.

2. O Regulamento Processual estabelecerá os princípios e procedimentos que regularão o exercício da competência do Tribunal relativamente às infrações a que se faz referência no presente artigo. As condições de cooperação internacional com o Tribunal, relativamente ao procedimento que adote de acordo com o presente artigo, reger-se-ão pelo Direito Interno do Estado requerido.

3. Em caso de decisão condenatória, o Tribunal poderá impor uma pena de prisão não superior a cinco anos, ou uma multa, de acordo com o Regulamento Processual, ou ambas.

4. *a*) Cada Estado Parte tornará extensivas as normas penais de Direito Interno que punem as infrações contra a realização da justiça às infrações contra a administração da justiça a que se faz referência no presente artigo, e que sejam cometidas no seu território ou por um dos seus nacionais;

b) A pedido do Tribunal, qualquer Estado Parte submeterá, sempre que o entender necessário, o caso à apreciação das suas autoridades competentes para fins de procedimento criminal. Essas autoridades conhecerão do caso com diligência e acionarão os meios necessários para a sua eficaz condução.

Artigo 71º – Sanções por desrespeito ao Tribunal

1. Em caso de comportamento em desrespeito ao Tribunal, tal como perturbar a audiência ou recusar-se deliberadamente a cumprir as suas ins-

truções, o Tribunal poderá impor sanções administrativas que não impliquem privação de liberdade, como, por exemplo, a expulsão temporária ou permanente da sala de audiências, a multa ou outra medida similar prevista no Regulamento Processual.

2. O processo de imposição das medidas a que se refere o número anterior reger-se-á pelo Regulamento Processual.

Artigo 72º – Proteção de informação relativa à segurança nacional

1. O presente artigo aplicar-se-á a todos os casos em que a divulgação de informação ou de documentos de um Estado possa, no entender deste, afetar os interesses da sua segurança nacional. Tais casos incluem os abrangidos pelas disposições constantes dos nºs 2 e 3 do artigo 56º, do nº 3 do artigo 61º, do nº 3 do artigo 64º, do nº 2 do artigo 67º, do nº 6 do artigo 68º, do nº 6 do artigo 87º e do artigo 93º, assim como os que se apresentem em qualquer outra fase do processo em que uma tal divulgação possa estar em causa.

2. O presente artigo aplicar-se-á igualmente aos casos em que uma pessoa, a quem tenha sido solicitada a prestação de informação ou provas, se tenha recusado a apresentá-las ou tenha entregue a questão ao Estado, invocando que tal divulgação afetaria os interesses da segurança nacional do Estado, e o Estado em causa confirme que, no seu entender, essa divulgação afetaria os interesses da sua segurança nacional.

3. Nada no presente artigo afetará os requisitos de confidencialidade a que se referem as alíneas *e*) e *f*) do nº 3 do artigo 54º, nem a aplicação do artigo 73º

4. Se um Estado tiver conhecimento de que informações ou documentos do Estado estão a ser, ou poderão vir a ser, divulgados em qualquer fase do processo, e considerar que essa divulgação afetaria os seus interesses de segurança nacional, tal Estado terá o direito de intervir com vista a ver resolvida esta questão em conformidade com o presente artigo.

5. O Estado que considere que a divulgação de determinada informação poderá afetar os seus interesses de segurança nacional adotará, em conjunto com o procurador, a defesa, o juízo de instrução ou o juízo de julgamento em primeira instância, conforme o caso, todas as medidas razoavelmente possíveis para encontrar uma solução através da concertação. Estas medidas poderão incluir:

a) A alteração ou a clarificação dos motivos do pedido;

b) Uma decisão do Tribunal relativa à relevância das informações ou dos elementos de prova solicitados, ou uma decisão sobre se as provas, ainda que relevantes, não poderiam ser ou ter sido obtidas junto de fonte distinta do Estado requerido;

c) A obtenção da informação ou de provas de fonte distinta ou numa forma diferente; ou

d) Um acordo sobre as condições em que a assistência poderá ser prestada, incluindo, entre outras, a disponibilização de resumos ou exposições, restrições à divulgação, recurso ao procedimento à porta fechada ou à revelia de uma das partes, ou aplicação de outras medidas de proteção permitidas pelo Estatuto ou pelo Regulamento Processual.

6. Realizadas todas as diligências razoavelmente possíveis com vista a resolver a questão por meio de concertação, e se o Estado considerar não haver meios nem condições para que as informações ou os documentos possam ser facultados ou revelados sem prejuízo dos seus interesses de segurança nacional, notificará o procurador ou o Tribunal nesse sentido, indicando as razões precisas que fundamentaram a sua decisão, a menos que a descrição específica dessas razões prejudique, necessariamente, os interesses de segurança nacional do Estado.

7. Posteriormente, se decidir que a prova é relevante e necessária para a determinação da culpa ou inocência do arguido, o Tribunal poderá adotar as seguintes medidas:

a) Quando a divulgação da informação ou do documento for solicitada no âmbito de um pedido de cooperação, nos termos do capítulo IX do presente Estatuto ou nas circunstâncias a que se refere o nº 2 do presente artigo, e o Estado invocar o motivo de recusa estatuído no nº 4 do artigo 93º:

i) O Tribunal poderá, antes de chegar a qualquer uma das conclusões a que se refere a subalínea *ii*) da alínea *a*) do nº 7, solicitar consultas suplementares com o fim de ouvir o Estado, incluindo, se for caso disso, a sua realização à porta fechada ou à revelia de uma das partes;

ii) Se o Tribunal concluir que, ao invocar o motivo de recusa estatuído no nº 4 do artigo 93º, dadas as circunstâncias do caso, o Estado requerido não está a atuar de harmonia com as obrigações impostas pelo presente Estatuto, poderá remeter a questão nos termos do nº 7 do artigo 87º, especificando as razões da sua conclusão; e *iii)* O Tribunal poderá tirar as conclusões que entender apropriadas, em razão das circunstâncias, ao julgar o arguido, quanto à existência ou inexistência de um facto; ou

b) Em todas as restantes circunstâncias:

i) Ordenar a revelação; ou

ii) Se não ordenar a revelação, inferir, no julgamento do arguido, quanto à existência ou inexistência de um facto, conforme se mostrar apropriado.

Artigo 73º – Informação ou documentos disponibilizados por terceiros

Se um Estado Parte receber um pedido do Tribunal para que lhe forneça uma informação ou um documento que esteja sob sua custódia, posse ou controlo, e que lhe tenha sido comunicado a título confidencial por um Estado, uma organização intergovernamental ou uma organização internacional, tal Estado Parte deverá obter o consentimento do seu autor para a divulgação dessa informação ou documento. Se o autor for um Estado Parte, este poderá consentir em divulgar a referida informação ou documento ou comprometer-se a resolver a questão com o Tribunal, salvaguardando-se o disposto no artigo 72º Se o autor não for um Estado Parte e não consentir em divulgar a informação ou o documento, o Estado requerido comunicará ao Tribunal que não lhe será possível fornecer a informação ou o documento em causa, devido à obrigação previamente assumida com o respetivo autor de preservar o seu caráter confidencial.

Artigo 74º – Requisitos para a decisão

1. Todos os juízes do juízo de julgamento em 1ª instância estarão presentes em cada uma das fases do julgamento e nas deliberações. A Presidência poderá designar, caso a caso, um ou vários juízes substitutos, em função das disponibilidades, para estarem presentes em todas as fases do julgamento, bem como para substituírem qualquer membro do juízo de julgamento em 1ª instância que se encontre impossibilitado de continuar a participar no julgamento.

2. O juízo de julgamento em 1ª instância fundamentará a sua decisão com base na apreciação das provas e do processo no seu conjunto. A decisão não exorbitará dos factos e circunstâncias descritos na acusação ou nas alterações que lhe tenham sido feitas. O Tribunal fundamentará a sua decisão exclusivamente nas provas produzidas ou examinadas em audiência de julgamento.

3. Os juízes procurarão tomar uma decisão por unanimidade e, não sendo possível, por maioria.

4. As deliberações do juízo de julgamento em 1ª instância serão e permanecerão secretas.

5. A decisão será proferida por escrito e conterá uma exposição completa e fundamentada da apreciação das provas e as conclusões do juízo de julgamento em 1ª instância. Será proferida uma só decisão pelo juízo de julgamento em 1ª instância. Se não houver unanimidade, a decisão do juízo de julgamento em 1ª instância conterá as opiniões tanto da maioria como da minoria de juízes. A leitura da decisão ou de uma sua súmula far-se-á em audiência pública.

Artigo 75º – Reparação em favor das vítimas

1. O Tribunal estabelecerá princípios aplicáveis às formas de reparação, tais como a restituição, a indemnização ou a reabilitação, que hajam de ser atribuídas às vítimas ou aos titulares desse direito. Nesta base, o Tribunal poderá, oficiosamente ou a requerimento, em circunstâncias excecionais, determinar a extensão e o nível dos danos, da perda ou do prejuízo causados às vítimas ou aos titulares do direito à reparação, com a indicação dos princípios nos quais fundamentou a sua decisão.

2. O Tribunal poderá lavrar despacho contra a pessoa condenada, no qual determinará a reparação adequada a ser atribuída às vítimas ou aos titulares de tal direito. Esta reparação poderá, nomeadamente, assumir a forma de restituição, indemnização ou reabilitação. Se for caso disso, o Tribunal poderá ordenar que a indemnização atribuída a título de reparação seja paga por intermédio do Fundo previsto no artigo 79º

3. Antes de lavrar qualquer despacho ao abrigo do presente artigo, o Tribunal poderá solicitar e tomar em consideração as pretensões formuladas pela pessoa condenada, pelas vítimas, por outras pessoas interessadas ou por outros Estados interessados, bem como as observações formuladas em nome dessas pessoas ou desses Estados.

4. Ao exercer os poderes conferidos pelo presente artigo, o Tribunal poderá, após a condenação por crime que releve da sua competência, determinar se, para fins de aplicação dos despachos que lavrar ao abrigo do presente artigo, será necessário tomar quaisquer medidas em conformidade com o nº 1 do artigo 93º.

5. Os Estados Partes observarão as decisões proferidas nos termos deste artigo como se as disposições do artigo 109º se aplicassem ao presente artigo.

6. Nada no presente artigo será interpretado como prejudicando os direitos reconhecidos às vítimas pelo Direito Interno ou Internacional.

Artigo 76º – Aplicação da pena

1. Em caso de condenação, o juízo de julgamento em 1ª instância determinará a pena a aplicar tendo em conta os elementos de prova e as exposições relevantes produzidos no decurso do julgamento.

2. Salvo nos casos em que seja aplicado o artigo 65º e antes de concluído o julgamento, o juízo de julgamento em 1ª instância poderá, oficiosamente, e deverá, a requerimento do procurador ou do arguido, convocar uma audiência suplementar, a fim de conhecer de quaisquer novos elementos de prova ou exposições relevantes para a determinação da pena, de harmonia com o Regulamento Processual.

3. Sempre que o nº 2 for aplicável, as pretensões previstas no artigo 75º serão ouvidas pelo juízo de julgamento em 1ª instância no decorrer da audiência suplementar referida no nº 2 e, se necessário, no decorrer de qualquer nova audiência.

4. A sentença será proferida em audiência pública e, sempre que possível, na presença do arguido.

CAPÍTULO VII – As penas

Artigo 77º – Penas aplicáveis

1. Sem prejuízo do disposto no artigo 110º, o Tribunal pode impor à pessoa condenada por um dos crimes previstos no artigo 5º do presente Estatuto uma das seguintes penas:

a) Pena de prisão por um número determinado de anos, até ao limite máximo de 30 anos; ou

b) Pena de prisão perpétua, se o elevado grau da ilicitude do facto e as condições pessoais do condenado o justificarem.

2. Além da pena de prisão, o Tribunal poderá aplicar:

a) Uma multa, de acordo com os critérios previstos no Regulamento Processual;

b) A perda de produtos, bens e haveres provenientes, direta ou indiretamente, do crime, sem prejuízo dos direitos de terceiros que tenham agido de boa-fé.

Artigo 78º – Determinação da pena

1. Na determinação da pena, o Tribunal atenderá, de harmonia com o Regulamento Processual, a fatores tais como a gravidade do crime e as condições pessoais do condenado.

2. O Tribunal descontará, na pena de prisão que vier a aplicar, o período durante o qual o arguido esteve sob detenção por ordem daquele. O Tribunal poderá ainda descontar qualquer outro período de detenção que tenha sido cumprido em razão de uma conduta constitutiva do crime.

3. Se uma pessoa for condenada pela prática de vários crimes, o Tribunal aplicará penas de prisão parcelares relativamente a cada um dos crimes e uma pena única, na qual será especificada a duração total da pena de prisão. Esta duração não poderá ser inferior à da pena parcelar mais elevada e não poderá ser superior a 30 anos de prisão ou ir além da pena de prisão perpétua prevista no artigo 77º, nº 1, alínea *b*).

Artigo 79º – Fundo a favor das vítimas

1. Por decisão da Assembleia dos Estados Partes, será criado um fundo a favor das vítimas de crimes da competência do Tribunal, bem como das respetivas famílias.

2. O Tribunal poderá ordenar que o produto das multas e quaisquer outros bens declarados perdidos revertam para o fundo.

3. O fundo será gerido de harmonia com os critérios a serem adotados pela Assembleia dos Estados Partes.

Artigo 80º – Não interferência no regime de aplicação de penas nacionais e nos direitos internos

Nada no presente capítulo prejudicará a aplicação, pelos Estados, das penas previstas nos respetivos Direitos Internos, ou a aplicação da legislação de Estados que não preveja as penas referidas neste capítulo.

CAPÍTULO VIII – Recurso e revisão

Artigo 81º – Recurso da sentença condenatória ou absolutória ou da pena

1. A sentença proferida nos termos do artigo 74º é recorrível em conformidade com o disposto no Regulamento Processual, nos seguintes termos:

a) O procurador poderá interpor recurso com base num dos seguintes fundamentos:

i) Vício processual;

ii) Erro de facto; ou

iii) Erro de direito;

b) O condenado, ou o procurador no interesse daquele, poderá interpor recurso com base num dos seguintes fundamentos:

i) Vício processual;

ii) Erro de facto;

iii) Erro de direito; ou

iv) Qualquer outro motivo suscetível de afetar a equidade ou a regularidade do processo ou da sentença.

2. *a*) O procurador ou o condenado poderá, em conformidade com o Regulamento Processual, interpor recurso da pena decretada invocando desproporção entre esta e o crime.

b) Se, ao conhecer de recurso interposto da pena decretada, o Tribunal considerar que há fundamentos suscetíveis de justificar a anulação, no todo ou em parte, da sentença condenatória, poderá convidar o procurador e o condenado a motivarem a sua posição nos termos das alíneas *a*) ou *b*) do nº 1 do artigo 81º, após o que poderá pronunciar-se sobre a sentença condenatória nos termos do artigo 83º

c) O mesmo procedimento será aplicado sempre que o Tribunal, ao conhecer de recurso interposto unicamente da sentença condenatória, considerar haver fundamentos comprovativos de uma redução da pena nos termos da alínea *a*) do nº 2.

3. *a*) Salvo decisão em contrário do juízo de julgamento em 1ª instância, o condenado permanecerá sob prisão preventiva durante a tramitação do recurso.

b) Se o período de prisão preventiva ultrapassar a duração da pena decretada, o condenado será posto em liberdade; todavia, se o procurador também interpuser recurso, a libertação ficará sujeita às condições enunciadas na alínea *c) infra*.

c) Em caso de absolvição, o arguido será imediatamente posto em liberdade, sem prejuízo das seguintes condições:

i) Em circunstâncias excecionais e tendo em conta, nomeadamente, o risco de fuga, a gravidade da infração e as probabilidades de o recurso ser julgado procedente, o juízo de julgamento em 1ª instância poderá, a requerimento do procurador, ordenar que o arguido seja mantido em regime de prisão preventiva durante a tramitação do recurso;

ii) A decisão proferida pelo juízo de julgamento em 1ª instância nos termos da subalínea *i)* será recorrível de harmonia com o Regulamento Processual.

4. Sem prejuízo do disposto nas alíneas *a)* e *b)* do nº 3, a execução da sentença condenatória ou da pena ficará suspensa pelo período fixado para a interposição do recurso, bem como durante a fase de tramitação do recurso.

Artigo 82º – Recurso de outras decisões

1. Em conformidade com o Regulamento Processual, qualquer uma das Partes poderá recorrer das seguintes decisões:

a) Decisão sobre a competência ou sobre a admissibilidade do caso;

b) Decisão que autorize ou recuse a libertação da pessoa objeto de inquérito ou de procedimento criminal;

c) Decisão do juízo de instrução de agir por iniciativa própria, nos termos do nº 3 do artigo 56º;

d) Decisão relativa a uma questão suscetível de afetar significativamente a tramitação equitativa e célere do processo ou o resultado do julgamento, e cuja resolução imediata pelo juízo de recursos poderia, no entender do juízo de instrução ou do juízo de julgamento em 1ª instância, acelerar a marcha do processo.

2. Quer o Estado interessado quer o procurador poderão recorrer da decisão proferida pelo juízo de instrução, mediante autorização deste, nos termos do artigo 57º, nº 3, alínea *d)*. Este recurso seguirá uma forma sumária.

3. O recurso só terá efeito suspensivo se o juízo de recursos assim o ordenar, mediante requerimento, em conformidade com o Regulamento Processual.

4. O representante legal das vítimas, o condenado ou o proprietário de boa-fé de bens que hajam sido afetados por um despacho proferido ao abrigo do artigo 75º poderá recorrer de tal despacho, em conformidade com o Regulamento Processual.

Artigo 83º – Processo sujeito a recurso

1. Para os fins do disposto no artigo 81º e no presente artigo, o juízo de recursos terá todos os poderes conferidos ao juízo de julgamento em 1ª instância.

2. Se o juízo de recursos concluir que o processo sujeito a recurso enferma de vícios tais que afetem a regularidade da decisão ou da sentença, ou que a decisão ou a sentença recorridas estão materialmente afetadas por erros de facto ou de direito, ou vício processual, ela poderá:

a) Anular ou modificar a decisão ou a pena; ou

b) Ordenar um novo julgamento perante um outro juízo de julgamento em 1ª instância.

Para os fins mencionados, poderá o juízo de recursos reenviar uma questão de facto para o juízo de julgamento em 1ª instância à qual foi submetida originariamente, a fim de que esta decida a questão e lhe apresente um relatório, ou pedir, ela própria, elementos de prova para decidir. Tendo o recurso da decisão ou da pena sido interposto somente pelo condenado, ou pelo procurador no interesse daquele, não poderão aquelas ser modificadas em prejuízo do condenado.

3. Se, ao conhecer do recurso de uma pena, o juízo de recursos considerar que a pena é desproporcionada relativamente ao crime, poderá modificá-la nos termos do capítulo VII.

4. O acórdão do juízo de recursos será tirado por maioria dos juízes e proferido em audiência pública. O acórdão será sempre fundamentado. Não havendo unanimidade, deverá conter as opiniões da maioria e da minoria de juízes; contudo, qualquer juiz poderá exprimir uma opinião separada ou discordante sobre uma questão de direito.

5. O juízo de recursos poderá emitir o seu acórdão na ausência da pessoa absolvida ou condenada.

Artigo 84º – Revisão da sentença condenatória ou da pena

1. O condenado ou, se este tiver falecido, o cônjuge sobrevivo, os filhos, os pais ou qualquer pessoa que, em vida do condenado, dele tenha recebido incumbência expressa, por escrito, nesse sentido, ou o procurador no seu interesse, poderá submeter ao juízo de recursos um requerimento solicitando a revisão da sentença condenatória ou da pena pelos seguintes motivos:

a) A descoberta de novos elementos de prova:

i) De que não dispunha aquando do julgamento, sem que essa circunstância pudesse ser imputada, no todo ou em parte, ao requerente; e

ii) De tal forma importantes que, se tivessem ficado provados no julgamento, teriam provavelmente conduzido a um veredicto diferente;

b) A descoberta de que elementos de prova, apreciados no julgamento e decisivos para a determinação da culpa, eram falsos ou tinham sido objeto de contrafação ou falsificação;

c) Um ou vários dos juízes que intervieram na sentença condenatória ou confirmaram a acusação hajam praticado atos de conduta reprovável ou de incumprimento dos respetivos deveres de tal forma graves que justifiquem a sua cessação de funções nos termos do artigo 46º

2. O juízo de recursos rejeitará o pedido se o considerar manifestamente infundado. Caso contrário, poderá o juízo, se julgar oportuno:

a) Convocar de novo o juízo de julgamento em 1ª instância que proferiu a sentença inicial;

b) Constituir um novo juízo de julgamento em 1ª instância; ou

c) Manter a sua competência para conhecer da causa;

a fim de determinar se, após a audição das partes nos termos do Regulamento Processual, haverá lugar à revisão da sentença.

Artigo 85º – Indemnização do detido ou condenado

1. Quem tiver sido objeto de detenção ou prisão ilegais terá direito a reparação.

2. Sempre que uma decisão final seja posteriormente anulada em razão de factos novos ou recentemente descobertos que apontem inequivocamente para um erro judiciário, a pessoa que tiver cumprido pena em resultado de tal sentença condenatória será indemnizada, em conformidade com a lei, a menos que fique provado que a não revelação, em tempo útil, do facto desconhecido lhe seja imputável, no todo ou em parte.

3. Em circunstâncias excecionais e em face de factos que conclusivamente demonstrem a existência de erro judiciário grave e manifesto, o Tribunal poderá, no uso do seu poder discricionário, atribuir uma indemnização, de acordo com os critérios enunciados no Regulamento Processual, à pessoa que, em virtude de sentença absolutória ou de extinção da instância por tal motivo, haja sido posta em liberdade.

CAPÍTULO IX – Cooperação internacional e auxílio judiciário

Artigo 86º – Obrigação geral de cooperar

Os Estados Partes deverão, em conformidade com o disposto no presente Estatuto, cooperar plenamente com o Tribunal no inquérito e no procedimento contra crimes da competência deste.

Artigo 87º – Pedidos de cooperação: disposições gerais

1. *a*) O Tribunal está habilitado a dirigir pedidos de cooperação aos Estados Partes. Estes pedidos serão transmitidos pela via diplomática ou por qualquer outra via apropriada escolhida pelo Estado Parte no momento da ratificação, aceitação, aprovação ou adesão ao presente Estatuto.

Qualquer Estado Parte poderá alterar posteriormente a escolha feita nos termos do Regulamento Processual.

b) Se for caso disso, e sem prejuízo do disposto na alínea *a*), os pedidos poderão ser igualmente transmitidos pela Organização Internacional de Polícia Criminal (INTERPOL) ou por qualquer organização regional competente.

2. Os pedidos de cooperação e os documentos comprovativos que os instruam serão redigidos na língua oficial do Estado requerido ou acompanhados de uma tradução nessa língua, ou numa das línguas de trabalho do Tribunal ou acompanhados de uma tradução numa dessas línguas, de acordo com a escolha feita pelo Estado requerido no momento da ratificação, aceitação, aprovação ou adesão ao presente Estatuto.

Qualquer alteração posterior será feita de harmonia com o Regulamento Processual.

3. O Estado requerido manterá a confidencialidade dos pedidos de cooperação e dos documentos comprovativos que os instruam, salvo quando a sua revelação for necessária para a execução do pedido.

4. Relativamente aos pedidos de auxílio formulados ao abrigo do presente capítulo, o Tribunal poderá, nomeadamente em matéria de proteção da informação, tomar as medidas necessárias à garantia da segurança e do bem-estar físico ou psicológico das vítimas, das potenciais testemunhas e dos seus familiares. O Tribunal poderá solicitar que as informações fornecidas ao abrigo do presente capítulo sejam comunicadas e tratadas por forma que a segurança e o bem-estar físico ou psicológico das vítimas, das potenciais testemunhas e dos seus familiares sejam devidamente preservados.

5. O Tribunal poderá convidar qualquer Estado que não seja Parte no presente Estatuto a prestar auxílio ao abrigo do presente capítulo com base num convénio *ad hoc*, num acordo celebrado com esse Estado ou por qualquer outro modo apropriado.

Se, após a celebração de um convénio *ad hoc* ou de um acordo com o Tribunal, um Estado que não seja Parte no presente Estatuto se recusar a cooperar nos termos de tal convénio ou acordo, o Tribunal dará conhecimento desse facto à Assembleia dos Estados Partes ou ao Conselho de Segurança, quando tiver sido este a submeter o facto ao Tribunal.

6. O Tribunal poderá solicitar informações ou documentos a qualquer organização intergovernamental.

Poderá igualmente requerer outras formas de cooperação e auxílio a serem acordadas com tal organização e que estejam em conformidade com a sua competência ou o seu mandato.

7. Se, contrariamente ao disposto no presente Estatuto, um Estado Parte recusar um pedido de cooperação formulado pelo Tribunal, impedindo-o assim de exercer os seus poderes e funções nos termos do presente Estatuto, o Tribunal poderá elaborar um relatório e submeter a questão à Assembleia dos Estados Partes ou ao Conselho de Segurança, quando tiver sido este a submeter o facto ao Tribunal.

Artigo 88º – Procedimentos previstos no Direito Interno

Os Estados Partes deverão assegurar-se de que o seu Direito Interno prevê procedimentos que permitam responder a todas as formas de cooperação especificadas neste capítulo.

Artigo 89º – Entrega de pessoas ao Tribunal

1. O Tribunal poderá dirigir um pedido de detenção e entrega de uma pessoa, instruído com os documentos comprovativos referidos no artigo 91º, a qualquer Estado em cujo território essa pessoa se possa encontrar, e solicitar a cooperação desse Estado na detenção e entrega da pessoa em causa. Os Estados Partes darão satisfação aos pedidos de detenção e de entrega em conformidade com o presente capítulo e com os procedimentos previstos nos respetivos direitos internos.

2. Sempre que a pessoa cuja entrega é solicitada impugnar a sua entrega perante um tribunal nacional com base no princípio *ne bis in idem* previsto no artigo 20º, o Estado requerido consultará, de imediato, o Tribunal para

determinar se houve uma decisão relevante sobre a admissibilidade. Se o caso for considerado admissível, o Estado requerido dará seguimento ao pedido. Se estiver pendente decisão sobre a admissibilidade, o Estado requerido poderá diferir a execução do pedido até que o Tribunal se pronuncie.

3. *a*) Os Estados Partes autorizarão, de acordo com os procedimentos previstos na respetiva legislação nacional, o trânsito, pelo seu território, de uma pessoa entregue ao Tribunal por um outro Estado, salvo quando o trânsito por esse Estado impedir ou retardar a entrega.

b) Um pedido de trânsito formulado pelo Tribunal será transmitido em conformidade com o artigo 87º.

Do pedido de trânsito constarão:

i) A identificação da pessoa transportada;

ii) Um resumo dos factos e da respetiva qualificação jurídica;

iii) O mandado de detenção e entrega.

c) A pessoa transportada será mantida sob custódia no decurso do trânsito.

d) Nenhuma autorização será necessária se a pessoa for transportada por via aérea e não esteja prevista qualquer aterragem no território do Estado de trânsito.

e) Se ocorrer uma aterragem imprevista no território do Estado de trânsito, poderá este exigir ao Tribunal a apresentação de um pedido de trânsito nos termos previstos na alínea *b*). O Estado de trânsito manterá a pessoa sob detenção até à receção do pedido de trânsito e à efetivação do trânsito. Todavia, a detenção ao abrigo da presente alínea não poderá prolongar-se para além das noventa e seis horas subsequentes à aterragem imprevista, se o pedido não for recebido dentro desse prazo.

4. Se a pessoa reclamada for objeto de procedimento criminal ou estiver a cumprir uma pena no Estado requerido por crime diverso do que motivou o pedido de entrega ao Tribunal, este Estado consultará o Tribunal após ter decidido anuir ao pedido.

Artigo 90º – Pedidos concorrentes

1. Um Estado Parte que, nos termos do artigo 89º, receba um pedido de entrega de uma pessoa formulado pelo Tribunal e receba igualmente, de qualquer outro Estado, um pedido de extradição relativo à mesma pessoa, pelos mesmos factos que motivaram o pedido de entrega por parte do Tribunal, deverá notificar o Tribunal e o Estado requerente de tal facto.

2. Se o Estado requerente for um Estado Parte, o Estado requerido dará prioridade ao pedido do Tribunal:

a) Se o Tribunal tiver decidido, nos termos dos artigos 18º ou 19º, da admissibilidade do caso a que respeita o pedido de entrega, e tal determinação tiver tido em conta o inquérito ou o procedimento criminal conduzido pelo Estado requerente relativamente ao pedido de extradição por este formulado; ou

b) Se o Tribunal tiver tomado a decisão referida na alínea *a*) em conformidade com a notificação feita pelo Estado requerido, em aplicação do nº 1.

3. Se o Tribunal não tiver tomado uma decisão nos termos da alínea *a*) do nº 2, o Estado requerido poderá, se assim o entender, estando pendente a determinação do Tribunal nos termos da alínea *b*) do nº 2, dar seguimento ao pedido de extradição formulado pelo Estado requerente sem, contudo, extraditar a pessoa até que o Tribunal decida sobre a admissibilidade do caso. A decisão do Tribunal seguirá a forma sumária.

4. Se o Estado requerente não for Parte no presente Estatuto, o Estado requerido, desde que não esteja obrigado por uma norma internacional a extraditar o interessado para o Estado requerente, dará prioridade ao pedido de entrega formulado pelo Tribunal, no caso de este se ter decidido pela admissibilidade do caso.

5. Quando um caso previsto no nº 4 não tiver sido declarado admissível pelo Tribunal, o Estado requerido poderá, se assim o entender, dar seguimento ao pedido de extradição formulado pelo Estado requerente.

6. Relativamente aos casos em que o disposto no nº 4 seja aplicável, mas o Estado requerido se veja obrigado, por força de uma norma internacional, a extraditar a pessoa para o Estado requerente que não seja Parte no presente Estatuto, o Estado requerido decidirá se procede à entrega da pessoa em causa ao Tribunal ou se a extradita para o Estado requerente. Na sua decisão, o Estado requerido terá em conta todos os fatores relevantes, incluindo, entre outros:

a) A ordem cronológica dos pedidos;

b) Os interesses do Estado requerente, incluindo, se relevante, se o crime foi cometido no seu território, bem como a nacionalidade das vítimas e da pessoa reclamada; e

c) A possibilidade de o Estado requerente vir a proceder posteriormente à entrega da pessoa ao Tribunal.

7. Se um Estado Parte receber um pedido de entrega de uma pessoa formulado pelo Tribunal e um pedido de extradição formulado por um outro Estado Parte relativamente à mesma pessoa por factos diferentes dos que constituem o crime objeto do pedido de entrega:

a) O Estado requerido dará prioridade ao pedido do Tribunal, se não estiver obrigado por uma norma internacional a extraditar a pessoa para o Estado requerente;

b) O Estado requerido terá de decidir se entrega a pessoa ao Tribunal ou a extradita para o Estado requerente, se estiver obrigado por uma norma internacional a extraditar a pessoa para o Estado requerente. Na sua decisão, o Estado requerido considerará todos os fatores relevantes, incluindo, entre outros, os constantes do nº 6 do presente artigo; todavia, deverá dar especial atenção à natureza e à gravidade dos factos em causa.

8. Se, em conformidade com a notificação prevista no presente artigo, o Tribunal se tiver pronunciado pela inadmissibilidade do caso e, posteriormente, a extradição para o Estado requerente for recusada, o Estado requerido notificará o Tribunal dessa decisão.

Artigo 91º – Conteúdo do pedido de detenção e de entrega

1. O pedido de detenção e de entrega será formulado por escrito. Em caso de urgência, o pedido poderá ser feito através de qualquer outro meio de que fique registo escrito, devendo, no entanto, ser confirmado através dos canais previstos na alínea *a*) do nº 1 do artigo 87º

2. O pedido de detenção e entrega de uma pessoa relativamente à qual o juízo de instrução tiver emitido um mandado de detenção, ao abrigo do artigo 58º, deverá conter ou ser acompanhado dos seguintes documentos:

a) Uma descrição da pessoa procurada, contendo informação suficiente que permita a sua identificação, bem como informação sobre a sua provável localização;

b) Uma cópia do mandado de detenção; e

c) Os documentos, declarações e informações necessários para satisfazer os requisitos do processo de entrega pelo Estado requerido; contudo, tais requisitos não deverão ser mais rigorosos do que os que devem ser observados em caso de um pedido de extradição em conformidade com tratados ou convénios celebrados entre o Estado requerido e outros Estados, devendo, se possível, ser menos rigorosos face à natureza particular de que se reveste o Tribunal.

3. Se o pedido respeitar à detenção e à entrega de uma pessoa já condenada, deverá conter ou ser acompanhado dos seguintes documentos:

a) Uma cópia do mandado de detenção dessa pessoa;

b) Uma cópia da sentença condenatória;

c) Elementos que demonstrem que a pessoa procurada é a mesma a que se refere a sentença condenatória; e

d) Se a pessoa procurada já tiver sido condenada, uma cópia da sentença e, em caso de pena de prisão, a indicação do período que já tiver cumprido, bem como o período que ainda lhe falte cumprir.

4. Mediante requerimento do Tribunal, um Estado Parte manterá, no que respeita a questões genéricas ou a uma questão específica, consultas com o Tribunal sobre quaisquer requisitos previstos no seu direito interno que possam ser aplicados nos termos da alínea *c*) do nº 2. No decurso de tais consultas, o Estado Parte informará o Tribunal dos requisitos específicos constantes do seu direito interno.

Artigo 92º – Prisão preventiva

1. Em caso de urgência, o Tribunal pode solicitar a prisão preventiva da pessoa procurada até à apresentação do pedido de entrega e dos documentos de apoio referidos no artigo 91º

2. O pedido de prisão preventiva será transmitido por qualquer meio de que fique registo escrito e conterá:

a) Uma descrição da pessoa procurada, contendo informação suficiente que permita a sua identificação, bem como informação sobre a sua provável localização;

b) Uma exposição sucinta dos crimes pelos quais a pessoa é procurada, bem como dos factos alegadamente constitutivos de tais crimes, incluindo, se possível, a data e o local da sua prática;

c) Uma declaração que certifique a existência de um mandado de detenção ou de uma decisão condenatória contra a pessoa procurada; e

d) Uma declaração de que o pedido de entrega relativo à pessoa procurada será enviado posteriormente.

3. Qualquer pessoa mantida sob prisão preventiva poderá ser posta em liberdade se o Estado requerido não tiver recebido, em conformidade com o artigo 91º, o pedido de entrega e os respetivos documentos no prazo fixado pelo Regulamento Processual. Todavia, essa pessoa poderá consentir na sua entrega antes do termo do período se a legislação do Estado requerido

o permitir. Nesse caso, o Estado requerido procede à entrega da pessoa reclamada ao Tribunal, o mais rapidamente possível.

4. O facto de a pessoa reclamada ter sido posta em liberdade em conformidade com o nº 3 não obstará a que seja de novo detida e entregue se o pedido de entrega e os documentos de apoio vierem a ser apresentados posteriormente.

Artigo 93º – Outras formas de cooperação

1. Em conformidade com o disposto no presente capítulo e nos termos dos procedimentos previstos nos respetivos Direitos Internos, os Estados Partes darão seguimento aos pedidos formulados pelo Tribunal para concessão de auxílio, no âmbito de inquéritos ou procedimentos criminais, no que se refere a:

a) Identificar uma pessoa e o local onde se encontra, ou localizar objetos;

b) Reunir elementos de prova, incluindo os depoimentos prestados sob juramento, bem como produzir elementos de prova, incluindo perícias e relatórios de que o Tribunal necessita;

c) Interrogar qualquer pessoa que seja objeto de inquérito ou de procedimento criminal;

d) Notificar documentos, nomeadamente documentos judiciários;

e) Facilitar a comparência voluntária perante o Tribunal de pessoas que deponham na qualidade de testemunhas ou de peritos;

f) Proceder à transferência temporária de pessoas, em conformidade com o nº 7;

g) Realizar inspeções a locais ou sítios, nomeadamente a exumação e o exame de cadáveres enterrados em fossas comuns;

h) Realizar buscas e apreensões;

i) Transmitir registos e documentos, nomeadamente registos e documentos oficiais;

j) Proteger vítimas e testemunhas, bem como preservar elementos de prova;

k) Identificar, localizar e congelar ou apreender o produto de crimes, bens, haveres e instrumentos ligados aos crimes, com vista à sua eventual declaração de perda, sem prejuízo dos direitos de terceiros de boa-fé; e

l) Prestar qualquer outra forma de auxílio não proibida pela legislação do Estado requerido, destinada a facilitar o inquérito e o procedimento por crimes da competência do Tribunal.

2. O Tribunal tem poderes para garantir à testemunha ou ao perito que perante ele compareça de que não serão perseguidos, detidos ou sujeitos a qualquer outra restrição da sua liberdade pessoal, por facto ou omissão anteriores à sua saída do território do Estado requerido.

3. Se a execução de uma determinada medida de auxílio constante de um pedido apresentado ao abrigo do nº 1 não for permitida no Estado requerido em virtude de um princípio jurídico fundamental de aplicação geral, o Estado em causa iniciará sem demora consultas com o Tribunal com vista à solução dessa questão. No decurso das consultas, serão consideradas outras formas de auxílio, bem como as condições da sua realização.

Se, concluídas as consultas, a questão não estiver resolvida, o Tribunal alterará o conteúdo do pedido conforme se mostrar necessário.

4. Nos termos do disposto no artigo 72º, um Estado Parte só poderá recusar, no todo ou em parte, um pedido de auxílio formulado pelo Tribunal se tal pedido se reportar unicamente à produção de documentos ou à divulgação de elementos de prova que atentem contra a sua segurança nacional.

5. Antes de denegar o pedido de auxílio previsto na alínea *l*) do nº 1, o Estado requerido considerará se o auxílio poderá ser concedido sob determinadas condições ou se poderá sê-lo em data ulterior ou sob uma outra forma, com a ressalva de que, se o Tribunal ou o procurador aceitarem tais condições, deverão observá-las.

6. O Estado requerido que recusar um pedido de auxílio comunicará, sem demora, os motivos ao Tribunal ou ao procurador.

7. *a*) O Tribunal poderá pedir a transferência temporária de uma pessoa detida para fins de identificação ou para obter um depoimento ou outra forma de auxílio.

A transferência realizar-se-á sempre que:

i) A pessoa der o seu consentimento, livremente e com conhecimento de causa; e

ii) O Estado requerido concordar com a transferência, sem prejuízo das condições que esse Estado e o Tribunal possam acordar.

b) A pessoa transferida permanecerá detida. Esgotado o fim que determinou a transferência, o Tribunal reenviá-la-á imediatamente para o Estado requerido.

8. *a*) O Tribunal garantirá a confidencialidade dos documentos e das informações recolhidas, exceto se necessários para o inquérito e os procedimentos descritos no pedido.

b) O Estado requerido poderá, se necessário, comunicar os documentos ou as informações ao procurador a título confidencial. O procurador só poderá utilizá-los para recolher novos elementos de prova.

c) O Estado requerido poderá, oficiosamente ou a pedido do procurador, autorizar a divulgação posterior de tais documentos ou informações, os quais poderão ser utilizados como meios de prova, nos termos do disposto nos capítulos V e VI e no Regulamento Processual.

9. *a*):

i) Se um Estado Parte receber pedidos concorrentes formulados pelo Tribunal e por um outro Estado, no âmbito de uma obrigação internacional, e cujo objeto não seja nem a entrega nem a extradição, esforçar-se-á, mediante consultas com o Tribunal e esse outro Estado, por dar satisfação a ambos os pedidos, adiando ou estabelecendo determinadas condições a um ou outro pedido, se necessário;

ii) A não ser possível, os pedidos concorrentes observarão os princípios fixados no artigo 90º

b) Todavia, sempre que o pedido formulado pelo Tribunal respeitar a informações, bens ou pessoas que estejam sob o controlo de um Estado terceiro ou de uma organização internacional ao abrigo de um acordo internacional, os Estados requeridos informarão o Tribunal em conformidade, e este dirigirá o seu pedido ao Estado terceiro ou à organização internacional.

10. *a*) Mediante pedido, o Tribunal cooperará com um Estado Parte e prestar-lhe-á auxílio na condução de um inquérito ou julgamento relacionado com factos que constituam um crime da jurisdição do Tribunal ou que constituam um crime grave à luz do direito interno do Estado requerente.

b):

i) O auxílio previsto na alínea *a*) deve compreender, a saber:

1) A transmissão de depoimentos, documentos e outros elementos de prova recolhidos no decurso do inquérito ou do julgamento conduzidos pelo Tribunal; e

2) O interrogatório de qualquer pessoa detida por ordem do Tribunal;

ii) No caso previsto nas alíneas *b*), *i*), 1):

1) A transmissão dos documentos e de outros elementos de prova obtidos com o auxílio de um Estado necessita do consentimento desse Estado;

2) A transmissão de depoimentos, documentos e outros elementos de prova fornecidos, quer por uma testemunha quer por um perito, será feita em conformidade com o disposto no artigo 68º

c) O Tribunal poderá, em conformidade com as condições enunciadas neste número, deferir um pedido de auxílio formulado por um Estado que não seja parte no presente Estatuto.

Artigo 94º – Suspensão da execução de um pedido relativamente a inquérito ou a procedimento criminal em curso

1. Se a execução imediata de um pedido prejudicar o desenrolar de um inquérito ou de um procedimento criminal relativos a um caso diferente daquele a que se reporta o pedido, o Estado requerido pode suspender a execução do pedido por tempo determinado, acordado com o Tribunal. Contudo, a suspensão não deve prolongar-se além do necessário para que o inquérito ou o procedimento criminal em causa sejam efetuados no Estado requerido. Este, antes de decidir suspender a execução do pedido, verifica se o auxílio não poderá ser concedido de imediato sob determinadas condições.

2. Se for decidida a suspensão de execução do pedido em conformidade com o nº 1, o procurador poderá, no entanto, solicitar que sejam adotadas medidas para preservar os elementos de prova, nos termos da alínea *j*) do nº 1 do artigo 93º

Artigo 95º – Suspensão da execução de um pedido por impugnação de admissibilidade

Se o Tribunal estiver a apreciar uma impugnação de admissibilidade, de acordo com os artigos 18º ou 19º, o Estado requerido poderá suspender a execução de um pedido formulado ao abrigo do presente capítulo enquanto aguarda que o Tribunal se pronuncie, a menos que o Tribunal tenha especificamente ordenado que o procurador continue a reunir elementos de prova, nos termos dos artigos 18º ou 19º

Artigo 96º – Conteúdo do pedido sob outras formas de cooperação previstas no artigo 93º

1. Todo o pedido relativo a outras formas de cooperação previstas no artigo 93º será formulado por escrito. Em caso de urgência, o pedido poderá ser feito por qualquer meio que permita manter um registo escrito, desde que seja confirmado através dos canais indicados na alínea *a*) do nº 1 do artigo 87º

2. O pedido deverá conter, ou ser instruído com, os seguintes documentos:

a) Um resumo do objeto do pedido, bem como da natureza do auxílio solicitado, incluindo os fundamentos jurídicos e os motivos do pedido;

b) Informações tão completas quanto possível sobre a pessoa ou o lugar a identificar ou a localizar, por forma a que o auxílio solicitado possa ser prestado;

c) Uma exposição sucinta dos factos essenciais que fundamentam o pedido;

d) A exposição dos motivos e a explicação pormenorizada dos procedimentos ou das condições a respeitar;

e) Toda a informação que o Estado requerido possa exigir de acordo com o seu Direito Interno para dar seguimento ao pedido; e

f) Toda a informação útil para que o auxílio possa ser concedido.

3. A requerimento do Tribunal, um Estado Parte manterá, no que respeita a questões genéricas ou a uma questão específica, consultas com o Tribunal sobre as disposições aplicáveis do seu Direito Interno, suscetíveis de serem aplicadas em conformidade com a alínea *e*) do nº 2. No decurso de tais consultas, o Estado Parte informará o Tribunal das disposições específicas constantes do seu Direito Interno.

4. O presente artigo aplicar-se-á, se for caso disso, a qualquer pedido de auxílio dirigido ao Tribunal.

Artigo 97º – Consultas

Sempre que, ao abrigo do presente capítulo, um Estado Parte receba um pedido e constate que este suscita dificuldades que possam obviar à sua execução ou impedi-la, o Estado em causa iniciará, sem demora, as consultas com o Tribunal com vista à solução desta questão. Tais dificuldades podem revestir as seguintes formas:

a) Informações insuficientes para dar seguimento ao pedido;

b) No caso de um pedido de entrega, o paradeiro da pessoa reclamada continuar desconhecido a despeito de todos os esforços ou a investigação realizada permitiu determinar que a pessoa que se encontra no Estado requerido não é manifestamente a pessoa identificada no mandado; ou

c) O Estado requerido ver-se-ia compelido, para cumprimento do pedido na sua forma atual, a violar uma obrigação constante de um tratado anteriormente celebrado com outro Estado.

Artigo 98º – Cooperação relativa à renúncia, à imunidade e ao consentimento na entrega

1. O Tribunal não pode dar seguimento a um pedido de entrega ou de auxílio por força do qual o Estado requerido devesse atuar de forma incompatível com as obrigações que lhe incumbem à luz do direito internacional em matéria de imunidade dos Estados ou de imunidade diplomática de pessoa ou de bens de um Estado terceiro, a menos que obtenha previamente a cooperação desse Estado terceiro com vista ao levantamento da imunidade.

2. O Tribunal não pode dar seguimento à execução de um pedido de entrega por força do qual o Estado requerido devesse atuar de forma incompatível com as obrigações que lhe incumbem em virtude de acordos internacionais à luz dos quais o consentimento do Estado de envio é necessário para que uma pessoa pertencente a esse Estado seja entregue ao Tribunal, a menos que o Tribunal consiga, previamente, obter a cooperação do Estado de envio para consentir na entrega.

Artigo 99º – Execução dos pedidos apresentados ao abrigo dos artigos 93º e 96º

1. Os pedidos de auxílio serão executados de harmonia com os procedimentos previstos na legislação interna do Estado requerido e, a menos que o seu Direito Interno o proíba, na forma especificada no pedido, aplicando qualquer procedimento nele indicado ou autorizando as pessoas nele indicadas a estarem presentes e a participarem na execução do pedido.

2. Em caso de pedido urgente, os documentos e os elementos de prova produzidos na resposta serão, a requerimento do Tribunal, enviados com urgência.

3. As respostas do Estado requerido serão transmitidas na sua língua e forma originais.

4. Sem prejuízo dos demais artigos do presente capítulo, sempre que for necessário para a execução com sucesso de um pedido, e não haja que recorrer a medidas coercivas, nomeadamente quando se trate de ouvir ou levar uma pessoa a depor de sua livre vontade, mesmo sem a presença das autoridades do Estado Parte requerido se tal for determinante para a execução do pedido, ou quando se trate de examinar, sem proceder a alterações, um sítio público ou um outro local público, o procurador poderá

dar cumprimento ao pedido diretamente no território de um Estado, de acordo com as seguintes modalidades:

a) Quando o Estado requerido for o Estado em cujo território haja indícios de ter sido cometido o crime e existir uma decisão sobre a admissibilidade tal como previsto nos artigos 18º ou 19º, o procurador poderá executar diretamente o pedido, depois de ter levado a cabo consultas tão amplas quanto possível com o Estado requerido;

b) Em outros casos, o procurador poderá executar o pedido após consultas com o Estado Parte requerido e tendo em conta as condições ou as preocupações razoáveis que esse Estado tenha eventualmente argumentado. Sempre que o Estado requerido verificar que a execução de um pedido nos termos da presente alínea suscita dificuldades, consultará de imediato o Tribunal para resolver a questão.

5. As disposições que autorizam a pessoa ouvida ou interrogada pelo Tribunal ao abrigo do artigo 72º a invocar as restrições previstas para impedir a divulgação de informações confidenciais relacionadas com a segurança nacional aplicar-se-ão de igual modo à execução dos pedidos de auxílio referidos no presente artigo.

Artigo 100º – Despesas

1. As despesas ordinárias decorrentes da execução dos pedidos no território do Estado requerido serão por este suportadas, com exceção das seguintes, que correrão a cargo do Tribunal:

a) As despesas relacionadas com as viagens e a proteção das testemunhas e dos peritos ou com a transferência de detidos ao abrigo do artigo 93º;

b) As despesas de tradução, de interpretação e de transcrição;

c) As despesas de deslocação e de estada dos juízes, do procurador, dos procuradores-adjuntos, do secretário, do secretário-adjunto e dos membros do pessoal de todos os órgãos do Tribunal;

d) Os custos das perícias ou dos relatórios periciais solicitados pelo Tribunal;

e) As despesas decorrentes do transporte das pessoas entregues ao Tribunal pelo Estado de detenção; e

f) Após consulta, quaisquer despesas extraordinárias decorrentes da execução de um pedido.

2. O disposto no nº 1 aplicar-se-á, sempre que necessário, aos pedidos dirigidos pelos Estados Partes ao Tribunal. Neste caso, o Tribunal tomará a seu cargo as despesas ordinárias decorrentes da execução.

Artigo 101º – Regra da especialidade

1. Nenhuma pessoa entregue ao Tribunal nos termos do presente Estatuto poderá ser perseguida, condenada ou detida por condutas anteriores à sua entrega, salvo quando estas constituam crimes que tenham fundamentado a sua entrega.

2. O Tribunal poderá solicitar uma derrogação dos requisitos estabelecidos no nº 1 ao Estado que lhe tenha entregue uma pessoa e, se necessário, facultar-lhe-á, em conformidade com o artigo 91º, informações complementares.

Os Estados Partes estarão habilitados a conceder uma derrogação ao Tribunal e deverão envidar esforços nesse sentido.

Artigo 102º – Termos usados

Para os fins do presente Estatuto:

a) Por «entrega» entende-se a entrega de uma pessoa por um Estado ao Tribunal, nos termos do presente Estatuto;

b) Por «extradição» entende-se a entrega de uma pessoa por um Estado a outro Estado, conforme previsto num tratado, numa convenção ou no Direito Interno.

CAPÍTULO X – Execução da pena

Artigo 103º – Função dos Estados na execução das penas privativas de liberdade

1. *a*) As penas privativas de liberdade serão cumpridas num Estado indicado pelo Tribunal, a partir de uma lista de Estados que lhe tenham manifestado a sua disponibilidade para receber pessoas condenadas.

b) Ao declarar a sua disponibilidade para receber pessoas condenadas, um Estado poderá formular condições acordadas com o Tribunal e em conformidade com o presente capítulo.

c) O Estado indicado no âmbito de um determinado caso dará prontamente a conhecer se aceita ou não a indicação do Tribunal.

2. *a*) O Estado da execução informará o Tribunal de qualquer circunstância, incluindo o cumprimento de quaisquer condições acordadas nos termos do nº 1, que possam afetar materialmente as condições ou a duração da detenção. O Tribunal será informado com, pelo menos, 45 dias de ante-

cedência sobre qualquer circunstância dessa natureza, conhecida ou previsível. Durante este período, o Estado da execução não tomará qualquer medida que possa ser contrária às suas obrigações ao abrigo do artigo 110º

b) Se o Tribunal não puder aceitar as circunstâncias referidas na alínea *a*), deverá informar o Estado da execução e proceder de harmonia com o nº 1 do artigo 104º

3. Sempre que exercer o seu poder de indicação em conformidade com o nº 1, o Tribunal tomará em consideração:

a) O princípio segundo o qual os Estados Partes devem partilhar da responsabilidade na execução das penas privativas de liberdade, em conformidade com os princípios de distribuição equitativa estabelecidos no Regulamento Processual;

b) A aplicação de normas convencionais do Direito Internacional amplamente aceites que regulam o tratamento dos reclusos;

c) A opinião da pessoa condenada;

d) A nacionalidade da pessoa condenada;

e) Outros fatores relativos às circunstâncias do crime, às condições pessoais da pessoa condenada ou à execução efetiva da pena, apropriados com vista à designação do Estado da execução.

4. Se nenhum Estado for designado nos termos do nº 1, a pena privativa de liberdade será cumprida num estabelecimento prisional designado pelo Estado anfitrião, em conformidade com as condições estipuladas no acordo que determinou o local da sede previsto no nº 2 do artigo 3º Neste caso, as despesas relacionadas com a execução da pena ficarão a cargo do Tribunal.

Artigo 104º – Alteração da indicação do Estado da execução

1. O Tribunal poderá, a todo o momento, decidir transferir um condenado para uma prisão de um outro Estado.

2. A pessoa condenada pelo Tribunal poderá, a todo o momento, solicitar-lhe que a transfira do Estado encarregado da execução.

Artigo 105º – Execução da pena

1. Sem prejuízo das condições que um Estado haja estabelecido nos termos do artigo 103º, nº 1, alínea *b*), a pena privativa de liberdade é vinculativa para os Estados Partes, não podendo estes modificá-la em caso algum.

2. Será da exclusiva competência do Tribunal pronunciar-se sobre qualquer pedido de revisão ou recurso.

O Estado da execução não obstará a que o condenado apresente um tal pedido.

Artigo 106º – Controlo da execução da pena e das condições de detenção

1. A execução de uma pena privativa de liberdade será submetida ao controlo do Tribunal e observará as normas convencionais internacionais amplamente aceites em matéria de tratamento dos reclusos.

2. As condições de detenção serão reguladas pela legislação do Estado da execução e observarão as normas convencionais internacionais amplamente aceites em matéria de tratamento dos reclusos; em caso algum devem ser menos ou mais favoráveis do que as aplicáveis aos reclusos condenados no Estado da execução por infrações análogas.

3. As comunicações entre o condenado e o Tribunal serão livres e terão caráter confidencial.

Artigo 107º – Transferência do condenado depois de cumprida a pena

1. Cumprida a pena, a pessoa que não seja nacional do Estado da execução poderá, de acordo com a legislação desse mesmo Estado, ser transferida para um outro Estado obrigado a aceitá-la ou ainda para um outro Estado que aceite acolhê-la, tendo em conta a vontade expressa pela pessoa em ser transferida para esse Estado, a menos que o Estado da execução autorize essa pessoa a permanecer no seu território.

2. As despesas relativas à transferência do condenado para um outro Estado nos termos do nº 1 serão suportadas pelo Tribunal se nenhum Estado as tomar a seu cargo.

3. Sem prejuízo do disposto no artigo 108º, o Estado da execução poderá igualmente, de harmonia com o seu Direito Interno, extraditar ou entregar por qualquer outro modo a pessoa a um Estado que tenha solicitado a sua extradição ou a sua entrega para fins de julgamento ou de cumprimento de uma pena.

Artigo 108º – Restrições ao procedimento criminal ou à condenação por outras infrações

1. A pessoa condenada que esteja detida no Estado da execução não poderá ser objeto de procedimento criminal, condenação ou extradição para um Estado terceiro em virtude de uma conduta anterior à sua transferência para o Estado da execução, a menos que o Tribunal tenha dado

a sua aprovação a tal procedimento, condenação ou extradição, a pedido do Estado da execução.

2. Ouvido o condenado, o Tribunal pronunciar-se-á sobre a questão.

3. O nº 1 deixará de ser aplicável se o condenado permanecer voluntariamente no território do Estado da execução por um período superior a 30 dias após o cumprimento integral da pena proferida pelo Tribunal, ou se regressar ao território desse Estado após dele ter saído.

Artigo 109º – Execução das penas de multa e das medidas de perda

1. Os Estados Partes aplicarão as penas de multa, bem como as medidas de perda ordenadas pelo Tribunal ao abrigo do capítulo VII, sem prejuízo dos direitos de terceiros agindo de boa-fé e em conformidade com os procedimentos previstos no respetivo Direito Interno.

2. Sempre que um Estado Parte não possa tornar efetiva a declaração de perda, deverá tomar medidas para recuperar o valor do produto, dos bens ou dos haveres cuja perda tenha sido declarada pelo Tribunal, sem prejuízo dos direitos de terceiros de boa-fé.

3. Os bens, ou o produto da venda de bens imóveis ou, se for caso disso, da venda de outros bens obtidos por um Estado Parte por força da execução de uma decisão do Tribunal serão transferidos para o Tribunal.

Artigo 110º – Reexame pelo Tribunal da questão de redução de pena

1. O Estado da execução não poderá libertar o recluso antes de cumprida a totalidade da pena proferida pelo Tribunal.

2. Somente o Tribunal terá a faculdade de decidir sobre qualquer redução da pena e, ouvido o condenado, pronunciar-se-á a tal respeito.

3. Quando a pessoa já tiver cumprido dois terços da pena, ou 25 anos de prisão em caso de pena de prisão perpétua, o Tribunal reexaminará a pena para determinar se haverá lugar à sua redução. Tal reexame só será efetuado transcorrido o período acima referido.

4. Aquando do reexame a que se refere o nº 3, o Tribunal poderá reduzir a pena se constatar que se verificam uma ou várias das condições seguintes:

a) A pessoa tiver manifestado, desde o início e de forma contínua, a sua vontade em cooperar com o Tribunal no inquérito e no procedimento;

b) A pessoa tiver, voluntariamente, facilitado a execução das decisões e despachos do Tribunal em outros casos, nomeadamente ajudando-o a localizar bens sobre os quais recaíam decisões de perda, de multa ou de reparação que poderão ser usados em benefício das vítimas; ou *c*) Outros fatores que conduzam a uma clara e significativa alteração das circunstâncias, suficiente para justificar a redução da pena, conforme previsto no Regulamento Processual.

5. Se, aquando do reexame inicial a que se refere o nº 3, o Tribunal considerar não haver motivo para redução da pena, ele reexaminará subsequentemente a questão da redução da pena com a periodicidade e nos termos previstos no Regulamento Processual.

Artigo 111º - Evasão

Se um condenado se evadir do seu local de detenção e fugir do território do Estado da execução, este poderá, depois de ter consultado o Tribunal, pedir ao Estado no qual se encontra localizado o condenado que lho entregue em conformidade com os acordos bilaterais ou multilaterais em vigor, ou requerer ao Tribunal que solicite a entrega dessa pessoa ao abrigo do capítulo IX.

O Tribunal poderá, ao solicitar a entrega da pessoa, determinar que esta seja entregue ao Estado no qual se encontrava a cumprir a sua pena, ou a outro Estado por ele indicado.

CAPÍTULO XI - Assembleia dos Estados Partes

Artigo 112º - Assembleia dos Estados Partes

1. É constituída, pelo presente instrumento, uma Assembleia dos Estados Partes. Cada um dos Estados Partes nela disporá de um representante, que poderá ser coadjuvado por substitutos e assessores. Outros Estados signatários do presente Estatuto ou da Ata Final poderão participar nos trabalhos da Assembleia na qualidade de observadores.

2. A Assembleia:

a) Examinará e adotará, se adequado, as recomendações da comissão preparatória;

b) Transmitirá à Presidência, ao procurador e ao secretário as linhas orientadoras gerais no que toca à administração do Tribunal;

c) Examinará os relatórios e as atividades do Bureau estabelecido nos termos do nº 3 e tomará as medidas apropriadas;

d) Examinará e aprovará o orçamento do Tribunal;

e) Decidirá, se for caso disso, alterar o número de juízes nos termos do artigo 36º;

f) Examinará, de harmonia com os nºs 5 e 7 do artigo 87º, qualquer questão relativa à não cooperação dos Estados;

g) Desempenhará qualquer outra função compatível com as disposições do presente Estatuto ou do Regulamento Processual.

3. *a*) A Assembleia será dotada de um Bureau composto por 1 presidente, 2 vice-presidentes e 18 membros por ela eleitos por períodos de três anos.

b) O Bureau terá um caráter representativo, atendendo nomeadamente ao princípio da distribuição geográfica equitativa e à necessidade de assegurar uma representação adequada dos principais sistemas jurídicos do mundo.

c) O Bureau reunir-se-á as vezes que forem necessárias, mas, pelo menos, uma vez por ano. Apoiará a Assembleia no desempenho das suas funções.

4. A Assembleia poderá criar outros órgãos subsidiários que julgue necessários, nomeadamente um mecanismo de controlo independente que proceda a inspeções, avaliações e inquéritos em ordem a melhorar a eficiência e economia da administração do Tribunal.

5. O presidente do Tribunal, o procurador e o secretário ou os respetivos representantes poderão participar, sempre que julguem oportuno, nas reuniões da Assembleia e do Bureau.

6. A Assembleia reúne na sede do Tribunal ou na sede da Organização das Nações Unidas uma vez por ano e, sempre que as circunstâncias o exigirem, reunirá em sessão extraordinária. A menos que o presente Estatuto estabeleça em contrário, as sessões extraordinárias são convocadas pelo Bureau, oficiosamente ou a pedido de um terço dos Estados Partes.

7. Cada um dos Estados Partes disporá de um voto. Todos os esforços deverão ser envidados para que as decisões da Assembleia e do Bureau sejam adotadas por consenso. Se tal não for possível, e a menos que o Estatuto estabeleça em contrário:

a) As decisões sobre as questões de fundo serão tomadas por maioria de dois terços dos membros presentes e votantes, sob a condição que a maioria absoluta dos Estados Partes constitua quórum para o escrutínio;

b) As decisões sobre as questões de procedimento serão tomadas por maioria simples dos Estados Partes presentes e votantes.

8. O Estado Parte em atraso no pagamento da sua contribuição financeira para as despesas do Tribunal não poderá votar nem na Assembleia nem no Bureau se o total das suas contribuições em atraso igualar ou exceder a soma das contribuições correspondentes aos dois anos anterio-

res completos por ele devidos. A Assembleia Geral poderá, no entanto, autorizar o Estado em causa a votar na Assembleia ou no Bureau se ficar provado que a falta de pagamento é devida a circunstâncias alheias ao controlo do Estado Parte.

9. A Assembleia adotará o seu próprio regimento.

10. As línguas oficiais e de trabalho da Assembleia dos Estados Partes serão as línguas oficiais e de trabalho da Assembleia Geral da Organização das Nações Unidas.

CAPÍTULO XII - Financiamento

Artigo 113º - Regulamento financeiro

Salvo disposição expressa em contrário, todas as questões financeiras atinentes ao Tribunal e às reuniões da Assembleia dos Estados Partes, incluindo o seu Bureau e os seus órgãos subsidiários, serão reguladas pelo presente Estatuto, pelo Regulamento Financeiro e pelas normas de gestão financeira adotados pela Assembleia dos Estados Partes.

Artigo 114º - Pagamento de despesas

As despesas do Tribunal e da Assembleia dos Estados Partes, incluindo o seu Bureau e os seus órgãos subsidiários, serão pagas pelos fundos do Tribunal.

Artigo 115º - Fundos do Tribunal e da Assembleia dos Estados Partes

As despesas do Tribunal e da Assembleia dos Estados Partes, incluindo o seu Bureau e os seus órgãos subsidiários, inscritas no orçamento aprovado pela Assembleia dos Estados Partes, serão financiadas:

a) Pelas quotas dos Estados Partes;

b) Pelos fundos provenientes da Organização das Nações Unidas, sujeitos à aprovação da Assembleia Geral, em especial no que diz respeito às despesas relativas a questões remetidas para o Tribunal pelo Conselho de Segurança.

Artigo 116º - Contribuições voluntárias

Sem prejuízo do artigo 115º, o Tribunal poderá receber e utilizar, a título de fundos adicionais, as contribuições voluntárias dos governos, das organizações internacionais, dos particulares, das empresas e demais entidades, de acordo com os critérios estabelecidos pela Assembleia dos Estados Partes nesta matéria.

Artigo 117º – Cálculo das quotas

As quotas dos Estados Partes serão calculadas em conformidade com uma tabela de quotas que tenha sido acordada com base na tabela adotada pela Organização das Nações Unidas para o seu orçamento ordinário, e adaptada de harmonia com os princípios nos quais se baseia tal tabela.

Artigo 118º – Verificação anual de contas

Os relatórios, livros e contas do Tribunal, incluindo os balanços financeiros anuais, serão verificados anualmente por um revisor de contas independente.

CAPÍTULO XIII – Cláusulas finais

Artigo 119º – Resolução de diferendos

1. Qualquer diferendo relativo às funções judiciais do Tribunal será resolvido por decisão do Tribunal.

2. Quaisquer diferendos entre dois ou mais Estados Partes relativos à interpretação ou à aplicação do presente Estatuto, que não forem resolvidos pela via negocial num período de três meses após o seu início, serão submetidos à Assembleia dos Estados Partes. A Assembleia poderá procurar resolver o diferendo ou fazer recomendações relativas a outros métodos de resolução, incluindo a submissão do diferendo ao Tribunal Internacional de Justiça, em conformidade com o Estatuto desse Tribunal.

Artigo 120º – Reservas

Não são admitidas reservas a este Estatuto.

Artigo 121º – Alterações

1. Expirado o período de sete anos após a entrada em vigor do presente Estatuto, qualquer Estado Parte poderá propor alterações ao Estatuto. O texto das propostas de alterações será submetido ao Secretário-Geral da Organização das Nações Unidas, que o comunicará sem demora a todos os Estados Partes.

2. Decorridos pelo menos três meses após a data desta notificação, a Assembleia dos Estados Partes decidirá na reunião seguinte, por maioria dos seus membros presentes e votantes, se deverá examinar a proposta. A Assembleia poderá tratar desta proposta, ou convocar uma conferência de revisão se a questão suscitada o justificar.

3. A adoção de uma alteração numa reunião da Assembleia dos Estados Partes ou numa conferência de revisão exigirá a maioria de dois terços dos Estados Partes, quando não for possível chegar a um consenso.

4. Sem prejuízo do disposto no nº 5, qualquer alteração entrará em vigor, para todos os Estados Partes, um ano depois que sete oitavos de entre eles tenham depositado os respetivos instrumentos de ratificação ou de aceitação junto do Secretário-Geral da Organização das Nações Unidas.

5. Quaisquer alterações aos artigos 5º, 6º, 7º e 8º do presente Estatuto entrarão em vigor, para todos os Estados Partes que as tenham aceitado, um ano após o depósito dos seus instrumentos de ratificação ou de aceitação. O Tribunal não exercerá a sua competência relativamente a um crime abrangido pela alteração sempre que este tiver sido cometido por nacionais de um Estado Parte que não tenha aceitado a alteração, ou no território desse Estado Parte.

6. Se uma alteração tiver sido aceite por sete oitavos dos Estados Partes nos termos do nº 4, qualquer Estado Parte que a não tenha aceite poderá retirar-se do presente Estatuto com efeito imediato, não obstante o disposto no nº 1 do artigo 127º, mas sem prejuízo do disposto no nº 2 do artigo 127º, mediante notificação da sua retirada o mais tardar um ano após a entrada em vigor desta alteração.

7. O Secretário-Geral da Organização das Nações Unidas comunicará a todos os Estados Partes quaisquer alterações que tenham sido adotadas em reunião da Assembleia dos Estados Partes ou numa conferência de revisão.

Artigo 122º – Alteração de disposições de caráter institucional

1. Não obstante o disposto no artigo 121º, nº 1, qualquer Estado Parte poderá, em qualquer momento, propor alterações às disposições do presente Estatuto, de caráter exclusivamente institucional, a saber, artigos 35º, 36º, nºs 8 e 9, 37º, 38º, 39º, nºs 1 (as primeiras duas frases), 2 e 4, 42º, nºs 4 a 9, 43º, nºs 2 e 3, 44º, 46º, 47º e 49º O texto de qualquer proposta será submetido ao Secretário-Geral da Organização das Nações Unidas ou a qualquer outra pessoa designada pela Assembleia dos Estados

Partes, que o comunicará sem demora a todos os Estados Partes e aos outros participantes na Assembleia.

2. As alterações apresentadas nos termos deste artigo, sobre as quais não seja possível chegar a um consenso, serão adotadas pela Assembleia dos Estados Partes ou por uma conferência de revisão por uma maioria de dois terços dos Estados Partes. Tais alterações entrarão em vigor, para todos os Estados Partes, seis meses após a sua adoção pela Assembleia ou, conforme o caso, pela conferência de revisão.

Artigo 123º – Revisão do Estatuto

1. Sete anos após a entrada em vigor do presente Estatuto, o Secretário-Geral da Organização das Nações Unidas convocará uma conferência de revisão para examinar qualquer alteração ao presente Estatuto. A revisão poderá incidir nomeadamente, mas não exclusivamente, sobre a lista de crimes que figura no artigo 5º

A Conferência estará aberta aos participantes na Assembleia dos Estados Partes, nas mesmas condições.

2. Em qualquer momento ulterior, a requerimento de um Estado Parte e para os fins enunciados no nº 1, o Secretário-Geral da Organização das Nações Unidas, mediante aprovação da maioria dos Estados Partes, convocará uma conferência de revisão.

3. A adoção e a entrada em vigor de qualquer alteração ao Estatuto examinada numa conferência de revisão serão reguladas pelas disposições do artigo 121º, nºs 3 a 7.

Artigo 124º – Disposição transitória

(Revogado).

Artigo 125º – Assinatura, ratificação, aceitação, aprovação ou adesão

1. O presente Estatuto estará aberto à assinatura de todos os Estados na sede da Organização das Nações Unidas para a Alimentação e a Agricultura, em Roma, a 17 de julho de 1998, continuando aberto à assinatura no Ministério dos Negócios Estrangeiros de Itália, em Roma, até 17 de outubro de 1998. Após esta data, o presente Estatuto continuará aberto na sede da Organização das Nações Unidas, em Nova Iorque, até 31 de dezembro de 2000.

2. O presente Estatuto fica sujeito a ratificação, aceitação ou aprovação dos Estados signatários. Os instrumentos de ratificação, aceitação ou

aprovação serão depositados junto do Secretário-Geral da Organização das Nações Unidas.

3. O presente Estatuto fica aberto à adesão de qualquer Estado. Os instrumentos de adesão serão depositados junto do Secretário-Geral da Organização das Nações Unidas.

Artigo 126º - Entrada em vigor

1. O presente Estatuto entrará em vigor no 1º dia do mês seguinte ao termo de um período de 60 dias após a data do depósito do 60º instrumento de ratificação, de aceitação, de aprovação ou de adesão junto do Secretário-Geral da Organização das Nações Unidas.

2. Em relação ao Estado que ratifique, aceite ou aprove o presente Estatuto, ou a ele adira após o depósito do 60º instrumento de ratificação, de aceitação, de aprovação ou de adesão, o presente Estatuto entrará em vigor no 1º dia do mês seguinte ao termo de um período de 60 dias após a data do depósito do respetivo instrumento de ratificação, de aceitação, de aprovação ou de adesão.

Artigo 127º - Retirada

1. Qualquer Estado Parte poderá, mediante notificação escrita e dirigida ao Secretário-Geral da Organização das Nações Unidas, retirar-se do presente Estatuto. A retirada produzirá efeitos um ano após a data de receção da notificação, salvo se esta indicar uma data ulterior.

2. A retirada não isentará o Estado das obrigações que lhe incumbem em virtude do presente Estatuto enquanto Parte do mesmo, incluindo as obrigações financeiras que tiver assumido, não afetando também a cooperação com o Tribunal no âmbito de inquéritos e de procedimentos criminais relativamente aos quais o Estado tinha o dever de cooperar e que se iniciaram antes da data em que a retirada começou a produzir efeitos; a retirada em nada afetará a prossecução da apreciação das causas que o Tribunal já tivesse começado a apreciar antes da data em que a retirada começou a produzir efeitos.

Artigo 128º - Textos autênticos

O original do presente Estatuto, cujos textos em árabe, chinês, espanhol, francês, inglês e russo fazem igualmente fé, será depositado junto do Secretário-Geral das Nações Unidas, que enviará cópia autenticada a todos os Estados.

Em fé do que os abaixo-assinados, devidamente autorizados pelos respetivos Governos, assinaram o presente Estatuto.

Feito em Roma, aos 17 dias do mês de julho de 1998.

II
ORGANIZAÇÕES INTERNACIONAIS

6
Carta das Nações Unidas[1]

Nós, os povos das Nações Unidas, decididos:

A preservar as gerações vindouras do flagelo da guerra que por duas vezes, no espaço de uma vida humana, trouxe sofrimentos indizíveis à Humanidade;

A reafirmar a nossa fé nos direitos fundamentais do homem, na dignidade e no valor da pessoa humana, na igualdade de direitos dos homens e das mulheres, assim como das nações, grandes e pequenas;

[1] Assinada em São Francisco em 26 de junho de 1945. Publicada no Diário da República, 1ª série A, nº 117, de 22 de maio de 1991, com a seguinte nota introdutória:
"A Carta das Nações Unidas foi assinada em São Francisco a 26 de junho de 1945, no final da Conferência das Nações Unidas sobre a Organização Internacional, e entrou em vigor a 24 de outubro de 1945. O Estatuto do Tribunal Internacional de Justiça é parte integrante da Carta. A 17 de dezembro de 1963 foram adotadas pela Assembleia Geral emendas aos artigos 23, 27 e 61 da Carta as quais entraram em vigor a 31 de agosto de 1965. Outra emenda ao artigo 61 foi adotada pela Assembleia Geral a 20 de dezembro de 1971 e entrou em vigor a 24 de setembro de 1973. Uma emenda ao artigo 109, adotada pela Assembleia Geral a 20 de dezembro de 1965, entrou em vigor a 12 de junho de 1968.
A emenda ao artigo 23 eleva de 11 para 15 o número de membros do Conselho de Segurança. A emenda ao artigo 27 dispõe que as decisões do Conselho de Segurança sobre questões de procedimento são tomadas pelo voto afirmativo de nove membros (anteriormente sete) e que as suas decisões sobre todas as outras questões são tomadas pelo voto afirmativo de nove dos seus membros (anteriormente sete), incluídos os votos dos cinco membros permanentes do Conselho.
A emenda ao artigo 61, que entrou em vigor a 31 de Agosto de 1065, elevava de 18 para 27 o número de membros do Conselho Económico e Social. A emenda seguinte a esse artigo, que entrou em vigor a 24 de Setembro de 1973, elevou de 27 para 54 o número de membros do Conselho.

A estabelecer as condições necessárias à manutenção da justiça e do respeito das obrigações decorrentes de tratados e de outras fontes do Direito Internacional;

A promover o progresso social e melhores condições de vida dentro de um conceito mais amplo de liberdade;

e para tais fins:

A praticar a tolerância e a viver em paz, uns com os outros, como bons vizinhos;

A unir as nossas forças para manter a paz e a segurança internacionais;

A garantir, pela aceitação de princípios e a instituição de métodos, que a força armada não será usada, a não ser no interesse comum;

A empregar mecanismos internacionais para promover o progresso económico e social de todos os povos;

resolvemos conjugar os nossos esforços para a consecução desses objetivos.

Em vista disso, os nossos respetivos governos, por intermédio dos seus representantes reunidos na cidade de São Francisco, depois de exibirem os seus plenos poderes, que foram achados em boa e devida forma, adotaram a presente Carta das Nações Unidas e estabelecem, por meio dela, uma organização internacional que será conhecida pelo nome de Nações Unidas.

CAPÍTULO I – Objetivos e princípios

Artigo 1 – Os objetivos das Nações Unidas são:

1) Manter a paz e a segurança internacionais e para esse fim: tomar medidas coletivas eficazes para prevenir e afastar ameaças à paz e reprimir os atos de agressão, ou outra qualquer rutura da paz e chegar, por meios pacíficos, e em conformidade com os princípios da justiça e do Direito

A emenda ao artigo 109, que diz respeito ao nº 1 desse artigo, determina que uma Conferência Geral dos membros das Nações Unidas, com o propósito de rever a Carta, poderá reunirse em local e data a serem fixados pelo voto de dois terços dos membros da Assembleia Geral e pelo voto de nove (anteriormente sete) dos membros do Conselho de Segurança. O nº 3 do artigo 109, que trata do exame pela Assembleia Geral, na sua 10ª sessão ordinária, da questão de uma possível conferência para a revisão da Carta, foi mantido na sua forma original, no que se refere ao «voto de sete membros quaisquer do Conselho de Segurança», tendo a Assembleia Geral, em sua 10ª sessão ordinária, e o Conselho de Segurança, em 1955, tomado medidas acerca desse parágrafo".

Internacional, a um ajustamento ou solução das controvérsias ou situações internacionais que possam levar a uma perturbação da paz;

2) Desenvolver relações de amizade entre as nações baseadas no respeito do princípio da igualdade de direitos e da autodeterminação dos povos, e tomar outras medidas apropriadas ao fortalecimento da paz universal;

3) Realizar a cooperação internacional, resolvendo os problemas internacionais de caráter económico, social, cultural ou humanitário, promovendo e estimulando o respeito pelos direitos do homem e pelas liberdades fundamentais para todos, sem distinção de raça, sexo, língua ou religião;

4) Ser um centro destinado a harmonizar a ação das nações para a consecução desses objetivos comuns.

Artigo 2

A Organização e os seus membros, para a realização dos objetivos mencionados no artigo 1, agirão de acordo com os seguintes princípios:

1) A Organização é baseada no princípio da igualdade soberana de todos os seus membros;

2) Os membros da Organização, a fim de assegurarem a todos em geral os direitos e vantagens resultantes da sua qualidade de membros, deverão cumprir de boa-fé as obrigações por eles assumidas em conformidade com a presente Carta;

3) Os membros da Organização deverão resolver as suas controvérsias internacionais por meios pacíficos, de modo que a paz e a segurança internacionais, bem como a justiça, não sejam ameaçadas;

4) Os membros deverão abster-se nas suas relações internacionais de recorrer à ameaça ou ao uso da força, quer seja contra a integridade territorial ou a independência política de um Estado, quer seja de qualquer outro modo incompatível com os objetivos das Nações Unidas;

5) Os membros da Organização dar-lhe-ão toda a assistência em qualquer ação que ela empreender em conformidade com a presente Carta e se absterão de dar assistência a qualquer Estado contra o qual ela agir de modo preventivo ou coercitivo;

6) A Organização fará que os Estados que não são membros das Nações Unidas ajam de acordo com esses princípios em tudo quanto for necessário à manutenção da paz e da segurança internacionais;

7) Nenhuma disposição da presente Carta autorizará as Nações Unidas a intervir em assuntos que dependam essencialmente da jurisdição interna

de qualquer Estado, ou obrigará os membros a submeterem tais assuntos a uma solução, nos termos da presente Carta; este princípio, porém, não prejudicará a aplicação das medidas coercitivas constantes do capítulo vii.

CAPÍTULO II – Membros

Artigo 3

Os membros originários das Nações Unidas serão os Estados que, tendo participado na Conferência das Nações Unidas sobre a Organização Internacional, realizada em São Francisco, ou, tendo assinado previamente a Declaração das Nações Unidas, de 1 de janeiro de 1942, assinaram a presente Carta e a ratificaram, de acordo com o artigo 110.

Artigo 4

1. A admissão como membro das Nações Unidas fica aberta a todos os outros Estados amantes da paz que aceitarem as obrigações contidas na presente Carta e que, a juízo da Organização, estiverem aptos e dispostos a cumprir tais obrigações.

2. A admissão de qualquer desses Estados como membros das Nações Unidas será efetuada por decisão da Assembleia Geral, mediante recomendação do Conselho de Segurança.

Artigo 5

O membro das Nações Unidas contra o qual for levada a efeito qualquer ação preventiva ou coercitiva por parte do Conselho de Segurança poderá ser suspenso do exercício dos direitos e privilégios de membro pela Assembleia Geral, mediante recomendação do Conselho de Segurança. O exercício desses direitos e privilégios poderá ser restabelecido pelo Conselho de Segurança.

Artigo 6

O membro das Nações Unidas que houver violado persistentemente os princípios contidos na presente Carta poderá ser expulso da Organização pela Assembleia Geral mediante recomendação do Conselho de Segurança.

CAPÍTULO III – Órgãos

Artigo 7

1. Ficam estabelecidos como órgãos principais das Nações Unidas: uma Assembleia Geral, um Conselho de Segurança, um Conselho Económico e Social, um Conselho de Tutela, um Tribunal Internacional de Justiça e um Secretariado.

2. Poderão ser criados, de acordo com a presente Carta, os órgãos subsidiários considerados necessários.

Artigo 8

As Nações Unidas não farão restrições quanto ao acesso de homens e mulheres, em condições de igualdade, a qualquer função nos seus órgãos principais e subsidiários.

CAPÍTULO IV – Assembleia Geral

Composição

Artigo 9

1. A Assembleia Geral será constituída por todos os membros das Nações Unidas.

2. Nenhum membro deverá ter mais de cinco representantes na Assembleia Geral.

Funções e poderes

Artigo 10

A Assembleia Geral poderá discutir quaisquer questões ou assuntos que estiverem dentro das finalidades da presente Carta ou que se relacionarem com os poderes e funções de qualquer dos órgãos nela previstos, e, com exceção do estipulado no artigo 12, poderá fazer recomendações aos membros das Nações Unidas ou ao Conselho de Segurança, ou a este e àqueles, conjuntamente, com a referência a quaisquer daquelas questões ou assuntos.

Artigo 11

1. A Assembleia Geral poderá considerar os princípios gerais de cooperação na manutenção da paz e da segurança internacionais, inclusive os princípios que disponham sobre o desarmamento e a regulamentação dos armamentos, e poderá fazer recomendações relativas a tais princípios aos membros ou ao Conselho de Segurança, ou a este e àqueles conjuntamente.

2. A Assembleia Geral poderá discutir quaisquer questões relativas à manutenção da paz e da segurança internacionais, que lhe forem submetidas por qualquer membro das Nações Unidas, ou pelo Conselho de Segurança, ou por um Estado que não seja membro das Nações Unidas, de acordo com o artigo 35, nº 2, e, com exceção do que fica estipulado no artigo 12, poderá fazer recomendações relativas a quaisquer destas questões ao Estado ou Estados interessados ou ao Conselho de Segurança ou a este e àqueles. Qualquer destas questões, para cuja solução seja necessária uma ação, será submetida ao Conselho de Segurança pela Assembleia Geral, antes ou depois da discussão.

3. A Assembleia Geral poderá chamar a atenção do Conselho de Segurança para situações que possam constituir ameaça à paz e à segurança internacionais.

4. Os poderes da Assembleia Geral enumerados neste artigo não limitarão o alcance geral do artigo 10.

Artigo 12

1. Enquanto o Conselho de Segurança estiver a exercer, em relação a qualquer controvérsia ou situação, as funções que lhe são atribuídas na presente Carta, a Assembleia Geral não fará nenhuma recomendação a respeito dessa controvérsia ou situação, a menos que o Conselho de Segurança o solicite.

2. O Secretário-Geral, com o consentimento do Conselho de Segurança, comunicará à Assembleia Geral, em cada sessão, quaisquer assuntos relativos à manutenção da paz e da segurança internacionais que estiverem a ser tratados pelo Conselho de Segurança, e da mesma maneira dará conhecimento de tais assuntos à Assembleia Geral, ou aos membros das Nações Unidas se a Assembleia Geral não estiver em sessão, logo que o Conselho de Segurança terminar o exame dos referidos assuntos.

Artigo 13

1. A Assembleia Geral promoverá estudos e fará recomendações, tendo em vista:

a) Fomentar a cooperação internacional no plano político e incentivar o desenvolvimento progressivo do Direito Internacional e a sua codificação;

b) Fomentar a cooperação internacional no domínio económico, social, cultural, educacional e da saúde e favorecer o pleno gozo dos direitos do homem e das liberdades fundamentais, por parte de todos os povos, sem distinção de raça, sexo, língua ou religião.

2. As demais responsabilidades, funções e poderes da Assembleia Geral, em relação aos assuntos acima mencionados no nº 1, alínea *b*), estão enumerados nos capítulos ix e x.

Artigo 14

A Assembleia Geral, com ressalva das disposições do artigo 12, poderá recomendar medidas para a solução pacífica de qualquer situação, qualquer que seja a sua origem, que julgue prejudicial ao bem-estar geral ou às relações amistosas entre nações, inclusive as situações que resultem da violação das disposições da presente Carta que estabelecem os objetivos e princípios das Nações Unidas.

Artigo 15

1. A Assembleia Geral receberá e examinará os relatórios anuais e especiais do Conselho de Segurança. Esses relatórios incluirão uma relação das medidas que o Conselho de Segurança tenha adotado ou aplicado a fim de manter a paz e a segurança internacionais.

2. A Assembleia Geral receberá e examinará os relatórios dos outros órgãos das Nações Unidas.

Artigo 16

A Assembleia Geral desempenhará, em relação ao regime internacional de tutela, as funções que lhe são atribuídas nos capítulos xii e xiii, inclusive as de aprovação de acordos de tutela referentes às zonas não designadas como estratégicas.

Artigo 17

1. A Assembleia Geral apreciará e aprovará o orçamento da Organização.

2. As despesas da Organização serão custeadas pelos membros segundo quotas fixadas pela Assembleia Geral.

3. A Assembleia Geral apreciará e aprovará quaisquer ajustes financeiros e orçamentais com as organizações especializadas, a que se refere o artigo 57, e examinará os orçamentos administrativos das referidas instituições especializadas, com o fim de lhes fazer recomendações.

Votação

Artigo 18

1. Cada membro da Assembleia Geral terá um voto.

2. As decisões da Assembleia Geral sobre questões importantes serão tomadas por maioria de dois terços dos membros presentes e votantes. Essas questões compreenderão: as recomendações relativas à manutenção da paz e da segurança internacionais, a eleição dos membros não permanentes do Conselho de Segurança, a eleição dos membros do Conselho Económico e Social, a eleição dos membros do Conselho de Tutela de acordo com o nº 1, alínea *c*), do artigo 86, a admissão de novos membros das Nações Unidas, a suspensão dos direitos e privilégios de membros, a expulsão de membros, as questões referentes ao funcionamento do regime de tutela questões orçamentais.

3. As decisões sobre outras questões, inclusive a determinação de categorias adicionais de assuntos a serem debatidos por maioria de dois terços, serão tomadas por maioria dos membros presentes e votantes.

Artigo 19

O membro das Nações Unidas em atraso no pagamento da sua contribuição financeira à Organização não terá voto na Assembleia Geral, se o total das suas contribuições atrasadas igualar ou exceder a soma das contribuições correspondentes aos dois anos anteriores completos. A Assembleia Geral poderá, entretanto, permitir que o referido membro vote, se ficar provado que a falta de pagamento é devida a circunstâncias alheias à sua vontade.

Procedimento

Artigo 20

A Assembleia Geral reunir-se-á em sessões anuais ordinárias e em sessões extraordinárias sempre que as circunstâncias o exigirem. As sessões extraordinárias serão convocadas pelo Secretário-Geral, a pedido do Conselho de Segurança ou da maioria dos membros das Nações Unidas.

Artigo 21

A Assembleia Geral adotará o seu próprio regulamento e elegerá o seu presidente para cada sessão.

Artigo 22

A Assembleia Geral poderá estabelecer os órgãos subsidiários que julgar necessários ao desempenho das suas funções.

CAPÍTULO V – Conselho de Segurança

Composição

Artigo 23

1. O Conselho de Segurança será constituído por 15 membros das Nações Unidas. A República da China, a França, a União das Repúblicas Socialistas Soviéticas, o Reino Unido da Grã-Bretanha e Irlanda do Norte e os Estados Unidos da América serão membros permanentes do Conselho de Segurança. A Assembleia Geral elegerá 10 outros membros das Nações Unidas para membros não permanentes do Conselho de Segurança, tendo especialmente em vista, em primeiro lugar, a contribuição dos membros das Nações Unidas para a manutenção da paz e da segurança internacionais e para os outros objetivos da Organização e também uma distribuição geográfica equitativa.

2. Os membros não permanentes do Conselho de Segurança serão eleitos por um período de dois anos. Na primeira eleição dos membros não permanentes, depois do aumento do número de membros do Conselho de Segurança de 11 para 15, dois dos quatro membros adicionais serão eleitos

por um período de um ano. Nenhum membro que termine o seu mandato poderá ser reeleito para o período imediato.

3. Cada membro do Conselho de Segurança terá um representante.

Funções e poderes

Artigo 24

1. A fim de assegurar uma ação pronta e eficaz por parte das Nações Unidas, os seus membros conferem ao Conselho de Segurança a principal responsabilidade na manutenção da paz e da segurança internacionais e concordam em que, no cumprimento dos deveres impostos por essa responsabilidade, o Conselho de Segurança aja em nome deles.

2. No cumprimento desses deveres, o Conselho de Segurança agirá de acordo com os objetivos e os princípios das Nações Unidas. Os poderes específicos concedidos ao Conselho de Segurança para o cumprimento dos referidos deveres estão definidos nos capítulos vi, vii, viii e xii.

3. O Conselho de Segurança submeterá à apreciação da Assembleia Geral relatórios anuais e, quando necessário, relatórios especiais.

Artigo 25

Os membros das Nações Unidas concordam em aceitar e aplicar as decisões do Conselho de Segurança, de acordo com a presente Carta.

Artigo 26

A fim de promover o estabelecimento e a manutenção da paz e da segurança internacionais, desviando para armamentos o mínimo possível dos recursos humanos e económicos do mundo, o Conselho de Segurança terá o encargo de elaborar, com a assistência da Comissão de Estado-Maior a que se refere o artigo 47, os planos, a serem submetidos aos membros das Nações Unidas, tendo em vista estabelecer um sistema de regulamentação dos armamentos.

Votação

Artigo 27

1. Cada membro do Conselho de Segurança terá um voto.

2. As decisões do Conselho de Segurança, em questões de procedimento, serão tomadas por um voto afirmativo de nove membros.

3. As decisões do Conselho de Segurança sobre quaisquer outros assuntos serão tomadas por voto favorável de nove membros, incluindo os votos de todos os membros permanentes, ficando entendido que, no que se refere às decisões tomadas nos termos do capítulo vi e do nº 3 do artigo 52, aquele que for parte numa controvérsia se absterá de votar.

Procedimento

Artigo 28

1. O Conselho de Segurança será organizado de maneira que possa funcionar continuamente. Cada membro do Conselho de Segurança estará, para tal fim, em todos os momentos, representado na sede da Organização.

2. O Conselho de Segurança terá reuniões periódicas, nas quais cada um dos seus membros poderá, se assim o desejar, ser representado por um membro do governo ou por outro representante especialmente designado.

3. O Conselho de Segurança poderá reunir-se em outros lugares fora da sede da Organização, que julgue mais apropriados para facilitar o seu trabalho.

Artigo 29

O Conselho de Segurança poderá estabelecer os órgãos subsidiários que julgar necessários para o desenvolvimento das suas funções.

Artigo 30

O Conselho de Segurança adotará o seu próprio regulamento, que incluirá o modo de designação do seu presidente.

Artigo 31

Qualquer membro das Nações Unidas que não seja membro do Conselho de Segurança poderá participar, sem direito a voto, na discussão de qualquer questão submetida ao Conselho de Segurança, sempre que este considere que os interesses do referido membro estão especialmente em jogo.

Artigo 32

Qualquer membro das Nações Unidas que não seja membro do Conselho de Segurança ou qualquer Estado que não seja membro das Nações

Unidas será convidado, desde que seja parte numa controvérsia submetida ao Conselho de Segurança, a participar, sem direito a voto, na discussão dessa controvérsia. O Conselho de Segurança determinará as condições que lhe parecerem justas para a participação de um Estado que não seja membro das Nações Unidas.

CAPÍTULO VI – Solução pacífica de controvérsias

Artigo 33

1. As partes numa controvérsia, que possa vir a constituir uma ameaça à paz e à segurança internacionais, procurarão, antes de tudo, chegar a uma solução por negociação, inquérito, mediação, conciliação, arbitragem, via judicial, recurso a organizações ou acordos regionais, ou qualquer outro meio pacífico à sua escolha.

2. O Conselho de Segurança convidará, se o julgar necessário, as referidas partes a resolver por tais meios as suas controvérsias.

Artigo 34

O Conselho de Segurança poderá investigar sobre qualquer controvérsia ou situação suscetível de provocar atritos entre as Nações ou de dar origem a uma controvérsia, a fim de determinar se a continuação de tal controvérsia ou situação pode constituir ameaça à manutenção da paz e da segurança internacionais.

Artigo 35

1. Qualquer membro das Nações Unidas poderá chamar a atenção do Conselho de Segurança ou da Assembleia Geral para qualquer controvérsia ou qualquer situação da natureza das que se acham previstas no artigo 34.

2. Um Estado que não seja membro das Nações Unidas poderá chamar a atenção do Conselho de Segurança ou da Assembleia Geral para qualquer controvérsia em que seja parte, uma vez que aceite previamente, em relação a essa controvérsia, as obrigações de solução pacífica previstas na presente Carta.

3. Os atos da Assembleia Geral a respeito dos assuntos submetidos à sua atenção, de acordo com este artigo, estarão sujeitos às disposições dos artigos 11 e 12.

Artigo 36

1. O Conselho de Segurança poderá, em qualquer fase de uma controvérsia da natureza daquelas a que se refere o artigo 33, ou de uma situação de natureza semelhante, recomendar os procedimentos ou métodos de solução apropriados.

2. O Conselho de Segurança deverá tomar em consideração quaisquer procedimentos para a solução de uma controvérsia que já tenham sido adotados pelas partes.

3. Ao fazer recomendações, de acordo com este artigo, o Conselho de Segurança deverá também tomar em consideração que as controvérsias de caráter jurídico devem, em regra, ser submetidas pelas partes ao Tribunal Internacional de Justiça, de acordo com as disposições do Estatuto do Tribunal.

Artigo 37

1. Se as partes numa controvérsia da natureza daquelas a que se refere o artigo 33 não conseguirem resolvê-la pelos meios indicados no mesmo artigo, deverão submetê-la ao Conselho de Segurança.

2. Se o Conselho de Segurança julgar que a continuação dessa controvérsia pode, de facto, constituir uma ameaça à manutenção da paz e da segurança internacionais, decidirá se deve agir de acordo com o artigo 36 ou recomendar os termos de solução que julgue adequados.

Artigo 38

Sem prejuízo das disposições dos artigos 33 a 37, o Conselho de Segurança poderá, se todas as partes numa controvérsia assim o solicitarem, fazer recomendações às partes, tendo em vista uma solução pacífica da controvérsia.

CAPÍTULO VII – Ação em caso de ameaça à paz, rutura da paz e ato de agressão

Artigo 39

O Conselho de Segurança determinará a existência de qualquer ameaça à paz, rutura da paz ou ato de agressão e fará recomendações ou decidirá que medidas deverão ser tomadas de acordo com os artigos 41 e 42, a fim de manter ou restabelecer a paz e a segurança internacionais.

Artigo 40

A fim de evitar que a situação se agrave, o Conselho de Segurança poderá, antes de fazer as recomendações ou decidir a respeito das medidas previstas no artigo 39, instar as partes interessadas a aceitar as medidas provisórias que lhe pareçam necessárias ou aconselháveis. Tais medidas provisórias não prejudicarão os direitos ou pretensões nem a situação das partes interessadas. O Conselho de Segurança tomará devida nota do não cumprimento dessas medidas.

Artigo 41

O Conselho de Segurança decidirá sobre as medidas que, sem envolver o emprego de forças armadas, deverão ser tomadas para tornar efetivas as suas decisões e poderá instar os membros das Nações Unidas a aplicarem tais medidas. Estas poderão incluir a interrupção completa ou parcial das relações económicas, dos meios de comunicação ferroviários, marítimos, aéreos, postais, telegráficos, radioelétricos, ou de outra qualquer espécie, e o rompimento das relações diplomáticas.

Artigo 42

Se o Conselho de Segurança considerar que as medidas previstas no artigo 41 seriam ou demonstraram ser inadequadas, poderá levar a efeito, por meio de forças aéreas, navais ou terrestres, a ação que julgar necessária para manter ou restabelecer a paz e a segurança internacionais. Tal ação poderá compreender demonstrações, bloqueios e outras operações, por parte das forças aéreas, navais ou terrestres dos membros das Nações Unidas.

Artigo 43

1. Todos os membros das Nações Unidas se comprometem, a fim de contribuir para a manutenção da paz e da segurança internacionais, a proporcionar ao Conselho de Segurança, a seu pedido e em conformidade com um acordo ou acordos especiais, forças armadas, assistência e facilidades, inclusive direitos de passagem, necessários à manutenção da paz e da segurança internacionais.

2. Tal acordo ou tais acordos determinarão o número e tipos das forças, o seu grau de preparação e a sua localização geral, bem como a natureza das facilidades e da assistência a serem proporcionadas.

3. O acordo ou acordos serão negociados o mais cedo possível, por iniciativa do Conselho de Segurança. Serão concluídos entre o Conselho de Segurança e membros da Organização ou entre o Conselho de Segurança e grupos de membros e submetidos à ratificação, pelos Estados signatários, em conformidade com os respetivos procedimentos constitucionais.

Artigo 44

Quando o Conselho de Segurança decidir recorrer ao uso da força, deverá, antes de solicitar a um membro nele não representado o fornecimento de forças armadas em cumprimento das obrigações assumidas em virtude do artigo 43, convidar o referido membro, se este assim o desejar, a participar nas decisões do Conselho de Segurança relativas ao emprego de contingentes das forças armadas do dito membro.

Artigo 45

A fim de habilitar as Nações Unidas a tomar medidas militares urgentes, os membros das Nações Unidas deverão manter, imediatamente utilizáveis, contingentes das forças aéreas nacionais para a execução combinada de uma ação coercitiva internacional. A potência e o grau de preparação desses contingentes, bem como os planos de ação combinada, serão determinados pelo Conselho de Segurança com a assistência da Comissão de Estado-Maior, dentro dos limites estabelecidos no acordo ou acordos especiais a que se refere o artigo 43.

Artigo 46

Os planos para a utilização da força armada serão elaborados pelo Conselho de Segurança com a assistência da Comissão de Estado-Maior.

Artigo 47

1. Será estabelecida uma Comissão de Estado-Maior destinada a orientar e assistir o Conselho de Segurança, em todas as questões relativas às exigências militares do mesmo Conselho, para a manutenção da paz e da segurança internacionais, utilização e comando das forças colocadas à sua disposição, regulamentação de armamentos e possível desarmamento.

2. A Comissão de Estado-Maior será composta pelos chefes de estado-maior dos membros permanentes do Conselho de Segurança ou pelos seus representantes. Qualquer membro das Nações Unidas que não estiver per-

manentemente representado na Comissão será por esta convidado a tomar parte nos seus trabalhos, sempre que a sua participação for necessária ao eficiente cumprimento das responsabilidades da Comissão.

3. A Comissão de Estado-Maior será responsável, sob a autoridade do Conselho de Segurança, pela direção estratégica de todas as forças armadas postas à disposição do dito Conselho. As questões relativas ao comando dessas forças serão resolvidas ulteriormente.

4. A Comissão de Estado-Maior, com a autorização do Conselho de Segurança e depois de consultar os organismos regionais adequados, poderá estabelecer subcomissões regionais.

Artigo 48

1. A ação necessária ao cumprimento das decisões do Conselho de Segurança para a manutenção da paz e da segurança internacionais será levada a efeito por todos os membros das Nações Unidas ou por alguns deles, conforme seja determinado pelo Conselho de Segurança.

2. Essas decisões serão executadas pelos membros das Nações Unidas diretamente e mediante a sua ação nos organismos internacionais apropriados de que façam parte.

Artigo 49

Os membros das Nações Unidas associar-se-ão para a prestação de assistência mútua na execução das medidas determinadas pelo Conselho de Segurança.

Artigo 50

Se um Estado for objeto de medidas preventivas ou coercivas tomadas pelo Conselho de Segurança, qualquer outro Estado, quer seja ou não membro das Nações Unidas, que enfrente dificuldades económicas especiais resultantes da execução daquelas medidas terá o direito de consultar o Conselho de Segurança no que respeita à solução de tais dificuldades.

Artigo 51

Nada na presente Carta prejudicará o direito inerente de legítima defesa individual ou coletiva, no caso de ocorrer um ataque armado contra um membro das Nações Unidas, até que o Conselho de Segurança tenha tomado as medidas necessárias para a manutenção da paz e da segurança internacionais. As medidas tomadas pelos membros no exercício desse direito de legítima defesa serão comunicadas imediatamente ao Conselho de Segurança e não deverão, de modo algum, atingir a autoridade e a responsabilidade que a presente Carta atribui ao Conselho para levar a efeito, em qualquer momento, a ação que julgar necessária à manutenção ou ao restabelecimento da paz e da segurança internacionais.

CAPÍTULO VIII – Acordos regionais

Artigo 52

1. Nada na presente Carta impede a existência de acordos ou de organizações regionais destinados a tratar dos assuntos relativos à manutenção da paz e da segurança internacionais que forem suscetíveis de uma ação regional, desde que tais acordos ou organizações regionais e suas atividades sejam compatíveis com os objetivos e princípios das Nações Unidas.

2. Os membros das Nações Unidas que forem parte em tais acordos ou que constituírem tais organizações empregarão todos os esforços para chegar a uma solução pacífica das controvérsias locais por meio desses acordos e organizações regionais, antes de as submeter ao Conselho de Segurança.

3. O Conselho de Segurança estimulará o desenvolvimento da solução pacífica de controvérsias locais mediante os referidos acordos ou organizações regionais, por iniciativa dos Estados interessados ou a instâncias do próprio Conselho de Segurança.

4. Este artigo não prejudica de modo algum a aplicação dos artigos 34 e 35.

Artigo 53

1. O Conselho de Segurança utilizará, quando for caso, tais acordos e organizações regionais para uma ação coercitiva sob a sua própria autoridade. Nenhuma ação coercitiva será, no entanto, levada a efeito, em conformidade com acordos ou organizações regionais sem autorização do Conselho de Segurança, com exceção das medidas contra um Estado inimigo, como está definido no nº 2 deste artigo, que forem determinadas em consequência do artigo 107 ou em acordos regionais destinados a impedir a renovação de uma política agressiva por parte de qualquer desses Estados, até ao momento em que a Organização possa, a pedido dos Gover-

nos interessados, ser incumbida de impedir qualquer nova agressão por parte de tal Estado.

2. O termo «Estado inimigo», usado no nº 1 deste artigo, aplica-se a qualquer Estado que, durante a 2ª Guerra Mundial, tenha sido inimigo de qualquer signatário da presente Carta.

Artigo 54

O Conselho de Segurança será sempre informado de toda a ação empreendida ou projetada em conformidade com os acordos ou organizações regionais para a manutenção da paz e da segurança internacionais.

CAPÍTULO IX – Cooperação económica e social internacional

Artigo 55

Com o fim de criar condições de estabilidade e bem-estar, necessárias às relações pacíficas e amistosas entre as Nações, baseadas no respeito do princípio da igualdade de direitos e da autodeterminação dos povos, as Nações Unidas promoverão:

a) A elevação dos níveis de vida, o pleno emprego e condições de progresso e desenvolvimento económico e social;

b) A solução dos problemas internacionais económicos, sociais, de saúde e conexos, bem como a cooperação internacional, de caráter cultural e educacional;

c) O respeito universal e efetivo dos direitos do homem e das liberdades fundamentais para todos, sem distinção de raça, sexo, língua ou religião.

Artigo 56

Para a realização dos objetivos enumerados no artigo 55, todos os membros da Organização se comprometem a agir em cooperação com esta, em conjunto ou separadamente.

Artigo 57

1. As várias organizações especializadas, criadas por acordos intergovernamentais e com amplas responsabilidades internacionais, definidas nos seus estatutos, nos campos económico, social, cultural, educacional, de saúde e conexos, serão vinculadas às Nações Unidas, em conformidade com as disposições do artigo 63.

2. Tais organizações assim vinculadas às Nações Unidas serão designadas, daqui em diante, como organizações especializadas.

Artigo 58

A Organização fará recomendações para coordenação dos programas e atividades das organizações especializadas.

Artigo 59

A Organização, quando for o caso, iniciará negociações entre os Estados interessados para a criação de novas organizações especializadas que forem necessárias ao cumprimento dos objetivos enumerados no artigo 55.

Artigo 60

A Assembleia Geral e, sob a sua autoridade, o Conselho Económico e Social, que dispõe, para esse efeito, da competência que lhe é atribuída no capítulo x, são incumbidos de exercer as funções da Organização estipuladas no presente capítulo.

CAPÍTULO X – Conselho Económico e Social

Composição

Artigo 61

1. O Conselho Económico e Social será composto por 54 membros das Nações Unidas eleitos pela Assembleia Geral.

2. Com ressalva do disposto no nº 3, serão eleitos cada ano, para um período de três anos, 18 membros do Conselho Económico e Social. Um membro cessante pode ser reeleito para o período imediato.

3. Na primeira eleição a realizar-se depois de elevado o número de 27 para 54 membros, 27 membros adicionais serão eleitos, além dos membros eleitos para a substituição dos nove membros cujo mandato expira ao fim daquele ano. Desses 27 membros adicionais, nove serão eleitos para um mandato que expirará ao fim de um ano, e nove outros para um mandato que expirará ao fim de dois anos, de acordo com disposições adotadas pela Assembleia Geral.

4. Cada membro do Conselho Económico e Social terá um representante.

Função e poderes

Artigo 62

1. O Conselho Económico e Social poderá fazer ou iniciar estudos e relatórios a respeito de assuntos internacionais de caráter económico, social, cultural, educacional, de saúde e conexos, e poderá fazer recomendações a respeito de tais assuntos à Assembleia Geral, aos membros das Nações Unidas e às organizações especializadas interessadas.

2. Poderá fazer recomendações destinadas a assegurar o respeito efetivo dos direitos do homem e das liberdades fundamentais para todos.

3. Poderá preparar, sobre assuntos da sua competência, projetos de convenções a serem submetidos à Assembleia Geral.

4. Poderá convocar, de acordo com as regras estipuladas pelas Nações Unidas, conferências internacionais sobre assuntos da sua competência.

Artigo 63

1. O Conselho Económico e Social poderá estabelecer acordos com qualquer das organizações a que se refere o artigo 57, a fim de determinar as condições em que a organização interessada será vinculada às Nações Unidas. Tais acordos serão submetidos à aprovação da Assembleia Geral.

2. Poderá coordenar as atividades das organizações especializadas, por meio de consultas e recomendações às mesmas e de recomendações à Assembleia Geral e aos membros das Nações Unidas.

Artigo 64

1. O Conselho Económico e Social poderá tomar as medidas adequadas a fim de obter relatórios regulares das organizações especializadas. Poderá entrar em entendimento com os membros das Nações Unidas e com as organizações especializadas a fim de obter relatórios sobre as medidas tomadas para cumprimento das suas próprias recomendações e das que forem feitas pela Assembleia Geral sobre assuntos da competência do Conselho.

2. Poderá comunicar à Assembleia Geral as suas observações a respeito desses relatórios.

Artigo 65

O Conselho Económico e Social poderá fornecer informações ao Conselho de Segurança e, a pedido deste, prestar-lhe assistência.

Artigo 66

1. O Conselho Económico e Social desempenhará as funções que forem da sua competência em cumprimento das recomendações da Assembleia Geral.

2. Poderá, mediante aprovação da Assembleia Geral, prestar os serviços que lhe forem solicitados pelos membros das Nações Unidas e pelas organizações especializadas.

3. Desempenhará as demais funções especificadas em outras partes da presente Carta ou as que lhe forem atribuídas pela Assembleia Geral.

Votação

Artigo 67

1. Cada membro do Conselho Económico e Social terá um voto.

2. As decisões do Conselho Económico e Social serão tomadas por maioria dos membros presentes e votantes.

Procedimento

Artigo 68

O Conselho Económico e Social criará comissões para os assuntos económicos e sociais e para a proteção dos direitos do homem, assim como outras comissões necessárias ao desempenho das suas funções.

Artigo 69

O Conselho Económico e Social convidará qualquer membro das Nações Unidas a tomar parte, sem voto, nas deliberações sobre qualquer assunto que interesse particularmente a esse membro.

Artigo 70

O Conselho Económico e Social poderá entrar em entendimentos para que representantes das organizações especializadas tomem parte, sem voto, nas suas deliberações e nas das comissões por ele criadas e para que os seus próprios representantes tomem parte nas deliberações das organizações especializadas.

Artigo 71

O Conselho Económico e Social poderá entrar em entendimentos convenientes para a consulta com organizações não governamentais que se ocupem de assuntos no âmbito da sua própria competência. Tais entendimentos poderão ser feitos com organizações internacionais e, quando for o caso, com organizações nacionais, depois de efetuadas consultas com o membro das Nações Unidas interessado no caso.

Artigo 72

1. O Conselho Económico e Social adotará o seu próprio regulamento, que incluirá o método de escolha do seu presidente.

2. O Conselho Económico e Social reunir-se-á quando necessário, de acordo com o seu regulamento, que deverá incluir disposições referentes à convocação de reuniões a pedido da maioria dos seus membros.

CAPÍTULO XI – Declaração relativa a territórios não autónomos

Artigo 73

Os membros das Nações Unidas que assumiram ou assumam responsabilidades pela administração de territórios cujos povos ainda não se governem completamente a si mesmos reconhecem o princípio do primado dos interesses dos habitantes desses territórios e aceitam, como missão sagrada, a obrigação de promover no mais alto grau, dentro do sistema de paz e segurança internacionais estabelecido na presente Carta, o bem-estar dos habitantes desses territórios, e, para tal fim:

a) Assegurar, com o devido respeito pela cultura dos povos interessados, o seu progresso político, económico, social e educacional, o seu tratamento equitativo e a sua proteção contra qualquer abuso;

b) Promover o seu governo próprio, ter na devida conta as aspirações políticas dos povos e auxiliá-los no desenvolvimento progressivo das suas instituições políticas livres, de acordo com as circunstâncias peculiares a cada território e seus habitantes, e os diferentes graus do seu adiantamento;

c) Consolidar a paz e a segurança internacionais;

d) Favorecer medidas construtivas de desenvolvimento, estimular pesquisas, cooperar entre si e, quando e onde for o caso, com organizações internacionais especializadas, tendo em vista a realização prática dos objetivos de ordem social, económica e científica enumerados neste artigo;

e) Transmitir regularmente ao Secretário-Geral, para fins de informação, sujeitas às reservas impostas por considerações de segurança e de ordem constitucional, informações estatísticas ou de outro caráter técnico relativas às condições económicas, sociais e educacionais dos territórios pelos quais são respetivamente responsáveis e que não estejam compreendidos entre aqueles a que se referem os capítulos xii e xiii.

Artigo 74

Os membros das Nações Unidas concordam também em que a sua política relativa aos territórios a que se aplica o presente capítulo deve ser baseada, do mesmo modo que a política seguida nos respetivos territórios metropolitanos, no princípio geral de boa vizinhança, tendo na devida conta os interesses e o bem-estar do resto do mundo no que se refere às questões sociais, económicas e comerciais.

CAPÍTULO XII – Regime internacional de tutela

Artigo 75

As Nações Unidas estabelecerão sob a sua autoridade um regime internacional de tutela para a administração e fiscalização dos territórios que possam ser colocados sob esse regime em consequência de futuros acordos individuais. Esses territórios serão, daqui em diante, designados como territórios sob tutela.

Artigo 76

As finalidades básicas do regime de tutela, de acordo com os objetivos das Nações Unidas enumerados no artigo 1 da presente Carta, serão:

a) Consolidar a paz e a segurança internacionais;

b) Fomentar o programa político, económico, social e educacional dos habitantes dos territórios sob tutela e o seu desenvolvimento progressivo para alcançar governo próprio ou independência, como mais convenha às circunstâncias particulares de cada território e dos seus habitantes e aos desejos livremente expressos dos povos interessados e como for previsto nos termos de cada acordo de tutela;

c) Encorajar o respeito pelos direitos do homem e pelas liberdades fundamentais para todos, sem distinção de raça, sexo, língua ou religião, e favorecer o reconhecimento da interdependência de todos os povos;

d) Assegurar igualdade de tratamento nos domínios social, económico e comercial a todos os membros das Nações Unidas e seus nacionais e, a estes últimos, igual tratamento na administração da justiça, sem prejuízo dos objetivos acima expostos e sob reserva das disposições do artigo 80.

Artigo 77

1. O regime de tutela será aplicado aos territórios das categorias seguintes que venham a ser colocados sob esse regime por meio de acordos de tutela:

a) Territórios atualmente sob mandato;

b) Territórios que possam ser separados de Estados inimigos em consequência da 2ª Guerra Mundial;

c) Territórios voluntariamente colocados sob esse regime por Estados responsáveis pela sua administração.

2. Será objeto de acordo ulterior a determinação dos territórios das categorias acima mencionadas a serem colocados sob o regime de tutela e das condições em que o serão.

Artigo 78

O regime de tutela não será aplicado a territórios que se tenham tornado membros das Nações Unidas, cujas relações mútuas deverão basear-se no respeito pelo princípio da igualdade soberana.

Artigo 79

As condições de tutela em que cada território será colocado sob este regime, bem como qualquer alteração ou emenda, serão determinadas por acordo entre os Estados diretamente interessados, inclusive a potência mandatária no caso de território sob mandato de um membro das Nações Unidas, e serão aprovadas em conformidade com as disposições dos artigos 83 e 85.

Artigo 80

1. Salvo o que for estabelecido em acordos individuais de tutela, feitos em conformidade com os artigos 77, 79 e 81, pelos quais se coloque cada território sob este regime e até que tais acordos tenham sido concluídos, nada neste capítulo será interpretado como alteração de qualquer espécie nos direitos de qualquer Estado ou povo ou nos termos dos atos internacionais vigentes em que os membros das Nações Unidas forem partes.

2. O nº 1 deste artigo não será interpretado como motivo para demora ou adiamento da negociação e conclusão de acordos destinados a colocar territórios sob o regime de tutela, conforme as disposições do artigo 77.

Artigo 81

O acordo de tutela deverá, em cada caso, incluir as condições sob as quais o território sob tutela será administrado e designar a autoridade que exercerá essa administração. Tal autoridade, daqui em diante designada como autoridade administrante, poderá ser um ou mais Estados ou a própria Organização.

Artigo 82

Poderão designar-se, em qualquer acordo de tutela, uma ou várias zonas estratégicas que compreendam parte ou a totalidade do território sob tutela a que o mesmo se aplique, sem prejuízo de qualquer acordo ou acordos especiais feitos em conformidade com o artigo 43.

Artigo 83

1. Todas as funções atribuídas às Nações Unidas relativamente às zonas estratégicas, inclusive a aprovação das condições dos acordos de tutela, assim como da sua alteração ou emendas, serão exercidas pelo Conselho de Segurança.

2. As finalidades básicas enumeradas no artigo 76 serão aplicáveis às populações de cada zona estratégica.

3. O Conselho de Segurança, ressalvadas as disposições dos acordos de tutela e sem prejuízo das exigências de segurança, poderá valer-se da assistência do Conselho de Tutela para desempenhar as funções que cabem às Nações Unidas pelo regime de tutela, relativamente a matérias políticas, económicas, sociais ou educacionais dentro das zonas estratégicas.

Artigo 84

A autoridade administrante terá o dever de assegurar que o território sob tutela preste a sua colaboração à manutenção da paz e da segurança internacionais. Para tal fim, a autoridade administrante poderá fazer uso de forças voluntárias, de facilidades e de ajuda do território sob tutela para o desempenho das obrigações por ela assumidas a este respeito perante o Conselho de Segurança, assim como para a defesa local e para a manutenção da lei e da ordem dentro do território sob tutela.

Artigo 85

1. As funções das Nações Unidas relativas a acordos de tutela para todas as zonas não designadas como estratégicas, inclusive a aprovação das condições dos acordos de tutela e da sua alteração ou emenda, serão exercidas pela Assembleia Geral.

2. O Conselho de Tutela, que funcionará sob a autoridade da Assembleia Geral, auxiliará esta no desempenho dessas atribuições.

CAPÍTULO XIII – O Conselho de Tutela

Composição

Artigo 86

1. O Conselho de Tutela será composto dos seguintes membros das Nações Unidas:

a) Os membros que administrem territórios sob tutela;

b) Aqueles que de entre os membros mencionados nominalmente no artigo 23 que não administrem territórios sob tutela;

c) Quantos outros membros eleitos por um período de três anos, pela Assembleia Geral, sejam necessários para assegurar que o número total de membros do Conselho de Tutela fique igualmente dividido entre os membros das Nações Unidas que administrem territórios sob tutela e aqueles que o não fazem.

2. Cada membro do Conselho de Tutela designará uma pessoa especialmente qualificada para representá-lo perante o Conselho.

Funções e poderes

Artigo 87

A Assembleia Geral e, sob a sua autoridade, o Conselho de Tutela, no desempenho das suas funções, poderão:

a) Examinar os relatórios que lhes tenham sido submetidos pela autoridade administrante;

b) Receber petições e examiná-las, em consulta com a autoridade administrante;

c) Providenciar sobre visitas periódicas aos territórios sob tutela em datas fixadas de acordo com a autoridade administrante;

d) Tomar estas e outras medidas em conformidade com os termos dos acordos de tutela.

Artigo 88

O Conselho de Tutela formulará um questionário sobre o desenvolvimento político, económico, social e educacional dos habitantes de cada território sob tutela e a autoridade administrante de cada um destes territórios, submetidos à competência da Assembleia Geral, fará um relatório anual à Assembleia, baseado no referido questionário.

Votação

Artigo 89

1. Cada membro do Conselho de Tutela terá um voto.
2. As decisões do Conselho de Tutela serão tomadas por maioria dos membros presentes e votantes.

Procedimento

Artigo 90

1. O Conselho de Tutela adotará o seu próprio regulamento, que incluirá o método de escolha do seu presidente.
2. O Conselho de Tutela reunir-se-á quando for necessário, de acordo com o seu regulamento, que incluirá uma disposição referente à convocação de reuniões a pedido da maioria dos seus membros.

Artigo 91

O Conselho de Tutela valer-se-á, quando for necessário, da colaboração do Conselho Económico e Social e das organizações especializadas, a respeito das matérias no âmbito das respetivas competências.

CAPÍTULO XIV – O Tribunal Internacional de Justiça

Artigo 92

O Tribunal Internacional de Justiça será o principal órgão judicial das Nações Unidas. Funcionará de acordo com o Estatuto anexo, que é baseado no Estatuto do Tribunal Permanente de Justiça Internacional e forma parte integrante da presente Carta.

Artigo 93

1. Todos os membros das Nações Unidas são *ipso facto* partes no Estatuto do Tribunal Internacional de Justiça.

2. Um Estado que não for membro das Nações Unidas poderá tornar-se parte no Estatuto do Tribunal Internacional de Justiça, em condições que serão determinadas, em cada caso, pela Assembleia Geral, mediante recomendação do Conselho de Segurança.

Artigo 94

1. Cada membro das Nações Unidas compromete-se a conformar-se com a decisão do Tribunal Internacional de Justiça em qualquer caso em que for parte.

2. Se uma das partes em determinado caso deixar de cumprir as obrigações que lhe incumbem em virtude de sentença proferida pelo Tribunal, a outra terá direito de recorrer ao Conselho de Segurança, que poderá, se o julgar necessário, fazer recomendações ou decidir sobre medidas a serem tomadas para o cumprimento da sentença.

Artigo 95

Nada na presente Carta impedirá os membros das Nações Unidas de confiarem a solução dos seus diferendos a outros tribunais, em virtude de acordos já vigentes ou que possam ser concluídos no futuro.

Artigo 96

1. A Assembleia Geral ou o Conselho de Segurança poderá solicitar parecer consultivo ao Tribunal Internacional de Justiça sobre qualquer questão jurídica.

2. Outros órgãos das Nações Unidas e organizações especializadas que forem em qualquer momento devidamente autorizadas pela Assembleia Geral poderão também solicitar pareceres consultivos ao Tribunal sobre questões jurídicas surgidas dentro da esfera das suas atividades.

CAPÍTULO XV – O Secretariado

Artigo 97

O Secretariado será composto por um Secretário-Geral e pelo pessoal exigido pela Organização. O Secretário-Geral será nomeado pela Assembleia Geral mediante recomendação do Conselho de Segurança. Será o principal funcionário administrativo da Organização.

Artigo 98

O Secretário-Geral atuará nesta qualidade em todas as reuniões da Assembleia Geral, do Conselho de Segurança, do Conselho Económico e Social e do Conselho de Tutela e desempenhará outras funções que lhe forem atribuídas por estes órgãos. O Secretário-Geral fará um relatório anual à Assembleia Geral sobre os trabalhos da Organização.

Artigo 99

O Secretário-Geral poderá chamar a atenção do Conselho de Segurança para qualquer assunto que em sua opinião possa ameaçar a manutenção da paz e da segurança internacionais.

Artigo 100

1. No cumprimento dos seus deveres, o Secretário-Geral e o pessoal do Secretariado não solicitarão nem receberão instruções de qualquer Governo ou de qualquer autoridade estranha à Organização. Abster-se-ão de qualquer ação que seja incompatível com a sua posição de funcionários internacionais responsáveis somente perante a Organização.

2. Cada membro das Nações Unidas compromete-se a respeitar o caráter exclusivamente internacional das atribuições do Secretário-Geral e do pessoal do Secretariado e não procurará exercer qualquer influência sobre eles no desempenho das suas funções.

Artigo 101

1. O pessoal do Secretariado será nomeado pelo Secretário-Geral, de acordo com regras estabelecidas pela Assembleia Geral.

2. Será também nomeado, com caráter permanente, o pessoal adequado para o Conselho Económico e Social, para o Conselho de Tutela e, quando for necessário, para outros órgãos das Nações Unidas. Esses funcionários farão parte do Secretariado.

3. A consideração principal que prevalecerá no recrutamento do pessoal e na determinação das condições de serviço será a da necessidade de assegurar o mais alto grau de eficiência, competência e integridade. Deverá ser levada na devida conta a importância de ser o recrutamento do pessoal feito dentro do mais amplo critério geográfico possível.

CAPÍTULO XVI – Disposições diversas

Artigo 102

1. Todos os tratados e todos os acordos internacionais concluídos por qualquer membro das Nações Unidas depois da entrada em vigor da presente Carta deverão, dentro do mais breve prazo possível, ser registados e publicados pelo Secretariado.

2. Nenhuma parte em qualquer tratado ou acordo internacional que não tenha sido registado em conformidade com as disposições do nº 1 deste artigo poderá invocar tal tratado ou acordo perante qualquer órgão das Nações Unidas.

Artigo 103

No caso de conflito entre as obrigações dos membros das Nações Unidas em virtude da presente Carta e as obrigações resultantes de qualquer outro acordo internacional, prevalecerão as obrigações assumidas em virtude da presente Carta.

Artigo 104

A Organização gozará, no território de cada um dos seus membros, da capacidade jurídica necessária ao exercício das suas funções e à realização dos seus objetivos.

Artigo 105

1. A Organização gozará, no território de cada um dos seus membros, dos privilégios e imunidades necessários à realização dos seus objetivos.

2. Os representantes dos membros das Nações Unidas e os funcionários da Organização gozarão, igualmente, dos privilégios e imunidades necessários ao exercício independente das suas funções relacionadas com a Organização.

3. A Assembleia Geral poderá fazer recomendações com o fim de determinar os pormenores da aplicação dos nºs 1 e 2 deste artigo ou poderá propor aos membros das Nações Unidas convenções nesse sentido.

CAPÍTULO XVII – Disposições transitórias sobre segurança

Artigo 106

Antes da entrada em vigor dos acordos especiais a que se refere o artigo 43, que, a juízo do Conselho de Segurança, o habilitem ao exercício das suas funções previstas no artigo 42, as partes na Declaração das Quatro Nações, assinada em Moscovo, a 30 de outubro de 1943, e a França deverão, de acordo com as disposições do parágrafo 5 daquela Declaração, concertar-se entre si e, sempre que a ocasião o exija, com outros membros das Nações Unidas, a fim de ser levada a efeito, em nome da Organização, qualquer ação conjunta que se torne necessária à manutenção da paz e da segurança internacionais.

Artigo 107

Nada na presente Carta invalidará ou impedirá qualquer ação que, em relação a um Estado inimigo de qualquer dos signatários da presente Carta durante a 2ª Guerra Mundial, for levada a efeito ou autorizada em consequência da dita guerra pelos governos responsáveis por tal ação.

CAPÍTULO XVIII – Emendas

Artigo 108

As emendas à presente Carta entrarão em vigor, para todos os membros das Nações Unidas, quando forem adotadas pelos votos de dois terços dos membros da Assembleia Geral e ratificadas, de acordo com os seus respetivos métodos constitucionais, por dois terços dos membros das Nações Unidas, inclusive todos os membros permanentes do Conselho de Segurança.

Artigo 109

1. Uma Conferência Geral dos membros das Nações Unidas, destinada a rever a presente Carta, poderá reunir-se em data e lugar a serem fixados

pelo voto de dois terços dos membros da Assembleia Geral e de nove de quaisquer membros do Conselho de Segurança. Cada membro das Nações Unidas terá um voto nessa Conferência.

2. Qualquer modificação à presente Carta que for recomendada por dois terços dos votos da Conferência terá efeito depois de ratificada, de acordo com as respetivas regras constitucionais, por dois terços dos membros das Nações Unidas, inclusive todos os membros permanentes do Conselho de Segurança.

3. Se essa Conferência não se realizar antes da 10ª sessão anual da Assembleia Geral que se seguir à entrada em vigor da presente Carta, a proposta da sua convocação deverá figurar na agenda da referida sessão da Assembleia Geral e a Conferência será realizada, se assim for decidido por maioria de votos dos membros da Assembleia Geral e pelo voto de sete membros quaisquer do Conselho de Segurança.

CAPÍTULO XIX – Ratificação e assinatura

Artigo 110

1. A presente Carta deverá ser ratificada pelos Estados signatários, de acordo com as respetivas regras constitucionais.

2. As ratificações serão depositadas junto do Governo dos Estados Unidos da América, que notificará de cada depósito todos os Estados signatários, assim como o Secretário-Geral da Organização depois da sua nomeação.

3. A presente Carta entrará em vigor depois do depósito de ratificações pela República da China, França, União das Repúblicas Socialistas Soviéticas, Reino Unido da Grã-Bretanha e Irlanda do Norte e Estados Unidos da América e pela maioria dos outros Estados signatários. O Governo dos Estados Unidos da América organizará, em seguida, um protocolo das ratificações depositadas, o qual será comunicado, por meio de cópias, aos Estados signatários.

4. Os Estados signatários da presente Carta que a ratificarem depois da sua entrada em vigor tornar-se-ão membros originários das Nações Unidas na data do depósito das suas ratificações respetivas.

Artigo 111

A presente Carta, cujos textos em chinês, francês, russo, inglês e espanhol fazem igualmente fé, ficará depositada nos arquivos do Governo dos Estados Unidos da América. Cópias da mesma, devidamente autenticadas, serão transmitidas por este último Governo aos Governos dos outros Estados signatários.

Em fé do que os representantes dos Governos das Nações Unidas assinaram a presente Carta.

Feita na cidade de São Francisco, aos 26 dias do mês de junho de 1945.

7
Estatuto do Tribunal Internacional de Justiça[1]

Artigo 1

O Tribunal Internacional de Justiça, estabelecido pela Carta das Nações Unidas como o principal órgão judicial das Nações Unidas, será constituído e funcionará em conformidade com as disposições do presente Estatuto.

CAPÍTULO I - Organização do Tribunal

Artigo 2

O Tribunal será composto por um corpo de juízes independentes eleitos sem ter em conta a sua nacionalidade, de entre pessoas que gozem de alta consideração moral e possuam as condições exigidas nos seus respetivos países para o desempenho das mais altas funções judiciais, ou que sejam jurisconsultos de reconhecida competência em Direito Internacional.

Artigo 3

1. O Tribunal será composto por 15 membros, não podendo haver entre eles mais de um nacional do mesmo Estado.

2. A pessoa que possa ser considerada nacional de mais de um Estado será, para efeito da sua inclusão como membro do Tribunal, considerada

[1] Parte integrante da Carta das Nações Unidas, assinada em São Francisco, a 26 de junho de 1945.

nacional do Estado em que exercer habitualmente os seus direitos civis e políticos.

Artigo 4

1. Os membros do Tribunal serão eleitos pela Assembleia Geral e pelo Conselho de Segurança de uma lista de pessoas apresentadas pelos grupos nacionais do Tribunal Permanente de Arbitragem, em conformidade com as disposições seguintes.

2. Quando se tratar de membros das Nações Unidas não representados no Tribunal Permanente de Arbitragem, os candidatos serão apresentados por grupos nacionais designados para esse fim pelos seus governos, nas mesmas condições que as estipuladas para os membros do Tribunal Permanente de Arbitragem pelo artigo 44 da Convenção da Haia, de 1907, referente à solução pacífica das controvérsias internacionais.

3. As condições pelas quais um Estado, que é parte no presente Estatuto, sem ser membro das Nações Unidas, poderá participar na eleição dos membros do Tribunal serão, na falta de acordo especial, determinadas pela Assembleia Geral mediante recomendação do Conselho de Segurança.

Artigo 5

1. Três meses, pelo menos, antes da data da eleição, o Secretário-Geral das Nações Unidas convidará, por escrito, os membros do Tribunal Permanente de Arbitragem pertencentes a Estados que sejam partes no presente Estatuto e os membros dos grupos nacionais designados em conformidade com o artigo 5, nº 2, para que indiquem, por grupos nacionais, dentro de um prazo estabelecido, os nomes das pessoas em condições de desempenhar as funções de membros do Tribunal.

2. Nenhum grupo deverá indicar mais de quatro pessoas, das quais, no máximo, duas poderão ser da sua nacionalidade. Em nenhum caso, o número dos candidatos indicados por um grupo poderá ser maior do que o dobro dos lugares a serem preenchidos.

Artigo 6

Recomenda-se que, antes de fazer estas designações, cada grupo nacional consulte o seu mais alto tribunal de justiça, as faculdades e escolas de Direito, academias nacionais e secções nacionais de academias internacionais que se dediquem ao estudo do Direito.

Artigo 7

1. O Secretário-Geral preparará uma lista, por ordem alfabética, de todas as pessoas assim designadas. Salvo o caso previsto no artigo 12, nº 2, serão elas as únicas pessoas elegíveis.

2. O Secretário-Geral submeterá essa lista à Assembleia Geral e ao Conselho de Segurança.

Artigo 8

A Assembleia Geral e o Conselho de Segurança procederão, independentemente um do outro, à eleição dos membros do Tribunal.

Artigo 9

Em cada eleição, os eleitores devem ter presentes não só que as pessoas a serem eleitas possuam individualmente as condições exigidas, mas também que, no seu conjunto, seja assegurada a representação das grandes formas de civilização e dos principais sistemas jurídicos do mundo.

Artigo 10

1. Os candidatos que obtiverem maioria absoluta de votos na Assembleia Geral e no Conselho de Segurança serão considerados eleitos.

2. Nas votações do Conselho de Segurança, quer para a eleição dos juízes, quer para a nomeação dos membros da comissão prevista no artigo 12, não haverá qualquer distinção entre membros permanentes e não permanentes do Conselho de Segurança.

3. No caso em que a maioria absoluta de votos, tanto da Assembleia Geral como do Conselho de Segurança, contemple mais de um nacional do mesmo Estado, o mais velho dos dois será considerado eleito.

Artigo 11

Se, depois da primeira reunião convocada para fins de eleição, um ou mais lugares continuarem vagos, deverá ser realizada uma segunda e, se necessário, uma terceira reunião.

Artigo 12

1. Se, depois da terceira reunião, um ou mais lugares ainda continuarem vagos, uma comissão mista, composta por seis membros, três indicados pela Assembleia Geral e três pelo Conselho de Segurança, poderá ser

formada em qualquer momento por solicitação da Assembleia ou do Conselho de Segurança, com o fim de escolher, por maioria absoluta de votos, um nome para cada lugar ainda vago, o qual será submetido à Assembleia Geral e ao Conselho de Segurança para a sua respetiva aceitação.

2. A comissão mista, caso concorde unanimemente com a escolha de uma pessoa que preencha as condições exigidas, poderá incluí-la na sua lista, ainda que a mesma não tenha figurado na lista de designações a que se refere o artigo 7.

3. Se a comissão mista verificar a impossibilidade de assegurar a eleição, os membros já eleitos do Tribunal deverão, dentro de um prazo a ser fixado pelo Conselho de Segurança, preencher os lugares vagos por escolha de entre os candidatos que tenham obtido votos na Assembleia Geral ou no Conselho de Segurança.

4. No caso de empate na votação dos juízes, o mais velho deles terá voto decisivo.

Artigo 13

1. Os membros do Tribunal serão eleitos por nove anos e poderão ser reeleitos; fica estabelecido, entretanto, que, dos juízes eleitos na primeira eleição, cinco terminarão as suas funções no fim de um período de três anos e outros cinco no fim de um período de seis anos.

2. Os juízes cujas funções deverão terminar no fim dos referidos períodos iniciais de três e seis anos serão escolhidos por sorteio, que será efetuado pelo Secretário-Geral imediatamente depois de terminada a primeira eleição.

3. Os membros do Tribunal continuarão no desempenho das suas funções até que as suas vagas tenham sido preenchidas. Ainda depois de substituídos, deverão terminar qualquer causa cuja apreciação tenham começado.

4. No caso de renúncia de um membro do Tribunal, o pedido de demissão deverá ser dirigido ao presidente do Tribunal, que o transmitirá ao Secretário-Geral. Esta última notificação dará origem a abertura de vaga.

Artigo 14

As vagas serão preenchidas pelo método estabelecido para a primeira eleição, com observância da seguinte disposição: o Secretário-Geral, dentro de um mês, a contar da abertura da vaga, expedirá os convites a que se refere o artigo 5 e a data da eleição será fixada pelo Conselho de Segurança.

Artigo 15

O membro do Tribunal que tenha sido eleito em substituição de um membro cujo mandato não tenha ainda expirado concluirá o período do mandato do seu antecessor.

Artigo 16

1. Nenhum membro do Tribunal poderá exercer qualquer função política ou administrativa ou dedicar-se a outra ocupação de natureza profissional.

2. Qualquer dúvida a esse respeito será resolvida por decisão do Tribunal.

Artigo 17

1. Nenhum membro do Tribunal poderá servir como agente, consultor ou advogado em qualquer causa.

2. Nenhum membro poderá participar na decisão de qualquer causa na qual anteriormente tenha intervindo como agente, consultor ou advogado de uma das partes, como membro de um tribunal nacional ou internacional, ou de uma comissão de inquérito, ou em qualquer outra qualidade.

3. Qualquer dúvida a esse respeito será resolvida por decisão do Tribunal.

Artigo 18

1. Nenhum membro do Tribunal poderá ser demitido, a menos que, na opinião unânime dos outros membros, tenha deixado de preencher as condições exigidas.

2. O Secretário-Geral será disso notificado, oficialmente, pelo escrivão do Tribunal.

3. Essa notificação dará origem a abertura de vaga.

Artigo 19

Os membros do Tribunal, quando no exercício das suas funções, gozarão dos privilégios e imunidades diplomáticas.

Artigo 20

Qualquer membro do Tribunal, antes de assumir as suas funções, fará, em sessão pública, a declaração solene de que exercerá as suas atribuições imparcial e conscienciosamente.

Artigo 21

1. O Tribunal elegerá, por três anos, o seu presidente e o seu vice-presidente, que poderão ser reeleitos.

2. O Tribunal nomeará o seu escrivão e providenciará sobre a nomeação de outros funcionários que sejam necessários.

Artigo 22

1. A sede do Tribunal será a cidade da Haia. Isto, entretanto, não impedirá que o Tribunal se reúna e exerça as suas funções em qualquer outro lugar que considere conveniente.

2. O presidente e o escrivão residirão na sede do Tribunal.

Artigo 23

1. O Tribunal funcionará permanentemente, exceto durante as férias judiciais, cuja data e duração serão por ele fixadas.

2. Os membros do Tribunal gozarão de licenças periódicas, cujas datas e duração serão fixadas pelo Tribunal, sendo tomada em consideração a distância entre a Haia e o domicílio de cada juiz.

3. Os membros do Tribunal serão obrigados a ficar permanentemente à disposição do Tribunal, a menos que estejam em licença ou impedidos de comparecer por motivo de doença ou outra séria razão, devidamente justificada perante o presidente.

Artigo 24

1. Se, por uma razão especial, um dos membros do Tribunal considerar que não deve tomar parte no julgamento de uma determinada causa, deverá comunicá-lo ao presidente.

2. Se o presidente considerar que, por uma razão especial, um dos membros do Tribunal não deve intervir numa determinada causa, deverá adverti-lo desse facto.

3. Se, em qualquer desses casos, o membro do Tribunal e o presidente não estiverem de acordo, o assunto será resolvido por decisão do Tribunal.

Artigo 25

1. O Tribunal funcionará em sessão plenária, salvo exceção expressamente prevista no presente Estatuto.

2. O Regulamento do Tribunal poderá permitir que um ou mais juízes, de acordo com as circunstâncias e rotativamente, sejam dispensados das

sessões, desde que o número de juízes disponíveis para constituir o Tribunal não seja reduzido a menos de 11.

3. O quórum de nove juízes será suficiente para constituir o Tribunal.

Artigo 26

1. O Tribunal poderá periodicamente formar uma ou mais câmaras, compostas por três ou mais juízes, conforme o mesmo determinar, a fim de tratar de questões de caráter especial, como, por exemplo, questões de trabalho e assuntos referentes a trânsito e comunicações.

2. O Tribunal poderá, em qualquer momento, formar uma câmara para tratar de uma determinada causa. O número de juízes que constituirão essa câmara será determinado pelo Tribunal, com a aprovação das partes.

3. As causas serão apreciadas e resolvidas pelas câmaras a que se refere o presente artigo, se as partes assim o solicitarem.

Artigo 27

Uma sentença proferida por qualquer das câmaras, a que se referem os artigos 26 e 29, será considerada como sentença emanada do Tribunal.

Artigo 28

As câmaras, a que se referem os artigos 26 e 29, poderão, com o consentimento das partes, reunir-se e exercer as suas funções fora da cidade da Haia.

Artigo 29

Tendo em vista o rápido despacho dos assuntos, o Tribunal formará anualmente uma câmara, composta por cinco juízes, a qual, a pedido das partes, poderá apreciar e resolver sumariamente as causas. Serão ainda designados dois juízes para substituir os que estiverem impossibilitados de atuar.

Artigo 30

1. O Tribunal estabelecerá regras para o desempenho das suas funções, em especial as que se refiram ao processo.

2. O Regulamento do Tribunal poderá prever assessores com assento no Tribunal ou em qualquer das suas câmaras, sem direito a voto.

Artigo 31

1. Os juízes da mesma nacionalidade de qualquer das partes conservam o direito de intervir numa causa julgada pelo Tribunal.

2. Se o Tribunal incluir entre os seus membros um juiz de nacionalidade de uma das partes, qualquer outra parte poderá designar uma pessoa para intervir como juiz. Essa pessoa deverá, de preferência, ser escolhida de entre as que figuraram como candidatos, nos termos dos artigos 4 e 5.

3. Se o Tribunal não incluir entre os seus membros nenhum juiz de nacionalidade das partes, cada uma destas poderá proceder à escolha de um juiz, em conformidade com o nº 2 deste artigo.

4. As disposições deste artigo serão aplicadas aos casos previstos nos artigos 26 e 29. Em tais casos, o presidente solicitará a um ou, se necessário, a dois dos membros do Tribunal que integrem a câmara que cedam seu lugar aos membros do Tribunal de nacionalidade das partes interessadas e, na falta ou impedimento destes, aos juízes especialmente designados pelas partes.

5. No caso de haver diversas partes com interesse comum na mesma causa, elas serão, para os fins das disposições precedentes, consideradas como uma só parte. Qualquer dúvida sobre este ponto será resolvida por decisão do Tribunal.

6. Os juízes designados em conformidade com os nºs 2, 3 e 4 deste artigo deverão preencher as condições exigidas pelos artigos 2, 17, nº 2, 20 e 24 do presente Estatuto. Tomarão parte nas decisões em condições de completa igualdade com os seus colegas.

Artigo 32

1. Os membros do Tribunal perceberão vencimentos anuais.

2. O presidente receberá, por um ano, um subsídio especial.

3. O vice-presidente receberá um subsídio especial correspondente a cada dia em que desempenhe as funções de presidente.

4. Os juízes designados em conformidade com o artigo 31 que não sejam membros do Tribunal receberão uma remuneração correspondente a cada dia em que exerçam as suas funções.

5. Esses vencimentos, subsídios e remunerações serão fixados pela Assembleia Geral e não poderão ser diminuídos enquanto durarem os mandatos.

6. Os vencimentos do escrivão serão fixados pela Assembleia Geral, por proposta do Tribunal.

7. O regulamento elaborado pela Assembleia Geral fixará as condições pelas quais serão concedidas pensões aos membros do Tribunal e ao escrivão e as condições pelas quais os membros do Tribunal e o escrivão serão reembolsados das suas despesas de viagem.

8. Os vencimentos, subsídios e remunerações acima mencionados estarão isentos de qualquer imposto.

Artigo 33

As despesas do Tribunal serão custeadas pelas Nações Unidas de maneira que for decidida pela Assembleia Geral.

CAPÍTULO II – Competência do Tribunal

Artigo 34

1. Só os Estados poderão ser partes em causas perante o Tribunal.

2. Sobre as causas que lhe forem submetidas, o Tribunal, nas condições prescritas pelo seu Regulamento, poderá solicitar informação de organizações internacionais públicas e receberá as informações que lhe forem prestadas, por iniciativa própria, pelas referidas organizações.

3. Sempre que, no julgamento de uma causa perante o Tribunal, for discutida a interpretação do instrumento constitutivo de uma organização internacional pública ou de uma convenção internacional adotada em virtude do mesmo, o escrivão notificará a organização internacional pública interessada e enviar-lhe-á cópias de todo o expediente escrito.

Artigo 35

1. O Tribunal será aberto aos Estados partes do presente Estatuto.

2. As condições pelas quais o Tribunal será aberto a outros Estados serão determinadas pelo Conselho de Segurança, ressalvadas as disposições especiais dos tratados vigentes; em nenhum caso, porém, tais condições colocarão as partes em posição de desigualdade perante o Tribunal.

3. Quando um Estado que não é membro das Nações Unidas for parte numa causa, o Tribunal fixará a importância com que ele deverá contribuir para as despesas do Tribunal. Esta disposição não será aplicada se tal Estado já contribuir para as referidas despesas.

Artigo 36

1. A competência do Tribunal abrange todas as questões que as partes lhe submetam, bem como todos os assuntos especialmente previstos na Carta das Nações Unidas ou em tratados e convenções em vigor.

2. Os Estados Partes do presente Estatuto poderão, em qualquer momento, declarar que reconhecem como obrigatória *ipso facto* e sem acordo especial, em relação a qualquer outro Estado que aceite a mesma obrigação, a jurisdição do Tribunal em todas as controvérsias jurídicas que tenham por objeto:

a) A interpretação de um tratado;

b) Qualquer questão de Direito Internacional;

c) A existência de qualquer facto que, se verificado, constituiria violação de um compromisso internacional;

d) A natureza ou a extensão da reparação devida pela rutura de um compromisso internacional.

3. As declarações acima mencionadas poderão ser feitas pura e simplesmente ou sob condição de reciprocidade da parte de vários ou de certos Estados, ou por prazo determinado.

4. Tais declarações serão depositadas junto do Secretário-Geral das Nações Unidas, que as transmitirá, por cópia, às partes contratantes do presente Estatuto e ao escrivão do Tribunal.

5. Nas relações entre as partes contratantes do presente Estatuto, as declarações feitas de acordo com o artigo 36 do Estatuto do Tribunal Permanente de Justiça Internacional e que ainda estejam em vigor serão consideradas como importando a aceitação da jurisdição obrigatória do Tribunal Internacional de Justiça, pelo período em que ainda devem vigorar e em conformidade com os seus termos.

6. Qualquer controvérsia sobre a jurisdição do Tribunal será resolvida por decisão do próprio Tribunal.

Artigo 37

Sempre que um tratado ou convenção em vigor disponha que um assunto deve ser submetido a uma jurisdição a ser instituída pela Sociedade das Nações ou ao Tribunal Permanente de Justiça Internacional, o assunto deverá, no que respeita às partes contratantes do presente Estatuto, ser submetido ao Tribunal Internacional de Justiça.

Artigo 38

1. O Tribunal, cuja função é decidir em conformidade com o Direito Internacional as controvérsias que lhe forem submetidas, aplicará:

a) As convenções internacionais, quer gerais, quer especiais, que estabeleçam regras expressamente reconhecidas pelos Estados litigantes;

b) O costume internacional, como prova de uma prática geral aceite como Direito;

c) Os princípios gerais de Direito, reconhecidos pelas nações civilizadas;

d) Com ressalva das disposições do artigo 59, as decisões judiciais e a doutrina dos publicistas mais qualificados das diferentes nações, como meio auxiliar para a determinação das regras de Direito.

2. A presente disposição não prejudicará a faculdade do Tribunal de decidir uma questão *ex aequo et bono*, se as partes assim convierem.

CAPÍTULO III – Processo

Artigo 39

1. As línguas oficiais do Tribunal serão o francês e o inglês. Se as partes concordarem em que todo o processo se efetue em francês, a sentença será proferida em francês. Se as partes concordarem em que todo o processo se efetue em inglês, a sentença será proferida em inglês.

2. Na ausência de acordo a respeito da língua que deverá ser utilizada, cada parte poderá, nas suas alegações, usar aquela das duas línguas que preferir; a sentença do Tribunal será proferida em francês e em inglês. Neste caso, o Tribunal determinará ao mesmo tempo qual dos dois textos fará fé.

3. A pedido de uma das partes, o Tribunal poderá autorizá-la a usar uma língua que não seja o francês ou o inglês.

Artigo 40

1. As questões serão submetidas ao Tribunal, conforme o caso, por notificação do acordo especial ou por uma petição escrita dirigida ao escrivão. Em qualquer dos casos, o objeto da controvérsia e as partes deverão ser indicados.

2. O escrivão comunicará imediatamente a petição a todos os interessados.

3. Notificará também os membros das Nações Unidas por intermédio do Secretário-Geral e quaisquer outros Estados com direito a comparecer perante o Tribunal.

Artigo 41

1. O Tribunal terá a faculdade de indicar, se julgar que as circunstâncias o exigem, quaisquer medidas provisórias que devam ser tomadas para preservar os direitos de cada parte.

2. Antes que a sentença seja proferida, as partes e o Conselho de Segurança deverão ser informados imediatamente das medidas indicadas.

Artigo 42

1. As partes serão representadas por agentes.

2. Estas poderão ser assistidas perante o Tribunal por consultores ou advogados.

3. Os agentes, os consultores e os advogados das partes perante o Tribunal gozarão dos privilégios e imunidades necessários ao livre exercício das suas atribuições.

Artigo 43

1. O processo constará de duas fases: uma escrita e outra oral.

2. O processo escrito compreenderá a comunicação ao Tribunal e às partes de memórias, contra-memórias e, se necessário, réplicas, assim como quaisquer peças e documentos em apoio das mesmas.

3. Essas comunicações serão feitas por intermédio do escrivão na ordem e dentro do prazo fixados pelo Tribunal.

4. Uma cópia autenticada de cada documento apresentado por uma das partes será comunicada à outra parte.

5. O processo oral consistirá em fazer ouvir pelo Tribunal testemunhas, peritos, agentes, consultores e advogados.

Artigo 44

1. Para notificação de outras pessoas que não sejam os agentes, os consultores ou os advogados, o Tribunal dirigir-se-á diretamente ao Governo do Estado em cujo território deva ser feita a notificação.

2. O mesmo processo será usado sempre que for necessário providenciar para obter quaisquer meios de prova no lugar do facto.

Artigo 45

Os debates serão dirigidos pelo presidente ou, no impedimento deste, pelo vice-presidente; se ambos estiverem impossibilitados de presidir, o mais antigo dos juízes presentes ocupará a presidência.

Artigo 46

As audiências do Tribunal serão públicas, a menos que o Tribunal decida de outra maneira ou que as partes solicitem a não admissão de público.

Artigo 47

1. Será lavrada ata de cada audiência, assinada pelo escrivão e pelo presidente.
2. Só essa ata fará fé.

Artigo 48

O Tribunal proferirá decisões sobre o andamento do processo, a forma e o tempo em que cada parte terminará as suas alegações, e tomará todas as medidas relacionadas com a apresentação das provas.

Artigo 49

O Tribunal poderá, ainda antes do início da audiência, instar os agentes a apresentarem quaisquer documentos ou a fornecerem quaisquer explicações. Qualquer recusa deverá constar da ata.

Artigo 50

O Tribunal poderá, em qualquer momento, cometer a qualquer indivíduo, entidade, repartição, comissão ou outra organização à sua escolha a tarefa de proceder a um inquérito ou a uma peritagem.

Artigo 51

Durante os debates, todas as perguntas de interesse serão feitas às testemunhas e peritos em conformidade com as condições determinadas pelo Tribunal no Regulamento a que se refere o artigo 30.

Artigo 52

Depois de receber as provas e depoimentos dentro do prazo fixado para esse fim, o Tribunal poderá recusar-se a aceitar qualquer novo depoimento oral ou escrito que uma das partes deseje apresentar, a menos que a outra parte com isso concorde.

Artigo 53

1. Quando uma das partes não comparecer perante o Tribunal ou não apresentar a sua defesa, a outra parte poderá solicitar ao Tribunal que decida a favor da sua pretensão.

2. O Tribunal, antes de decidir nesse sentido, deve certificar-se não só de que o assunto é de sua competência, em conformidade com os artigos 36 e 37, mas também de que a pretensão é bem fundada, de facto e de direito.

Artigo 54

1. Quando os agentes, consultores e advogados tiverem concluído, sob o controlo do Tribunal, a apresentação da sua causa, o presidente declarará encerrados os debates.

2. O Tribunal retirar-se-á para deliberar.

3. As deliberações do Tribunal serão tomadas em privado e permanecerão secretas.

Artigo 55

1. Todas as questões serão decididas por maioria dos juízes presentes.

2. No caso de empate na votação, o presidente, ou juiz que o substitua, decidirá com o seu voto.

Artigo 56

1. A sentença deverá declarar as razões em que se funda.

2. Deverá mencionar os nomes dos juízes que tomaram parte na decisão.

Artigo 57

Se a sentença não representar, no todo ou em parte, a opinião unânime dos juízes, qualquer deles terá direito de lhe juntar a exposição da sua opinião individual.

Artigo 58

A sentença será assinada pelo presidente e pelo escrivão. Deverá ser lida em sessão pública, depois de notificados devidamente os agentes.

Artigo 59

A decisão do Tribunal só será obrigatória para as partes litigantes e a respeito do caso em questão.

Artigo 60

A sentença é definitiva e inapelável. Em caso de controvérsia quanto ao sentido e ao alcance da sentença, caberá ao Tribunal interpretá-la a pedido de qualquer das partes.

Artigo 61

1. O pedido de revisão de uma sentença só poderá ser feito em razão da descoberta de algum facto suscetível de exercer influência decisiva, o qual, na ocasião de ser proferida a sentença, era desconhecido do Tribunal e também da parte que solicita a revisão, contanto que tal desconhecimento não tenha sido devido a negligência.

2. O processo de revisão será aberto por uma sentença do Tribunal, na qual se consignará expressamente a existência de facto novo, com o reconhecimento do caráter que determina a abertura da revisão e a declaração de que é cabível a solicitação nesse sentido.

3. O Tribunal poderá subordinar a abertura do processo de revisão à prévia execução da sentença.

4. O pedido de revisão deverá ser feito no prazo máximo de seis meses a partir da descoberta do facto novo.

5. Nenhum pedido de revisão poderá ser feito depois de transcorridos 10 anos da data da sentença.

Artigo 62

1. Quando um Estado entender que a decisão de uma causa é suscetível de comprometer um interesse seu de ordem jurídica, esse Estado poderá solicitar ao Tribunal permissão para intervir em tal causa.

2. O Tribunal decidirá sobre esse pedido.

Artigo 63

1. Quando se tratar da interpretação de uma convenção, da qual forem partes outros Estados, além dos litigantes, o escrivão notificará imediatamente todos os Estados interessados.

2. Cada Estado assim notificado terá o direito de intervir no processo; mas, se usar deste direito, a interpretação dada pela sentença será igualmente obrigatória para ele.

Artigo 64

A menos que seja decidido em contrário pelo Tribunal, cada parte pagará as suas próprias custas no processo.

CAPÍTULO IV – Pareceres consultivos

Artigo 65

1. O Tribunal poderá dar parecer consultivo sobre qualquer questão jurídica a pedido do órgão que, de acordo com a Carta das Nações Unidas ou por ela autorizado, estiver em condições de fazer tal pedido.

2. As questões sobre as quais for pedido o parecer consultivo do Tribunal serão submetidas a ela por meio de petição escrita, que deverá conter uma exposição do assunto sobre o qual é solicitado o parecer e será acompanhada de todos os documentos que possam elucidar a questão.

Artigo 66

1. O escrivão notificará imediatamente todos os Estados com direito a comparecer perante o Tribunal do pedido de parecer consultivo.

2. Além disso, o escrivão fará saber, por comunicação especial e direta a todo o Estado admitido a comparecer perante o Tribunal e a qualquer organização internacional, que, a juízo do Tribunal ou do seu presidente, se o Tribunal não estiver reunido, forem suscetíveis de fornecer informações sobre a questão, que o Tribunal estará disposto a receber exposições escritas, dentro de um prazo a ser fixado pelo presidente, ou a ouvir exposições orais, durante uma audiência pública realizada para tal fim.

3. Se qualquer Estado com direito a comparecer perante o Tribunal deixar de receber a comunicação especial a que se refere o nº 2 deste artigo, tal Estado poderá manifestar o desejo de submeter a ele uma exposição escrita ou oral. O Tribunal decidirá.

4. Os Estados e organizações que tenham apresentado exposição escrita ou oral, ou ambas, terão a faculdade de discutir as exposições feitas por outros Estados ou organizações, na forma, extensão ou limite de tempo,

que o Tribunal ou, se ele não estiver reunido, o seu presidente determinar, em cada caso particular. Para esse efeito, o escrivão deverá, no devido tempo, comunicar qualquer dessas exposições escritas aos Estados e organizações que submeterem exposições semelhantes.

Artigo 67

O Tribunal dará os seus pareceres consultivos em sessão pública, depois de terem sido notificados o Secretário-Geral, os representantes dos membros das Nações Unidas, bem como de outros Estados e das organizações internacionais diretamente interessadas.

Artigo 68

No exercício das suas funções consultivas, o Tribunal deverá guiar-se, além disso, pelas disposições do presente Estatuto, que se aplicam em casos contenciosos, na medida em que, na sua opinião, tais disposições forem aplicáveis.

CAPÍTULO V - Emendas

Artigo 69

As emendas ao presente Estatuto serão efetuadas pelo mesmo procedimento estabelecido pela Carta das Nações Unidas para emendas à Carta, ressalvadas, entretanto, quaisquer disposições que a Assembleia Geral, por determinação do Conselho de Segurança, possa adotar a respeito da participação de Estados que, tendo aceite o presente Estatuto, não são membros das Nações Unidas.

Artigo 70

O Tribunal terá a faculdade de propor por escrito ao Secretário-Geral quaisquer emendas ao presente Estatuto que julgar necessárias, a fim de que as mesmas sejam consideradas em conformidade com as disposições do artigo 69.

8
Estatuto do Conselho da Europa[1]

Os Governos do Reino da Bélgica, do Reino da Dinamarca, da República Francesa, da República Irlandesa, da República Italiana, do Grão-Ducado do Luxemburgo, do Reino dos Países Baixos, do Reino da Noruega, do Reino da Suécia e do Reino Unido da Grã-Bretanha e Irlanda do Norte:

Persuadidos de que a consolidação da paz fundada na justiça e na cooperação internacional é de um interesse vital para a preservação da sociedade humana e da civilização;

Reafirmando a sua adesão aos valores espirituais e morais, que são o património comum dos seus povos e que estão na origem dos princípios da liberdade individual, da liberdade política e do primado do Direito, sobre os quais se funda qualquer verdadeira democracia;

Convencidos de que, a fim de salvaguardar e de fazer progressivamente triunfar este ideal e favorecer o progresso social e económico, se impõe uma união mais estreita entre os países europeus animados dos mesmos sentimentos;

Considerando a necessidade de criar uma organização agrupando os Estados europeus numa associação mais estreita, com vista a responder a este imperativo e às aspirações manifestadas pelos seus povos;

decidiram, em consequência, constituir um Conselho da Europa, compreendendo um Comité de representantes dos Governos e uma Assembleia Consultiva, e para esse fim adotaram o presente Estatuto.

[1] Assinado em Londres, a 5 de maio de 1949. Publicado no Diário da República, I série, nº 269, de 22 de novembro de 1978.

CAPÍTULO I – Objetivo do Conselho da Europa

Artigo 1

a) O objetivo do Conselho da Europa é o de realizar uma união mais estreita entre os seus Membros, a fim de salvaguardar e de promover os ideais e os princípios que são o seu património comum e de favorecer o seu progresso económico e social.

b) Este objetivo será prosseguido, por meio dos órgãos do Conselho, através do exame de questões de interesse comum, pela conclusão de acordos e pela adoção de uma ação comum nos domínios económico, social, cultural, científico, jurídico e administrativo, bem como pela salvaguarda e desenvolvimento dos direitos do homem e das liberdades fundamentais.

c) A participação dos Membros no Conselho da Europa não deve afetar a sua contribuição nas tarefas das Nações Unidas e de outras organizações ou uniões internacionais das quais façam parte.

d) As questões relativas à defesa nacional não são da competência do Conselho da Europa.

CAPÍTULO II – Composição

Artigo 2

Os Membros do Conselho da Europa são as Partes do presente Estatuto.

Artigo 3

Todos os Membros do Conselho da Europa reconhecem o princípio do primado do Direito e o princípio em virtude do qual qualquer pessoa colocada sob a sua jurisdição deve gozar dos direitos do homem e das liberdades fundamentais, comprometendo-se a colaborar sincera e ativamente na prossecução do objetivo definido no capítulo I.

Artigo 4

Qualquer Estado europeu considerado capaz de se conformar com o disposto no artigo 3, e se tal for do seu desejo, pode ser convidado pelo Comité de Ministros a tornar-se Membro do Conselho da Europa. Qualquer Estado assim convidado terá a qualidade de Membro, desde que um instrumento de adesão ao presente Estatuto haja sido remetido em seu nome ao Secretário-Geral.

Artigo 5

a) Em circunstâncias particulares, um país europeu considerado como capaz de se conformar com o disposto no artigo 3, e sendo esse o seu desejo, pode ser convidado pelo Comité de Ministros a tornar-se Membro Associado do Conselho da Europa. Qualquer país assim convidado terá a qualidade de Membro Associado, desde que um instrumento de aceitação do presente Estatuto haja sido remetido em seu nome ao Secretário-Geral. Os Membros Associados apenas podem estar representados na Assembleia Consultiva.

b) O termo «Membro» empregado no presente Estatuto visa igualmente os Membros Associados, salvo no que respeita à representação no Comité de Ministros.

Artigo 6

Antes de dirigir o convite previsto nos artigos 4 e 5, o Comité de Ministros fixa o número de lugares na Assembleia Consultiva a que o futuro Membro terá direito e a sua quota-parte na contribuição financeira.

Artigo 7

Qualquer Membro do Conselho da Europa pode retirar-se, notificando a sua decisão ao Secretário-Geral. A notificação terá feito no fim do ano financeiro em curso, se houver sido feita nos nove primeiros meses desse ano, e no fim do ano financeiro seguinte, se houver sido feita nos últimos três meses.

Artigo 8

Qualquer Membro do Conselho da Europa que atente gravemente contra o disposto no artigo 3 pode ser suspenso do seu direito de representação e convidado pelo Comité de Ministros a retirar-se nas condições previstas no artigo 7. Se não for tomado em consideração este convite, o Comité pode decidir que o Membro em causa deixou de pertencer ao Conselho a contar de uma data que o próprio Comité fixa.

Artigo 9

Se algum Membro não cumprir as suas obrigações financeiras, o Comité de Ministros pode suspender o seu direito de representação no Comité e na Assembleia Consultiva enquanto não haja satisfeito aquelas suas obrigações.

CAPÍTULO III – Disposições gerais

Artigo 10

Os órgãos do Conselho da Europa são:

I) O Comité de Ministros;

II) A Assembleia Consultiva.

Estes dois órgãos são assistidos pelo Secretariado do Conselho da Europa.

Artigo 11

A sede do Conselho da Europa é em Estrasburgo.

Artigo 12

As línguas oficiais do Conselho da Europa são o francês e o inglês. Os regulamentos internos do Comité de Ministros e da Assembleia Consultiva determinarão as circunstâncias e as condições nas quais poderão ser utilizadas outras línguas.

CAPÍTULO IV – Comité de Ministros

Artigo 13

O Comité de Ministros é o órgão competente para agir em nome do Conselho da Europa, em conformidade com os artigos 15 e 16.

Artigo 14

Cada Membro tem um representante no Comité de Ministros e cada representante dispõe de um voto. Os representantes no Comité são os Ministros dos Negócios Estrangeiros. Quando um Ministro dos Negócios Estrangeiros não puder estar presente, ou se outras circunstâncias o recomendarem, pode ser designado um suplente para tomar o seu lugar. Este suplente será, na medida do possível, um membro do Governo do seu país.

Artigo 15

a) O Comité de Ministros examinará, por recomendação da Assembleia Consultiva ou por sua própria iniciativa, as medidas convenientes para a realização do objetivo do Conselho da Europa, nomeadamente a conclusão de convenções e de acordos e a adoção pelos Governos de uma política comum em relação a questões determinadas. As suas conclusões serão comunicadas pelo Secretário-Geral aos Membros.

b) As conclusões do Comité de Ministros podem, nos casos em que tal se justifique, revestir a forma de recomendações aos Governos, podendo o Comité convidá-los a prestar informações acerca do seguimento por eles dado àquelas recomendações.

Artigo 16

Com ressalva dos poderes da Assembleia Consultiva, tal como são definidos pelos artigos 24, 28, 30, 32, 33 e 35, o Comité de Ministros decide, com efeito obrigatório, todas as questões relativas à organização e aos assuntos internos do Conselho da Europa. Para tanto, adotará os regulamentos financeiros e administrativos necessários.

Artigo 17

O Comité de Ministros pode constituir, para os fins que julgar desejáveis, *comités* ou comissões de caráter consultivo ou técnico.

Artigo 18

O Comité de Ministros adota o seu regulamento interno, que determinará, nomeadamente:

I) O quórum;

II) O modo de designação do Presidente e a duração das suas funções;

III) O processo a seguir para o estabelecimento da ordem do dia, assim como para a apresentação de propostas de resolução; e

IV) As condições nas quais é notificada a designação dos suplentes, efetuada em conformidade com o artigo 14.

Artigo 19

Em cada sessão da Assembleia Consultiva o Comité de Ministros deverá habilitá-la com relatórios sobre a sua atividade acompanhados da documentação apropriada.

Artigo 20

a) São tomadas por unanimidade dos votos expressos, achando-se presente a maioria dos representantes com direito a assento no Comité de Ministros, as resoluções do Comité relativas às seguintes questões importantes:

I) As recomendações previstas no artigo 15, *b*);

II) As questões previstas no artigo 19;

III) As questões previstas no artigo 21, *a*), I, e *b*);

IV) As questões previstas no artigo 33;

V) As recomendações relativas a alterações aos artigos 1, *d*), 7, 15, 20 e 22; e

VI) Qualquer outra questão que, em virtude da sua importância, o Comité decida, por resolução tomada nas condições previstas no parágrafo *d*) acima mencionado, submeter à regra da unanimidade.

b) As questões que se referem ao regulamento interno ou aos regulamentos financeiros e administrativos podem ser objeto de decisões tomadas por maioria simples dos representantes com direito a assento no Comité.

c) As resoluções do Comité adotadas nos termos dos artigos 4 e 5 são tomadas por maioria de dois terços dos representantes com direito a assento no Comité.

d) São tomadas por maioria de dois terços dos votos expressos, achando-se presente a maioria dos representantes com direito a assento no Comité, todas as demais resoluções do Comité, nomeadamente as respeitantes à adoção do orçamento, ao regulamento interno, aos regulamentos financeiro e administrativo, às recomendações relativas à alteração dos artigos do presente Estatuto não mencionados no parágrafo *a*), V), e a determinação, em caso de dúvida, de qual o parágrafo do presente artigo que deve ser aplicado.

Artigo 21

a) Salvo decisão em contrário do Comité de Ministros, as reuniões efetuam:

I) Em privado; e

II) Na sede do Conselho.

b) O Comité decide quanto à publicação das informações relativas às discussões não públicas e às respetivas conclusões.

c) O Comité reúne obrigatoriamente antes da abertura das sessões da Assembleia Consultiva e no começo dessas sessões; além disso, reúne sempre que o julgar útil.

CAPÍTULO V - Assembleia Consultiva

Artigo 22

A Assembleia Consultiva é o órgão deliberativo do Conselho da Europa. Cabe-lhe discutir as questões dentro da competência que lhe é definida pelo presente Estatuto e transmitir as conclusões ao Comité de Ministros na forma de recomendações.

Artigo 23

a) A Assembleia Consultiva pode deliberar e formular recomendações sobre qualquer questão dentro do objetivo e da competência do Conselho da Europa definido no capítulo I; delibera e pode formular recomendações sobre qualquer questão em relação à qual seja solicitado o seu parecer pelo Comité de Ministros.

b) A Assembleia fixa a sua ordem do dia, de acordo com o disposto no parágrafo *a*), tendo em conta a atividade das outras organizações intergovernamentais europeias das quais sejam parte todos ou alguns dos Membros do Conselho da Europa.

c) Em caso de dúvida, o Presidente da Assembleia decide se uma questão levantada no decurso da sessão cabe na ordem do dia da Assembleia.

Artigo 24

Ressalvado o disposto no artigo 38, *d*), a Assembleia Consultiva pode constituir *comités* ou comissões encarregadas de examinar qualquer questão dentro da competência que lhe é definida no artigo 23, de lhe apresentar relatórios, de estudar os assuntos inscritos na sua ordem do dia e de lhe dar parecer sobre qualquer questão processual.

Artigo 25

a) A Assembleia Consultiva é constituída por representantes de cada Membro, eleitos pelos respetivos Parlamentos de entre os parlamentares ou designados de entre estes de acordo com o processo que cada Parlamento fixar. Pode, no entanto, o Governo de cada membro efetuar as nomeações complementares, quando o Parlamento não se encontre em sessão e não tenha estabelecido o processo a seguir neste caso. Os representantes terão a nacionalidade do Membro que representam. Não podem ser simultaneamente Membros do Comité de Ministros.

b) O mandato dos representantes assim designados inicia-se com a abertura da sessão ordinária que se segue à respetiva designação e termina com a abertura da sessão ordinária seguinte ou de uma sessão ordinária ulterior, ressalvando-se aos Membros o direito de efetuarem novas designações na sequência de eleições parlamentares.

c) Se algum Membro preencher as vagas resultantes de morte ou de demissão, ou efetuar novas designações na sequência de eleições parlamentares, o mandato dos novos representantes inicia-se com a primeira reunião da Assembleia que se siga à sua designação.

d) A nenhum representante pode ser retirado o seu mandato durante uma sessão da Assembleia sem a autorização desta.

e) Cada representante pode ter um suplente, que, no caso de impedimento, ocupará o lugar e poderá tomar a palavra e votar em vez do respetivo titular. O disposto no parágrafo *a*) aplica-se igualmente quanto à designação dos suplentes.

Artigo 26

Os Membros têm direito aos seguintes números de lugares:

Albânia	4
Alemanha	18
Andorra	2
Arménia	4
Áustria	6
Azerbeijão	6
Bélgica	7
Bósnia-Herzegovina	5
Bulgária	6
Chipre	3
Croácia	5
Dinamarca	5
Estónia	3
Ex-República Jugoslava da Macedónia	3
Finlândia	5
França	18
Eslovénia	3
Espanha	12
Geórgia	5

Grécia 7
Hungria 7
Irlanda 4
Islândia 3
Itália 18
Letónia 3
Liechtenstein 2
Lituânia 4
Luxemburgo 3
Malta 3
Moldávia 5
Mónaco 2
Montenegro 3
Noruega 5
Países Baixos 7
Polónia 12
Portugal 7
Reino Unido da Grã-Bretanha e Irlanda do Norte 18
República Checa 7
República Eslovaca 5
Roménia 10
Rússia 18
San Marino 2
Sérvia 7
Suécia 6
Suíça 6
Turquia 12
Ucrânia 12

Artigo 27

As condições segundo as quais o Comité de Ministros pode estar representado coletivamente nos debates da Assembleia Consultiva, bem como as condições segundo as quais os representantes no Comité e os seus suplentes podem, a título individual, usar da palavra perante ela, serão determinadas no regulamento interno, em disposições a estabelecer pelo Comité, após consulta à Assembleia.

Artigo 28

a) A Assembleia consultiva aprova o seu regulamento interno e escolhe de entre os seus membros o Presidente, que exerce as suas funções até à sessão ordinária seguinte.

b) O Presidente dirige os trabalhos, mas não toma parte nos debates nem vota. O suplente do Presidente ocupará o lugar que compete a este como representante e poderá tomar a palavra e votar a sua vez.

c) O regulamento interno determina, nomeadamente:

I) O quórum;

II) O processo de eleição e a duração das funções do Presidente, bem como dos restantes membros da Mesa;

III) O processo de elaboração da ordem do dia e da sua comunicação aos representantes; e

IV) A data e o modo da notificação dos nomes dos representantes e dos seus suplentes.

Artigo 29

Salvo o disposto no artigo 30, serão tomadas por maioria de dois terços dos votos expressos todas as resoluções da Assembleia Consultiva, incluindo as que tenham por objeto:

I) Fazer recomendações ao Comité de Ministros;

II) Propor ao Comité a inscrição de questões na ordem do dia da Assembleia;

III) Criar *comités* ou comissões;

IV) Fixar a data de abertura das sessões;

V) Determinar a maioria requerida para aprovação das resoluções que não relevem dos nºs 1 a 4 ou fixar, em caso de dúvida, qual a maioria requerida.

Artigo 30

As resoluções da Assembleia Consultiva sobre as questões respeitantes ao seu modo de funcionamento, nomeadamente à eleição dos membros da Mesa, à designação dos membros dos *comités* e das comissões, e à aprovação do seu regulamento interno, serão tomadas pela maioria que a Assembleia fixar, nos termos do artigo 29, V).

Artigo 31

Os debates respeitantes às propostas que serão dirigidas ao Comité de Ministros no sentido de inscrever determinada questão na ordem do dia da Assembleia Consultiva limitar-se-ão à indicação do seu objeto e às razões que militam a favor ou contra essa inscrição.

Artigo 32

A Assembleia Consultiva reunir-se-á cada ano em sessão ordinária, cuja data e duração serão fixadas pela Assembleia, de modo a evitar, na medida do possível, qualquer coincidência com as sessões parlamentares e com as sessões da Assembleia Geral das Nações Unidas. A duração das sessões ordinárias não excederá um mês, a menos que a Assembleia e o Comité de Ministros, de comum acordo, decidam de outra forma.

Artigo 33

As sessões ordinárias da Assembleia Consultiva efetuam na sede do Conselho, salvo se a Assembleia e o Comité de Ministros, de comum acordo, decidirem de outra forma.

Artigo 34

A Assembleia Consultiva pode ser convocada em sessão extraordinária, por iniciativa quer do Comité de Ministros quer do Presidente da Assembleia, após comum acordo, que incidirá também sobre a data e o lugar da sessão.

Artigo 35

Os debates da Assembleia Consultiva são públicos, salvo se tomar decisão em contrário.

CAPÍTULO VI – Secretariado

Artigo 36

a) O Secretariado é constituído pelo Secretário-Geral, pelo Secretário-Geral-Adjunto e por todo o outro pessoal julgado necessário.

b) O Secretário-Geral e o Secretário-Geral-Adjunto são nomeados pela Assembleia Consultiva, sob recomendação do Comité de Ministros.

c) Os outros Membros do Secretariado são nomeados pelo Secretário-Geral, em conformidade com o regulamento administrativo.

d) Nenhum membro do Secretariado pode ocupar um emprego remunerado por um Governo, ser membro da Assembleia Consultiva ou de um Parlamento nacional ou ter ocupação incompatível com os seus deveres.

e) Todos os membros do pessoal do Secretariado devem, em declaração solene, afirmar a sua lealdade ao Conselho da Europa e a sua resolução de conscienciosamente cumprir os deveres dos seus cargos, sem se deixar influenciar por qualquer consideração de ordem nacional, assim como a sua vontade de não pedir nem aceitar instruções, relacionadas com o exercício das suas funções, de qualquer Governo ou autoridade exterior ao Conselho e de se abster de qualquer ato incompatível com o seu estatuto de funcionário internacional exclusivamente perante o Conselho. O Secretário-Geral e o Secretário-Geral-Adjunto farão essa declaração perante o Comité; os outros membros do pessoal fá-lo-ão perante o Secretário-Geral.

f) Todos os Membros devem respeitar o caráter exclusivamente internacional das funções do Secretário-Geral e do pessoal do Secretariado e abster-se de os influenciar no exercício das suas funções.

Artigo 37

a) O Secretariado funciona na sede do Conselho.

b) O Secretário-Geral é responsável perante o Comité de Ministros pela atividade do Secretariado. Fornece, nomeadamente, à Assembleia Consultiva, sob reserva do disposto no artigo 38, *d*), os serviços administrativos e outros que lhe possam ser necessários.

CAPÍTULO VII – Financiamento

Artigo 38

a) Cada Membro assume as despesas da sua própria representação no Comité de Ministros e na Assembleia Consultiva.

b) As despesas do Secretariado e todas as outras despesas comuns são repartidas entre todos os Membros nas proporções fixadas pelo Comité em função da população de cada um dos Membros.

A contribuição de cada Membro Associado é fixada pelo Comité.

c) O orçamento do Conselho é submetido anualmente à aprovação do Comité pelo Secretário-Geral, nas condições fixadas pelo regulamento financeiro.

d) O Secretário-Geral submete ao Comité os pedidos da Assembleia que acarretem despesas excedendo o montante dos créditos já inscritos no orçamento para a Assembleia e os seus trabalhos.

e) O Secretário-Geral submete igualmente ao Comité de Ministros uma avaliação das despesas que decorrem da execução de cada uma das recomendações apresentadas ao Comité. Uma resolução cuja execução acarrete despesas suplementares só é considerada como adotada pelo Comité de Ministros quando este tenha aprovado as previsões das despesas suplementares correspondentes.

Artigo 39

O Secretário-Geral notifica anualmente o Governo de cada Membro acerca do montante da sua contribuição. As contribuições consideram-se vencidas no próprio dia dessa notificação e devem ser pagas ao Secretário-Geral no prazo máximo de seis meses.

CAPÍTULO VIII – Privilégios e imunidades

Artigo 40

a) O Conselho da Europa, os representantes dos Membros e o Secretariado gozam, nos territórios dos Membros, das imunidades e privilégios necessários ao exercício das suas funções. Em virtude dessas imunidades, os representantes à Assembleia Consultiva não podem, nomeadamente, ser detidos nem acusados nos territórios de qualquer dos Membros por motivo das suas opiniões ou dos votos emitidos durante os debates da Assembleia, dos seus *comités* ou comissões.

b) Os Membros comprometem-se a concluir logo que possível um acordo com vista a dar execução ao disposto na alínea *a*). Para este efeito, o Comité de Ministros recomendará ao Governo de cada Membro a conclusão de um acordo definindo os privilégios e imunidades reconhecidos nos seus territórios. Será ainda concluído um acordo especial com a República Francesa que definirá os privilégios e imunidades de que gozará o Conselho na sua sede.

CAPÍTULO IX – Alterações

Artigo 41

a) As propostas de alteração ao presente Estatuto podem ser apresentadas ao Comité de Ministros ou, nas condições previstas pelo artigo 23, à Assembleia Consultiva.

b) O Comité recomendará e fará incorporar num protocolo as alterações ao Estatuto que julgar desejáveis.

c) Qualquer protocolo de alteração entrará em vigor logo que for assinado e ratificado por dois terços dos Membros.

d) Não obstante o disposto nas alíneas precedentes deste artigo, as alterações aos artigos 23 a 25, 38 e 39 que tenham sido aprovadas pelo Comité e pela Assembleia, entrarão em vigor na data em que o Secretário-Geral procede à elaboração do respetivo processo verbal, o qual será comunicado ao Governo de cada Membro, certificando a aprovação dada às ditas alterações. O disposto na presente alínea não poderá ser aplicado senão a contar do fim da segunda sessão ordinária da Assembleia.

CAPÍTULO X – Disposições finais

Artigo 42

a) O presente Estatuto será submetido a ratificação. As ratificações serão depositadas junto do Governo do Reino Unido da Grã-Bretanha e Irlanda do Norte.

b) O presente Estatuto entrará em vigor depois do depósito de sete instrumentos de ratificação. O Governo do Reino Unido notificará todos os Governos signatários da entrada em vigor do Estatuto e dos nomes dos Membros do Conselho da Europa nessa data.

c) Posteriormente, qualquer outro signatário tornar-se-á Parte do presente Estatuto na data do depósito do seu instrumento de ratificação.

A fé do que os abaixo-assinados, devidamente autorizados para o efeito, assinaram o presente Estatuto.

Feito em Londres em 5 de maio de 1949, em francês e inglês, ambos os textos fazendo igualmente fé, num só exemplar, que será depositado nos arquivos do Governo do Reino Unido, que remeterá cópias certificadas aos outros Governos signatários.

III

DIREITO DOS TRATADOS

9

Convenção de Viena sobre o Direito dos Tratados entre Estados[1]

Os Estados Partes na presente Convenção:

Considerando o papel fundamental dos tratados na história das relações internacionais;

Reconhecendo a importância cada vez maior dos tratados como fonte do Direito Internacional e como meio de desenvolver a cooperação pacífica entre as Nações, quaisquer que sejam os seus regimes constitucionais e sociais;

Constatando que os princípios do livre consentimento e da boa-fé e a regra *pacta sunt servanda* são universalmente reconhecidos;

Afirmando que os diferendos respeitantes aos tratados devem, tal como os demais diferendos internacionais, ser resolvidos por meios pacíficos e em conformidade com os princípios da justiça e do Direito Internacional;

Invocando a resolução dos povos das Nações Unidas de criar as condições necessárias à manutenção da justiça e ao cumprimento das obrigações decorrentes dos tratados;

Tendo presentes os princípios de Direito Internacional consignados na Carta das Nações Unidas, tais como os princípios respeitantes à igualdade dos direitos dos povos e ao seu direito à autodeterminação, à igualdade soberana e à independência de todos os Estados, à não ingerência nos assuntos internos dos Estados, à proibição da ameaça ou do emprego da

[1] Assinada em Viena a 23 de maio de 1969 e Portugal aderiu, conforme publicação no Diário da República, I Série-A, nº 181, de 7 de agosto de 2003, pp. 4689 e ss., na sequência da Resolução da Assembleia da República nº 67/2003.

força e ao respeito universal e efetivo dos direitos do homem e das liberdades fundamentais para todos;

Convencidos de que a codificação e o desenvolvimento progressivo do Direito dos Tratados alcançados na presente Convenção favorecerão os fins das Nações Unidas enunciados na Carta, que são a manutenção da paz e da segurança internacionais, o desenvolvimento de relações amigáveis entre as nações e a realização da cooperação internacional;

Afirmando que as regras do Direito Internacional consuetudinário continuarão a reger as questões não reguladas nas disposições da presente Convenção;

acordaram no seguinte:

PARTE I – Introdução

Artigo 1º – Âmbito da presente Convenção

A presente Convenção aplica-se aos tratados concluídos entre Estados.

Artigo 2º – Definições

1. Para os fins da presente Convenção:

a) «Tratado» designa um acordo internacional concluído por escrito entre Estados e regido pelo Direito Internacional, quer esteja consignado num instrumento único, quer em dois ou mais instrumentos conexos, e qualquer que seja a sua denominação particular;

b) «Ratificação», «aceitação», «aprovação» e «adesão» designam, conforme o caso, o ato internacional assim denominado pelo qual um Estado manifesta, no plano internacional, o seu consentimento em ficar vinculado por um tratado;

c) «Plenos poderes» designa um documento emanado da autoridade competente de um Estado que indica uma ou mais pessoas para representar o Estado na negociação, na adoção ou na autenticação do texto de um tratado, para manifestar o consentimento do Estado em ficar vinculado por um tratado ou para praticar qualquer outro ato respeitante ao tratado;

d) «Reserva» designa uma declaração unilateral, qualquer que seja o seu conteúdo ou a sua denominação, feita por um Estado quando assina, ratifica, aceita ou aprova um tratado ou a ele adere, pela qual visa excluir ou modificar o efeito jurídico de certas disposições do tratado na sua aplicação a esse Estado;

e) «Estado que participou na negociação» designa um Estado que tomou parte na elaboração e na adoção do texto do tratado;

f) «Estado Contratante» designa um Estado que consentiu em ficar vinculado pelo tratado, independentemente de este ter entrado ou não em vigor;

g) «Parte» designa um Estado que consentiu em ficar vinculado pelo tratado e relativamente ao qual o tratado se encontra em vigor;

h) «Terceiro Estado» designa um Estado que não é Parte no tratado;

i) «Organização internacional» designa uma organização intergovernamental.

2. As disposições do nº 1 respeitantes às expressões utilizadas na presente Convenção não prejudicam a utilização destas expressões nem o sentido que lhes pode ser dado no Direito Interno de um Estado.

Artigo 3º – Acordos internacionais não compreendidos no âmbito da presente Convenção

O facto de a presente Convenção não se aplicar aos acordos internacionais concluídos entre Estados e outros sujeitos de Direito Internacional ou entre estes outros sujeitos de Direito Internacional, nem aos acordos internacionais em forma não escrita, não prejudica:

a) O valor jurídico de tais acordos;

b) A aplicação aos mesmos de quaisquer normas enunciadas na presente Convenção às quais estejam submetidos por força do Direito Internacional, independentemente desta Convenção;

c) A aplicação da Convenção às relações entre Estados regidas por acordos internacionais nos quais sejam igualmente partes outros sujeitos de Direito Internacional.

Artigo 4º – Não retroatividade da presente Convenção

Sem prejuízo da aplicação de quaisquer normas enunciadas na presente Convenção às quais os tratados estejam submetidos por força do Direito Internacional, independentemente da Convenção, esta aplica-se unicamente aos tratados concluídos por Estados após a sua entrada em vigor relativamente a esses Estados.

Artigo 5º – Tratados constitutivos de organizações internacionais e tratados adotados no âmbito de uma organização internacional

A presente Convenção aplica-se a qualquer tratado que seja ato constitutivo de uma organização internacional e a qualquer tratado adotado no âmbito de uma organização internacional, sem prejuízo das normas aplicáveis da organização.

PARTE II – Conclusão e entrada em vigor dos tratados

SECÇÃO I – Conclusão dos tratados

Artigo 6º – Capacidade dos Estados para concluir tratados

Todo o Estado tem capacidade para concluir tratados.

Artigo 7º – Plenos poderes

1. Uma pessoa é considerada representante de um Estado para a adoção ou a autenticação do texto de um tratado ou para exprimir o consentimento do Estado em ficar vinculado por um tratado:

a) Quando apresenta plenos poderes adequados; ou

b) Quando resulta da prática dos Estados interessados, ou de outras circunstâncias, que estes tinham a intenção de considerar essa pessoa como representante do Estado para esses efeitos e de prescindir da apresentação de plenos poderes.

2. Em virtude das suas funções e sem terem de apresentar plenos poderes, são considerados representantes do seu Estado:

a) Os chefes de Estado, os chefes de governo e os ministros dos negócios estrangeiros, para a prática de todos os atos relativos à conclusão de um tratado;

b) Os chefes de missão diplomática, para a adoção do texto de um tratado entre o Estado acreditante e o Estado recetor;

c) Os representantes acreditados dos Estados numa conferência internacional ou junto de uma organização internacional ou de um dos seus órgãos, para a adoção do texto de um tratado nessa conferência, organização ou órgão.

Artigo 8º – Confirmação posterior de um ato praticado sem autorização

Um ato relativo à conclusão de um tratado praticado por uma pessoa que, nos termos do artigo 7º, não pode ser considerada como autorizada a representar um Estado para esse fim não produz efeitos jurídicos, a menos que seja confirmado posteriormente por esse Estado.

Artigo 9º – Adoção do texto

1. A adoção do texto de um tratado efetua-se pelo consentimento de todos os Estados participantes na sua elaboração, salvo o disposto no nº 2.

2. A adoção do texto de um tratado numa conferência internacional efetua-se por maioria de dois terços dos Estados presentes e votantes, a menos que estes Estados decidam, por igual maioria, aplicar uma regra diferente.

Artigo 10º – Autenticação do texto

O texto de um tratado é considerado como autêntico e definitivo:

a) Segundo o procedimento nele previsto ou acordado pelos Estados participantes na sua elaboração; ou

b) Na falta de tal procedimento, pela assinatura, assinatura *ad referendum* ou rubrica, pelos representantes desses Estados, do texto do tratado ou da ata final de uma conferência em que o texto seja consignado.

Artigo 11º – Formas de manifestação do consentimento em ficar vinculado por um tratado

O consentimento de um Estado em ficar vinculado por um tratado pode manifestar-se pela assinatura, a troca de instrumentos constitutivos de um tratado, a ratificação, a aceitação, a aprovação ou a adesão, ou por qualquer outra forma acordada.

Artigo 12º – Manifestação, pela assinatura, do consentimento em ficar vinculado por um tratado

1. O consentimento de um Estado em ficar vinculado por um tratado manifesta-se pela assinatura do representante desse Estado:

a) Quando o tratado prevê que a assinatura produzirá esse efeito;

b) Quando, de outro modo, se estabeleça que os Estados que tenham participado na negociação acordaram em que a assinatura produziria esse efeito;

c) Quando a intenção do Estado de atribuir esse efeito à assinatura resulte dos plenos poderes do representante ou tenha sido manifestada no decurso da negociação.

2. Para os fins do nº 1:

a) A rubrica de um texto vale como assinatura do tratado quando se estabeleça que os Estados que tenham participado na negociação assim tinham acordado;

b) A assinatura *ad referendum* de um tratado pelo representante de um Estado, se confirmada por este último, vale como assinatura definitiva do tratado.

Artigo 13º – Manifestação, pela troca de instrumentos constitutivos de um tratado, do consentimento em ficar vinculado por um tratado

1. O consentimento dos Estados em ficarem vinculados por um tratado constituído pelos instrumentos trocados entre eles manifesta-se por essa troca:

a) Quando os instrumentos preveem que a sua troca produzirá esse efeito; ou

b) Quando, de outro modo, se estabeleça que esses Estados acordaram em que a troca de instrumentos produziria esse efeito.

Artigo 14º – Manifestação, pela ratificação, aceitação ou aprovação, do consentimento em ficar vinculado por um tratado

1. O consentimento de um Estado em ficar vinculado por um tratado manifesta-se pela ratificação:

a) Quando o tratado prevê que tal consentimento se manifesta pela ratificação;

b) Quando, de outro modo, se estabeleça que os Estados que tenham participado na negociação acordaram na necessidade da ratificação;

c) Quando o representante do Estado em causa tenha assinado o tratado sob reserva de ratificação; ou

d) Quando a intenção do Estado de assinar o tratado sob reserva de ratificação resulte dos plenos poderes do seu representante ou tenha sido manifestada no decurso da negociação.

2. O consentimento de um Estado em ficar vinculado por um tratado manifesta-se pela aceitação ou aprovação em condições análogas às aplicáveis à ratificação.

Artigo 15º – Manifestação, pela adesão, do consentimento em ficar vinculado por um tratado

O consentimento de um Estado em ficar vinculado por um tratado manifesta-se pela adesão:

a) Quando o tratado prevê que tal consentimento pode ser manifestado por esse Estado pela via da adesão;

b) Quando, de outro modo, se estabeleça que os Estados que tenham participado na negociação acordaram em que tal consentimento poderia ser manifestado por esse Estado pela via da adesão; ou

c) Quando todas as Partes tenham acordado posteriormente em que tal consentimento poderia ser manifestado por esse Estado pela via da adesão.

Artigo 16º – Troca ou depósito dos instrumentos de ratificação, aceitação, aprovação ou adesão

Salvo disposição do tratado em contrário, os instrumentos de ratificação, aceitação, aprovação ou adesão estabelecem o consentimento de um Estado em ficar vinculado por um tratado no momento:

a) Da sua troca entre os Estados Contratantes;

b) Do seu depósito junto do depositário; ou

c) Da sua notificação aos Estados Contratantes ou ao depositário, se assim for acordado.

Artigo 17º – Consentimento em ficar vinculado por uma parte de um tratado e escolha entre disposições diferentes

1. Sem prejuízo do disposto nos artigos 19º a 23º, o consentimento de um Estado em ficar vinculado por uma parte de um tratado só produz efeito se o tratado o permitir ou se os outros Estados Contratantes nisso consentirem.

2. O consentimento de um Estado em ficar vinculado por um tratado que permita escolher entre disposições diferentes só produz efeito se as disposições a que tal consentimento respeita forem claramente indicadas.

Artigo 18º – Obrigação de não privar um tratado do seu objeto e do seu fim antes da sua entrada em vigor

Um Estado deve abster-se de atos que privem um tratado do seu objeto ou do seu fim:

a) Quando assinou o tratado ou trocou os instrumentos constitutivos do tratado sob reserva de ratificação, aceitação ou aprovação, enquanto não manifestar a sua intenção de não se tornar Parte no tratado; ou

b) Quando manifestou o seu consentimento em ficar vinculado pelo tratado, no período que precede a entrada em vigor do tratado e com a condição de esta não ser indevidamente adiada.

SECÇÃO II – Reservas

Artigo 19º – Formulação de reservas

Um Estado pode, no momento da assinatura, da ratificação, da aceitação, da aprovação ou da adesão a um tratado, formular uma reserva, a menos que:

a) A reserva seja proibida pelo tratado;

b) O tratado apenas autorize determinadas reservas, entre as quais não figure a reserva em causa; ou

c) Nos casos não previstos nas alíneas a) e b), a reserva seja incompatível com o objeto e o fim do tratado.

Artigo 20º – Aceitação das reservas e objeções às reservas

1. Uma reserva autorizada expressamente por um tratado não exige a aceitação posterior dos outros Estados Contratantes, a menos que o tratado assim o preveja.

2. Quando resulte do número restrito dos Estados que tenham participado na negociação, assim como do objeto e do fim de um tratado, que a sua aplicação na íntegra entre todas as Partes é uma condição essencial para o consentimento de cada uma em vincular-se pelo tratado, uma reserva exige a aceitação de todas as Partes.

3. Quando um tratado for um ato constitutivo de uma organização internacional e salvo disposição do mesmo em contrário, uma reserva exige a aceitação do órgão competente dessa organização.

4. Nos casos não previstos nos números anteriores e salvo disposição do tratado em contrário:

a) A aceitação de uma reserva por outro Estado Contratante constitui o Estado autor da reserva em Parte no tratado relativamente àquele Estado, se o tratado estiver em vigor ou quando entrar em vigor para esses Estados;

b) A objeção feita a uma reserva por outro Estado Contratante não impede a entrada em vigor do tratado entre o Estado que formulou a objeção e o Estado autor da reserva, a menos que intenção contrária tenha sido expressamente manifestada pelo Estado que formulou a objeção;

c) Um ato pelo qual um Estado manifeste o seu consentimento em ficar vinculado pelo tratado e que contenha uma reserva produz efeito desde que, pelo menos, um outro Estado Contratante tenha aceite a reserva.

5. Para os efeitos dos nºs 2 e 4, e salvo disposição do tratado em contrário, uma reserva é considerada como aceite por um Estado quando este não formulou qualquer objeção à reserva nos 12 meses seguintes à data em que recebeu a notificação ou na data em que manifestou o seu consentimento em ficar vinculado pelo tratado, se esta for posterior.

Artigo 21º – Efeitos jurídicos das reservas e das objeções às reservas

1. Uma reserva formulada em relação a outra Parte, de acordo com o disposto nos artigos 19º, 20º e 23º:

a) Modifica, quanto ao Estado autor da reserva, nas suas relações com essa outra Parte, as disposições do tratado sobre as quais incide a reserva, na medida do previsto por essa reserva; e

b) Modifica essas disposições na mesma medida, quanto a essa outra Parte, nas suas relações com o Estado autor da reserva.

2. A reserva não modifica as disposições do tratado quanto às outras Partes, nas suas relações *inter se.*

3. Quando um Estado que formulou uma objeção a uma reserva não se oponha à entrada em vigor do tratado entre ele próprio e o Estado autor da reserva, as disposições sobre que incide a reserva não se aplicam entre os dois Estados, na medida do previsto pela reserva.

Artigo 22º – Retirada das reservas e das objeções às reservas

1. Salvo disposição do tratado em contrário, uma reserva pode ser retirada a todo o tempo, sem que o consentimento do Estado que a aceitou seja necessário à retirada.

2. Salvo disposição do tratado em contrário, uma objeção a uma reserva pode ser retirada a todo o tempo.

3. Salvo disposição do tratado em contrário ou se de outro modo acordado:

a) A retirada de uma reserva só produz efeitos em relação a outro Estado Contratante quando este Estado dela tenha sido notificado;

b) A retirada de uma objeção a uma reserva só produz efeitos quando o Estado autor da reserva tenha sido notificado dessa retirada.

Artigo 23º – Procedimento relativo às reservas

1. A reserva, a aceitação expressa de uma reserva e a objeção a uma reserva devem ser formuladas por escrito e comunicadas aos Estados Contratantes e aos outros Estados que possam vir a ser Partes no tratado.

2. A reserva formulada quando da assinatura de um tratado, sob reserva de ratificação, aceitação ou aprovação, deve ser formalmente confirmada pelo Estado que a formulou no momento em que manifesta o seu consentimento em ficar vinculado pelo tratado. Neste caso, a reserva considerar-se-á formulada na data em que tiver sido confirmada.

3. A aceitação expressa de uma reserva ou a objeção a uma reserva, se anteriores à confirmação da reserva, não necessitam de ser elas próprias confirmadas.

4. A retirada de uma reserva ou de uma objeção a uma reserva deve ser formulada por escrito.

SECÇÃO III – Entrada em vigor dos tratados e aplicação a título provisório

Artigo 24º – Entrada em vigor

1. Um tratado entra em vigor nos termos e na data nele previstos ou acordados pelos Estados que tenham participado na negociação.

2. Na falta de tais disposições ou acordo, um tratado entra em vigor logo que o consentimento em ficar vinculado pelo tratado seja manifestado por todos os Estados que tenham participado na negociação.

3. Quando o consentimento de um Estado em ficar vinculado por um tratado for manifestado em data posterior à da sua entrada em vigor, o tratado, salvo disposição do mesmo em contrário, entra em vigor relativamente a esse Estado nessa data.

4. As disposições de um tratado que regulam a autenticação do texto, a manifestação do consentimento dos Estados em ficarem vinculados pelo tratado, os termos ou a data da sua entrada em vigor, as reservas, as funções do depositário, bem como outras questões que se suscitam necessariamente antes da entrada em vigor do tratado, são aplicáveis desde a adoção do texto.

Artigo 25º – Aplicação a título provisório

1. Um tratado ou uma parte de um tratado aplica-se a título provisório, antes da sua entrada em vigor:

a) Se o próprio tratado assim o dispuser; ou

b) Se os Estados que tenham participado na negociação assim acordaram, de outro modo.

2. Salvo disposição do tratado ou acordo dos Estados que tenham participado na negociação em contrário, a aplicação a título provisório de um tratado, ou de uma parte de um tratado relativamente a um Estado cessa se este notificar os outros Estados, entre os quais o tratado é aplicado provisoriamente, da sua intenção de não se tornar Parte no mesmo.

PARTE III – Observância, aplicação e interpretação dos tratados

SECÇÃO I – Observância dos tratados

Artigo 26º – *Pacta sunt servanda*

Todo o tratado em vigor vincula as Partes e deve ser por elas cumprido de boa-fé.

Artigo 27º – Direito Interno e observância dos tratados

Uma Parte não pode invocar as disposições do seu Direito Interno para justificar o incumprimento de um tratado. Esta norma não prejudica o disposto no artigo 46º

SECÇÃO II – Aplicação dos tratados

Artigo 28º – Não retroatividade dos tratados

Salvo se o contrário resultar do tratado ou tenha sido de outro modo estabelecido, as disposições de um tratado não vinculam uma Parte no que se refere a um ato ou facto anterior ou a qualquer situação que tenha deixado de existir à data da entrada em vigor do tratado relativamente a essa Parte.

Artigo 29º – Aplicação territorial dos tratados

Salvo se o contrário resultar do tratado ou tenha sido de outro modo estabelecido, a aplicação de um tratado estende-se à totalidade do território de cada uma das Partes.

Artigo 30º – Aplicação de tratados sucessivos sobre a mesma matéria

1. Sem prejuízo do disposto no artigo 103º da Carta das Nações Unidas, os direitos e obrigações dos Estados Partes em tratados sucessivos sobre a mesma matéria são determinados de acordo com os números seguintes.

2. Quando um tratado estabelece que está subordinado a um tratado anterior ou posterior ou que não deve ser considerado incompatível com esse outro tratado, prevalecem as disposições deste último.

3. Quando todas as Partes no tratado anterior são também Partes no tratado posterior, sem que o tratado anterior tenha cessado de vigorar ou sem que a sua aplicação tenha sido suspensa nos termos do artigo 59º, o tratado anterior só se aplica na medida em que as suas disposições sejam compatíveis com as do tratado posterior.

4. Quando as Partes no tratado anterior não são todas Partes no tratado posterior:

a) Nas relações entre os Estados Partes nos dois tratados é aplicável a norma enunciada no nº 3;

b) Nas relações entre um Estado Parte em ambos os tratados e um Estado Parte apenas num deles, o tratado no qual os dois Estados são Partes rege os seus direitos e obrigações recíprocos.

5. O nº 4 aplica-se sem prejuízo do disposto no artigo 41º, ou de qualquer questão de cessação da vigência ou de suspensão da aplicação de um tratado nos termos do artigo 60º, ou de qualquer questão de responsabilidade que possa nascer para um Estado da conclusão ou da aplicação de um tratado cujas disposições sejam incompatíveis com as obrigações que lhe incumbam relativamente a outro Estado, por força de outro tratado.

SECÇÃO III – Interpretação dos tratados

Artigo 31º – Regra geral de interpretação

1. Um tratado deve ser interpretado de boa-fé, de acordo com o sentido comum a atribuir aos termos do tratado no seu contexto e à luz dos respetivos objeto e fim.

2. Para efeitos de interpretação de um tratado, o contexto compreende, além do texto, preâmbulo e anexos incluídos:

a) Qualquer acordo relativo ao tratado e que tenha sido celebrado entre todas as Partes quando da conclusão do tratado;

b) Qualquer instrumento estabelecido por uma ou mais Partes quando da conclusão do tratado e aceite pelas outras Partes como instrumento relativo ao tratado.

3. Ter-se-á em consideração, simultaneamente com o contexto:

a) Todo o acordo posterior entre as Partes sobre a interpretação do tratado ou a aplicação das suas disposições;

b) Toda a prática seguida posteriormente na aplicação do tratado pela qual se estabeleça o acordo das Partes sobre a interpretação do tratado;

c) Toda a norma pertinente de Direito Internacional aplicável às relações entre as Partes.

4. Um termo será entendido num sentido particular se estiver estabelecido que tal foi a intenção das Partes.

Artigo 32º – Meios complementares de interpretação

Pode-se recorrer a meios complementares de interpretação, designadamente aos trabalhos preparatórios e às circunstâncias em que foi concluído o tratado, com vista a confirmar o sentido resultante da aplicação do artigo 31º, ou a determinar o sentido quando a interpretação dada em conformidade com o artigo 31º:

a) Deixe o sentido ambíguo ou obscuro; ou

b) Conduza a um resultado manifestamente absurdo ou incoerente.

Artigo 33º – Interpretação de tratados autenticados em duas ou mais línguas

1. Quando um tratado for autenticado em duas ou mais línguas, o seu texto faz fé em cada uma dessas línguas, salvo se o tratado dispuser ou as Partes acordarem que, em caso de divergência, prevalecerá um determinado texto.

2. Uma versão do tratado numa língua diferente daquelas em que o texto foi autenticado só será considerada como texto autêntico se o tratado o previr ou as Partes o tiverem acordado.

3. Presume-se que os termos de um tratado têm o mesmo sentido nos diversos textos autênticos.

4. Salvo o caso em que um determinado texto prevalece, nos termos do nº 1, quando a comparação dos textos autênticos evidencie uma diferença de sentido que a aplicação dos artigos 31º e 32º não permita superar, adotar-se-á o sentido que melhor concilie esses textos, tendo em conta o objeto e o fim do tratado.

SECÇÃO IV – Tratados e terceiros Estados

Artigo 34º – Regra geral respeitante aos terceiros Estados

Um tratado não cria obrigações nem direitos para um terceiro Estado sem o consentimento deste.

Artigo 35º – Tratados que preveem obrigações para terceiros Estados

Uma disposição de um tratado faz nascer uma obrigação para um terceiro Estado se as Partes nesse tratado entenderem criar a obrigação por meio dessa disposição e se o terceiro Estado aceitar expressamente por escrito essa obrigação.

Artigo 36º – Tratados que preveem direitos para terceiros Estados

1. Uma disposição de um tratado faz nascer um direito para um terceiro Estado se as Partes nesse tratado entenderem conferir esse direito, por meio dessa disposição, ao terceiro Estado, ou a um grupo de Estados a que ele pertença, ou ainda a todos os Estados, e se esse terceiro Estado o consentir. Presume-se o consentimento enquanto não houver indicação em contrário, salvo se o tratado dispuser de outro modo.

2. Um Estado que exerça um direito nos termos do nº 1 deve respeitar, para o exercício desse direito, as condições previstas no tratado ou estabelecidas de acordo com as suas disposições.

Artigo 37º – Revogação ou modificação de obrigações ou de direitos de terceiros Estados

1. Quando uma obrigação tenha nascido para um terceiro Estado, nos termos do artigo 35º, essa obrigação só pode ser revogada ou modificada mediante o consentimento das Partes no tratado e do terceiro Estado, salvo se de outro modo tiverem acordado.

2. Quando um direito tenha nascido para um terceiro Estado, nos termos do artigo 36º, esse direito não pode ser revogado ou modificado pelas

Partes se se concluir que houve a intenção de não ser revogável ou modificável sem o consentimento do terceiro Estado.

Artigo 38º – Normas de um tratado tornadas vinculativas para terceiros Estados pela formação de um costume internacional

O disposto nos artigos 34º a 37º não obsta a que uma norma enunciada num tratado se torne vinculativa para um terceiro Estado como norma consuetudinária de Direito Internacional, reconhecida como tal.

PARTE IV – Revisão e modificação dos tratados

Artigo 39º – Regra geral relativa à revisão dos tratados

Um tratado pode ser revisto por acordo entre as Partes. Aplicam-se a tal acordo as normas enunciadas na parte II, salvo disposição do tratado em contrário.

Artigo 40º – Revisão dos tratados multilaterais

1. Salvo disposição do tratado em contrário, a revisão dos tratados multilaterais rege-se pelos números seguintes.

2. Toda a proposta de revisão de um tratado multilateral quanto às relações entre todas as Partes deve ser notificada a todos os Estados Contratantes e cada um deles tem o direito de participar:

a) Na decisão sobre o seguimento a dar à proposta;

b) Na negociação e na conclusão de qualquer acordo que tenha por objeto rever o tratado.

3. Todo o Estado que possa vir a ser Parte no tratado pode igualmente vir a ser Parte no tratado revisto.

4. O acordo que revê o tratado não vincula os Estados que são já Partes no tratado e que não se tornem Partes nesse acordo; relativamente a esses Estados é aplicável a alínea b) do nº 4 do artigo 30º

5. Todo o Estado que se torne Parte num tratado, após a entrada em vigor do acordo que o revê, se não tiver manifestado intenção diferente, é considerado como:

a) Parte no tratado revisto;

b) Parte no tratado não revisto, relativamente às Partes no tratado que não estejam vinculadas pelo acordo que o revê.

Artigo 41º – Acordos para modificar tratados multilaterais somente entre algumas das Partes

1. Duas ou mais Partes num tratado multilateral podem concluir um acordo que tenha por objeto modificar o tratado somente nas suas relações mútuas:

a) Se a possibilidade de tal modificação for prevista pelo tratado; ou

b) Se essa modificação não for proibida pelo tratado, desde que:

i) Não prejudique o gozo, pelas outras Partes, dos direitos que lhes advenham do tratado, nem o cumprimento das suas obrigações;

ii) Não respeite a uma disposição cuja derrogação seja incompatível com a realização efetiva do objeto e do fim do tratado no seu todo.

2. Salvo se, no caso previsto na alínea a) do nº 1, o tratado dispuser de outro modo, as Partes em causa devem notificar às outras Partes a sua intenção de concluir o acordo e as modificações que este último introduz no tratado.

PARTE V – Nulidade, cessação da vigência e suspensão da aplicação dos tratados

SECÇÃO I – Disposições gerais

Artigo 42º – Validade e vigência dos tratados

1. A validade de um tratado ou do consentimento de um Estado em ficar vinculado por um tratado só pode ser contestada de acordo com a presente Convenção.

2. A cessação da vigência de um tratado, a sua denúncia ou a retirada de uma Parte só podem ter lugar de acordo com as disposições do tratado, ou da presente Convenção. A mesma regra vale para a suspensão da aplicação de um tratado.

Artigo 43º – Obrigações impostas pelo Direito Internacional independentemente de um tratado

A nulidade, a cessação da vigência ou a denúncia de um tratado, a retirada de uma das Partes ou a suspensão da aplicação de um tratado, quando decorram da aplicação da presente Convenção ou das disposições do tratado, em nada afetam o dever de um Estado de cumprir todas as obrigações enunciadas no tratado às quais esteja sujeito por força do Direito Internacional, independentemente desse tratado.

Artigo 44º – Divisibilidade das disposições de um tratado

1. O direito previsto num tratado ou resultante do artigo 56º de uma Parte denunciar o tratado, de dele se retirar ou de suspender a sua aplicação só pode ser exercido em relação ao tratado no seu todo, a menos que este disponha ou as Partes convenham de outro modo.

2. Uma causa de nulidade ou de cessação da vigência de um tratado, de retirada de uma das Partes ou de suspensão da aplicação de um tratado, reconhecida nos termos da presente Convenção, só pode ser invocada em relação ao tratado no seu todo, salvo nas condições previstas nos números seguintes ou no artigo 60º

3. Se a referida causa apenas visar determinadas cláusulas, só relativamente a elas pode ser invocada quando:

a) Essas cláusulas sejam separáveis do resto do tratado no que respeita à sua execução;

b) Resulte do tratado, ou seja de outro modo estabelecido, que a aceitação dessas cláusulas não constituiu para a outra Parte ou para as outras Partes no tratado uma base essencial do seu consentimento em ficarem vinculadas pelo tratado no seu todo; e

c) Não seja injusto continuar a cumprir o que subsiste do tratado.

4. Nos casos previstos nos artigos 49º e 50º, o Estado com direito a invocar o dolo ou a corrupção pode fazê-lo relativamente ao tratado no seu todo, ou, no caso previsto no nº 3, em relação apenas a determinadas cláusulas.

5. Nos casos previstos nos artigos 51º, 52º e 53º, não é admitida a divisão das disposições de um tratado.

Artigo 45º – Perda do direito de invocar uma causa de nulidade, de cessação de vigência, de retirada ou de suspensão da aplicação de um tratado

Um Estado não pode invocar uma causa de nulidade de um tratado, de cessação da sua vigência, de retirada ou de suspensão da sua aplicação, nos termos dos artigos 46º a 50º ou dos artigos 60º e 62º, quando, após haver tomado conhecimento dos factos, esse Estado:

a) Aceitou expressamente considerar que o tratado, conforme os casos, é válido, permanece em vigor ou continua a ser aplicável; ou *b)* Deva, em razão da sua conduta, ser considerado como tendo aceite, conforme os casos, a validade do tratado ou a sua permanência em vigor ou em aplicação.

SECÇÃO II – Nulidade dos tratados

Artigo 46º – Disposições de Direito Interno relativas à competência para concluir tratados

1. A circunstância de o consentimento de um Estado em ficar vinculado por um tratado ter sido manifestado com violação de uma disposição do seu Direito Interno relativa à competência para concluir tratados não pode ser invocada por esse Estado como tendo viciado o seu consentimento, salvo se essa violação tiver sido manifesta e disser respeito a uma norma de importância fundamental do seu direito interno.

2. Uma violação é manifesta se for objetivamente evidente para qualquer Estado que proceda, nesse domínio, de acordo com a prática habitual e de boa-fé.

Artigo 47º – Restrição especial ao poder de manifestar o consentimento de um Estado

Se o poder de um representante para manifestar o consentimento de um Estado em ficar vinculado por um determinado tratado for objeto de uma restrição especial, a inobservância desta pelo representante não pode ser invocada como tendo viciado o consentimento que ele manifestou, salvo se a restrição tiver sido notificada aos outros Estados que tenham participado na negociação, anteriormente à manifestação desse consentimento.

Artigo 48º – Erro

1. Um Estado pode invocar um erro num tratado como tendo viciado o seu consentimento em ficar vinculado pelo tratado se o erro incidiu sobre um facto ou uma situação que esse Estado supunha existir no momento em que o tratado foi concluído e que constituía uma base essencial do consentimento desse Estado em ficar vinculado pelo tratado.

2. O nº 1 do presente artigo não se aplica quando o referido Estado contribuiu para o erro com sua conduta ou quando as circunstâncias forem tais que ele devia ter-se apercebido da possibilidade de erro.

3. Um erro apenas respeitante à redação do texto de um tratado não afeta a sua validade; neste caso, aplica-se o artigo 79º

Artigo 49º - Dolo

Se um Estado tiver sido induzido a concluir um tratado pela conduta fraudulenta de um outro Estado que participou na negociação, pode invocar o dolo como tendo viciado o seu consentimento em ficar vinculado pelo tratado.

Artigo 50º - Corrupção do representante de um Estado

Se a manifestação do consentimento de um Estado em ficar vinculado por um tratado tiver sido obtida por meio da corrupção do seu representante, efetuada direta ou indiretamente por outro Estado que participou na negociação, aquele Estado pode invocar essa corrupção como tendo viciado o seu consentimento em ficar vinculado pelo tratado.

Artigo 51º - Coação sobre o representante de um Estado

A manifestação do consentimento de um Estado em ficar vinculado por um tratado obtida por coação exercida sobre o seu representante, por meio de atos ou de ameaças dirigidos contra ele, é desprovida de qualquer efeito jurídico.

Artigo 52º - Coação sobre um Estado pela ameaça ou pelo emprego da força

É nulo todo o tratado cuja conclusão tenha sido obtida pela ameaça ou pelo emprego da força, em violação dos princípios de Direito Internacional consignados na Carta das Nações Unidas.

Artigo 53º - Tratados incompatíveis com uma norma imperativa de Direito Internacional geral (*jus cogens*)

É nulo todo o tratado que, no momento da sua conclusão, seja incompatível com uma norma imperativa de Direito Internacional geral. Para os efeitos da presente Convenção, uma norma imperativa de Direito Internacional geral é uma norma aceite e reconhecida pela comunidade internacional dos Estados no seu todo como norma cuja derrogação não é permitida e que só pode ser modificada por uma nova norma de Direito Internacional geral com a mesma natureza.

SECÇÃO III – Cessação da vigência dos tratados e suspensão da sua aplicação

Artigo 54º – Cessação da vigência ou retirada de um tratado por força das suas disposições ou por consentimento das Partes

A cessação da vigência de um tratado ou a retirada de uma Parte podem ter lugar:

a) Nos termos previstos no tratado; ou

b) Em qualquer momento, por consentimento de todas as Partes, após consultados os outros Estados Contratantes.

Artigo 55º – Redução das Partes num tratado multilateral a número inferior ao necessário para a sua entrada em vigor

Salvo disposição do tratado em contrário, um tratado multilateral não deixa de vigorar só pelo facto de o número das Partes se tornar inferior ao número necessário para a sua entrada em vigor.

Artigo 56º – Denúncia ou retirada no caso de um tratado não conter disposições relativas à cessação da vigência, à denúncia ou à retirada

1. Um tratado que não contenha disposições relativas à cessação da sua vigência e não preveja que as Partes possam denunciá-lo ou dele retirar-se não pode ser objeto de denúncia ou de retirada, salvo:

a) Se estiver estabelecido que as Partes admitiram a possibilidade de denúncia ou de retirada; ou

b) Se o direito de denúncia ou de retirada puder ser deduzido da natureza do tratado.

2. Uma Parte deve notificar, pelo menos com 12 meses de antecedência, a sua intenção de proceder à denúncia ou à retirada de um tratado, nos termos previstos no nº 1.

Artigo 57º – Suspensão da aplicação de um tratado por força das suas disposições ou por consentimento das Partes

A aplicação de um tratado relativamente a todas as Partes ou a uma Parte determinada pode ser suspensa:

a) Nos termos previstos no tratado; ou

b) Em qualquer momento, por consentimento de todas as Partes, após consulta dos outros Estados Contratantes.

Artigo 58º – Suspensão da aplicação de um tratado multilateral, por acordo estabelecido apenas entre certas Partes

1. Duas ou mais Partes num tratado multilateral podem concluir um acordo que tenha por objeto suspender, temporariamente e apenas entre si, a aplicação de disposições do tratado:

a) Se a possibilidade de tal suspensão for prevista pelo tratado; ou

b) Se essa suspensão não for proibida pelo tratado, desde que:

i) Não prejudique o gozo pelas outras Partes dos direitos que lhes advenham do tratado, nem o cumprimento das suas obrigações; e

ii) Não seja incompatível com o objeto e o fim do tratado.

2. Salvo se, no caso previsto na alínea a) do nº 1, o tratado dispuser de outro modo, as Partes em causa devem notificar às outras Partes a sua intenção de concluir o acordo e as disposições do tratado cuja aplicação se propõem suspender.

Artigo 59º – Cessação da vigência de um tratado ou suspensão da sua aplicação pela conclusão de um tratado posterior

1. Considera-se que cessou a vigência de um tratado quando todas as Partes nesse tratado concluíram posteriormente um novo tratado sobre a mesma matéria e:

a) Se resultar do tratado posterior ou se estiver, de outro modo, estabelecido que, segundo a intenção das Partes, a matéria deve ser regida pelo novo tratado; ou

b) Se as disposições do novo tratado forem de tal modo incompatíveis com as do tratado anterior que seja impossível aplicar os dois tratados simultaneamente.

2. O tratado anterior é considerado apenas suspenso se resultar do tratado posterior, ou se estiver, de outro modo, estabelecido que tal foi a intenção das Partes.

Artigo 60º – Cessação da vigência de um tratado ou suspensão da sua aplicação como consequência da sua violação

1. Uma violação substancial de um tratado bilateral, por uma das Partes, autoriza a outra Parte a invocar a violação como motivo para fazer cessar a vigência do tratado ou para suspender a sua aplicação, no todo ou em parte.

2. Uma violação substancial de um tratado multilateral, por uma das Partes, autoriza:

a) As outras Partes, agindo de comum acordo, a suspender a aplicação do tratado, no todo ou em parte, ou a fazer cessar a sua vigência:

i) Seja nas relações entre elas e o Estado autor da violação;

ii) Seja entre todas as Partes;

b) Uma Parte especialmente atingida pela violação a invocá-la como motivo de suspensão da aplicação do tratado, no todo ou em parte, nas relações entre ela e o Estado autor da violação;

c) Qualquer outra Parte, exceto o Estado autor da violação, a invocar a violação como motivo para suspender a aplicação do tratado, no todo ou em parte, no que lhe diga respeito, se esse tratado for de tal natureza que uma violação substancial das suas disposições por uma Parte modifique radicalmente a situação de cada uma das Partes quanto ao cumprimento posterior das suas obrigações emergentes do tratado.

3. Para os efeitos do presente artigo, constituem violação substancial de um tratado:

a) Uma rejeição do tratado não autorizada pela presente Convenção; ou

b) A violação de uma disposição essencial para a realização do objeto ou do fim do tratado.

4. O disposto nos números anteriores não prejudica qualquer disposição do tratado aplicável em caso de violação.

5. O disposto nos nºs 1 a 3 não se aplica às disposições relativas à proteção da pessoa humana contidas nos tratados de natureza humanitária, nomeadamente às disposições que proíbem toda a forma de represálias sobre as pessoas protegidas pelos referidos tratados.

Artigo 61º – Impossibilidade superveniente de cumprimento

1. Uma Parte pode invocar a impossibilidade de cumprir um tratado como motivo para fazer cessar a sua vigência ou para dele se retirar se essa impossibilidade resultar do desaparecimento ou destruição definitivos de um objeto indispensável ao cumprimento do tratado. Se a impossibilidade for temporária, apenas pode ser invocada como motivo de suspensão da aplicação do tratado.

2. A impossibilidade de cumprimento não pode ser invocada por uma Parte como motivo para fazer cessar a vigência do tratado, para dele se retirar ou para suspender a sua aplicação se essa impossibilidade resultar de uma violação, pela Parte que a invoca, de uma obrigação decorrente do tratado ou de qualquer outra obrigação internacional relativa a qualquer outra Parte no tratado.

Artigo 62º – Alteração fundamental das circunstâncias

1. Uma alteração fundamental das circunstâncias relativamente às que existiam no momento da conclusão de um tratado e que não fora prevista pelas Partes não pode ser invocada como motivo para fazer cessar a vigência de um tratado ou para dele se retirar, salvo se:

a) A existência dessas circunstâncias tiver constituído uma base essencial do consentimento das Partes em ficarem vinculadas pelo tratado; e

b) Essa alteração tiver por efeito a modificação radical da natureza das obrigações assumidas no tratado.

2. Uma alteração fundamental das circunstâncias não pode ser invocada como motivo para fazer cessar a vigência de um tratado ou para dele se retirar:

a) Se se tratar de um tratado que estabeleça uma fronteira; ou

b) Se a alteração fundamental resultar de uma violação, pela Parte que a invoca, de uma obrigação decorrente do tratado ou de qualquer outra obrigação internacional relativa a qualquer outra Parte no tratado.

3. Se uma Parte puder, nos termos dos números anteriores, invocar uma alteração fundamental das circunstâncias como motivo para fazer cessar a vigência de um tratado ou para dele se retirar, pode também invocá-la apenas para suspender a aplicação do tratado.

Artigo 63º – Rutura de relações diplomáticas ou consulares

A rutura de relações diplomáticas ou consulares entre as Partes num tratado não produz efeitos nas relações jurídicas entre elas estabelecidas pelo tratado, salvo na medida em que a existência de relações diplomáticas ou consulares seja indispensável à aplicação do tratado.

Artigo 64º – Superveniência de uma norma imperativa de Direito Internacional geral (*jus cogens*)

Se sobrevier uma nova norma imperativa de Direito Internacional, geral, qualquer tratado existente que seja incompatível com essa norma torna-se nulo e cessa a sua vigência.

SECÇÃO IV – Procedimento

Artigo 65º – Procedimento a seguir quanto à nulidade de um tratado, à cessação da sua vigência, à retirada ou à suspensão da sua aplicação

1. A Parte que, com base nas disposições da presente Convenção, invocar um vício do seu consentimento em ficar vinculada por um tratado, um motivo para contestar a validade de um tratado, para fazer cessar a sua vigência, para dele se retirar ou para suspender, a sua aplicação deve notificar a sua pretensão às outras Partes. A notificação deve indicar a medida que se propõe tomar quanto ao tratado e o respetivo fundamento.

2. Se, após o decurso de um prazo que, salvo em casos de particular urgência, não deve ser inferior a três meses a contar da receção da notificação, nenhuma Parte formular objeções, a Parte que faz a notificação pode tomar, nas formas prescritas no artigo 67º, a medida que tenha previsto.

3. Se, porém, qualquer outra Parte tiver levantado uma objeção, as Partes devem procurar uma solução pelos meios indicados no artigo 33º da Carta das Nações Unidas.

4. Nada nos números anteriores afeta os direitos ou as obrigações das Partes que decorram de quaisquer disposições vigentes entre elas sobre a resolução de diferendos.

5. Sem prejuízo do disposto no artigo 45º, o facto de um Estado não ter procedido à notificação prevista no nº 1 não o impede de fazer esta notificação em resposta a outra Parte que peça o cumprimento do tratado ou que alegue a sua violação.

Artigo 66º – Procedimento de resolução judicial, de arbitragem e de conciliação

Se, nos 12 meses seguintes à data em que a objeção foi formulada, não tiver sido possível chegar a uma solução nos termos do nº 3 do artigo 65º, devem seguir-se os procedimentos seguintes:

a) Qualquer Parte num diferendo relativo à aplicação ou à interpretação dos artigos 53º ou 64º pode, por requerimento, submetê-lo à decisão do Tribunal Internacional de Justiça, salvo se as Partes decidirem de comum acordo submeter o diferendo a arbitragem;

b) Qualquer Parte num diferendo relativo à aplicação ou à interpretação de qualquer dos outros artigos da parte V da presente Convenção pode dar início ao procedimento indicado no anexo à Convenção, dirigindo um pedido nesse sentido ao Secretário-Geral das Nações Unidas.

Artigo 67º – Instrumentos para declarar a nulidade de um tratado, fazer cessar a sua vigência, proceder à retirada ou suspender a sua aplicação

1. A notificação prevista no nº 1 do artigo 65º deve ser feita por escrito.

2. Todo o ato que vise declarar a nulidade de um tratado, fazer cessar a sua vigência, proceder à retirada ou suspender a sua aplicação, com base nas disposições do tratado ou nos nºs 2 e 3 do artigo 65º, deve ser consignado num instrumento comunicado às outras Partes. Se o instrumento não for assinado pelo chefe do Estado, pelo chefe do governo ou pelo ministro dos negócios estrangeiros, o representante do Estado que faz a comunicação pode ser convidado a apresentar os seus plenos poderes.

Artigo 68º – Revogação das notificações e dos instrumentos previstos nos artigos 65º e 67º

A notificação e o instrumento previstos nos artigos 65º e 67º podem ser revogados em qualquer momento, antes da produção dos seus efeitos.

SECÇÃO V – Consequências da nulidade, da cessação da vigência ou da suspensão da aplicação de um tratado

Artigo 69º – Consequências da nulidade de um tratado

1. É nulo um tratado cuja nulidade resulte das disposições da presente Convenção. As disposições de um tratado nulo não têm força jurídica.

2. Se, porém, tiverem sido praticados atos com base num tal tratado:

a) Qualquer Parte pode pedir a qualquer outra Parte que restabeleça, tanto quanto possível, nas suas relações mútuas, a situação que existiria se esses atos não tivessem, sido praticados;

b) Os atos praticados de boa-fé, antes de a nulidade ter sido invocada, não se tornam ilícitos apenas por força da nulidade do tratado.

3. Nos casos previstos nos artigos 49º, 50º, 51º ou 52º, o nº 2 não se aplica relativamente à Parte a que é imputável o dolo, o ato de corrupção ou a coação.

4. Nos casos em que é viciado o consentimento de um Estado em ficar vinculado por um tratado multilateral, aplicam-se as normas precedentes nas relações entre esse Estado e as Partes no tratado.

Artigo 70º – Consequências da cessação da vigência de um tratado

1. Salvo disposição do tratado ou acordo das Partes em contrário, o facto de um tratado ter cessado a sua vigência, nos termos das suas disposições ou da presente Convenção:

a) Isenta as Partes da obrigação de continuarem a cumprir o tratado;

b) Não prejudica qualquer direito, obrigação ou situação jurídica das Partes criados pelo cumprimento do tratado, antes da cessação da sua vigência.

2. Quando um Estado denuncia um tratado multilateral ou dele se retira, o nº 1 aplica-se nas relações entre esse Estado e cada uma das outras Partes no tratado, a partir da data em que essa denúncia ou essa retirada produzem efeitos.

Artigo 71º – Consequências da nulidade de um tratado incompatível com uma norma imperativa de Direito Internacional geral

1. Quando um tratado seja nulo, nos termos do artigo 53º, as Partes devem:

a) Eliminar, na medida do possível, as consequências de qualquer ato praticado com base numa disposição incompatível com a norma imperativa de Direito Internacional geral; e

b) Tornar as suas relações mútuas conformes à norma imperativa de Direito Internacional geral.

2. Quando um tratado se torne nulo e cesse a sua vigência, nos termos do artigo 64º, a cessação da vigência do tratado:

a) Isenta as Partes da obrigação de continuarem a cumprir o tratado;

b) Não prejudica qualquer direito, obrigação ou situação jurídica das Partes criados pelo cumprimento do tratado, antes da cessação da sua vigência; todavia, esses direitos, obrigações ou situações não podem manter-se no futuro, salvo na medida em que a sua manutenção não for em si mesmo incompatível com a nova norma imperativa de Direito Internacional geral.

Artigo 72º – Consequências da suspensão da aplicação de um tratado

1. Salvo disposição do tratado ou acordo das Partes em contrário, a suspensão da aplicação de um tratado, nos termos das suas disposições ou da presente Convenção:

a) Isenta as Partes entre as quais a aplicação do tratado está suspensa da obrigação de cumprir o tratado nas suas relações mútuas durante o período da suspensão;

b) Não tem outro efeito sobre as relações jurídicas estabelecidas pelo tratado entre as Partes.

2. Durante o período de suspensão, as Partes devem abster-se de qualquer ato tendente a impedir a reentrada em vigor do tratado.

PARTE VI – Disposições diversas

Artigo 73º – Casos de sucessão de Estados, de responsabilidade de um Estado ou de abertura de hostilidades

As disposições da presente Convenção não prejudicam qualquer questão que possa surgir a propósito de um tratado, em virtude de uma sucessão de Estados, da responsabilidade internacional de um Estado ou da abertura de hostilidades entre Estados.

Artigo 74º – Relações diplomáticas ou consulares e conclusão de tratados

A rutura ou a inexistência de relações diplomáticas ou consulares entre dois ou mais Estados não obsta à conclusão de tratados entre esses Estados. A conclusão de um tratado não produz, por si mesma, efeitos no respeitante a relações diplomáticas ou consulares.

Artigo 75º – Caso de um Estado agressor

As disposições da presente Convenção não afetam as obrigações que possam resultar, em virtude de um tratado, para um Estado agressor, de medidas tomadas de acordo com a Carta das Nações Unidas a respeito da agressão cometida por esse Estado.

PARTE VII – Depositários, notificações, retificações e registo

Artigo 76º – Depositários dos tratados

1. A designação do depositário de um tratado pode ser efetuada pelos Estados que tenham participado na negociação no próprio tratado ou por qualquer outro modo. O depositário pode ser um ou mais Estados, uma organização internacional ou o principal funcionário administrativo de uma tal organização.

2. As funções do depositário de um tratado têm caráter internacional e o depositário está obrigado a agir imparcialmente no exercício dessas funções. Em especial, a circunstância de um tratado não ter entrado em vigor entre algumas das Partes ou de ter surgido uma divergência entre um Estado e um depositário relativamente ao exercício das funções deste último não deve influir nessa obrigação.

Artigo 77º – Funções dos depositários

1. Salvo disposição do tratado ou acordo dos Estados Contratantes em contrário, as funções do depositário são designadamente as seguintes:

a) Assegurar a guarda do texto original do tratado e dos plenos poderes que lhe tenham sido transmitidos;

b) Obter cópias autenticadas do texto original e de textos do tratado noutras línguas que possam ser necessários em virtude do tratado e comunicá-los às Partes no tratado e aos Estados que possam vir a sê-lo;

c) Receber todas as assinaturas do tratado e receber e guardar todos os instrumentos, notificações e comunicações relativos ao tratado;

d) Examinar se uma assinatura, um instrumento, uma notificação ou uma comunicação relativos ao tratado revestem a forma devida e, se necessário, chamar a atenção do respetivo Estado para a questão;

e) Informar as Partes no tratado e os Estados que possam vir a sê-lo dos atos, notificações e comunicações relativos ao tratado;

f) Informar os Estados que possam vir a ser Partes no tratado da data em que foi recebido ou depositado o número de assinaturas ou de instrumentos de ratificação, aceitação, aprovação ou adesão necessário para a entrada em vigor do tratado;

g) Registar o tratado junto do Secretariado da Organização das Nações Unidas;

h) Exercer as funções especificadas noutras disposições da presente Convenção.

2. Quando surgir uma divergência entre um Estado e o depositário acerca do exercício das funções deste último, o depositário deve chamar a atenção dos Estados signatários e dos Estados Contratantes para a questão ou, se for o caso, do órgão competente da organização internacional em causa.

Artigo 78º – Notificações e comunicações

Salvo disposição do tratado ou da presente Convenção em contrário, uma notificação ou comunicação que deva ser feita por um Estado nos termos da presente Convenção:

a) Será transmitida, se não houver depositário, diretamente aos Estados a que se destina ou, se houver depositário, a este último;

b) Só será considerada como feita pelo Estado em causa a partir da sua receção pelo Estado ao qual é transmitida ou, se for o caso, pelo depositário;

c) Se tiver sido transmitida a um depositário, só será considerada como recebida pelo Estado ao qual se destina a partir do momento em que este Estado tiver recebido do depositário a informação prevista na alínea e) do nº 1 do artigo 77º.

Artigo 79º – Retificação de erros nos textos ou nas cópias autenticadas dos tratados

1. Se, após a autenticação do texto de um tratado, os Estados signatários e os Estados Contratantes constatarem, por comum acordo, que esse texto contém um erro, deve proceder-se, salvo se os referidos Estados decidirem de outro modo, à retificação desse erro por um dos seguintes meios:

a) Retificação do próprio texto, rubricada por representantes devidamente credenciados;

b) Elaboração de um instrumento ou troca de instrumentos onde esteja consignada a retificação que se acordou fazer; ou

c) Elaboração de um texto retificado de todo o tratado, segundo o procedimento utilizado para o texto original.

2. No caso de um tratado para o qual existe um depositário, este notifica o erro e a proposta da sua retificação aos Estados signatários e aos Estados Contratantes e fixa um prazo adequado para a formulação de objeções à retificação proposta. Se, expirado o prazo:

a) Nenhuma objeção tiver sido feita, o depositário efetua e rubrica a retificação do texto, lavra um auto de retificação do texto e transmite cópia do mesmo às Partes no tratado e aos Estados que possam vir à sê-lo;

b) Alguma objeção tiver sido feita, o depositário comunica a objeção aos Estados signatários e aos Estados Contratantes.

3. O disposto nos nºs 1 e 2 é também aplicável quando o texto foi autenticado em duas ou mais línguas e se verifica uma falta de concordância que, de acordo com os Estados signatários e os Estados Contratantes, deve ser retificado.

4. O texto retificado substitui *ab initio* o texto defeituoso, salvo decisão em contrário dos Estados signatários e dos Estados Contratantes.

5. A retificação do texto de um tratado que foi registado deve ser notificada ao Secretariado da Organização das Nações Unidas.

6. Quando for detetado um erro numa cópia autenticada de um tratado, o depositário deve lavrar um auto de retificação e transmitir cópia do mesmo aos Estados signatários e aos Estados Contratantes.

Artigo 80º – Registo e publicação dos tratados

1. Após a sua entrada em vigor, os tratados são transmitidos ao Secretariado da Organização das Nações Unidas para efeitos de registo ou arquivo e inscrição, conforme o caso, bem como para publicação.

2. A designação de um depositário constitui autorização para este praticar os atos previstos no número anterior.

PARTE VIII – Disposições finais

Artigo 81º – Assinatura

A presente Convenção está aberta à assinatura de todos os Estados membros da Organização das Nações Unidas ou membros de uma instituição especializada ou da Agência Internacional de Energia Atómica, bem como de qualquer Estado Parte no Estatuto do Tribunal Internacional de Justiça e de qualquer outro Estado convidado pela Assembleia Geral das Nações Unidas a tornar-se Parte na Convenção, do seguinte modo: até 30 de Novembro de 1969, no Ministério Federal dos Negócios Estrangeiros da República da Áustria e, depois, até 30 de Abril de 1970, na sede da Organização das Nações Unidas, em Nova Iorque.

Artigo 82º – Ratificação

A presente Convenção será submetida a ratificação. Os instrumentos de ratificação serão depositados junto do Secretário-Geral das Nações Unidas.

Artigo 83º – Adesão

A presente Convenção está aberta à adesão de todos os Estados pertencentes a qualquer das categorias mencionadas no artigo 81º Os instrumentos de adesão serão depositados junto do Secretário-Geral das Nações Unidas.

Artigo 84º – Entrada em vigor

1. A presente Convenção entrará em vigor no 30º dia após a data do depósito do 35º instrumento de ratificação ou de adesão.

2. Para cada Estado que ratificar a presente Convenção ou a ela aderir, após o depósito do 35º instrumento de ratificação ou de adesão, a Convenção entrará em vigor no 30º dia após a data do depósito, por esse Estado, do seu instrumento de ratificação ou de adesão.

Artigo 85º – Textos autênticos

O original da presente Convenção, cujos textos em chinês, espanhol, francês, inglês e russo fazem igualmente fé, será depositado junto do Secretariado-Geral da Organização das Nações Unidas.

Em fé do que os plenipotenciários abaixo-assinados, devidamente autorizados pelos respetivos Governos, assinaram a presente Convenção.

Feito em Viena, a 23 de maio de 1969.

ANEXO

1. O Secretário-Geral das Nações Unidas elabora e mantém uma lista de conciliadores composta por juristas qualificados. Para este efeito, todo o Estado membro da Organização das Nações Unidas ou Parte na presente Convenção é convidado a designar dois conciliadores e os nomes das pessoas assim designadas constituirão a lista. A designação dos conciliadores, incluindo os que forem designados para preencher uma vaga eventual, é feita por um período de cinco anos, renovável. Findo o período para que tiverem sido designados, os conciliadores continuarão a exercer as funções para que tiverem sido escolhidos, nos termos do número seguinte.

2. Quando um pedido for dirigido, nos termos do artigo 66º, ao Secretário-Geral, este submete o diferendo a uma comissão de conciliação composta como segue:

O Estado ou os Estados que constituam uma das Partes no diferendo nomeiam:

a) Um conciliador que seja nacional desse Estado ou de um desses Estados, escolhido ou não da lista referida no nº 1; e

b) Um conciliador que não seja nacional desse Estado ou de um desses Estados, escolhido da lista.

O Estado ou os Estados que constituam a outra Parte no diferendo nomeiam dois conciliadores pelo mesmo processo. Os quatro conciliadores escolhidos pelas Partes devem ser nomeados no prazo de 60 dias, a contar da data em que o Secretário-Geral receber o pedido.

Nos 60 dias seguintes à data da última nomeação, os quatro conciliadores nomeiam um quinto, escolhido da lista, que presidirá.

Se a nomeação do presidente ou de qualquer um dos outros conciliadores não ocorrer no prazo acima estabelecido, será feita pelo Secretário-Geral nos 60 dias seguintes ao termo desse prazo. O Secretário-Geral pode nomear como presidente uma das pessoas inscritas na lista ou um dos membros da Comissão de Direito Internacional. Qualquer dos prazos nos quais as nomeações devem ser feitas pode ser prorrogado por acordo das Partes no diferendo.

Qualquer vaga deve ser preenchida pelo processo estabelecido para a nomeação inicial.

3. A Comissão de Conciliação estabelece o seu próprio procedimento. A Comissão, com o consentimento das Partes no diferendo, pode convidar qualquer Parte no tratado a apresentar-lhe o seu ponto de vista, oralmente ou por escrito. As decisões e as recomendações da Comissão são tomadas por maioria de votos dos seus cinco membros.

4. A Comissão pode chamar a atenção das Partes no diferendo para qualquer medida suscetível de facilitar uma resolução amigável.

5. A Comissão ouve as Partes, examina as pretensões e as objeções e faz propostas às Partes com vista a ajudá-las a alcançar uma resolução amigável do diferendo.

6. A Comissão apresenta o seu relatório nos 12 meses seguintes à data da sua constituição. O relatório é depositado junto do Secretário-Geral e comunicado às Partes no diferendo. O relatório da Comissão, incluindo todas as conclusões nele contidas sobre os factos ou sobre as questões de direito, não vincula as Partes e não constitui senão o enunciado de recomendações submetidas à consideração das Partes com vista a facilitar uma resolução amigável do diferendo.

7. O Secretário-Geral faculta à Comissão a assistência e as facilidades de que ela necessitar. As despesas da Comissão são custeadas pela Organização das Nações Unidas.

IV
DOMÍNIO INTERNACIONAL

10

Tratado sobre os Princípios que Regem as Atividades dos Estados na Exploração e Utilização do Espaço Exterior, Incluindo a Lua e Outros Corpos Celestes[1]

Os Estados Partes no presente Tratado, inspirados pelas vastas perspetivas abertas à Humanidade em resultado da penetração do homem no espaço exterior;

Reconhecendo o interesse comum de toda a Humanidade no progresso da exploração e utilização do espaço exterior para fins pacíficos; convictos de que a exploração e utilização do espaço exterior deverá ser realizada em benefício de todos os povos, independentemente do seu grau de desenvolvimento económico ou científico;

Desejando contribuir para uma larga cooperação internacional nos aspetos científicos e legais da exploração e utilização do espaço exterior para fins pacíficos; convictos de que tal cooperação contribuirá para o desenvolvimento do entendimento recíproco e para o fortalecimento das relações amigáveis entre os Estados e os povos;

Recordando a resolução 1962 (XVIII), intitulada «Declaração dos Princípios Legais Reguladores das Atividades dos Estados na Exploração e Utilização do Espaço Exterior», adotada unanimemente pela Assembleia Geral das Nações Unidas em 13 de dezembro de 1963;

Recordando a resolução 1884 (XVIII) que insta com os Estados para que se abstenham de colocar em órbita à volta da Terra quaisquer objetos transportando armas nucleares ou quaisquer outras espécies de armas de destruição maciça, ou de instalar tais armas nos corpos celestes, que foi

[1] Feito em três exemplares, em Londres, Moscovo e Washington, a 27 de janeiro de 1967. Aprovado, para adesão, pelo Decreto-Lei nº 286/71, de 30 de junho.

unanimemente adotada pela Assembleia Geral das Nações Unidas em 17 de outubro de 1963;

Tomando em consideração a resolução 110 (II), de 3 de novembro de 1947, da Assembleia Geral das Nações Unidas, que condenou a propaganda destinada ou adequada a provocar ou encorajar qualquer ameaça à paz, quebra da paz ou ato de agressão e considerando que a referida resolução é aplicável ao espaço exterior;

Convictos de que o Tratado sobre os Princípios Que Regem as Atividades dos Estados na Exploração e Utilização do Espaço Exterior, Incluindo a Lua e Outros Corpos Celestes, contribuirá para promover os objetivos e princípios da Carta das Nações Unidas;

Acordaram no seguinte:

Artigo I

A exploração e utilização do espaço exterior, incluindo a Lua e outros corpos celestes, será conduzida para benefício e interesse de todos os países, independentemente do seu grau de desenvolvimento económico ou científico, constituindo apanágio de toda a Humanidade.

O espaço exterior, compreendendo a Lua e os outros corpos celestes, poderá ser utilizado e explorado livremente por todos os Estados sem discriminação de qualquer espécie, numa base de igualdade e em conformidade com o Direito Internacional, havendo livre acesso a todas as regiões dos corpos celestes.

Haverá liberdade de investigação científica no espaço exterior, incluindo a Lua e outros corpos celestes, e os Estados facilitarão e encorajarão a cooperação internacional em tal investigação.

Artigo II

O espaço exterior, incluindo a Lua e outros corpos celestes, não poderá ser objeto de apropriação nacional por reivindicação de soberania, uso, ocupação ou qualquer outro processo.

Artigo III

Os Estados Partes neste Tratado conduzirão as suas atividades na exploração e utilização do espaço exterior, incluindo a Lua e outros corpos celestes, em conformidade com o Direito Internacional, incluindo a Carta das Nações Unidas, no interesse da manutenção da paz e segurança internacionais e promovendo a cooperação internacional e a compreensão recíprocas.

Artigo IV

Os Estados Partes neste Tratado comprometem-se a não colocar em órbita à volta da Terra quaisquer objetos transportando armas nucleares ou quaisquer outras espécies de armas de destruição maciça, a não instalar tais armas nos corpos celestes e a não manter, sob quaisquer formas, as armas no espaço exterior.

A Lua e outros corpos celestes deverão ser utilizados por todos os Estados Partes no Tratado exclusivamente para fins pacíficos. A instalação de bases militares, fortificações ou outras instalações militares, os ensaios de qualquer tipo de armas e a condução de manobras militares nos corpos celestes serão proibidas. Não será proibida, contudo, a utilização de pessoal militar para investigação científica ou para quaisquer outros fins pacíficos. Também não ficará proibido o uso de qualquer equipamento ou facilidades necessárias à exploração pacífica da Lua e dos outros corpos celestes.

Artigo V

Os Estados Partes neste Tratado considerarão os astronautas como enviados da Humanidade no espaço exterior, e prestar-lhes-ão toda a possível assistência no caso de acidente, perigo de aterragem ou amaragem de emergência no território de um Estado Parte ou no alto mar. Quando os astronautas efetuarem tal aterragem ou amaragem, serão segura e prontamente devolvidos ao Estado onde se achar registada a sua nave espacial.

No desempenho das atividades no espaço exterior e nos corpos celestes, os astronautas de um Estado Parte deverão prestar toda a possível assistência aos astronautas de outros Estados Partes.

Os Estados Partes no Tratado deverão imediatamente informar os outros Estados Partes ou o secretário-geral das Nações Unidas de qualquer fenómeno que descubram no espaço exterior, incluindo a Lua e outros corpos celestes, e que possa constituir perigo para a vida ou saúde dos astronautas.

Artigo VI

Os Estados Partes no Tratado sujeitam-se a responsabilidade internacional pelas suas atividades nacionais no espaço exterior, incluindo a Lua e os outros corpos celestes, quer tais atividades sejam conduzidas por agências governamentais, quer por entidades não governamentais e ainda por assegurar que as atividades nacionais sejam prosseguidas em conformidade com as provisões fixadas no presente Tratado. As atividades de entidades não governamentais no espaço exterior, incluindo a Lua e os outros corpos celestes, dependem da autorização e supervisão contínua do competente Estado Parte no Tratado. Quando as atividades são prosseguidas no espaço exterior, incluindo a Lua e os outros corpos celestes, por uma organização internacional, quer esta, quer os Estados Partes nela participantes, serão responsáveis nos termos do presente Tratado.

Artigo VII

Cada Estado Parte no Tratado que proceda ou faça proceder ao lançamento de um objeto no espaço exterior, incluindo a Lua e os outros corpos celestes, e cada Estado Parte de cujo território ou instalações um objeto é lançado, é internacionalmente responsável perante outro Estado Parte ou perante pessoas naturais ou jurídicas, pelos danos causados por tal objeto ou pelas suas partes componentes, tanto na Terra, como no espaço aéreo e espaço exterior, incluindo a Lua e os outros corpos celestes.

Artigo VIII

O Estado Parte sob cujo registo está inscrito um objeto lançado no espaço exterior manterá a jurisdição e o controlo sobre tal objeto e sobre o pessoal do mesmo, quando no espaço exterior ou num corpo celeste. A propriedade de objetos lançados no espaço exterior, incluindo os objetos colocados ou construídos num corpo celeste, bem como as suas partes componentes, não é afetada pela sua presença no espaço exterior ou num corpo celeste ou pelo seu regresso à Terra. Tais objetos, ou partes componentes, encontrados para além dos limites do Estado Parte sob cujo registo se acham inscritos serão devolvidos a esse Estado Parte, que deverá previamente fornecer, se pedidos, os dados de identificação.

Artigo IX

Na exploração e utilização do espaço exterior, incluindo a Lua e os outros corpos celestes, os Estados Partes no Tratado serão guiados pelo princípio da cooperação e assistência mútua e conduzirão todas as suas atividades no espaço exterior, incluindo a Lua e os outros corpos celestes, com a devida consideração pelos interesses correspondentes de todos os outros Estados Partes. Os Estados Partes no Tratado prosseguirão os seus estudos sobre o espaço exterior, incluindo a Lua e os outros corpos celestes, e conduzirão as suas explorações por forma a evitar a sua nociva contaminação e também alterações prejudiciais no ambiente da Terra, resultante da introdução de substâncias extraterrestres e, quando necessário, adotarão medidas apropriadas a estes fins. Se um Estado Parte tem razões para crer que determinada atividade ou experiência projetada por si ou pelos seus nacionais no espaço exterior, incluindo a Lua e os outros corpos celestes, poderá potencialmente causar interferências nocivas com as atividades de outros Estados Partes na exploração e utilização pacífica do espaço exterior, incluindo a Lua e os outros corpos celestes, deverá encetar consultas internacionais apropriadas antes de iniciar tal atividade ou experiência. Um Estado Parte no Tratado que tenha razões para supor que uma atividade ou experiência projetada por outro Estado Parte no espaço exterior, incluindo a Lua e os outros corpos celestes, venha a causar potencialmente interferência nociva com atividades de exploração pacífica e utilização do espaço exterior, incluindo a Lua e os outros corpos celestes, pode solicitar consultas sobre a referida atividade ou experiência.

Artigo X

Na intenção de promover a cooperação internacional na exploração e utilização do espaço exterior, compreendendo a Lua e os outros corpos celestes, e em conformidade com os objetivos do presente Tratado, os Estados Partes examinarão em base de igualdade os pedidos de outros Estados Partes, com vista a obterem facilidades para observação de voo dos objetos espaciais lançados por aqueles Estados.

As circunstâncias e condições em que tal observação poderá ser concedida serão determinadas por acordo entre os Estados interessados.

Artigo XI

Na intenção de promover a cooperação internacional na exploração e utilização pacífica do espaço exterior, os Estados Partes que conduzam atividades no espaço exterior, incluindo a Lua e os outros corpos celestes, concordam em informar o secretário-geral das Nações Unidas, assim como o público e a comunidade científica internacional, o mais amplamente que seja viável, sobre a natureza, processamento, localização e resultados de tais atividades. Ao receber tais informações, o secretário-geral das Nações Unidas deverá estar habilitado a divulgá-las imediata e eficientemente.

Artigo XII

Todas as estações, instalações, equipamento e veículos espaciais na Lua e os outros corpos celestes estarão disponíveis para os representantes dos Estados Partes em base de reciprocidade. Tais representantes darão notícia devidamente antecipada sobre a projetada visita, a fim de que as apropriadas consultas possam ser realizadas e as máximas precauções tomadas, de forma a garantir a segurança e evitar interferências com operações normais em curso no local da instalação visitada.

Artigo XIII

As disposições do presente Tratado deverão aplicar-se às atividades dos Estados Partes na exploração e utilização do espaço exterior, incluindo a Lua e os outros corpos celestes, quer tais atividades sejam prosseguidas por um Estado Parte isoladamente ou conjuntamente com outros Estados, incluindo os casos em que são prosseguidas no âmbito de organizações internacionais intergovernamentais.

Quaisquer questões práticas que venham a surgir relativamente a atividades prosseguidas por organizações internacionais intergovernamentais em matéria de exploração e utilização do espaço exterior, incluindo a Lua e os outros corpos celestes, serão resolvidas pelos Estados Partes no Tratado, quer com a competente organização internacional, quer com um ou mais dos Estados Membros da organização internacional que são Partes no presente Tratado.

Artigo XIV

1. O presente Tratado estará aberto para assinatura a todos os Estados. Qualquer Estado que o não assine antes da sua entrada em vigor, nos termos do parágrafo 3 deste artigo, poderá aderir-lhe em qualquer momento.

2. O presente Tratado ficará sujeito a ratificação pelos Estados signatários. Os instrumentos de ratificação e os instrumentos de adesão serão depositados junto dos Governos do Reino Unido da Grã-Bretanha e da Irlanda do Norte, da União das Repúblicas Socialistas Soviéticas e dos Estados Unidos da América, que são pelo presente designados como Governos depositários.

3. O presente Tratado entrará em vigor após o depósito dos instrumentos de ratificação ter sido efetuado por cinco Governos, incluindo os Governos designados no Tratado como Governos depositários.

4. Para os Estados cujos instrumentos de ratificação ou adesão sejam depositados posteriormente à sua entrada em vigor, o Tratado vigorará a partir da data do depósito dos instrumentos de ratificação ou adesão.

5. Os Governos depositários deverão informar prontamente todos os Estados signatários e aderentes da data de cada assinatura, da data do depósito de cada instrumento de ratificação e adesão ao Tratado, da data da sua entrada em vigor e ainda de quaisquer outras comunicações pertinentes.

6. Este Tratado deverá ser registado pelos Governos depositários nos termos do artigo 102 da Carta das Nações Unidas.

Artigo XV

Qualquer Estado Parte pode propor emendas ao presente Tratado. As emendas entrarão em vigor para cada Estado Parte que as aceite logo que sejam aceites pela maioria dos Estados Partes no Tratado e, posteriormente, para cada um dos outros Estados Partes na data da sua aceitação das referidas emendas.

Artigo XVI

Qualquer Estado Parte poderá notificar a sua retirada do Tratado um ano após a sua entrada em vigor e por meio de notificação escrita feita aos Governos depositários. Tal retirada passará a ter efeito um ano após a data do recebimento da notificação.

Artigo XVII

O presente Tratado, cujos textos em inglês, russo, francês, espanhol e chinês são igualmente autênticos, será depositado nos arquivos dos Governos depositários. Cópias devidamente certificadas do Tratado serão transmitidas pelos Governos depositários aos Governos dos Estados signatários e aderentes.

Em fé de que os abaixo-assinados, devidamente habilitados para o efeito, assinaram o presente Tratado.

Feito em três exemplares, em Londres, Moscovo e Washington, aos 27 de janeiro de 1967.

11

Convenção das Nações Unidas sobre o Direito do Mar e Acordo Relativo à Aplicação da Parte XI

11.1. Convenção das Nações Unidas sobre o Direito do Mar[1]

Os Estados Partes nesta Convenção:

Animados do desejo de solucionar, num espírito de compreensão e cooperação mútuas, todas as questões relativas ao Direito do Mar e conscientes do significado histórico desta Convenção como importante con-

[1] Assinada em Montego Bay a 10 de dezembro de 1982. Aprovada, para ratificação, pela Resolução da Assembleia da República nº 60-B/97, que também aprovou o Acordo Relativo à Aplicação da Parte XI da mesma Convenção. Eis o texto dessa resolução parlamentar:
A Assembleia da República resolve, nos termos dos artigos 164º, alínea *j*), e 169º, nº 5, da Constituição, o seguinte:

Artigo 1º

Aprova, para ratificação, a Convenção das Nações Unidas sobre o Direito do Mar, de 10 de dezembro de 1982, assinada por Portugal na mesma data, e o Acordo Relativo à Aplicação da Parte XI da Convenção, adotado pela Assembleia Geral das Nações Unidas em 28 de julho de 1994 e assinado por Portugal em 29 de julho de 1994, cuja versão autêntica em língua inglesa e respetiva tradução em língua portuguesa seguem em anexo.

Artigo 2º

São formuladas as seguintes declarações relativamente à Convenção:
1) Portugal reafirma, para efeitos de delimitação do mar territorial, da plataforma continental e da zona económica exclusiva, os direitos decorrentes da legislação interna portuguesa no que respeita ao território continental e aos arquipélagos e ilhas que os integram;
2) Portugal declara que, numa zona de 12 milhas marítimas contígua ao seu mar territorial, tomará as medidas de fiscalização que entenda por necessárias, nos termos do artigo 33º da presente Convenção;

tribuição para a manutenção da paz, da justiça e do progresso de todos os povos do mundo;

3) De acordo com as disposições da Convenção das Nações Unidas sobre o Direito do Mar, Portugal goza de direitos soberanos e de jurisdição sobre uma zona económica exclusiva de 200 milhas marítimas contadas desde a linha de base a partir da qual se mede a largura do mar territorial;
4) Os limites de fronteiras marítimas entre Portugal e os Estados cujas costas lhe sejam opostas ou adjacentes são aqueles que se encontram historicamente determinados, com base no Direito Internacional;
5) Portugal exprime o seu entendimento de que a Resolução III da Terceira Conferência das Nações Unidas sobre o Direito do Mar é plenamente aplicável ao território não autónomo de Timor-Leste, de que continua a ser potência administrante, nos termos da Carta e das resoluções pertinentes da Assembleia Geral e do Conselho de Segurança das Nações Unidas. Deste modo, a aplicação da Convenção, e em particular qualquer eventual delimitação dos espaços marítimos do território de Timor-Leste, deverão ter em conta os direitos que ao seu povo assistem nos termos da Carta e das resoluções acima referidas e ainda as responsabilidades que a Portugal incumbem enquanto potência administrante do território em causa;
6) Portugal declara que, sem prejuízo do artigo 303º da Convenção das Nações Unidas sobre o Direito do Mar e da aplicação de outros instrumentos de Direito Internacional em matéria de proteção do património arqueológico subaquático, quaisquer objetos de natureza histórica ou arqueológica descobertos nas áreas marítimas sob a sua soberania ou jurisdição só poderão ser retirados após notificação prévia e mediante o consentimento das competentes autoridades portuguesas;
7) A ratificação desta Convenção por Portugal não implica o reconhecimento automático de quaisquer fronteiras marítimas ou terrestres;
8) Portugal não se considera vinculado pelas declarações feitas por outros Estados, reservando a sua posição em relação a cada uma delas para momento oportuno;
9) Tendo presente a informação científica disponível e para defesa do ambiente e do crescimento sustentado de atividades económicas com base no mar, Portugal exercerá, de preferência através de cooperação internacional e tendo em linha de conta o princípio preventivo (*precautionary principle*), atividades de fiscalização para lá das zonas sob jurisdição nacional;
10) Portugal declara, para os efeitos do artigo 287º da Convenção, que na ausência de meios não contenciosos para a resolução de controvérsias resultantes da aplicação da presente Convenção escolherá um dos seguintes meios para a solução de controvérsias:
a) O Tribunal Internacional de Direito do Mar, nos termos do anexo VI;
b) O Tribunal Internacional de Justiça;
c) Tribunal arbitral, constituído nos termos do anexo VII;
d) Tribunal arbitral especial, constituído nos termos do anexo VIII;
11) Portugal escolherá, na ausência de outros meios pacíficos de resolução de controvérsias, de acordo com o anexo VIII da Convenção, o recurso a um tribunal arbitral especial quando se trate da aplicação ou interpretação das disposições da presente Convenção às matérias de pescas, proteção e preservação dos recursos marinhos vivos e do ambiente marinho, investigação científica, navegação e poluição marinha;

Verificando que os factos ocorridos desde as Conferências das Nações Unidas sobre o Direito do Mar, realizadas em Genebra em 1958 e 1960, acentuaram a necessidade de uma nova convenção sobre o direito do mar de aceitação geral;

Conscientes de que os problemas do espaço oceânico estão estreitamente inter-relacionados e devem ser considerados como um todo;

Reconhecendo a conveniência de estabelecer por meio desta Convenção, com a devida consideração pela soberania de todos os Estados, uma ordem jurídica para os mares e oceanos que facilite as comunicações internacionais e promova os usos pacíficos dos mares e oceanos, a utilização equitativa e eficiente dos seus recursos, a conservação dos recursos vivos e o estudo, a proteção e a preservação do meio marinho;

Tendo presente que a consecução destes objetivos contribuirá para o estabelecimento de uma ordem económica internacional justa e equitativa que tenha em conta os interesses e as necessidades da humanidade em geral e, em particular, os interesses e as necessidades especiais dos países em desenvolvimento, quer costeiros quer sem litoral;

Desejando desenvolver pela presente Convenção os princípios consagrados na Resolução 2749 (XXV), de 17 de dezembro de 1970, na qual a Assembleia Geral das Nações Unidas declarou solenemente, *inter alia*, que os fundos marinhos e oceânicos e o seu subsolo para além dos limites da jurisdição nacional, bem como os respetivos recursos, são património comum da Humanidade e que a exploração e o aproveitamento dos mesmos fundos serão feitos em benefício da humanidade em geral, independentemente da situação geográfica dos Estados;

12) Portugal declara que, sem prejuízo das disposições constantes da secção 1 da parte XV da presente Convenção, não aceita os procedimentos obrigatórios estabelecidos na secção 2 da mesma parte XV, com respeito a uma ou várias das categorias especificadas nas alíneas *a*), *b*) e *c*) do artigo 298º da Convenção;

13) Portugal assinala que, enquanto Estado membro da Comunidade Europeia, transferiu competências para a Comunidade em algumas das matérias reguladas na presente Convenção. Oportunamente será apresentada uma declaração detalhada quanto à natureza e extensão das áreas da competência transferida para a Comunidade, de acordo com o disposto no anexo IX da Convenção.

Aprovada em 3 de abril de 1997.

O Presidente da Assembleia da República, *António de Almeida Santos.*

Convencidos de que a codificação e o desenvolvimento progressivo do Direito do Mar alcançados na presente Convenção contribuirão para o fortalecimento da paz, da segurança, da cooperação e das relações de amizade entre todas as nações, de conformidade com os princípios de justiça e igualdade de direitos, e promoverão o progresso económico e social de todos os povos do mundo, de acordo com os propósitos e princípios das Nações Unidas, tais como enunciados na Carta;

Afirmando que as matérias não reguladas pela presente Convenção continuarão a ser regidas pelas normas e princípios do Direito Internacional geral;

acordaram o seguinte:

PARTE I - Introdução

Artigo 1º - Termos utilizados e âmbito de aplicação

1. Para efeitos da presente Convenção:

1) «Área» significa o leito do mar, os fundos marinhos e o seu subsolo além dos limites da jurisdição nacional;

2) «Autoridade» significa a Autoridade Internacional dos Fundos Marinhos;

3) «atividades na Área» significa todas as atividades de exploração e aproveitamento dos recursos na Área;

4) «poluição do meio marinho» significa a introdução pelo homem, direta ou indiretamente, de substâncias ou de energia no meio marinho, incluindo os estuários, sempre que a mesma provoque ou possa vir a provocar efeitos nocivos, tais como danos aos recursos vivos e à vida marinha, riscos à saúde do homem, entrave às atividades marítimas, incluindo a pesca e as outras utilizações legítimas do mar, alteração da qualidade da água do mar, no que se refere à sua utilização, e deterioração dos locais de recreio;

5) *a*) «alijamento» significa:

i) Qualquer lançamento deliberado no mar de detritos e outras matérias, a partir de embarcações, aeronaves, plataformas ou outras construções;

ii) Qualquer afundamento deliberado no mar de embarcações, aeronaves, plataformas ou outras construções;

b) O termo «alijamento» não incluirá:

i) O lançamento de detritos ou outras matérias resultantes ou derivadas da exploração normal de embarcações, aeronaves, plataformas ou outras construções, bem como o seu equipamento, com exceção dos detritos ou de outras matérias transportadas em embarcações, aeronaves, plataformas ou outras construções no mar ou para ele transferidos que sejam utilizadas para o lançamento destas matérias ou que provenham do tratamento desses detritos ou de matérias a bordo das referidas embarcações, aeronaves, plataformas ou construções;

ii) O depósito de matérias para outros fins que não os do seu simples lançamento desde que tal depósito não seja contrário aos objetivos da presente Convenção.

2.1) «Estados Partes» significa os Estados que tenham consentido em ficar obrigados pela Convenção e em relação aos quais a Convenção esteja em vigor.

2) A Convenção aplica-se, *mutatis mutandis*, às entidades mencionadas nas alíneas *b*), *c*), *d*), *e*) e *f*) do nº 1 do artigo 305º, que se tenham tornado Partes na presente Convenção de conformidade com as condições relativas a cada uma delas e, nessa medida, a expressão «Estados Partes» compreende essas entidades.

PARTE II – Mar territorial e zona contígua

SECÇÃO I – Disposições gerais

Artigo 2º – Regime jurídico do mar territorial, seu espaço aéreo sobrejacente, leito e subsolo

1. A soberania do Estado costeiro estende-se além do seu território e das suas águas interiores e, no caso de Estado arquipélago, das suas águas arquipelágicas, a uma zona de mar adjacente designada pelo nome de mar territorial.

2. Esta soberania estende-se ao espaço aéreo sobrejacente ao mar territorial, bem como ao leito e ao subsolo deste mar.

3. A soberania sobre o mar territorial é exercida de conformidade com a presente Convenção e as demais normas de Direito Internacional.

SECÇÃO II – Limites do mar territorial

Artigo 3º – Largura do mar territorial

Todo o Estado tem o direito de fixar a largura do seu mar territorial até um limite que não ultrapasse 12 milhas marítimas, medidas a partir de linhas de base determinadas de conformidade com a presente Convenção.

Artigo 4º – Limite exterior do mar territorial

O limite exterior do mar territorial é definido por uma linha em que cada um dos pontos fica a uma distância do ponto mais próximo da linha de base igual à largura do mar territorial.

Artigo 5º – Linha de base normal

Salvo disposição em contrário da presente Convenção, a linha de base normal para medir a largura do mar territorial é a linha de baixa-mar ao longo da costa, tal como indicada nas cartas marítimas de grande escala, reconhecidas oficialmente pelo Estado costeiro.

Artigo 6º – Recifes

No caso de ilhas situadas em atóis ou de ilhas que têm cadeias de recifes, a linha de base para medir a largura do mar territorial é a linha de baixa-mar do recife que se encontra do lado do mar, tal como indicada por símbolo apropriado nas cartas reconhecidas oficialmente pelo Estado costeiro.

Artigo 7º – Linhas de base retas

1. Nos locais em que a costa apresente recortes profundos e reentrâncias ou em que exista uma franja de ilhas ao longo da costa na sua proximidade imediata, pode ser adotado o método das linhas de base retas que unam os pontos apropriados para traçar a linha de base a partir da qual se mede a largura do mar territorial.

2. Nos locais em que, devido à existência de um delta e de outros acidentes naturais, a linha da costa seja muito instável, os pontos apropriados podem ser escolhidos ao longo da linha de baixa-mar mais avançada em direção ao mar e, mesmo que a linha de baixa-mar retroceda posteriormente, essas linhas de base retas continuarão em vigor até que o Estado costeiro as modifique de conformidade com a presente Convenção.

3. O traçado dessas linhas de base retas não deve afastar-se consideravelmente da direção geral da costa e as zonas de mar situadas dentro dessas linhas devem estar suficientemente vinculadas ao domínio terrestre para ficarem submetidas ao regime das águas interiores.

4. As linhas de base retas não serão traçadas em direção aos baixios que emergem na baixa-mar, nem a partir deles, a não ser que sobre os mesmos se tenham construído faróis ou instalações análogas que estejam permanentemente acima do nível do mar, ou a não ser que o traçado de tais linhas de base retas até àqueles baixios ou a partir destes tenha sido objeto de reconhecimento internacional geral.

5. Nos casos em que o método das linhas de base retas for aplicável, nos termos do nº 1, poder-se-á ter em conta, ao traçar determinadas linhas de base, os interesses económicos próprios da região de que se trate, cuja realidade e importância estejam claramente demonstradas por uso prolongado.

6. O sistema de linhas de base retas não poderá ser aplicado por um Estado de modo a separar o mar territorial de outro Estado do alto mar ou de uma zona económica exclusiva.

Artigo 8º – Águas interiores

1. Excetuando o disposto na Parte IV, as águas situadas no interior da linha de base do mar territorial fazem parte das águas interiores do Estado.

2. Quando o traçado de uma linha de base reta, de conformidade com o método estabelecido no artigo 7º, encerrar, como águas interiores, águas que anteriormente não eram consideradas como tais, aplicar-se-á a essas águas o direito de passagem inofensiva, de acordo com o estabelecido na presente Convenção.

Artigo 9º – Foz de um rio

Se um rio desagua diretamente no mar, a linha de base é uma reta traçada através da foz do rio entre os pontos limites da linha de baixa-mar das suas margens.

Artigo 10º – Baías

1. Este artigo refere-se apenas a baías cujas costas pertencem a um único Estado.

2. Para efeitos da presente Convenção, uma baía é uma reentrância bem marcada, cuja penetração em terra, em relação à largura da sua entrada,

é tal que contém águas cercadas pela costa e constitui mais do que uma simples inflexão da costa. Contudo, uma reentrância não será considerada como uma baía se a sua superfície não for igual ou superior à de um semicírculo que tenha por diâmetro a linha traçada através da entrada da referida reentrância.

3. Para efeitos de medição, a superfície de uma reentrância é a compreendida entre a linha de baixa-mar ao longo da costa da reentrância e uma linha que una as linhas de baixa-mar dos seus pontos naturais de entrada. Quando, devido à existência de ilhas, uma reentrância tiver mais do que uma entrada, o semicírculo será traçado tomando como diâmetro a soma dos comprimentos das linhas que fechem as diferentes entradas. A superfície das ilhas existentes dentro de uma reentrância será considerada como fazendo parte da superfície total da água da reentrância, como se essas ilhas fossem parte da mesma.

4. Se a distância entre as linhas de baixa-mar dos pontos naturais de entrada de uma baía não exceder 24 milhas marítimas, poderá ser traçada uma linha de demarcação entre estas duas linhas de baixa-mar e as águas assim encerradas serão consideradas águas interiores.

5. Quando a distância entre as linhas de baixa-mar dos pontos naturais de entrada de uma baía exceder 24 milhas marítimas, será traçada, no interior da baía, uma linha de base reta de 24 milhas marítimas de modo a encerrar a maior superfície de água que for possível abranger por uma linha de tal extensão.

6. As disposições precedentes não se aplicam às baías chamadas «históricas», nem nos casos em que se aplique o sistema de linhas de base retas estabelecido no artigo 7º

Artigo 11º – Portos

Para efeitos de delimitação do mar territorial, as instalações portuárias permanentes mais ao largo da costa que façam parte integrante do sistema portuário são consideradas como fazendo parte da costa. As instalações marítimas situadas ao largo da costa e as ilhas artificiais não são consideradas instalações portuárias permanentes.

Artigo 12º – Ancoradouros

Os ancoradouros utilizados habitualmente para carga, descarga e fundeio de navios, os quais estariam normalmente situados, inteira ou parcialmente, fora do traçado geral do limite exterior do mar territorial, são considerados como fazendo parte do mar territorial.

Artigo 13º – Baixios a descoberto

1. Um «baixio a descoberto» é uma extensão natural de terra rodeada de água, que, na baixa-mar, fica acima do nível do mar, mas que submerge na preia-mar. Quando um «baixio a descoberto» se encontre, total ou parcialmente, a uma distância do continente ou de uma ilha que não exceda a largura do mar territorial, a linha de baixa-mar desse baixio pode ser utilizada como linha de base para medir a largura do mar territorial.

2. Quando um «baixio a descoberto» estiver, na totalidade, situado a uma distância do continente ou de uma ilha superior à largura do mar territorial, não possui mar territorial próprio.

Artigo 14º – Combinação de métodos para determinar as linhas de base

O Estado costeiro poderá, segundo as circunstâncias, determinar as linhas de base por meio de qualquer dos métodos estabelecidos nos artigos precedentes.

Artigo 15º – Delimitação do mar territorial entre Estados com costas adjacentes ou situadas frente a frente

Quando as costas de dois Estados são adjacentes ou se encontram situadas frente a frente, nenhum desses Estados tem o direito, salvo acordo de ambos em contrário, de estender o seu mar territorial além da linha mediana cujos pontos são equidistantes dos pontos mais próximos das linhas de base, a partir das quais se mede a largura do mar territorial de cada um desses Estados. Contudo, este artigo não se aplica quando, por motivo da existência de títulos históricos ou de outras circunstâncias especiais, for necessário delimitar o mar territorial dos dois Estados de forma diferente.

Artigo 16º – Cartas marítimas e listas de coordenadas geográficas

1. As linhas de base para medir a largura do mar territorial, determinadas de conformidade com os artigos 7º, 9º e 10º, ou os limites delas decorrentes, e as linhas de delimitação traçadas de conformidade com os artigos 12º e 15º figurarão em cartas de escala ou escalas adequadas para a determinação da sua posição. Essas cartas poderão ser substituídas por listas

de coordenadas geográficas de pontos em que conste especificamente a sua origem geodésica.

2. O Estado costeiro dará a devida publicidade a tais cartas ou listas de coordenadas geográficas e depositará um exemplar de cada carta ou lista junto do Secretário-Geral das Nações Unidas.

SECÇÃO III – Passagem inofensiva pelo mar territorial

SUBSECÇÃO A – Normas aplicáveis a todos os navios

Artigo 17º – Direito de passagem inofensiva

Salvo disposição em contrário da presente Convenção, os navios de qualquer Estado, costeiro ou sem litoral, gozarão do direito de passagem inofensiva pelo mar territorial.

Artigo 18º – Significado de passagem

1. «Passagem» significa a navegação pelo mar territorial com o fim de:

a) Atravessar esse mar sem penetrar nas águas interiores nem fazer escala num ancoradouro ou instalação portuária situada fora das águas interiores;

b) Dirigir-se para as águas interiores ou delas sair ou fazer escala num desses ancoradouros ou instalações portuárias.

2. A passagem deverá ser contínua e rápida. No entanto, a passagem compreende o parar e o fundear, mas apenas na medida em que os mesmos constituam incidentes comuns de navegação ou sejam impostos por motivos de força maior ou por dificuldade grave ou tenham por fim prestar auxílio a pessoas, navios ou aeronaves em perigo ou em dificuldade grave.

Artigo 19º – Significado de passagem inofensiva

1. A passagem é inofensiva desde que não seja prejudicial à paz, à boa ordem ou à segurança do Estado costeiro. A passagem deve efetuar-se de conformidade com a presente Convenção e demais normas de Direito Internacional.

2. A passagem de um navio estrangeiro será considerada prejudicial à paz, à boa ordem ou à segurança do Estado costeiro, se esse navio realizar, no mar territorial, alguma das seguintes atividades:

a) Qualquer ameaça ou uso da força contra a soberania, a integridade territorial ou a independência política do Estado costeiro ou qualquer outra ação em violação dos princípios de Direito Internacional enunciados na Carta das Nações Unidas;

b) Qualquer exercício ou manobra com armas de qualquer tipo;

c) Qualquer ato destinado a obter informações em prejuízo da defesa ou da segurança do Estado costeiro;

d) Qualquer ato de propaganda destinado a atentar contra a defesa ou a segurança do Estado costeiro;

e) O lançamento, pouso ou recebimento a bordo de qualquer aeronave;

f) O lançamento, pouso ou recebimento a bordo de qualquer dispositivo militar;

g) O embarque ou desembarque de qualquer produto, moeda ou pessoa com violação das leis e regulamentos aduaneiros fiscais, de imigração ou sanitários do Estado costeiro;

h) Qualquer ato intencional e grave de poluição contrário à presente Convenção;

i) Qualquer atividade de pesca;

j) A realização de atividades de investigação ou de levantamentos hidrográficos;

k) Qualquer ato destinado a perturbar quaisquer sistemas de comunicação ou quaisquer outros serviços ou instalações do Estado costeiro;

l) Qualquer outra atividade que não esteja diretamente relacionada com a passagem.

Artigo 20º – Submarinos e outros veículos submersíveis

No mar territorial, os submarinos e quaisquer outros veículos submersíveis devem navegar à superfície e arvorar a sua bandeira.

Artigo 21º – Leis e regulamentos do Estado costeiro relativos à passagem inofensiva

1. O Estado costeiro pode adotar leis e regulamentos, de conformidade com as disposições da presente Convenção e demais normas de Direito Internacional, relativos à passagem inofensiva pelo mar territorial sobre todas ou alguma das seguintes matérias:

a) Segurança da navegação e regulamentação do tráfego marítimo;

b) Proteção das instalações e dos sistemas de auxílio à navegação e de outros serviços ou instalações;

c) Proteção de cabos e ductos;

d) Conservação dos recursos vivos do mar;

e) Prevenção de infrações às leis e regulamentos sobre pesca do Estado costeiro;

f) Preservação do meio ambiente do Estado costeiro e prevenção, redução e controlo da sua poluição;

g) Investigação científica marinha e levantamentos hidrográficos;

h) Prevenção das infrações às leis e regulamentos aduaneiros, fiscais, de imigração ou sanitários do Estado costeiro.

2. Tais leis e regulamentos não serão aplicados ao projeto, construção, tripulação ou equipamento de navios estrangeiros, a não ser que se destinem à aplicação de regras ou normas internacionais geralmente aceites.

3. O Estado costeiro dará a devida publicidade a todas estas leis e regulamentos.

4. Os navios estrangeiros que exerçam o direito de passagem inofensiva pelo mar territorial deverão observar todas essas leis e regulamentos, bem como todas as normas internacionais geralmente aceites relacionadas com a prevenção de abalroamentos no mar.

Artigo 22º – Rotas marítimas e sistemas de separação de tráfego no mar territorial

1. O Estado costeiro pode, quando for necessário à segurança da navegação, exigir que os navios estrangeiros que exerçam o direito de passagem inofensiva pelo seu mar territorial utilizem as rotas marítimas e os sistemas de separação de tráfego que esse Estado tenha designado ou prescrito para a regulação da passagem de navios.

2. Em particular, pode ser exigido que os navios-tanques, os navios de propulsão nuclear e outros navios que transportem substâncias ou materiais radioativos ou outros produtos intrinsecamente perigosos ou nocivos utilizem unicamente essas rotas marítimas.

3. Ao designar as rotas marítimas e ao prescrever sistemas de separação de tráfego, nos termos do presente artigo, o Estado costeiro terá em conta:

a) As recomendações da organização internacional competente;

b) Quaisquer canais que se utilizem habitualmente para a navegação internacional;

c) As características especiais de determinados navios e canais; e

d) A densidade de tráfego.

4. O Estado costeiro indicará claramente tais rotas marítimas e sistemas de separação de tráfego em cartas marítimas a que dará a devida publicidade.

Artigo 23º – Navios estrangeiros de propulsão nuclear e navios transportando substâncias radioativas ou outras substâncias intrinsecamente perigosas ou nocivas

Ao exercer o direito de passagem inofensiva pelo mar territorial, os navios estrangeiros de propulsão nuclear e os navios transportando substâncias radioativas ou outras substâncias intrinsecamente perigosas ou nocivas devem ter a bordo os documentos e observar as medidas especiais de precaução estabelecidas para esses navios nos acordos internacionais.

Artigo 24º – Deveres do Estado costeiro

1. O Estado costeiro não deve pôr dificuldades à passagem inofensiva de navios estrangeiros pelo mar territorial, a não ser de conformidade com a presente Convenção. Em especial, na aplicação da presente Convenção ou de quaisquer leis e regulamentos adotados de conformidade com a presente Convenção, o Estado costeiro não deve:

a) Impor aos navios estrangeiros obrigações que tenham na prática o efeito de negar ou dificultar o direito de passagem inofensiva; ou

b) Fazer discriminação de direito ou de facto contra navios de determinado Estado ou contra navios que transportem cargas provenientes de determinado Estado ou a ele destinadas ou por conta de determinado Estado.

2. O Estado costeiro dará a devida publicidade a qualquer perigo de que tenha conhecimento e que ameace a navegação no seu mar territorial.

Artigo 25º – Direitos de proteção do Estado costeiro

1. O Estado costeiro pode tomar, no seu mar territorial, as medidas necessárias para impedir toda a passagem que não seja inofensiva.

2. No caso de navios que se dirijam a águas interiores ou a escala numa instalação portuária situada fora das águas interiores, o Estado costeiro tem igualmente o direito de adotar as medidas necessárias para impedir qualquer violação das condições a que está sujeita a admissão desses navios nessas águas interiores ou nessa instalação portuária.

3. O Estado costeiro pode, sem fazer discriminação de direito ou de facto entre navios estrangeiros, suspender temporariamente em determinadas áreas do seu mar territorial o exercício do direito de passagem inofensiva dos navios estrangeiros, se esta medida for indispensável para proteger a sua segurança, entre outras, para lhe permitir proceder a exercícios com armas. Tal suspensão só produzirá efeito depois de ter sido devidamente tornada pública.

Artigo 26º – Taxas que podem ser impostas a navios estrangeiros

1. Não podem ser impostas taxas a navios estrangeiros só com fundamento na sua passagem pelo mar territorial.

2. Não podem ser impostas taxas a um navio estrangeiro que passe pelo mar territorial a não ser como remuneração de determinados serviços prestados a esse navio. Estas taxas devem ser impostas sem discriminação.

SUBSECÇÃO B – Normas aplicáveis a navios mercantes e navios de Estado utilizados para fins comerciais

Artigo 27º – Jurisdição penal a bordo de navio estrangeiro

1. A jurisdição penal do Estado costeiro não será exercida a bordo de navio estrangeiro que passe pelo mar territorial com o fim de deter qualquer pessoa ou de realizar qualquer investigação, com relação a infração criminal cometida a bordo desse navio durante a sua passagem, salvo nos seguintes casos:

a) Se a infração criminal tiver consequências para o Estado costeiro;

b) Se a infração criminal for de tal natureza que possa perturbar a paz do país ou a ordem no mar territorial;

c) Se a assistência das autoridades locais tiver sido solicitada pelo capitão do navio ou pelo representante diplomático ou funcionário consular do Estado de bandeira; ou

d) Se essas medidas forem necessárias para a repressão do tráfico ilícito de estupefacientes ou de substâncias psicotrópicas.

2. As disposições precedentes não afetam o direito do Estado costeiro de tomar as medidas autorizadas pelo seu Direito Interno, a fim de proceder a apresamento e investigações a bordo de navio estrangeiro que passe pelo seu mar territorial procedente de águas interiores.

3. Nos casos previstos nos nºs 1 e 2, o Estado costeiro deverá, a pedido do capitão, notificar o representante diplomático ou o funcionário consular do Estado de bandeira antes de tomar quaisquer medidas, e facilitar o contacto entre esse representante ou funcionário e a tripulação do navio. Em caso de urgência, esta notificação poderá ser feita enquanto as medidas estiverem sendo tomadas.

4. Ao considerar se devem ou não proceder a um apresamento e à forma de o executar, as autoridades locais devem ter em devida conta os interesses da navegação.

5. Salvo em caso de aplicação das disposições da Parte XII ou de infração às leis e regulamentos adotados de conformidade com a Parte V, o Estado costeiro não poderá tomar qualquer medida a bordo de um navio estrangeiro que passe pelo seu mar territorial, para a detenção de uma pessoa ou para proceder a investigações relacionadas com qualquer infração de caráter penal que tenha sido cometida antes de o navio ter entrado no seu mar territorial, se esse navio, procedente de um porto estrangeiro, se encontrar só de passagem pelo mar territorial sem entrar nas águas interiores.

Artigo 28º – Jurisdição civil em relação a navios estrangeiros

1. O Estado costeiro não deve parar nem desviar da sua rota um navio estrangeiro que passe pelo mar territorial, a fim de exercer a sua jurisdição civil em relação a uma pessoa que se encontre a bordo.

2. O Estado costeiro não pode tomar contra esse navio medidas executórias ou medidas cautelares em matéria civil, a não ser que essas medidas sejam tomadas por força de obrigações assumidas pelo navio ou de responsabilidades em que o mesmo haja incorrido durante a navegação ou devido a esta quando da sua passagem pelas águas do Estado costeiro.

3. O parágrafo precedente não prejudica o direito do Estado costeiro de tomar, em relação a um navio estrangeiro que se detenha no mar territorial ou por ele passe procedente das águas interiores, medidas executórias ou medidas cautelares em matéria civil conforme o seu direito interno.

SUBSECÇÃO C – Normas aplicáveis a navios de guerra e a outros navios de Estado utilizados para fins não comerciais

Artigo 29º – Definição de navios de guerra

Para efeitos da presente Convenção, «navio de guerra» significa qualquer navio pertencente às forças armadas de um Estado, que ostente sinais exteriores próprios de navios de guerra da sua nacionalidade, sob o comando de um oficial devidamente designado pelo Estado cujo nome figure na correspondente lista de oficiais ou seu equivalente e cuja tripulação esteja submetida às regras da disciplina militar.

Artigo 30º – Não cumprimento das leis e regulamentos do Estado costeiro pelos navios de guerra

Se um navio de guerra não cumprir as leis e regulamentos do Estado costeiro relativos à passagem pelo mar territorial e não acatar o pedido que lhe for feito para o seu cumprimento, o Estado costeiro pode exigir-lhe que saia imediatamente do mar territorial.

Artigo 31º – Responsabilidade do Estado de bandeira por danos causados por navio de guerra ou outro navio de Estado utilizado para fins não comerciais

Caberá ao Estado de bandeira a responsabilidade internacional por qualquer perda ou dano causado ao Estado costeiro resultante do não cumprimento, por um navio de guerra ou outro navio de Estado utilizado para fins não comerciais, das leis e regulamentos do Estado costeiro relativos à passagem pelo mar territorial ou das disposições da presente Convenção ou demais normas de Direito Internacional.

Artigo 32º – Imunidades dos navios de guerra e de outros navios de Estado utilizados para fins não comerciais

Com as exceções previstas na subsecção A e nos artigos 30º e 31º, nenhuma disposição da presente Convenção afetará as imunidades dos navios de guerra e outros navios de Estado utilizados para fins não comerciais.

SECÇÃO IV - Zona Contígua

Artigo 33º - Zona Contígua

1. Numa zona contígua ao seu mar territorial, denominada «Zona Contígua», o Estado costeiro pode tomar as medidas de fiscalização necessárias a:

a) Evitar as infrações às leis e regulamentos aduaneiros, fiscais, de imigração ou sanitários no seu território ou no seu mar territorial;

b) Reprimir as infrações às leis e regulamentos no seu território ou no seu mar territorial.

2. A zona contígua não pode estender-se além de 24 milhas marítimas, contadas a partir das linhas de base que servem para medir a largura do mar territorial.

PARTE III - Estreitos utilizados para a Navegação Internacional

SECÇÃO I - Disposições gerais

Artigo 34º - Regime jurídico das águas que formam os estreitos utilizados para a navegação internacional

1. O regime de passagem pelos estreitos utilizados para a navegação internacional estabelecido na presente Parte não afetará, noutros aspetos, o regime jurídico das águas que formam esses estreitos, nem o exercício, pelos Estados ribeirinhos do estreito, da sua soberania ou da sua jurisdição sobre essas águas, seu espaço aéreo sobrejacente, leito e subsolo.

2. A soberania ou a jurisdição dos Estados ribeirinhos do estreito é exercida de conformidade com a presente Parte e as demais normas de Direito Internacional.

Artigo 35º - Âmbito de aplicação da presente Parte

Nenhuma das disposições da presente Parte afeta:

a) Qualquer área das águas interiores situadas num estreito, exceto quando o traçado de uma linha de base reta, de conformidade com o método estabelecido no artigo 7º, tiver o efeito de englobar nas águas interiores áreas que anteriormente não eram consideradas como tais;

b) O regime jurídico das águas situadas além do mar territorial dos Estados ribeirinhos de um estreito como zonas económicas exclusivas ou alto mar; ou *c*) O regime jurídico dos estreitos em que a passagem esteja regulamentada, total ou parcialmente, por convenções internacionais de longa data em vigor que a eles se refiram especificamente.

Artigo 36º – Rotas de alto mar ou rotas que atravessem uma zona económica exclusiva através de estreitos utilizados para a navegação internacional

A presente Parte não se aplica a um estreito utilizado para a navegação internacional se por esse estreito passar uma rota de alto mar ou uma rota que atravesse uma zona económica exclusiva, igualmente convenientes pelas suas características hidrográficas e de navegação; em tais rotas aplicam-se as outras partes pertinentes da Convenção, incluindo as disposições relativas à liberdade de navegação e sobrevoo.

SECÇÃO II – Passagem em trânsito

Artigo 37º – Âmbito de aplicação da presente secção

A presente secção aplica-se a estreitos utilizados para a navegação internacional entre uma parte do alto mar ou uma zona económica exclusiva e uma outra parte do alto mar ou uma zona económica exclusiva.

Artigo 38º – Direito de passagem em trânsito

1. Nos estreitos a que se refere o artigo 37º, todos os navios e aeronaves gozam do direito de passagem em trânsito, que não será impedido a não ser que o estreito seja formado por uma ilha de um Estado ribeirinho desse estreito e o seu território continental e do outro lado da ilha exista uma rota de alto mar ou uma rota que passe por uma zona económica exclusiva, igualmente convenientes pelas suas características hidrográficas e de navegação.

2. «Passagem em trânsito» significa o exercício, de conformidade com a presente Parte, da liberdade de navegação e sobrevoo exclusivamente para fins de trânsito contínuo e rápido pelo estreito entre uma parte do alto mar ou de uma zona económica exclusiva e uma outra parte do alto mar ou uma zona económica exclusiva. Contudo, a exigência de trânsito contínuo e rápido não impede a passagem pelo estreito para entrar no território do Estado ribeirinho ou dele sair ou a ele regressar sujeito às condições que regem a entrada no território desse Estado.

3. Qualquer atividade que não constitua um exercício do direito de passagem em trânsito por um estreito fica sujeita às demais disposições aplicáveis da presente Convenção.

Artigo 39º – Deveres dos navios e aeronaves durante a passagem em trânsito

1. Ao exercer o direito de passagem em trânsito, os navios e aeronaves devem:

a) Atravessar ou sobrevoar o estreito sem demora;

b) Abster-se de qualquer ameaça ou uso da força contra a soberania, a integridade territorial ou a independência política dos Estados ribeirinhos do estreito ou de qualquer outra ação contrária aos princípios de Direito Internacional enunciados na Carta das Nações Unidas;

c) Abster-se de qualquer atividade que não esteja relacionada com as modalidades normais de trânsito contínuo e rápido, salvo em caso de força maior ou de dificuldade grave;

d) Cumprir as demais disposições pertinentes da presente Parte.

2. Os navios de passagem em trânsito devem:

a) Cumprir os regulamentos, procedimentos e práticas internacionais de segurança no mar geralmente aceites, inclusive as Regras Internacionais para a Prevenção de Abalroamentos no Mar;

b) Cumprir os regulamentos, procedimentos e práticas internacionais geralmente aceites para a prevenção, a redução e o controlo da poluição proveniente de navios.

3. As aeronaves de passagem em trânsito devem:

a) Observar as Normas de Trânsito Aéreo estabelecidas pela Organização da Aviação Civil Internacional aplicáveis às aeronaves civis; as aeronaves do Estado cumprirão normalmente essas medidas de segurança e agirão sempre tendo em conta a segurança da navegação;

b) Manter sempre sintonizada a radiofrequência atribuída pela autoridade competente de controlo de tráfego aéreo designada internacionalmente ou a correspondente radiofrequência internacional de socorro.

Artigo 40º – Atividades de investigação e levantamentos hidrográficos

Durante a passagem em trânsito pelos estreitos, os navios estrangeiros, incluindo navios de investigação científica marinha e navios hidrográficos, não podem efetuar quaisquer atividades de investigação ou de levantamentos hidrográficos sem autorização prévia dos Estados ribeirinhos dos estreitos.

Artigo 41º – Rotas marítimas e sistemas de separação de tráfego em estreitos utilizados para a navegação internacional

1. Os Estados ribeirinhos de estreitos podem, de conformidade com as disposições da presente Parte, designar rotas marítimas e estabelecer sistemas de separação de tráfego para a navegação pelos estreitos, sempre que a segurança da passagem dos navios o exija.

2. Tais Estados podem, quando as circunstâncias o exijam e após terem dado a devida publicidade a esta medida, substituir por outras rotas marítimas ou sistemas de separação de tráfego quaisquer rotas marítimas ou sistemas de separação de tráfego por eles anteriormente designados ou prescritos.

3. Tais rotas marítimas e sistemas de separação de tráfego devem ajustar-se à regulamentação internacional geralmente aceite.

4. Antes de designar ou substituir rotas marítimas ou de estabelecer ou substituir sistemas de separação de tráfego, os Estados ribeirinhos de estreitos devem submeter as suas propostas à organização internacional competente para sua adoção. A organização só pode adotar as rotas marítimas e os sistemas de separação de tráfego que tenham sido acordados com os Estados ribeirinhos dos estreitos, após o que estes Estados poderão designar, estabelecer ou substituir as rotas marítimas ou os sistemas de separação de tráfego.

5. No caso de um estreito, em que se proponham a criação de rotas marítimas ou sistemas de separação de tráfego que atravessem as águas de dois ou mais Estados ribeirinhos do estreito, os Estados interessados cooperarão na formulação de propostas em consulta com a organização internacional competente.

6. Os Estados ribeirinhos de estreitos indicarão claramente todas as rotas marítimas e sistemas de separação de tráfego por eles designados ou prescritos em cartas de navegação às quais darão a devida publicidade.

7. Os navios de passagem em trânsito respeitarão as rotas marítimas e sistemas de separação de tráfego aplicáveis, estabelecidos de conformidade com as disposições do presente artigo.

Artigo 42º – Leis e regulamentos dos Estados ribeirinhos de estreitos relativos à passagem em trânsito

1. Nos termos das disposições da presente secção, os Estados ribeirinhos de estreitos podem adotar leis e regulamentos relativos à passagem em trânsito pelos estreitos no que respeita a todos ou a alguns dos seguintes pontos:

a) A segurança da navegação e a regulamentação do tráfego marítimo, de conformidade com as disposições do artigo 41º;

b) A prevenção, redução e controlo da poluição em cumprimento das regulamentações internacionais aplicáveis relativas a descarga no estreito de hidrocarbonetos, de resíduos de petróleo e de outras substâncias nocivas;

c) No caso de embarcações de pesca, a proibição de pesca, incluindo o acondicionamento dos aparelhos de pesca;

d) O embarque ou desembarque de produto, moeda ou pessoa em contravenção das leis e regulamentos aduaneiros, fiscais, de imigração ou sanitários dos Estados ribeirinhos de estreitos.

2. Tais leis e regulamentos não farão discriminação de direito ou de facto entre os navios estrangeiros, nem a sua aplicação terá, na prática, o efeito de negar, dificultar ou impedir o direito de passagem em trânsito tal como definido na presente secção.

3. Os Estados ribeirinhos de estreitos darão a devida publicidade a todas essas leis e regulamentos.

4. Os navios estrangeiros que exerçam o direito de passagem em trânsito cumprirão essas leis e regulamentos.

5. O Estado de bandeira de um navio ou o Estado de registo de uma aeronave que goze de imunidade soberana e atue de forma contrária a essas leis e regulamentos ou a outras disposições da presente Parte incorrerá em responsabilidade internacional por qualquer perda ou dano causado aos Estados ribeirinhos de estreitos.

Artigo 43º – Instalações de segurança e de auxílio à navegação e outros dispositivos. Prevenção, redução e controlo da poluição

Os Estados usuários e os Estados ribeirinhos de um estreito deveriam cooperar mediante acordos para:

a) O estabelecimento e manutenção, no estreito, das instalações de segurança e auxílio necessárias à navegação ou de outros dispositivos destinados a facilitar a navegação internacional; e

b) A prevenção, redução e controlo da poluição proveniente de navios.

Artigo 44º – Deveres dos Estados ribeirinhos de estreitos

Os Estados ribeirinhos de um estreito não impedirão a passagem em trânsito e darão a devida publicidade a qualquer perigo de que tenham conhecimento e que ameace a navegação no estreito ou o sobrevoo do mesmo. Não haverá nenhuma suspensão da passagem em trânsito.

SECÇÃO III – Passagem inofensiva

Artigo 45º – Passagem inofensiva

1. O regime de passagem inofensiva, de conformidade com a secção III da parte II, aplicar-se-á a estreitos utilizados para a navegação internacional:

a) Excluídos da aplicação do regime de passagem em trânsito, em virtude do nº 1 do artigo 38º; ou

b) Situados entre uma parte de alto mar ou uma zona económica exclusiva e o mar territorial de um Estado estrangeiro.

2. Não haverá nenhuma suspensão da passagem inofensiva por tais estreitos.

PARTE IV – Estados Arquipélagos

Artigo 46º – Expressões utilizadas

Para efeitos da presente Convenção:

a) «Estado arquipélago» significa um Estado constituído totalmente por um ou vários arquipélagos, podendo incluir outras ilhas;

b) «Arquipélago» significa um grupo de ilhas, incluindo partes de ilhas, as águas circunjacentes e outros elementos naturais, que estejam tão estreitamente relacionados entre si que essas ilhas, águas e outros elementos naturais formem intrinsecamente uma entidade geográfica, económica e política ou que historicamente tenham sido considerados como tal.

Artigo 47º – Linhas de base arquipelágicas

1. O Estado arquipélago pode traçar linhas de base arquipelágicas retas que unam os pontos extremos das ilhas mais exteriores e dos recifes emergentes do arquipélago, com a condição de que dentro dessas linhas de base

estejam compreendidas as principais ilhas e uma zona em que a razão entre a superfície marítima e a superfície terrestre, incluindo os atóis, se situe entre um para um e nove para um.

2. O comprimento destas linhas de base não deve exceder 100 milhas marítimas, admitindo-se, no entanto, que até 3% do número total das linhas de base que encerram qualquer arquipélago possam exceder esse comprimento, até um máximo de 125 milhas marítimas.

3. O traçado de tais linhas de base não se deve desviar consideravelmente da configuração geral do arquipélago.

4. Tais linhas de base não serão traçadas em direção aos baixios a descoberto, nem a partir deles, a não ser que sobre os mesmos se tenham construído faróis ou instalações análogas, que estejam permanentemente acima do nível do mar ou quando um baixio a descoberto esteja total ou parcialmente situado a uma distância da ilha mais próxima que não exceda a largura do mar territorial.

5. O sistema de tais linhas de base não pode ser aplicado por um Estado arquipélago de modo a separar do alto mar ou de uma zona económica exclusiva o mar territorial de outro Estado.

6. Se uma parte das águas arquipelágicas de um Estado arquipélago estiver situada entre duas partes de um Estado vizinho imediatamente adjacente, os direitos existentes e quaisquer outros interesses legítimos que este Estado tenha exercido tradicionalmente em tais águas e todos os direitos estipulados em acordos concluídos entre os dois Estados continuarão em vigor e serão respeitados.

7. Para fins de cálculo da razão entre a superfície marítima e a superfície terrestre, a que se refere o nº 1, as superfícies podem incluir águas situadas no interior das cadeias dos recifes de ilhas e atóis, incluindo a parte de uma plataforma oceânica com face lateral abrupta que se encontre encerrada, ou quase, por uma cadeia de ilhas calcárias e de recifes emergentes situados no perímetro da plataforma.

8. As linhas de base traçadas de conformidade com o presente artigo devem ser apresentadas em cartas de escala ou escalas adequadas para a determinação da sua posição. Tais cartas podem ser substituídas por listas de coordenadas geográficas de pontos, em que conste especificamente a origem geodésica.

9. O Estado arquipélago deve dar a devida publicidade a tais cartas ou listas de coordenadas geográficas e deve depositar um exemplar de cada carta ou lista junto do Secretário-Geral das Nações Unidas.

Artigo 48º – Medição da largura do mar territorial, da zona contígua, da zona económica exclusiva e da plataforma continental

A largura do mar territorial, da zona contígua, da zona económica exclusiva e da plataforma continental é medida a partir das linhas de base arquipelágicas traçadas de conformidade com o artigo 47º

Artigo 49º – Regime jurídico das águas arquipelágicas, do espaço aéreo sobre águas arquipelágicas e do leito e subsolo dessas águas arquipelágicas

1. A soberania de um Estado arquipélago estende-se às águas encerradas pelas linhas de base arquipelágicas, traçadas de conformidade com o artigo 47º, denominadas águas arquipelágicas, independentemente da sua profundidade ou da sua distância da costa.

2. Esta soberania estende-se ao espaço aéreo situado sobre as águas arquipelágicas e ao seu leito e subsolo, bem como aos recursos neles existentes.

3. Esta soberania é exercida de conformidade com as disposições da presente Parte.

4. O regime de passagem pelas rotas marítimas arquipelágicas, estabelecido na presente Parte, não afeta em outros aspetos o regime jurídico das águas arquipelágicas, inclusive o das rotas marítimas, nem o exercício pelo Estado arquipélago de sua soberania sobre essas águas, seu espaço aéreo sobrejacente e seu leito e subsolo, bem como sobre os recursos neles existentes.

Artigo 50º – Delimitação das águas interiores

Dentro das suas águas arquipelágicas, o Estado arquipélago pode traçar linhas de fecho para a delimitação das águas interiores, de conformidade com os artigos 9º, 10º e 11º

Artigo 51º – Acordos existentes, direitos de pesca tradicionais e cabos submarinos existentes

1. Sem prejuízo das disposições do artigo 49º, os Estados arquipélagos respeitarão os acordos existentes com outros Estados e reconhecerão os direitos de pesca tradicionais e outras atividades legítimas dos Estados vizinhos imediatamente adjacentes em certas áreas situadas nas águas arquipelágicas. As modalidades e condições para o exercício de tais direi-

tos e atividades, incluindo a natureza, o alcance e as áreas em que se aplicam, serão, a pedido de qualquer dos Estados interessados, reguladas por acordos bilaterais entre eles. Tais direitos não poderão ser transferidos a terceiros Estados ou a seus nacionais, nem por eles compartilhados.

2. Os Estados arquipélagos respeitarão os cabos submarinos existentes que tenham sido colocados por outros Estados e que passem por suas águas sem tocar terra. Os Estados arquipélagos permitirão a conservação e a substituição de tais cabos, uma vez recebida a devida notificação da sua localização e da intenção de os reparar ou substituir.

Artigo 52º – Direito de passagem inofensiva

1. Nos termos do artigo 53º e sem prejuízo do disposto no artigo 50º, os navios de todos os Estados gozam do direito de passagem inofensiva pelas águas arquipelágicas, de conformidade com a secção III da Parte II.

2. O Estado arquipélago pode, sem discriminação de direito ou de facto entre navios estrangeiros, suspender temporariamente, e em determinadas áreas das suas águas arquipelágicas, a passagem inofensiva de navios estrangeiros, se tal suspensão for indispensável para a proteção da sua segurança. A suspensão só produzirá efeito depois de ter sido devidamente publicada.

Artigo 53º – Direito de passagem pelas rotas marítimas arquipelágicas

1. O Estado arquipélago pode designar rotas marítimas e rotas aéreas a elas sobrejacentes adequadas à passagem contínua e rápida de navios e aeronaves estrangeiros por ou sobre suas águas arquipelágicas e o mar territorial adjacente.

2. Todos os navios e aeronaves gozam do direito de passagem pelas rotas marítimas arquipelágicas, em tais rotas marítimas e aéreas.

3. A passagem pelas rotas marítimas arquipelágicas significa o exercício, de conformidade com a presente Convenção, dos direitos de navegação e sobrevoo de modo normal, exclusivamente para fins de trânsito contínuo, rápido e sem entraves entre uma parte do alto mar ou de uma zona económica exclusiva e uma outra parte do alto mar ou de uma zona económica exclusiva.

4. Tais rotas marítimas e aéreas atravessarão as águas arquipelágicas e o mar territorial adjacente e incluirão todas as rotas normais de passagem utilizadas como tais na navegação internacional através das águas arquipe-

lágicas ou da navegação aérea internacional no espaço aéreo sobrejacente e, dentro de tais rotas, no que se refere a navios, todos os canais normais de navegação, desde que não seja necessário uma duplicação de rotas com conveniência similar entre os mesmos pontos de entrada e de saída.

5. Tais rotas marítimas e aéreas devem ser definidas por uma série de linhas axiais contínuas desde os pontos de entrada das rotas de passagem até aos pontos de saída. Os navios e aeronaves, na sua passagem pelas rotas marítimas arquipelágicas, não podem afastar-se mais de 25 milhas marítimas para cada lado dessas linhas axiais, ficando estabelecido que não podem navegar a uma distância da costa inferior a 10% da distância entre os pontos mais próximos situados em ilhas que circundam as rotas marítimas.

6. O Estado arquipélago que designa rotas marítimas de conformidade com o presente artigo pode também estabelecer sistemas de separação de tráfego para a passagem segura dos navios através de canais estreitos em tais rotas marítimas.

7. O Estado arquipélago pode, quando as circunstâncias o exijam, e após ter dado a devida publicidade a esta medida, substituir por outras rotas marítimas ou sistemas de separação de tráfego quaisquer rotas marítimas ou sistemas de separação de tráfego por ele anteriormente designados ou prescritos.

8. Tais rotas marítimas e sistemas de separação de tráfego devem ajustar-se à regulamentação internacional geralmente aceite.

9. Ao designar ou substituir rotas marítimas ou estabelecer ou substituir sistemas de separação de tráfego, o Estado arquipélago deve submeter propostas à organização internacional competente para a sua adoção. A organização só pode adotar as rotas marítimas e os sistemas de separação de tráfego acordados com o Estado arquipélago, após o que o Estado arquipélago pode designar, estabelecer ou substituir as rotas marítimas ou os sistemas de separação de tráfego.

10. O Estado arquipélago indicará claramente os eixos das rotas marítimas e os sistemas de separação de tráfego por ele designados ou prescritos em cartas de navegação, às quais dará a devida publicidade.

11. Os navios, durante a passagem pelas rotas marítimas arquipelágicas, devem respeitar as rotas marítimas e os sistemas de separação de tráfego aplicáveis, estabelecidos de conformidade com o presente artigo.

12. Se um Estado arquipélago não designar rotas marítimas ou aéreas, o direito de passagem por rotas marítimas arquipelágicas pode ser exercido através das rotas utilizadas normalmente para a navegação internacional.

Artigo 54º – Deveres dos navios e aeronaves durante a passagem, atividades de investigação e levantamentos hidrográficos, deveres do Estado arquipélago e leis e regulamentos do Estado arquipélago relativos à passagem pelas rotas marítimas arquipelágicas

Os artigos 39º, 40º, 42º e 44º aplicam-se, *mutatis mutandis*, à passagem pelas rotas marítimas arquipelágicas.

PARTE V – Zona Económica Exclusiva

Artigo 55º – Regime jurídico específico da zona económica exclusiva

A zona económica exclusiva é uma zona situada além do mar territorial e a este adjacente, sujeita ao regime jurídico específico estabelecido na presente Parte, segundo o qual os direitos e a jurisdição do Estado costeiro e os direitos e liberdades dos demais Estados são regidos pelas disposições pertinentes da presente Convenção.

Artigo 56º – Direitos, jurisdição e deveres do Estado costeiro na zona económica exclusiva

1. Na zona económica exclusiva, o Estado costeiro tem:

a) Direitos de soberania para fins de exploração e aproveitamento, conservação e gestão dos recursos naturais, vivos ou não vivos, das águas sobrejacentes ao leito do mar, do leito do mar e seu subsolo, e no que se refere a outras atividades com vista à exploração e aproveitamento da zona para fins económicos, como a produção de energia a partir da água, das correntes e dos ventos;

b) Jurisdição, de conformidade com as disposições pertinentes da presente Convenção, no que se refere a:

i) Colocação e utilização de ilhas artificiais, instalações e estruturas;

ii) Investigação científica marinha;

iii) Proteção e preservação do meio marinho;

c) Outros direitos e deveres previstos na presente Convenção.

2. No exercício dos seus direitos e no cumprimento dos seus deveres na zona económica exclusiva nos termos da presente Convenção, o Estado costeiro terá em devida conta os direitos e deveres dos outros Estados e agirá de forma compatível com as disposições da presente Convenção.

3. Os direitos enunciados no presente artigo referentes ao leito do mar e ao seu subsolo devem ser exercidos de conformidade com a Parte VI da presente Convenção.

Artigo 57º – Largura da zona económica exclusiva

A zona económica exclusiva não se estenderá além de 200 milhas marítimas das linhas de base a partir das quais se mede a largura do mar territorial.

Artigo 58º – Direitos e deveres de outros Estados na zona económica exclusiva

1. Na zona económica exclusiva, todos os Estados, quer costeiros quer sem litoral, gozam, nos termos das disposições da presente Convenção, das liberdades de navegação e sobrevoo e de colocação de cabos e ductos submarinos, a que se refere o artigo 87º, bem como de outros usos do mar internacionalmente lícitos, relacionados com as referidas liberdades, tais como os ligados à operação de navios, aeronaves, cabos e ductos submarinos e compatíveis com as demais disposições da presente Convenção.

2. Os artigos 88º a 115º e demais normas pertinentes de Direito Internacional aplicam-se à zona económica exclusiva na medida em que não sejam incompatíveis com a presente Parte.

3. No exercício dos seus direitos e no cumprimento dos seus deveres na zona económica exclusiva, nos termos da presente Convenção, os Estados terão em devida conta os direitos e deveres do Estado costeiro e cumprirão as leis e regulamentos por ele adotados de conformidade com as disposições da presente Convenção e demais normas de Direito Internacional, na medida em que não sejam incompatíveis com a presente Parte.

Artigo 59º – Base para a solução de conflitos relativos à atribuição de direitos e jurisdição na zona económica exclusiva

Nos casos em que a presente Convenção não atribua direitos ou jurisdição ao Estado costeiro ou a outros Estados na zona económica exclusiva, e surja um conflito entre os interesses do Estado costeiro e os de qualquer outro Estado ou Estados, o conflito deveria ser solucionado numa base de equidade e à luz de todas as circunstâncias pertinentes, tendo em conta a importância respetiva dos interesses em causa para as partes e para o conjunto da comunidade internacional.

Artigo 60º – Ilhas artificiais, instalações e estruturas na zona económica exclusiva

1. Na zona económica exclusiva, o Estado costeiro tem o direito exclusivo de construir e de autorizar e regulamentar a construção, operação e utilização de:

a) Ilhas artificiais;

b) Instalações e estruturas para os fins previstos no artigo 56º e para outras finalidades económicas;

c) Instalações e estruturas que possam interferir com o exercício dos direitos do Estado costeiro na zona.

2. O Estado costeiro tem jurisdição exclusiva sobre essas ilhas artificiais, instalações e estruturas, incluindo jurisdição em matéria de leis e regulamentos aduaneiros, fiscais, de imigração, sanitários e de segurança.

3. A construção dessas ilhas artificiais, instalações ou estruturas deve ser devidamente notificada e devem ser mantidos meios permanentes para assinalar a sua presença. As instalações ou estruturas abandonadas ou inutilizadas devem ser retiradas, a fim de garantir a segurança da navegação, tendo em conta as normas internacionais geralmente aceites que tenham sido estabelecidas sobre o assunto pela organização internacional competente. Para efeitos de remoção deve ter-se em conta a pesca, a proteção do meio marinho e os direitos e obrigações de outros Estados. Deve dar-se a devida publicidade da localização, dimensão e profundidade das instalações ou estruturas que não tenham sido completamente removidas.

4. O Estado costeiro pode, se necessário, criar em volta dessas ilhas artificiais, instalações e estruturas, zonas de segurança de largura razoável, nas quais pode tomar medidas adequadas para garantir tanto a segurança da navegação como a das ilhas artificiais, instalações e estruturas.

5. O Estado costeiro determinará a largura das zonas de segurança, tendo em conta as normas internacionais aplicáveis. Essas zonas de segurança devem ser concebidas de modo a responderem razoavelmente à natureza e às funções das ilhas artificiais, instalações ou estruturas, e não excederão uma distância de 500 metros em volta destas ilhas artificiais, instalações ou estruturas, distância essa medida a partir de cada ponto do seu bordo exterior, a menos que o autorizem as normas internacionais geralmente aceites ou o recomende a organização internacional competente. A extensão das zonas de segurança será devidamente notificada.

6. Todos os navios devem respeitar essas zonas de segurança e cumprir as normas internacionais geralmente aceites relativas à navegação nas proximidades das ilhas artificiais, instalações, estruturas e zonas de segurança.

7. Não podem ser estabelecidas ilhas artificiais, instalações e estruturas nem zonas de segurança em sua volta, quando interfiram na utilização das rotas marítimas reconhecidas essenciais para a navegação internacional.

8. As ilhas artificiais, instalações e estruturas não têm o estatuto jurídico de ilhas. Não têm mar territorial próprio e a sua presença não afeta a delimitação do mar territorial, da zona económica exclusiva ou da plataforma continental.

Artigo 61º – Conservação dos recursos vivos

1. O Estado costeiro fixará as capturas permissíveis dos recursos vivos na sua zona económica exclusiva.

2. O Estado costeiro, tendo em conta os melhores dados científicos de que disponha, assegurará, por meio de medidas apropriadas de conservação e gestão, que a preservação dos recursos vivos da sua zona económica exclusiva não seja ameaçada por um excesso de captura. O Estado costeiro e as organizações competentes sub-regionais, regionais ou mundiais cooperarão, conforme o caso, para tal fim.

3. Tais medidas devem ter também a finalidade de preservar ou restabelecer as populações das espécies capturadas a níveis que possam produzir o máximo rendimento constante, determinado a partir de fatores ecológicos e económicos pertinentes, incluindo as necessidades económicas das comunidades costeiras que vivem da pesca e as necessidades especiais dos Estados em desenvolvimento, e tendo em conta os métodos de pesca, a interdependência das populações e quaisquer outras normas mínimas internacionais geralmente recomendadas, sejam elas sub-regionais, regionais ou mundiais.

4. Ao tomar tais medidas, o Estado costeiro deve ter em conta os seus efeitos sobre espécies associadas às espécies capturadas, ou delas dependentes, a fim de preservar ou restabelecer as populações de tais espécies associadas ou dependentes acima de níveis em que a sua reprodução possa ficar seriamente ameaçada.

5. Periodicamente devem ser comunicadas ou trocadas informações científicas disponíveis, estatísticas de captura e de esforço de pesca e outros

dados pertinentes para a conservação das populações de peixes, por intermédio das organizações internacionais competentes, sejam elas sub-regionais, regionais ou mundiais, quando apropriado, e com a participação de todos os Estados interessados, incluindo aqueles cujos nacionais estejam autorizados a pescar na zona económica exclusiva.

Artigo 62º – Utilização dos recursos vivos

1. O Estado costeiro deve ter por objetivo promover a utilização ótima dos recursos vivos na zona económica exclusiva, sem prejuízo do artigo 61º

2. O Estado costeiro deve determinar a sua capacidade de capturar os recursos vivos da zona económica exclusiva. Quando o Estado costeiro não tiver capacidade para efetuar a totalidade da captura permissível deve dar a outros Estados acesso ao excedente desta captura, mediante acordos ou outros ajustes e de conformidade com as modalidades, condições e leis e regulamentos mencionados no nº 4, tendo particularmente em conta as disposições dos artigos 69º e 70º, principalmente no que se refere aos Estados em desenvolvimento neles mencionados.

3. Ao dar a outros Estados acesso à sua zona económica exclusiva nos termos do presente artigo, o Estado costeiro deve ter em conta todos os fatores pertinentes, incluindo, *inter alia*, a importância dos recursos vivos da zona para a economia do Estado costeiro correspondente e para os seus outros interesses nacionais, as disposições dos artigos 69º e 70º, as necessidades dos países em desenvolvimento da sub-região ou região no que se refere à captura de parte dos excedentes, e a necessidade de reduzir ao mínimo a perturbação da economia dos Estados, cujos nacionais venham habitualmente pescando na zona ou venham fazendo esforços substanciais na investigação e identificação de populações.

4. Os nacionais de outros Estados que pesquem na zona económica exclusiva devem cumprir as medidas de conservação e as outras modalidades e condições estabelecidas nas leis e regulamentos do Estado costeiro. Tais leis e regulamentos devem estar de conformidade com a presente Convenção e podem referir-se, *inter alia*, às seguintes questões:

a) Concessão de licenças a pescadores, embarcações e equipamento de pesca, incluindo o pagamento de taxas e outros encargos que, no caso dos Estados costeiros em desenvolvimento, podem consistir numa compensação adequada em matéria de financiamento, equipamento e tecnologia da indústria da pesca;

b) Determinação das espécies que podem ser capturadas e fixação das quotas de captura, que podem referir-se seja a determinadas populações ou a grupos de populações, seja à captura por embarcação durante um período de tempo, seja à captura por nacionais de um Estado durante um período determinado;

c) Regulamentação das épocas e zonas de pesca, do tipo, tamanho e número de aparelhos, bem como do tipo, tamanho e número de embarcações de pesca que podem ser utilizados;

d) Fixação da idade e do tamanho dos peixes e de outras espécies que podem ser capturados;

e) Indicação das informações que devem ser fornecidas pelas embarcações de pesca, incluindo estatísticas das capturas e do esforço de pesca e informações sobre a posição das embarcações;

f) Execução, sob a autorização e controlo do Estado costeiro, de determinados programas de investigação no âmbito das pescas e regulamentação da realização de tal investigação, incluindo a amostragem de capturas, destino das amostras e comunicação dos dados científicos conexos;

g) Embarque, pelo Estado costeiro, de observadores ou de estagiários a bordo de tais embarcações;

h) Descarga por tais embarcações da totalidade das capturas ou de parte delas nos portos do Estado costeiro;

i) Termos e condições relativos às empresas conjuntas ou a outros ajustes de cooperação;

j) Requisitos em matéria de formação de pessoal e de transferência de tecnologia de pesca, incluindo o reforço da capacidade do Estado costeiro para empreender investigação de pesca;

k) Medidas de execução.

5. Os Estados costeiros devem dar o devido conhecimento das leis e regulamentos em matéria de conservação e gestão.

Artigo 63º – Populações existentes dentro das zonas económicas exclusivas de dois ou mais Estados costeiros ou dentro da zona económica exclusiva e numa zona exterior e adjacente à mesma

1. No caso de uma mesma população ou populações de espécies associadas se encontrarem nas zonas económicas exclusivas de dois ou mais Estados costeiros, estes Estados devem procurar, quer diretamente quer por intermédio das organizações sub-regionais ou regionais apropriadas,

concertar as medidas necessárias para coordenar e assegurar a conservação e o desenvolvimento de tais populações, sem prejuízo das demais disposições da presente parte.

2. No caso de uma mesma população ou populações de espécies associadas se encontrarem tanto na zona económica exclusiva como numa área exterior e adjacente à mesma, o Estado costeiro e os Estados que pesquem essas populações na área adjacente devem procurar, quer diretamente quer por intermédio das organizações sub-regionais apropriadas, concertar as medidas necessárias para a conservação dessas populações na área adjacente.

Artigo 64º – Espécies altamente migratórias

1. O Estado costeiro e os demais Estados cujos nacionais pesquem, na região, as espécies altamente migratórias enumeradas no Anexo I devem cooperar quer diretamente quer por intermédio das organizações internacionais apropriadas com vista a assegurar a conservação e promover o objetivo da utilização ótima de tais espécies em toda a região, tanto dentro como fora da zona económica exclusiva. Nas regiões em que não exista organização internacional apropriada, o Estado costeiro e os demais Estados cujos nacionais capturem essas espécies na região devem cooperar para criar uma organização deste tipo e devem participar nos seus trabalhos.

2. As disposições do nº 1 aplicam-se conjuntamente com as demais disposições da presente Parte.

Artigo 65º – Mamíferos marinhos

Nenhuma das disposições da presente parte restringe quer o direito de um Estado costeiro quer eventualmente a competência de uma organização internacional, conforme o caso, para proibir, limitar ou regulamentar o aproveitamento dos mamíferos marinhos de maneira mais estrita que a prevista na presente Parte. Os Estados devem cooperar com vista a assegurar a conservação dos mamíferos marinhos e, no caso dos cetáceos, devem trabalhar em particular, por intermédio de organizações internacionais apropriadas, para a sua conservação, gestão e estudo.

Artigo 66º – Populações de peixes anádromos

1. Os Estados em cujos rios se originem as populações de peixes anádromos devem ter por tais populações interesse e responsabilidade primordiais.

2. O Estado de origem das populações de peixes anádromos deve assegurar a sua conservação mediante a adoção de medidas apropriadas de regulamentação da pesca em todas as águas situadas dentro dos limites exteriores da sua zona económica exclusiva, bem como da pesca a que se refere a alínea *b*) do nº 3. O Estado de origem pode, após consulta com os outros Estados mencionados nos nºs 3 e 4 que pesquem essas populações, fixar as capturas totais permissíveis das populações originárias dos seus rios.

3. *a*) A pesca das populações de peixes anádromos só pode ser efetuada nas águas situadas dentro dos limites exteriores da zona económica exclusiva, exceto nos casos em que esta disposição possa acarretar perturbações económicas para um outro Estado que não o Estado de origem. No que se refere a tal pesca além dos limites exteriores da zona económica exclusiva, os Estados interessados procederão a consultas com vista a chegarem a acordo sobre modalidades e condições de tal pesca, tendo em devida consideração as exigências da conservação e as necessidades do Estado de origem no que se refere a tais populações.

b) O Estado de origem deve cooperar para reduzir ao mínimo as perturbações económicas causadas a outros Estados que pesquem essas populações, tendo em conta a captura normal e o modo de operação utilizado por esses Estados, bem como todas as zonas em que tal pesca tenha sido efetuada.

c) Os Estados mencionados na alínea *b*) que, por meio de acordos com o Estado de origem, participem em medidas para renovar as populações de peixes anádromos, particularmente com despesas feitas para esse fim, devem receber especial consideração do Estado de origem no que se refere à captura de populações originárias dos seus rios.

d) A aplicação dos regulamentos relativos às populações de peixes anádromos além da zona económica exclusiva deve ser feita por acordo entre o Estado de origem e os outros Estados interessados.

4. Quando as populações de peixes anádromos migrem para ou através de águas situadas dentro dos limites exteriores da zona económica exclusiva de um outro Estado que não seja o Estado de origem, esse Estado cooperará com o Estado de origem no que se refere à conservação e gestão de tais populações.

5. O Estado de origem das populações de peixes anádromos e os outros Estados que pesquem estas populações devem concluir ajustes para a apli-

cação das disposições do presente artigo, quando apropriado, por intermédio de organizações regionais.

Artigo 67º – Espécies catádromas

1. O Estado costeiro em cujas águas espécies catádromas passem a maior parte do seu ciclo vital deve ser responsável pela gestão dessas espécies e deve assegurar a entrada e a saída dos peixes migratórios.

2. A captura das espécies catádromas deve ser efetuada unicamente nas águas situadas dentro dos limites exteriores das zonas económicas exclusivas. Quando efetuada nas zonas económicas exclusivas, a captura deve estar sujeita às disposições do presente artigo e demais disposições da presente Convenção relativas à pesca nessas zonas.

3. Quando os peixes catádromos migrem, antes do estado adulto ou no início desse estado, através da zona económica exclusiva de outro Estado ou Estados, a gestão dessa espécie, incluindo a sua captura, é regulamentada por acordo entre o Estado mencionado no nº 1 e o outro Estado interessado. Tal acordo deve assegurar a gestão racional das espécies e deve ter em conta as responsabilidades do Estado mencionado no nº 1, no que se refere à conservação destas espécies.

Artigo 68º – Espécies sedentárias

A presente parte não se aplica às espécies sedentárias definidas no nº 4 do artigo 77º

Artigo 69º – Direitos dos Estados sem litoral

1. Os Estados sem litoral terão o direito a participar, numa base equitativa, no aproveitamento de uma parte apropriada dos excedentes dos recursos vivos das zonas económicas exclusivas dos Estados costeiros da mesma sub-região ou região, tendo em conta os fatores económicos e geográficos pertinentes de todos os Estados interessados e de conformidade com as disposições do presente artigo e dos artigos 61º e 62º

2. Os termos e condições desta participação devem ser estabelecidos pelos Estados interessados por meio de acordos bilaterais, sub-regionais ou regionais, tendo em conta, *inter alia*:

a) A necessidade de evitar efeitos prejudiciais às comunidades de pescadores ou às indústrias de pesca do Estado costeiro;

b) A medida em que o Estado sem litoral, de conformidade com as disposições do presente artigo, participe, ou tenha o direito de participar, no aproveitamento dos recursos vivos das zonas económicas exclusivas de outros Estados costeiros, nos termos de acordos bilaterais, sub-regionais ou regionais existentes;

c) A medida em que outros Estados sem litoral e Estados geograficamente desfavorecidos participem no aproveitamento dos recursos vivos da zona económica exclusiva do Estado costeiro e a consequente necessidade de evitar uma carga excessiva para qualquer Estado costeiro ou para uma parte deste;

d) As necessidades nutricionais das populações dos respetivos Estados.

3. Quando a capacidade de captura de um Estado costeiro se aproximar de um nível em que lhe seja possível efetuar a totalidade da captura permissível dos recursos vivos da sua zona económica exclusiva, o Estado costeiro e os demais Estados interessados cooperarão no estabelecimento de ajustes equitativos numa base bilateral, sub-regional ou regional para permitir aos Estados em desenvolvimento sem litoral da mesma sub-região ou região participarem no aproveitamento dos recursos vivos das zonas económicas exclusivas do Estados costeiros da sub-região ou região de acordo com as circunstâncias e em condições satisfatórias para todas as partes. Na aplicação da presente disposição devem ser também tomados em conta os fatores mencionados no nº 2.

4. Os Estados desenvolvidos sem litoral terão, nos termos do presente artigo, direito a participar no aproveitamento dos recursos vivos só nas zonas económicas exclusivas dos Estados costeiros desenvolvidos da mesma sub-região ou região, tendo na devida conta a medida em que o Estado costeiro, ao dar acesso aos recursos vivos da sua zona económica exclusiva a outros Estados, tomou em consideração a necessidade de reduzir ao mínimo os efeitos prejudiciais para as comunidades de pescadores e as perturbações económicas nos Estados cujos nacionais tenham pescado habitualmente na zona.

5. As disposições precedentes são aplicadas sem prejuízo dos ajustes concluídos nas sub-regiões ou regiões onde os Estados costeiros possam conceder a Estados sem litoral, da mesma sub-região ou região, direitos iguais ou preferenciais para o aproveitamento dos recursos vivos nas zonas económicas exclusivas.

Artigo 70º – Direitos dos Estados geograficamente desfavorecidos

1. Os Estados geograficamente desfavorecidos terão direito a participar, numa base equitativa, no aproveitamento de uma parte apropriada dos

excedentes dos recursos vivos das zonas económicas exclusivas dos Estados costeiros da mesma sub-região ou região, tendo em conta os fatores económicos e geográficos pertinentes de todos os Estados interessados e de conformidade com as disposições do presente artigo e dos artigos 61º e 62º.

2. Para os fins da presente Convenção, «Estados geograficamente desfavorecidos» significa os Estados costeiros, incluindo Estados ribeirinhos de mares fechados ou semifechados, cuja situação geográfica os torne dependentes do aproveitamento dos recursos vivos das zonas económicas exclusivas de outros Estados da sub-região ou região para permitir um adequado abastecimento de peixe para fins nutricionais da sua população ou de parte dela, e Estados costeiros que não possam reivindicar zonas económicas exclusivas próprias.

3. Os termos e condições desta participação devem ser estabelecidos pelos Estados interessados por meio de acordos bilaterais, sub-regionais ou regionais, tendo em conta, *inter alia*:

a) A necessidade de evitar efeitos prejudiciais às comunidades de pescadores ou às indústrias de pesca do Estado costeiro;

b) A medida em que o Estado geograficamente desfavorecido, de conformidade com as disposições do presente artigo, participe ou tenha o direito a participar no aproveitamento dos recursos vivos das zonas económicas exclusivas de outros Estados costeiros nos termos de acordos bilaterais, sub-regionais ou regionais existentes;

c) A medida em que outros Estados geograficamente desfavorecidos e Estados sem litoral participem no aproveitamento dos recursos vivos da zona económica exclusiva do Estado costeiro e a consequente necessidade de evitar uma carga excessiva para qualquer Estado costeiro ou para uma parte deste;

d) As necessidades nutricionais das populações dos respetivos Estados.

4. Quando a capacidade de captura de um Estado costeiro se aproximar de um nível em que lhe seja possível efetuar a totalidade da captura permissível dos recursos vivos da sua zona económica exclusiva, o Estado costeiro e os demais Estados interessados cooperarão no estabelecimento de ajustes equitativos numa base bilateral, sub-regional ou regional, para permitir aos Estados em desenvolvimento geograficamente desfavorecidos da mesma sub-região ou região participarem no aproveitamento dos recursos vivos das zonas económicas exclusivas dos Estados costeiros da sub-região ou região de acordo com as circunstâncias e em condições satis-

fatórias para todas as partes. Na aplicação da presente disposição devem ser também tomados em conta os fatores mencionados no nº 3.

5. Os Estados desenvolvidos geograficamente desfavorecidos terão, nos termos do presente artigo, direito a participar no aproveitamento dos recursos vivos só nas zonas económicas exclusivas dos Estados costeiros desenvolvidos da mesma sub-região ou região, tendo na devida conta a medida em que o Estado costeiro, ao dar acesso aos recursos vivos da sua zona económica exclusiva a outros Estados, tomou em consideração a necessidade de reduzir ao mínimo os efeitos prejudiciais para as comunidades de pescadores e as perturbações económicas nos Estados cujos nacionais tenham pescado habitualmente na zona.

6. As disposições precedentes serão aplicadas sem prejuízo dos ajustes concluídos nas sub-regiões ou regiões onde os Estados costeiros possam conceder a Estados geograficamente desfavorecidos da mesma sub-região ou região direitos iguais ou preferenciais para o aproveitamento dos recursos vivos nas zonas económicas exclusivas.

Artigo 71º – Não aplicação dos artigos 69º e 70º

As disposições dos artigos 69º e 70º não se aplicam a um Estado costeiro cuja economia dependa preponderantemente do aproveitamento dos recursos vivos da sua zona económica exclusiva.

Artigo 72º – Restrições na transferência de direitos

1. Os direitos conferidos nos termos dos artigos 69º e 70º para o aproveitamento dos recursos vivos não serão transferidos direta ou indiretamente a terceiros Estados ou a seus nacionais por concessão ou licença, nem pela constituição de empresas conjuntas, nem por qualquer outro meio que tenha por efeito tal transferência, a não ser que os Estados interessados acordem de outro modo.

2. A disposição anterior não impede que os Estados interessados obtenham assistência técnica ou financeira de terceiros Estados ou de organizações internacionais, a fim de facilitar o exercício dos direitos de acordo com os artigos 69º e 70º, sempre que isso não tenha o efeito a que se fez referência no nº 1.

Artigo 73º – Execução de leis e regulamentos do Estado costeiro

1. O Estado costeiro pode, no exercício dos seus direitos de soberania de exploração, aproveitamento, conservação e gestão dos recursos vivos

da zona económica exclusiva, tomar as medidas que sejam necessárias, incluindo visita, inspeção, apresamento e medidas judiciais, para garantir o cumprimento das leis e regulamentos por ele adotados de conformidade com a presente Convenção.

2. As embarcações apresadas e as suas tripulações devem ser libertadas sem demora logo que prestada uma fiança idónea ou outra garantia.

3. As sanções estabelecidas pelo Estado costeiro por violações das leis e regulamentos de pesca na zona económica exclusiva não podem incluir penas privativas de liberdade, salvo acordo em contrário dos Estados interessados, nem qualquer outra forma de pena corporal.

4. Nos casos de apresamento ou retenção de embarcações estrangeiras, o Estado costeiro deve, pelos canais apropriados, notificar sem demora o Estado de bandeira das medidas tomadas e das sanções ulteriormente impostas.

Artigo 74º – Delimitação da zona económica exclusiva entre Estados com costas adjacentes ou situadas frente a frente

1. A delimitação da zona económica exclusiva entre Estados com costas adjacentes ou situadas frente a frente deve ser feita por acordo, de conformidade com o Direito Internacional, a que se faz referência no artigo 38 do Estatuto do Tribunal Internacional de Justiça, a fim de se chegar a uma solução equitativa.

2. Se não se chegar a um acordo dentro de um prazo razoável, os Estados interessados devem recorrer aos procedimentos previstos na Parte XV.

3. Enquanto não se chegar a um acordo conforme ao previsto no nº 1, os Estados interessados, num espírito de compreensão e cooperação, devem fazer todos os esforços para chegar a ajustes provisórios de caráter prático e, durante este período de transição, nada devem fazer que possa comprometer ou entravar a conclusão do acordo definitivo. Tais ajustes não devem prejudicar a delimitação definitiva.

4. Quando existir um acordo em vigor entre os Estados interessados, as questões relativas à delimitação da zona económica exclusiva devem ser resolvidas de conformidade com as disposições desse acordo.

Artigo 75º – Cartas e listas de coordenadas geográficas

1. Nos termos da presente Parte, as linhas de limite exterior da zona económica exclusiva e as linhas de delimitação traçadas de conformidade

com o artigo 74º devem ser indicadas em cartas de escala ou escalas adequadas para a determinação da sua posição. Quando apropriado, as linhas de limite exterior ou as linhas de delimitação podem ser substituídas por listas de coordenadas geográficas de pontos em que conste especificamente a sua origem geodésica.

2. O Estado costeiro deve dar a devida publicidade a tais cartas ou listas de coordenadas geográficas e deve depositar um exemplar de cada carta ou lista junto do Secretário-Geral das Nações Unidas.

PARTE VI – Plataforma Continental

Artigo 76º – Definição da plataforma continental

1. A plataforma continental de um Estado costeiro compreende o leito e o subsolo das áreas submarinas que se estendem além do seu mar territorial, em toda a extensão do prolongamento natural do seu território terrestre, até ao bordo exterior da margem continental, ou até uma distância de 200 milhas marítimas das linhas de base a partir das quais se mede a largura do mar territorial, nos casos em que o bordo exterior da margem continental não atinja essa distância.

2. A plataforma continental de um Estado costeiro não se deve estender além dos limites previstos nos nºs 4 a 6.

3. A margem continental compreende o prolongamento submerso da massa terrestre do Estado costeiro e é constituída pelo leito e subsolo da plataforma continental, pelo talude e pela elevação continental. Não compreende nem os grandes fundos oceânicos, com as suas cristas oceânicas, nem o seu subsolo.

4. *a*) Para os fins da presente Convenção, o Estado costeiro deve estabelecer o bordo exterior da margem continental, quando essa margem se estender além das 200 milhas marítimas das linhas de base, a partir das quais se mede a largura do mar territorial, por meio de:

i) Uma linha traçada de conformidade com o nº 7, com referência aos pontos fixos mais exteriores em cada um dos quais a espessura das rochas sedimentares seja pelo menos 1% da distância mais curta entre esse ponto e o pé do talude continental; ou

ii) Uma linha traçada de conformidade com o nº 7, com referência a pontos fixos situados a não mais de 60 milhas marítimas do pé do talude continental.

b) Salvo prova em contrário, o pé do talude continental deve ser determinado como o ponto de variação máxima do gradiente na sua base.

5. Os pontos fixos que constituem a linha dos limites exteriores da plataforma continental no leito do mar, traçada de conformidade com as subalíneas *i*) e *ii*) da alínea *a*) do nº 4, devem estar situados a uma distância que não exceda 350 milhas marítimas da linha de base a partir da qual se mede a largura do mar territorial ou a uma distância que não exceda 100 milhas marítimas da isóbata de 2500 metros, que é uma linha que une profundidades de 2500 metros.

6. Não obstante as disposições do nº 5, no caso das cristas submarinas, o limite exterior da plataforma continental não deve exceder 350 milhas marítimas das linhas de base a partir das quais se mede a largura do mar territorial. O presente parágrafo não se aplica a elevações submarinas que sejam componentes naturais da margem continental, tais como os seus planaltos, elevações continentais, topes, bancos e esporões.

7. O Estado costeiro deve traçar o limite exterior da sua plataforma continental, quando esta se estender além de 200 milhas marítimas das linhas de base a partir das quais se mede a largura do mar territorial, unindo, mediante linhas retas, que não excedam 60 milhas marítimas, pontos fixos definidos por coordenadas de latitude e longitude.

8. Informações sobre os limites da plataforma continental, além das 200 milhas marítimas das linhas de base a partir das quais se mede a largura do mar territorial, devem ser submetidas pelo Estado costeiro à Comissão de Limites da Plataforma Continental, estabelecida de conformidade com o Anexo II, com base numa representação geográfica equitativa. A Comissão fará recomendações aos Estados costeiros sobre questões relacionadas com o estabelecimento dos limites exteriores da sua plataforma continental. Os limites da plataforma continental estabelecidos pelo Estado costeiro com base nessas recomendações serão definitivos e obrigatórios.

9. O Estado costeiro deve depositar junto do Secretário-Geral das Nações Unidas mapas e informações pertinentes, incluindo dados geodésicos, que descrevam permanentemente os limites exteriores da sua plataforma continental. O Secretário-Geral deve dar a esses documentos a devida publicidade.

10. As disposições do presente artigo não prejudicam a questão da delimitação da plataforma continental entre Estados com costas adjacentes ou situadas frente a frente.

Artigo 77º – Direitos do Estado costeiro sobre a plataforma continental

1. O Estado costeiro exerce direitos de soberania sobre a plataforma continental para efeitos de exploração e aproveitamento dos seus recursos naturais.

2. Os direitos a que se refere o nº 1 são exclusivos no sentido de que, se o Estado costeiro não explora a plataforma continental ou não aproveita os recursos naturais da mesma, ninguém pode empreender estas atividades sem o expresso consentimento desse Estado.

3. Os direitos do Estado costeiro sobre a plataforma continental são independentes da sua ocupação, real ou fictícia, ou de qualquer declaração expressa.

4. Os recursos naturais a que se referem as disposições da presente Parte, são os recursos minerais e outros recursos não vivos do leito do mar e subsolo, bem como os organismos vivos pertencentes a espécies sedentárias, isto é, aquelas que no período de captura estão imóveis no leito do mar ou no seu subsolo ou só podem mover-se em constante contacto físico com esse leito ou subsolo.

Artigo 78º – Regime jurídico das águas e do espaço aéreo sobrejacentes e direitos e liberdades de outros Estados

1. Os direitos do Estado costeiro sobre a plataforma continental não afetam o regime jurídico das águas sobrejacentes ou do espaço aéreo acima dessas águas.

2. O exercício dos direitos do Estado costeiro sobre a plataforma continental não deve afetar a navegação ou outros direitos e liberdades dos demais Estados, previstos na presente Convenção, nem ter como resultado uma ingerência injustificada neles.

Artigo 79º – Cabos e ductos submarinos na plataforma continental

1. Todos os Estados têm o direito de colocar cabos e ductos submarinos na plataforma continental de conformidade com as disposições do presente artigo.

2. Sob reserva do seu direito de tomar medidas razoáveis para a exploração da plataforma continental, o aproveitamento dos seus recursos naturais e a prevenção, redução e controlo da poluição causada por ductos, o Estado costeiro não pode impedir a colocação ou a manutenção dos referidos cabos ou ductos.

3. O traçado da linha para a colocação de tais ductos na plataforma continental fica sujeito ao consentimento do Estado costeiro.

4. Nenhuma das disposições da presente Parte afeta o direito do Estado costeiro de estabelecer condições para os cabos e ductos que penetrem no seu território ou no seu mar territorial, nem a sua jurisdição sobre os cabos e ductos construídos ou utilizados em relação com a exploração da sua plataforma continental ou com o aproveitamento dos seus recursos, ou com o funcionamento de ilhas artificiais, instalações e estruturas sob sua jurisdição.

5. Quando colocarem cabos ou ductos submarinos, os Estados devem ter em devida conta os cabos ou ductos já instalados. Em particular, não devem dificultar a possibilidade de reparar os cabos ou ductos existentes.

Artigo 80º – Ilhas artificiais, instalações e estruturas na plataforma continental

O artigo 60º aplica-se, *mutatis mutandis,* às ilhas artificiais, instalações e estruturas sobre a plataforma continental.

Artigo 81º – Perfurações na plataforma continental

O Estado costeiro terá o direito exclusivo de autorizar e regulamentar as perfurações na plataforma continental, quaisquer que sejam os fins.

Artigo 82º – Pagamentos e contribuições relativos ao aproveitamento da plataforma continental além de 200 milhas marítimas

1. O Estado costeiro deve efetuar pagamentos ou contribuições em espécie relativos ao aproveitamento dos recursos não vivos da plataforma continental além de 200 milhas marítimas das linhas de base, a partir das quais se mede a largura do mar territorial.

2. Os pagamentos e contribuições devem ser efetuados anualmente em relação a toda a produção de um sítio após os primeiros cinco anos de produção nesse sítio. No sexto ano, a taxa de pagamento ou contribuição será de 1% do valor ou volume da produção no sítio. A taxa deve aumentar 1% em cada ano seguinte até ao décimo segundo ano, e daí por diante deve ser mantida em 7%. A produção não deve incluir os recursos utilizados em relação com o aproveitamento.

3. Um Estado em desenvolvimento que seja importador substancial de um recurso mineral extraído da sua plataforma continental fica isento desses pagamentos ou contribuições em relação a esse recurso mineral.

4. Os pagamentos ou contribuições devem ser efetuados por intermédio da Autoridade, que os distribuirá entre os Estados Partes na presente Convenção na base de critérios de repartição equitativa, tendo em conta os interesses e necessidades dos Estados em desenvolvimento, particularmente entre eles, os menos desenvolvidos e os sem litoral.

Artigo 83º – Delimitação da plataforma continental entre Estados com costas adjacentes ou situadas frente a frente

1. A delimitação da plataforma continental entre Estados com costas adjacentes ou situadas frente a frente deve ser feita por acordo, de conformidade com o Direito Internacional a que se faz referência no artigo 38º do Estatuto do Tribunal Internacional de Justiça, a fim de se chegar a uma solução equitativa.

2. Se não se chegar a acordo dentro de um prazo razoável, os Estados interessados devem recorrer aos procedimentos previstos na Parte XV.

3. Enquanto não se chegar a um acordo conforme ao previsto no nº 1, os Estados interessados, num espírito de compreensão e cooperação, devem fazer todos os esforços para chegar a ajustes provisórios de caráter prático e, durante este período de transição, nada devem fazer que possa comprometer ou entravar a conclusão do acordo definitivo. Tais ajustes não devem prejudicar a delimitação definitiva.

4. Quando existir um acordo em vigor entre os Estados interessados, as questões relativas à delimitação da plataforma continental devem ser resolvidas de conformidade com as disposições desse acordo.

Artigo 84º – Cartas e listas de coordenadas geográficas

1. Nos termos da presente parte, as linhas de limite exterior da plataforma continental e as linhas de delimitação traçadas de conformidade com o artigo 83º devem ser indicadas em cartas de escala ou escalas adequadas para a determinação da sua posição. Quando apropriado, as linhas de limite exterior ou as linhas de delimitação podem ser substituídas por listas de coordenadas geográficas de pontos, em que conste especificamente a sua origem geodésica.

2. O Estado costeiro deve dar a devida publicidade a tais cartas ou listas de coordenadas geográficas e deve depositar um exemplar de cada carta ou lista junto do Secretário-Geral das Nações Unidas e, no caso daquelas que indicam as linhas de limite exterior da plataforma continental, junto do Secretário-Geral da Autoridade.

Artigo 85º – Escavação de túneis

A presente parte não prejudica o direito do Estado costeiro de aproveitar o subsolo por meio de escavação de túneis, independentemente da profundidade das águas no local considerado.

PARTE VII – Alto Mar

SECÇÃO I – Disposições gerais

Artigo 86º – Âmbito de aplicação da presente Parte

As disposições da presente Parte aplicam-se a todas as partes do mar não incluídas na zona económica exclusiva, no mar territorial ou nas águas interiores de um Estado, nem nas águas arquipelágicas de um Estado arquipélago. O presente artigo não implica limitação alguma das liberdades de que gozam todos os Estados na zona económica exclusiva de conformidade com o artigo 58º

Artigo 87º – Liberdade do alto mar

1. O alto mar está aberto a todos os Estados, quer costeiros quer sem litoral. A liberdade do alto mar é exercida nas condições estabelecidas na presente Convenção e nas demais normas de direito internacional. Compreende, *inter alia*, para os Estados quer costeiros quer sem litoral:

a) Liberdade de navegação;

b) Liberdade de sobrevoo;

c) Liberdade de colocar cabos e ductos submarinos nos termos da Parte VI;

d) Liberdade de construir ilhas artificiais e outras instalações permitidas pelo Direito Internacional, nos termos da Parte VI;

e) Liberdade de pesca nos termos das condições enunciadas na secção II;

f) Liberdade de investigação científica, nos termos das Partes VI e XIII.

2. Tais liberdades devem ser exercidas por todos os Estados, tendo em devida conta os interesses de outros Estados no seu exercício da liberdade do alto mar, bem como os direitos relativos às atividades na Área previstos na presente Convenção.

Artigo 88º – Utilização do alto mar para fins pacíficos

O alto mar será utilizado para fins pacíficos.

Artigo 89º – Ilegitimidade das reivindicações de soberania sobre o alto mar

Nenhum Estado pode legitimamente pretender submeter qualquer parte do alto mar à sua soberania.

Artigo 90º – Direito de navegação

Todos os Estados, quer costeiros quer sem litoral, têm o direito de fazer navegar no alto mar navios que arvorem a sua bandeira.

Artigo 91º – Nacionalidade dos navios

1. Todo o Estado deve estabelecer os requisitos necessários para a atribuição da sua nacionalidade a navios, para o registo de navios no seu território e para o direito de arvorar a sua bandeira. Os navios possuem a nacionalidade do Estado cuja bandeira estejam autorizados a arvorar. Deve existir um vínculo substancial entre o Estado e o navio.

2. Todo o Estado deve fornecer aos navios a que tenha concedido o direito de arvorar a sua bandeira os documentos pertinentes.

Artigo 92º – Estatuto dos navios

1. Os navios devem navegar sob a bandeira de um só Estado e, salvo nos casos excecionais previstos expressamente em tratados internacionais ou na presente Convenção, devem submeter-se, no alto mar, à jurisdição exclusiva desse Estado. Durante uma viagem ou em porto de escala, um navio não pode mudar de bandeira, a não ser no caso de transferência efetiva da propriedade ou de mudança de registo.

2. Um navio que navegue sob a bandeira de dois ou mais Estados, utilizando-as segundo as suas conveniências, não pode reivindicar qualquer dessas nacionalidades perante um terceiro Estado e pode ser considerado como um navio sem nacionalidade.

Artigo 93º – Navios arvorando a bandeira das Nações Unidas, das agências especializadas das Nações Unidas e da Agência Internacional de Energia Atómica

Os artigos precedentes não prejudicam a questão dos navios que estejam ao serviço das Nações Unidas, das agências especializadas das Nações Unidas e da Agência Internacional de Energia Atómica, arvorando a bandeira da Organização.

Artigo 94º - Deveres do Estado de bandeira

1. Todo o Estado deve exercer, de modo efetivo, a sua jurisdição e seu controlo em questões administrativas, técnicas e sociais sobre navios que arvorem a sua bandeira.

2. Em particular, todo o Estado deve:

a) Manter um registo de navios no qual figurem os nomes e as características dos navios que arvorem a sua bandeira, com exceção daqueles que, pelo seu reduzido tamanho, estejam excluídos dos regulamentos internacionais geralmente aceites; e

b) Exercer a sua jurisdição de conformidade com o seu Direito Interno sobre todo o navio que arvore a sua bandeira e sobre o capitão, os oficiais e a tripulação, em questões administrativas, técnicas e sociais que se relacionem com o navio.

3. Todo o Estado deve tomar, para os navios que arvorem a sua bandeira, as medidas necessárias para garantir a segurança no mar, no que se refere, *inter alia*, a:

a) Construção, equipamento e condições de navegabilidade do navio;

b) Composição, condições de trabalho e formação das tripulações, tendo em conta os instrumentos internacionais aplicáveis;

c) Utilização de sinais, manutenção de comunicações e prevenção de abalroamentos.

4. Tais medidas devem incluir as que sejam necessárias para assegurar que:

a) Cada navio, antes do seu registo e posteriormente, a intervalos apropriados, seja examinado por um inspetor de navios devidamente qualificado e leve a bordo as cartas, as publicações marítimas e o equipamento e os instrumentos de navegação apropriados à segurança da navegação do navio;

b) Cada navio esteja confiado a um capitão e a oficiais devidamente qualificados, em particular no que se refere à manobra, à navegação, às comunicações e à condução de máquinas, e a competência e o número dos tripulantes sejam os apropriados para o tipo, tamanho, máquinas e equipamento do navio;

c) O capitão, os oficiais e, na medida do necessário, a tripulação conheçam perfeitamente e observem os regulamentos internacionais aplicáveis que se refiram à segurança da vida no mar, à prevenção de abalroamentos, à prevenção, redução e controlo da poluição marinha e à manutenção de radiocomunicações.

5. Ao tomar as medidas a que se referem os nºs 3 e 4, todo o Estado deve agir de conformidade com os regulamentos, procedimentos e práticas internacionais geralmente aceites, e fazer o necessário para garantir a sua observância.

6. Todo o Estado que tenha motivos sérios para acreditar que a jurisdição e o controlo apropriados sobre um navio não foram exercidos pode comunicar os factos ao Estado de bandeira. Ao receber tal comunicação, o Estado de bandeira investigará o assunto e, se for o caso, deve tomar todas as medidas necessárias para corrigir a situação.

7. Todo o Estado deve ordenar a abertura de um inquérito, efetuado por ou perante uma pessoa ou pessoas devidamente qualificadas, em relação a qualquer acidente marítimo ou incidente de navegação no alto mar, que envolva um navio arvorando a sua bandeira e no qual tenham perdido a vida ou sofrido ferimentos graves nacionais de outro Estado, ou se tenham provocado danos graves a navios ou a instalações de outro Estado ou ao meio marinho. O Estado de bandeira e o outro Estado devem cooperar na realização de qualquer investigação que este último efetue em relação a esse acidente marítimo ou incidente de navegação.

Artigo 95º – Imunidade dos navios de guerra no alto mar

Os navios de guerra no alto mar gozam de completa imunidade de jurisdição relativamente a qualquer outro Estado que não seja o da sua bandeira.

Artigo 96º – Imunidade dos navios utilizados unicamente em serviço oficial não comercial

Os navios pertencentes a um Estado ou por ele operados e utilizados unicamente em serviço oficial não comercial gozam, no alto mar, de completa imunidade de jurisdição relativamente a qualquer Estado que não seja o da sua bandeira.

Artigo 97º – Jurisdição penal em caso de abalroamento ou qualquer outro incidente de navegação

1. Em caso de abalroamento ou de qualquer outro incidente de navegação ocorrido a um navio no alto mar que possa acarretar uma responsabilidade penal ou disciplinar para o capitão ou para qualquer outra pessoa ao serviço do navio, os procedimentos penais e disciplinares contra essas pessoas só podem ser iniciados perante as autoridades judiciais ou admi-

nistrativas do Estado de bandeira ou perante as do Estado do qual essas pessoas sejam nacionais.

2. Em matéria disciplinar, só o Estado que tenha emitido um certificado de comando ou um certificado de competência ou licença é competente para, após o processo legal correspondente, decretar a retirada desses títulos, ainda que o titular não seja nacional deste Estado.

3. Nenhum apresamento ou retenção de navio pode ser ordenado, nem mesmo como medida de investigação, por outras autoridades que não as do Estado de bandeira.

Artigo 98º – Dever de prestar assistência

1. Todo o Estado deverá exigir do capitão de um navio que arvore a sua bandeira, desde que o possa fazer sem acarretar perigo grave para o navio, para a tripulação ou para os passageiros, que:

a) Preste assistência a qualquer pessoa encontrada no mar em perigo de desaparecer;

b) Se dirija, tão depressa quanto possível, em socorro de pessoas em perigo, desde que esteja informado de que necessitam de assistência e sempre que tenha uma possibilidade razoável de fazê-lo;

c) Preste, em caso de abalroamento, assistência ao outro navio, à sua tripulação e aos passageiros e, quando possível, comunique ao outro navio o nome do seu próprio navio, o porto de registo e o porto mais próximo em que fará escala.

2. Todo o Estado costeiro deve promover o estabelecimento, o funcionamento e a manutenção de um adequado e eficaz serviço de busca e salvamento para garantir a segurança marítima e aérea e, quando as circunstâncias o exigirem, cooperar para esse fim com os Estados vizinhos por meio de ajustes regionais de cooperação mútua.

Artigo 99º – Proibição do transporte de escravos

Todo o Estado deve tomar medidas eficazes para impedir e punir o transporte de escravos em navios autorizados a arvorar a sua bandeira e para impedir que, com esse fim, se use ilegalmente a sua bandeira. Todo o escravo que se refugie num navio, qualquer que seja a sua bandeira, ficará, *ipso facto*, livre.

Artigo 100º – Dever de cooperar na repressão da pirataria

Todos os Estados devem cooperar em toda a medida do possível na repressão da pirataria no alto mar ou em qualquer outro lugar que não se encontre sob a jurisdição de algum Estado.

Artigo 101º – Definição de pirataria

Constituem pirataria quaisquer dos seguintes atos:

a) Todo o ato ilícito de violência ou de detenção ou todo ato de depredação cometidos, para fins privados, pela tripulação ou pelos passageiros de um navio ou de uma aeronave privados, e dirigidos contra:

i) Um navio ou uma aeronave em alto mar ou pessoas ou bens a bordo dos mesmos;

ii) Um navio ou uma aeronave, pessoas ou bens em lugar não submetido à jurisdição de algum Estado;

b) Todo o ato de participação voluntária na utilização de um navio ou de uma aeronave, quando aquele que o pratica tenha conhecimento de factos que deem a esse navio ou a essa aeronave o caráter de navio ou aeronave pirata;

c) Toda a ação que tenha por fim incitar ou ajudar intencionalmente a cometer um dos atos enunciados nas alíneas *a*) ou *b*).

Artigo 102º – Pirataria cometida por um navio de guerra, um navio de Estado ou uma aeronave de Estado cuja tripulação se tenha amotinado

Os atos de pirataria definidos no artigo 101º, perpetrados por um navio de guerra, um navio de Estado ou uma aeronave de Estado, cuja tripulação se tenha amotinado e apoderado do navio ou aeronave, são equiparados a atos cometidos por um navio ou aeronave privados.

Artigo 103º – Definição de navio ou aeronave pirata

São considerados navios ou aeronaves piratas os navios ou aeronaves que as pessoas, sob cujo controlo efetivo se encontrem, pretendem utilizar para cometer qualquer dos atos mencionados no artigo 101º Também são considerados piratas os navios ou aeronaves que tenham servido para cometer qualquer de tais atos, enquanto se encontrem sob o controlo das pessoas culpadas desses atos.

Artigo 104º – Conservação ou perda da nacionalidade de um navio ou aeronave pirata

Um navio ou uma aeronave pode conservar a sua nacionalidade, mesmo que se tenha transformado em navio ou aeronave pirata. A conservação ou a perda da nacionalidade deve ser determinada de acordo com a lei do Estado que tenha atribuído a nacionalidade.

Artigo 105º – Apresamento de um navio ou aeronave pirata

Todo o Estado pode apresar, no alto mar ou em qualquer outro lugar não submetido à jurisdição de qualquer Estado, um navio ou aeronave pirata, ou um navio ou aeronave capturados por atos de pirataria e em poder dos piratas e prender as pessoas e apreender os bens que se encontrem a bordo desse navio ou dessa aeronave. Os tribunais do Estado que efetuou o apresamento podem decidir as penas a aplicar e as medidas a tomar no que se refere aos navios, às aeronaves ou aos bens sem prejuízo dos direitos de terceiros de boa-fé.

Artigo 106º – Responsabilidade em caso de apresamento sem motivo suficiente

Quando um navio ou uma aeronave for apresado por suspeita de pirataria, sem motivo suficiente, o Estado que o apresou será responsável, perante o Estado de nacionalidade do navio ou da aeronave, por qualquer perda ou dano causados por esse apresamento.

Artigo 107º – Navios e aeronaves autorizados a efetuar apresamento por motivo de pirataria

Só podem efetuar apresamento por motivo de pirataria os navios de guerra ou aeronaves militares, ou outros navios ou aeronaves que tragam sinais claros e sejam identificáveis como navios ou aeronaves ao serviço de um governo e estejam para tanto autorizados.

Artigo 108º – Tráfico ilícito de estupefacientes e substâncias psicotrópicas

1. Todos os Estados devem cooperar para a repressão do tráfico ilícito de estupefacientes e substâncias psicotrópicas praticado por navios no alto mar com violação das convenções internacionais.

2. Todo o Estado que tenha motivos sérios para acreditar que um navio arvorando a sua bandeira se dedica ao tráfico ilícito de estupefacientes ou

substâncias psicotrópicas poderá solicitar a cooperação de outros Estados para pôr fim a tal tráfico.

Artigo 109º – Transmissões não autorizadas a partir do alto mar

1. Todos os Estados devem cooperar para a repressão das transmissões não autorizadas efetuadas a partir do alto mar.

2. Para efeitos da presente Convenção, «transmissões não autorizadas» significa as transmissões de rádio ou televisão difundidas a partir de um navio ou instalação no alto mar e dirigidas ao público em geral com violação dos regulamentos internacionais, excluídas as transmissões de chamadas de socorro.

3. Qualquer pessoa que efetue transmissões não autorizadas pode ser processada perante os tribunais:

a) Do Estado de bandeira do navio;

b) Do Estado de registo da instalação;

c) Do Estado do qual a pessoa é nacional;

d) De qualquer Estado em que possam receber-se as transmissões; ou

e) De qualquer Estado cujos serviços autorizados de radiocomunicação sofram interferências.

4. No alto mar, o Estado que tenha jurisdição de conformidade com o nº 3 poderá, nos termos do artigo 110º, deter qualquer pessoa ou apresar qualquer navio que efetue transmissões não autorizadas e apreender o equipamento emissor.

Artigo 110º – Direito de visita

1. Salvo nos casos em que os atos de ingerência são baseados em poderes conferidos por tratados, um navio de guerra que encontre no alto mar um navio estrangeiro que não goze de completa imunidade de conformidade com os artigos 95º e 96º não terá o direito de visita, a menos que exista motivo razoável para suspeitar que:

a) O navio se dedica à pirataria;

b) O navio se dedica ao tráfico de escravos;

c) O navio é utilizado para efetuar transmissões não autorizadas e o Estado de bandeira do navio de guerra tem jurisdição nos termos do artigo 109º;

d) O navio não tem nacionalidade; ou

e) O navio tem, na realidade, a mesma nacionalidade que o navio de guerra, embora arvore uma bandeira estrangeira ou se recuse a içar a sua bandeira.

2. Nos casos previstos no nº 1, o navio de guerra pode proceder à verificação dos documentos que autorizem o uso da bandeira. Para isso, pode enviar uma embarcação ao navio suspeito, sob o comando de um oficial. Se, após a verificação dos documentos, as suspeitas persistem, pode proceder a bordo do navio a um exame ulterior, que deverá ser efetuado com toda a consideração possível.

3. Se as suspeitas se revelarem infundadas e o navio visitado não tiver cometido qualquer ato que as justifique, esse navio deve ser indemnizado por qualquer perda ou dano que possa ter sofrido.

4. Estas disposições aplicam-se, *mutatis mutandis*, às aeronaves militares.

5. Estas disposições aplicam-se também a quaisquer outros navios ou aeronaves devidamente autorizados que tragam sinais claros e sejam identificáveis como navios e aeronaves ao serviço de um governo.

Artigo 111º – Direito de perseguição

1. A perseguição de um navio estrangeiro pode ser empreendida quando as autoridades competentes do Estado costeiro tiverem motivos fundados para acreditar que o navio infringiu as suas leis e regulamentos. A perseguição deve iniciar-se quando o navio estrangeiro ou uma das suas embarcações se encontrar nas águas interiores, nas águas arquipelágicas, no mar territorial ou na zona contígua do Estado perseguidor, e só pode continuar fora do mar territorial ou da zona contígua se a perseguição não tiver sido interrompida. Não é necessário que o navio que dá a ordem de parar a um navio estrangeiro que navega pelo mar territorial ou pela zona contígua se encontre também no mar territorial ou na zona contígua no momento que o navio estrangeiro recebe a referida ordem. Se o navio estrangeiro se encontrar na zona contígua, como definida no artigo 33º, a perseguição só pode ser iniciada se tiver havido violação dos direitos para cuja proteção a referida zona foi criada.

2. O direito de perseguição aplica-se, *mutatis mutandis*, às infrações às leis e regulamentos do Estado costeiro aplicáveis, de conformidade com a presente Convenção, na zona económica exclusiva ou na plataforma continental, incluindo as zonas de segurança em volta das instalações situadas na plataforma continental, quando tais infrações tiverem sido cometidas nas zonas mencionadas.

3. O direito de perseguição cessa no momento em que o navio perseguido entre no mar territorial do seu próprio Estado ou no mar territorial de um terceiro Estado.

4. A perseguição não se considera iniciada até que o navio perseguidor se tenha certificado, pelos meios práticos de que disponha, de que o navio perseguido ou uma das suas lanchas ou outras embarcações que trabalhem em equipa e utilizando o navio perseguido como navio mãe, se encontram dentro dos limites do mar territorial ou, se for o caso, na zona contígua, na zona económica exclusiva ou na plataforma continental. Só pode dar-se início à perseguição depois de ter sido emitido sinal de parar, visual ou auditivo, a uma distância que permita ao navio estrangeiro vê-lo ou ouvi-lo.

5. O direito de perseguição só pode ser exercido por navios de guerra ou aeronaves militares, ou por outros navios ou aeronaves que possuam sinais claros e sejam identificáveis como navios e aeronaves ao serviço de um governo e estejam para tanto autorizados.

6. Quando a perseguição for efetuada por uma aeronave:

a) Aplicam-se, *mutatis mutandis*, as disposições dos nºs 1 a 4;

b) A aeronave que tenha dado a ordem de parar deve continuar ativamente a perseguição do navio até que um navio ou uma outra aeronave do Estado costeiro, alertado pela primeira aeronave, chegue ao local e continue a perseguição, a não ser que a aeronave possa por si só apresar o navio. Para justificar o apresamento de um navio fora do mar territorial, não basta que a aeronave o tenha descoberto a cometer uma infração, ou que seja suspeito de a ter cometido, é também necessário que lhe tenha sido dada ordem para parar e que tenha sido empreendida a perseguição sem interrupção pela própria aeronave ou por outras aeronaves ou navios.

7. Quando um navio for apresado num lugar submetido à jurisdição de um Estado e escoltado até um porto desse Estado para investigação pelas autoridades competentes, não se pode pretender que seja posto em liberdade pelo simples facto de o navio e a sua escolta terem atravessado uma parte da zona económica exclusiva ou do alto mar, se as circunstâncias a isso obrigarem.

8. Quando um navio for parado ou apresado fora do mar territorial em circunstâncias que não justifiquem o exercício do direito de perseguição, deve ser indemnizado por qualquer perda ou dano que possa ter sofrido em consequência disso.

Artigo 112º – Direito de colocação de cabos e ductos submarinos

1. Todos os Estados têm o direito de colocar cabos e ductos submarinos no leito do alto mar além da plataforma continental.

2. O nº 5 do artigo 79º aplica-se a tais cabos e ductos.

Artigo 113º – Rutura ou danificação de cabos ou ductos submarinos

Todo o Estado deve adotar as leis e regulamentos necessários para que constituam infrações passíveis de sanções a rutura ou danificação, por um navio arvorando a sua bandeira ou por uma pessoa submetida à sua jurisdição, de um cabo submarino no alto mar, causadas intencionalmente ou por negligência culposa, de modo que possam interromper ou dificultar as comunicações telegráficas ou telefónicas, bem como a rutura ou danificação, nas mesmas condições, de um cabo de alta tensão ou de um ducto submarino. Esta disposição aplica-se também aos atos que tenham por objeto causar essas ruturas ou danificações ou que possam ter esse efeito. Contudo, esta disposição não se aplica às ruturas ou às danificações cujos autores apenas atuaram com o propósito legítimo de proteger a própria vida ou a segurança dos seus navios, depois de terem tomado todas as precauções necessárias para evitar tal rutura ou danificação.

Artigo 114º – Rutura ou danificação de cabos ou de ductos submarinos provocados por proprietários de outros cabos ou ductos submarinos

Todo o Estado deve adotar as leis e regulamentos necessários para que pessoas sob sua jurisdição que sejam proprietárias de um cabo ou de um ducto submarino no alto mar e que, ao colocar ou reparar o cabo ou o ducto submarino, provoquem a rutura ou a danificação de outro cabo ou de outro ducto submarinos, respondam pelo custo da respetiva reparação.

Artigo 115º – Indemnização por perdas ocorridas para evitar danificações a um cabo ou ductos submarinos

Todo o Estado deve adotar as leis e regulamentos necessários para que os proprietários de navios que possam provar ter perdido uma âncora, uma rede ou qualquer outro aparelho de pesca para evitar danificações a um cabo ou a um ducto submarinos sejam indemnizados pelo proprietário do cabo ou do ducto submarinos, desde que o proprietário do navio tenha tomado previamente todas as medidas de precaução razoáveis.

SECÇÃO II – Conservação e gestão dos recursos vivos do alto mar

Artigo 116º – Direito de pesca no alto mar

Todos os Estados têm direito a que os seus nacionais se dediquem à pesca no alto mar, nos termos:

a) Das suas obrigações convencionais;

b) Dos direitos e deveres, bem como dos interesses dos Estados costeiros, previstos, *inter alia*, no nº 2 do artigo 63º e nos artigos 64º a 67º; e

c) Das disposições da presente secção.

Artigo 117º – Dever dos Estados de tomar em relação aos seus nacionais medidas para a conservação dos recursos vivos do alto mar

Todos os Estados têm o dever de tomar ou de cooperar com outros Estados para tomar as medidas que, em relação aos seus respetivos nacionais, possam ser necessárias para a conservação dos recursos vivos do alto mar.

Artigo 118º – Cooperação entre Estados na conservação e gestão dos recursos vivos

Os Estados devem cooperar entre si na conservação e gestão dos recursos vivos nas zonas do alto mar. Os Estados cujos nacionais aproveitem recursos vivos idênticos, ou recursos vivos diferentes situados na mesma zona, efetuarão negociações para tomar as medidas necessárias à conservação de tais recursos vivos. Devem cooperar, quando apropriado, para estabelecer organizações sub-regionais ou regionais de pesca para tal fim.

Artigo 119º – Conservação dos recursos vivos do alto mar

1. Ao fixar a captura permissível e ao estabelecer outras medidas de conservação para os recursos vivos no alto mar, os Estados devem:

a) Tomar medidas, com base nos melhores dados científicos de que disponham os Estados interessados, para preservar ou restabelecer as populações das espécies capturadas a níveis que possam produzir o máximo rendimento constante, determinado a partir de fatores ecológicos e económicos pertinentes, incluindo as necessidades especiais dos Estados em desenvolvimento e tendo em conta os métodos de pesca, a interdependência das populações e quaisquer normas mínimas internacionais geralmente recomendadas, sejam elas sub-regionais, regionais ou mundiais;

b) Ter em conta os efeitos sobre as espécies associadas às espécies capturadas, ou delas dependentes, a fim de preservar ou restabelecer as populações de tais espécies associadas ou dependentes acima de níveis em que a sua reprodução possa ficar seriamente ameaçada.

2. Periodicamente devem ser comunicadas ou trocadas informações científicas disponíveis, estatísticas de captura e de esforço de pesca e outros

dados pertinentes para a conservação das populações de peixes, por intermédio das organizações internacionais competentes, sejam elas sub-regionais, regionais ou mundiais, quando apropriado, e com a participação de todos os Estados interessados.

3. Os Estados interessados devem assegurar que as medidas de conservação e a aplicação das mesmas não sejam discriminatórias, nem de direito nem de facto, para os pescadores de nenhum Estado.

Artigo 120º - Mamíferos marinhos

O artigo 65º aplica-se também à conservação e gestão dos mamíferos marinhos no alto mar.

PARTE VIII - Regime das Ilhas

Artigo 121º - Regime das ilhas

1. Uma ilha é uma formação natural de terra, rodeada de água, que fica a descoberto na preia-mar.

2. Salvo o disposto no nº 3, o mar territorial, a zona contígua, a zona económica exclusiva e a plataforma continental de uma ilha serão determinados de conformidade com as disposições da presente Convenção aplicáveis a outras formações terrestres.

3. Os rochedos que, por si próprios, não se prestam à habitação humana ou à vida económica não devem ter zona económica exclusiva nem plataforma continental.

PARTE IX - Mares Fechados ou Semifechados

Artigo 122º - Definição

Para efeitos da presente Convenção, «mar fechado ou semifechado» significa um golfo ou mar rodeado por dois ou mais Estados e comunicando com outro mar ou com o oceano por uma saída estreita, ou formado inteira ou principalmente por mares territoriais e zonas económicas exclusivas de dois ou mais Estados costeiros.

Artigo 123º – Cooperação entre Estados costeiros de mares fechados ou semifechados

Os Estados costeiros de um mar fechado ou semifechado deveriam cooperar entre si no exercício dos seus direitos e no cumprimento dos seus deveres nos termos da presente Convenção. Para esse fim, diretamente ou por intermédio de uma organização regional apropriada, devem procurar:

a) Coordenar a conservação, gestão, exploração e aproveitamento dos recursos vivos do mar;

b) Coordenar o exercício dos seus direitos e o cumprimento dos seus deveres no que se refere à proteção e preservação do meio marinho;

c) Coordenar as suas políticas de investigação científica e empreender, quando apropriado, programas conjuntos de investigação científica na área;

d) Convidar, quando apropriado, outros Estados interessados ou organizações internacionais a cooperar com eles na aplicação das disposições do presente artigo.

PARTE X – Direito de Acesso ao Mar e a Partir do Mar dos Estados sem Litoral e Liberdade de Trânsito

Artigo 124º – Termos utilizados

1. Para efeitos da presente Convenção:

a) «Estado sem litoral» significa um Estado que não tenha costa marítima;

b) «Estado de trânsito» significa um Estado com ou sem costa marítima situado entre um Estado sem litoral e o mar, através de cujo território passa o tráfego em trânsito;

c) «Tráfego em trânsito» significa a passagem de pessoas, bagagens, mercadorias e meios de transporte através do território de um ou mais Estados de trânsito, quando a passagem através de tal território, com ou sem transbordo, armazenamento, fracionamento da carga ou mudança de modo de transporte, seja apenas uma parte de uma viagem completa que comece ou termine dentro do território do Estado sem litoral;

d) «Meio de transporte» significa:

i) O material ferroviário rolante, as embarcações marítimas, lacustres e fluviais e os veículos rodoviários;

ii) Quando as condições locais o exigirem, os carregadores e animais de carga.

2. Os Estados sem litoral e os Estados de trânsito podem, por mútuo acordo, incluir como meios de transporte ductos ou gasoductos e outros meios de transporte diferentes dos incluídos no nº 1.

Artigo 125º - Direito de acesso ao mar e a partir do mar e liberdade de trânsito

1. Os Estados sem litoral têm o direito de acesso ao mar e a partir do mar para exercerem os direitos conferidos na presente Convenção, incluindo os relativos à liberdade do alto mar e ao património comum da humanidade. Para tal fim, os Estados sem litoral gozam de liberdade de trânsito através do território dos Estados de trânsito por todos os meios de transporte.

2. Os termos e condições para o exercício da liberdade de trânsito devem ser acordados entre os Estados sem litoral e os Estados de trânsito interessados por meio de acordos bilaterais, sub-regionais ou regionais.

3. Os Estados de trânsito, no exercício da sua plena soberania sobre o seu território, têm o direito de tomar todas as medidas necessárias para assegurar que os direitos e facilidades conferidos na presente Parte aos Estados sem litoral não prejudiquem de forma alguma os seus legítimos interesses.

Artigo 126º - Exclusão da aplicação da cláusula da nação mais favorecida

As disposições da presente Convenção, bem como acordos especiais relativos ao exercício do direito de acesso ao mar e a partir do mar, que estabeleçam direitos e concedam facilidades em razão da situação geográfica especial dos Estados sem litoral, ficam excluídas da aplicação da cláusula da nação mais favorecida.

Artigo 127º - Direitos aduaneiros, impostos e outros encargos

1. O tráfego em trânsito não deve estar sujeito a quaisquer direitos aduaneiros, impostos ou outros encargos, com exceção dos encargos devidos por serviços específicos prestados com relação a esse tráfego.

2. Os meios de transporte em trânsito e outras facilidades concedidas aos Estados sem litoral e por eles utilizados não devem estar sujeitos a impostos ou encargos mais elevados que os fixados para o uso dos meios de transporte do Estado de trânsito.

Artigo 128º – Zonas francas e outras facilidades aduaneiras

Para facilitar o tráfego em trânsito, podem ser estabelecidas zonas francas ou outras facilidades aduaneiras nos portos de entrada e de saída dos Estados de trânsito, mediante acordo entre estes Estados e os Estados sem litoral.

Artigo 129º – Cooperação na construção e melhoramento dos meios de transporte

Quando nos Estados de trânsito não existam meios de transporte que permitam dar efeito ao exercício efetivo da liberdade de trânsito, ou quando os meios existentes, incluindo as instalações e equipamentos portuários, sejam deficientes, sob qualquer aspeto, os Estados de trânsito e Estados sem litoral interessados podem cooperar na construção ou no melhoramento desses meios de transporte.

Artigo 130º – Medidas para evitar ou eliminar atrasos ou outras dificuldades de caráter técnico no tráfego em trânsito

1. Os Estados de trânsito devem tomar todas as medidas apropriadas para evitar atrasos ou outras dificuldades de caráter técnico no tráfego em trânsito.

2. No caso de se verificarem tais atrasos ou dificuldades, as autoridades competentes dos Estados de trânsito e Estados sem litoral interessados devem cooperar para a sua pronta eliminação.

Artigo 131º – Igualdade de tratamento nos portos marítimos

Os navios arvorando a bandeira de um Estado sem litoral devem gozar nos portos marítimos do mesmo tratamento que o concedido a outros navios estrangeiros.

Artigo 132º – Concessão de maiores facilidades de trânsito

A presente Convenção não implica de modo algum a retirada de facilidades de trânsito que sejam maiores que as previstas na presente Convenção e que tenham sido acordadas entre os Estados Partes à presente Convenção ou concedidas por um Estado Parte. A presente Convenção não impede, também, a concessão de maiores facilidades no futuro.

PARTE XI - A Área

SECÇÃO I - Disposições gerais

Artigo 133º - Termos utilizados

Para efeitos da presente Parte:

a) «Recursos» significa todos os recursos minerais sólidos, líquidos ou gasosos *in situ* na Área, no leito do mar ou no seu subsolo, incluindo os nódulos polimetálicos;

b) Os recursos, uma vez extraídos da Área, são denominados «minerais».

Artigo 134º - Âmbito de aplicação da presente Parte

1. A presente Parte aplica-se à Área.

2. As atividades na Área devem ser regidas pelas disposições da presente Parte.

3. Os requisitos relativos ao depósito e à publicidade a dar às cartas ou listas de coordenadas geográficas que indicam os limites referidos no nº 1 do artigo 1º são estabelecidos na Parte VI.

4. Nenhuma das disposições do presente artigo afeta o estabelecimento dos limites exteriores da plataforma continental de conformidade com a Parte VI nem a validade dos acordos relativos à delimitação entre Estados com costas adjacentes ou situadas frente a frente.

Artigo 135º - Regime jurídico das águas e do espaço aéreo sobrejacentes

Nem a presente Parte nem quaisquer direitos concedidos ou exercidos nos termos da mesma afetam o regime jurídico das águas sobrejacentes à Área ou o do espaço aéreo acima dessas águas.

SECÇÃO II - Princípios que regem a Área

Artigo 136º - Património comum da Humanidade

A Área e seus recursos são património comum da Humanidade.

Artigo 137º - Regime jurídico da Área e dos seus recursos

1. Nenhum Estado pode reivindicar ou exercer soberania ou direitos de soberania sobre qualquer parte da Área ou seus recursos; nenhum Estado

ou pessoa jurídica, singular ou coletiva, pode apropriar-se de qualquer parte da Área ou dos seus recursos. Não serão reconhecidos tal reivindicação ou exercício de soberania ou direitos de soberania nem tal apropriação.

2. Todos os direitos sobre os recursos da Área pertencem à Humanidade em geral, em cujo nome atuará a Autoridade. Esses recursos são inalienáveis. No entanto, os minerais extraídos da Área só poderão ser alienados de conformidade com a presente Parte e com as normas, regulamentos e procedimentos da Autoridade.

3. Nenhum Estado ou pessoa jurídica, singular ou coletiva, poderá reivindicar, adquirir ou exercer direitos relativos aos minerais extraídos da Área, a não ser de conformidade com a presente Parte. De outro modo, não serão reconhecidos tal reivindicação, aquisição ou exercício de direitos.

Artigo 138º – Comportamento geral dos Estados em relação à Área

O comportamento geral dos Estados em relação à Área deve conformar-se com as disposições da presente Parte, com os princípios enunciados na Carta das Nações Unidas e com outras normas de Direito Internacional, no interesse da manutenção da paz e da segurança e da promoção da cooperação internacional e da compreensão mútua.

Artigo 139º – Obrigação de zelar pelo cumprimento e responsabilidade por danos

1. Os Estados Partes ficam obrigados a zelar por que as atividades na Área, realizadas quer por Estados Partes, quer por empresas estatais ou por pessoas jurídicas, singulares ou coletivas, que possuam a nacionalidade dos Estados Partes ou se encontrem sob o controlo efetivo desses Estados ou dos seus nacionais, sejam realizadas de conformidade com a presente Parte. A mesma obrigação incumbe às organizações internacionais por atividades que realizem na Área.

2. Sem prejuízo das normas de Direito Internacional e do artigo 22º do Anexo III, os danos causados pelo não cumprimento por um Estado Parte ou uma organização internacional das suas obrigações, nos termos da presente Parte, implicam responsabilidade; os Estados Partes ou organizações internacionais que atuem em comum serão conjunta e solidariamente responsáveis. No entanto, o Estado Parte não será responsável pelos danos causados pelo não cumprimento da presente Parte por uma pessoa jurídica a quem esse Estado patrocinou nos termos da alínea *b*) do nº 2 do

artigo 153º se o Estado Parte tiver tomado todas as medidas necessárias e apropriadas para assegurar o cumprimento efetivo do nº 4 do artigo 153º e do nº 4 do artigo 4º do Anexo III.

3. Os Estados Partes que sejam membros de organizações internacionais tomarão medidas apropriadas para assegurar a aplicação do presente artigo no que se refere a tais organizações.

Artigo 140º – Benefício da Humanidade

1. As atividades na Área devem ser realizadas, nos termos do previsto expressamente na presente Parte, em benefício da Humanidade em geral, independentemente da situação geográfica dos Estados, costeiros ou sem litoral, e tendo particularmente em conta os interesses e as necessidades dos Estados em desenvolvimento e dos povos que não tenham alcançado a plena independência ou outro regime de autonomia reconhecido pelas Nações Unidas de conformidade com a Resolução 1514 (XV) e com as outras resoluções pertinentes da sua Assembleia Geral.

2. A Autoridade, através de mecanismo apropriado, numa base não discriminatória, deve assegurar a distribuição equitativa dos benefícios financeiros e dos outros benefícios económicos resultantes das atividades na Área, de conformidade com a subalínea *i*) da alínea *f*) do nº 2 do artigo 160º.

Artigo 141º – Utilização da Área exclusivamente para fins pacíficos

A Área está aberta à utilização exclusivamente para fins pacíficos por todos os Estados, costeiros ou sem litoral, sem discriminação e sem prejuízo das outras disposições da presente Parte.

Artigo 142º – Direitos e interesses legítimos dos Estados costeiros

1. As atividades na Área relativas aos depósitos de recursos que se estendem além dos limites da mesma devem ser realizadas tendo em devida conta os direitos e interesses legítimos do Estado costeiro sob cuja jurisdição se encontrem tais extensões daqueles depósitos.

2. Devem ser efetuadas consultas com o Estado interessado, incluindo um sistema de notificação prévia, a fim de se evitar qualquer violação de tais direitos e interesses. Nos casos em que as atividades na Área possam dar lugar ao aproveitamento de recursos sob jurisdição nacional, será necessário o consentimento prévio do Estado costeiro interessado.

3. Nem a presente Parte nem quaisquer direitos concedidos ou exercidos nos termos da mesma devem afetar os direitos dos Estados costeiros de tomarem medidas compatíveis com as disposições pertinentes da Parte XII que sejam necessárias para prevenir, atenuar ou eliminar um perigo grave e iminente para o seu litoral ou interesses conexos, resultantes de poluição ou de ameaça de poluição ou de outros acidentes resultantes de ou causados por quaisquer atividades na Área.

Artigo 143º – Investigação científica marinha

1. A investigação científica marinha na Área deve ser realizada exclusivamente com fins pacíficos e em benefício da Humanidade em geral, de conformidade com a Parte XIII.

2. A Autoridade pode realizar investigação científica marinha relativa à Área e seus recursos e celebrar contratos para tal fim. A Autoridade deve promover e impulsionar a realização da investigação científica marinha na Área, coordenar e difundir os resultados de tal investigação e análises, quando disponíveis.

3. Os Estados Partes podem realizar investigação científica marinha na Área. Os Estados Partes devem promover a cooperação internacional no campo da investigação científica marinha na Área:

a) Participando em programas internacionais e incentivando a cooperação no campo da investigação científica marinha pelo pessoal de diferentes países e da Autoridade;

b) Assegurando que os programas sejam elaborados, por intermédio da Autoridade ou de outras organizações internacionais, conforme o caso, em benefício dos Estados em desenvolvimento e dos Estados tecnologicamente menos desenvolvidos, com vista a:

i) Fortalecer a sua capacidade de investigação;

ii) Formar o seu pessoal e o pessoal da Autoridade nas técnicas e aplicações de investigação;

iii) Favorecer o emprego do seu pessoal qualificado na investigação na Área;

c) Difundindo efetivamente os resultados de investigação e análises, quando disponíveis, por intermédio da Autoridade ou de outros canais internacionais, quando apropriado.

Artigo 144º – Transferência de tecnologia

1. De conformidade com a presente Convenção, a Autoridade deve tomar medidas para:

a) Adquirir tecnologia e conhecimentos científicos relativos às atividades na Área; e

b) Promover e incentivar a transferência de tal tecnologia e conhecimentos científicos para os Estados em desenvolvimento, de modo a que todos os Estados Partes sejam beneficiados.

2. Para tal fim a Autoridade e os Estados Partes devem cooperar para promover a transferência de tecnologia e conhecimentos científicos relativos às atividades realizadas na Área de modo que a Empresa e todos os Estados Partes sejam beneficiados. Em particular, devem iniciar e promover:

a) Programas para a transferência de tecnologia para a empresa e para os Estados em desenvolvimento no que se refere às atividades na Área, incluindo, *inter alia*, facilidades de acesso da Empresa e dos Estados em desenvolvimento à tecnologia pertinente em modalidades e condições equitativas e razoáveis;

b) Medidas destinadas a assegurar o progresso da tecnologia da Empresa e da tecnologia nacional dos Estados em desenvolvimento e em particular mediante a criação de oportunidades para a formação do pessoal da Empresa e dos Estados em desenvolvimento em matéria de ciência e tecnologia marinhas e para a sua plena participação nas atividades na Área.

Artigo 145º – Proteção do meio marinho

No que se refere às atividades na Área, devem ser tomadas as medidas necessárias, de conformidade com a presente Convenção, para assegurar a proteção eficaz do meio marinho contra os efeitos nocivos que possam resultar de tais atividades. Para tal fim, a Autoridade adotará normas, regulamentos e procedimentos apropriados para, *inter alia*:

a) Prevenir, reduzir e controlar a poluição e outros perigos para o meio marinho, incluindo o litoral, bem como a perturbação do equilíbrio ecológico do meio marinho, prestando especial atenção à necessidade de proteção contra os efeitos nocivos de atividades, tais como a perfuração, dragagem, escavações, lançamento de detritos, construção e funcionamento ou manutenção de instalações, ductos e outros dispositivos relacionados com tais atividades;

b) Proteger e conservar os recursos naturais da Área e prevenir danos à flora e à fauna do meio marinho.

Artigo 146º – Proteção da vida humana

No que se refere às atividades na Área, devem ser tomadas as medidas necessárias para assegurar a proteção eficaz da vida humana. Para tal fim, a Autoridade adotará normas, regulamentos e procedimentos apropriados que complementem o Direito Internacional existente tal como consagrado nos tratados sobre a matéria.

Artigo 147º – Harmonização das atividades na Área e no meio marinho

1. As atividades na Área devem ser realizadas, tendo razoavelmente em conta outras atividades no meio marinho.

2. As instalações, utilizadas para a realização de atividades na Área, devem estar sujeitas às seguintes condições:

a) Serem construídas, colocadas e retiradas exclusivamente de conformidade com a presente Parte e segundo as normas, regulamentos e procedimentos da Autoridade. A construção, colocação e remoção de tais instalações devem ser devidamente notificadas e, sempre que necessário, devem ser assegurados meios permanentes para assinalar a sua presença;

b) Não serem colocadas onde possam interferir na utilização de rotas marítimas reconhecidas e essenciais para a navegação internacional ou em áreas de intensa atividade pesqueira;

c) Serem estabelecidas zonas de segurança em volta de tais instalações, com sinais de navegação apropriados, para garantir a segurança da navegação e das instalações. A configuração e localização de tais zonas de segurança devem ser tais que não formem um cordão que impeça o acesso lícito dos navios a determinadas zonas marítimas ou a navegação por rotas marítimas internacionais;

d) Serem utilizadas exclusivamente para fins pacíficos;

e) Não terem o estatuto jurídico de ilhas. Estas instalações não têm mar territorial próprio e a sua existência não afeta a delimitação do mar territorial, da zona económica exclusiva ou da plataforma continental.

3. As demais atividades no meio marinho devem ser realizadas tendo razoavelmente em conta as atividades na Área.

Artigo 148º – Participação dos Estados em desenvolvimento nas atividades na Área

A participação efetiva dos Estados em desenvolvimento nas atividades na Área deve ser promovida tal como expressamente previsto na presente

Parte, tendo em devida conta os seus interesses e necessidades especiais e, em particular, a necessidade especial dos Estados em desenvolvimento sem litoral ou em situação geográfica desfavorecida de superarem os obstáculos resultantes da sua localização desfavorável, incluído o afastamento da Área, e a dificuldade de acesso à Área e a partir dela.

Artigo 149º – Objetos arqueológicos e históricos

Todos os objetos de caráter arqueológico e histórico achados na Área serão conservados ou deles se disporá em benefício da Humanidade em geral, tendo particularmente em conta os direitos preferenciais do Estado ou país de origem, do Estado de origem cultural ou do Estado de origem histórica e arqueológica.

SECÇÃO III – Aproveitamento dos recursos da Área

Artigo 150º – Políticas gerais relativas às atividades na Área

1. As atividades na Área devem ser realizadas tal como expressamente previsto na presente Parte de modo a fomentar o desenvolvimento harmonioso da economia mundial e o crescimento equilibrado do comércio internacional e a promover a cooperação internacional a favor do desenvolvimento geral de todos os países, especialmente dos Estados em desenvolvimento e com vista a assegurar:

a) O aproveitamento dos recursos da Área;

b) A gestão ordenada, segura e racional dos recursos da Área, incluindo a realização eficiente de atividades na Área e, de conformidade com sãos princípios de conservação, a evitação de desperdícios desnecessários;

c) A ampliação das oportunidades de participação em tais atividades, em particular de forma compatível com os artigos 144º e 148º;

d) A participação da Autoridade nas receitas e transferência de tecnologia à Empresa e aos Estados em desenvolvimento, tal como disposto na presente Convenção;

e) O aumento da disponibilidade dos minerais provenientes da Área, na medida necessária para, juntamente com os obtidos de outras fontes, assegurar o abastecimento aos consumidores de tais minerais;

f) A formação de preços justos e estáveis, remuneradores para os produtores e razoáveis para os consumidores, relativos aos minerais provenientes tanto da Área como de outras fontes, e a promoção do equilíbrio a longo prazo entre a oferta e a procura;

g) Maiores oportunidades para que todos os Estados Partes, independentemente do seu sistema social e económico ou situação geográfica, participem no aproveitamento dos recursos da Área e na prevenção da monopolização das atividades na Área;

h) A proteção dos Estados em desenvolvimento no que se refere aos efeitos adversos nas suas economias ou nas suas receitas de exportação, resultantes de uma redução no preço de um mineral afetado ou no volume de exportação desse mineral, na medida em que tal redução seja causada por atividades na Área, como previsto no artigo 151º;

i) O aproveitamento do património comum em benefício da Humanidade em geral; e

j) Que as condições de acesso aos mercados de importação de minerais provenientes dos recursos da Área e de importação de produtos básicos obtidos de tais minerais não sejam mais vantajosas que as de caráter mais favorável aplicadas às importações provenientes de outras fontes.

Artigo 151º – Políticas de produção

1. *a*) Sem prejuízo dos objetivos previstos no artigo 150º, e para efeitos de aplicação da alínea *h*) do referido artigo, a Autoridade deve, atuando através das instâncias existentes ou, segundo o caso, no quadro de novos ajustes ou acordos, com a participação de todas as partes interessadas, incluídos produtores e consumidores, tomar as medidas necessárias para promover o crescimento, a eficiência e a estabilidade dos mercados dos produtos básicos obtidos dos minerais provenientes da Área, a preços remuneradores para os produtores e razoáveis para os consumidores. Todos os Estados Partes devem cooperar para tal fim.

b) A Autoridade tem o direito de participar em qualquer conferência sobre produtos básicos, cujos trabalhos se refiram àqueles, e na qual participem todas as partes interessadas, incluídos produtores e consumidores. A Autoridade tem o direito de ser parte em qualquer ajuste ou acordo que resulte de tais conferências. A participação da Autoridade em quaisquer órgãos criados em virtude desses ajustes ou acordos deve ser com respeito à produção na Área e efetuar-se de conformidade com as normas pertinentes desses órgãos.

c) A Autoridade deve cumprir as obrigações que tenha contraído em virtude de ajustes ou acordos referidos no presente parágrafo de maneira a assegurar a sua aplicação uniforme e não discriminatória em relação à totalidade da produção dos minerais em causa na Área. Ao fazê-lo, a Autoridade deve atuar de forma compatível com os termos dos contratos existentes e os planos de trabalho aprovados da Empresa.

2. *a*) Durante o período provisório definido no nº 3, a produção comercial não deve ser empreendida com base num plano de trabalho aprovado, até que o operador tenha pedido e obtido da Autoridade uma autorização de produção. Essa autorização de produção não pode ser pedida ou emitida antes de cinco anos da data do início previsto para a produção comercial nos termos do plano de trabalho, a menos que, tendo em conta a natureza e o calendário de execução do projeto, outro período seja estabelecido nas normas, regulamentos e procedimentos da Autoridade.

b) No pedido de autorização de produção, o operador deve especificar a quantidade anual de níquel que prevê extrair com base no plano de trabalho aprovado. O pedido deve incluir um plano de despesas a serem feitas pelo operador após o recebimento da autorização, as quais são razoavelmente calculadas para lhe permitir iniciar a produção comercial na data prevista.

c) Para efeitos das alíneas *a*) e *b*), a Autoridade deve estabelecer requisitos de execução apropriados, de conformidade com o artigo 17º do Anexo III.

d) A Autoridade deve emitir uma autorização de produção para o volume de produção pedido, a menos que a soma desse volume e dos volumes já autorizados exceda, no decurso de qualquer ano de produção planeada compreendido no período provisório, o limite máximo de produção de níquel, calculado de conformidade com o nº 4 no ano de emissão da autorização.

e) Uma vez emitida a autorização de produção, esta e o pedido aprovado farão parte do plano de trabalho aprovado.

f) Se, em virtude da alínea *d*), o pedido de autorização feito pelo operador for recusado, este pode submeter um novo pedido à Autoridade em qualquer momento.

3. O período provisório começará cinco anos antes do dia 1 de Janeiro do ano no qual está prevista a primeira produção comercial com base num plano de trabalho aprovado. Se o início dessa produção comercial for adiado para além do ano originalmente previsto, o início do período provisório e o teto de produção inicialmente calculado deve ser reajustado em conformidade. O período provisório deve durar 25 anos ou até ao fim da Confe-

rência de Revisão referida no artigo 155º ou até ao dia da entrada em vigor dos novos ajustes ou acordos referidos no nº 1, prevalecendo o de prazo mais curto. Se os referidos ajustes ou acordos caducarem ou deixarem de ter efeito por qualquer motivo, a Autoridade reassumirá os poderes estipulados no presente artigo para o resto do período provisório.

4. *a*) O teto de produção para qualquer ano do período provisório é a soma de:

i) A diferença entre os valores da curva de tendência do consumo de níquel, calculados de conformidade com a alínea *b*), para o ano imediatamente anterior ao da primeira produção comercial e para o ano imediatamente anterior ao do início do período provisório; e

ii) Sessenta por cento da diferença entre os valores da curva de tendência do consumo de níquel calculados de conformidade com a alínea *b*) para o ano para o qual seja pedida a autorização de produção e para o ano imediatamente anterior ao da primeira autorização de produção comercial.

b) Para efeitos da alínea *a*):

i) Os valores da curva de tendência utilizados para calcular o teto de produção de níquel devem ser os valores do consumo anual de níquel numa curva de tendência calculada durante o ano no qual foi emitida uma autorização de produção. A curva de tendência deve ser calculada a partir da regressão linear dos logaritmos do consumo real de níquel correspondente ao período de 15 anos mais recente do qual se disponha de dados, sendo o tempo a variável independente. Esta curva de tendência deve ser denominada «curva de tendência inicial»;

ii) Se a taxa anual de aumento indicada pela curva de tendência inicial for inferior a 3%, a curva de tendência utilizada para determinar as quantidades mencionadas na alínea *a*) deve ser uma curva que corte a curva de tendência inicial no ponto que represente o valor do primeiro ano do período de 15 anos considerado e que aumente à razão de 3% ao ano. No entanto, o teto de produção estabelecido para qualquer ano do período provisório não pode exceder em caso algum a diferença entre o valor da curva de tendência inicial para esse ano e o valor da curva de tendência inicial para o ano imediatamente anterior ao do início do período provisório.

5. A Autoridade deve reservar para a produção inicial da Empresa uma quantidade de 38 000 toneladas métricas de níquel da quantidade fixada como teto de produção disponível calculada de conformidade com o nº 4.

6. *a*) Um operador pode, em qualquer ano, não alcançar o volume de produção anual de minerais provenientes de nódulos polimetálicos especificado na sua autorização de produção ou pode excedê-lo até 8%, desde que o volume global da produção não exceda o especificado na autorização. Qualquer excedente compreendido entre 8 e 20% em qualquer ano ou qualquer excedente no primeiro ano e nos anos posteriores a dois anos consecutivos em que houve excedente, deve ser negociado com a Autoridade, a qual pode exigir ao operador que obtenha uma autorização de produção suplementar para cobrir a produção adicional.

b) Os pedidos para tal autorização de produção suplementar só podem ser examinados pela Autoridade, quando esta tiver decidido sobre todos os pedidos pendentes submetidos pelos operadores que ainda não tenham recebido autorizações de produção e depois de ter tido devidamente em conta outros prováveis peticionários. A Autoridade deve guiar-se pelo princípio de não exceder a produção total autorizada com base no teto de produção em qualquer ano do período provisório. A Autoridade não deve autorizar, em qualquer plano de trabalho, a produção de uma quantidade que exceda 46 500 toneladas métricas de níquel por ano.

7. Os volumes de produção de outros metais, tais como o cobre, cobalto e manganês, extraídos dos nódulos polimetálicos obtidos de conformidade com uma autorização de produção, não devem ser superiores aos que teriam sido obtidos se o operador tivesse obtido desses nódulos o volume máximo de níquel de conformidade com o presente artigo. A Autoridade deve adotar normas, regulamentos e procedimentos de conformidade com o artigo 17º do Anexo III para a aplicação do presente parágrafo.

8. Os direitos e obrigações relativos a práticas económicas desleais nos acordos comerciais multilaterais pertinentes aplicam-se à exploração e aproveitamento dos minerais da Área. Na solução de controvérsias relativas à aplicação da presente disposição, os Estados Partes que sejam Partes em tais acordos comerciais multilaterais podem recorrer aos procedimentos de solução de controvérsias previstas nesses acordos.

9. A Autoridade tem o poder de limitar o volume de produção de minerais da Área, que não sejam os minerais provenientes de nódulos polimetálicos, nas condições e segundo os métodos apropriados, mediante a adoção de regulamentos de conformidade com o nº 8 do artigo 161º

10. Por recomendação do Conselho, baseada no parecer da Comissão de Planeamento Económico, a Assembleia deve estabelecer um sistema

de compensação ou tomar outras medidas de assistência para o reajuste económico, incluindo a cooperação com os organismos especializados e outras organizações internacionais, em favor dos países em desenvolvimento cujas receitas de exportação ou cuja economia sofram sérios prejuízos como consequência de uma diminuição no preço ou no volume exportado de um mineral, na medida em que tal diminuição se deva a atividades na Área. A Autoridade, quando solicitada, deve iniciar estudos sobre os problemas desses Estados que possam ser mais gravemente afetados, a fim de minimizar as suas dificuldades e prestar-lhes auxílio para o seu reajuste económico.

Artigo 152º – Exercício de poderes e funções pela Autoridade

1. A Autoridade deve evitar qualquer discriminação no exercício dos seus poderes e funções, inclusive na concessão de oportunidades para realização de atividades na Área.

2. No entanto, atenção especial pode ser dispensada aos países em desenvolvimento, particularmente àqueles sem litoral ou em situação geográfica desfavorecida, em virtude do expressamente previsto na presente Parte.

Artigo 153º – Sistema de exploração e aproveitamento

1. As atividades na Área devem ser organizadas, realizadas e controladas pela Autoridade em nome da Humanidade em geral de conformidade com o presente artigo, bem como com outras disposições pertinentes da presente Parte e dos anexos pertinentes e as normas, regulamentos e procedimentos da Autoridade.

2. As atividades na Área serão realizadas de conformidade com o nº 3:

a) Pela empresa; e

b) Em associação com a Autoridade, por Estados Partes ou empresas estatais, ou pessoas jurídicas, singulares ou coletivas, que possuam a nacionalidade de Estados Partes ou sejam efetivamente controladas por eles ou seus nacionais, quando patrocinadas por tais Estados, ou por qualquer grupo dos anteriores que preencha os requisitos previstos na presente Parte e no Anexo III.

3. As atividades na Área devem ser realizadas de conformidade com um plano de trabalho formal escrito, preparado de conformidade com o Anexo III e aprovado pelo Conselho após exame pela Comissão Jurídica

e Técnica. No caso das atividades na Área, realizadas com autorização da Autoridade pelas entidades ou pessoas especificadas na alínea *b*) do nº 2, o plano de trabalho deve ter a forma de um contrato, de conformidade com o artigo 3º do Anexo III. Tal contrato pode prever ajustes conjuntos, de conformidade com o artigo 11º do Anexo III.

4. A Autoridade deve exercer, sobre as atividades na Área, o controle que for necessário para assegurar o cumprimento das disposições pertinentes da presente Parte e dos anexos pertinentes e das normas, regulamentos e procedimentos da Autoridade e dos planos de trabalho aprovados de conformidade com o nº 3. Os Estados Partes devem prestar assistência à Autoridade, tomando todas as medidas necessárias para assegurar tal cumprimento de conformidade com o artigo 139º

5. A Autoridade tem o direito de tomar a todo o momento quaisquer medidas previstas na presente Parte para assegurar o cumprimento das suas disposições e o exercício das funções de controle e regulamentação que lhe são conferidas em virtude da presente Parte ou de um contrato. A Autoridade tem o direito de inspecionar todas as instalações na Área utilizadas para atividades realizadas na mesma.

6. Um contrato celebrado nos termos do nº 3 deve garantir a titularidade do contratante. Por isso, o contrato não deve ser modificado, suspenso ou rescindido senão de conformidade com os artigos 18º e 19º do Anexo III.

Artigo 154º – Exame periódico

De cinco em cinco anos, a partir da entrada em vigor da presente Convenção, a Assembleia deve proceder a um exame geral e sistemático da forma como o regime internacional da Área, estabelecido pela Convenção, tem funcionado na prática. À luz desse exame, a Assembleia pode tomar ou recomendar a outros órgãos que tomem medidas de conformidade com as disposições e procedimentos da presente Parte e dos anexos correspondentes, que permitam aperfeiçoar o funcionamento do regime.

Artigo 155º – Conferência de revisão

1. Quinze anos após o dia 1 de janeiro do ano do início da primeira produção comercial com base num plano de trabalho aprovado, a Assembleia convocará uma conferência para revisão das disposições da presente Parte e dos anexos pertinentes que regulamentam a exploração e o aproveita-

mento dos recursos da Área. A Conferência de Revisão deve examinar em pormenor, à luz da experiência adquirida durante esse período:

a) Se as disposições da presente Parte que regulamentam o sistema de exploração e aproveitamento dos recursos da Área atingiram os seus objetivos em todos os aspetos, inclusive se beneficiaram a Humanidade em geral;

b) Se, durante o período de quinze anos, as áreas reservadas foram aproveitadas de modo eficaz e equilibrado em comparação com áreas não reservadas;

c) Se o desenvolvimento e a utilização da Área e dos seus recursos foram efetuados de modo a favorecer o desenvolvimento harmonioso da economia mundial e o crescimento equilibrado do comércio internacional;

d) Se foi impedida a monopolização das atividades na Área;

e) Se foram cumpridas as políticas estabelecidas nos artigos 150º e 151º; e

f) Se o sistema permitiu a distribuição equitativa de benefícios resultantes das atividades na Área, tendo particularmente em conta os interesses e necessidades dos Estados em desenvolvimento.

2. A Conferência de Revisão deve igualmente assegurar a manutenção do princípio do património comum da Humanidade, do regime internacional para o aproveitamento equitativo dos recursos da Área em benefício de todos os países, especialmente dos Estados em desenvolvimento, e da existência de uma Autoridade que organize, realize e controle as atividades na Área. Deve também assegurar a manutenção dos princípios estabelecidos na presente Parte relativos à exclusão de reivindicações ou do exercício de soberania sobre qualquer parte da Área, aos direitos dos Estados e seu comportamento geral em relação à Área, bem como a sua participação nas atividades na Área de conformidade com a presente Convenção, à prevenção da monopolização de atividades na Área, à utilização da Área exclusivamente para fins pacíficos, aos aspetos económicos das atividades na Área, à investigação científica marinha, à transferência de tecnologia, à proteção do meio marinho, à proteção da vida humana, aos direitos dos Estados costeiros, ao estatuto jurídico das águas sobrejacentes à Área e do espaço aéreo acima dessas águas e à harmonização entre as atividades na Área e outras atividades no meio marinho.

3. O procedimento para a tomada de decisões aplicável à Conferência de Revisão deve ser o mesmo que o aplicável à Terceira Conferência das Nações Unidas sobre o Direito do Mar. A Conferência deve fazer todo o possível para chegar a acordo sobre quaisquer emendas por consenso, não

devendo proceder a votação de tais questões até que se tenham esgotado todos os esforços para chegar a consenso.

4. Se, cinco anos após o seu início, não tiver chegado a acordo sobre o sistema de exploração e aproveitamento dos recursos da Área, a Conferência de Revisão pode, nos doze meses seguintes, por maioria de três quartos dos Estados Partes, decidir a adoção e apresentação aos Estados Partes para ratificação ou adesão das emendas que mudem ou modifiquem o sistema que julgue necessárias e apropriadas. Tais emendas entrarão em vigor para todos os Estados Partes doze meses após o depósito dos instrumentos de ratificação ou de adesão de dois terços dos Estados Partes.

5. As emendas adotadas pela Conferência de Revisão, de conformidade com o presente artigo, não afetam os direitos adquiridos em virtude de contratos existentes.

SECÇÃO IV - A Autoridade

SUBSECÇÃO A - Disposições gerais

Artigo 156º - Criação da Autoridade

1. É criada a Autoridade Internacional dos Fundos Marinhos, que funcionará de conformidade com a presente Parte.

2. Todos os Estados Partes são, *ipso facto*, membros da Autoridade.

3. Os observadores na Terceira Conferência das Nações Unidas sobre o Direito do Mar, que tenham assinado a Ata Final e não estejam referidos nas alíneas *c*), *d*) ou *f*) do nº 1 do artigo 305º, têm o direito de participar na Autoridade como observadores de conformidade com as suas normas, regulamentos e procedimentos.

4. A Autoridade terá a sua sede na Jamaica.

5. A Autoridade pode criar os centros ou escritórios regionais que julgue necessários para o exercício das suas funções.

Artigo 157º - Natureza e princípios fundamentais da Autoridade

1. A Autoridade é a organização por intermédio da qual os Estados Partes, de conformidade com a presente Parte, organizam e controlam as atividades na Área, particularmente com vista à gestão dos recursos da Área.

2. A Autoridade tem os poderes e as funções que lhe são expressamente conferidos pela presente Convenção. A Autoridade terá os poderes subsidiários, compatíveis com a presente Convenção, que sejam implícitos e necessários ao exercício desses poderes e funções no que se refere às atividades na Área.

3. A Autoridade baseia-se no princípio da igualdade soberana de todos os seus membros.

4. Todos os membros da Autoridade devem cumprir de boa-fé as obrigações contraídas de conformidade com a presente Parte, a fim de se assegurarem a cada um os direitos e benefícios decorrentes da sua qualidade de membro.

Artigo 158º – Órgãos da Autoridade

1. São criados, como órgãos principais da Autoridade, uma Assembleia, um Conselho e um Secretariado.

2. É criada a Empresa, órgão por intermédio do qual a Autoridade exercerá as funções mencionadas no nº 1 do artigo 170º

3. Podem ser criados, de conformidade com a presente Parte, os órgãos subsidiários considerados necessários.

4. Compete a cada um dos órgãos principais da Autoridade e à Empresa exercer os poderes e funções que lhes são conferidos. No exercício de tais poderes e funções, cada órgão deve abster-se de tomar qualquer medida que possa prejudicar ou impedir o exercício dos poderes e funções específicos conferidos a um outro órgão.

SUBSECÇÃO B – A Assembleia

Artigo 159º – Composição, procedimento e votação

1. A Assembleia é composta por todos os membros da Autoridade. Cada membro tem um representante na Assembleia, o qual pode ser acompanhado por suplentes e assessores.

2. A Assembleia reunir-se-á em sessão ordinária anual e em sessão extraordinária quando ela o decidir ou quando for convocada pelo Secretário-Geral a pedido do Conselho ou da maioria dos membros da Autoridade.

3. As sessões devem realizar-se na sede da Autoridade, a não ser que a Assembleia decida de outro modo.

4. A Assembleia adotará o seu regulamento interno. No início de cada sessão ordinária, elege o seu Presidente e os demais membros da Mesa que considere necessários. Estes devem manter-se em funções até à eleição de um novo Presidente e demais membros da Mesa na sessão ordinária seguinte.

5. O quórum é constituído pela maioria dos membros da Assembleia.

6. Cada membro da Assembleia dispõe de um voto.

7. As decisões sobre questões de procedimento, incluindo as decisões de convocação de sessões extraordinárias da Assembleia, devem ser tomadas por maioria dos membros presentes e votantes.

8. As decisões sobre questões de fundo serão tomadas por maioria de dois terços dos membros presentes e votantes, desde que tal maioria inclua uma maioria dos membros que participam na sessão. Em caso de dúvida sobre se uma questão é ou não de fundo, essa questão será tratada como questão de fundo, a não ser que a Assembleia decida de outro modo, pela maioria requerida para as decisões sobre questões de fundo.

9. Quando uma questão de fundo for submetida a votação pela primeira vez, o Presidente pode e deve, se pelo menos uma quinta parte dos membros da Assembleia o solicitar, adiar a decisão de submeter essa questão a votação por um período não superior a cinco dias. A presente norma só pode ser aplicada a qualquer questão uma vez e não deve ser aplicada para adiar a questão para além do encerramento da sessão.

10. Quando for apresentada ao Presidente uma petição escrita que, apoiada por, pelo menos, um quarto dos membros da Autoridade, solicite um parecer sobre a conformidade com a presente Convenção de uma proposta à Assembleia sobre qualquer assunto, a Assembleia deve solicitar à Câmara de Controvérsias dos Fundos Marinhos do Tribunal Internacional do Direito do Mar que dê um parecer, e deve adiar a votação sobre tal proposta até que a Câmara emita o seu parecer. Se o parecer não for recebido antes da última semana da sessão em que foi solicitado, a Assembleia deve decidir quando se reunirá para votar a proposta adiada.

Artigo 160º – Poderes e funções

1. A Assembleia, como único órgão da Autoridade composto por todos os seus membros, é considerada o órgão supremo da Autoridade, perante o qual devem responder os outros órgãos principais, tal como expressamente previsto na presente Convenção. A Assembleia tem o poder de esta-

belecer a política geral sobre qualquer questão ou assunto da competência da Autoridade de conformidade com as disposições pertinentes da presente Convenção.

2. Além disso, a Assembleia tem os seguintes poderes e funções:

a) Eleger os membros do Conselho de conformidade com o artigo 161º;

b) Eleger o Secretário-Geral de entre os candidatos propostos pelo Conselho;

c) Eleger, por recomendação do Conselho, os membros do Conselho de Administração da Empresa e o diretor-geral desta;

d) Criar, de conformidade com a presente Parte, os órgãos subsidiários que julgue necessários para o exercício das suas funções. Na composição destes órgãos devem ser tomadas em devida conta o princípio da distribuição geográfica equitativa, bem como os interesses especiais e a necessidade de assegurar o concurso de membros qualificados e competentes nas diferentes questões técnicas de que se ocupem tais órgãos;

e) Determinar as contribuições dos membros para o orçamento administrativo da Autoridade de conformidade com uma escala acordada com base na utilizada para o orçamento ordinário da Organização das Nações Unidas, até que a Autoridade disponha de receitas suficientes provenientes de outras fontes para fazer frente aos seus encargos administrativos;

f) *i*) Examinar e aprovar, por recomendação do Conselho, as normas, regulamentos e procedimentos sobre a distribuição equitativa dos benefícios financeiros e outros benefícios económicos obtidos das atividades na Área, bem como os pagamentos e contribuições feitos de conformidade com o artigo 82º, tendo particularmente em conta os interesses e necessidades dos Estados em desenvolvimento e dos povos que não tenham alcançado a plena independência ou outro regime de autonomia. Se a Assembleia não aprovar as recomendações do Conselho, pode devolvê-las a este para re-exame à luz das opiniões expressas pela Assembleia;

ii) Examinar e aprovar as normas, regulamentos e procedimentos da Autoridade e quaisquer emendas aos mesmos, adotados provisoriamente pelo Conselho, de conformidade com a subalínea *ii*) da alínea *o*) do nº 2 do artigo 162º. Estas normas, regulamentos e procedimentos devem referir-se à prospeção, exploração e aproveitamento na Área, à gestão financeira e administração interna da Autoridade e, por recomendação do Conselho de Administração da Empresa, à transferência de fundos da Empresa para a Autoridade;

g) Decidir acerca da distribuição equitativa dos benefícios financeiros e outros benefícios económicos obtidos das atividades na Área, de forma compatível com a presente Convenção e com as normas, regulamentos e procedimentos da Autoridade;

h) Examinar e aprovar o projeto de orçamento anual da Autoridade apresentado pelo Conselho;

i) Examinar os relatórios periódicos do Conselho e da Empresa, bem como os relatórios especiais pedidos ao Conselho ou a qualquer outro órgão da Autoridade;

j) Proceder a estudos e fazer recomendações para promoção da cooperação internacional relativa às atividades na Área e para o encorajamento do desenvolvimento progressivo do Direito Internacional neste domínio e sua codificação;

k) Examinar os problemas de caráter geral relacionados com as atividades na Área, em particular os que se apresentem aos Estados em desenvolvimento, assim como os problemas de caráter geral relacionados com as atividades na Área que se apresentem aos Estados em virtude da sua situação geográfica, em particular aos Estados sem litoral ou em situação geográfica desfavorecida;

l) Estabelecer, por recomendação do Conselho baseada no parecer da Comissão de Planeamento Económico, um sistema de compensação ou adotar outras medidas de assistência para o reajuste económico de conformidade com o nº 10 do artigo 151º;

m) Suspender o exercício de direitos e privilégios inerentes à qualidade de membro, nos termos do artigo 185º;

n) Examinar qualquer questão ou assunto no âmbito de competência da Autoridade e decidir, de forma compatível com a distribuição de poderes e funções entre os órgãos da Autoridade, qual destes órgãos se deve ocupar de qualquer questão ou assunto que não seja expressamente atribuído a um órgão em particular.

SUBSECÇÃO C – O Conselho

Artigo 161º – Composição, procedimento e votação

1. O Conselho é composto de 36 membros da Autoridade, eleitos pela Assembleia na seguinte ordem:

a) Quatro membros de entre os Estados Partes que, durante os últimos cinco anos para os quais se disponha de estatísticas, tenham absorvido mais de 2% do consumo mundial total ou efetuado importações líquidas de mais de 2% das importações mundiais totais dos produtos básicos obtidos a partir das categorias de minerais que venham a ser extraídos da Área e, em qualquer caso, um Estado da região da Europa Oriental (Socialista), bem como o maior consumidor;

b) Quatro membros de entre os oito Estados Partes que, diretamente ou por intermédio dos seus nacionais, tenham feito os maiores investimentos na preparação e na realização de atividades na Área, incluindo, pelo menos, um Estado da região da Europa Oriental (Socialista);

c) Quatro membros de entre os Estados Partes que, na base da produção nas áreas sob sua jurisdição, sejam grandes exportadores líquidos das categorias de minerais que venham a ser extraídos da Área, incluindo, pelo menos, dois Estados em desenvolvimento, cujas exportações de tais minerais tenham importância substancial para a sua economia;

d) Seis membros de entre os Estados Partes em desenvolvimento, que representem interesses especiais. Os interesses especiais a serem representados devem incluir os dos Estados com grande população, os dos Estados sem litoral ou em situação geográfica desfavorecida, os dos Estados que sejam grandes importadores das categorias de minerais que venham a ser extraídos da Área, os dos Estados que sejam produtores potenciais de tais minerais, e os dos Estados menos desenvolvidos;

e) Dezoito membros eleitos de modo a assegurar o princípio de uma distribuição geográfica equitativa dos lugares do Conselho no seu conjunto, no entendimento de que cada região geográfica conte, pelo menos, com um membro eleito em virtude da presente alínea. Para tal efeito as regiões geográficas devem ser: África, América Latina, Ásia, Europa Ocidental e outros Estados e Europa Oriental (Socialista).

2. Na eleição dos membros do Conselho, de conformidade com o nº 1, a Assembleia deve assegurar que:

a) Os Estados sem litoral e aqueles em situação geográfica desfavorecida tenham uma representação, na medida do razoável, proporcional à sua representação na Assembleia;

b) Os Estados costeiros, em particular os Estados em desenvolvimento, que não preencham as condições enunciadas nas alíneas *a*), *b*), *c*) ou *d*) do nº 1, tenham uma representação, na medida do razoável, proporcional à sua representação na Assembleia;

c) Cada grupo de Estados Partes que, a ser representado no Conselho, esteja representado pelos membros que sejam eventualmente propostos por esse grupo.

3. As eleições são efetuadas nas sessões ordinárias da Assembleia. Cada membro do Conselho é eleito por quatro anos. Contudo, na primeira eleição o mandato de metade dos membros da cada um dos grupos previstos no nº 1 é de dois anos.

4. Os membros do Conselho podem ser reeleitos, devendo, porém, ter-se em conta a conveniência da rotação de membros.

5. O Conselho funciona na sede da Autoridade e deve reunir-se com a frequência requerida pelos trabalhos da Autoridade, mas pelo menos três vezes por ano.

6. O quórum é constituído pela maioria dos membros do Conselho.

7. Cada membro do Conselho dispõe de um voto.

8. *a*) As decisões sobre questões de procedimento serão tomadas por maioria dos membros presentes e votantes.

b) As decisões sobre as questões de fundo que surjam em relação às alíneas *f*), *g*), *h*), *i*), *n*), *p*) e *v*) do nº 2 do artigo 162º e com o artigo 191º serão tomadas por maioria de dois terços dos membros presentes e votantes, desde que tal maioria inclua uma maioria dos membros do Conselho.

c) As decisões sobre as questões de fundo que surjam em relação às disposições a seguir enumeradas serão tomadas por maioria de três quartos dos membros presentes e votantes, desde que tal maioria inclua uma maioria dos membros do Conselho: nº 1 do artigo 162º; alíneas *a*), *b*), *c*), *d*), *e*), *l*), *q*), *r*), *s*) e *t*) do nº 2 do artigo 162º; alínea *u*) do nº 2 do artigo 162º, nos casos de não cumprimento por parte de um contratante ou de um patrocinador; alínea *w*) do nº 2 do artigo 162º, desde que a obrigatoriedade das ordens dadas nos termos dessa alínea não exceda 30 dias, salvo se confirmadas por uma decisão tomada de conformidade com a alínea *d*) deste número; alíneas *x*), *y*) e *z*) do nº 2 do artigo 162º, nº 2 do artigo 163º; nº 3 do artigo 174º; artigo 11º do Anexo IV.

d) As decisões sobre as questões de fundo que surjam em relação às alíneas *m*) e *o*) do nº 2 do artigo 162º, bem como a aprovação de emendas à Parte XI, serão tomadas por consenso.

e) Para efeitos das alíneas *d*), *f*) e *g*) do presente número, «consenso» significa ausência de qualquer objeção formal. Dentro dos 14 dias seguintes à apresentação de uma proposta ao Conselho, o Presidente verificará se haveria uma objeção formal à sua aprovação. Se o Presidente do Conselho constatar que haveria tal objeção, criará e convocará nos três dias seguintes uma Comissão de Conciliação, integrada por não mais de nove membros do Conselho cuja presidência assumirá, com o objetivo de conciliar as divergências e preparar uma proposta suscetível de ser aprovada por consenso. A Comissão agirá imediatamente e relatará ao Conselho nos 14 dias seguintes à sua constituição. Se a Comissão não puder recomendar uma proposta suscetível de ser aprovada por consenso, indicará no seu relatório os motivos que levaram à rejeição da proposta.

f) As decisões sobre as questões que não estejam enumeradas nas alíneas precedentes e que o Conselho esteja autorizado a tomar em virtude das normas, regulamentos e procedimentos da Autoridade ou a qualquer outro título serão tomadas de conformidade com as alíneas do presente parágrafo especificadas nas normas, regulamentos e procedimentos da Autoridade ou, não sendo aí especificadas, por decisão do Conselho tomada por consenso, se possível antecipadamente.

g) Em caso de dúvida sobre se uma questão se inclui nas alíneas *a*), *b*), *c*) ou *d*), a questão será tratada como se estivesse incluída na alínea que exige a maioria mais elevada ou consenso, segundo o caso, a não ser que o Conselho decida de outro modo por tal maioria ou consenso.

9. O Conselho estabelecerá um procedimento pelo qual um membro da Autoridade que não esteja representado no Conselho possa enviar um representante para assistir a uma sessão deste, quando esse membro o solicitar ou quando o Conselho examinar uma questão que o afete particularmente. Tal representante poderá participar nos debates, mas sem direito de voto.

Artigo 162º – Poderes e funções

1. O Conselho é o órgão executivo da Autoridade. O Conselho tem o poder de estabelecer, de conformidade com a presente Convenção e as políticas gerais estabelecidas pela Assembleia, as políticas específicas a serem seguidas pela Autoridade sobre qualquer questão ou assunto de sua competência.

2. Além disso, o Conselho:

a) Supervisionará e coordenará a aplicação das disposições da presente Parte sobre todas as questões e assuntos da competência da Autoridade e alertará a Assembleia para os casos de não cumprimento;

b) Proporá à Assembleia uma lista de candidatos para a eleição do Secretário-Geral;

c) Recomendará à Assembleia candidatos para a eleição dos membros do Conselho de Administração da Empresa e do diretor-geral desta;

d) Estabelecerá, quando apropriado, e tendo em devida conta as exigências de economia e eficiência, os órgãos subsidiários que considere necessários para o exercício das suas funções, de conformidade com a presente Parte. Na composição de tais órgãos subsidiários, será dada ênfase à necessidade de se assegurar o consenso de membros qualificados e competentes nas matérias técnicas pertinentes de que se ocupem esses órgãos, tendo em devida conta o princípio da distribuição geográfica equitativa e os interesses especiais;

e) Adotará o seu regulamento interno, incluindo o método de designação do seu presidente;

f) Concluirá, em nome da Autoridade e no âmbito da sua competência, com as Nações Unidas ou com outras organizações internacionais, acordos sujeitos à aprovação da Assembleia;

g) Examinará os relatórios da Empresa e transmiti-los-á à Assembleia com as suas recomendações;

h) Apresentará à Assembleia relatórios anuais e os relatórios especiais que esta lhe solicite;

i) Dará diretrizes à Empresa de conformidade com o artigo 170º;

j) Aprovará os planos de trabalho de conformidade com o artigo 6º do Anexo III. O Conselho tomará uma decisão sobre cada plano de trabalho nos 60 dias seguintes à sua apresentação pela Comissão Jurídica e Técnica a uma sessão do Conselho, de conformidade com os seguintes procedimentos:

i) Quando a Comissão recomendar a aprovação de um plano de trabalho, este será considerado aprovado pelo Conselho, a menos que um membro do Conselho apresente ao Presidente uma objeção específica por escrito no prazo de 14 dias, na qual se alegue que não foram cumpridos os requisitos do artigo 6º do Anexo III. Se houver uma objeção aplicar-se-á o procedimento de conciliação da alínea *e*) do nº 8 do artigo 161º Se, uma vez concluído o procedimento de conciliação, a objeção ainda se mantiver, o plano de trabalho será considerado como aprovado pelo Conselho, a menos que este o não aprove por consenso dos seus membros, excluindo qualquer Estado ou Estados que tenham apresentado o pedido ou patrocinado o peticionário;

ii) Quando a Comissão recomendar a não aprovação de um plano de trabalho ou não fizer uma recomendação, o Conselho pode aprová-lo por maioria de três quartos dos membros presentes e votantes, desde que tal maioria inclua a maioria dos membros participantes na sessão;

k) Aprovará os planos de trabalho apresentados pela Empresa de conformidade com o artigo 12º do Anexo IV, aplicando, *mutatis mutandis*, os procedimentos previstos na alínea *j*);

l) Exercerá controlo sobre as atividades na Área, de conformidade com o nº 4 do artigo 153º e com as normas, regulamentos e procedimentos da Autoridade;

m) Tomará, por recomendação da Comissão de Planeamento Económico e de conformidade com a alínea *h*) do artigo 150º, as medidas necessárias e apropriadas para proteger os Estados em desenvolvimento dos efeitos económicos adversos especificados nessa alínea;

n) Fará recomendações à Assembleia, com base no parecer da Comissão de Planeamento Económico, sobre o sistema de compensação ou outras medidas de assistência para o reajuste económico como previsto no nº 10 do artigo 151º;

o) *i*) Recomendará à Assembleia normas, regulamentos e procedimentos sobre a distribuição equitativa dos benefícios financeiros e outros benefícios económicos derivados das atividades na Área e sobre os pagamentos e contribuições feitos nos termos do artigo 82º, tendo particularmente em conta os interesses e necessidades dos Estados em desenvolvimento e dos povos que não tenham alcançado a plena independência ou outro estatuto de autonomia;

ii) Adotará e aplicará provisoriamente, até à sua aprovação pela Assembleia, as normas, os regulamentos e os procedimentos da Autoridade, e quaisquer emendas aos mesmos, tendo em conta as recomendações da Comissão Jurídica e Técnica ou de outro órgão subordinado pertinente. Estas normas, regulamentos e procedimentos referir-se-ão à prospeção, exploração e aproveitamento na Área e à gestão financeira e administração interna da Autoridade. Será dada prioridade à adoção de normas, regulamentos e procedimentos para a exploração e aproveitamento de nódulos polimetálicos. As normas, regulamentos e procedimentos para a exploração e aproveitamento de qualquer recurso que não nódulos polimetálicos serão adotados dentro dos três anos a contar da data de um pedido feito à Autoridade por qualquer dos seus membros para que os adote. Tais normas, regulamentos e procedimentos permanecerão em vigor, a título provisório, até serem aprovados pela Assembleia ou emendados pelo Conselho à luz das opiniões expressas pela Assembleia;

p) Fiscalizará a cobrança de todos os pagamentos feitos à Autoridade e devidos a esta e relativos às atividades realizadas nos termos da presente Parte;

q) Fará a seleção entre os peticionários de autorizações de produção de conformidade com o artigo 7º do Anexo III, quando tal seleção for exigida por essa disposição;

r) Apresentará à Assembleia, para aprovação, o projeto de orçamento anual da Autoridade;

s) Fará à Assembleia recomendações sobre políticas relativas a quaisquer questões ou assuntos da competência da Autoridade;

t) Fará à Assembleia, de conformidade com o artigo 185º, recomendações sobre a suspensão do exercício dos direitos e privilégios inerentes à qualidade de membro;

u) Iniciará, em nome da Autoridade, procedimentos perante a Câmara de Controvérsias dos Fundos Marinhos nos casos de não cumprimento;

v) Notificará a Assembleia da decisão da Câmara de Controvérsias dos Fundos Marinhos relativa aos processos instituídos nos termos da alínea *u*) e fará as recomendações que julgue apropriadas acerca das medidas a serem tomadas;

w) Emitirá ordens de emergência, inclusive ordens de suspensão ou de reajustamento das operações, a fim de prevenir qualquer dano grave ao meio marinho como consequência das atividades na Área;

x) Excluirá certas áreas do aproveitamento por contratantes ou pela Empresa, quando provas concludentes indiquem o risco de danos graves ao meio marinho;

y) Criará um órgão subsidiário para a elaboração de projetos de normas, regulamentos e procedimentos financeiros relativos:

i) À gestão financeira de conformidade com os artigos 171º a 175º; e

ii) A questões financeiras de conformidade com o artigo 13º e a alínea *c*) do nº 1 do artigo 17º do Anexo III;

z) Estabelecerá mecanismos apropriados para dirigir e supervisionar um corpo de inspetores que devem fiscalizar as atividades na Área para determinar se a presente Parte, as normas, regulamentos e procedimentos da Autoridade, bem como as cláusulas e condições de qualquer contrato celebrado com a mesma, estão sendo cumpridos.

Artigo 163º – Órgãos do Conselho

1. São criados, como órgãos de Conselho:

a) Uma Comissão de Planeamento Económico;

b) Uma Comissão Jurídica e Técnica.

2. Cada Comissão é composta de 15 membros eleitos pelo Conselho entre os candidatos apresentados pelos Estados Partes. Contudo, o Conselho pode, se necessário, decidir aumentar o número de membros de qualquer das Comissões, tendo em devida conta as existências de economia e eficiência.

3. Os membros de uma Comissão devem ter qualificações adequadas no âmbito de competência dessa Comissão. Os Estados Partes devem propor candidatos da mais alta competência e integridade que possuam qualificações nas matérias pertinentes, de modo a assegurar o funcionamento eficaz das Comissões.

4. Na eleição dos membros das Comissões deve ser tomada em devida conta a necessidade de uma distribuição geográfica equitativa e de uma representação de interesses especiais.

5. Nenhum Estado Parte pode propor mais de um candidato para a mesma Comissão. Nenhuma pessoa pode ser eleita para mais de uma Comissão.

6. Os membros das Comissões são eleitos por cinco anos. Podem ser re-eleitos para um novo mandato.

7. Em caso de falecimento, incapacidade ou renúncia de um membro de uma Comissão antes de ter expirado o seu mandato, o Conselho elegerá um membro da mesma região geográfica ou categoria de interesses, que exercerá o cargo até ao termo desse mandato.

8. Os membros das Comissões não devem ter interesses financeiros em qualquer atividade relacionada com a exploração e aproveitamento na Área. Sob reserva das suas responsabilidades perante as Comissões a que pertencerem, não revelarão, nem mesmo após o termo das suas funções, qualquer segredo industrial, qualquer dado que seja propriedade industrial e que seja transferido para a Autoridade de conformidade com o artigo 14º do Anexo III, bem como qualquer outra informação confidencial que chegue ao seu conhecimento em virtude do desempenho das suas funções.

9. Cada Comissão exercerá as suas funções de conformidade com as orientações e diretrizes adotadas pelo Conselho.

10. Cada Comissão deve elaborar e submeter à aprovação do Conselho as normas e os regulamentos necessários ao desempenho eficaz das suas funções.

11. Os procedimentos para a tomada de decisões nas Comissões devem ser estabelecidos pelas normas, regulamentos e procedimentos da Autoridade. As recomendações ao Conselho devem ser acompanhadas, quando necessário, de um resumo das divergências de opinião nas Comissões.

12. Cada Comissão deve exercer normalmente as suas funções na sede da Autoridade e reunir-se com a frequência requerida pelo desempenho eficaz das suas funções.

13. No exercício das suas funções, cada Comissão pode consultar, quando apropriado, uma outra Comissão, qualquer órgão competente das Nações Unidas ou das suas agências especializadas ou qualquer organização internacional com competência sobre o assunto objeto de consulta.

Artigo 164º – Comissão de Planeamento Económico

1. Os membros da Comissão de Planeamento Económico devem possuir as qualificações adequadas, designadamente em matéria de atividades mineiras, de gestão de atividades relacionadas com os recursos minerais, de comércio internacional ou de economia internacional. O Conselho deve procurar que a composição da Comissão reflita todas as qualificações pertinentes. A Comissão deve incluir pelo menos dois membros dos Estados em desenvolvimento cujas exportações das categorias de minerais a serem extraídas da Área tenham consequências importantes nas suas economias.

2. A Comissão deve:

a) Propor, a pedido do Conselho, medidas para aplicar as decisões relativas às atividades na Área, tomadas de conformidade com a presente Convenção;

b) Examinar as tendências da oferta, da procura e dos preços dos minerais que possam ser extraídos da Área, bem como os fatores que os influenciem, tendo em conta os interesses dos países importadores e dos países exportadores e, em particular, dos que entre eles forem Estados em desenvolvimento;

c) Examinar qualquer situação suscetível de provocar os efeitos adversos referidos na alínea *h*) do artigo 150º e para a qual a sua atenção tenha sido chamada pelo Estado Parte ou pelos Estados Partes interessados e fazer as recomendações apropriadas ao Conselho;

d) Propor ao Conselho, para apresentação à Assembleia, nos termos do nº 10 do artigo 151º, um sistema de compensação ou outras medidas de assistência para o reajuste económico em favor dos Estados em desenvolvimento que sofram efeitos adversos como consequência das atividades na Área. A Comissão deve fazer ao Conselho as recomendações necessárias para a aplicação do sistema ou das medidas tomadas pela Assembleia, em casos concretos.

Artigo 165º – Comissão Jurídica e Técnica

1. Os membros da Comissão Jurídica e Técnica devem possuir as qualificações adequadas, designadamente em matéria de exploração, aproveitamento e tratamento de minerais, oceanologia, proteção do meio marinho ou assuntos económicos ou jurídicos relativos à mineração oceânica e outros domínios conexos. O Conselho deve procurar que a composição da Comissão reflita todas as qualificações pertinentes.

2. A Comissão deve:

a) Fazer, a pedido do Conselho, recomendações relativas ao exercício das funções da Autoridade;

b) Examinar os planos de trabalho formais escritos relativos às atividades na Área, de conformidade com o nº 3 do artigo 153º, bem como fazer recomendações apropriadas ao Conselho. A Comissão deve fundamentar as suas recomendações unicamente nas disposições do Anexo III e apresentar relatório completo ao Conselho sobre o assunto;

c) Supervisionar, a pedido do Conselho, as atividades na Área, em consulta e colaboração, quando necessário, com qualquer entidade ou pessoa que realize tais atividades, ou com o Estado ou Estados interessados, e relatar ao Conselho;

d) Preparar avaliações das consequências ecológicas das atividades na Área;

e) Fazer recomendações ao Conselho sobre a proteção do meio marinho, tendo em conta a opinião de peritos reconhecidos na matéria;

f) Elaborar e submeter ao Conselho as normas, regulamentos e procedimentos referidos na alínea *o*) do nº 2 do artigo 162º, tendo em conta todos os fatores pertinentes, incluindo a avaliação das consequências ecológicas das atividades na Área;

g) Examinar continuamente tais normas, regulamentos e procedimentos e, periodicamente, recomendar ao Conselho as emendas que julgue necessárias ou desejáveis;

h) Fazer recomendações ao Conselho relativas ao estabelecimento de um programa de controlo sistemático para, regularmente, observar, medir, avaliar e analisar, mediante métodos científicos reconhecidos, os riscos ou as consequências da poluição do meio marinho, proveniente de atividades na Área, assegurar-se de que a regulamentação vigente seja adequada e cumprida bem como coordenar a execução do programa de controlo sistemático aprovado pelo Conselho;

i) Recomendar ao Conselho, de conformidade com a presente Parte e com os anexos pertinentes, o início, em nome da Autoridade, de procedimentos perante a Câmara de Controvérsias dos Fundos Marinhos tendo particularmente em conta o artigo 187º;

j) Fazer recomendações ao Conselho relativas às medidas a tomar sobre uma decisão da Câmara de Controvérsias dos Fundos Marinhos nos procedimentos iniciados em virtude da alínea *i*);

k) Recomendar ao Conselho que emita ordens de emergência, inclusive ordens de suspensão ou de reajuste de operações, a fim de prevenir qualquer dano grave ao meio marinho decorrente das atividades na Área. O Conselho deve examinar tais recomendações com caráter prioritário;

l) Recomendar ao Conselho que exclua certas áreas do aproveitamento por contratantes ou pela Empresa, quando provas concludentes indiquem o risco de danos graves ao meio marinho;

m) Fazer recomendações ao Conselho sobre a direção e supervisão de um corpo de inspetores que devem fiscalizar as atividades na Área, para determinar se as disposições da presente Parte, as normas, regulamentos e procedimentos da Autoridade, bem como as cláusulas e condições de qualquer contrato celebrado com a mesma, estão sendo cumpridos;

n) Calcular o teto de produção e, em nome da Autoridade, emitir autorizações de produção nos termos dos nºs 2 a 7 do artigo 151º, depois de o Conselho ter feito a necessária seleção entre os peticionários de conformidade com o artigo 7º do Anexo III.

3. No desempenho das suas funções de supervisão e inspeção, os membros da Comissão serão acompanhados por um representante desse Estado ou parte interessada, a pedido de qualquer Estado Parte ou de outra parte interessada.

SUBSECÇÃO D – O Secretariado

Artigo 166º – O Secretariado

1. O Secretariado da Autoridade compreende um Secretário-Geral e o pessoal de que a Autoridade possa necessitar.

2. O Secretário-Geral será eleito pela Assembleia para um mandato de quatro anos, de entre os candidatos propostos pelo Conselho e podendo ser reeleito.

3. O Secretário-Geral será o mais alto funcionário administrativo da Autoridade e, nessa qualidade, participará em todas as reuniões da Assembleia, do Conselho e de qualquer órgão subsidiário, e desempenhará as demais funções administrativas de que for incumbido por esses órgãos.

4. O Secretário-Geral apresentará à Assembleia um relatório anual sobre as atividades da Autoridade.

Artigo 167º – O pessoal da Autoridade

1. O pessoal da Autoridade é composto de funcionários qualificados nos domínios científico e técnico, e demais pessoal necessário ao desempenho das funções administrativas da Autoridade.

2. A consideração dominante ao recrutar e contratar o pessoal e ao determinar as suas condições de emprego será a necessidade de assegurar o mais alto grau de eficiência, competência e integridade. Ressalvada esta consideração, ter-se-á em devida conta a importância de recrutar o pessoal numa base geográfica tão ampla quanto possível.

3. O pessoal é nomeado pelo Secretário-Geral. As modalidades e condições de nomeação, remuneração e demissão do pessoal devem ser conformes com as normas, regulamentos e procedimentos da Autoridade.

Artigo 168º – Caráter internacional do Secretariado

1. No cumprimento dos seus deveres, o Secretário-Geral e o pessoal da Autoridade não solicitarão nem receberão instruções de qualquer governo nem de nenhuma outra fonte estranha à Autoridade. Abster-se-ão de qualquer ato que possa afetar a sua condição de funcionários internacionais, responsáveis unicamente perante a Autoridade. Todo o Estado Parte compromete-se a respeitar o caráter exclusivamente internacional das funções do Secretário-Geral e do pessoal e a não procurar influenciá-los no desempenho das suas funções. Qualquer não cumprimento, por parte de

um funcionário, das suas responsabilidades será submetido a um tribunal administrativo apropriado, como previsto nas normas, regulamentos e procedimentos da Autoridade.

2. O Secretário-Geral e o pessoal não devem ter interesses financeiros em quaisquer atividades relacionadas com a exploração e aproveitamento na Área. Sob reserva das suas responsabilidades perante a Autoridade, não revelarão, mesmo após o termo das suas funções, qualquer segredo industrial, qualquer dado que seja propriedade industrial e que seja transferido para a Autoridade de conformidade com o artigo 14º do Anexo III, bem como qualquer outra informação confidencial que chegue ao seu conhecimento em virtude do desempenho das suas funções.

3. O não cumprimento, por parte de um funcionário da Autoridade, das demais obrigações enunciadas no nº 2, deve ser, a pedido de um Estado Parte, ou de uma pessoa jurídica, singular ou coletiva, patrocinada por um Estado Parte nos termos da alínea *b*) do nº 2 do artigo 153º e lesados por tal não cumprimento, submetido pela Autoridade contra o funcionário em causa perante um tribunal designado pelas normas, regulamentos e procedimentos da Autoridade. A parte lesada terá o direito de participar no processo. Se o tribunal o recomendar, o Secretário-Geral demitirá o funcionário em causa.

4. As normas, regulamentos e procedimentos da Autoridade incluirão as disposições necessárias para a aplicação do presente artigo.

Artigo 169º – Consulta e cooperação com as organizações internacionais e não governamentais

1. O Secretário-Geral concluirá, nos assuntos da competência da Autoridade e com a aprovação do Conselho, ajustes apropriados para consulta e cooperação com as organizações internacionais e não governamentais reconhecidas pelo Conselho Económico e Social das Nações Unidas.

2. Qualquer organização com a qual o Secretário-Geral tiver concluído um ajuste, nos termos do nº 1, pode designar representantes para assistirem como observadores às reuniões dos órgãos da Autoridade, de conformidade com o regulamento interno destes órgãos. Serão estabelecidos procedimentos para que essas organizações deem a conhecer a sua opinião nos casos apropriados.

3. O Secretário-Geral pode distribuir aos Estados Partes relatórios escritos, apresentados pelas organizações não governamentais referidas no

nº 1, sobre os assuntos que sejam da sua competência especial ou se relacionem com o trabalho da Autoridade.

SUBSECÇÃO E – A Empresa

Artigo 170º – A Empresa

1. A Empresa é o órgão da Autoridade que realizará diretamente as atividades na Área, em aplicação da alínea *a*) do nº 2 do artigo 153º, bem como o transporte, o processamento e a comercialização dos minerais extraídos da Área.

2. No quadro da personalidade jurídica internacional da Autoridade, a Empresa terá a capacidade jurídica prevista no Estatuto que figura no Anexo IV. A Empresa agirá de conformidade com a presente Convenção e com as normas, regulamentos e procedimentos da Autoridade, bem como com as políticas gerais estabelecidas pela Assembleia e estará sujeita às diretrizes e ao controlo do Conselho.

3. A Empresa terá a sua instalação principal na sede da Autoridade.

4. A Empresa será dotada, de conformidade com o nº 2 do artigo 173º e o artigo 11º do Anexo IV, dos fundos necessários ao desempenho das suas funções e receberá a tecnologia prevista no artigo 144º e nas demais disposições pertinentes da presente Convenção.

SUBSECÇÃO F – Recursos financeiros da Autoridade

Artigo 171º – Recursos financeiros da Autoridade

Os recursos financeiros da Autoridade incluirão:

a) As contribuições dos membros da Autoridade, fixadas de conformidade com a alínea *e*) do nº 2 do artigo 160º;

b) As receitas da Autoridade provenientes das atividades na Área, de conformidade com o artigo 13º do Anexo III;

c) Os fundos transferidos da Empresa, de conformidade com o artigo 10º do Anexo IV;

d) Os empréstimos contraídos nos termos do artigo 174º;

e) As contribuições voluntárias dos membros ou de outras entidades; e *f*) Os pagamentos efetuados, de conformidade com o nº 10 do artigo 151º, a um fundo de compensação cujas fontes devem ser recomendadas pela Comissão de Planeamento Económico.

Artigo 172º – Orçamento anual da Autoridade

O Secretário-Geral preparará o projeto de orçamento anual da Autoridade e submetê-lo-á ao Conselho. Este examinará o projeto de orçamento anual e submetê-lo-á à Assembleia com as respetivas recomendações. A Assembleia examinará e aprovará o projeto de orçamento de conformidade com a alínea *h*) do nº 2 do artigo 160º

Artigo 173º – Despesas da Autoridade

1. As contribuições referidas na alínea *a*) do artigo 171º serão depositadas numa conta especial para satisfazer as despesas administrativas da Autoridade, até que ela disponha de fundos suficientes provenientes de outras fontes para cobrir essas despesas.

2. Os fundos da Autoridade destinar-se-ão, em primeiro lugar, a cobrir as despesas administrativas. À exceção das contribuições referidas na alínea *a*) do artigo 171º, os fundos restantes depois de cobertas as despesas administrativas poderão, *inter alia*:

a) Ser distribuídos de conformidade com o artigo 140º e com a alínea *g*) do nº 2 do artigo 160º;

b) Ser utilizados para proporcionar fundos à Empresa, de conformidade com o nº 4 do artigo 170º;

c) Ser utilizados para compensar os Estados em desenvolvimento de conformidade com o nº 4 do artigo 151º e com a alínea *l*) do nº 2 do artigo 160º.

Artigo 174º – Capacidade da Autoridade para contrair empréstimos

1. A Autoridade tem capacidade para contrair empréstimos.

2. A Assembleia fixará os limites da capacidade da Autoridade para contrair empréstimos no regulamento financeiro que adotará de conformidade com a alínea *f*) do nº 2 do artigo 160º

3. O Conselho exercerá o poder de contrair os empréstimos da Autoridade.

4. Os Estados Partes não serão responsáveis pelas dívidas da Autoridade.

Artigo 175º – Verificação anual das contas

Os registos, livros e contas da Autoridade, inclusive os relatórios financeiros anuais, serão verificados todos os anos por um auditor independente designado pela Assembleia.

SUBSECÇÃO G – Estatuto jurídico, privilégios e imunidades

Artigo 176º – Estatuto jurídico

A Autoridade tem personalidade jurídica internacional e a capacidade jurídica necessária ao exercício das suas funções e à consecução dos seus objetivos.

Artigo 177º – Privilégios e imunidades

A Autoridade, a fim de poder exercer as suas funções, goza, no território de cada Estado Parte, dos privilégios e imunidades estabelecidos na presente subsecção. Os privilégios e imunidades relativos à Empresa são os estabelecidos no artigo 13º do Anexo IV.

Artigo 178º – Imunidade de jurisdição e de execução

A Autoridade, os seus bens e haveres gozam de imunidade de jurisdição e de execução, salvo na medida em que a Autoridade renuncie expressamente a esta imunidade num caso particular.

Artigo 179º – Imunidade de busca ou de qualquer forma de detenção

Os bens e haveres da Autoridade, onde quer que se encontrem e independentemente de quem os tiver em seu poder, gozam de imunidade de busca, requisição, confiscação, expropriação ou de qualquer outra forma de detenção por ação executiva ou legislativa.

Artigo 180º – Isenção de restrições, regulamentação, controlo e moratórias

Os bens e haveres da Autoridade estão isentos de qualquer tipo de restrições, regulamentação, controlo e moratórias.

Artigo 181º – Arquivos e comunicações oficiais da Autoridade

1. Os arquivos da Autoridade são invioláveis, onde quer que se encontrem.

2. Os dados que sejam propriedade industrial, os dados que constituam segredo industrial e as informações análogas, bem como os processos do pessoal, não são colocados em arquivos acessíveis ao público.

3. No que se refere às comunicações oficiais, cada Estado Parte concederá à Autoridade um tratamento não menos favorável do que o concedido por esse Estado a outras organizações internacionais.

Artigo 182º – Privilégios e imunidades de pessoas ligadas à Autoridade

Os representantes dos Estados Partes que assistam a reuniões da Assembleia, do Conselho ou dos órgãos da Assembleia ou do Conselho, bem como o Secretário-Geral e o pessoal da Autoridade, gozam no território de cada Estado Parte:

a) De imunidade de jurisdição e de execução no que respeita a atos praticados no exercício das suas funções, salvo na medida em que o Estado que representam ou a Autoridade, conforme o caso, renuncie expressamente a esta imunidade num caso particular;

b) Não sendo nacionais desse Estado Parte, das mesmas isenções relativas a restrições de imigração, a formalidades de inscrição de estrangeiros e a obrigações do serviço nacional, das mesmas facilidades em matéria de restrições cambiais e do mesmo tratamento no que respeita a facilidades de viagem que esse Estado conceder aos representantes, funcionários e empregados de categoria equivalente de outros Estados Partes.

Artigo 183º – Isenção de impostos e de direitos alfandegários

1. No âmbito das suas atividades oficiais, a Autoridade, seus haveres, bens e rendimentos, bem como as suas operações e transações autorizadas pela presente Convenção, ficarão isentos de qualquer imposto direto e os bens importados ou exportados pela Autoridade para seu uso oficial ficarão isentos de qualquer direito aduaneiro. A Autoridade não reivindicará isenção de taxas correspondentes a encargos por serviços prestados.

2. Quando a compra de bens ou serviços de um valor considerável, necessários às atividades oficiais da Autoridade, for efetuada por esta, ou em seu nome, e quando o preço de tais bens ou serviços incluir impostos ou direitos, os Estados Partes tomarão, na medida do possível, as medidas apropriadas para conceder a isenção de tais impostos ou direitos ou para assegurar o seu re-embolso. As mercadorias importadas ou adquiridas sob o regime de isenção previsto no presente artigo não devem ser vendidas

nem de outro modo alienadas no território do Estado Parte que tiver concedido a isenção, exceto em condições acordadas com esse Estado Parte.

3. Os Estados Partes não cobrarão direta ou indiretamente nenhum imposto sobre os vencimentos, emolumentos ou outros pagamentos feitos pela Autoridade ao Secretário-Geral e aos funcionários da Autoridade, bem como aos peritos que realizem missões para a Autoridade, que não sejam nacionais desses Estados.

SUBSECÇÃO H – Suspensão do exercício de direitos e de privilégios dos membros

Artigo 184º – Suspensão do exercício do direito de voto

Qualquer Estado Parte, que esteja em atraso no pagamento das suas contribuições financeiras à Autoridade, não poderá votar quando o montante das suas dívidas for igual ou superior ao total das contribuições devidas para os dois anos anteriores completos. Contudo, a Assembleia poderá autorizar esse membro a votar, caso verifique que a mora é devida a circunstâncias alheias à sua vontade.

Artigo 185º – Suspensão do exercício de direitos e privilégios inerentes à qualidade de membro

1. Qualquer Estado Parte que tenha violado grave e persistentemente as disposições da presente Parte poderá, por recomendação do Conselho, ser suspenso pela Assembleia do exercício de direitos e privilégios inerentes à qualidade de membro.

2. Nenhuma decisão pode ser tomada nos termos do nº 1, até que a Câmara de Controvérsias dos Fundos Marinhos tenha determinado que um Estado Parte violou grave e persistentemente as disposições da presente Parte.

SECÇÃO V – Solução de controvérsias e pareceres consultivos

Artigo 186º – Câmara de Controvérsias dos Fundos Marinhos do Tribunal Internacional do Direito do Mar

O estabelecimento da Câmara de Controvérsias dos Fundos Marinhos e o modo como exercerá a sua competência serão regidos pelas disposições da presente secção, da Parte XV e do Anexo VI.

Artigo 187º – Competência da Câmara de Controvérsias dos Fundos Marinhos

A Câmara de Controvérsias dos Fundos Marinhos terá competência, nos termos da presente Parte e dos Anexos com ela relacionados, para solucionar as seguintes categorias de controvérsias referentes a atividades na Área:

a) Controvérsias entre Estados Partes relativas à interpretação ou aplicação da presente Parte e dos Anexos com ela relacionadas;

b) Controvérsias entre um Estado Parte e a Autoridade relativas a:

i) Atos ou omissões da Autoridade ou de um Estado Parte que se alegue constituírem violação das disposições da presente Parte ou dos Anexos com ela relacionados, ou das normas, regulamentos e procedimentos da Autoridade adotados de conformidade com as mesmas disposições; ou

ii) Atos da Autoridade que se alegue constituírem abuso ou desvio de poder;

c) Controvérsias entre partes num contrato, quer se trate de Estados Partes, da Autoridade ou da Empresa, de empresas estatais e de pessoas jurídicas, singulares ou coletivas, referidas na alínea *b*) do nº 2 do artigo 153º, relativas a:

i) Interpretação ou execução de um contrato ou de um plano de trabalho; ou

ii) Atos ou omissões de uma parte no contrato relacionados com atividades na Área que afetem a outra parte ou prejudiquem diretamente os seus legítimos interesses;

d) Controvérsias entre a Autoridade e um candidato a contratante que tenha sido patrocinado por um Estado, nos termos da alínea *b*) do nº 2 do artigo 153º, e preenchido devidamente as condições estipuladas no nº 6 do artigo 4º e no nº 2 do artigo 13º do Anexo III, relativas a uma denegação de um contrato ou a uma questão jurídica suscitada na negociação do contrato;

e) Controvérsias entre a Autoridade e um Estado Parte, uma empresa estatal ou uma pessoa jurídica, singular ou coletiva, patrocinada por um Estado Parte nos termos da alínea *b*) do nº 2 do artigo 153º, quando se alegue que a Autoridade incorreu em responsabilidade nos termos do artigo 22º do anexo III;

f) Quaisquer outras controvérsias relativamente às quais a jurisdição da Câmara esteja expressamente prevista na presente Convenção.

Artigo 188º – Submissão de controvérsias a uma Câmara Especial do Tribunal Internacional do Direito do Mar ou a uma Câmara *ad hoc* da Câmara de Controvérsias dos Fundos Marinhos ou a uma Arbitragem Comercial Obrigatória

1. As controvérsias entre Estados Partes referidas na alínea *a*) do artigo 187º podem ser submetidas:

a) A pedido das partes na controvérsia, a uma câmara especial do Tribunal Internacional do Direito do Mar constituída de conformidade com os artigos 15º e 17º do Anexo VI; ou

b) A pedido de qualquer das partes na controvérsia, a uma câmara *ad hoc* da Câmara de Controvérsias dos Fundos Marinhos constituída de conformidade com o artigo 36º do Anexo VI.

2. *a*) As controvérsias relativas à interpretação ou execução de um contrato referidas na subalínea *i*) da alínea *c*) do artigo 187º serão submetidas, a pedido de qualquer das partes na controvérsia, a uma arbitragem comercial obrigatória, salvo acordo em contrário das partes. O tribunal arbitral comercial, a que a controvérsia seja submetida, não terá jurisdição para decidir sobre qualquer questão de interpretação da presente Convenção. Quando a controvérsia suscitar também uma questão de interpretação da Parte XI e dos Anexos com ela relacionados relativamente às atividades na Área, essa questão será remetida à Câmara de Controvérsias dos Fundos Marinhos para decisão.

b) Se, no início ou no decurso de tal arbitragem, o tribunal arbitral comercial determinar, a pedido de uma das partes na controvérsia ou por iniciativa própria, que a sua decisão depende de uma decisão da Câmara de Controvérsias dos Fundos Marinhos, o tribunal arbitral remeterá tal questão à Câmara para esta se pronunciar. O tribunal arbitral proferirá em seguida sentença de conformidade com a decisão da Câmara de Controvérsias dos Fundos Marinhos.

c) Na ausência de disposição no contrato sobre o procedimento arbitral a aplicar a uma controvérsia, a arbitragem processar-se-á de conformidade com as Regras de Arbitragem da Comissão das Nações Unidas sobre o Direito Comercial Internacional (UNCITRAL) ou com quaisquer outras regras de arbitragem sobre a matéria estabelecida nas normas, regulamentos e procedimentos da Autoridade, salvo acordo em contrário das partes na controvérsia.

Artigo 189º – Limitação da competência relativa a decisões da Autoridade

A Câmara de Controvérsias dos Fundos Marinhos não terá competência para se pronunciar sobre o exercício pela Autoridade dos poderes discricionários que lhe são conferidos pela Presente Parte; em nenhum caso a Câmara se substituirá à Autoridade no exercício dos poderes discricionários desta. Sem prejuízo do disposto no artigo 191º, a Câmara de Controvérsias dos Fundos Marinhos, ao exercer a sua competência nos termos do artigo 187º, não se pronunciará sobre a questão da conformidade com a presente Convenção das normas, regulamentos e procedimentos da Autoridade, nem declarará a invalidade de tais normas, regulamentos e procedimentos. A competência da Câmara limitar-se-á a decidir se a aplicação de quaisquer normas, regulamentos e procedimentos da Autoridade em casos particulares estaria em conflito com as obrigações contratuais das partes na controvérsia ou com as obrigações emergentes da presente Convenção, bem como decidir os pedidos relativos a abuso ou desvio de poder e pedidos por perdas e danos ou outras indemnizações a serem devidas à parte interessada por não cumprimento pela outra parte das suas obrigações contratuais ou emergentes da presente Convenção.

Artigo 190º – Participação e intervenção nos procedimentos pelos Estados Partes patrocinadores

1. Se uma pessoa jurídica, singular ou coletiva, for parte em qualquer das controvérsias referidas no artigo 187º, o Estado patrocinador será disso notificado e terá o direito de participar nos procedimentos por meio de declarações escritas ou orais.

2. Se, numa controvérsia mencionada na alínea *c*) do artigo 187º, for intentada uma ação contra um Estado Parte por pessoa jurídica, singular ou coletiva, patrocinada por outro Estado Parte, o Estado contra o qual a ação for intentada poderá requerer que o Estado que patrocina essa pessoa intervenha no procedimento em nome da mesma. Não ocorrendo tal intervenção, o Estado contra o qual a ação é intentada poderá fazer-se representar por pessoa coletiva da sua nacionalidade.

Artigo 191º – Pareceres consultivos

A Câmara de Controvérsias dos Fundos Marinhos emitirá, a pedido da Assembleia ou do Conselho, pareceres consultivos sobre questões jurídicas que se suscitem no âmbito das suas atividades. Tais pareceres serão emitidos com caráter de urgência.

PARTE XII – Proteção e preservação do meio marinho

SECÇÃO I – Disposições gerais

Artigo 192º – Obrigação geral

Os Estados têm a obrigação de proteger e preservar o meio marinho.

Artigo 193º – Direito de soberania dos Estados para aproveitar os seus recursos naturais

Os Estados têm o direito de soberania para aproveitar os seus recursos naturais de acordo com a sua política em matéria de meio ambiente e de conformidade com o seu dever de proteger e preservar o meio marinho.

Artigo 194º – Medidas para prevenir, reduzir e controlar a poluição do meio marinho

1. Os Estados devem tomar, individual ou conjuntamente, como apropriado, todas as medidas compatíveis com a presente Convenção que sejam necessárias para prevenir, reduzir e controlar a poluição do meio marinho, qualquer que seja a sua fonte, utilizando para este fim os meios mais viáveis de que disponham e de conformidade com as suas possibilidades, e devem esforçar-se por harmonizar as suas políticas a esse respeito.

2. Os Estados devem tomar todas as medidas necessárias para garantir que as atividades sob sua jurisdição ou controlo se efetuem de modo a não causar prejuízos por poluição a outros Estados e ao seu meio ambiente, e que a poluição causada por incidentes ou atividades sob sua jurisdição ou controlo não se estenda além das áreas onde exerçam direitos de soberania, de conformidade com a presente Convenção.

3. As medidas tomadas, de acordo com a presente Parte, devem referir-se a todas as fontes de poluição do meio marinho. Estas medidas devem incluir, *inter alia*, as destinadas a reduzir tanto quanto possível:

a) A emissão de substâncias tóxicas, prejudiciais ou nocivas, especialmente as não degradáveis, provenientes de fontes terrestres, provenientes da atmosfera ou através dela, ou por alijamento;

b) A poluição proveniente de embarcações, em particular medidas para prevenir acidentes e enfrentar situações de emergência, garantir a segurança das operações no mar, prevenir descargas intencionais ou não e regulamentar o projeto, construção, equipamento, funcionamento e tripulação das embarcações;

c) A poluição proveniente de instalações e dispositivos utilizados na exploração ou aproveitamento dos recursos naturais do leito do mar e do seu subsolo, em particular medidas para prevenir acidentes e enfrentar situações de emergência, garantir a segurança das operações no mar e regulamentar o projeto, construção, equipamento, funcionamento e tripulação de tais instalações ou dispositivos;

d) A poluição proveniente de outras instalações e dispositivos que funcionem no meio marinho, em particular medidas para prevenir acidentes e enfrentar situações de emergência, garantir a segurança das operações no mar e regulamentar o projeto, construção, equipamento, funcionamento e tripulação de tais instalações ou dispositivos.

4. Ao tomar medidas para prevenir, reduzir ou controlar a poluição do meio marinho, os Estados devem abster-se de qualquer ingerência injustificável nas atividades realizadas por outros Estados no exercício de direitos e no cumprimento de deveres de conformidade com a presente Convenção.

5. As medidas tomadas de conformidade com a presente Parte devem incluir as necessárias para proteger e preservar os ecossistemas raros ou frágeis, bem como o *habitat* de espécies e outras formas de vida marinha em vias de extinção, ameaçadas ou em perigo.

Artigo 195º – Dever de não transferir danos ou riscos ou de não transformar um tipo de poluição em outro

Ao tomar medidas para prevenir, reduzir e controlar a poluição do meio marinho, os Estados devem agir de modo a não transferir direta ou indiretamente os danos ou riscos de uma zona para outra ou a não transformar um tipo de poluição em outro.

Artigo 196º – Utilização de tecnologias ou introdução de espécies estranhas ou novas

1. Os Estados devem tomar todas as medidas necessárias para prevenir, reduzir e controlar a poluição do meio marinho resultante da utilização de tecnologias sob sua jurisdição ou controlo, ou a introdução intencional ou

acidental num setor determinado do meio marinho de espécies estranhas ou novas que nele possam provocar mudanças importantes e prejudiciais.

2. O disposto no presente artigo não afeta a aplicação da presente Convenção no que se refere à prevenção, redução e controlo da poluição do meio marinho.

SECÇÃO II – Cooperação mundial e regional

Artigo 197º – Cooperação no plano mundial ou regional

Os Estados devem cooperar no plano mundial e, quando apropriado, no plano regional, diretamente ou por intermédio de organizações internacionais competentes, na formulação e elaboração de regras e normas, bem como práticas e procedimentos recomendados de caráter internacional que sejam compatíveis com a presente Convenção, para a proteção e preservação do meio marinho, tendo em conta as características próprias de cada região.

Artigo 198º – Notificação de danos iminentes ou reais

Quando um Estado tiver conhecimento de casos em que o meio marinho se encontre em perigo iminente de sofrer danos por poluição, ou já os tenha sofrido, deve notificá-lo imediatamente a outros Estados que julgue possam vir a ser afetados por esses danos, bem como às organizações internacionais competentes.

Artigo 199º – Planos de emergência contra a poluição

Nos casos mencionados no artigo 198º, os Estados da zona afetada, na medida das suas possibilidades, e as organizações internacionais competentes devem cooperar tanto quanto possível para eliminar os efeitos da poluição e prevenir ou reduzir ao mínimo os danos. Para tal fim, os Estados devem elaborar e promover em conjunto planos de emergência para enfrentar incidentes de poluição no meio marinho.

Artigo 200º – Estudos, programas de investigação e troca de informações e dados

Os Estados devem cooperar, diretamente ou por intermédio de organizações internacionais competentes, para promover estudos, realizar programas de investigação científica e estimular a troca das informações e dos dados obtidos relativamente à poluição do meio marinho. Os Estados devem procurar participar ativamente nos programas regionais e mundiais, com vista a adquirir os conhecimentos necessários para avaliação da natureza e grau de poluição, efeitos da exposição à mesma, seu trajeto, riscos e soluções aplicáveis.

Artigo 201º - Critérios científicos para a regulamentação

À luz das informações e dados adquiridos nos termos do artigo 200º, os Estados devem cooperar, diretamente ou por intermédio das organizações internacionais competentes, no estabelecimento de critérios científicos apropriados para a formulação e elaboração de regras e normas, bem como práticas e procedimentos recomendados, para prevenir, reduzir e controlar a poluição do meio marinho.

SECÇÃO III - Assistência técnica

Artigo 202º - Assistência científica e técnica aos Estados em desenvolvimento

Os Estados, diretamente ou por intermédio das organizações internacionais competentes, devem:

a) Promover programas de assistência científica, educativa, técnica e de outra índole aos Estados em desenvolvimento para proteção e preservação do meio marinho e prevenção, redução e controlo da poluição marinha. Essa assistência deve consistir, *inter alia*, em:

i) Formar pessoal científico e técnico;

ii) Facilitar a participação desse pessoal em programas internacionais pertinentes;

iii) Proporcionar-lhes o equipamento e as facilidades necessárias;

iv) Aumentar a sua capacidade para fabricar esse equipamento;

v) Fornecer serviços de assessoria e desenvolver meios materiais para os programas de investigação, controlo sistemático, educação e outros;

b) Prestar assistência apropriada, especialmente aos Estados em desenvolvimento, para minimizar os efeitos dos acidentes importantes que possam provocar uma poluição grave do meio marinho;

c) Prestar assistência apropriada, especialmente, aos Estados em desenvolvimento, no que se refere à preparação de avaliações ecológicas.

Artigo 203º – Tratamento preferencial para os Estados em desenvolvimento

A fim de prevenir, reduzir e controlar a poluição do meio marinho ou minimizar os seus efeitos, as organizações internacionais devem dar um tratamento preferencial aos Estados em desenvolvimento no que se refere à:

a) Distribuição de fundos e assistência técnica apropriados; e

b) Utilização dos seus serviços especializados.

SECÇÃO IV – Controlo sistemático e avaliação ecológica

Artigo 204º – Controlo sistemático dos riscos de poluição ou efeitos de poluição

1. Os Estados, diretamente ou por intermédio das organizações internacionais competentes, devem procurar, na medida do possível e tomando em consideração os direitos de outros Estados, observar, medir, avaliar e analisar, mediante métodos científicos reconhecidos, os riscos ou efeitos de poluição do meio marinho.

2. Em particular, os Estados devem manter sob vigilância os efeitos de quaisquer atividades por eles autorizadas ou a que se dediquem a fim de determinarem se as referidas atividades são suscetíveis de poluir o meio marinho.

Artigo 205º – Publicação de relatórios

Os Estados devem publicar relatórios sobre os resultados obtidos nos termos do artigo 204º, ou apresentar tais relatórios, com a periodicidade apropriada, às organizações internacionais competentes, que devem pô-los à disposição de todos os Estados.

Artigo 206º – Avaliação dos efeitos potenciais de atividades

Os Estados que tenham motivos razoáveis para acreditar que as atividades projetadas sob sua jurisdição ou controlo podem causar uma poluição considerável do meio marinho ou nele provocar modificações significativas e prejudiciais, devem avaliar, na medida do possível, os efeitos potenciais dessas atividades para o meio marinho e publicar relatórios sobre os resultados dessas avaliações nos termos previstos no artigo 205º

SECÇÃO V - Regras internacionais e legislação nacional para prevenir, reduzir e controlar a poluição do meio marinho

Artigo 207º - Poluição de origem terrestre

1. Os Estados devem adotar leis e regulamentos para prevenir, reduzir e controlar a poluição do meio marinho proveniente de fontes terrestres, incluindo rios, estuários, ductos e instalações de descarga, tendo em conta regras e normas, bem como práticas e procedimentos recomendados e internacionalmente acordados.

2. Os Estados devem tomar outras medidas que possam ser necessárias para prevenir, reduzir e controlar tal poluição.

3. Os Estados devem procurar harmonizar as suas políticas a esse respeito no plano regional apropriado.

4. Os Estados, atuando em especial por intermédio das organizações internacionais competentes ou de uma conferência diplomática, devem procurar estabelecer regras e normas, bem como práticas e procedimentos recomendados, de caráter mundial e regional, para prevenir, reduzir e controlar tal poluição, tendo em conta as características próprias de cada região, a capacidade económica dos Estados em desenvolvimento e a sua necessidade de desenvolvimento económico. Tais regras e normas, bem como práticas e procedimentos recomendados, devem ser reexaminados com a periodicidade necessária.

5. As leis, regulamentos, medidas, regras e normas, bem como práticas e procedimentos recomendados, referidos nos nºs 1, 2 e 4 devem incluir disposições destinadas a minimizar, tanto quanto possível, a emissão no meio marinho de substâncias tóxicas, prejudiciais ou nocivas, especialmente as substâncias não degradáveis.

Artigo 208º - Poluição proveniente de atividades relativas aos fundos marinhos sob jurisdição nacional

1. Os Estados costeiros devem adotar leis e regulamentos para prevenir, reduzir e controlar a poluição do meio marinho, proveniente direta ou indiretamente de atividades relativas aos fundos marinhos sob sua jurisdição e proveniente de ilhas artificiais, instalações e estruturas sob sua jurisdição, nos termos dos artigos 60º e 80º

2. Os Estados devem tomar outras medidas que possam ser necessárias para prevenir, reduzir e controlar tal poluição.

3. Tais leis, regulamentos e medidas não devem ser menos eficazes que as regras e normas, bem como práticas e procedimentos recomendados, de caráter internacional.

4. Os Estados devem procurar harmonizar as suas políticas a esse respeito no plano regional apropriado.

5. Os Estados, atuando em especial por intermédio das organizações internacionais competentes ou de uma conferência diplomática, devem estabelecer regras e normas, bem como práticas e procedimentos recomendados, de caráter mundial e regional, para prevenir, reduzir e controlar a poluição do meio marinho a que se faz referência no nº 1. Tais regras e normas, bem como práticas e procedimentos recomendados, devem ser reexaminados com a periodicidade necessária.

Artigo 209º – Poluição proveniente de atividades na Área

1. De conformidade com a Parte XI, devem estabelecer-se regras e normas, bem como práticas e procedimentos recomendados de caráter internacional, para prevenir, reduzir e controlar a poluição do meio marinho proveniente de atividades na Área. Tais regras e normas, bem como práticas e procedimentos recomendados, devem ser reexaminados com a periodicidade necessária.

2. Nos termos das disposições pertinentes da presente secção, os Estados devem adotar leis e regulamentos para prevenir, reduzir e controlar a poluição do meio marinho proveniente de atividades na Área efetuadas por embarcações ou a partir de instalações, estruturas e outros dispositivos que arvorem a sua bandeira ou estejam registados no seu território, ou operem sob sua autoridade, segundo o caso. Tais leis e regulamentos não devem ser menos eficazes que as normas, regulamentos e procedimentos internacionais referidos no nº 1.

Artigo 210º – Poluição por alijamento

1. Os Estados devem adotar leis e regulamentos para prevenir, reduzir e controlar a poluição do meio marinho por alijamento.

2. Os Estados devem tomar outras medidas que possam ser necessárias para prevenir, reduzir e controlar tal poluição.

3. Tais leis, regulamentos e medidas devem assegurar que o alijamento não se realize sem autorização das autoridades competentes dos Estados.

4. Os Estados, atuando em especial por intermédio das organizações internacionais competentes ou de uma conferência diplomática, devem procurar estabelecer regras e normas, bem como práticas e procedimentos recomendados, de caráter mundial e regional, para prevenir, reduzir e controlar tal poluição. Tais regras e normas, bem como práticas e procedimentos recomendados, devem ser reexaminados com a periodicidade necessária.

5. O alijamento no mar territorial e na zona económica exclusiva ou na plataforma continental não pode realizar-se sem o consentimento prévio expresso do Estado costeiro que tem o direito de autorizar, regular e controlar esse alijamento, depois de ter examinado devidamente a questão com outros Estados que, devido à sua situação geográfica, possam vir a ser desfavoravelmente afetados por tal alijamento.

6. As leis, regulamentos e medidas nacionais não devem ser menos eficazes que regras e normas de caráter mundial para prevenir, reduzir e controlar tal poluição.

Artigo 211º – Poluição proveniente de embarcações

1. Os Estados, atuando por intermédio da organização internacional competente ou de uma conferência diplomática geral, devem estabelecer regras e normas de caráter internacional para prevenir, reduzir e controlar a poluição do meio marinho proveniente de embarcações e devem do mesmo modo promover a adoção, quando apropriado, de sistemas de fixação de tráfego destinados a minimizar o risco de acidentes que possam causar a poluição do meio marinho, incluindo o litoral, e danos de poluição relacionados com os interesses dos Estados costeiros. Tais regras e normas devem, do mesmo modo, ser reexaminadas com a periodicidade necessária.

2. Os Estados devem adotar leis e regulamentos para prevenir, reduzir e controlar a poluição do meio marinho proveniente de embarcações que arvorem a sua bandeira ou estejam registadas no seu território. Tais leis e regulamentos devem ter pelo menos a mesma eficácia que as regras e normas internacionais geralmente aceites que se estabeleçam por intermédio da organização internacional competente ou de uma conferência diplomática geral.

3. Os Estados que estabeleçam requisitos especiais para prevenir, reduzir e controlar a poluição do meio marinho, como condição para a admissão de embarcações estrangeiras nos seus portos ou nas suas águas interiores

ou para fazerem escala nos seus terminais ao largo da costa, devem dar a devida publicidade a esses requisitos e comunicá-los à organização internacional competente. Quando dois ou mais Estados costeiros estabeleçam de forma idêntica os referidos requisitos num esforço para harmonizar a sua política neste setor, a comunicação deve indicar quais os Estados que participam em tais ajustes de cooperação. Todo o Estado deve exigir ao capitão de uma embarcação que arvore a sua bandeira ou que esteja registada no seu território que, quando navegar no mar territorial de um Estado participante nos aludidos ajustes, informe, a pedido desse Estado, se se dirige a um Estado da mesma região que participe em tais ajustes e, em caso afirmativo, indique se a embarcação reúne os requisitos estabelecidos por esse Estado para a admissão nos seus portos. O presente artigo deve ser aplicado sem prejuízo da embarcação continuar a exercer o seu direito de passagem inofensiva ou da aplicação do nº 2 do artigo 25º

4. Os Estados costeiros podem, no exercício da sua soberania no mar territorial, adotar leis e regulamentos para prevenir, reduzir e controlar a poluição do meio marinho proveniente de embarcações estrangeiras, incluindo as embarcações que exerçam o direito de passagem inofensiva. De conformidade com a Secção III da Parte II, tais leis e regulamentos não devem dificultar a passagem inofensiva de embarcações estrangeiras.

5. Os Estados costeiros podem, para fins da execução do estabelecido na Secção VI, adotar, relativamente às suas zonas económicas exclusivas, leis e regulamentos para prevenir, reduzir e controlar a poluição proveniente de embarcações, de conformidade com e em aplicação das regras e normas internacionais geralmente aceites estabelecidas por intermédio da organização internacional competente ou de uma conferência diplomática geral.

6. *a*) Quando as regras e normas internacionais referidas no nº 1 sejam inadequadas para enfrentar circunstâncias especiais, e os Estados costeiros tenham motivos razoáveis para acreditar que uma área particular e claramente definida das suas respetivas zonas económicas exclusivas requer a adoção de medidas obrigatórias especiais para prevenir a poluição proveniente de embarcações, por reconhecidas razões técnicas relacionadas com as suas condições oceanográficas e ecológicas, bem como pela sua utilização ou proteção dos seus recursos e o caráter particular do seu tráfego, os Estados costeiros podem, depois de terem devidamente consultado, por intermédio da organização internacional competente, qual-

quer outro Estado interessado, dirigir uma comunicação sobre essa área a tal organização, apresentando provas científicas e técnicas em seu apoio e informação sobre as instalações de receção necessárias. Num prazo de 12 meses após a receção desta comunicação, a organização deve decidir se as condições nessa área correspondem aos requisitos anteriormente enunciados. Se a organização decide favoravelmente, os Estados costeiros podem adotar, para essa área, leis e regulamentos destinados a prevenir, reduzir e controlar a poluição proveniente de embarcações, aplicando as regras e normas ou práticas de navegação internacionais que por intermédio da organização se tenham tornado aplicáveis às áreas especiais. Essas leis e regulamentos são aplicáveis a embarcações estrangeiras decorrido um prazo de 15 meses a contar da data em que a comunicação tenha sido apresentada à organização.

b) Os Estados costeiros devem publicar os limites de tal área particular e claramente definida.

c) Os Estados costeiros, ao apresentarem tal comunicação, devem notificar ao mesmo tempo a organização se têm intenção de adotar para essa área leis e regulamentos adicionais destinados a prevenir, reduzir e controlar a poluição proveniente de embarcações. Tais leis e regulamentos adicionais podem referir-se às descargas ou práticas de navegação, mas não podem obrigar as embarcações estrangeiras a cumprir normas de projeto, construção, tripulação ou equipamento diferentes das regras e normas internacionais geralmente aceites; são aplicáveis às embarcações estrangeiras decorrido um prazo de 15 meses a contar da data em que a comunicação tenha sido apresentada à organização desde que esta as aprove num prazo de 12 meses a contar da data da apresentação da comunicação.

7. As regras e normas internacionais referidas no presente artigo devem incluir, *inter alia*, as relativas à imediata notificação dos Estados costeiros, cujo litoral ou interesses conexos possam ser afetados por incidentes, incluindo acidentes marítimos que originem ou possam originar descargas.

Artigo 212º – Poluição proveniente da atmosfera ou através dela

1. Os Estados devem adotar leis e regulamentos para prevenir, reduzir e controlar a poluição do meio marinho proveniente da atmosfera ou através dela, aplicáveis ao espaço aéreo sob sua soberania ou a embarcações que arvorem a sua bandeira ou a embarcações ou aeronaves que estejam registadas no seu território, tendo em conta as regras e normas, bem como

práticas e procedimentos recomendados, internacionalmente acordados, e a segurança da navegação aérea.

2. Os Estados devem tomar outras medidas que sejam necessárias para prevenir, reduzir e controlar tal poluição.

3. Os Estados, atuando em especial por intermédio das organizações internacionais competentes ou de uma conferência diplomática, devem procurar estabelecer no plano mundial e regional regras e normas, bem como práticas e procedimentos recomendados, para prevenir, reduzir e controlar tal poluição.

SECÇÃO VI - Execução

Artigo 213º - Execução referente à poluição de origem terrestre

Os Estados devem assegurar a execução das suas leis e regulamentos adotados de conformidade com o artigo 207º e adotar leis e regulamentos e tomar outras medidas necessárias para pôr em prática as regras e normas internacionais aplicáveis estabelecidas por intermédio das organizações internacionais competentes ou de uma conferência diplomática para prevenir, reduzir e controlar a poluição do meio marinho de origem terrestre.

Artigo 214º - Execução referente à poluição proveniente de atividades relativas aos fundos marinhos

Os Estados devem assegurar a execução das suas leis e regulamentos adotados de conformidade com o artigo 208º e adotar leis e regulamentos e tomar outras medidas necessárias para pôr em prática as regras e normas internacionais aplicáveis, estabelecidas por intermédio das organizações internacionais competentes ou de uma conferência diplomática, para prevenir, reduzir e controlar a poluição do meio marinho proveniente direta ou indiretamente de atividades relativas aos fundos marinhos sob sua jurisdição e de ilhas artificiais, instalações e estruturas sob sua jurisdição, nos termos dos artigos 60º e 80º

Artigo 215º - Execução referente à poluição proveniente de atividades na Área

A execução das regras, normas e procedimentos internacionais estabelecidos, de conformidade com a Parte XI, para prevenir, reduzir e controlar a poluição do meio marinho proveniente de atividades na Área deve ser regida pelas disposições dessa Parte.

Artigo 216º – Execução referente à poluição por alijamento

1. As leis e regulamentos adotados de conformidade com a presente Convenção e as regras e normas internacionais aplicáveis estabelecidas por intermédio das organizações internacionais competentes ou de uma conferência diplomática para prevenir, reduzir e controlar a poluição do meio marinho por alijamento devem ser executados:

a) Pelo Estado costeiro no que se refere ao alijamento no seu mar territorial ou na sua zona económica exclusiva ou na sua plataforma continental;

b) Pelo Estado de bandeira no que se refere às embarcações que arvorem a sua bandeira ou às embarcações ou aeronaves que estejam registadas no seu território;

c) Por qualquer Estado no que se refere a atos de carga de detritos ou de outras matérias realizados no seu território ou nos seus terminais ao largo da costa.

2. Nenhum Estado é obrigado em virtude do presente artigo a iniciar procedimentos quando outro Estado já os tenha iniciado de conformidade com o presente artigo.

Artigo 217º – Execução pelos Estados de bandeira

1. Os Estados devem assegurar que as embarcações que arvorem a sua bandeira ou estejam registadas no seu território cumpram as regras e normas internacionais aplicáveis estabelecidas por intermédio da organização internacional competente ou de uma conferência diplomática geral, bem como as leis e regulamentos adotados de conformidade com a presente Convenção, para prevenir, reduzir e controlar a poluição do meio marinho proveniente de embarcações, e consequentemente adotar as leis e regulamentos e tomar outras medidas necessárias para pô-los em prática. Os Estados de bandeira devem velar pela execução efetiva de tais regras, normas, leis e regulamentos, independentemente do local em que tenha sido cometida a infração.

2. Os Estados devem, em especial, tomar as medidas apropriadas para assegurar que as embarcações que arvorem a sua bandeira ou estejam registadas no seu território sejam proibidas de navegar enquanto não estejam em condições de fazer-se ao mar em cumprimento dos requisitos, das

regras e normas internacionais mencionadas no nº 1, incluindo os relativos ao projeto, construção, equipamento e tripulação das embarcações.

3. Os Estados devem assegurar que as embarcações que arvorem a sua bandeira ou estejam registadas no seu território tenham a bordo os certificados exigidos pelas regras e normas internacionais mencionadas no nº 1 e emitidos de conformidade com as mesmas. Os Estados devem assegurar que as embarcações que arvorem a sua bandeira sejam inspecionadas periodicamente, a fim de verificar se tais certificados estão de conformidade com as condições reais da embarcação. Tais certificados devem ser aceites pelos outros Estados como prova das condições da embarcação e ser-lhes reconhecida a mesma validade que aos certificados emitidos por eles próprios, a não ser que existam motivos sérios para acreditar que as condições da embarcação não correspondem substancialmente aos dados que constam dos certificados.

4. Se uma embarcação comete uma infração às regras e normas estabelecidas por intermédio da organização internacional competente ou de uma conferência diplomática geral, o Estado de bandeira, sem prejuízo dos artigos 218º, 220º e 228º, deve ordenar uma investigação imediata e, se necessário, iniciar procedimentos relativos à alegada infração, independentemente do local em que tenha sido cometida a infração ou do local em que a poluição proveniente de tal infração tenha ocorrido ou tenha sido verificada.

5. Os Estados de bandeira que realizem uma investigação da infração podem solicitar a ajuda de qualquer outro Estado cuja cooperação possa ser útil para esclarecer as circunstâncias do caso. Os Estados devem procurar atender às solicitações apropriadas do Estado de bandeira.

6. Os Estados devem, a pedido por escrito de qualquer Estado, investigar qualquer infração que se alegue ter sido cometida pelas embarcações que arvorem a sua bandeira. Uma vez convencidos de que dispõem de provas suficientes para iniciar um procedimento relativo à alegada infração, os Estados de bandeira devem iniciar sem demora esse procedimento de conformidade com o seu Direito Interno.

7. Os Estados de bandeira devem informar imediatamente o Estado solicitante e a organização internacional competente das medidas tomadas e do resultado obtido. Tal informação deve ser posta à disposição de todos os Estados.

8. As sanções previstas nas leis e regulamentos dos Estados para as embarcações que arvorem a sua bandeira devem ser suficientemente seve-

ras para desencorajar as infrações, independentemente do local em que tenham sido cometidas.

Artigo 218º – Execução pelo Estado do porto

1. Quando uma embarcação se encontrar voluntariamente num porto ou num terminal ao largo da costa de um Estado, este Estado poderá realizar investigações e, se as provas o justificarem, iniciar procedimentos relativos a qualquer descarga procedente dessa embarcação realizada fora das águas interiores, mar territorial ou zona económica exclusiva desse Estado com violação das regras e normas internacionais aplicáveis estabelecidas por intermédio da organização internacional competente ou de uma conferência diplomática geral.

2. Não serão iniciados procedimentos nos termos do nº 1 relativos a uma infração por descarga nas águas interiores, mar territorial ou zona económica exclusiva de outro Estado, a não ser que o solicite esse Estado, o Estado de bandeira ou qualquer Estado prejudicado ou ameaçado pela descarga, ou a não ser que a infração tenha provocado ou possa vir a provocar poluição nas águas interiores, mar territorial ou zona económica exclusiva do Estado que tenha iniciado os procedimentos.

3. Quando uma embarcação se encontrar voluntariamente num porto ou num terminal ao largo da costa de um Estado, esse Estado deve atender, na medida do possível, às solicitações de qualquer Estado relativas à investigação de uma infração por descarga referida no nº 1, que se julgue ter sido cometida nas águas interiores, mar territorial ou zona económica exclusiva do Estado solicitante que tenha causado ou ameace causar danos aos mesmos. O Estado do porto deve igualmente atender, na medida do possível, às solicitações do Estado de bandeira relativas à investigação de tal infração, independentemente do local em que tenha sido cometida.

4. Os elementos da investigação efetuada pelo Estado do porto nos termos do presente artigo devem ser transmitidos ao Estado de bandeira ou ao Estado costeiro, a pedido destes. Quaisquer procedimentos iniciados pelo Estado do porto com base em tal investigação podem, salvo disposição em contrário da secção VII, ser suspensos a pedido do Estado costeiro, quando a infração tiver sido cometida nas águas interiores, mar territorial ou zona económica exclusiva desse Estado. Em tal situação, as provas e os elementos do caso, assim como qualquer caução ou outra garantia financeira depositada junto das autoridades do Estado do porto, serão transfe-

ridos para o Estado costeiro. Esta transferência exclui a possibilidade de os procedimentos prosseguirem no Estado do porto.

Artigo 219º – Medidas relativas à navegabilidade das embarcações para evitar a poluição

Salvo disposição em contrário da secção VII, os Estados que, a pedido de terceiros ou por iniciativa própria, tenham comprovado que uma embarcação que se encontra num dos seus portos ou num dos seus terminais ao largo da costa viola as regras e normas internacionais aplicáveis em matéria de navegabilidade das embarcações e ameaça, em consequência, causar danos ao meio marinho, devem tomar, sempre que possível, medidas administrativas para impedir que a mesma embarcação navegue. Tais Estados apenas podem autorizar a referida embarcação a prosseguir até ao estaleiro de reparações apropriado mais próximo e, eliminadas as causas da infração, permitirão que a embarcação prossiga viagem sem demora.

Artigo 220º – Execução pelos Estados costeiros

1. Quando uma embarcação se encontrar voluntariamente num porto ou num terminal ao largo da costa de um Estado, esse Estado pode, tendo em conta o disposto na secção VII, iniciar procedimentos relativos a qualquer infração às suas leis e regulamentos adotados de conformidade com a presente Convenção ou com as regras e normas internacionais aplicáveis para prevenir, reduzir e controlar a poluição proveniente de embarcações, quando a infração tiver sido cometida no seu mar territorial ou sua zona económica exclusiva.

2. Quando um Estado tiver motivos sérios para acreditar que uma embarcação que navegue no seu mar territorial violou, durante a sua passagem pelo mesmo, as leis e regulamentos desse Estado adotados de conformidade com a presente Convenção ou as regras e normas internacionais aplicáveis para prevenir, reduzir e controlar a poluição proveniente de embarcações, esse Estado, sem prejuízo da aplicação das disposições pertinentes da secção III da Parte II, pode proceder à inspeção material da embarcação relativa à infração e, quando as provas o justificarem, iniciar procedimentos, incluindo a detenção da embarcação, de conformidade com o seu direito interno, salvo disposição em contrário da secção VII.

3. Quando um Estado tiver motivos sérios para acreditar que uma embarcação que navegue na sua zona económica exclusiva ou no seu mar

territorial cometeu, na zona económica exclusiva, uma violação das regras e normas internacionais aplicáveis para prevenir, reduzir e controlar a poluição proveniente de embarcações ou das leis e regulamentos desse Estado adotadas de conformidade com e que apliquem tais regras e normas, esse Estado pode exigir à embarcação que forneça informações sobre a sua identidade e o porto de registo, a sua última e próxima escala, e outras informações pertinentes, necessárias para determinar se foi cometida uma infração.

4. Os Estados devem adotar leis e regulamentos e tomar outras medidas para que as embarcações que arvorem a sua bandeira deem cumprimento aos pedidos de informação feitos nos termos do nº 3.

5. Quando um Estado tiver motivos sérios para acreditar que uma embarcação que navegue na sua zona económica exclusiva ou no seu mar territorial cometeu, na zona económica exclusiva, uma das infrações referidas no nº 3, que tenha tido como resultado uma descarga substancial que provoque ou ameace provocar uma poluição importante no meio marinho, esse Estado pode proceder à inspeção material da embarcação sobre questões relacionadas com a infração, se a embarcação se tiver negado a fornecer informações ou se as informações fornecidas pela mesma estiverem em manifesta contradição com a situação factual evidente e as circunstâncias do caso justificarem a referida inspeção.

6. Quando existir prova manifesta e objetiva de que uma embarcação que navegue na zona económica exclusiva ou no mar territorial de um Estado cometeu, na zona económica exclusiva, uma das infrações referidas no nº 3 que tenha tido como resultado uma descarga que provoque ou ameace provocar danos importantes para o litoral ou para os interesses conexos do Estado costeiro ou para quaisquer recursos do seu mar territorial ou da sua zona económica exclusiva, esse Estado pode, tendo em conta o disposto na secção VII, e quando as provas o justificarem, iniciar procedimentos, incluindo a detenção da embarcação, de conformidade com o seu direito interno.

7. Não obstante as disposições do nº 6, sempre que tenham sido estabelecidos procedimentos apropriados quer por intermédio da organização internacional competente quer de outra forma acordados para garantir o cumprimento dos requisitos para prestação de caução ou de outra garantia financeira apropriada, o Estado costeiro, se vinculado por esses procedimentos, autorizará a embarcação a prosseguir a sua viagem.

8. As disposições dos nºs 3, 4, 5, 6 e 7 também se aplicam às leis e regulamentos nacionais adotados de conformidade com o nº 6 do artigo 211º

Artigo 221º – Medidas para evitar a poluição resultante de acidentes marítimos

1. Nenhuma das disposições da presente Parte deve prejudicar o direito dos Estados de, nos termos do direito internacional tanto consuetudinário como convencional, tomar e executar medidas além do mar territorial proporcionalmente ao dano efetivo ou potencial a fim de proteger o seu litoral ou interesses conexos, incluindo a pesca, contra a poluição ou a ameaça de poluição resultante de um acidente marítimo ou de atos relacionados com tal acidente, dos quais se possa de forma razoável prever que resultem importantes consequências nocivas.

2. Para efeitos do presente artigo, «acidente marítimo» significa um abalroamento, encalhe ou outro incidente de navegação ou acontecimento a bordo de uma embarcação ou no seu exterior, de que resultem danos materiais ou ameaça iminente de danos materiais à embarcação ou à sua carga.

Artigo 222º – Execução relativa à poluição proveniente da atmosfera ou através dela

Os Estados devem assegurar a execução, no espaço aéreo sob sua soberania ou em relação a embarcações que arvorem a sua bandeira ou embarcações ou aeronaves que estejam registadas no seu território, das suas leis e regulamentos adotados de conformidade com o nº 1 do artigo 212º e com outras disposições da presente Convenção, adotar também leis e regulamentos e tomar outras medidas para dar cumprimento às regras e normas internacionais aplicáveis, estabelecidas por intermédio de uma organização internacional competente ou de uma conferência diplomática para prevenir, reduzir e controlar a poluição do meio marinho proveniente da atmosfera ou através dela, de conformidade com todas as regras e normas internacionais pertinentes, relativas à segurança da navegação aérea.

SECÇÃO VII - Garantias

Artigo 223º - Medidas para facilitar os procedimentos

Nos procedimentos iniciados nos termos da presente Parte, os Estados devem tomar medidas para facilitar a audiência de testemunhas e a admissão de provas apresentadas por autoridades de outro Estado ou pela organização internacional competente e facilitar a assistência a esses procedimentos de representantes oficiais da organização internacional competente, do Estado de bandeira ou de qualquer Estado afetado pela poluição resultante de qualquer infração. Os representantes oficiais que assistam a esses procedimentos terão os direitos e deveres previstos no Direito Interno ou no Direito Internacional.

Artigo 224º - Exercício dos poderes de polícia

Somente os funcionários oficialmente habilitados, bem como os navios de guerra ou aeronaves militares ou outros navios ou aeronaves que possuam sinais claros e sejam identificáveis como estando ao serviço de um governo e para tanto autorizados, podem exercer poderes de polícia em relação a embarcações estrangeiras em aplicação da presente Parte.

Artigo 225º - Obrigação de evitar consequências adversas no exercício dos poderes de polícia

No exercício dos seus poderes de polícia previstos na presente Convenção em relação às embarcações estrangeiras, os Estados não devem pôr em perigo a segurança da navegação, nem fazer correr qualquer risco a uma embarcação nem a devem conduzir a um porto ou fundeadouro inseguro nem expor o meio marinho a um risco injustificado.

Artigo 226º - Investigação sobre embarcações estrangeiras

1. *a*) Os Estados não devem reter uma embarcação estrangeira por mais tempo que o indispensável para os efeitos de investigações previstas nos artigos 216º, 218º e 220º A inspeção material de uma embarcação estrangeira deve ser limitada a um exame dos certificados, registos e outros documentos que a embarcação é obrigada a ter a bordo de acordo com as regras e normas internacionais geralmente aceites ou de qualquer outro documento similar que tiver a bordo. Só poderá ser feita uma inspeção material mais pormenorizada da embarcação depois de tal exame e apenas no caso de:

i) Existirem motivos sérios para acreditar que a condição da embarcação ou do seu equipamento não corresponde essencialmente aos dados que figuram nesses documentos;

ii) O conteúdo de tais documentos não ser suficiente para confirmar ou verificar uma presumida infração; ou

iii) A embarcação não ter a bordo certificados nem registos válidos.

b) Se a investigação indicar uma violação das leis e regulamentos aplicáveis ou das regras e normas internacionais para a proteção e preservação do meio marinho, a embarcação será imediatamente liberta após o cumprimento de certas formalidades razoáveis, tais como a prestação de uma caução ou de outra garantia financeira apropriada.

c) Sem prejuízo das regras e normas internacionais aplicáveis relativas à navegabilidade das embarcações, poderá ser negada a libertação de uma embarcação ou ser condicionada ao requisito de a embarcação se dirigir ao estaleiro de reparações apropriado mais próximo, sempre que a mesma libertação represente uma ameaça injustificada de dano para o meio marinho. No caso de a libertação ter sido negada ou condicionada a determinados requisitos, o Estado de bandeira deve ser imediatamente notificado e poderá diligenciar no sentido da libertação da embarcação de conformidade com a Parte XV.

2. Os Estados devem cooperar para estabelecer procedimentos que evitem inspeções materiais desnecessárias de embarcações no mar.

Artigo 227º – Não discriminação em relação a embarcações estrangeiras

Ao exercer os seus direitos e ao cumprir as suas obrigações nos termos da presente Parte, os Estados não devem fazer discriminação de direito ou de facto em relação às embarcações de qualquer outro Estado.

Artigo 228º – Suspensão de procedimentos e restrições à sua instauração

1. Os procedimentos para imposição de penalidades decorrentes de qualquer infração às leis e regulamentos aplicáveis ou às regras e normas internacionais relativas à prevenção, redução e controlo da poluição proveniente de embarcações, cometida por embarcação estrangeira além do mar territorial do Estado que instaurou tais procedimentos, serão suspensos no prazo de seis meses a contar da data da instauração desses procedimentos quando o Estado de bandeira tiver instaurado procedimentos para imposição de penalidades com base em acusações correspondentes,

a menos que aqueles procedimentos se relacionem com um caso de dano grave causado ao Estado costeiro ou o Estado de bandeira em questão tiver reiteradamente faltado ao cumprimento da sua obrigação de assegurar a execução efetiva das regras e normas internacionais aplicáveis, relativas a infrações cometidas por suas embarcações. Sempre que o Estado de bandeira pedir a suspensão dos procedimentos de conformidade com o presente artigo deverá facultar em tempo oportuno ao Estado que primeiro tiver instaurado os procedimentos um *dossier* completo do caso, bem como as atas dos procedimentos. Concluídos os procedimentos instaurados pelo Estado de bandeira, os procedimentos suspensos serão extintos. Efetuado o pagamento das custas referentes a tais procedimentos, o Estado costeiro restituirá qualquer caução ou outra garantia financeira prestada em relação com os procedimentos suspensos.

2. Não serão instaurados procedimentos em relação a embarcações estrangeiras, uma vez decorridos três anos a contar da data em que a infração foi cometida, e nenhum Estado poderá instaurar procedimentos quando outro Estado os tiver já instaurado, salvo disposição em contrário do nº 1.

3. As disposições do presente artigo devem ser aplicadas sem prejuízo do direito do Estado de bandeira de tomar quaisquer medidas, incluindo a instauração de procedimentos de conformidade com o seu direito interno, independentemente dos procedimentos anteriormente instaurados por outro Estado.

Artigo 229º – Ação de responsabilidade civil

Nenhuma das disposições da presente Convenção afeta o direito de intentar ação de responsabilidade civil por perdas ou danos causados pela poluição do meio marinho.

Artigo 230º – Penas pecuniárias e respeito dos direitos reconhecidos dos acusados

1. Só podem ser impostas penas pecuniárias no caso de infrações às leis e regulamentos nacionais ou às regras e normas internacionais aplicáveis para prevenir, reduzir e controlar a poluição do meio marinho proveniente de embarcações estrangeiras além do mar territorial.

2. Só podem ser impostas penas pecuniárias no caso de infrações às leis e regulamentos nacionais ou às regras e normas internacionais aplicáveis

para prevenir, reduzir e controlar a poluição do meio marinho proveniente de embarcações estrangeiras no mar territorial, salvo ato intencional e grave de poluição.

3. No decurso dos procedimentos instaurados para reprimir tais infrações cometidas por embarcação estrangeira, que possam dar lugar à imposição de sanções, devem ser respeitados os direitos reconhecidos dos acusados.

Artigo 231º – Notificação ao Estado de bandeira e a outros Estados interessados

Os Estados devem notificar sem demora o Estado de bandeira e qualquer outro Estado interessado das medidas tomadas em relação a embarcações estrangeiras, nos termos da secção VI, e remeter ao Estado de bandeira todos os relatórios oficiais relativos a tais medidas. Contudo, no caso de infrações cometidas no mar territorial, as referidas obrigações do Estado costeiro restringem-se às medidas que se tomem no decurso dos procedimentos. Os agentes diplomáticos ou funcionários consulares e, na medida do possível, a autoridade marítima do Estado de bandeira devem ser imediatamente informados de tais medidas.

Artigo 232º – Responsabilidade dos Estados decorrente de medidas de execução

Os Estados serão responsáveis por perdas ou danos que lhes sejam imputáveis, decorrentes das medidas tomadas nos termos da secção VI, quando tais medidas forem ilegais ou excederem o razoavelmente necessário à luz das informações disponíveis. Os Estados devem estabelecer meios para recorrer aos seus tribunais através de ações relativas a tais perdas ou danos.

Artigo 233º – Garantias relativas aos estreitos utilizados para a navegação internacional

Nenhuma das disposições das secções V, VI e VII afeta o regime jurídico dos estreitos utilizados para a navegação internacional. Contudo, se um navio estrangeiro que não os mencionados na secção X cometer uma infração às leis e regulamentos mencionados nas alíneas *a*) e *b*) do nº 1 do artigo 42º que cause ou ameace causar danos graves ao meio marinho dos estreitos, os Estados ribeirinhos dos estreitos podem tomar todas as medidas de execução apropriadas e, em tal caso, devem respeitar, *mutatis mutandis*, as disposições da presente secção.

SECÇÃO VIII - Áreas cobertas de gelo

Artigo 234º - Áreas cobertas de gelo

Os Estados costeiros têm o direito de adotar e aplicar leis e regulamentos não discriminatórios para prevenir, reduzir e controlar a poluição do meio marinho proveniente de embarcações nas áreas cobertas de gelo dentro dos limites da zona económica exclusiva, quando condições de clima particularmente rigorosas e a presença de gelo sobre tais áreas durante a maior parte do ano criem obstruções ou perigos excecionais para a navegação, e a poluição do meio marinho possa causar danos graves ao equilíbrio ecológico ou alterá-lo de modo irreversível. Tais leis e regulamentos devem ter em devida conta a navegação e a proteção e preservação do meio marinho com base nos melhores dados científicos de que se disponha.

SECÇÃO IX - Responsabilidade

Artigo 235º - Responsabilidade

1. Os Estados devem zelar pelo cumprimento das suas obrigações internacionais relativas à proteção e preservação do meio marinho. Serão responsáveis de conformidade com o Direito Internacional.

2. Os Estados devem assegurar através do seu Direito Interno meios de recurso que permitam obter uma indemnização pronta e adequada ou outra reparação pelos danos resultantes da poluição do meio marinho por pessoas jurídicas, singulares ou coletivas, sob sua jurisdição.

3. A fim de assegurar indemnização pronta e adequada por todos os danos resultantes da poluição do meio marinho, os Estados devem cooperar na aplicação do Direito Internacional vigente e no ulterior desenvolvimento do Direito Internacional relativo às responsabilidades quanto à avaliação dos danos e à sua indemnização e à solução das controvérsias conexas, bem como, se for o caso, na elaboração de critérios e procedimentos para o pagamento de indemnização adequada, tais como o seguro obrigatório ou fundos de indemnização.

SECÇÃO X – Imunidade soberana

Artigo 236º – Imunidade soberana

As disposições da presente Convenção relativas à proteção e preservação do meio marinho não se aplicam a navios de guerra, embarcações auxiliares, outras embarcações ou aeronaves pertencentes ou operadas por um Estado e utilizadas, no momento considerado, unicamente em serviço governamental não comercial. Contudo, cada Estado deve assegurar, através de medidas apropriadas que não dificultem as operações ou a capacidade operacional de tais embarcações ou aeronaves que lhe pertençam ou sejam por ele utilizadas, que tais embarcações ou aeronaves procedam, na medida do possível e razoável, de modo compatível com a presente Convenção.

SECÇÃO XI – Obrigações contraídas em virtude de outras convenções sobre proteção e preservação do meio marinho

Artigo 237º – Obrigações contraídas em virtude de outras convenções sobre proteção e preservação do meio marinho

1. As disposições da presente Parte não afetam as obrigações específicas contraídas pelos Estados em virtude de convenções e acordos especiais concluídos anteriormente sobre a proteção e preservação do meio marinho, nem os acordos que possam ser concluídos em aplicação dos princípios gerais enunciados na presente Convenção.

2. As obrigações específicas contraídas pelos Estados em virtude de convenções especiais, relativas à proteção e preservação do meio marinho, devem ser cumpridas de modo compatível com os princípios e objetivos gerais da presente Convenção.

PARTE XIII – Investigação Científica Marinha

SECÇÃO I – Disposições gerais

Artigo 238º – Direito de realizar investigação científica marinha

Todos os Estados, independentemente da sua situação geográfica, e as organizações internacionais competentes têm o direito de realizar investigação científica marinha sem prejuízo dos direitos e deveres de outros Estados tais como definidos na presente Convenção.

Artigo 239º – Promoção da investigação marinha

Os Estados e as organizações internacionais competentes devem promover e facilitar o desenvolvimento e a realização da investigação científica marinha de conformidade com a presente Convenção.

Artigo 240º – Princípios gerais para a realização da investigação científica marinha

Na realização da investigação científica marinha devem ser aplicados os seguintes princípios:

a) A investigação científica marinha deve ser realizada exclusivamente com fins pacíficos;

b) A investigação científica marinha deve ser realizada mediante métodos e meios científicos apropriados compatíveis com a presente Convenção;

c) A investigação científica marinha não deve interferir injustificadamente com outras utilizações legítimas do mar compatíveis com a presente Convenção e será devidamente tomada em consideração no exercício de tais utilizações;

d) A investigação científica marinha deve ser realizada nos termos de todos os regulamentos pertinentes adotados de conformidade com a presente Convenção, incluindo os relativos à proteção e preservação do meio marinho.

Artigo 241º – Não reconhecimento da investigação científica marinha como fundamento jurídico para reivindicações

As atividades de investigação científica marinha não devem constituir fundamento jurídico de nenhuma reivindicação de qualquer parte do meio marinho ou dos seus recursos.

SECÇÃO II – Cooperação internacional

Artigo 242º – Promoção da cooperação internacional

1. Os Estados e as organizações internacionais competentes devem, de conformidade com o princípio do respeito da soberania e da jurisdição e na

base de benefício mútuo, promover a cooperação internacional no campo da investigação científica marinha com fins pacíficos.

2. Neste contexto, e sem prejuízo dos direitos e deveres dos Estados em virtude da presente Convenção, um Estado, ao aplicar a presente Parte, deve dar a outros Estados, quando apropriado, oportunidade razoável para obter do mesmo, ou mediante a sua cooperação, a informação necessária para prevenir e controlar os danos à saúde e à segurança das pessoas e ao meio marinho.

Artigo 243º – Criação de condições favoráveis

Os Estados e as organizações internacionais competentes devem cooperar, mediante a celebração de acordos bilaterais e multilaterais, na criação de condições favoráveis à realização da investigação científica marinha no meio marinho e na integração dos esforços dos cientistas no estudo da natureza e interrelações dos fenómenos e processos que ocorrem no meio marinho.

Artigo 244º – Publicação e difusão de informação e conhecimentos

1. Os Estados e as organizações internacionais competentes devem, de conformidade com a presente Convenção, mediante a publicação e difusão pelos canais apropriados, facultar informação sobre os principais programas propostos e seus objetivos, bem como os conhecimentos resultantes da investigação científica marinha.

2. Para tal fim, os Estados, quer individualmente quer em cooperação com outros Estados e com as organizações internacionais competentes, devem promover ativamente a difusão de dados e informações científicos e a transferência dos conhecimentos resultantes da investigação científica marinha, em particular para os Estados em desenvolvimento, bem como o fortalecimento da capacidade autónoma de investigação científica marinha dos Estados em desenvolvimento por meio de, *inter alia*, programas de formação e treino adequados ao seu pessoal técnico e científico.

SECÇÃO III – Realização e promoção da investigação científica marinha

Artigo 245º – Investigação científica marinha no mar territorial

Os Estados costeiros, no exercício da sua soberania, têm o direito exclusivo de regulamentar, autorizar e realizar investigação científica marinha no seu mar territorial. A investigação científica marinha no seu mar territorial só deve ser realizada com o consentimento expresso do Estado costeiro e nas condições por ele estabelecidas.

Artigo 246º – Investigação científica marinha na zona económica exclusiva e na plataforma continental

1. Os Estados costeiros, no exercício da sua jurisdição, têm o direito de regulamentar, autorizar e realizar investigação científica marinha na sua zona económica exclusiva e na sua plataforma continental de conformidade com as disposições pertinentes da presente Convenção.

2. A investigação científica marinha na zona económica exclusiva e na plataforma continental deve ser realizada com o consentimento do Estado costeiro.

3. Os Estados costeiros, em circunstâncias normais, devem dar o seu consentimento a outros Estados ou organizações internacionais competentes para que executem, de conformidade com a presente Convenção, projetos de investigação científica marinha na sua zona económica exclusiva ou na sua plataforma continental, exclusivamente com fins pacíficos e com o propósito de aumentar o conhecimento científico do meio marinho em benefício de toda a Humanidade. Para tal fim, os Estados costeiros devem estabelecer regras e procedimentos para garantir que tal consentimento não seja retardado nem denegado sem justificação razoável.

4. Para os efeitos de aplicação do nº 3, considera-se que podem existir circunstâncias normais independentemente da ausência de relações diplomáticas entre o Estado costeiro e o Estado que pretende investigar.

5. Os Estados costeiros poderão, contudo, discricionariamente, recusar-se a dar o seu consentimento à realização na sua zona económica exclusiva ou na sua plataforma continental de um projeto de investigação científica marinha de outro Estado ou organização internacional competente se o projeto:

a) Tiver uma influência direta na exploração e aproveitamento dos recursos naturais, vivos ou não vivos;

b) Implicar perfurações na plataforma continental, a utilização de explosivos ou a introdução de substâncias nocivas no meio marinho;

c) Implicar a construção, funcionamento ou utilização das ilhas artificiais, instalações e estruturas referidas nos artigos 60º e 80º;

d) Contiver informação prestada nos termos do artigo 248º, sobre a natureza e os objetivos do projeto que seja inexata ou se o Estado ou a organização internacional competente que pretende realizar a investigação tiver obrigações pendentes para com o Estado costeiro decorrentes de um projeto de investigação anterior.

6. Não obstante as disposições do nº 5, os Estados costeiros não podem exercer o seu poder discricionário de recusar o seu consentimento nos termos da alínea *a*) do referido parágrafo em relação aos projetos de investigação científica marinha a serem realizados de conformidade com as disposições da presente Parte, na plataforma continental, além das 200 milhas marítimas das linhas de base, a partir das quais se mede a largura do mar territorial fora das áreas específicas que os Estados costeiros venham a designar publicamente, em qualquer momento, como áreas nas quais se estão a realizar ou venham a realizar, num prazo razoável, atividades de aproveitamento ou operações pormenorizadas de exploração sobre essas áreas. Os Estados costeiros devem dar a devida publicidade à designação de tais áreas, bem como a qualquer modificação das mesmas, mas não serão obrigados a dar pormenores das operações realizadas nessas áreas.

7. As disposições do nº 6 não prejudicam os direitos dos Estados costeiros sobre a sua plataforma continental, como estabelecido no artigo 77º

8. As atividades de investigação científica marinha mencionadas no presente artigo não devem interferir injustificadamente com as atividades empreendidas pelos Estados costeiros no exercício dos seus direitos de soberania e da sua jurisdição previstos na presente Convenção.

Artigo 247º – Projetos de investigação científica marinha realizados por organizações internacionais ou sob os seus auspícios

Entende-se que um Estado costeiro membro de uma organização internacional ou ligado por acordo bilateral a tal organização, e em cuja zona económica exclusiva ou plataforma continental essa organização pretende realizar, diretamente ou sob os seus auspícios, um projeto de investigação científica marinha, autorizou a realização do projeto de conformidade com as especificações acordadas se esse Estado tiver aprovado o projeto pormenorizado quando a organização decidiu pela sua realização ou se o Estado costeiro pretende participar no projeto e não tiver formulado qualquer objeção até à expiração do prazo de quatro meses a contar da data em que o projeto lhe tenha sido comunicado pela organização internacional.

Artigo 248º - Dever de prestar informação ao Estado costeiro

Os Estados e as organizações internacionais competentes que se proponham realizar investigação científica marinha na zona económica exclusiva ou na plataforma continental de um Estado costeiro devem fornecer a esse Estado, com a antecedência mínima de seis meses da data prevista para o início de investigação científica marinha, uma descrição completa de:

a) A natureza e os objetivos do projeto;

b) O método e os meios a utilizar, incluindo o nome, a tonelagem, o tipo e a categoria de embarcações e uma descrição do equipamento científico;

c) As áreas geográficas precisas onde o projeto se vai realizar;

d) As datas previstas da primeira chegada e da partida definitiva das embarcações de investigação, ou da instalação e remoção do equipamento, quando apropriado;

e) O nome da instituição patrocinadora, o do seu diretor e o da pessoa encarregada do projeto; e

f) O âmbito em que se considera a eventual participação ou representação do Estado costeiro no projeto.

Artigo 249º - Dever de cumprir certas condições

1. Os Estados e as organizações internacionais competentes, quando realizem investigação científica marinha na zona económica exclusiva ou na plataforma continental de um Estado costeiro, devem cumprir as seguintes condições:

a) Garantir ao Estado costeiro, se este o desejar, o direito de participar ou estar representado no projeto de investigação científica marinha, especialmente, quando praticável, a bordo de embarcações e de outras unidades de investigação ou nas instalações de investigação científica, sem pagar qualquer remuneração aos investigadores do Estado costeiro e sem que este tenha obrigação de contribuir para os custos do projeto;

b) Fornecer ao Estado costeiro, a pedido deste, tão depressa quanto possível, relatórios preliminares, bem como os resultados e conclusões finais uma vez terminada a investigação;

c) Comprometer-se a dar acesso ao Estado costeiro, a pedido deste, a todos os dados e amostras resultantes do projeto de investigação científica marinha, bem como a fornecer-lhe os dados que possam ser reproduzidos e as amostras que possam ser divididas sem prejuízo do seu valor científico;

d) Fornecer ao Estado costeiro, a pedido deste, uma avaliação de tais dados, amostras e resultados da investigação ou assisti-lo na sua avaliação ou interpretação;

e) Garantir, com ressalva no disposto no nº 2, que os resultados da investigação estejam disponíveis, tão depressa quanto possível, no plano internacional por intermédio dos canais nacionais e internacionais apropriados;

f) Informar imediatamente o Estado costeiro de qualquer mudança importante no programa de investigação;

g) Salvo acordo em contrário, retirar as instalações ou equipamento de investigação científica uma vez terminada a investigação.

2. O presente artigo não prejudica as condições estabelecidas pelas leis e regulamentos do Estado costeiro para o exercício do poder discricionário de dar ou recusar o seu consentimento nos termos do parágrafo 5º do artigo 246, incluindo-se a exigência de acordo prévio para a divulgação no plano internacional dos resultados de um projeto de investigação com incidência direta na exploração e aproveitamento dos recursos naturais.

Artigo 250º – Comunicações relativas aos projetos de investigação científica marinha

As comunicações relativas aos projetos de investigação marinha devem ser feitas por intermédio dos canais oficiais apropriados, salvo acordo em contrário.

Artigo 251º – Critérios gerais e diretrizes

Os Estados devem procurar promover, por intermédio das organizações internacionais competentes, o estabelecimento de critérios gerais e diretrizes que os ajudem a determinar a natureza e as implicações da investigação científica marinha.

Artigo 252º – Consentimento tácito

Os Estados ou as organizações internacionais competentes podem empreender um projeto de investigação científica marinha seis meses após a data em que tenham sido fornecidas ao Estado costeiro as informações previstas no artigo 248º, a não ser que, no prazo de quatro meses após terem sido recebidas essas informações, o Estado costeiro tenha informado o Estado ou a organização que se propõe realizar a investigação de que:

a) Recusa o seu consentimento nos termos do disposto no artigo 246º; ou

b) As informações fornecidas pelo Estado ou pela organização internacional competente sobre a natureza ou objetivos do projeto não correspondem a factos manifestamente evidentes; ou

c) Solicita informação suplementar sobre as condições e as informações previstas nos artigos 248º e 249º; ou

d) Existem obrigações pendentes relativamente às condições estabelecidas no artigo 249º a respeito de um projeto de investigação científica marinha anteriormente realizado por esse Estado ou organização.

Artigo 253º – Suspensão ou cessação das atividades de investigação científica marinha

1. O Estado costeiro tem o direito de exigir a suspensão de quaisquer atividades de investigação científica marinha em curso na sua zona económica exclusiva ou na sua plataforma continental se:

a) As atividades de investigação não se realizarem de conformidade com as informações transmitidas nos termos do artigo 248º e nas quais se tenha fundamentado o consentimento do Estado costeiro; ou

b) O Estado ou a organização internacional competente que realizar as atividades de investigação não cumprir o disposto no artigo 249º no que se refere aos direitos do Estado costeiro relativos ao projeto de investigação científica marinha.

2. O Estado costeiro tem o direito de exigir a cessação de quaisquer atividades de investigação científica marinha em caso de qualquer não cumprimento do disposto no artigo 248º que implique mudança fundamental no projeto ou nas atividades de investigação.

3. O Estado costeiro pode também exigir a cessação das atividades de investigação científica marinha se, num prazo razoável, não forem corrigidas quaisquer das situações previstas no nº 1.

4. Uma vez notificados pelo Estado costeiro da sua decisão de ordenar a suspensão ou cessação, os Estados ou as organizações internacionais competentes autorizados a realizar as atividades de investigação científica marinha devem pôr fim às atividades de investigação que são objeto de tal notificação.

5. A ordem de suspensão prevista no nº 1 será revogada pelo Estado costeiro e permitida a continuação das atividades de investigação cientí-

fica marinha quando o Estado ou a organização internacional competente que realizar a investigação tiver cumprido as condições exigidas nos artigos 248º e 249º.

Artigo 254º – Direitos dos Estados vizinhos sem litoral e dos Estados em situação geográfica desfavorecida

1. Os Estados e as organizações internacionais competentes que tiverem apresentado a um Estado costeiro um projeto para realizar investigação científica marinha referida no nº 3 do artigo 246º devem informar os Estados vizinhos sem litoral e aqueles em situação geográfica desfavorecida do projeto de investigação proposto e devem notificar o Estado costeiro de que deram tal informação.

2. Depois de o Estado costeiro interessado ter dado o seu consentimento ao projeto de investigação científica marinha proposto de conformidade com o artigo 246º e com outras disposições pertinentes da presente Convenção, os Estados e as organizações internacionais competentes que realizem esse projeto devem proporcionar aos Estados vizinhos sem litoral e àqueles em situação geográfica desfavorecida, por solicitação desses Estados e quando apropriado, a informação pertinente especificada no artigo 248º e na alínea *f*) do nº 1 do artigo 249º.

3. Aos referidos Estados vizinhos sem litoral e àqueles em situação geográfica desfavorecida deve ser dada, a seu pedido, a possibilidade de participarem, quando praticável, no projeto de investigação científica marinha proposto, por intermédio de peritos qualificados, nomeados por esses Estados e não recusados pelo Estado costeiro, segundo as condições acordadas para o projeto entre o Estado costeiro interessado e o Estado ou as organizações internacionais competentes que realizem a investigação científica marinha, de conformidade com as disposições da presente Convenção.

4. Os Estados e as organizações internacionais competentes referidos no nº 1 devem prestar aos mencionados Estados sem litoral e àqueles em situação geográfica desfavorecida, a seu pedido, as informações e a assistência especificadas na alínea *d*) do nº 1 do artigo 249º, salvo o disposto no nº 2 do mesmo artigo.

Artigo 255º – Medidas para facilitar a investigação científica marinha e prestar assistência às embarcações de investigação

Os Estados devem procurar adotar normas, regulamentos e procedimentos razoáveis para promover e facilitar a investigação científica marinha realizada além do seu mar territorial de conformidade com a presente Convenção e, quando apropriado, facilitar o acesso aos seus portos e promover a assistência às embarcações de investigação científica marinha que cumpram as disposições pertinentes da presente Parte, salvo o disposto nas suas leis e regulamentos.

Artigo 256º – Investigação científica marinha na Área

Todos os Estados, independentemente da sua situação geográfica, bem como as organizações internacionais competentes, têm o direito, de conformidade com as disposições da Parte XI, de realizar investigação científica marinha na Área.

Artigo 257º – Investigação científica marinha na coluna de água além dos limites da zona económica exclusiva

Todos os Estados, independentemente da sua situação geográfica, bem como as organizações internacionais competentes, têm o direito, de conformidade com a presente Convenção, de realizar investigação científica marinha na coluna de água além dos limites da zona económica exclusiva.

SECÇÃO IV – Instalações e equipamento de investigação científica no meio marinho

Artigo 258º – Colocação e utilização

A colocação e utilização de qualquer tipo de instalação ou equipamento de investigação científica em qualquer área do meio marinho devem estar sujeitas às mesmas condições estabelecidas na presente Convenção para a realização de investigação científica marinha nessa mesma área.

Artigo 259º – Estatuto jurídico

As instalações ou o equipamento referidos na presente secção não têm o estatuto jurídico de ilhas. Não têm mar territorial próprio e a sua presença não afeta a delimitação do mar territorial, da zona económica exclusiva ou da plataforma continental.

Artigo 260º – Zonas de segurança

Podem ser estabelecidas em volta das instalações de investigação científica, de conformidade com as disposições pertinentes da presente Convenção, zonas de segurança de largura razoável que não exceda uma distância de 500 metros. Todos os Estados devem velar por que as suas embarcações respeitem tais zonas de segurança.

Artigo 261º – Não interferência nas rotas de navegação

A colocação e a utilização de qualquer tipo de instalações ou equipamento de investigação científica não devem constituir obstáculo às rotas estabelecidas para a navegação internacional.

Artigo 262º – Marcas de identificação e sinais de aviso

As instalações ou o equipamento mencionados na presente secção devem dispor de marcas de identificação que indiquem o Estado de registo ou a organização internacional a que pertencem, bem como dos adequados sinais de aviso internacionalmente acordados para garantir a segurança no mar e a segurança da navegação aérea, tendo em conta as regras e normas estabelecidas pelas organizações internacionais competentes.

SECÇÃO V – Responsabilidade

Artigo 263º – Responsabilidade

1. Cabe aos Estados, bem como às organizações internacionais competentes, zelar por que a investigação científica marinha, efetuada por eles ou em seu nome, se realize de conformidade com a presente Convenção.

2. Os Estados e as organizações internacionais competentes são responsáveis pelas medidas que tomarem em violação da presente Convenção relativamente à investigação científica marinha realizada por outros Estados, suas pessoas jurídicas, singulares ou coletivas, ou por organizações internacionais competentes, e devem pagar indemnizações pelos danos resultantes de tais medidas.

3. Os Estados e as organizações internacionais competentes são responsáveis, nos termos do artigo 235º, pelos danos causados pela poluição do meio marinho, resultante da investigação científica marinha realizada por eles ou em seu nome.

SECÇÃO VI - Solução de controvérsias e medidas provisórias

Artigo 264º - Solução de controvérsias

As controvérsias relativas à interpretação ou aplicação das disposições da presente Convenção referentes à investigação científica marinha devem ser solucionadas de conformidade com as secções II e III da Parte XV.

Artigo 265º - Medidas provisórias

Enquanto uma controvérsia não for solucionada de conformidade com as secções II e III da Parte XV, o Estado ou a organização internacional competente autorizado a realizar um projeto de investigação científica marinha não deve permitir que se iniciem ou continuem as atividades de investigação sem o consentimento expresso do Estado costeiro interessado.

PARTE XIV - Desenvolvimento e Transferência de Tecnologia Marinha

SECÇÃO I - Disposições gerais

Artigo 266º - Promoção do desenvolvimento e da transferência de tecnologia marinha

1. Os Estados, diretamente ou por intermédio das organizações internacionais competentes, devem cooperar, na medida das suas capacidades, para promover ativamente o desenvolvimento e a transferência da ciência e da tecnologia marinhas segundo modalidades e condições equitativas e razoáveis.

2. Os Estados devem promover o desenvolvimento da capacidade científica e tecnológica marinha dos Estados que necessitem e solicitem assistência técnica neste domínio, particularmente os Estados em desenvolvimento, incluindo os Estados sem litoral e aqueles em situação geográfica desfavorecida, no que se refere à exploração, aproveitamento, conservação e gestão dos recursos marinhos, à proteção e preservação do meio marinho, à investigação científica marinha e outras atividades no meio marinho compatíveis com a presente Convenção, tendo em vista acelerar o desenvolvimento económico e social dos Estados em desenvolvimento.

3. Os Estados devem procurar favorecer condições económicas e jurídicas propícias à transferência de tecnologia marinha, numa base equitativa, em benefício de todas as partes interessadas.

Artigo 267º – Proteção dos interesses legítimos

Ao promover a cooperação, nos termos do artigo 266º, os Estados devem ter em devida conta todos os interesses legítimos, incluindo, *inter alia*, os direitos e deveres dos possuidores, fornecedores e recebedores de tecnologia marinha.

Artigo 268º – Objetivos fundamentais

Os Estados, diretamente ou por intermédio das organizações internacionais competentes, devem promover:

a) A aquisição, avaliação e divulgação de conhecimentos de tecnologia marinha, bem como facilitar o acesso a informação e dados pertinentes;

b) O desenvolvimento de tecnologia marinha apropriada;

c) O desenvolvimento da infraestrutura necessária para facilitar a transferência da tecnologia marinha;

d) O desenvolvimento dos recursos humanos através da formação e ensino a nacionais dos Estados e países em desenvolvimento e, em especial, dos menos desenvolvidos entre eles; e

e) A cooperação internacional em todos os níveis, particularmente em nível regional, sub-regional e bilateral.

Artigo 269º – Medidas para atingir os objetivos fundamentais

Para atingir os objetivos mencionados no artigo 268º, os Estados, diretamente ou por intermédio das organizações internacionais competentes, devem procurar, *inter alia*:

a) Estabelecer programas de cooperação técnica para a efetiva transferência de todos os tipos de tecnologia marinha aos Estados que necessitem e solicitem assistência técnica nesse domínio, em especial aos Estados em desenvolvimento sem litoral e aos Estados em desenvolvimento em situação geográfica desfavorecida, bem como a outros Estados em desenvolvimento que não tenham podido estabelecer ou desenvolver a sua própria capacidade tecnológica no âmbito da ciência marinha e no da exploração e aproveitamento de recursos marinhos, nem podido desenvolver a infraestrutura de tal tecnologia;

b) Promover condições favoráveis à conclusão de acordos, contratos e outros ajustes similares em condições equitativas e razoáveis;

c) Realizar conferências, seminários e simpósios sobre temas científicos e tecnológicos, em particular sobre políticas e métodos para a transferência de tecnologia marinha;

d) Promover o intercâmbio de cientistas e peritos em tecnologia e outras matérias;

e) Realizar projetos e promover empresas conjuntas e outras formas de cooperação bilateral e multilateral.

SECÇÃO II - Cooperação internacional

Artigo 270º - Formas de cooperação internacional

A cooperação internacional para o desenvolvimento e a transferência de tecnologia marinha deve ser efetuada, quando praticável e apropriado, através de programas bilaterais, regionais ou multilaterais existentes, bem como através de programas ampliados e de novos programas para facilitar a investigação científica marinha, a transferência de tecnologia marinha, particularmente em novos domínios, e o financiamento internacional apropriado da investigação e desenvolvimento dos oceanos.

Artigo 271º - Diretrizes, critérios e normas

Os Estados devem promover, diretamente ou por intermédio das organizações internacionais competentes, o estabelecimento de diretrizes, critérios e normas geralmente aceites para a transferência de tecnologia marinha numa base bilateral ou no âmbito das organizações internacionais e outros organismos, tendo particularmente em conta os interesses e necessidades dos Estados em desenvolvimento.

Artigo 272º - Coordenação de programas internacionais

No domínio da transferência de tecnologia marinha, os Estados devem procurar assegurar que as organizações internacionais competentes coordenem as suas atividades, incluindo quaisquer programas regionais ou mundiais, tendo em conta os interesses e necessidades dos Estados em desenvolvimento, em particular dos Estados sem litoral e daqueles em situação geográfica desfavorecida.

Artigo 273º - Cooperação com organizações internacionais e com a Autoridade

Os Estados devem cooperar ativamente com as organizações internacionais competentes e com a Autoridade para encorajar e facilitar a transferência de conhecimentos especializados e de tecnologia marinha relativos às atividades na Área aos Estados em desenvolvimento, aos seus nacionais e à Empresa.

Artigo 274º – Objetivos da Autoridade

Sem prejuízo de todos os interesses legítimos, incluindo, *inter alia*, os direitos e deveres dos possuidores, fornecedores e recebedores de tecnologia, a Autoridade, no que se refere às atividades na Área, deve assegurar que:

a) Os nacionais dos Estados em desenvolvimento, costeiros, sem litoral ou em situação geográfica desfavorecida, sejam admitidos para fins de estágio, com base no princípio da distribuição geográfica equitativa, como membros do pessoal de gestão, de investigação e técnico recrutado para as suas atividades;

b) A documentação técnica relativa ao equipamento, maquinaria, dispositivos e processos pertinentes seja posta à disposição de todos os Estados, em particular dos Estados em desenvolvimento que necessitem e solicitem assistência técnica nesse domínio;

c) Sejam tomadas pela Autoridade disposições apropriadas para facilitar a aquisição de assistência técnica no domínio da tecnologia marinha pelos Estados que dela necessitem e a solicitem, em particular os Estados em desenvolvimento, bem como a aquisição pelos seus nacionais dos conhecimentos técnicos e especializados necessários, incluindo a formação profissional;

d) Seja prestada aos Estados a assistência técnica de que necessitem e solicitem nesse domínio, em especial aos Estados em desenvolvimento, bem como assistência na aquisição de equipamento, instalações, processos e outros conhecimentos técnicos necessários, mediante qualquer ajuste financeiro previsto na presente Convenção.

SECÇÃO III – Centros nacionais e regionais de investigação científica e tecnológica marinha

Artigo 275º – Estabelecimento de centros nacionais

1. Os Estados devem promover, diretamente ou por intermédio das organizações internacionais competentes e da Autoridade, o estabelecimento, em especial nos Estados costeiros em desenvolvimento, de centros

nacionais de investigação científica e tecnológica marinha, bem como o reforço de centros nacionais existentes, a fim de estimular e impulsionar a realização de investigação científica marinha pelos Estados costeiros em desenvolvimento e de aumentar a sua capacidade nacional para utilizar e preservar os seus recursos marinhos em seu próprio benefício económico.

2. Os Estados devem prestar, por intermédio das organizações internacionais competentes e da Autoridade, apoio adequado para facilitar o estabelecimento e o reforço de tais centros nacionais, a fim de fornecerem serviços de formação avançada, e equipamento e conhecimentos práticos e técnicos necessários, bem como peritos técnicos, aos Estados que necessitem e solicitem tal assistência.

Artigo 276º – Estabelecimento de centros regionais

1. Os Estados devem promover, em coordenação com as organizações internacionais competentes, com a Autoridade e com instituições nacionais de investigação científica e tecnológica marinha, o estabelecimento de centros regionais de investigação científica e tecnológica marinha, em especial nos Estados em desenvolvimento, a fim de estimular e impulsionar a realização de investigação científica marinha pelos Estados em desenvolvimento e de favorecer a transferência de tecnologia marinha.

2. Todos os Estados de uma região devem cooperar com os respetivos centros regionais a fim de assegurarem a realização mais eficaz dos seus objetivos.

Artigo 277º – Funções dos centros regionais

As funções dos centros regionais devem compreender, *inter alia*:

a) Programas de formação e ensino, em todos os níveis, sobre os diversos aspetos da investigação científica e tecnológica marinha, em especial a biologia marinha, incluídas a conservação e a gestão dos recursos vivos, a oceanografia, a hidrografia, a engenharia, a exploração geológica dos fundos marinhos, a extração mineira, bem como a tecnologia de dessalinização;

b) Estudos de gestão;

c) Programas de estudos relacionados com a proteção e preservação do meio marinho e com a prevenção, redução e controlo da poluição;

d) Organização de conferências, seminários e simpósios regionais;

e) Aquisição e processamento de dados e informações sobre a ciência e tecnologia marinhas;

f) Disseminação imediata dos resultados da investigação científica e tecnológica marinha por meio de publicações de fácil acesso;
g) Divulgação das políticas nacionais sobre transferência de tecnologia marinha e estudo comparativo sistemático dessas políticas;
h) Compilação e sistematização de informações sobre comercialização de tecnologia e sobre os contratos e outros ajustes relativos a patentes;
i) Cooperação técnica com outros Estados da região.

SECÇÃO IV – Cooperação entre organizações internacionais

Artigo 278º – Cooperação entre organizações internacionais

As organizações internacionais competentes mencionadas na presente Parte e na Parte XI devem tomar todas as medidas apropriadas para assegurarem, diretamente ou em estreita cooperação entre si, o cumprimento efetivo das funções e responsabilidades decorrentes da presente Parte.

PARTE XV – Solução de Controvérsias

SECÇÃO I – Disposições gerais

Artigo 279º – Obrigação de solucionar controvérsias por meios pacíficos

Os Estados Partes devem solucionar qualquer controvérsia entre eles relativa à interpretação ou aplicação da presente Convenção por meios pacíficos, de conformidade com o nº 3 do artigo 2º da Carta das Nações Unidas e, para tal fim, procurar uma solução pelos meios indicados no nº 1 do artigo 33º da Carta.

Artigo 280º – Solução de controvérsias por quaisquer meios pacíficos escolhidos pelas partes

Nenhuma das disposições da presente Parte prejudica o direito dos Estados Partes de, em qualquer momento, acordarem na solução de uma controvérsia entre eles relativa à interpretação ou aplicação da presente Convenção por quaisquer meios pacíficos de sua própria escolha.

Artigo 281º - Procedimento aplicável quando as partes não tenham alcançado uma solução

1. Se os Estados Partes que são partes numa controvérsia relativa à interpretação ou aplicação da presente Convenção tiverem acordado em procurar solucioná-la por um meio pacífico de sua própria escolha, os procedimentos estabelecidos na presente Parte só serão aplicados se não tiver sido alcançada uma solução por esse meio e se o acordo entre as partes não excluir a possibilidade de outro procedimento.

2. Se as partes tiverem também acordado num prazo, o disposto no nº 1 só será aplicado depois de expirado esse prazo.

Artigo 282º - Obrigações decorrentes de acordos gerais, regionais ou bilaterais

Se os Estados Partes que são partes numa controvérsia relativa à interpretação ou aplicação da presente Convenção tiverem ajustado, por meio de acordo geral, regional ou bilateral, ou de qualquer outra forma, em que tal controvérsia seja submetida, a pedido de qualquer das partes na mesma, a um procedimento conducente a uma decisão obrigatória, esse procedimento será aplicado em lugar do previsto na presente Parte, salvo acordo em contrário das partes na controvérsia.

Artigo 283º - Obrigação de trocar opiniões

1. Quando surgir uma controvérsia entre Estados Partes relativa à interpretação ou aplicação da presente Convenção, as partes na controvérsia devem proceder sem demora a uma troca de opiniões, tendo em vista solucioná-la por meio de negociação ou de outros meios pacíficos.

2. As partes também devem proceder sem demora a uma troca de opiniões quando um procedimento para a solução de tal controvérsia tiver sido terminado sem que esta tenha sido solucionada ou quando se tiver obtido uma solução e as circunstâncias requeiram consultas sobre o modo como será implementada a solução.

Artigo 284º - Conciliação

1. O Estado Parte que é parte numa controvérsia relativa à interpretação ou aplicação da presente Convenção pode convidar a outra ou outras partes a submetê-la a conciliação, de conformidade com o procedimento previsto na secção I do Anexo V ou com outro procedimento de conciliação.

2. Se o convite for aceite e as partes acordarem no procedimento de conciliação a aplicar, qualquer parte pode submeter à controvérsia esse procedimento.

3. Se o convite não for aceite ou as partes não acordarem no procedimento, o procedimento de conciliação deve ser considerado terminado.

4. Quando uma controvérsia tiver sido submetida a conciliação, o procedimento só se poderá dar por terminado de conformidade com o procedimento de conciliação acordado, salvo acordo em contrário das partes.

Artigo 285º – Aplicação da presente secção às controvérsias submetidas nos termos da Parte XI

Esta secção aplica-se a qualquer controvérsia que, nos termos da secção V da Parte XI da presente Convenção, tenha de ser solucionada de conformidade com os procedimentos previstos na presente Parte. Se uma entidade que não um Estado Parte for parte em tal controvérsia, esta secção aplica-se, *mutatis mutandis*.

SECÇÃO II – Procedimentos compulsórios conducentes a decisões obrigatórias

Artigo 286º – Aplicação dos procedimentos nos termos da presente secção

Salvo o disposto na secção III, qualquer controvérsia relativa à interpretação ou aplicação da presente Convenção, quando não tiver sido solucionada mediante a aplicação da secção I, será submetida, a pedido de qualquer das partes na controvérsia, à corte ou tribunal que tenha jurisdição nos termos da presente secção.

Artigo 287º – Escolha do procedimento

1. Um Estado, ao assinar ou ratificar a presente Convenção ou a ela aderir, ou em qualquer momento ulterior, pode escolher livremente, por meio de declaração escrita, um ou mais dos seguintes meios para a solução das controvérsias relativas à interpretação ou aplicação da presente Convenção:

a) O Tribunal Internacional do Direito do Mar estabelecido de conformidade com o Anexo VI;

b) O Tribunal Internacional de Justiça;

c) Um tribunal arbitral constituído de conformidade com o Anexo VII.

d) Um tribunal arbitral especial constituído de conformidade com o Anexo VIII, para uma ou mais das categorias de controvérsias especificadas no referido Anexo.

2. Uma declaração feita nos termos do nº 1 não deve afetar a obrigação de um Estado Parte de aceitar, na medida e na forma estabelecidas na secção V da Parte XI, a competência da Câmara de Controvérsias dos Fundos Marinhos do Tribunal Internacional do Direito do Mar, nem deve ser afetada por essa obrigação.

3. O Estado Parte, que é parte numa controvérsia não abrangida por uma declaração vigente, deve ser considerado como tendo aceite a arbitragem, de conformidade com o Anexo VII.

4. Se as partes numa controvérsia tiverem aceite o mesmo procedimento para a solução da controvérsia, esta só poderá ser submetida a esse procedimento, salvo acordo em contrário das partes.

5. Se as partes numa controvérsia não tiverem aceite o mesmo procedimento para a solução da controvérsia, esta só poderá ser submetida a arbitragem, de conformidade com o Anexo VII, salvo acordo em contrário das partes.

6. Uma declaração feita nos termos do nº 1 manter-se-á em vigor até três meses depois de a notificação de revogação ter sido depositada junto do Secretário-Geral das Nações Unidas.

7. Nenhuma nova declaração, notificação de revogação ou expiração de uma declaração afeta de modo algum os procedimentos pendentes numa corte ou tribunal que tenha jurisdição nos termos do presente artigo, salvo acordo em contrário das partes.

8. As declarações e notificações referidas no presente artigo serão depositadas junto do Secretário-Geral das Nações Unidas, que deve remeter cópias das mesmas aos Estados Partes.

Artigo 288º – Jurisdição

1. A corte ou tribunal a que se refere o artigo 287º tem jurisdição sobre qualquer controvérsia relativa à interpretação ou aplicação da presente Convenção que lhe seja submetida de conformidade com a presente Parte.

2. A corte ou tribunal a que se refere o artigo 287º tem também jurisdição sobre qualquer controvérsia relativa à interpretação ou aplicação de um acordo internacional relacionado com os objetivos da presente Convenção que lhe seja submetida de conformidade com esse acordo.

3. A Câmara de Controvérsias dos Fundos Marinhos do Tribunal Internacional do Direito do Mar estabelecida de conformidade com o Anexo VI, ou qualquer outra câmara ou tribunal arbitral a que se faz referência na secção V da Parte XI, tem jurisdição sobre qualquer das questões que lhe sejam submetidas de conformidade com essa secção.

4. Em caso de controvérsia sobre jurisdição de uma corte ou tribunal, a questão será resolvida por decisão dessa corte ou tribunal.

Artigo 289º – Peritos

A corte ou tribunal, no exercício da sua jurisdição nos termos da presente secção, pode, em qualquer controvérsia em que se suscitem questões científicas ou técnicas, a pedido de uma parte ou, por iniciativa própria, selecionar, em consulta com as partes, pelo menos dois peritos em questões científicas ou técnicas, escolhidos de preferência da lista apropriada preparada de conformidade com o artigo 2º do Anexo VIII, para participarem nessa corte ou tribunal, sem direito a voto.

Artigo 290º – Medidas provisórias

1. Se uma controvérsia tiver sido devidamente submetida a uma corte ou tribunal que se considere, *prima facie*, com jurisdição nos termos da presente Parte ou da secção V da Parte XI, a corte ou tribunal poderá decretar quaisquer medidas provisórias que considere apropriadas às circunstâncias, para preservar os direitos respetivos das partes na controvérsia ou impedir danos graves ao meio marinho, até decisão definitiva.

2. As medidas provisórias podem ser modificadas ou revogadas desde que as circunstâncias que as justificaram se tenham modificado ou deixado de existir.

3. As medidas provisórias só podem ser decretadas, modificadas ou revogadas, nos termos do presente artigo, a pedido de uma das partes na controvérsia e após ter sido dada às partes a oportunidade de serem ouvidas.

4. A corte ou tribunal notificará imediatamente as partes na controvérsia e, se julgar apropriado, outros Estados Partes, de qualquer medida provisória ou de qualquer decisão que a modifique ou revogue.

5. Enquanto não estiver constituído o tribunal arbitral ao qual uma controvérsia esteja a ser submetida nos termos da presente secção, qualquer corte ou tribunal escolhido de comum acordo pelas partes, ou na falta de tal acordo, dentro de duas semanas subsequentes à data do pedido de

medidas provisórias, o Tribunal Internacional do Direito do Mar, ou tratando-se de atividades na Área, a Câmara de Controvérsias dos Fundos Marinhos, pode decretar, modificar ou revogar medidas provisórias nos termos do presente artigo, se considerar, *prima facie*, que o tribunal a ser constituído teria jurisdição e que a urgência da situação assim o requer. Logo que estiver constituído, o tribunal ao qual a controvérsia foi submetida pode, atuando de conformidade com os nºs 1 a 4, modificar, revogar ou confirmar essas medidas provisórias.

6. As partes na controvérsia devem cumprir sem demora quaisquer medidas provisórias decretadas nos termos do presente artigo.

Artigo 291º - Acesso

1. Os Estados Partes têm acesso a todos os procedimentos de solução de controvérsias especificados na presente Parte.

2. As entidades que não sejam Estados Partes têm acesso, apenas nos casos expressamente previstos na presente Convenção, aos procedimentos de solução de controvérsias especificados nesta Parte.

Artigo 292º - Pronta libertação das embarcações e das suas tripulações

1. Quando as autoridades de um Estado Parte tiverem apresado uma embarcação que arvore a bandeira de um outro Estado Parte e for alegado que o Estado que procedeu à detenção não cumpriu as disposições da presente Convenção no que se refere à pronta libertação da embarcação ou da sua tripulação, mediante a prestação de uma caução idónea ou outra garantia financeira, a questão da libertação poderá ser submetida, salvo acordo em contrário das partes, a qualquer corte ou tribunal escolhido por acordo entre as partes ou, não havendo acordo no prazo de 10 dias subsequentes ao momento da detenção, à corte ou tribunal aceite, nos termos do artigo 287º, pelo Estado que fez a detenção ou ao Tribunal Internacional do Direito do Mar.

2. O pedido de libertação só pode ser feito pelo Estado de bandeira da embarcação ou em seu nome.

3. A corte ou tribunal apreciará imediatamente o pedido de libertação e ocupar-se-á exclusivamente da questão da libertação, sem prejuízo do mérito de qualquer ação judicial contra a embarcação, seu armador ou sua tripulação, intentada no foro nacional apropriado. As autoridades do Estado que tiverem efetuado a detenção continuarão a ser competentes

para, em qualquer altura, ordenar a libertação da embarcação ou da sua tripulação.

4. Uma vez prestada a caução ou outra garantia financeira fixada pela corte ou tribunal, as autoridades do Estado que tiverem efetuado a detenção cumprirão imediatamente a decisão da corte ou tribunal relativa à libertação da embarcação ou da sua tripulação.

Artigo 293º – Direito aplicável

1. A corte ou tribunal que tiver jurisdição nos termos desta secção deve aplicar a presente Convenção e outras normas de Direito Internacional que não forem incompatíveis com esta Convenção.

2. O nº 1 não prejudicará a faculdade da corte ou tribunal que tiver jurisdição nos termos da presente secção de decidir um caso *ex aequo et bono*, se as partes assim o acordarem.

Artigo 294º – Procedimentos preliminares

1. A corte ou tribunal referido no artigo 287º ao qual tiver sido feito um pedido relativo a uma controvérsia mencionada no artigo 297º, decidirá, por solicitação de uma parte, ou poderá decidir, por iniciativa própria, se o pedido constitui utilização abusiva dos meios processuais ou se, *prima facie*, é bem fundamentado. Se a corte ou tribunal decidir que o pedido constitui utilização abusiva dos meios processuais ou é, *prima facie*, infundado, cessará a sua ação no caso.

2. Ao receber o pedido, a corte ou tribunal notificará imediatamente a outra parte ou partes e fixará um prazo razoável durante o qual elas possam solicitar-lhe que decida nos termos do nº 1.

3. Nada no presente artigo prejudica o direito de qualquer parte numa controvérsia de deduzir exceções preliminares de conformidade com as normas processuais aplicáveis.

Artigo 295º – Esgotamento dos recursos internos

Qualquer controvérsia entre Estados Partes relativa à interpretação ou à aplicação da presente Convenção só pode ser submetida aos procedimentos estabelecidos na presente secção depois de esgotados os recursos internos de conformidade com o Direito Internacional.

Artigo 296º – Caráter definitivo e força obrigatória das decisões

1. Qualquer decisão proferida por uma corte ou tribunal com jurisdição nos termos da presente secção será definitiva e deverá ser cumprida por todas as partes na controvérsia.

2. Tal decisão não terá força obrigatória senão para as partes na controvérsia e no que se refere a essa mesma controvérsia.

SECÇÃO III – Limites e exceções à aplicação da secção II

Artigo 297º – Limites à aplicação da secção II

1. As controvérsias relativas à interpretação ou aplicação da presente Convenção, no concernente ao exercício por um Estado costeiro dos seus direitos soberanos ou de jurisdição previstos na presente Convenção, serão submetidas aos procedimentos estabelecidos na secção II nos seguintes casos:

a) Quando se alegue que um Estado costeiro atuou em violação das disposições da presente Convenção no concernente às liberdades e direitos de navegação ou de sobrevoo ou à liberdade e ao direito de colocação de cabos e ductos submarinos e outros usos do mar internacionalmente lícitos especificados no artigo 58º; ou

b) Quando se alegue que um Estado, ao exercer as liberdades, os direitos ou os usos anteriormente mencionados, atuou em violação das disposições da presente Convenção ou das leis ou regulamentos adotados pelo Estado costeiro, de conformidade com a presente Convenção e com outras normas de direito internacional que não sejam com ela incompatíveis; ou

c) Quando se alegue que um Estado costeiro atuou em violação das regras e normas internacionais específicas para a proteção e preservação do meio marinho aplicáveis ao Estado costeiro e que tenham sido estabelecidas pela presente Convenção ou por intermédio de uma organização internacional competente ou de uma conferência diplomática de conformidade com a presente Convenção.

2. *a*) As controvérsias relativas à interpretação ou aplicação das disposições da presente Convenção concernentes à investigação científica marinha serão solucionadas de conformidade com a secção II, com a ressalva de que o Estado costeiro não será obrigado a aceitar submeter aos procedimentos de solução qualquer controvérsia, que se suscite por motivo de:

i) O exercício pelo Estado costeiro de um direito ou poder discricionários de conformidade como o artigo 246º; ou

ii) A decisão do Estado costeiro de ordenar a suspensão ou a cessação de um projeto de investigação de conformidade com o artigo 253º

b) A controvérsia suscitada quando o Estado que realiza as investigações alegar que, em relação a um determinado projeto, o Estado costeiro não está a exercer, de modo compatível com a presente Convenção, os direitos que lhe conferem os artigos 246º e 253º, será submetida, a pedido de qualquer das partes, ao procedimento de conciliação nos termos da secção II do Anexo V, com a ressalva de que a comissão de conciliação não porá em causa o exercício pelo Estado costeiro do seu poder discricionário de designar as áreas específicas referidas no nº 6 do artigo 246º, ou do seu poder discricionário de recusar o seu consentimento, de conformidade com o nº 5 do artigo 246º.

3. *a*) As controvérsias relativas à interpretação ou aplicação das disposições da presente Convenção concernentes à pesca serão solucionadas de conformidade com a secção II, com a ressalva de que o Estado costeiro não será obrigado a aceitar submeter aos procedimentos de solução qualquer controvérsia relativa aos seus direitos soberanos referentes aos recursos vivos da sua zona económica exclusiva ou ao exercício desses direitos, incluídos os seus poderes discricionários de fixar a captura permissível, a sua capacidade de captura, a atribuição dos excedentes a outros Estados e as modalidades e condições estabelecidas nas suas leis e regulamentos de conservação e gestão.

b) Se a aplicação das disposições da secção I da presente Parte não permitiu chegar a uma solução, a controvérsia será submetida, a pedido de qualquer das partes na controvérsia, ao procedimento de conciliação nos termos da secção II do Anexo V, quando se alegue que um Estado costeiro:

i) Tenha manifestamente deixado de cumprir as suas obrigações de assegurar, por meio de medidas apropriadas de conservação e gestão, que a manutenção dos recursos vivos da zona económica exclusiva não fique seriamente ameaçada;

ii) Tenha arbitrariamente recusado fixar, a pedido de outro Estado, a captura permissível e a sua própria capacidade de captura dos recursos vivos, no que se refere às populações que este outro Estado esteja interessado em pescar; ou

iii) Tenha arbitrariamente recusado atribuir a qualquer Estado, nos termos dos artigos 62º, 69º e 70º, a totalidade ou parte do excedente que tenha declarado existir, segundo as modalidades e condições estabelecidas pelo Estado costeiro compatíveis com a presente Convenção.

c) Em nenhum caso a comissão de conciliação substituirá o seu poder discricionário pelo do Estado costeiro.

d) O relatório da comissão de conciliação deve ser comunicado às organizações internacionais competentes.

e) Ao negociar um acordo nos termos dos artigos 69º e 70º, os Estados Partes deverão incluir, salvo acordo em contrário, uma cláusula sobre as medidas que tomarão para minimizar a possibilidade de divergência relativa à interpretação ou aplicação do acordo e sobre o procedimento a seguir, se, apesar disso, a divergência surgir.

Artigo 298º – Exceções de caráter facultativo à aplicação da secção II

1. Ao assinar ou ratificar a presente Convenção ou a ela aderir, ou em qualquer outro momento ulterior, um Estado pode, sem prejuízo das obrigações resultantes da secção I, declarar por escrito não aceitar um ou mais dos procedimentos estabelecidos na secção II com respeito a uma ou várias das seguintes categorias de controvérsias:

a) *i*) As controvérsias relativas à interpretação ou aplicação dos artigos 15º, 74º e 83º referentes à delimitação de zonas marítimas, ou às baías ou títulos históricos, com a ressalva de que o Estado que tiver feito a declaração, quando tal controvérsia surgir depois da entrada em vigor da presente Convenção e quando não se tiver chegado a acordo dentro de um prazo razoável de negociações entre as partes, aceite, a pedido de qualquer parte na controvérsia, submeter a questão ao procedimento de conciliação nos termos da secção II do Anexo V; além disso, fica excluída de tal submissão qualquer controvérsia que implique necessariamente o exame simultâneo de uma controvérsia não solucionada relativa à soberania ou outros direitos sobre um território continental ou insular;

ii) Depois de a comissão de conciliação ter apresentado o seu relatório, no qual exporá as razões em que se fundamenta, as partes negociarão um acordo com base nesse relatório; se essas negociações não resultarem num acordo, as partes deverão, salvo acordo em contrário, submeter, por mútuo consentimento, a questão a um dos procedimentos previstos na secção II;

iii) Esta alínea não se aplica a nenhuma controvérsia relativa à delimitação de zonas marítimas que tenha sido definitivamente solucionada por acordo entre as partes, nem a qualquer controvérsia que deva ser solucionada de conformidade com um acordo bilateral ou multilateral obrigatório para essas partes;

b) As controvérsias relativas a atividades militares, incluídas as atividades militares de embarcações e aeronaves de Estado utilizadas em serviços não comerciais, e as controvérsias relativas a atividades destinadas a fazer cumprir normas legais tendo em vista o exercício de direitos soberanos ou da jurisdição excluídas, nos termos dos nºs 2 ou 3 do artigo 297º, da jurisdição de uma corte ou tribunal;

c) As controvérsias a respeito das quais o Conselho de Segurança das Nações Unidas esteja a exercer as funções que lhe são conferidas pela Carta das Nações Unidas, a menos que o Conselho de Segurança retire a questão da sua ordem do dia ou convide as partes a solucioná-la pelos meios previstos na presente Convenção.

2. O Estado Parte que tiver feito uma declaração nos termos do nº 1 poderá retirá-la em qualquer momento ou convir em submeter a controvérsia, excluída em virtude dessa declaração, a qualquer dos procedimentos estabelecidos na presente Convenção.

3. Um Estado Parte que tiver feito uma declaração nos termos do nº 1 não pode submeter a controvérsia pertencente à categoria de controvérsias excluídas a qualquer dos procedimentos previstos na presente Convenção sem o consentimento de qualquer outro Estado Parte com o qual estiver em controvérsia.

4. Se um dos Estados Partes tiver feito uma declaração nos termos da alínea *a*) do nº 1, qualquer outro Estado Parte poderá submeter, contra a parte declarante, qualquer controvérsia pertencente a uma das categorias excetuadas ao procedimento especificado em tal declaração.

5. Uma nova declaração ou a retirada de uma declaração não afetará de modo algum os procedimentos em curso numa corte ou tribunal nos termos do presente artigo, salvo acordo em contrário das partes.

6. As declarações e as notificações de retirada das declarações nos termos do presente artigo serão depositadas junto do Secretário-Geral das Nações Unidas, o qual enviará cópias das mesmas aos Estados Partes.

Artigo 299º – Direito de as partes convirem num procedimento

1. A controvérsia excluída dos procedimentos de solução de controvérsias previstos na secção II nos termos do artigo 297º, ou excetuada de tais procedimentos por meio de uma declaração feita de conformidade com

o artigo 298º, só poderá ser submetida a esses procedimentos por acordo das partes na controvérsia.

2. Nenhuma das disposições da presente secção prejudica o direito de as partes na controvérsia convirem num outro procedimento para a solução de tal controvérsia ou de chegarem a uma solução amigável.

PARTE XVI – Disposições gerais

Artigo 300º – Boa-fé e abuso de direito

Os Estados Partes devem cumprir de boa-fé as obrigações contraídas nos termos da presente Convenção e exercer os direitos, jurisdição e liberdades reconhecidos na presente Convenção de modo a não constituir abuso de direito.

Artigo 301º – Utilização do mar para fins pacíficos

No exercício dos seus direitos e no cumprimento das suas obrigações nos termos da presente Convenção, os Estados Partes devem abster-se de qualquer ameaça ou uso da força contra a integridade territorial ou a independência política de qualquer Estado, ou de qualquer outra forma incompatível com os princípios de Direito Internacional incorporados na Carta das Nações Unidas.

Artigo 302º – Divulgação de informações

Sem prejuízo do direito de um Estado Parte de recorrer aos procedimentos de solução de controvérsia estabelecidos na presente Convenção, nada nesta Convenção deve ser interpretado no sentido de exigir que um Estado Parte, no cumprimento das suas obrigações nos termos da presente Convenção, forneça informações cuja divulgação seja contrária aos interesses essenciais da sua segurança.

Artigo 303º – Objetos arqueológicos e históricos achados no mar

1. Os Estados têm o dever de proteger os objetos de caráter arqueológico e histórico achados no mar e devem cooperar para esse fim.

2. A fim de controlar o tráfico de tais objetos, o Estado costeiro pode presumir, ao aplicar o artigo 33º, que a sua remoção dos fundos marinhos, na área referida nesse artigo, sem a sua autorização constitui uma infração

cometida no seu território ou no seu mar territorial das leis e regulamentos mencionados no referido artigo.

3. Nada no presente artigo afeta os direitos dos proprietários identificáveis, as normas de salvamento ou outras normas do Direito Marítimo bem como leis e práticas em matéria de intercâmbios culturais.

4. O presente artigo deve aplicar-se sem prejuízo de outros acordos internacionais e normas de Direito Internacional relativos à proteção de objetos de caráter arqueológico e histórico.

Artigo 304º – Responsabilidade por danos

As disposições da presente Convenção relativas à responsabilidade por danos não prejudicam a aplicação das normas vigentes e a elaboração de novas normas relativas à responsabilidade nos termos do Direito Internacional.

PARTE XVII – Disposições finais

Artigo 305º – Assinatura

1. A presente Convenção está aberta à assinatura de:

a) Todos os Estados;

b) A Namíbia, representada pelo Conselho das Nações Unidas para a Namíbia;

c) Todos os Estados autónomos associados que tenham escolhido este estatuto num ato de autodeterminação fiscalizado e aprovado pelas Nações Unidas de conformidade com a Resolução 1514 (XV) da Assembleia Geral, e que tenham competência sobre matérias regidas pela presente Convenção, incluindo a de concluir tratados em relação a essas matérias;

d) Todos os Estados autónomos associados que, de conformidade com os seus respetivos instrumentos de associação, tenham competência sobre as matérias regidas pela presente Convenção, incluindo a de concluir tratados em relação a essas matérias;

e) Todos os territórios que gozem de plena autonomia interna reconhecida como tal pelas Nações Unidas, mas que não tenham alcançado a plena independência de conformidade com a Resolução 1514 (XV) da Assembleia Geral, e que tenham competência sobre as matérias regidas pela presente Convenção, incluindo a de concluir tratados em relação a essas matérias;

f) As organizações internacionais, de conformidade com o Anexo IX.

2. A presente Convenção está aberta à assinatura até 9 de 7dezembro de 1984 no Ministério dos Negócios Estrangeiros da Jamaica e também, a partir de 1 de julho de 1983 até 9 de dezembro de 1984, na sede das Nações Unidas, em Nova Iorque.

Artigo 306º – Ratificação e confirmação formal

A presente Convenção está sujeita à ratificação pelos Estados e outras entidades mencionadas nas alíneas *b*), *c*), *d*) e *e*) do nº 1 do artigo 305º, assim como a confirmação formal de conformidade com o Anexo IX, pelas entidades mencionadas na alínea *f*) do nº 1 desse artigo. Os instrumentos de ratificação e de confirmação formal devem ser depositados junto do Secretário-Geral das Nações Unidas.

Artigo 307º – Adesão

A presente Convenção está aberta à adesão dos Estados e das outras entidades mencionadas no artigo 305º A adesão das entidades mencionadas na alínea *f*) do nº 1 do artigo 305º deve ser efetuada de conformidade com o Anexo IX. Os instrumentos de adesão devem ser depositados junto do Secretário-Geral das Nações Unidas.

Artigo 308º – Entrada em vigor

1. A presente Convenção entra em vigor 12 meses após a data de depósito do sexagésimo instrumento de ratificação ou de adesão.

2. Para cada Estado que ratifique a presente Convenção ou a ela adira após o depósito do sexagésimo instrumento de ratificação ou de adesão, a Convenção entra em vigor no trigésimo dia seguinte à data de depósito do instrumento de ratificação ou de adesão, com observância do nº 1.

3. A Assembleia da Autoridade deve reunir-se na data da entrada em vigor da presente Convenção e eleger o Conselho da Autoridade. Se não for possível a aplicação estrita das disposições do artigo 161º, o primeiro Conselho será constituído de forma compatível com o objetivo desse artigo.

4. As normas, regulamentos e procedimentos elaborados pela Comissão Preparatória devem aplicar-se provisoriamente até à sua aprovação formal pela Autoridade, de conformidade com a Parte XI.

5. A Autoridade e os seus órgãos devem atuar de conformidade com a Resolução II da Terceira Conferência das Nações Unidas sobre o Direito

do Mar, relativa aos investimentos preparatórios, e com as decisões tomadas pela Comissão Preparatória na aplicação dessa resolução.

Artigo 309º – Reservas e exceções

A presente Convenção não admite quaisquer reservas ou exceções além das por ela expressamente autorizadas noutros artigos.

Artigo 310º – Declarações

O artigo 309º não impede um Estado Parte, quando assina ou ratifica a presente Convenção ou a ela adere, de fazer declarações, qualquer que seja a sua redação ou denominação, com o fim de, *inter alia*, harmonizar as suas leis e regulamentos com as disposições da presente Convenção, desde que tais declarações não tenham por finalidade excluir ou modificar o efeito jurídico das disposições da presente Convenção na sua aplicação a esse Estado.

Artigo 311º – Relação com outras convenções e acordos internacionais

1. A presente Convenção prevalece, nas relações entre os Estados Partes, sobre as Convenções de Genebra sobre o Direito do Mar de 29 de abril de 1958.

2. A presente Convenção não modifica os direitos e as obrigações dos Estados Partes resultantes de outros acordos compatíveis com a presente Convenção e que não afetam o gozo por outros Estados Partes dos seus direitos nem o cumprimento das suas obrigações nos termos da mesma Convenção.

3. Dois ou mais Estados Partes podem concluir acordos, aplicáveis unicamente às suas relações entre si, que modifiquem as disposições da presente Convenção ou suspendam a sua aplicação, desde que tais acordos não se relacionem com nenhuma disposição cuja derrogação seja incompatível com a realização efetiva do objeto e fins da presente Convenção e desde que tais acordos não afetem a aplicação dos princípios fundamentais nela enunciados e que as disposições de tais acordos não afetem o gozo por outros Estados Partes dos seus direitos ou o cumprimento das suas obrigações nos termos da mesma Convenção.

4. Os Estados Partes que pretendam concluir um acordo dos referidos no nº 3 devem notificar os demais Estados Partes, por intermédio do depositário da presente Convenção, da sua intenção de concluir o acordo, bem como da modificação ou suspensão que tal acordo preveja.

5. O presente artigo não afeta os acordos internacionais expressamente autorizados ou salvaguardados por outros artigos da presente Convenção.

6. Os Estados Partes convêm em que não podem ser feitas emendas ao princípio fundamental relativo ao património comum da Humanidade estabelecido no artigo 136º e em que não serão partes em nenhum acordo que derrogue esse princípio.

Artigo 312º – Emendas

1. Decorridos 10 anos a contar da data de entrada em vigor da presente Convenção, qualquer Estado Parte pode propor, mediante comunicação escrita ao Secretário-Geral das Nações Unidas, emendas concretas à presente Convenção, exceto as que se refiram a atividades na Área, e pode solicitar a convocação de uma conferência para examinar as emendas propostas. O Secretário-Geral deve transmitir tal comunicação a todos os Estados Partes. Se, nos 12 meses seguintes à data da transmissão de tal comunicação, pelo menos metade dos Estados Partes responder favoravelmente a esse pedido, o Secretário-Geral deve convocar a conferência.

2. O procedimento de adoção de decisões aplicável na conferência de emendas deve ser o mesmo aplicado na Terceira Conferência das Nações Unidas sobre o Direito do Mar, a menos que a conferência decida de outro modo. A conferência deve fazer todo o possível para chegar a acordo sobre quaisquer emendas por consenso, não se devendo proceder a votação das emendas enquanto não se esgotarem todos os esforços para se chegar a consenso.

Artigo 313º – Emendas por procedimento simplificado

1. Todo o Estado Parte pode propor, mediante comunicação escrita ao Secretário-Geral das Nações Unidas, emenda à presente Convenção que não se relacione com atividades na Área, para ser adotada pelo procedimento simplificado estabelecido no presente artigo sem a convocação de uma conferência. O Secretário-Geral deve transmitir a comunicação a todos os Estados Partes.

2. Se, nos 12 meses seguintes a contar da data de transmissão da comunicação, um Estado Parte apresentar objeção à emenda proposta ou à sua adoção pelo procedimento simplificado, a emenda será considerada rejeitada. O Secretário-Geral deve notificar imediatamente todos os Estados Partes, em conformidade.

3. Se, nos 12 meses seguintes a contar da data de transmissão da comunicação, nenhum Estado Parte tiver apresentado qualquer objeção à emenda proposta ou à sua adoção pelo procedimento simplificado, a emenda proposta será considerada adotada. O Secretário-Geral deve notificar todos os Estados Partes de que a emenda proposta foi adotada.

Artigo 314º – Emendas às disposições da presente Convenção relativas exclusivamente a atividades na Área

1. Todo o Estado Parte pode propor, mediante comunicação escrita ao Secretário-Geral da Autoridade, emenda às disposições da presente Convenção relativa exclusivamente a atividades na Área, incluindo a secção IV do Anexo VI. O Secretário-Geral deve transmitir tal comunicação a todos os Estados Partes. A emenda proposta fica sujeita à aprovação pela Assembleia depois de aprovada pelo Conselho. Os representantes dos Estados Partes nesses órgãos devem ter plenos poderes para examinar e aprovar a emenda proposta. A emenda proposta, tal como aprovada pelo Conselho e pela Assembleia, considera-se adotada.

2. Antes da aprovação de qualquer emenda nos termos do nº 1, o Conselho e a Assembleia devem assegurar-se de que ela não afeta o sistema de exploração e aproveitamento dos recursos da Área até à realização da Conferência de Revisão, de conformidade com o artigo 155º

Artigo 315º – Assinatura, ratificação das emendas, adesão às emendas e textos autênticos das emendas

1. Uma vez adotadas, as emendas à presente Convenção ficam abertas à assinatura pelos Estados Partes na presente Convenção nos 12 meses a contar da data da sua adoção, na sede das Nações Unidas, em Nova Iorque, salvo disposição em contrário na própria emenda.

2. Os artigos 305º, 307º e 320º aplicam-se a todas as emendas à presente Convenção.

Artigo 316º – Entrada em vigor das emendas

1. As emendas à presente Convenção, exceto as mencionadas no nº 5, entram em vigor para os Estados Partes que as ratifiquem ou a elas adiram no trigésimo dia seguinte ao depósito dos instrumentos de ratificação ou de adesão de dois terços dos Estados Partes ou de 60 Estados Partes, se este número for maior. Tais emendas não afetam o gozo por outros Esta-

dos Partes dos seus direitos ou o cumprimento das suas obrigações nos termos da presente Convenção.

2. Uma emenda pode prever, para a sua entrada em vigor, um número de ratificações ou de adesões maior do que o requerido pelo presente artigo.

3. Para qualquer Estado Parte que ratifique uma emenda referida no nº 1 ou a ela adira, após o depósito do número requerido de instrumentos de ratificação ou de adesão, a emenda entra em vigor no trigésimo dia seguinte ao depósito do seu instrumento de ratificação ou de adesão.

4. Todo o Estado que venha a ser Parte na presente Convenção depois da entrada em vigor de uma emenda de conformidade com o nº 1, se não manifestar intenção diferente, é considerado:

a) Parte na presente Convenção, tal com emendada; e

b) Parte na presente Convenção não emendada, em relação a qualquer Estado Parte que não esteja obrigado pela emenda.

5. As emendas relativas exclusivamente a atividades na Área e as emendas ao Anexo VI entram em vigor para todos os Estados Partes um ano após o depósito por três quartos dos Estados Partes dos seus instrumentos de ratificação ou de adesão.

6. Todo o Estado que venha a ser Parte na presente Convenção depois da entrada em vigor de emendas de conformidade com o nº 5 é considerado Parte na presente Convenção, tal como emendada.

Artigo 317º - Denúncia

1. Todo o Estado Parte pode, mediante notificação escrita dirigida ao Secretário-Geral das Nações Unidas, denunciar a presente Convenção e indicar as razões da denúncia. A omissão de tais razões não afeta a validade da denúncia. A denúncia terá efeito um ano após a data do recebimento da notificação, a menos que aquela preveja uma data ulterior.

2. Nenhum Estado fica dispensado, em virtude da denúncia, das obrigações financeiras e contratuais contraídas enquanto Parte na presente Convenção, nem a denúncia afeta nenhum direito, obrigação ou situação jurídica desse Estado decorrentes da aplicação da presente Convenção antes de esta deixar de vigorar em relação a esse Estado.

3. A denúncia em nada afeta o dever de qualquer Estado Parte de cumprir qualquer obrigação incorporada na presente Convenção a que esteja sujeito nos termos do Direito Internacional, independentemente da presente Convenção.

Artigo 318º – Estatuto dos Anexos

Os Anexos são parte integrante da presente Convenção e, salvo disposição expressa em contrário, uma referência à presente Convenção ou a uma das suas Partes constitui uma referência aos Anexos correspondentes.

Artigo 319º – Depositário

1. O Secretário-Geral das Nações Unidas é o depositário da presente Convenção e das emendas a esta.

2. Além das suas funções de depositário, o Secretário-Geral das Nações Unidas deve:

a) Enviar relatórios a todos os Estados Partes, à Autoridade e às organizações internacionais competentes relativos a questões de caráter geral que surjam em relação à presente Convenção;

b) Notificar a Autoridade das ratificações, confirmações formais e adesões relativas à presente Convenção e das emendas a esta, bem como das denúncias da presente Convenção;

c) Notificar os Estados Partes dos acordos concluídos, de conformidade com o nº 4 do artigo 311º;

d) Transmitir aos Estados Partes, para ratificação ou adesão, as emendas adotadas, de conformidade com a presente Convenção;

e) Convocar as reuniões necessárias dos Estados Partes, de conformidade com a presente Convenção.

3. *a*) O Secretário-Geral deve transmitir também aos observadores mencionados no artigo 156º:

i) Os relatórios mencionados na alínea *a*) do nº 2;

ii) As notificações mencionadas na alínea *b*) e *c*) do nº 2; e

iii) O texto das emendas mencionadas na alínea *d*) do nº 2, para sua informação.

b) O Secretário-Geral deve convidar igualmente estes observadores a participarem, como observadores, nas reuniões dos Estados Partes mencionadas na alínea *e*) do nº 2.

Artigo 320º – Textos autênticos

O original da presente Convenção, cujos textos em árabe, chinês, espanhol, francês, inglês e russo fazem igualmente fé, fica depositado, sem prejuízo do disposto no nº 2 do artigo 305º, junto do Secretário-Geral das Nações Unidas.

ANEXO I
Espécies Altamente Migratórias

1 – *Thunnus alalunga.*

2 – Thunnus thynnus.

3 – *Thunnus obesus.*

4 – *Katsuwonus pelamis.*

5 – Thunnus albacares.

6 – *Thunnus atlanticus.*

7 – Euthynnus alleteratus; Euthynnus affinis.

8 – *Thunnus maccoyii.*

9 – *Auxis thazard; Auxis rochei.*

10 – Família *Bramidae.*

11 – *Tetrapturus augustirostris; Tetrapturus belone; Tetrapturus pfluegeri; Tetrapturus albidus; Tetrapturus audax; Tetrapturus georgei; Makaira mazara; Makaira indica; Makaira nigricans.*

12 – *Istiophorus platypterus; Istiophorus albicans.*

13 – *Xiphias gladius.*

14 – *Scomberesox saurus; Cololabis saira; Cololabis adocetus; Scomberesox saurus scombroides.*

15 – *Coryphaena hippurus; Coryphaena equiselis.*

16 – *Hexanchus griseus; Cetorhinus maximus;* família *Alopiidae; Rhincondon typus;* família *Carcharhinidae;* família *Sphyrnidae;* família *Isurida.*

17 – Família *Physeteridae;* família *Balaenopteridae;* família *Balaenidae;* família *Eschrichtiidae;* família *Mono-dontidae;* família *Ziphiidae;* família *Delphinidae.*

ANEXO II
Comissão de Limites da Plataforma Continental

Artigo 1º

De acordo com as disposições do artigo 76º da parte vi da presente Convenção, será estabelecida uma Comissão de Limites da Plataforma Continental além das 200 milhas marítimas de conformidade com os artigos seguintes.

Artigo 2º

1. A Comissão será composta por 21 membros, peritos em geologia, geofísica ou hidrografia, eleitos pelos Estados Partes na presente Convenção entre os seus

nacionais, tendo na devida conta a necessidade de assegurar uma representação geográfica equitativa, os quais prestarão serviços a título pessoal.

2. A primeira eleição deve realizar-se o mais cedo possível, mas em qualquer caso dentro de um prazo de 18 meses a contar da entrada em vigor da presente Convenção. Pelo menos três meses antes da data de cada eleição, o Secretário-Geral das Nações Unidas enviará uma carta aos Estados Partes convidando-os a apresentar candidaturas num prazo de três meses, após consultas regionais apropriadas. O Secretário-Geral preparará, por ordem alfabética, uma lista de todos os candidatos assim eleitos e apresentá-la-á a todos os Estados Partes.

3. A eleição dos membros da Comissão deve realizar-se numa reunião dos Estados Partes convocada pelo Secretário-Geral na sede das Nações Unidas. Nessa reunião, cujo quórum será constituído por dois terços dos Estados Partes, os membros eleitos para a Comissão serão os candidatos que obtiverem a maioria de dois terços dos votos dos representantes dos Estados Partes presentes e votantes. Serão eleitos, pelo menos, três membros de cada região geográfica.

4. Os membros da Comissão serão eleitos para um mandato de cinco anos. Poderão ser re-eleitos.

5. O Estado Parte que tiver apresentado a candidatura de um membro da Comissão custeará as despesas do mesmo enquanto prestar serviço na Comissão. O Estado costeiro interessado custeará as despesas referentes à assessoria prevista na alínea *b*) do nº 1 do artigo 3º O Secretariado da Comissão será assegurado pelo Secretário-Geral das Nações Unidas.

Artigo 3º

1. As funções da Comissão serão as seguintes:

a) Examinar os dados e outros elementos de informação apresentados pelos Estados costeiros sobre os limites exteriores da plataforma continental nas zonas em que tais limites se estenderem além de 200 milhas marítimas e formular recomendações de conformidade com o artigo 76º e a declaração de entendimento adotada em 29 de agosto de 1980 pela Terceira Conferência das Nações Unidas sobre o Direito do Mar;

b) Prestar assessoria científica e técnica, se o Estado costeiro interessado a solicitar, durante a preparação dos dados referidos na alínea *a*).

2. A Comissão pode cooperar, na medida em que se considere útil e necessário, com a Comissão Oceanográfica Intergovernamental da UNESCO, a Organização Hidrográfica Internacional e outras organizações internacionais competentes a fim de trocar informações científicas e técnicas que possam ajudar a Comissão no desempenho das suas responsabilidades.

Artigo 4º

Quando um Estado costeiro tiver intenção de estabelecer, de conformidade com o artigo 76º, o limite exterior da sua plataforma continental além de 200 milhas marítimas, apresentará à Comissão, logo que possível, mas em qualquer caso dentro dos 10 anos seguintes à entrada em vigor da presente Convenção para o referido Estado, as características de tal limite, juntamente com informações científicas e técnicas de apoio. O Estado costeiro comunicará ao mesmo tempo os nomes de quaisquer membros da Comissão que lhe tenham prestado assessoria científica e técnica.

Artigo 5º

A não ser que a Comissão decida de outro modo, deve funcionar por intermédio de subcomissões compostas de sete membros, designadas de forma equilibrada tomando em conta os elementos específicos de cada proposta apresentada pelo Estado costeiro. Os membros da Comissão que forem nacionais do Estado costeiro interessado ou que tiverem auxiliado o Estado costeiro prestando-lhe assessoria científica e técnica a respeito da delimitação não serão membros da subcomissão que trate do caso, mas terão o direito a participar, na qualidade de membros, nos trabalhos da Comissão relativos ao caso. O Estado costeiro que tiver apresentado uma proposta à Comissão pode enviar representantes para participarem nos respetivos trabalhos, sem direito de voto.

Artigo 6º

1. A subcomissão deve apresentar as suas recomendações à Comissão.

2. A aprovação das recomendações da subcomissão será feita pela Comissão por maioria de dois terços dos membros presentes e votantes.

3. As recomendações da Comissão devem ser apresentadas por escrito ao Estado costeiro que tenha apresentado a proposta e ao Secretário-Geral das Nações Unidas.

Artigo 7º

Os Estados costeiros estabelecerão o limite exterior da sua plataforma continental de conformidade com as disposições do nº 8 do artigo 76º e de acordo com os procedimentos nacionais apropriados.

Artigo 8º

No caso de o Estado costeiro discordar das recomendações da Comissão, deve apresentar à Comissão dentro de um prazo razoável uma proposta revista ou uma nova proposta.

Artigo 9º

As decisões da Comissão não devem prejudicar os assuntos relacionados com a delimitação entre Estados com costas adjacentes ou situadas frente a frente.

ANEXO III
Condições básicas para a prospeção, exploração e aproveitamento

Artigo 1º – Direitos sobre os minerais

Os direitos sobre os minerais serão transferidos no momento da sua extração de conformidade com a pressente Convenção.

Artigo 2º – Prospeção

1. *a*) A Autoridade deve fomentar a prospeção na área.

b) A prospeção só deve ser realizada quando a Autoridade tiver recebido do prospetor proponente um compromisso escrito satisfatório de que ele cumprirá com a presente Convenção, bem como com as normas, regulamentos e procedimentos da Autoridade relativos à cooperação nos programas de formação previstos nos artigos 143º e 144º e à proteção do meio marinho, e que aceitará a verificação do cumprimento desse compromisso pela Autoridade. Juntamente com o compromisso, o prospetor proponente deve notificar a Autoridade da área ou áreas aproximadas em que a prospeção será realizada.

c) A prospeção pode ser realizada simultaneamente por mais de um prospetor na mesma área ou nas mesmas áreas.

2. A prospeção não confere ao prospetor qualquer direito sobre os recursos. Contudo, o prospetor pode extrair uma quantidade razoável de minerais para fins experimentais.

Artigo 3º – Exploração e aproveitamento

1. A empresa, os Estados Partes e as demais entidades ou pessoas referidas na alínea *b*) do nº 2 do artigo 153º podem pedir à Autoridade a aprovação de planos de trabalho relativos a atividades na área.

2. A empresa pode fazer esse pedido em relação a qualquer parte da área, mas os pedidos apresentados por outras entidades ou pessoas relativos a áreas reservadas devem estar sujeitos aos requisitos adicionais do artigo 9º do presente anexo.

3. A exploração e o aproveitamento só devem ser realizados nas áreas especificadas nos planos de trabalho mencionados no nº 3 do artigo 153º e aprovados

pela Autoridade de conformidade com a presente Convenção e com as normas, regulamentos e procedimentos pertinentes da Autoridade.

4. Qualquer plano de trabalho aprovado deve:

a) Estar de conformidade com a presente Convenção e com as normas, regulamentos e procedimentos da Autoridade;

b) Prever o controlo pela Autoridade das atividades na área, de conformidade com o nº 4 do artigo 153º;

c) Conferir ao operador, de conformidade com as normas, regulamentos e procedimentos da Autoridade, direitos exclusivos para a exploração e aproveitamento, na área coberta pelo plano de trabalho, das categorias de recursos nele especificadas. Contudo, se o peticionário apresentar um plano de trabalho para aprovação que cubra apenas a fase de exploração ou a fase de aproveitamento, o plano de trabalho aprovado conferirá direitos exclusivos apenas em relação a essa fase.

5. Uma vez aprovado pela Autoridade, qualquer plano de trabalho, exceto os apresentados pela empresa, terá a forma de um contrato concluído entre a Autoridade e o peticionário ou os peticionários.

Artigo 4º – Requisitos para a qualificação de peticionários

1. Com exceção da empresa, devem ser qualificados os peticionários que preencherem os requisitos de nacionalidade ou controlo e de patrocínio enumerados na alínea *b*) do nº 2 do artigo 153º e que cumprirem os procedimentos e satisfizerem os critérios de qualificação estabelecidos nas normas, regulamentos e procedimentos da Autoridade.

2. Com exceção do disposto no nº 6, tais critérios de qualificação dirão respeito à capacidade financeira e técnica do peticionário e ao seu desempenho no cumprimento dos contratos anteriores com a Autoridade.

3. Cada peticionário deve ser patrocinado pelo Estado Parte do qual seja nacional, a não ser que o peticionário tenha mais de uma nacionalidade, como numa associação ou consórcio de entidades ou de pessoas nacionais de vários Estados, caso em que todos os Estados Partes em causa devem patrocinar o pedido, ou a não ser que o peticionário seja efetivamente controlado por um outro Estado Parte ou nacionais deste, caso em que ambos os Estados Partes devem patrocinar o pedido. Os critérios e procedimentos para a aplicação dos requisitos de patrocínio serão estabelecidos nas normas, regulamentos e procedimentos da Autoridade.

4. O Estado ou os Estados patrocinadores terão, nos termos do artigo 139º, a responsabilidade de assegurar, no âmbito dos seus sistemas jurídicos, que o

contratante assim patrocinado realize atividades na área, de conformidade com os termos do seu contrato e com as obrigações que lhe incumbem nos termos da presente Convenção. Contudo, um Estado patrocinador não será responsável pelos danos causados pelo não cumprimento dessas obrigações por um contratante por ele patrocinado, quando esse Estado Parte tiver adotado leis e regulamentos e tomado medidas administrativas que, no âmbito do seu sistema jurídico, forem razoavelmente adequadas para assegurar o cumprimento dessas obrigações pelas pessoas sob a sua jurisdição.

5. Os procedimentos para avaliar as qualificações dos Estados Partes que forem peticionários devem ter em conta a sua qualidade de Estados.

6. Os critérios de qualificação exigirão que, no seu pedido, qualquer peticionário, sem exceção, se comprometa a:

a) Cumprir as obrigações aplicáveis das disposições da parte XI, as normas, regulamentos e procedimentos da Autoridade, as decisões dos seus órgãos e os termos dos contratos concluídos com a Autoridade e aceitar o seu caráter executório;

b) Aceitar o controlo pela Autoridade sobre as atividades na área tal como autorizado pela presente Convenção;

c) Dar à Autoridade garantias por escrito de que cumprirá de boa-fé as obrigações que lhe incumbem em virtude do contrato;

d) Cumprir as disposições relativas à transferência de tecnologia, previstas no artigo 5º do presente anexo.

Artigo 5º – Transferência de tecnologia

1. Ao apresentar um plano de trabalho, qualquer peticionário porá à disposição da Autoridade uma descrição geral do equipamento e dos métodos que serão utilizados na realização de atividades na área e outras informações pertinentes que não sejam propriedade industrial acerca das características de tal tecnologia, bem como informações sobre onde essa tecnologia se encontra disponível.

2. Qualquer operador comunicará à Autoridade as alterações na descrição e nas informações postas à disposição nos termos do nº 1, sempre que seja introduzida uma modificação ou inovação tecnológica importante.

3. Qualquer contrato para a realização de atividades na área deve incluir os seguintes compromissos da parte do contratante:

a) Pôr à disposição da empresa, segundo modalidades e condições comerciais justas e razoáveis, quando solicitado pela Autoridade, a tecnologia que utiliza na realização de atividades na área, nos termos do contrato e que o contratante esteja legalmente autorizado a transferir. A transferência far-se-á por meio de licenças ou outros ajustes apropriados que o contratante negociará com a empresa e que serão especificados num acordo especial complementar ao contrato. Este compromisso só pode ser invocado se a empresa verificar que não pode obter no mercado livre, segundo modalidades e condições comerciais justas e razoáveis, a mesma tecnologia ou tecnologia igualmente eficiente e apropriada;

b) Obter do proprietário de qualquer tecnologia utilizada na realização de atividades na área nos termos do contrato, e que não esteja geralmente disponível no mercado livre nem prevista na alínea *a*), a garantia escrita de que, quando solicitado pela Autoridade, porá essa tecnologia à disposição da empresa por meio de licenças ou outros ajustes apropriados e segundo modalidades e condições comerciais justas e razoáveis, na mesma medida em que esteja à disposição do contratante. Se esta garantia não for obtida, tal tecnologia não poderá ser utilizada pelo contratante na realização de atividades na área;

c) Adquirir do proprietário, por meio de um contrato executório, a pedido da empresa, e, se for possível ao contratante fazê-lo sem custos substanciais, o direito de transferir para a empresa a tecnologia que utiliza na realização de atividades na área nos termos do contrato, e que o contratante não esteja de outro modo legalmente autorizado a transferir nem esteja geralmente disponível no mercado livre. Nos casos em que exista um vínculo empresarial importante entre o contratante e o proprietário da tecnologia, a solidez desse vínculo e o grau de controlo ou de influência serão tidos em conta para determinar se foram tomadas todas as medidas possíveis para a aquisição desse direito. Se o contratante exercer um controlo efetivo sobre o proprietário, a não aquisição desse direito legal será tida em conta para o exame dos requisitos de qualificação do contratante, quando este solicitar posteriormente a aprovação de um plano de trabalho;

d) Facilitar, a pedido da empresa, a aquisição pela mesma de qualquer tecnologia referida na alínea *b*), por meio de licença ou outros ajustes apropriados e segundo modalidades e condições comerciais justas e razoáveis, se a empresa decidir negociar diretamente com o proprietário dessa tecnologia;

e) Tomar, em benefício de um Estado em desenvolvimento ou de um grupo de Estados em desenvolvimento que tenha solicitado um contrato nos termos do artigo 9º do presente anexo, as mesmas medidas previstas nas alíneas *a*), *b*), *c*) e *d*), desde que essas medidas se limitem ao aproveitamento da parte da área proposta pelo contratante que tenha sido reservada, nos termos do artigo 8º do presente anexo, e desde que as atividades previstas pelo contrato solicitado pelo

Estado em desenvolvimento ou por um grupo de Estados em desenvolvimento não impliquem transferência de tecnologia para um terceiro Estado ou para os nacionais de um terceiro Estado. A obrigação estabelecida na presente disposição só se aplica em relação ao contratante quando a tecnologia não tiver sido requisitada pela empresa ou por ele transferida à empresa.

4. As controvérsias relativas a compromissos requeridos pelo nº 3, bem como as relativas a outras cláusulas dos contratos, estarão sujeitas aos procedimentos de solução obrigatória previstos na parte XI e, em caso de inobservância desses compromissos, podem ser impostas penas pecuniárias ou a suspensão ou rescisão do contrato, de conformidade com o artigo 18º do presente anexo. As controvérsias sobre a questão de saber se as ofertas do contratante são feitas segundo modalidades e condições comerciais justas e razoáveis podem ser submetidas por qualquer das partes à arbitragem comercial obrigatória de conformidade com as Regras de Arbitragem da Comissão das Nações Unidas sobre o Direito Comercial Internacional (UNCITRAL) ou outros regulamentos de arbitragem previstos nas normas, regulamentos e procedimentos da Autoridade. Quando se verificar que a oferta do contratante não está feita segundo modalidades e condições comerciais justas e razoáveis, será dado ao contratante um prazo de 45 dias para rever a sua oferta, de modo que a mesma seja feita segundo tais modalidades e condições, antes que a Autoridade tome alguma decisão de conformidade com o artigo 18º do presente anexo.

5. Se a empresa não conseguir obter, segundo modalidades e condições comerciais justas e razoáveis, tecnologia apropriada que lhe permita iniciar, em tempo oportuno, a extração e processamento de minerais da área, o conselho ou a assembleia pode convocar um grupo de Estados Partes composto por Estados que realizam atividades na área, por Estados que patrocinam entidades ou pessoas que realizam atividades na área e por outros Estados Partes que têm acesso a essa tecnologia. Esse grupo consultar-se-á e tomará medidas eficazes para assegurar que esta tecnologia seja posta à disposição da empresa segundo modalidades e condições comerciais justas e razoáveis. Para este fim, cada um desses Estados Partes tomará todas as medidas possíveis no âmbito do seu sistema jurídico.

6. No caso de empreendimentos conjuntos com a empresa, a transferência de tecnologia será feita de conformidade com as cláusulas do acordo que rege estes empreendimentos.

7. Os compromissos estabelecidos no nº 3 serão incluídos em cada contrato para a realização de atividades na área, até 10 anos após o início da produção comercial pela empresa, e podem ser invocados durante esse período.

8. Para efeitos do presente artigo, «tecnologia» significa o equipamento especializado e conhecimentos técnicos, incluindo manuais, desenhos, instruções de funcionamento, formação e assessoria e assistência técnicas, necessários para a montagem, manutenção e funcionamento de um sistema viável, e o direito legal de utilizar estes elementos para esse fim numa base não exclusiva.

Artigo 6º – Aprovação de planos de trabalho

1. Seis meses após a entrada em vigor da presente Convenção e, posteriormente, de quatro em quatro meses, a Autoridade examinará os planos de trabalho propostos.

2. Ao examinar um pedido de aprovação de um plano de trabalho sob a forma de contrato, a Autoridade assegurar-se-á em primeiro lugar de que:

a) O peticionário cumpriu os procedimentos estabelecidos para os pedidos, de conformidade com o artigo 4º do presente anexo, e assumiu perante a Autoridade os compromissos e lhe deu as garantias requeridas por esse artigo. No caso de inobservância destes procedimentos ou na falta de qualquer desses compromissos ou garantias, será dado ao peticionário um prazo de 45 dias para suprir estas falhas;

b) O peticionário reúne os requisitos de qualificação previstos no artigo 4º do presente anexo.

3. Todos os planos de trabalho propostos devem ser examinados pela ordem em que são recebidos. Os planos de trabalho propostos deverão cumprir com as disposições pertinentes da presente Convenção e com as normas, regulamentos e procedimentos da Autoridade, incluindo os requisitos relativos às operações, contribuições financeiras e compromissos referentes à transferência de tecnologia, e devem ser regidos pelos mesmos. Se os planos de trabalho propostos estiverem em conformidade com esses requisitos, a Autoridade aprová-los-á, sempre que estejam de acordo com os requisitos uniformes e não discriminatórios estabelecidos nas normas, regulamentos e procedimentos da Autoridade, a menos que:

a) Uma parte ou a totalidade da área coberta pelo plano de trabalho proposto esteja incluída num plano de trabalho já aprovado ou num plano de trabalho anteriormente proposto sobre o qual a Autoridade não tenha ainda adotado uma decisão definitiva;

b) Uma parte ou a totalidade da área coberta pelo plano de trabalho proposto tenha sido excluída pela Autoridade nos termos da alínea *x*) do nº 2 do artigo 162º; ou

c) O plano de trabalho proposto tenha sido apresentado ou patrocinado por um Estado Parte que já tenha:

i) Planos de trabalho para a exploração e aproveitamento de nódulos polimetálicos em áreas não reservadas cuja superfície, juntamente com a de qualquer das partes da área coberta pelo plano de trabalho proposto, exceda 30% da superfície de uma área circular de 400 000 km2 cujo centro seja o de qualquer das partes da área coberta pelo plano de trabalho proposto;

ii) Planos de trabalho para a exploração e aproveitamento de nódulos polimetálicos em áreas não reservadas que, em conjunto, representem 2% da superfície da área total dos fundos marinhos que não esteja reservada nem tenha sido excluída do aproveitamento nos termos da alínea *x*) do nº 2 do artigo 162º

4. Para efeitos de aplicação do critério estabelecido na alínea *c*) do nº 3, um plano de trabalho apresentado por uma associação ou consórcio deve ser atribuído numa base proporcional aos Estados Partes patrocinadores de conformidade com o nº 3 do artigo 4º do presente anexo. A Autoridade pode aprovar os planos de trabalho referidos na alínea *c*) do nº 3 se ela determinar que essa aprovação não permitirá que um Estado Parte ou entidades ou pessoas por ele patrocinadas monopolizem a realização de atividades na área ou impeçam que outros Estados Partes nela realizem atividades.

5. Não obstante a alínea *a*) do nº 3, depois de terminado o período provisório previsto no nº 3 do artigo 151º, a Autoridade pode adotar, por meio de normas, regulamentos e procedimentos, outros procedimentos e critérios compatíveis com a presente Convenção para decidir quais os peticionários cujos planos de trabalho serão aprovados, nos casos em que tenha de ser feita uma seleção entre os peticionários para uma área proposta. Estes procedimentos e critérios assegurarão a aprovação dos planos de trabalho numa base equitativa e não discriminatória.

Artigo 7º – Seleção de peticionários de autorizações de produção

1. Seis meses após a entrada em vigor da presente Convenção e, posteriormente, de quatro em quatro meses, a Autoridade examinará os pedidos de autorizações de produção apresentados durante o período imediatamente anterior. A Autoridade outorgará as autorizações solicitadas, se todos esses pedidos puderem ser aprovados sem se excederem os limites de produção ou sem a infração pela Autoridade das obrigações que contraiu nos termos de um acordo ou ajuste sobre produtos básicos em que seja parte segundo o disposto no artigo 151º

2. Quando tiver de ser feita uma seleção entre peticionários de autorizações de produção em virtude dos limites de produção fixados nos nºs 2 a 7 do artigo 151º ou das obrigações contraídas pela Autoridade nos termos de um acordo ou

ajuste sobre produtos básicos de que se tenha tornado parte segundo o disposto no nº 1 do artigo 151º, a Autoridade deve efetuar a seleção com base em critérios objetivos e não discriminatórios estabelecidos nas suas normas, regulamentos e procedimentos.

3. Ao aplicar o nº 2, a Autoridade deve dar prioridade aos peticionários que:

a) Ofereçam maiores garantias de execução, tendo em conta a sua capacidade financeira e técnica e, se for o caso, a forma como tenham executado planos de trabalho anteriormente aprovados;

b) Ofereçam à Autoridade a possibilidade de obter benefícios financeiros mais rápidos, tendo em conta a data prevista para o início da produção comercial;

c) Já tenham investido maiores recursos e esforços na prospeção ou exploração.

4. Os peticionários que nunca tenham sido selecionados, em qualquer período, terão prioridade nos períodos subsequentes até receberem uma autorização de produção.

5. A seleção será feita tendo em conta a necessidade de ampliar as oportunidades de todos os Estados Partes, independentemente dos seus sistemas sociais e económicos ou da sua situação geográfica, de modo a evitar qualquer discriminação contra qualquer Estado ou sistema, na participação nas atividades na área, e de impedir a monopolização dessas atividades.

6. Sempre que estiverem em aproveitamento menos áreas reservadas do que áreas não reservadas, terão prioridade os pedidos de autorização de produção relativos a áreas reservadas.

7. As decisões referidas no presente artigo serão tomadas o mais cedo possível após o termo de cada período.

Artigo 8º – Reserva de áreas

Cada pedido, excetuando os apresentados pela empresa ou por quaisquer outras entidades ou pessoas, relativo a áreas reservadas, deve cobrir uma área total, não necessariamente contínua, com uma superfície e um valor comercial estimativo suficientes para permitir duas operações de mineração. O peticionário deve indicar as coordenadas que permitam dividir a área em duas partes de igual valor comercial estimativo e comunicará todos os dados que tenha obtido respeitantes às duas partes da área. Sem prejuízo dos poderes da Autoridade nos termos do artigo 17º do presente anexo, os dados que devem ser apresentados relativos aos nódulos polimetálicos devem referir-se ao levantamento cartográfico, à amostragem, à concentração dos nódulos e ao seu teor em metais. Nos 45 dias seguintes ao recebimento destes dados, a Autoridade deve designar que parte será reservada exclusivamente para a realização de atividades pela Autoridade por intermédio da empresa ou em associação com Estados em desenvolvimento. Essa designação pode ser diferida por um período adicional de 45 dias se a Autoridade solicitar um perito independente que determine se todos os dados requeridos pelo presente artigo lhe foram apresentados. A área designada tornar-se-á uma área reservada assim que o plano de trabalho para a área não reservada tiver sido aprovado e o contrato assinado.

Artigo 9º – Atividades em áreas reservadas

1. A empresa poderá decidir se pretende realizar atividades em cada área reservada. Esta decisão pode ser tomada em qualquer altura, a não ser que a Autoridade receba uma notificação nos termos do nº 4, caso em que a empresa tomará a sua decisão num prazo razoável. A empresa pode decidir aproveitar essas áreas por meio de empreendimentos conjuntos com o Estado, a entidade ou a pessoa interessados.

2. A empresa pode celebrar contratos para a execução de uma parte das suas atividades de conformidade com o artigo 12º do anexo IV. Pode também constituir empreendimentos conjuntos para a realização dessas atividades com quaisquer entidades ou pessoas que estejam habilitadas a realizar atividades na área nos termos da alínea *b*) do nº 2 do artigo 153º Ao considerar tais empreendimentos conjuntos, a empresa deve oferecer a oportunidade de uma participação efetiva aos Estados Partes que sejam Estados em desenvolvimento e aos nacionais destes.

3. A Autoridade pode prescrever, nas suas normas, regulamentos e procedimentos, requisitos de fundo e de procedimento, bem como condições, relativos a tais contratos e empreendimentos conjuntos.

4. Todo Estado Parte que seja um Estado em desenvolvimento ou qualquer pessoa jurídica, singular ou coletiva, patrocinada por este e efetivamente controlada por este ou por um outro Estado em desenvolvimento, que seja um peticionário qualificado, ou qualquer grupo dos precedentes, pode notificar à Autoridade o seu desejo de apresentar um plano de trabalho nos termos do artigo 6º do presente anexo, para uma área reservada. O plano de trabalho será examinado se a empresa decidir, nos termos do nº 1, que não pretende realizar atividades nessa área.

Artigo 10º – Preferência e prioridade de certos peticionários

Um operador que tiver um plano de trabalho aprovado unicamente para a realização de atividades de exploração, de conformidade com a alínea *c*) do nº 4 do artigo 3º do presente anexo, deve ter preferência e prioridade sobre os demais peticionários que tenham apresentado um plano de trabalho para aproveitamento da mesma área e dos mesmos recursos. Contudo, tal preferência ou prioridade pode ser retirada se o operador não tiver executado o seu plano de trabalho de modo satisfatório.

Artigo 11º – Ajustes conjuntos

1. Os contratos podem prever ajustes conjuntos entre o contratante e a Autoridade por intermédio da empresa, sob a forma de empreendimentos conjuntos ou de repartição da produção, bem como qualquer outra forma de ajustes conjuntos, que gozarão da mesma proteção em matéria de revisão, suspensão ou rescisão que os contratos celebrados com a Autoridade.

2. Os contratantes que concluam com a empresa esses ajustes conjuntos podem receber incentivos financeiros, tal como previsto no artigo 13º do presente anexo.

3. Os sócios no empreendimento conjunto com a empresa serão responsáveis pelos pagamentos previstos no artigo 13º do presente anexo na proporção da sua participação no empreendimento conjunto, sob reserva de incentivos financeiros, tal como previsto nesse artigo.

Artigo 12º – Atividades realizadas pela empresa

1. As atividades na área realizadas pela empresa nos termos da alínea *a*) do nº 2 do artigo 153º devem ser regidas pela parte XI, pelas normas, regulamentos e procedimentos da Autoridade e decisões pertinentes desta.

2. Qualquer plano de trabalho apresentado pela empresa deve ser acompanhado de provas da sua capacidade financeira e técnica.

Artigo 13º – Cláusulas financeiras dos contratos

1. Ao adotar normas, regulamentos e procedimentos relativos aos termos financeiros dos contratos entre a Autoridade e as entidades ou pessoas mencionadas na alínea *b*) do nº 2 do artigo 153º e ao negociar esses termos financeiros de conformidade com a parte XI e com essas normas, regulamentos e procedimentos, a Autoridade deve guiar-se pelos seguintes objetivos:

a) Assegurar-se à Autoridade a otimização das receitas provenientes da produção comercial;

b) Atrair investimentos e tecnologia para a exploração e aproveitamento da área;

c) Assegurar igualdade de tratamento financeiro e obrigações financeiras comparáveis para os contratantes;

d) Oferecer aos contratantes, numa base uniforme e não discriminatória, incentivos para a conclusão de ajustes conjuntos com a empresa e com os Estados em desenvolvimento ou nacionais destes, para o estímulo da transferência de tecnologia à empresa e a esses Estados e seus nacionais e para a formação do pessoal da Autoridade e dos Estados em desenvolvimento;

e) Permitir à empresa dedicar-se efetivamente à mineração dos fundos marinhos, ao mesmo tempo que as entidades ou pessoas mencionadas na alínea *b*) do nº 2 do artigo 153º;

f) Assegurar que, como resultado dos incentivos financeiros oferecidos a contratantes em virtude do nº 14, dos termos dos contratos revistos de conformidade com o artigo 19º do presente anexo, ou das disposições do artigo 11º do presente anexo relativas aos empreendimentos conjuntos, os contratantes não sejam subsidiados de modo a ser-lhes dada artificialmente uma vantagem competitiva em relação aos produtores terrestres de minérios.

2. Para as despesas administrativas relativas ao estudo dos pedidos de aprovação de um plano de trabalho sob a forma de um contrato, será cobrada uma taxa cujo montante será fixado em 500 000 dólares dos Estados Unidos por pedido. O montante da taxa será revisto periodicamente pelo Conselho a fim de que cubra as despesas administrativas efetuadas. Se as despesas feitas pela Autoridade no estudo de um pedido forem inferiores ao montante fixado, a Autoridade reembolsará a diferença ao peticionário.

3. Cada contratante deve pagar uma taxa anual fixa de 1 milhão de dólares dos Estados Unidos a partir da data de entrada em vigor do contrato. Se a data aprovada para o início da produção comercial for adiada em virtude de um atraso na outorga da autorização de produção de conformidade com o artigo 151º, o contratante ficará desobrigado da fração da taxa anual fixa durante o período de adiamento. A partir do início da produção comercial, o contratante pagará o imposto sobre a produção ou a taxa anual fixa, se esta for mais elevada.

4. Num prazo de um ano a contar do início da produção comercial, de conformidade como nº 3, o contratante deve escolher efetuar a sua contribuição financeira à Autoridade:

a) Quer pagando apenas um imposto sobre a produção;

b) Quer pagando um imposto sobre a produção mais uma parte das receitas líquidas.

5. *a*) Se um contratante optar por efetuar a sua contribuição financeira à Autoridade, pagando apenas um imposto sobre a produção, o montante deste

imposto será fixado a uma percentagem do valor de mercado dos metais processados, obtidos dos nódulos polimetálicos extraídos da área coberta pelo contrato. Esta percentagem será fixada do seguinte modo:

i) Do 1º ao 10º ano de produção comercial – 5%;

ii) Do 11º ano até ao fim do período de produção comercial – 12%.

b) O valor de mercado acima mencionado é o produto da quantidade de metais processados obtidos dos nódulos polimetálicos extraídos da área coberta pelo contrato pelo preço médio desses metais durante o correspondente ano fiscal, tal como definido nos nºs 7 e 8.

6. Se o contratante optar por efetuar a sua contribuição financeira à Autoridade, pagando um imposto sobre a produção mais uma parte das receitas líquidas, o montante destes pagamentos será determinado da seguinte maneira:

a) O montante do imposto sobre a produção será fixado a uma percentagem do valor de mercado, determinado de conformidade com a alínea *b*), dos metais processados, obtidos dos nódulos polimetálicos extraídos da área coberta pelo contrato. Esta percentagem será fixada do seguinte modo:

i) Primeiro período de produção comercial – 2%;

ii) Segundo período de produção comercial – 4%.

Se durante o segundo período de produção comercial, tal como está definido na alínea *d*), o rendimento do investimento em qualquer ano fiscal, segundo a definição da alínea *m*), for inferior a 15% como resultado do pagamento do imposto sobre a produção a 4%, o imposto sobre a produção será nesse ano fiscal de 2% em vez de 4%;

b) O valor de mercado acima mencionado do produto da quantidade de metais processados, obtidos nos nódulos polimetálicos, extraídos da área coberta pelo contrato pelo preço médio desses metais durante o correspondente ano fiscal, tal como definido nos nºs 7 e 8;

c) *i*) A parte da Autoridade nas receitas líquidas será retirada da parte das receitas líquidas do contratante atribuíveis à mineração dos recursos da área coberta pelo contrato, a partir daqui denominadas receitas líquidas atribuíveis;

ii) A parte da Autoridade nas receitas líquidas atribuíveis será determinada de conformidade com a seguinte tabela progressiva:

Parte das receitas líquidas atribuíveis	Participação da Autoridade	
	Primeiro período de produção comercial (percentagem)	**Segundo período de produção comercial (percentagem)**
A parte que represente um rendimento do investimento superior a 0%, mas inferior a 10%	35	40
A parte que represente um rendimento do investimento igual ou superior a 10%, mas inferior a 20%	42,5	50
A parte que represente um rendimento do investimento igual ou superior a 20%	50	70

d) *i*) O primeiro período de produção comercial referido nas alíneas *a*) e *c*) terá início no primeiro ano fiscal da produção comercial e terminará com o ano fiscal em que os custos de desenvolvimento do contratante, juntamente com os juros sobre a parte não amortizada desses custos, são amortizados na sua totalidade pelo *superavit,* como a seguir se indica: no primeiro ano fiscal em que ocorrerem os custos de desenvolvimento, os custos de desenvolvimento não amortizados serão iguais aos custos de desenvolvimento menos o *superavit* nesse ano fiscal. Em cada um dos anos fiscais seguintes, os custos de desenvolvimento não amortizados serão iguais aos custos de desenvolvimento não amortizados no final do ano fiscal precedente, mais um juro anual de 10%, mais os custos de desenvolvimento feitos durante o ano fiscal em curso e menos o *superavit* do contratante no ano fiscal em curso. O ano fiscal, em que pela primeira vez os custos de desenvolvimento não amortizados forem nulos, será o ano fiscal em que os custos de desenvolvimento do contratante, acrescidos dos juros sobre a parte não amortizada dos referidos custos, sejam amortizados na sua totalidade pelo seu *superavit.* O *superavit* do contratante em qualquer ano fiscal será o seu rendimento bruto, menos os custos operacionais e menos os pagamentos feitos por ele à Autoridade nos termos da alínea *c*);

ii) O segundo período de produção comercial terá início no ano fiscal seguinte ao término do primeiro período de produção comercial e continuará até ao fim do contrato;

e) «Receitas líquidas atribuíveis» significa o produto das receitas líquidas do contratante pelo quociente entre os custos de desenvolvimento correspondentes à extração e os custos de desenvolvimento do contratante. No caso de o contratante se dedicar à extração, ao transporte de nódulos polimetálicos e à produção de, basicamente, três metais processados, nomeadamente cobalto, cobre e níquel, as receitas líquidas atribuíveis não serão inferiores a 25% das receitas líquidas do contratante. Salvo o disposto na alínea *n*), em todos os outros casos, incluindo aqueles em que o contratante se dedique à extração, ao transporte de nódulos polimetálicos e à produção de, basicamente, quatro metais processados, nomeadamente cobalto, cobre, manganês e níquel. A Autoridade pode prescrever, nas suas normas, regulamentos e procedimentos, escalões apropriados que mantenham para cada caso a mesma relação que o escalão de 25% para o caso dos três metais;

f) «Receitas líquidas do contratante» significa as receitas brutas do contratante, menos os custos operacionais e menos amortização dos custos de desenvolvimento, tal como estipulado na alínea *j*);

g) *i*) Se o contratante se dedicar à extração, ao transporte de nódulos polimetálicos e à produção de metais processados, «receitas brutas do contratante» significa o produto bruto da venda de metais processados e quaisquer outras receitas que se considerem razoavelmente atribuíveis a operações realizadas nos termos do contrato, de conformidade com as normas, regulamentos e procedimentos financeiros da Autoridade;

ii) Em todos os casos que não os especificados na subalínea *i*) da alínea *g*) e na subalínea *iii*) da alínea *n*), «receitas brutas do contratante» significa o produto bruto da venda de metais semiprocessados obtidos dos nódulos polimetálicos extraídos da área coberta pelo contrato e quaisquer outras receitas que se considerem razoavelmente atribuíveis a operações realizadas nos termos do contrato, de conformidade com as normas, regulamentos e procedimentos financeiros da Autoridade;

h) «Custos de desenvolvimento do contratante» significa:

i) Todos os custos efetuados antes do início da produção comercial que estejam diretamente relacionados com o desenvolvimento da capacidade de produção da área coberta pelo contrato e com atividades conexas nas operações realizadas nos termos do contrato em todos os casos que não os especificados na alínea *n*), de conformidade com princípios de contabilidade geralmente aceitos, incluídos, *inter alia*, custos com maquinaria, equipamento, embarcações, instalações de tratamento, construção, edifícios, terrenos, estradas, prospeção e exploração da área coberta pelo contrato, investigação e desenvolvimento, juros, arrendamentos requeridos, licenças e taxas; e

ii) As despesas similares às referidas na subalínea *i*), efetuadas após o início da produção comercial e necessárias à execução do plano de trabalho, com exceção das atribuíveis aos custos operacionais;

i) As receitas provenientes da alienação de bens de capital e o valor de mercado desses bens de capital que não sejam necessários para as operações nos termos do contrato e que não tenham sido vendidos serão deduzidos dos custos de desenvolvimento do contratante durante o ano fiscal pertinente. Quando estas deduções forem superiores aos custos de desenvolvimento do contratante, o excedente será adicionado às receitas brutas do contratante.

j) Os custos de desenvolvimento do contratante efetuados antes do início da produção comercial, mencionados na subalínea *i*) da alínea *h*) e na subalínea *iv*) da alínea *n*), serão amortizados em 10 anuidades de igual valor a partir da data do início da produção comercial. Os custos de desenvolvimento do contratante efetuados após o início da produção comercial, referidos na subalínea *ii*) da alínea *h*) e na subalínea *iv*) da alínea *n*), serão amortizados em 10 ou menos anuidades de igual valor de modo a garantir a sua amortização total no término do contrato;

k) «Custos operacionais do contratante» significa todas as despesas efetuadas após o início da produção comercial para utilização da capacidade de produção da área coberta pelo contrato e para atividades conexas nas operações realizadas nos termos do contrato, de conformidade com princípios de contabilidade geralmente aceitos, incluídos, *inter alia,* a taxa anual fixa ou o imposto sobre a produção, se este for mais elevado, as despesas com vencimentos, salários, benefícios pagos aos empregados, materiais, serviços, transportes, custos de processamento e comercialização, juros, prestações de serviços públicos, preservação do meio marinho, despesas gerais e administrativas especificamente relacionadas com as operações realizadas nos termos do contrato, e qualquer défice operacional transportado para anos fiscais anteriores ou para anos fiscais posteriores com o que aqui se especifica. O défice operacional pode ser transportado para dois anos fiscais posteriores e consecutivos, com exceção dos dois últimos anos do contrato, caso em que pode ser transportado retroativamente para os dois anos fiscais precedentes;

l) Se o contratante se dedicar à extração, ao transporte de nódulos polimetálicos e à produção de metais processados e semiprocessados, «custos de desenvolvimento da extração» significa a parte dos custos de desenvolvimento do contratante diretamente relacionada com a extração dos recursos da área coberta pelo contrato, de conformidade com princípios de contabilidade geralmente aceitos e com as normas, regulamentos e procedimentos financeiros da Autoridade, incluídos, *inter alia,* a taxa pelo pedido, a taxa anual fixa e, se for o caso, os custos de prospeção e exploração da área coberta pelo contrato e uma parte dos custos de investigação e de desenvolvimento;

m) «Rendimento do investimento» num ano fiscal significa o quociente entre as receitas líquidas atribuíveis nesse ano e os custos de desenvolvimento correspondentes à extração. Para o cálculo desse quociente, os custos de desenvolvimento correspondentes à extração incluirão as despesas efetuadas com o equipamento novo ou com a substituição de equipamento utilizado na extração, menos o custo inicial do equipamento substituído;

n) Se o contratante se dedicar unicamente à extração:

i) «Receitas líquidas atribuíveis» significa a totalidade das receitas líquidas do contratante;

ii) «Receitas líquidas do contratante» são as definidas na alínea *f*);

iii) «Receitas brutas do contratante» significa as receitas brutas da venda dos nódulos polimetálicos e quaisquer outras receitas consideradas como razoavelmente atribuíveis às operações realizadas nos termos do contrato, de conformidade com as normas, regulamentos e procedimentos financeiros da Autoridade;

iv) «Custos de desenvolvimento do contratante» significa todas as despesas efetuadas antes do início da produção comercial nos termos da subalínea *i*) da alínea *h*) e todas as despesas efetuadas depois do início da produção comercial nos termos da subalínea *ii*) da alínea *h*), que estejam diretamente relacionadas com a extração dos recursos da área coberta pelo contrato, de conformidade com princípios de contabilidade geralmente aceites;

v) «Custos operacionais do contratante» significa os custos operacionais do contratante referidos na alínea *k*) que estejam diretamente relacionados com a extração dos recursos da área coberta pelo contrato, de conformidade com princípios de contabilidade geralmente aceites;

vi) «Rendimento do investimento» num ano fiscal significa o quociente entre as receitas líquidas do contratante nesse ano e os custos de desenvolvimento do contratante. Para o cálculo desse quociente os custos de desenvolvimento do contratante incluirão as despesas efetuadas com equipamento novo ou com a substituição de equipamento, menos o custo inicial do equipamento substituído;

o) Os custos mencionados nas alíneas *h*), *k*), *l*) e *n*) relativos aos juros pagos pelo contratante devem ser autorizados, na medida em que, em todas as circunstâncias, a Autoridade, nos termos do nº 1 do artigo 4º do presente anexo, aprova como razoáveis a razão dívida/capital social e as taxas de juro, tendo em conta a prática comercial vigente;

p) Os custos mencionados no presente número não incluirão o pagamento dos impostos sobre os rendimentos das sociedades ou encargos similares cobrados pelos Estados em virtude das operações do contratante.

7. *a*) «Metais processados», referido nos nºs 5 e 6, significa os metais sob a forma mais básica em que são habitualmente comercializados nos mercados terminais internacionais. Para este efeito, a Autoridade especificará nas suas normas, regulamentos e procedimentos financeiros o mercado terminal internacional pertinente. Para os metais que não sejam comercializados nesses mercados, «metais processados» significa os metais sob a forma mais básica em que são habitualmente comercializados em transações próprias de empresas independentes.

b) Se a Autoridade não puder determinar de outro modo a quantidade de metais processados obtidos de nódulos polimetálicos extraídos da área coberta pelo contrato, referida na alínea *b*) do nº 5 e na alínea *b*) do nº 6, essa quantidade será determinada com base nos teores em metais desses nódulos, na eficiência do processamento de recuperação e noutros fatores pertinentes, de conformidade com as normas, regulamentos e procedimentos da Autoridade e com princípios de contabilidade geralmente aceites.

8. Se um mercado terminal internacional oferece um mecanismo adequado de fixação de preços para os metais processados, para os nódulos polimetálicos e para os metais semiprocessados obtidos de nódulos, deve utilizar-se o preço médio desse mercado. Em todos os outros casos, a Autoridade, depois de consultar o contratante, deve determinar um preço justo para esses produtos, de conformidade com o nº 9.

9. *a*) Todos os custos, despesas, receitas e rendimentos e todas as determinações de preços e valores mencionados no presente artigo serão o resultado de transações efetuadas em mercado livre ou de acordo com as transações próprias de empresas independentes. Se não for o caso, serão determinados pela Autoridade, depois de consultar o contratante, como se tivessem resultado de transações efetuadas em mercado livre ou de transações próprias de empresas independentes, tendo em conta as transações pertinentes de outros mercados.

b) A fim de assegurar o cumprimento e a execução das disposições do presente número, a Autoridade deve guiar-se pelos princípios adotados e pelas interpretações dadas para as transações próprias de empresas independentes pela Comissão de Empresas Transnacionais das Nações Unidas, pelo Grupo de Peritos em Acordos Fiscais entre países em desenvolvimento e países desenvolvidos, bem como por outras organizações internacionais, e fixará, nas suas normas, regulamentos e procedimentos, normas e procedimentos fiscais uniformes e internacionalmente aceites, bem como os métodos que o contratante deve seguir para selecionar os contabilistas diplomados e independentes que sejam aceitáveis pela

Autoridade para fins de verificação das contas, de conformidade com essas normas, regulamentos e procedimentos.

10. O contratante porá à disposição dos contabilistas, de conformidade com as normas, regulamentos e procedimentos financeiros da Autoridade, os dados financeiros necessários para verificar o cumprimento do presente artigo.

11. Todos os custos, despesas, receitas e rendimentos e todos os preços e valores mencionados no presente artigo serão determinados de conformidade com os princípios de contabilidade geralmente aceites e com as normas, regulamentos e procedimentos financeiros da Autoridade.

12. Os pagamentos à Autoridade em virtude dos nºs 5 e 6 serão efetuados em moedas livremente utilizáveis ou em moedas livremente disponíveis e efetivamente utilizáveis nos principais mercados de divisas ou, por escolha do contratante, no seu equivalente em metais processados ao valor de mercado. O valor de mercado deve ser determinado de conformidade com a alínea *b*) do nº 5. As moedas livremente utilizáveis e as moedas livremente disponíveis e efetivamente utilizáveis nos principais mercados de divisas devem ser definidas nas normas, regulamentos e procedimentos da Autoridade, de conformidade com a prática monetária internacional dominante.

13. Todas as obrigações financeiras do contratante para com a Autoridade, assim com todas as taxas, custos, despesas, receitas e rendimentos mencionados no pressente artigo devem ser ajustados exprimindo-se em valores constantes relativos a um ano base.

14. A fim de promover a realização dos objetivos enunciados no nº 1, a Autoridade pode, tendo em conta as recomendações da Comissão de Planeamento Económico e da Comissão Jurídica e Técnica, adotar normas, regulamentos e procedimentos que estabeleçam incentivos para os contratantes numa base uniforme e não discriminatória.

15. Em caso de controvérsia entre a Autoridade e um contratante relativa à interpretação ou aplicação das cláusulas financeiras de um contrato, qualquer das partes pode submeter a controvérsia a arbitragem comercial obrigatória, a não ser que as duas partes convenham em solucionar a controvérsia por outros meios, de conformidade com o nº 2 do artigo 188º

Artigo 14º – Transferência de dados

1. O operador deve transferir para a Autoridade, de conformidade com as normas, regulamentos e procedimentos da mesma e as modalidades e condições do plano de trabalho, em intervalos por ela determinados, todos os dados

que sejam ao mesmo tempo necessários e pertinentes ao exercício efetivo dos poderes e funções dos órgãos principais da Autoridade no que se refere à área coberta pelo plano do trabalho.

2. Os dados transferidos relativos à área coberta pelo plano de trabalho, considerados propriedade industrial, só podem ser utilizados para os fins estabelecidos no presente artigo. Os dados necessários para a elaboração pela Autoridade de normas, regulamentos e procedimentos relativos à proteção do meio marinho e à segurança, exceto os dados relativos ao projeto de equipamento, não devem ser considerados propriedade industrial.

3. Os dados transferidos para a Autoridade pelos prospetores, peticionários de contratos ou pelos contratantes e considerados propriedade industrial não devem ser revelados à empresa nem a ninguém estranho à Autoridade, mas os dados sobre as áreas reservadas podem ser revelados à empresa. Estes dados transferidos para a empresa por tais entidades não devem ser revelados pela empresa à Autoridade nem a ninguém estranho à Autoridade.

Artigo 15º – Programas de formação

O contratante deve preparar programas práticos para a formação do pessoal da Autoridade e dos Estados em desenvolvimento, incluindo a participação desse pessoal em todas as atividades na área previstas no contrato, de conformidade com o nº 2 do artigo 144º

Artigo 16º – Direito exclusivo de exploração e aproveitamento

A Autoridade deve, nos termos da parte XI e das suas normas, regulamentos e procedimentos, outorgar ao operador o direito exclusivo de explorar e aproveitar a área coberta pelo plano de trabalho com respeito a uma categoria especificada de recursos e deve assegurar que nenhuma outra entidade realize na mesma área atividades relativas a uma categoria diferente de recursos de modo que possa interferir com as atividades do operador. A titularidade do operador deve ser garantida de conformidade com o nº 6 do artigo 153º

Artigo 17º – Normas, regulamentos e procedimentos da Autoridade

1. A Autoridade deve adotar e aplicar uniformemente normas, regulamentos e procedimentos de conformidade com a subalínea *ii*) da alínea *f*) do nº 2 do artigo 160º e com a subalínea *ii*) da alínea *o*) do nº 2 do artigo 162º, para o exercício das suas funções enunciadas na parte XI, sobre, *inter alia*, as seguintes questões:

a) Procedimentos administrativos relativos à prospeção, à exploração e ao aproveitamento da área;

b) Operações:

i) Dimensão da área;

ii) Duração das operações;

iii) Requisitos de execução, incluindo as garantias previstas na alínea *c*) do nº 6 do artigo 4º do presente anexo;

iv) Categorias de recursos;

v) Renúncia de áreas;

vi) Relatórios sobre o andamento dos trabalhos;

vii) Apresentação de dados;

viii) Inspeção e supervisão das operações;

ix) Prevenção de interferências com outras atividades no meio marinho;

x) Transferência de direitos e obrigações por um contratante;

xi) Procedimentos para a transferência de tecnologia aos Estados em desenvolvimento, de conformidade com o artigo 144º e para a participação direta destes;

xii) Critérios e práticas de mineração, incluídas as referentes à segurança das operações, à conservação dos recursos e à proteção do meio marinho;

xiii) Definição de produção comercial;

xiv) Critérios de qualificação dos peticionários;

c) Questões financeiras:

i) Estabelecimento de normas uniformes e não discriminatórias em matéria de custos e de contabilidade, bem como de métodos de seleção de auditores;

ii) Distribuição das receitas das operações;

iii) Os incentivos mencionados no artigo 13º do presente anexo;

d) Aplicação das decisões tomadas nos termos do nº 4 do artigo 151º e da alínea *d*) do nº 2 do artigo 164º

2. As normas, regulamentos e procedimentos sobre as seguintes questões deverão refletir plenamente os critérios objetivos a seguir estabelecidos:

a) Dimensões das áreas – a Autoridade deve determinar a dimensão apropriada das áreas para exploração, que pode ir até ao dobro da dimensão das áreas para aproveitamento, a fim de se permitirem operações intensivas de exploração. A dimensão das áreas para aproveitamento deve ser calculada de modo a, de conformidade com as cláusulas do contrato, satisfazer os requisitos do artigo 8º do presente anexo sobre reserva de áreas, bem como os requisitos de produção previstos compatíveis com o artigo 151º, tendo em conta o grau de desenvolvimento da tecnologia disponível nesse momento para a mineração dos fundos marinhos e as características físicas pertinentes da área. As áreas não serão menores nem maiores que o necessário para satisfazer esse objetivo;

b) Duração das operações:

i) A prospeção não deve estar sujeita a prazo;

ii) A exploração deve ter a duração suficiente para permitir um estudo aprofundado da área determinada, o projeto e a construção de equipamento de extração mineira para a área e o projeto e construção de instalações de processamento de pequena e média dimensão destinadas a testar sistemas de extração e processamento de minerais;

iii) A duração do aproveitamento deve ser em função da vida económica do projeto de extração mineira, tendo em conta fatores como o esgotamento do depósito, a vida útil do equipamento de extração e das instalações de processamento, bem como a viabilidade comercial. A duração do aproveitamento deve ser suficiente para permitir a extração comercial dos minerais da área e incluir um prazo razoável para a construção de sistemas de extração e processamento de minerais à escala comercial, período durante o qual não deve ser exigida a produção comercial. Contudo, a duração total do aproveitamento deve também ser suficientemente breve para dar à Autoridade a possibilidade de modificar as modalidades e condições do plano de trabalho quando considerar a sua renovação de conformidade com as normas, regulamentos e procedimentos que tenha adotado depois da aprovação do plano de trabalho;

c) Requisitos de execução – a Autoridade deve exigir que, durante a fase de exploração, o operador efetue despesas periódicas que mantenham uma relação razoável com a dimensão da área coberta pelo plano de trabalho e com as despesas que sejam de esperar de um operador de boa-fé que pretenda iniciar a produção comercial na área dentro dos prazos fixados pela Autoridade. Essas despesas não devem ser fixadas a um nível que desincentive possíveis operadores que disponham de uma tecnologia menos onerosa que a correntemente utilizada. A Autoridade deve fixar um intervalo máximo entre a conclusão da fase de exploração e o início da produção comercial. Para fixar esse intervalo, a Autoridade deve ter em conta que a construção de sistemas de extração e processamento de minerais em grande escala não pode ser iniciada senão depois da conclusão da fase de exploração e do início da fase de aproveitamento. Em consequência, o intervalo até o início da produção comercial na área deve ter em conta o tempo necessário para a construção desses sistemas depois de completada a fase de exploração e prever um prazo razoável que tenha em conta atrasos inevitáveis no calendário da construção. Uma vez iniciada a produção comercial, a Autoridade, dentro dos limites razoáveis e tendo em conta todos os fatores pertinentes, deve exigir ao operador que mantenha a produção comercial durante a vigência do plano de trabalho;

d) Categorias de recursos – ao determinar as categorias de recursos a respeito dos quais um plano de trabalho possa ser aprovado, a Autoridade deve dar ênfase, *inter alia*, às seguintes características:

i) Que diferentes recursos requerem a utilização de métodos semelhantes de extração;

ii) Que alguns recursos podem ser aproveitados simultaneamente por vários operadores que aproveitem recursos diferentes na mesma área em que interfiram indevidamente entre si.

Nada do disposto na presente alínea deve impedir a Autoridade de aprovar um plano de trabalho relativo a mais de uma categoria de recursos na mesma área a favor do mesmo peticionário;

e) Renúncia de áreas – o operador pode renunciar em qualquer altura, sem sanção, à totalidade ou a uma parte dos seus direitos na área coberta pelo plano de trabalho;

f) Proteção do meio marinho – normas, regulamentos e procedimentos devem ser estabelecidos para assegurar a proteção eficaz do meio marinho contra efeitos nocivos resultantes diretamente de atividades na área ou do processamento de minerais procedentes de uma área, de extração mineira a bordo de um navio posicionado sobre tal área, tendo em conta a medida em que tais efeitos nocivos possam resultar diretamente da perfuração, da dragagem, da extração de amostras e da escavação, bem como da eliminação, da imersão e da descarga no meio marinho de sedimentos, detritos ou outros efluentes;

g) Produção comercial – considera-se iniciada a produção comercial quando um operador se dedicar a operações de extração contínua em grande escala que produza uma quantidade de materiais suficiente para indicar claramente que o objetivo principal é a produção em grande escala e não a destinada a recolher informação, a analisar ou a testar o equipamento ou a instalação.

Artigo 18º – Sanções

1. Os direitos de um contratante nos termos do contrato só podem ser suspensos ou extintos nos seguintes casos:

a) Se, apesar das advertências da Autoridade, o contratante tiver realizado as suas atividades de forma a constituir uma violação grave, persistente e dolosa das cláusulas fundamentais do contrato, da parte XI e das normas, regulamentos e procedimentos da Autoridade; ou

b) Se o contratante não tiver cumprido uma decisão definitiva e obrigatória do órgão de solução de controvérsias que for aplicável.

2. Nos casos de qualquer violação do contrato não previstos na alínea *a*) do nº 1, ou em vez da suspensão ou extinção nos termos da alínea *a*) do nº 1, a Autoridade pode impor ao contratante sanções monetárias proporcionais à gravidade da violação.

3. Com exceção das ordens em caso de emergência nos termos da alínea *w*) do nº 2 do artigo 162º, a Autoridade não pode executar nenhuma decisão que implique sanções monetárias ou suspensão ou extinção até que tenha sido dada ao contratante uma oportunidade razoável de esgotar os meios judiciais de que dispõe, de conformidade com a secção 5 da parte XI.

Artigo 19º – Revisão do contrato

1. Quando tenham surgido ou possam surgir circunstâncias que, na opinião de qualquer das duas partes, tornariam não equitativo o contrato, ou impraticável ou impossível a realização dos seus objetivos ou dos previstos na parte XI, as partes devem iniciar negociações para rever o contrato, em conformidade.

2. Qualquer contrato celebrado de conformidade com o nº 3 do artigo 153º só pode ser revisto com o consentimento das partes.

Artigo 20º – Transferência de direitos e obrigações

Os direitos e obrigações resultantes de um contrato só podem ser transferidos com o consentimento da Autoridade e de conformidade com as suas normas, regulamentos e procedimentos. A Autoridade não negará sem causa razoável o seu consentimento à transferência se o cessionário proposto reunir todas as condições exigidas a um peticionário qualificado e assumir todas as obrigações do cedente e se a transferência não conferir ao cessionário um plano de trabalho cuja aprovação estaria proibida pela alínea *c*) do nº 3 do artigo 6º do presente anexo.

Artigo 21º – Direito aplicável

1. O contrato deve ser regido pelas cláusulas do contrato, pelas normas, regulamentos e procedimentos da Autoridade, pela parte XI e por outras normas de direito internacional não incompatíveis com a presente Convenção.

2. Qualquer decisão definitiva de uma corte ou tribunal que tenha jurisdição nos termos da presente Convenção no que se refere aos direitos e obrigações da Autoridade e do contratante deve ser executória no território de qualquer Estado Parte.

3. Nenhum Estado Parte pode impor a um contratante condições incompatíveis com a parte XI. Contudo, não deve ser considerada incompatível com a

parte XI a aplicação, por um Estado Parte aos contratantes por ele patrocinados ou aos navios que arvorem a sua bandeira, de leis e regulamentos sobre a proteção do meio marinho ou de outra natureza mais restritos que as normas, regulamentos e procedimentos da Autoridade adotados nos termos da alínea *f*) do nº 2 do artigo 17º do presente anexo.

Artigo 22º – Responsabilidade

O contratante terá responsabilidade pelos danos causados por atos ilícitos cometidos na realização das suas operações, tomando em conta a parte de responsabilidade por atos ou omissões imputáveis à Autoridade. Do mesmo modo, a Autoridade terá responsabilidade pelos danos causados por atos ilícitos cometidos no exercício dos seus poderes e funções, incluindo as violações ao nº 2 do artigo 168º, tomando em conta a parte de responsabilidade por atos ou omissões imputáveis ao contratante. Em qualquer caso, a reparação deve corresponder ao dano efetivo.

ANEXO IV
Estatuto da empresa

Artigo 1º – Objetivos

1. A empresa é o órgão da Autoridade que deve realizar direta atividades na área, nos termos da alínea *a*) do nº 2 do artigo 153º, bem como atividades de transporte, processamento e comercialização de minerais extraídos da área.

2. Na realização dos seus objetivos e no exercício das suas funções, a empresa deve atuar de conformidade com a presente Convenção e com as normas, regulamentos e procedimentos da Autoridade.

3. Ao aproveitar os recursos da área nos termos do nº 1, a empresa deve atuar de conformidade com princípios comerciais sólidos, com observância da pressente Convenção.

Artigo 2º – Relações com a Autoridade

1. Nos termos do artigo 170º, a empresa deve atuar de conformidade com as políticas gerais da assembleia e as diretrizes do conselho.

2. Com observância do nº 1, a empresa deve gozar de autonomia na realização das suas operações.

3. Nada na presente Convenção deve tornar a empresa responsável pelos atos ou obrigações da Autoridade, nem a Autoridade responsável pelos atos ou obrigações da empresa.

Artigo 3º – Limitação de responsabilidade

Sem prejuízo do disposto no nº 3 do artigo 11º do presente anexo, nenhum membro da Autoridade é responsável pelos atos ou obrigações da empresa, pelo simples facto da sua qualidade de membro.

Artigo 4º – Estrutura

A empresa tem um conselho de administração, um diretor-geral e o pessoal necessário ao exercício das suas funções.

Artigo 5º – Conselho de administração

1. O conselho de administração é composto de 15 membros eleitos pela assembleia, de conformidade com a alínea *c*) do nº 2 do artigo 160º Na eleição dos membros do conselho de administração deve ser tomado em devida conta o princípio da distribuição geográfica equitativa. Ao apresentarem candidaturas ao conselho de administração, os membros da Autoridade devem ter em conta a necessidade de designar candidatos da mais alta competência e que possuam as qualificações nas matérias pertinentes, de modo a assegurar a viabilidade e o êxito da empresa.

2. Os membros do conselho de administração são eleitos por quatro anos e podem ser reeleitos devendo ser tomado em devida conta o princípio da rotação dos membros.

3. Os membros do conselho de administração devem permanecer em funções até à eleição dos seus sucessores. Se o lugar de um membro do conselho de administração ficar vago, a assembleia deve eleger, de conformidade com a alínea *c*) do nº 2 do artigo 160º, um novo membro que exercerá o cargo até ao termo desse mandato.

4. Os membros do conselho de administração devem atuar a título pessoal. No exercício das suas funções não devem solicitar nem receber instruções de qualquer governo, nem de nenhuma outra fonte. Os membros da Autoridade devem respeitar a independência dos membros do conselho de administração e abster-se de qualquer tentativa de influenciar qualquer deles no desempenho das suas funções.

5. Cada membro do conselho de administração recebe uma remuneração custeada pelos fundos da empresa. O montante da remuneração deve ser fixado pela assembleia por recomendação do conselho.

6. O conselho de administração funciona normalmente no escritório principal da empresa e deve reunir-se com a frequência requerida pelos trabalhos da empresa.

7. O quórum é constituído por dois terços dos membros do conselho de administração.

8. Cada membro do conselho de administração dispõe de um voto. Todas as questões submetidas ao conselho de administração serão decididas por maioria dos seus membros. Se um membro tiver um conflito de interesses em relação a uma questão submetida ao conselho de administração deve abster-se de votar nessa questão.

9. Qualquer membro da Autoridade pode pedir ao conselho de administração informações sobre operações que o afetem particularmente. O conselho de administração deve procurar fornecer tais informações.

Artigo 6º – Poderes e funções do conselho de administração

O conselho de administração dirige as operações da empresa. Com observância da presente Convenção, o conselho de administração deve exercer os poderes necessários ao cumprimento dos objetivos da empresa, incluídos os poderes para:

a) Eleger um presidente de entre os seus membros;

b) Adotar o seu regulamento interno;

c) Elaborar e submeter por escrito ao conselho planos formais de trabalho, de conformidade com o nº 3 do artigo 153º e com a alínea *j*) do nº 2 do artigo 162º;

d) Elaborar planos de trabalho e programas para realizar as atividades previstas no artigo 170º;

e) Preparar e submeter ao conselho pedidos de autorização de produção, de conformidade com os nºs 2 a 7 do artigo 151º;

f) Autorizar negociações relativas a aquisição de tecnologia, incluindo as previstas nas alíneas *a*), *c*) e *d*) do nº 3 do artigo 5º do anexo III, e aprovar os resultados dessas negociações;

g) Estabelecer modalidades e condições e autorizar negociações relativas a empreendimentos conjuntos ou outras formas de ajustes conjuntos referidos nos artigos 9º e 11º do anexo III e aprovar os resultados dessas negociações;

h) Recomendar à assembleia a parte da receita líquida da empresa que deve ser retida para as reservas desta, de conformidade com a alínea *f*) do nº 2 do artigo 160º e com o artigo 10º do presente anexo;

i) Aprovar o orçamento anual da empresa;

j) Autorizar a aquisição de bens e serviços, de conformidade com o nº 3 do artigo 12º do presente anexo;

k) Apresentar um relatório anual ao conselho, de conformidade com o artigo 9º do presente anexo;

l) Apresentar ao conselho, para aprovação pela assembleia, projetos de normas relativas à organização, administração, nomeação e demissão do pessoal da empresa, e adotar os regulamentos para aplicação de tais normas;

m) Contrair empréstimos e prestar as garantias ou cauções que possa determinar, de conformidade com o nº 2 do artigo 11º do presente anexo;

n) Participar em quaisquer procedimentos legais, acordos e transações e tomar quaisquer outras medidas, de conformidade com o artigo 13º do presente anexo;

o) Delegar, sujeito à aprovação do conselho, quaisquer poderes não discricionários nas suas comissões ou no diretor-geral.

Artigo 7º – Diretor-geral e pessoal da empresa

1. A assembleia elege, por recomendação do conselho e por proposta do conselho de administração, o diretor-geral da empresa que não será membro do conselho de administração. O diretor-geral é eleito por um período determinado, que não deve exceder cinco anos, e pode ser reeleito para novos mandatos.

2. O diretor-geral é o representante legal da empresa e o seu chefe executivo e responde diretamente perante o conselho de administração pela condução das operações da empresa. Tem a seu cargo a organização, administração, nomeação e demissão do pessoal, de conformidade com as normas e regulamentos referidos na alínea *l*) do artigo 6º do presente anexo. Deve participar, sem direito de voto, nas reuniões do conselho de administração e pode participar, sem direito de voto, nas reuniões da assembleia e do conselho quando estes órgãos examinarem questões que interessem à empresa.

3. A consideração dominante ao recrutar e nomear o pessoal e ao determinar as suas condições de emprego deve ser a necessidade de assegurar o mais alto grau de eficiência e competência técnica. Ressalvada esta consideração, deve ter-se em devida conta a importância de recrutar o pessoal numa base geográfica equitativa.

4. No cumprimento dos seus deveres, o diretor-geral e o pessoal da empresa não solicitarão nem receberão instruções de qualquer governo nem de nenhuma outra fonte estranha à empresa. Devem abster-se de qualquer ato que possa afetar a sua condição de funcionários internacionais, responsáveis unicamente perante a empresa. Todo o Estado Parte compromete-se a respeitar o caráter exclusivamente internacional das funções do diretor-geral e do pessoal e a não procurar influenciá-los no desempenho das suas funções.

5. As responsabilidades estabelecidas no nº 2 do artigo 168º devem aplicar-se igualmente ao pessoal da empresa.

Artigo 8º – Localização

A empresa tem o seu escritório principal na sede da Autoridade. A empresa pode abrir outros escritórios e instalações no território de qualquer Estado Parte, com o consentimento deste.

Artigo 9º – Relatórios e balanços financeiros

1. A empresa deve submeter a exame do conselho, nos três meses seguintes ao termo de cada ano fiscal, um relatório anual que contenha um extrato das suas contas, verificado por auditores, e deve enviar ao mesmo conselho, a intervalos adequados, um balanço sumário da sua situação financeira e um balanço de ganhos e perdas que mostre os resultados das suas operações.

2. A empresa deve publicar o seu relatório anual e demais relatórios que considere apropriados.

3. Todos os relatórios e balanços financeiros referidos no presente artigo devem ser distribuídos aos membros da Autoridade.

Artigo 10º – Distribuição de receitas líquidas

1. Com observância do nº 3, a empresa deve pagar à Autoridade os montantes devidos nos termos do artigo 13º do anexo III ou seu equivalente.

2. A assembleia, por recomendação do conselho de administração, deve determinar a parte da receita líquida da empresa que deve ser retida para as reservas desta. O remanescente será transferido para a Autoridade.

3. Durante o período inicial necessário para que a empresa se torne autossuficiente, o qual não deve exceder 10 anos, a contar do início da sua produção comercial, a assembleia deve isentar a empresa dos pagamentos referidos no nº 1 e deixar a totalidade da receita líquida da empresa nas reservas desta.

Artigo 11º – Finanças

1. Os recursos financeiros da empresa devem incluir:

a) Os montantes recebidos da Autoridade de conformidade com a alínea *b*) do nº 2 do artigo 173º;

b) As contribuições voluntárias feitas pelos Estados Partes com o objetivo de financiar atividades da empresa;

c) O montante dos empréstimos contraídos pela empresa de conformidade com os nºs 2 e 3;

d) As receitas provenientes das operações da empresa;

e) Outros fundos postos à disposição da empresa para lhe permitir iniciar as operações o mais cedo possível e desempenhar as suas funções.

2. *a*) A empresa tem o poder de contrair empréstimos e de prestar as garantias ou cauções que possa determinar. Antes de proceder a uma venda pública das suas obrigações nos mercados financeiros ou na moeda de um Estado Parte, a empresa deve obter a aprovação desse Estado. O montante total dos empréstimos deve ser aprovado pelo conselho, por recomendação do conselho de administração.

b) Os Estados Partes devem fazer todos os esforços razoáveis para apoiar os pedidos de empréstimo da empresa nos mercados de capital e instituições financeiras internacionais.

3. *a*) Devem ser fornecidos à empresa os fundos necessários à exploração e aproveitamento de um setor mineiro e ao transporte, processamento e comercialização dos minerais dele extraídos e o níquel, cobre, cobalto e manganês obtidos, assim como a satisfação das suas despesas administrativas iniciais. A Comissão Preparatória deve indicar o montante desses fundos, bem como os critérios e fatores para o seu reajustamento, nos projetos de normas, regulamentos e procedimentos da Autoridade.

b) Todos os Estados Partes devem pôr à disposição da empresa uma soma equivalente a metade dos fundos referidos na alínea *a*), sob a forma de empréstimos a longo prazo e sem juros, de conformidade com a escala de contribuições para o orçamento ordinário das Nações Unidas em vigor na data de entrega das contribuições, reajustada para ter em conta os Estados que não são membros das Nações Unidas. As dívidas contraídas pela empresa na obtenção da outra metade dos fundos devem ser garantidas pelos Estados Partes de conformidade com a mesma escala.

c) Se a soma das contribuições financeiras dos Estados Partes for inferior à dos fundos a serem fornecidos à empresa nos termos da alínea *a*), a assembleia, na sua primeira sessão, deve considerar o montante da diferença e, tendo em conta a obrigação dos Estados Partes nos termos das alíneas *a*) e *b*) e as recomendações da Comissão Preparatória, deve adotar, por consenso, medidas para cobrir tal diferença.

d) *i*) Cada Estado Parte deve, nos 60 dias seguintes à entrada em vigor da presente Convenção, ou nos 30 dias seguintes ao depósito do seu instrumento de ratificação ou adesão, se esta data for posterior, depositar junto da empresa promissórias sem juros, não negociáveis e irrevogáveis, de montante igual à parte correspondente a esse Estado Parte dos empréstimos sem juros previstos na alínea *b*).

ii) Logo que possível após a entrada em vigor da presente Convenção e, após esta data, anualmente ou com a periodicidade apropriada, o conselho de administração deve preparar um programa que indique o montante dos fundos de que necessite para financiar as despesas administrativas da empresa e para a realização de atividades nos termos do artigo 170º e do artigo 12º do presente anexo e as datas em que necessite desses fundos.

iii) Uma vez preparado esse programa, a empresa deve notificar imediatamente os Estados Partes, por intermédio da Autoridade, das partes respetivas nos fundos previstos na alínea *b*) do presente número e exigidos por tais despesas. A empresa deve cobrar os montantes das promissórias necessários para financiar as despesas indicadas no programa acima referido em relação aos empréstimos sem juro.

iv) Após terem recebido a notificação, os Estados Partes devem pôr à disposição da empresa as suas partes respetivas das garantias de dívida da empresa, de conformidade com a alínea *b*).

e) *i*) Se a empresa o solicitar, os Estados Partes podem prestar garantias de dívida adicionais às que tenham prestado de conformidade com a escala mencionada na alínea *b*).

ii) Em vez de uma garantia de dívida, um Estado Parte pode fazer à empresa uma contribuição voluntária de montante equivalente à fração das dívidas que de outro modo teria obrigação de garantir.

f) O reembolso dos empréstimos com juros tem prioridade sobre o reembolso dos empréstimos sem juros.

Os empréstimos sem juros devem ser reembolsados de acordo com um programa adotado pela assembleia, por recomendação do conselho e ouvido o conselho de administração. No exercício dessa função, o conselho de administração deve guiar-se pelas normas, regulamentos e procedimentos da Autoridade, que devem ter em conta a necessidade primordial de assegurar o funcionamento eficaz da empresa e, em particular, a sua independência financeira.

g) Os fundos postos à disposição da empresa serão em moedas livremente utilizáveis ou em moedas livremente disponíveis e efetivamente utilizáveis nos principais mercados de divisas. Estas moedas serão definidas nas normas, regulamentos e procedimentos da Autoridade, de conformidade com a prática monetária internacional dominante. Salvo o disposto no nº 2, nenhum Estado Parte deve manter ou impor restrições à detenção, utilização ou câmbio desses fundos pela empresa.

h) «Garantia de dívida» significa a promessa feita por um Estado Parte aos credores da empresa de cumprir, na medida prevista pela escala apropriada, as obrigações financeiras da empresa cobertas pela garantia, após os credores notificarem o Estado Parte do seu não cumprimento pela empresa. Os procedimentos para o pagamento dessas obrigações devem estar de conformidade com as normas, regulamentos e procedimentos da Autoridade.

4. Os fundos, haveres e despesas da empresa devem ser mantidos separados dos da Autoridade. O presente artigo não deve impedir que a empresa efetue ajustes com a Autoridade relativos às instalações, pessoal e serviços e ao reembolso das despesas administrativas pagas por uma delas em nome da outra.

5. Os documentos, livros e contas da empresa, inclusive os relatórios financeiros anuais, devem ser verificados todos os anos por um auditor independente designado pelo conselho.

Artigo 12º – Operações

1. A empresa deve propor ao conselho projetos para a realização de atividades, de conformidade com o artigo 170º Tais propostas devem incluir um plano de trabalho formal escrito das atividades na área, de conformidade com o nº 3 do artigo 153º e quaisquer outras informações e dados que possam de tempos a tempos ser necessários à avaliação dos referidos projetos pela Comissão Jurídica e Técnica e à sua aprovação pelo conselho.

2. Uma vez aprovado pelo conselho, a empresa deve executar o projeto com base no plano de trabalho formal escrito referido no nº 1.

3. *a*) Se a empresa não dispuser dos bens e serviços necessários às suas operações, pode adquiri-los. Para esse fim, deve abrir consultas no mercado e adjudicar contratos aos licitantes que ofereçam a melhor combinação de qualidade, preço e prazo de entrega.

b) Se houver mais de uma oferta com essa combinação, o contrato deve ser adjudicado de conformidade com:

i) O princípio da não discriminação com base em considerações políticas ou outras não relevantes para a realização com a devida diligência e eficiência das operações;

ii) As diretrizes aprovadas pelo conselho relativas à preferência a ser dada aos bens e serviços originários de Estados em desenvolvimento, incluindo dentre eles os Estados sem litoral ou em situação geográfica desfavorecida.

c) O conselho de administração pode adotar normas que determinem as circunstâncias especiais em que, no melhor interesse da empresa, o requisito de abertura de consultas ao mercado possa ser dispensado.

4. A empresa tem o direito de propriedade sobre todos os minerais e substâncias processadas que produzir.

5. A empresa deve vender os seus produtos numa base não discriminatória. Não deve conceder descontos não comerciais.

6. Sem prejuízo de quaisquer poderes gerais ou especiais conferidos nos termos de qualquer outra disposição da presente Convenção, a empresa deve exercer todos os poderes acessórios de que necessite para a condução dos seus trabalhos.

7. A empresa não deve interferir nos assuntos políticos de qualquer Estado Parte, nem se deve deixar influenciar nas suas decisões pela orientação política dos Estados Partes interessados. As suas decisões devem ser baseadas exclusivamente em considerações de ordem comercial, as quais devem ser ponderadas de uma forma imparcial a fim de que se atinjam os objetivos especificados no artigo 1º do presente anexo.

Artigo 13º – Estatuto jurídico, privilégios e imunidades

1. A fim de permitir à empresa o exercício das suas funções, devem ser-lhe concedidos, no território dos Estados Partes, o estatuto jurídico, os privilégios e as imunidades estabelecidos no presente artigo. Para a aplicação desse princípio, a empresa e os Estados Partes podem, quando necessário, concluir acordos especiais.

2. A empresa tem a capacidade jurídica necessária ao exercício das suas funções e à consecução dos seus objetivos e tem, em particular, capacidade para:

a) Celebrar contratos, ajustes conjuntos ou outros ajustes, incluídos acordos com Estados e organizações internacionais;

b) Adquirir, arrendar ou alugar, possuir e alienar bens móveis e imóveis;

c) Ser parte em juízo.

3. *a*) A empresa só pode ser demandada nos tribunais com jurisdição no território de um Estado Parte em que a empresa:

i) Possua escritório ou instalação;

ii) Tenha nomeado um representante para receber citação ou notificação em processos judiciais;

iii) Tenha celebrado um contrato relativo a bens ou serviços;

iv) Tenha emitido obrigações; ou

v) Realize outras atividades comerciais.

b) Os bens e haveres da empresa, onde quer que se encontrem e independentemente de quem os detenha, devem gozar de imunidade de qualquer forma de arresto, embargo ou execução enquanto não seja proferida sentença definitiva contra a empresa.

4. *a*) Os bens e haveres da empresa, onde quer que se encontrem independentemente de quem os detenha, devem gozar de imunidade de requisição, confisco, expropriação ou qualquer outra forma de apreensão resultante de medida executiva ou legislativa.

b) Os bens e haveres da empresa, onde quer que se encontrem e independentemente de quem os detenha, devem estar isentos de restrições, regulamentação, controlo e moratórias discriminatórias de qualquer natureza.

c) A empresa e o seu pessoal devem respeitar as leis e regulamentos de qualquer Estado ou território em que possam realizar atividades comerciais ou de outra natureza.

d) Os Estados Partes devem assegurar à empresa o gozo de todos os direitos, privilégios e imunidades outorgados por eles a entidades que realizem atividades comerciais nos seus territórios. Estes direitos, privilégios e imunidades outorgados à empresa não serão menos favoráveis do que os outorgados a entidades que realizem atividades comerciais similares. Quando os Estados Partes outorgarem privilégios especiais a Estados em desenvolvimento ou a entidades comerciais destes, a empresa deve gozar desses privilégios numa base igualmente preferencial.

e) Os Estados Partes podem conceder incentivos, direitos, privilégios e imunidades especiais à empresa sem a obrigação de os conceder a outras entidades comerciais.

5. A empresa deve negociar a obtenção da isenção de impostos diretos e indiretos com os Estados em cujo território tenha escritórios e instalações.

6. Cada Estado Parte deve adotar as disposições necessárias para incorporar na sua própria legislação os princípios enunciados no presente anexo e informar a empresa das disposições concretas que tenha tomado.

7. A empresa pode renunciar, na medida e segundo as condições que venha a determinar, a qualquer dos privilégios e imunidades outorgados nos termos do presente artigo ou de acordos especiais mencionados no nº 1.

ANEXO V
Conciliação

SECÇÃO I – Procedimentos de conciliação nos termos da secção I da parte XV

Artigo 1º – Início do procedimento

Se as partes numa controvérsia tiverem acordado, de conformidade com o artigo 284º, submetê-la ao procedimento de conciliação nos termos da presente secção, qualquer delas poderá, mediante notificação escrita dirigida à outra ou às outras partes na controvérsia, iniciar o procedimento.

Artigo 2º – Lista de conciliadores

O Secretário-Geral das Nações Unidas elaborará e manterá uma lista de conciliadores. Cada Estado Parte designará quatro conciliadores que devem ser pessoas que gozem da mais elevada reputação pela sua imparcialidade, competência e integridade. A lista será composta pelos nomes das pessoas assim designadas. Se, em qualquer momento, os conciliadores designados por um Estado Parte para integrar a lista forem menos de quatro, esse Estado Parte fará as designações suplementares necessárias. O nome de um conciliador permanecerá na lista até ser retirado pelo Estado Parte que o tiver designado, com a ressalva de que tal conciliador continuará a fazer parte de qualquer comissão de conciliação para a qual tenha sido designado até que tenha terminado o procedimento na referida comissão.

Artigo 3º – Constituição da comissão de conciliação

Salvo acordo em contrário das partes, a comissão de conciliação será constituída da seguinte forma:

a) Salvo o disposto na alínea *g*), a comissão de conciliação deve ser composta de cinco membros;

b) A parte que inicie o procedimento designará dois conciliadores, escolhidos de preferência da lista mencionada no artigo 2º do presente anexo, dos quais um pode ser seu nacional, salvo acordo em contrário das partes. Essas designações serão incluídas na notificação prevista no artigo 1º do presente anexo;

c) A outra parte na controvérsia designará pela forma prevista na alínea *b*) dois conciliadores nos 21 dias seguintes ao recebimento da notificação prevista no artigo 1º do presente anexo. Se as designações não se efetuam nesse prazo, a parte que tenha iniciado o procedimento pode, na semana seguinte à expiração desse prazo, pôr termo ao procedimento mediante notificação dirigida à outra parte ou pedir ao Secretário-Geral das Nações Unidas que proceda às nomeações de conformidade com a alínea *e*);

d) Nos 30 dias seguintes à data em que se tenha efetuado a última designação, os quatro conciliadores designarão um quinto conciliador, escolhido da lista mencionada no artigo 2º do presente anexo, que será o presidente. Se a designação não se efetua nessa prazo, qualquer das partes pode, na semana seguinte à expiração desse prazo, pedir ao Secretário-Geral das Nações Unidas que proceda à designação de conformidade com a alínea *e*);

e) Nos 30 dias seguintes ao recebimento de um pedido nos termos do disposto na alínea *c*) ou *d*), o Secretário-Geral das Nações Unidas fará, em consulta com as partes na controvérsia, as designações necessárias a partir da lista mencionada no artigo 2º do presente anexo;

f) Qualquer vaga será preenchida pela forma prevista para a designação inicial;

g) Duas ou mais partes que determinem de comum acordo que têm o mesmo interesse designarão conjuntamente dois conciliadores. Quando duas ou mais partes tenham interesses distintos, ou quando não exista acordo sobre se têm ou não o mesmo interesse, as partes designarão conciliadores separadamente;

h) Nas controvérsias em que existam mais de duas partes com interesses distintos, ou quando não haja acordo sobre se têm o mesmo interesse, as partes devem aplicar, na medida do possível, as alíneas *a*) a *f*).

Artigo 4º – Procedimento

Salvo acordo em contrário das partes, a comissão de conciliação determinará o seu próprio procedimento. A comissão pode, com o consentimento das partes na controvérsia, convidar qualquer Estado Parte a apresentar as suas opiniões verbalmente ou por escrito. As decisões relativas a questões de procedimento, as recomendações e o relatório da comissão serão adotados por maioria de votos dos seus membros.

Artigo 5º – Solução amigável

A comissão poderá chamar a atenção das partes para quaisquer medidas que possam facilitar uma solução amigável da controvérsia.

Artigo 6º – Funções da comissão

A comissão ouvirá as partes, examinará as suas pretensões e objeções e far-lhes-á propostas para chegarem a uma solução amigável.

Artigo 7º – Relatório

1. A comissão apresentará relatório nos 12 meses seguintes à sua constituição. O relatório conterá todos os acordos concluídos e, se os não houver, as conclusões sobre todas as questões de direito ou de facto relacionadas com a matéria em controvérsia e as recomendações que julgue apropriadas para uma solução amigável. O relatório será depositado junto do Secretário-Geral das Nações Unidas, que o transmitirá imediatamente às partes na controvérsia.

2. O relatório da comissão, incluídas as suas conclusões ou recomendações, não terá força obrigatória para as partes.

Artigo 8º – Extinção do procedimento

Extinguir-se-á o procedimento de conciliação quando a controvérsia tenha sido solucionada, quando as partes tenham aceite ou uma delas tenha rejeitado as recomendações do relatório, por via de notificação escrita dirigida ao Secretário-Geral das Nações Unidas, ou quando tenha decorrido um prazo de três meses a contar da data em que o relatório foi transmitido às partes.

Artigo 9º – Honorários e despesas

Os honorários e despesas da comissão ficarão a cargo das partes na controvérsia.

Artigo 10º – Direito de as partes modificarem o procedimento

As partes na controvérsia poderão, mediante acordo aplicável unicamente a essa controvérsia, modificar qualquer disposição do presente anexo.

SECÇÃO II – Submissão obrigatória ao procedimento de conciliação nos termos da secção III da parte XV

Artigo 11º – Início do procedimento

1. Qualquer das partes numa controvérsia que, de conformidade com a secção III da parte XV, possa ser submetida ao procedimento de conciliação nos termos da presente secção, pode iniciar o procedimento por via de notificação escrita dirigida à outra ou às outras partes na controvérsia.

2. Qualquer das partes na controvérsia que tenha sido notificada nos termos do nº 1 ficará obrigada a submeter-se a tal procedimento.

Artigo 12º – Ausência de resposta ou não submissão ao procedimento de conciliação

O facto de uma ou várias partes na controvérsia não responderem à notificação relativa ao início do procedimento, ou de a ele não se submeterem, não constituirá obstáculo ao procedimento.

Artigo 13º – Competência

Qualquer desacordo quanto à competência da comissão de conciliação constituída nos termos da presente secção será resolvido por essa comissão.

Artigo 14º – Aplicação da secção I

Os artigos 2º a 10º da secção I do presente anexo aplicar-se-ão salvo o disposto na presente secção.

ANEXO VI
Estatuto do Tribunal Internacional do Direito do Mar

Artigo 1º – Disposições gerais

1. O Tribunal Internacional do Direito do Mar é constituído e deve funcionar de conformidade com as disposições desta Convenção e do presente Estatuto.

2. O Tribunal terá a sua sede na cidade livre e hanseática de Hamburgo na República Federal da Alemanha.

3. O Tribunal pode reunir-se e exercer as suas funções em qualquer outro local, quando o considere desejável.

4. A submissão de qualquer controvérsia ao Tribunal deve ser regida pelas disposições das partes XI e XV.

SECÇÃO I – Organização do Tribunal

Artigo 2º – Composição

1. O Tribunal é composto por 21 membros independentes, eleitos de entre pessoas que gozem da mais alta reputação pela sua imparcialidade e integridade e sejam de reconhecida competência em matéria de direito do mar.

2. A representação dos principais sistemas jurídicos do mundo e uma distribuição geográfica equitativa devem ser asseguradas na composição global do Tribunal.

Artigo 3º – Membros

1. O Tribunal não pode ter como membros mais de um nacional do mesmo Estado. Para esse efeito, qualquer pessoa que possa ser nacional de mais de um Estado deve ser considerada nacional do Estado em que habitualmente exerce os seus direitos civis e políticos.

2. Não deve haver menos de três membros de cada um dos grupos geográficos estabelecidos pela Assembleia Geral das Nações Unidas.

Artigo 4º – Candidaturas e eleições

1. Cada Estado Parte pode designar, no máximo, duas pessoas que reúnam as condições prescritas no artigo 2º do presente anexo. Os membros do Tribunal devem ser eleitos da lista das pessoas assim designadas.

2. Pelo menos três meses antes da data da eleição, o Secretário-Geral das Nações Unidas, no caso da primeira eleição, ou o escrivão do Tribunal, no caso das eleições subsequentes, deve endereçar convite escrito aos Estados Partes para apresentarem os seus candidatos a membros do Tribunal, num prazo de dois meses. O Secretário-Geral ou o escrivão deve preparar uma lista por ordem alfabética de todas as pessoas assim designadas, com a indicação dos Estados Partes que os tiverem designado e submetê-la aos Estados Partes antes do sétimo dia do último mês que anteceder a data da eleição.

3. A primeira eleição deve realizar-se nos seis meses seguintes à data da entrada em vigor da presente Convenção.

4. Os membros do Tribunal são eleitos por escrutínio secreto. As eleições devem realizar-se numa reunião dos Estados Partes convocada pelo Secretário-Geral das Nações Unidas, no caso da primeira eleição ou segundo procedimento acordado pelos Estados Partes, no caso das eleições subsequentes. Nessa reunião, o quórum deve ser constituído por dois terços dos Estados Partes. São eleitos para o Tribunal os candidatos que obtenham o maior número de votos e a maioria de dois terços dos votos dos Estados Partes presentes e votantes, desde que essa maioria compreenda a maioria dos Estados Partes.

Artigo 5º – Duração do mandato

1. Os membros do Tribunal são eleitos por nove anos e podem ser reeleitos; contudo, tratando-se dos membros eleitos na primeira eleição, o mandato de sete de entre eles expira ao fim de três anos e o de mais sete expira ao fim de seis anos.

2. Os membros do Tribunal cujos mandatos expiram ao fim dos mencionados períodos iniciais de três e seis anos devem ser escolhidos por sorteio efetuado pelo Secretário-Geral das Nações Unidas imediatamente após a primeira eleição.

3. Os membros do Tribunal devem continuar no desempenho das suas funções até que tenham sido substituídos. Embora substituídos, devem continuar a conhecer até ao fim quaisquer questões que tenham iniciado antes da data da sua substituição.

4. Em caso de renúncia de um membro do Tribunal, a carta de renúncia deve ser endereçada ao Presidente do Tribunal. O lugar fica vago a partir do momento em que a carta de renúncia é recebida.

Artigo 6º – Vagas

1. As vagas devem ser preenchidas pelo mesmo método seguido na primeira eleição, com a ressalva da seguinte disposição: o escrivão deve, dentro de um mês após a ocorrência da vaga, proceder ao envio dos convites previsto no artigo 4º do presente anexo e o Presidente do Tribunal deve, após consulta com os Estados Partes, fixar a data da eleição.

2. O membro do Tribunal eleito em substituição de um membro cujo mandato não tenha expirado deve exercer o cargo até ao termo do mandato do seu predecessor.

Artigo 7º – Incompatibilidades

1. Nenhum membro do Tribunal pode exercer qualquer função política ou administrativa ou estar associado ativamente ou interessado financeiramente em qualquer das operações de uma empresa envolvida na exploração ou aproveitamento dos recursos do mar ou dos fundos marinhos ou noutra utilização comercial do mar ou dos fundos marinhos.

2. Nenhum membro do Tribunal pode exercer funções de agente, consultor ou advogado em qualquer questão.

3. Havendo dúvida sobre estes pontos, o Tribunal deve resolvê-la por maioria dos demais membros presentes.

Artigo 8º – Condições relativas à participação dos membros numa questão determinada

1. Nenhum membro do Tribunal pode participar na decisão de qualquer questão em que tenha intervindo anteriormente como agente, consultor ou advogado de qualquer das partes, ou como membro de uma corte ou tribunal nacional ou internacional, ou em qualquer outra qualidade.

2. Se, por alguma razão especial, um membro do Tribunal considera que não deve participar na decisão de uma questão determinada, deve informar disso o Presidente do Tribunal.

3. Se o Presidente considera que, por alguma razão especial, um dos membros do Tribunal não deve conhecer uma questão determinada, deve dar-lhe disso conhecimento.

4. Havendo dúvida sobre estes pontos, o Tribunal deve resolvê-la por maioria dos demais membros presentes.

Artigo 9º – Consequência da perda das condições requeridas

Se, na opinião unânime dos demais membros do Tribunal, um membro tiver deixado de reunir as condições requeridas, o Presidente do Tribunal deve declarar o lugar vago.

Artigo 10º – Privilégios e imunidades

No exercício das suas funções, os membros do Tribunal gozam de privilégios e imunidades diplomáticos.

Artigo 11º – Declaração solene

Todos os membros do Tribunal devem, antes de assumir as suas funções, fazer, em sessão pública, uma declaração solene de que exercerão as suas atribuições com imparcialidade e em consciência.

Artigo 12º – Presidente, Vice-Presidente e escrivão

1. O Tribunal elegerá, por três anos, os seus Presidente e Vice-Presidente, que podem ser reeleitos.

2. O Tribunal nomeará o seu escrivão e pode providenciar a nomeação dos demais funcionários necessários.

3. O Presidente e o escrivão devem residir na sede do Tribunal.

Artigo 13º – Quórum

1. Todos os membros do Tribunal que estejam disponíveis devem estar presentes, sendo exigido um quórum de 11 membros eleitos para constituir o Tribunal.

2. Com observância do artigo 17º do presente anexo, o Tribunal deve determinar quais os membros que estão disponíveis para constituir o Tribunal para o exame de uma determinada controvérsia, tendo em conta a necessidade de assegurar o funcionamento eficaz das câmaras previstas nos artigos 14º e 15º do presente anexo.

3. O Tribunal delibera sobre todas as controvérsias e pedidos que lhe sejam submetidos a menos que o artigo 14º do presente anexo se aplique ou as partes solicitem a aplicação do artigo 15º do presente anexo.

Artigo 14º – Câmara de Controvérsias dos Fundos Marinhos

É criada uma Câmara de Controvérsias dos Fundos Marinhos, de conformidade com as disposições da secção 4 do presente anexo. A sua competência, poderes e funções são os definidos na secção V da parte XI.

Artigo 15º – Câmaras especiais

1. O Tribunal pode constituir as câmaras que considere necessárias, compostas de três ou mais dos seus membros eleitos, para conhecerem de determinadas categorias de controvérsias.

2. O Tribunal deve, se as partes assim o solicitarem, constituir uma câmara para conhecer de uma determinada controvérsia que lhe tenha sido submetida. O Tribunal deve fixar, com a aprovação das partes, a composição de tal câmara.

3. Com o fim de facilitar o andamento rápido dos assuntos, o Tribunal deve constituir anualmente uma câmara de cinco dos seus membros eleitos que pode deliberar sobre controvérsias em procedimento sumário. Devem ser designados dois membros suplentes para substituírem os que não possam participar numa determinada questão.

4. As câmaras previstas no presente artigo devem, se as partes assim o solicitarem, deliberar sobre as controvérsias.

5. A sentença de qualquer das câmaras previstas no presente artigo e no artigo 14º do presente anexo deve ser considerada como proferida pelo Tribunal.

Artigo 16º – Regulamento do Tribunal

O Tribunal deve adotar normas para o exercício das suas funções. Deve elaborar, em particular, o seu regulamento interno.

Artigo 17º – Nacionalidade dos membros

1. Os membros do Tribunal nacionais de qualquer das partes numa controvérsia mantêm o seu direito de participar como membros do Tribunal.

2. Se o Tribunal, ao examinar uma controvérsia, incluir um membro nacional de uma das partes, qualquer outra parte poderá designar uma pessoa de sua escolha para participar na qualidade de membro do Tribunal.

3. Se o Tribunal, ao examinar uma controvérsia, não incluir um membro nacional das partes, cada uma destas poderá designar uma pessoa de sua escolha para participar na qualidade de membro do Tribunal.

4. O presente artigo aplica-se às câmaras referidas nos artigos 14º e 15º do presente anexo. Em tais casos, o Presidente, em consulta com as partes, deve pedir a determinados membros do Tribunal que constituam a câmara, tantos quantos necessários, que cedam os seus lugares aos membros do Tribunal da nacionalidade das partes interessadas e, se os não houver ou não puderem estar presentes, aos membros especialmente designados pelas partes.

5. Se várias partes tiverem um mesmo interesse, deverão, para efeitos das disposições precedentes, ser consideradas como uma única parte. Havendo dúvida sobre este ponto, o Tribunal deve resolvê-la.

6. Os membros designados de conformidade com os nºs 2, 3 e 4 devem reunir as condições estabelecidas pelos artigos 2º, 8º e 11º do presente anexo. Devem participar na decisão do Tribunal em condições de absoluta igualdade com os seus colegas.

Artigo 18º – Remuneração

1. Cada membro eleito do Tribunal recebe um vencimento anual e, por cada dia em que exerça as suas funções, um subsídio especial. A soma total do seu subsídio especial, em cada ano, não excederá o montante do vencimento anual.

2. O Presidente recebe um subsídio anual especial.

3. O Vice-Presidente recebe um subsídio especial por cada dia em que exerça as funções de Presidente.

4. Os membros designados nos termos do artigo 17º do presente anexo, que não sejam membros eleitos do Tribunal, receberão uma compensação por cada dia em que exerçam as suas funções.

5. Os vencimentos, subsídios e compensações serão fixados periodicamente em reuniões dos Estados Partes, tendo em conta o volume de trabalho do Tribunal. Não podem sofrer redução enquanto durar o mandato.

6. O vencimento do escrivão é fixado em reuniões dos Estados Partes, por proposta do Tribunal.

7. Nos regulamentos adotados em reuniões dos Estados Partes, serão fixadas as condições para a concessão de pensões de aposentação aos membros do Tribunal e ao escrivão, bem como as condições para o re-embolso, aos membros do Tribunal e ao escrivão, das suas despesas de viagens.

8. Os vencimentos, subsídios e compensações estarão isentos de qualquer imposto.

Artigo 19º – Despesas do Tribunal

1. As despesas do Tribunal serão custeadas pelos Estados Partes e pela Autoridade, nos termos e condições a determinar em reuniões dos Estados Partes.

2. Quando uma entidade distinta de um Estado Parte ou da Autoridade for parte numa controvérsia submetida ao Tribunal, este fixará o montante com que a referida parte terá de contribuir para as despesas do Tribunal.

SECÇÃO II – Jurisdição

Artigo 20º – Acesso ao Tribunal

1. Os Estados Partes terão acesso ao Tribunal.

2. As entidades distintas dos Estados Partes terão acesso ao Tribunal, em qualquer dos casos expressamente previstos na parte XI ou em qualquer questão submetida nos termos de qualquer outro acordo que confira ao Tribunal jurisdição que seja aceite por todas as partes na questão.

Artigo 21º – Jurisdição

A jurisdição do Tribunal compreende todas as controvérsias e pedidos que lhe sejam submetidos de conformidade com a presente Convenção, bem como todas as questões especialmente previstas em qualquer outro acordo que confira jurisdição ao Tribunal.

Artigo 22º – Submissão ao Tribunal de controvérsias relativas a outros acordos

Se todas as partes num tratado ou convenção já em vigor sobre matérias cobertas pela presente Convenção assim o acordarem, qualquer controvérsia relativa à interpretação ou aplicação de tal tratado ou convenção pode, de conformidade com tal acordo, ser submetida ao Tribunal.

Artigo 23º – Direito aplicável

Todas as controvérsias e pedidos serão decididos pelo Tribunal, de conformidade com o artigo 293º

SECÇÃO III – Processo

Artigo 24º – Início do procedimento

1. As controvérsias são submetidas ao Tribunal, conforme o caso, por notificação de um acordo especial ou por pedido escrito dirigido ao escrivão. Em ambos os casos, o objeto da controvérsia e as partes devem ser indicados.

2. O escrivão deve notificar imediatamente todos os interessados do acordo especial ou do pedido.

3. O escrivão deve também notificar todos os Estados Partes.

Artigo 25º – Medidas provisórias

1. De conformidade com o artigo 290º, o Tribunal e a sua Câmara de Controvérsias dos Fundos Marinhos têm o poder de decretar medidas provisórias.

2. Se o Tribunal não se encontrar reunido ou o número de membros disponíveis não for suficiente para que haja quórum, as medidas provisórias devem ser decretadas pela Câmara criada nos termos do nº 3 do artigo 15º do presente anexo. Não obstante o disposto no nº 4 do artigo 15º do presente anexo, tais medidas provisórias podem ser tomadas a pedido de qualquer das partes na controvérsia. Tais medidas estão sujeitas a exame e revisão pelo Tribunal.

Artigo 26º – Audiências

1. As audiências serão dirigidas pelo Presidente ou, na sua ausência, pelo Vice--Presidente; se nenhum deles o puder fazer, presidirá o mais antigo dos juízes presentes do Tribunal.

2. As audiências devem ser públicas, salvo decisão em contrário do Tribunal ou a menos que as partes solicitem audiência à porta fechada.

Artigo 27º – Trâmites do processo

O Tribunal deve definir os trâmites do processo, decidir a forma e os prazos em que cada parte deve concluir as suas alegações e tomar as medidas necessárias para a apresentação de provas.

Artigo 28º – Revelia

Quando uma das partes não comparecer ante o Tribunal ou não apresentar a sua defesa, a outra parte poderá pedir ao Tribunal que continue os procedimentos e profira a sua decisão. A ausência de uma parte ou a não apresentação da defesa da sua causa não deve constituir impedimento aos procedimentos. Antes de proferir a sua decisão, o Tribunal deve assegurar-se de que não só tem jurisdição sobre a controvérsia, mas também de que a pretensão está de direito e de facto bem fundamentada.

Artigo 29º – Maioria requerida para a tomada de decisão

1. Todas as decisões do Tribunal devem ser tomadas por maioria dos membros presentes.

2. Em caso de empate, decidirá o voto do Presidente ou o do membro do Tribunal que o substitua.

Artigo 30º – Sentença

1. A sentença deve ser fundamentada.

2. A sentença deve mencionar os nomes dos membros do Tribunal que tomarem parte na decisão.

3. Se, no todo ou em parte, a sentença não representar a opinião unânime dos membros do Tribunal, qualquer membro terá o direito de juntar à sentença a sua opinião individual ou dissidente.

4. A sentença deve ser assinada pelo Presidente e pelo escrivão. Deve ser lida em sessão pública, depois de devidamente notificadas as partes na controvérsia.

Artigo 31º – Pedidos de intervenção

1. Se um Estado Parte considerar que tem um interesse de natureza jurídica que possa ser afetado pela decisão sobre qualquer controvérsia, poderá submeter ao Tribunal um pedido de intervenção.

2. Ao Tribunal compete pronunciar-se sobre o pedido.

3. Se um pedido de intervenção for aceite, a sentença do Tribunal sobre a controvérsia será obrigatória para o Estado Parte interveniente, em relação às questões nas quais esse Estado Parte interveio.

Artigo 32º – Direito de intervenção em casos de interpretação ou aplicação

1. Sempre que se levantar uma questão de interpretação ou aplicação da presente Convenção, o escrivão notificará imediatamente todos os Estados Partes.

2. Sempre que, no âmbito dos artigos 21º ou 22º do presente anexo, se levantar uma questão de interpretação ou aplicação de um acordo internacional, o Escrivão notificará todas as partes no acordo.

3. Qualquer parte a que se referem os nºs 1 e 2 tem o direito de intervir no processo; se exercer este direito, a interpretação constante da sentença será igualmente obrigatória para essa parte.

Artigo 33º – Natureza definitiva e força obrigatória da sentença

1. A sentença do Tribunal será definitiva e deverá ser acatada por todas as partes na controvérsia.

2. A sentença não terá força obrigatória senão para as partes e no que se refere a uma controvérsia determinada.

3. Em caso de desacordo sobre o sentido ou alcance da sentença, compete ao Tribunal interpretá-la, a pedido de qualquer das partes.

Artigo 34º – Despesas

Salvo decisão em contrário do Tribunal, cada parte custeará as suas próprias despesas.

SECÇÃO IV – Câmara de Controvérsias dos Fundos Marinhos

Artigo 35º – Composição

1. A Câmara de Controvérsias dos Fundos Marinhos referida no artigo 14º do presente anexo é composta por 11 membros, escolhidos pela maioria dos membros eleitos do Tribunal de entre eles.

2. Na escolha dos membros da Câmara a representação dos principais sistemas jurídicos do mundo e uma distribuição geográfica equitativa devem ser assegurados. A assembleia da Autoridade pode adotar recomendações de caráter geral relativas à representação e distribuição referidas.

3. Os membros da Câmara serão escolhidos de três em três anos e poderão ser escolhidos para um segundo mandato.

4. A Câmara elegerá o seu presidente de entre os seus membros; o mandato deste terá a duração do mandato da Câmara.

5. Se, ao fim de um período de três anos para o qual a Câmara tenha sido escolhida, houver processos pendentes, a Câmara deverá terminar esses processos com a sua composição original.

6. Se ocorrer alguma vaga na Câmara, o Tribunal escolherá de entre os seus membros eleitos um sucessor que deverá exercer o cargo até ao fim do mandato do seu predecessor.

7. Para a constituição da Câmara é exigido um quórum de sete membros escolhidos pelo Tribunal.

Artigo 36º – Câmaras *ad hoc*

1. A Câmara de Controvérsias dos Fundos Marinhos deve constituir uma câmara *ad hoc*, composta de três dos seus membros, para conhecer de uma determinada controvérsia que lhe seja submetida de conformidade com a alínea *b*) do nº 1 do artigo 188º A composição de tal câmara deve ser estabelecida pela Câmara de Controvérsias dos Fundos Marinhos com a aprovação das partes.

2. Se as partes não concordarem com a composição da câmara *ad hoc* cada uma delas designará um membro devendo o terceiro membro ser designado por ambas de comum acordo. Se não chegarem a acordo, ou se qualquer das partes não fizer

a designação, o presidente da Câmara de Controvérsias dos Fundos Marinhos deverá proceder sem demora à designação ou designações de entre os membros dessa Câmara após consulta às partes.

3. Os membros da câmara *ad hoc* não devem estar ao serviço de qualquer das partes na controvérsia, nem ser nacionais destas.

Artigo 37º – Acesso

Os Estados Partes, a Autoridade e as outras entidades referidas na secção 5 da parte XI terão acesso à Câmara.

Artigo 38º – Direito aplicável

Além das disposições do artigo 293º, a Câmara deve aplicar:

a) As normas, os regulamentos e os procedimentos da Autoridade adotados de conformidade com a presente Convenção; e

b) As cláusulas dos contratos relativos a atividades na área, em matérias relacionadas com esses contratos.

Artigo 39º – Execução das decisões da Câmara

As decisões da Câmara serão executórias nos territórios dos Estados Partes da mesma maneira que sentenças ou despachos do supremo tribunal do Estado Parte em cujo território a execução for requerida.

Artigo 40º – Aplicabilidade das outras secções do presente anexo

1. As outras secções do presente anexo não incompatíveis com a presente secção aplicam-se à Câmara.

2. No exercício das suas funções consultivas, a Câmara deve guiar-se pelas disposições do presente anexo relativas ao processo ante o Tribunal, na medida em que as considere aplicáveis.

SECÇÃO V – Emendas

Artigo 41º – Emendas

1. As emendas ao presente anexo, com exceção das relativas à secção 4, só podem ser adotadas de conformidade com o artigo 313º, ou por consenso numa conferência convocada de conformidade com a presente Convenção.

2. As emendas à secção 4 só podem ser adotadas de conformidade com o artigo 314º.

3. O Tribunal pode propor as emendas ao presente Estatuto que considere necessárias, mediante comunicação escrita aos Estados Partes, para que estes as examinem, de conformidade com os nºs 1 e 2.

ANEXO VII
Arbitragem

Artigo 1º – Início do procedimento

Sem prejuízo das disposições da parte XV, qualquer parte numa controvérsia pode submeter a controvérsia ao procedimento de arbitragem previsto no presente anexo, mediante notificação escrita dirigida à outra parte ou partes na controvérsia. A notificação deve ser acompanhada de uma exposição da pretensão e dos motivos em que se fundamenta.

Artigo 2º – Lista de árbitros

1. O Secretário-Geral das Nações Unidas deve elaborar e manter uma lista de árbitros. Cada Estado Parte tem o direito de designar quatro árbitros, que devem ser pessoas com experiência em assuntos marítimos e gozem da mais elevada reputação pela sua imparcialidade, competência e integridade. A lista deve ser composta pelos nomes das pessoas assim designadas.

2. Se, em qualquer momento, os árbitros designados por um Estado Parte e que integram a lista assim constituída forem menos de quatro, este Estado Parte tem o direito de fazer as designações suplementares necessárias.

3. O nome de um árbitro deve permanecer na lista até ser retirado pelo Estado Parte que o tiver designado, desde que tal árbitro continue a fazer parte de qualquer tribunal arbitral para o qual tenha sido designado até terminar o procedimento ante o referido tribunal.

Artigo 3º – Constituição do tribunal arbitral

Para efeitos dos procedimentos previstos no presente anexo, o tribunal arbitral deve, salvo acordo em contrário das partes, ser constituído da seguinte forma:

a) Sem prejuízo do disposto na alínea *g*), o tribunal arbitral é composto por cinco membros;

b) A parte que inicie o procedimento deve designar um membro, escolhido de preferência da lista mencionada no artigo 2º do presente anexo, que pode ser seu nacional. A designação deve ser incluída na notificação prevista no artigo 1º do presente anexo;

c) A outra parte na controvérsia deve, nos 30 dias seguintes à data de recebimento da notificação referida no artigo 1º do presente anexo, designar um membro, a ser escolhido de preferência da lista, o qual pode ser seu nacional. Se a designação não se efetuar nesse prazo, a parte que tiver iniciado o procedimento poderá, nas duas semanas seguintes à expiração desse prazo, pedir que a designação seja feita de conformidade com a alínea *e*);

d) Os outros três membros devem ser designados por acordo entre as partes. Estes devem, salvo acordo em contrário das partes, ser escolhidos de preferência da lista e ser nacionais de terceiros Estados. As partes na controvérsia devem designar o presidente do tribunal arbitral de entre esses três membros. Se, nos 60 dias seguintes ao recebimento da notificação mencionada no artigo 1º do presente anexo, as partes não puderem chegar a acordo sobre a designação de um ou mais dos membros do tribunal que devem ser designados de comum acordo, ou sobre a designação do presidente, a designação ou designações pendentes devem ser feitas de conformidade com a alínea *e*), a pedido de uma das partes na controvérsia. Tal pedido deve ser apresentado dentro das duas semanas seguintes à expiração do referido prazo de 60 dias;

e) A menos que as partes concordem que qualquer designação nos termos das alíneas *c*) e *d*) seja feita por uma pessoa ou por um terceiro Estado escolhido por elas, o Presidente do Tribunal Internacional do Direito do Mar deve proceder às designações necessárias. Se o Presidente não puder agir de conformidade com a presente alínea ou for nacional de uma das partes na controvérsia, a designação deve ser feita pelo membro mais antigo do Tribunal Internacional do Direito do Mar que esteja disponível e não seja nacional de qualquer das partes. As designações previstas na presente alínea devem ser feitas com base na lista mencionada no artigo 2º do presente anexo no prazo de 30 dias a contar da data de recebimento do pedido e em consulta com as partes. Os membros assim designados devem ser de nacionalidades diferentes e não podem estar ao serviço de qualquer das partes na controvérsia, nem residir habitualmente no território de uma dessas partes nem ser nacionais de qualquer delas;

f) Qualquer vaga deve ser preenchida da maneira estabelecida para a designação inicial;

g) As partes com interesse comum devem designar conjuntamente e por acordo um membro do tribunal. Quando várias partes tiverem interesses distintos, ou haja desacordo sobre se existe ou não interesse comum, cada uma delas deve designar um membro do tribunal. O número de membros do tribunal designados separadamente pelas partes deve ser sempre inferior em um ao número de membros do tribunal designados conjuntamente pelas partes;

h) As disposições das alíneas *a*) a *f*) devem aplicar-se, o máximo possível, nas controvérsias em que estejam envolvidas mais de duas partes.

Artigo 4º – Funções do tribunal arbitral

Um tribunal arbitral constituído nos termos do artigo 3º do presente anexo deve funcionar de conformidade com o presente anexo e com as demais disposições da presente Convenção.

Artigo5º – Procedimento

Salvo acordo em contrário das partes na controvérsia, o tribunal arbitral deve adotar o seu próprio procedimento garantindo a cada uma das partes plena oportunidade de ser ouvida e de apresentar a sua causa.

Artigo 6º – Obrigações das partes numa controvérsia

As partes numa controvérsia devem facilitar o trabalho do tribunal arbitral e, de conformidade com a sua legislação e utilizando todos os meios à sua disposição, devem, em particular:

a) Fornecer-lhe todos os documentos, meios e informações pertinentes;

b) Permitir-lhe, quando necessário, citar testemunhas ou peritos e receber as suas provas e visitar os lugares relacionados com a causa.

Artigo 7º – Despesas

Salvo decisão em contrário do tribunal arbitral por razões de circunstâncias particulares da causa, as despesas do tribunal, incluindo a remuneração dos seus membros, devem ser custeadas, em montantes iguais, pelas partes na controvérsia.

Artigo 8º – Maioria requerida para a tomada de decisão

As decisões do tribunal arbitral devem ser tomadas por maioria de votos dos seus membros. A ausência ou abstenção de menos de metade dos membros não constitui impedimento à tomada de decisão pelo tribunal. Em caso de empate, decidirá o voto do presidente.

Artigo 9º – Revelia

Quando uma das partes na controvérsia não comparecer ante o tribunal arbitral ou não apresentar a sua defesa, a outra parte poderá pedir ao tribunal que continue os procedimentos e profira o seu laudo. A ausência de uma parte ou a não apresentação da defesa da sua causa não deve constituir impedimento aos procedimentos. Antes de proferir o seu laudo, o tribunal arbitral deve assegurar-se de que não só tem jurisdição sobre a controvérsia, mas também de que a pretensão está, de direito e de facto, bem fundamentada.

Artigo 10º – Laudo arbitral

O laudo do tribunal arbitral deve limitar-se ao objeto da controvérsia e ser fundamentado. Deve mencionar os nomes dos membros do tribunal arbitral que tomaram parte no laudo e a data em que foi proferido. Qualquer membro do tribunal terá o direito de juntar ao laudo a sua opinião individual ou dissidente.

Artigo 11º – Natureza definitiva do laudo arbitral

O laudo deve ser definitivo e inapelável, a não ser que as partes na controvérsia tenham previamente acordado num procedimento de apelação. Deve ser acatado pelas partes na controvérsia.

Artigo 12º – Interpretação ou execução do laudo arbitral

1. Qualquer desacordo que possa surgir entre as partes na controvérsia sobre a interpretação ou o modo de execução do laudo pode ser submetido por qualquer das partes à decisão do tribunal arbitral que proferiu o laudo. Para esse efeito, qualquer vaga no tribunal deve ser preenchida pela forma prevista para as designações iniciais dos membros do tribunal.

2. Qualquer desacordo dessa natureza pode, nos termos do artigo 287º, ser submetido a outra corte ou tribunal por acordo de todas as partes na controvérsia.

Artigo 13º – Aplicação a entidades distintas de Estados Partes

As disposições do presente anexo devem aplicar-se, *mutatis mutandis*, a qualquer controvérsia em que estejam envolvidas entidades distintas de Estados Partes.

ANEXO VIII
Arbitragem especial

Artigo 1º – Início do procedimento

Sem prejuízo das disposições da parte XV, qualquer parte numa controvérsia relativa à interpretação ou à aplicação dos artigos da presente Convenção sobre: 1) pescas; 2) proteção e preservação do meio marinho; 3) investigação científica marinha, ou 4) navegação, incluindo a poluição proveniente de embarcações e por alijamento, pode submeter a controvérsia ao procedimento de arbitragem especial previsto no presente anexo, mediante notificação escrita dirigida à outra ou às outras partes na controvérsia. A notificação deve ser acompanhada de uma exposição da pretensão e dos motivos em que esta se fundamenta.

Artigo 2º – Lista de peritos

1. Deve ser elaborada e mantida uma lista de peritos para cada uma das seguintes matérias: 1) pescas; 2) proteção e preservação do meio marinho; 3) investigação científica marinha, e 4) navegação, incluindo a poluição proveniente de embarcações e por alijamento.

2. A elaboração e manutenção de cada lista de peritos deve competir: em matéria de pescas, à Organização das Nações Unidas para a Alimentação e a Agricultura; em matéria de proteção e preservação do meio marinho, ao Programa das Nações Unidas para o Meio Ambiente; em matéria de investigação científica marinha, à Comissão Oceanográfica Intergovernamental; em matéria de navegação, incluindo a poluição proveniente de embarcações e por alijamento, à Organização Marítima Internacional, ou, em cada caso, ao órgão subsidiário apropriado em que tal organização, programa ou comissão tiver investido dessas funções.

3. Cada Estado Parte tem o direito de designar dois peritos em cada uma dessas matérias, cuja competência jurídica, científica ou técnica na matéria correspondente seja comprovada e geralmente reconhecida e que gozem da mais elevada reputação pela sua imparcialidade e integridade. A lista apropriada deve ser composta dos nomes das pessoas assim designadas em cada matéria.

4. Se, em qualquer momento, os peritos designados por um Estado Parte e que integram a lista assim constituída, forem menos de dois, esse Estado Parte tem o direito de fazer as designações suplementares necessárias.

5. O nome de um perito deve permanecer na lista até ser retirado pelo Estado Parte que o tiver designado, desde que tal perito continue a fazer parte de qualquer tribunal arbitral especial para o qual tenha sido designado até terminar o procedimento ante o referido tribunal.

Artigo 3º – Constituição do tribunal arbitral especial

Para efeitos dos procedimentos previstos no presente anexo, o tribunal arbitral especial deve, salvo acordo em contrário das partes, ser constituído da seguinte forma:

a) Sem prejuízo do disposto na alínea *g*), o tribunal arbitral especial é composto de cinco membros;

b) A parte que inicie o procedimento deve designar dois membros, escolhidos de preferência da lista ou listas mencionadas no artigo 2º do presente anexo relativas às questões em controvérsia, os quais podem ser seus nacionais. As designações devem ser incluídas na notificação prevista no artigo 2º do presente anexo;

c) A outra parte na controvérsia deve, nos 30 dias seguintes à data de recebimento da notificação referida no artigo 1º do presente anexo, designar dois membros a serem escolhidos de preferência da lista ou listas relativas às questões em controvérsia, um dos quais pode ser seu nacional. Se a designação não se efetuar nesse prazo, a parte que tiver iniciado o procedimento poderá, nas duas semanas seguintes à expiração desse prazo, pedir que as designações sejam feitas de conformidade com a alínea *e*);

d) As partes na controvérsia devem designar de comum acordo o presidente do tribunal arbitral especial, escolhido preferencialmente da lista apropriada que deve ser nacional de um terceiro Estado, salvo acordo em contrário das partes.

Se, nos 30 dias seguintes ao recebimento da notificação mencionada no artigo 1º do presente anexo, as partes não poderem chegar a acordo sobre a designação do presidente, a designação deve ser feita de conformidade com a alínea *e*), a pedido de uma das partes na controvérsia.

Tal pedido deve ser apresentado dentro das duas semanas seguintes à expiração do referido prazo de 30 dias;

e) A menos que as partes concordem que a designação seja feita por uma pessoa ou por um terceiro Estado escolhido por elas, o Secretário-Geral das Nações Unidas deve proceder às designações necessárias nos 30 dias seguintes à data em que o pedido, feito nos termos das alíneas *c*) e *d*), foi recebido. As designações previstas na presente alínea devem ser feitas com base na lista ou listas apropriadas de peritos mencionadas no artigo 2º do presente anexo, em consulta com as partes na controvérsia e com a organização internacional apropriada. Os membros assim designados devem ser de nacionalidades diferentes, não podem estar ao serviço de qualquer das partes na controvérsia, nem residir habitualmente no território de uma dessas partes, nem ser nacionais de qualquer delas;

f) Qualquer vaga deve ser preenchida da maneira prevista para a designação inicial;

g) As partes com interesse comum devem designar, conjuntamente e por acordo, dois membros do tribunal. Quando várias partes tiverem interesses distintos, ou haja desacordo sobre se existe ou não um mesmo interesse, cada uma delas designará um membro do tribunal;

h) As disposições das alíneas *a*) a *f*) devem aplicar-se, no máximo do possível, nas controvérsias em que estejam envolvidas mais de duas partes.

Artigo 4º – Disposições gerais

Os artigos 4º a 13º do anexo VII, aplicam-se, *mutatis mutandis,* ao procedimento de arbitragem especial, previsto no presente anexo.

Artigo 5º – Determinação dos factos

1. As partes numa controvérsia relativa à interpretação ou à aplicação das disposições da presente Convenção sobre: 1) pescas; 2) proteção e preservação do meio marinho; 3) investigação científica marinha, ou 4) navegação, incluindo a poluição proveniente de embarcações e por alijamento, podem, em qualquer momento, acordar em solicitar a um tribunal arbitral especial, constituído de conformidade com o artigo 3º do presente anexo, a realização de uma investigação e determinação dos factos que tenham originado a controvérsia.

2. Salvo acordo em contrário das partes, os factos apurados pelo tribunal arbitral especial, de conformidade com o nº 1, devem ser considerados estabelecidos entre as partes.

3. Se todas as partes na controvérsia assim o solicitarem, o tribunal arbitral especial pode formular recomendações que, sem terem força decisória, devem apenas constituir base para um exame pelas partes das questões que originaram a controvérsia.

4. Sem prejuízo do disposto no nº 2, o tribunal arbitral especial deve, salvo acordo em contrário das partes, atuar de conformidade com as disposições do presente anexo.

ANEXO IX
Participação de organizações internacionais

Artigo 1º – Utilização do termo «organização internacional»

Para efeitos do artigo 305º e do presente anexo, «organização internacional» significa uma organização intergovernamental constituída por Estados à qual os seus Estados membros tenham transferido competência em matérias regidas pela presente Convenção, incluindo a competência para concluir tratados relativos a essas matérias.

Artigo 2º – Assinatura

Uma organização internacional pode assinar a pressente Convenção se a maioria dos seus Estados membros for signatária da Convenção. No momento da assinatura, uma organização internacional deve fazer uma declaração que especifique as matérias regidas pela Convenção em relação às quais os seus Estados membros que sejam signatários da presente Convenção lhe tenham transferido competência, bem como a natureza e a extensão dessa competência.

Artigo 3º – Confirmação formal e adesão

1. Uma organização internacional pode depositar o seu instrumento de confirmação formal ou de adesão se a maioria dos seus Estados membros depositar ou tiver depositado os seus instrumentos de ratificação ou de adesão.

2. Os instrumentos depositados pela organização internacional devem conter os compromissos e declarações exigidos pelos artigos 4º e 5º do presente anexo.

Artigo 4º – Alcance da participação e direitos e obrigações

1. O instrumento de confirmação formal ou de adesão depositado por uma organização internacional deve conter o compromisso de esta aceitar os direitos e obrigações dos Estados nos termos da presente Convenção relativos a matérias em relação às quais os seus Estados membros que sejam Partes na presente Convenção lhe tenham transferido competência.

2. Uma organização internacional será Parte na presente Convenção na medida da competência especificada nas declarações, comunicações ou notificações referidas no artigo 5º do presente anexo.

3. Tal organização internacional exercerá os direitos e cumprirá as obrigações que, de outro modo, competiriam, nos termos da presente Convenção, aos seus Estados membros que são Partes na Convenção relativos a matérias em relação às quais esses Estados membros lhe tenham transferido competência. Os Estados membros dessa organização internacional não exercerão a competência que lhe tenham transferido.

4. A participação de tal organização internacional não implicará em caso algum um aumento na representação a que teriam direito os seus Estados membros que forem Partes na Convenção, incluindo os direitos em matéria de tomada de decisões.

5. A participação de tal organização internacional não confere, em caso algum, aos seus Estados membros que não forem Partes na Convenção, quaisquer dos direitos estabelecidos na presente Convenção.

6. Em caso de conflito entre as obrigações de uma organização internacional resultante da presente Convenção e as que lhe incumbam por virtude do acordo que estabelece a organização ou de quaisquer atos com ele relacionados, prevalecem as obrigações estabelecidas na presente Convenção.

Artigo 5º – Declarações, notificações e comunicações

1. O instrumento de confirmação formal ou de adesão de uma organização internacional deve conter uma declaração que especifique as matérias regidas pela pressente Convenção em relação às quais os seus Estados membros que forem Partes na presente Convenção lhe tenham transferido competência.

2. Um Estado membro de uma organização internacional deve fazer uma declaração que especifique as matérias regidas pela presente Convenção em relação às quais tenha transferido competência para a organização, no momento da ratificação da Convenção ou de adesão a ela ou no momento do depósito pela organização do seu instrumento de confirmação formal ou de adesão, considerando-se o que for posterior.

3. Presume-se que os Estados Partes membros de uma organização internacional que for Parte na Convenção têm competência sobre todas as matérias regidas pela presente Convenção em relação às quais transferências de competência para a organização não tenham sido especificamente declaradas, notificadas ou comunicadas nos termos do presente artigo.

4. A organização internacional e seus Estados membros que forem Partes na presente Convenção notificarão sem demora o depositário da presente Convenção de quaisquer modificações na distribuição da competência especificada nas declarações previstas nos nºs 1 e 2, incluindo novas transferências de competência.

5. Qualquer Estado Parte pode pedir a uma organização internacional e aos seus Estados membros, que forem Estados Partes, que informem sobre quem, se a organização ou os seus Estados membros, tem competência em relação a qualquer questão específica que tenha surgido. A organização e os Estados membros interessados devem prestar essa informação num prazo razoável. A organização internacional e os Estados membros também podem prestar essa informação por iniciativa própria.

6. As declarações, notificações e comunicações de informação a que se refere o presente artigo devem especificar a natureza e o alcance da competência transferida.

Artigo 6º – Responsabilidade

1. As Partes que tiverem competência nos termos do artigo 5º do presente anexo serão responsáveis pelo não cumprimento das obrigações ou por qualquer outra violação desta Convenção.

2. Qualquer Estado Parte pode pedir a uma organização internacional ou aos seus Estados membros que forem Estados Partes que informem sobre quem tem responsabilidade em relação a qualquer matéria específica. A organização e os Estados membros interessados devem prestar essa informação. Se não o fizerem num prazo razoável ou prestarem informações contraditórias, serão conjunta e solidariamente responsáveis.

Artigo 7º – Solução de controvérsias

1. No momento do depósito do seu instrumento de confirmação formal ou de adesão, ou em qualquer momento ulterior, uma organização internacional é livre de escolher, mediante declaração escrita, um ou vários dos meios previstos nas alíneas *a*), *c*) ou *d*) do nº 1 do artigo 287º, para a solução de controvérsias relativas à interpretação ou à aplicação da presente Convenção.

2. A parte XV aplica-se, *mutatis mutandis,* a qualquer controvérsia entre Partes na presente Convenção quando uma delas ou mais sejam organizações internacionais.

3. Quando uma organização internacional e um ou mais dos seus Estados membros forem partes conjuntas numa controvérsia, ou forem partes com um interesse comum, considerar-se-á que a organização aceitou os mesmos procedimentos de solução de controvérsias que os escolhidos pelos Estados membros; no entanto, quando um Estado membro tiver escolhido unicamente o Tribunal Internacional de Justiça nos termos do artigo 287º, considerar-se-á que a organização e o Estado membro interessado aceitaram a arbitragem de conformidade com o anexo VII, salvo acordo em contrário das partes na controvérsia.

Artigo 8º – Aplicação da Parte XVII

A parte XVII aplica-se, *mutatis mutandis,* a uma organização internacional, com as seguintes exceções:

a) O instrumento de confirmação formal ou de adesão de uma organização internacional não deve ser tomado em conta para efeitos de aplicação do nº 1 do artigo 308º;

b) *i*) Uma organização internacional deve ter capacidade exclusiva no que se refere à aplicação dos artigos 312º a 315º, na medida em que, nos termos do artigo 5º do presente anexo, tiver competência sobre a totalidade da matéria a que se refere a emenda;

ii) O instrumento de confirmação formal ou de adesão de uma organização internacional relativo a uma emenda sobre matéria em relação a cuja totalidade a organização tenha competência nos termos do artigo 5º deste anexo, é considerado o instrumento de ratificação ou de adesão de cada um dos seus Estados membros que sejam Estados Partes na Convenção, para efeitos de aplicação dos nºs 1, 2 e 3 do artigo 316º;

iii) O instrumento de confirmação formal ou de adesão de uma organização internacional não deve ser tomado em conta na aplicação dos nºs 1 e 2 do artigo 316º no que se refere a todas as demais emendas;

c) *i*) Uma organização internacional não poderá denunciar a presente Convenção nos termos do artigo 317º, enquanto qualquer dos seus Estados membros for Parte na Convenção e ela continuar a reunir os requisitos especificados no artigo 1º do presente anexo;

ii) Uma organização internacional deverá denunciar a Convenção quando nenhum dos seus Estados membros for Parte na Convenção ou a organização internacional deixar de reunir os requisitos especificados no artigo 1º do presente anexo.

Tal denúncia terá efeito imediato.

11.2. Acordo relativo à aplicação da Parte XI da Convenção das Nações Unidas sobre o Direito do Mar

Os Estados Partes no presente Acordo:

Reconhecendo a importante contribuição da Convenção das Nações Unidas sobre o Direito do Mar de 10 de dezembro de 1982 (adiante designada por a Convenção) para a manutenção da paz, para a justiça e para o progresso de todos os povos do mundo;

Reafirmando que o leito do mar, os fundos marinhos e oceânicos e o seu subsolo que se situam para além dos limites da jurisdição nacional (adiante designados por a área), bem como os recursos da área, são património comum da Humanidade;

Conscientes da importância da Convenção para a proteção e preservação do meio marinho e da crescente preocupação pelo ambiente mundial;

Tendo considerado o relatório do Secretário-Geral das Nações Unidas sobre os resultados alcançados nas consultas informais entre Estados, que se realizaram desde 1990 até 1994, sobre as questões pendentes relativas à parte XI e às disposições conexas da Convenção (adiante designadas por parte XI);

Verificando as alterações políticas e económicas, incluindo as perspetivas do mercado, que afetam a aplicação da parte XI;

Desejando facilitar uma participação universal na Convenção;

Considerando que um acordo relativo à aplicação da parte XI representa o melhor meio para alcançar esse objetivo:

acordaram no seguinte:

Artigo 1º – Aplicação da parte XI

1. Os Estados Partes no presente Acordo comprometem-se a aplicar a parte XI em conformidade com o presente Acordo.

2. O anexo constitui parte integrante do presente Acordo.

Artigo 2º – Relação entre o presente Acordo e a parte XI

1. As disposições do presente Acordo e da parte XI serão interpretadas e aplicadas em conjunto como um único instrumento. Em caso de incompatibilidade entre o presente Acordo e a parte XI, prevalecerão as disposições do presente Acordo.

2. Os artigos 309º a 319º da Convenção aplicar-se-ão ao presente Acordo tal como se aplicam à Convenção.

Artigo 3º – Assinatura

O presente Acordo ficará aberto à assinatura dos Estados e entidades referidos nas alíneas *a*), *c*), *d*), *e*) e *f*) do nº 1 do artigo 305º da Convenção, na sede da Organização das Nações Unidas, durante 12 meses a partir da data da sua adoção.

Artigo 4º – Consentimento em vincular-se

1. Após a adoção do presente Acordo, qualquer instrumento de ratificação ou de confirmação formal da Convenção ou de adesão à mesma valerá também como consentimento em vincular-se ao presente Acordo.

2. Nenhum Estado ou entidade pode manifestar o seu consentimento em vincular-se ao presente Acordo sem que haja prévia ou simultaneamente manifestado o seu consentimento em vincular-se à Convenção.

3. Os Estados ou entidades a que se refere o artigo 3º podem exprimir o seu consentimento em vincular-se ao presente Acordo mediante:

a) Assinatura não sujeita a ratificação ou a confirmação formal ou ao procedimento previsto no artigo 5º;

b) Assinatura sob reserva de ratificação ou de confirmação formal, seguida de ratificação ou de confirmação formal;

c) Assinatura segundo o procedimento previsto no artigo 5º; ou

d) Adesão.

4. A confirmação formal por parte das entidades a que se refere a alínea *f*) do nº 1 do artigo 305º da Convenção será efetuada de harmonia com o anexo IX da Convenção.

5. Os instrumentos de ratificação, de confirmação formal ou de adesão serão depositados junto do Secretário-Geral das Nações Unidas.

Artigo 5º – Procedimento simplificado

1. Considerar-se-á que um Estado ou uma entidade que tenha depositado, antes da data de adoção do pressente Acordo, um instrumento de ratificação ou de adoção do presente Acordo, um instrumento de ratificação ou de confirmação formal ou de adesão à Convenção e que tenha assinado o presente Acordo nos termos da alínea *c*) do nº 3 do artigo 4º aceitou vincular-se ao presente Acordo, a menos que, antes de decorridos 12 meses sobre a data da sua adoção, tenha notificado por escrito o depositário de que não pretende prevalecer-se do procedimento simplificado previsto no presente artigo.

2. No caso de tal notificação, o consentimento em vincular-se ao presente Acordo será manifestado nos termos da alínea *b*) do nº 3 do artigo 4º

Artigo 6º – Entrada em vigor

1. O presente Acordo entrará em vigor 30 dias após a data em que 40 Estados tenham manifestado o seu consentimento em vincular-se nos termos dos artigos 4º e 5º, desde que entre eles figurem pelo menos 7 dos Estados referidos na alínea *a*) do nº 1 da Resolução II da Terceira Conferência das Nações Unidas sobre o Direito do Mar (adiante designada por Resolução II), dos quais pelo menos 5 deverão ser Estados desenvolvidos. Se estas condições para a entrada em vigor estiverem preenchidas antes de 16 de Novembro de 1994, o presente Acordo entrará em vigor em 16 de Novembro de 1994.

2. Para qualquer Estado ou entidade que tenha manifestado o seu consentimento em vincular-se ao pressente Acordo depois de preenchidas as

condições referidas no nº 1, o presente Acordo entrará em vigor no 30º dia seguinte à data do seu consentimento em vincular-se.

Artigo 7º – Aplicação provisória

1. Se, em 16 de novembro de 1994, o presente Acordo não tiver entrado em vigor, será aplicado provisoriamente, até à sua entrada em vigor, pelos:

a) Estados que, na Assembleia Geral das Nações Unidas, tiverem consentido na sua adoção, exceto aqueles que notificarem o depositário, por escrito e antes de 16 de novembro de 1994, de que não aplicarão provisoriamente o presente Acordo ou de que só consentirão em tal aplicação após subsequente assinatura ou notificação por escrito;

b) Estados e entidades que assinarem o presente Acordo, exceto aqueles que notificarem o depositário, por escrito e na altura da assinatura, de que não aplicarão provisoriamente o presente Acordo;

c) Estados e entidades que consentirem na sua aplicação provisória, notificando, por escrito, o depositário nesse sentido;

d) Estados que aderirem ao presente Acordo.

2. Todos esses Estados e entidades aplicarão o pressente Acordo provisoriamente, de harmonia com as suas leis e regulamentos nacionais ou internos, com efeito a partir de 16 de novembro de 1994 ou da data da assinatura, da notificação do consentimento ou da adesão, se for posterior.

3. A aplicação provisória cessará na data da entrada em vigor do presente Acordo. Em todo o caso, a aplicação provisória cessará em 16 de novembro de 1998 se nessa data se não tiver verificado a condição enunciada no nº 1 do artigo 6º, segundo a qual deverão ter manifestado o seu consentimento em vincular-se ao Acordo pelo menos sete dos Estados referidos na alínea *a*) do nº 1 da Resolução II (dos quais pelo menos cinco deverão ser Estados desenvolvidos).

Artigo 8º – Estados Partes

1. Para efeitos do presente Acordo entende-se por Estados Partes os Estados que tenham consentido em vincular-se ao presente Acordo e relativamente aos quais o presente Acordo esteja em vigor.

2. O presente Acordo aplica-se *mutatis mutandis* às entidades mencionadas nas alíneas *c*), *d*), *e*) e *f*) do nº 1 do artigo 305º da Convenção que se tenham tornado Partes no presente Acordo em conformidade com as condições respeitantes a cada uma delas, e a expressão «Estados Partes» refere-se a essas entidades nessa medida.

Artigo 9º – Depositário

O Secretário-Geral das Nações Unidas será o depositário do presente Acordo.

Artigo 10º – Textos autênticos

O original do presente Acordo, cujos textos em árabe, chinês, inglês, francês, russo e espanhol fazem igualmente fé, ficará depositado junto do Secretário-Geral das Nações Unidas.

Em fé do que os plenipotenciários abaixo-assinados, devidamente autorizados para o efeito, assinaram o pressente Acordo.

Feito em Nova Iorque, a 28 de julho de 1994.

ANEXO

SECÇÃO I – Custos para os Estados Partes e ajustes institucionais

1. A Autoridade Internacional dos Fundos Marinhos (adiante designada por Autoridade) é a organização por intermédio da qual os Estados Partes na Convenção, em conformidade com o regime estabelecido para a área na parte XI e no presente Acordo, organizam e controlam as atividades na área, particularmente com vista à gestão dos recursos da área. A Autoridade tem os poderes e as funções que lhe são expressamente conferidos pela Convenção. A Autoridade terá os poderes subsidiários compatíveis com a Convenção que sejam implícitos e necessários ao exercício desses poderes e funções no que se refere às atividades na área.

2. Com vista a reduzir ao mínimo os custos para os Estados Partes, todos os órgãos e órgãos subsidiários a criar no âmbito da Convenção e do presente Acordo deverão obedecer a critérios de rentabilidade. Este princípio aplicar-se-á igualmente à frequência, duração e programação das reuniões.

3. A criação e o funcionamento dos órgãos e órgãos subsidiários da Autoridade basear-se-ão num critério evolutivo, tendo em consideração as necessidades funcionais dos órgãos e órgãos subsidiários envolvidos, para que estes possam corresponder eficazmente às suas responsabilidades nas várias etapas do desenvolvimento das atividades na área.

4. Quando entrar em vigor a Convenção, as funções iniciais da Autoridade serão desempenhadas pela assembleia, pelo conselho, pelo secretariado, pela Comissão Jurídica e Técnica e pelo Comité Financeiro. As funções da Comissão de Planeamento Económico serão exercidas pela Comissão Jurídica e Técnica até decisão do conselho noutro sentido ou até à aprovação do primeiro plano de trabalho para exploração.

5. No período que medeia entre a entrada em vigor da Convenção e a aprovação do primeiro plano de trabalho para exploração, a Autoridade deverá ocupar-se principalmente de:

a) Tramitação de pedidos de aprovação de planos de trabalho para exploração, em conformidade com a parte XI e com o presente Acordo;

b) Aplicação das decisões tomadas pela Comissão Preparatória da Autoridade Internacional dos Fundos Marinhos e do Tribunal Internacional do Direito do Mar (adiante designada por Comissão Preparatória), relativamente a investidores pioneiros registados e respetivos estados certificadores, incluindo os seus direitos e obrigações, de acordo com o nº 5 do artigo 308º da Convenção e o nº 13 da Resolução II;

c) Verificação do cumprimento dos planos de trabalho para exploração, aprovados sob a forma de contratos;

d) Acompanhamento e estudo das tendências e desenvolvimentos relacionados com as atividades mineiras nos fundos marinhos, incluindo análises regulares das condições do mercado mundial de metais, preços, tendências e perspetivas;

e) Estudo do impacte potencial da produção de minérios provenientes da área nas economias dos Estados em desenvolvimento produtores terrestres desses minérios que terão probabilidade de ser mais gravemente afetados, com vista a reduzir ao mínimo as suas dificuldades e a ajudá-los no seu reajustamento económico, tendo em consideração o trabalho efetuado a este respeito pela Comissão Preparatória;

f) Adoção das normas, regulamentos e procedimentos necessários à realização de atividades na área, à medida que estas progridam. Não obstante as disposições das alíneas *b*) e *c*) do nº 2 do artigo 17º do anexo III da Convenção, tais normas, regulamentos e procedimentos terão em consideração as disposições do presente Acordo, o atraso prolongado na exploração mineira comercial dos fundos marinhos e o ritmo provável das atividades na área;

g) Adoção de normas, regulamentos e procedimentos que integrem padrões aplicáveis à proteção e preservação do meio marinho;

h) Promoção e encorajamento da investigação científica marinho no que se refere às atividades desenvolvidas na área, bem como da recolha e divulgação dos resultados de tal investigação e análise, quando disponíveis, com particular ênfase para a investigação relativa ao impacte ambiental das atividades na área;

i) Aquisição de conhecimentos científicos e acompanhamento do desenvolvimento das tecnologias marinhas relevantes para as atividades na área, em especial da tecnologia relacionada com a proteção e preservação do meio marinho;

j) Avaliação dos dados disponíveis referentes à prospeção e exploração;

k) Elaboração, em tempo útil, de normas, regulamentos e procedimentos para a exploração, incluindo os que se referem à proteção e preservação do meio marinho.

6. *a*) O conselho analisará um pedido de aprovação de um plano de trabalho para efeitos de exploração, logo que conhecida a recomendação feita a esse propósito pela Comissão Jurídica e Técnica. O tratamento desse pedido de aprovação de um plano de trabalho para exploração será conforme às disposições da Convenção, incluindo o mencionado anexo III, bem como às do presente Acordo, e submeter-se-á às seguintes condições:

i) Um plano de trabalho para exploração submetido em nome de um Estado ou de uma entidade referida nas subalíneas *ii*) ou *iii*) da alínea *a*) do nº 1 da Resolução II, ou de qualquer componente desta, que não seja investidor pioneiro registado que tenha já efetuado atividades substanciais na área antes da entrada em vigor da Convenção, ou seu sucessor, considerar-se-á ter preenchido as qualificações financeiras e técnicas necessárias à sua aprovação se o Estado ou Estados patrocinadores certificarem que o peticionário investiu um montante equivalente a 30 milhões de dólares dos Estados Unidos, pelo menos em atividades de pesquisa e exploração, e que despendeu não menos de 10% desse montante na localização, prospeção e avaliação da área coberta pelo plano de trabalho. Se o plano de trabalho satisfizer os demais requisitos da Convenção e de quaisquer normas, regulamentos e procedimentos adotados em conformidade com ela, será aprovado pelo conselho sob a forma de contrato. As disposições do nº 11 da secção 3 do presente anexo serão interpretadas e aplicadas em conformidade;

ii) Não obstante as disposições da alínea *a*) do nº 8 da Resolução II, um investidor pioneiro registado pode requerer a aprovação de um plano de trabalho para exploração no prazo de 36 meses após a entrada em vigor da Convenção. O plano de trabalho para exploração consistirá em documentos, relatórios e outros dados submetidos à Comissão Preparatória, tanto antes como depois do registo, e será acompanhado de um certificado de cumprimento, consistindo num relatório factual descrevendo a medida em que se cumpriram as obrigações decorrentes do regime de investidor pioneiro, emitido pela Comissão Preparatória de acordo com o disposto na alínea *a*) do nº 11 da Resolução II. Esse plano de trabalho será considerado aprovado. Esse plano de trabalho aprovado revestirá a forma de um contrato concluído entre a Autoridade e o investidor pioneiro registado de acordo com a parte XI e o presente Acordo. O pagamento da taxa de 250000 dólares dos Estados Unidos, feito nos termos da alínea *a*) do nº 7 da Resolução II, será considerado como sendo a taxa devida na fase de exploração nos termos do nº 3 da secção 8 do presente anexo. O nº 11 da secção 3 do presente anexo será interpretado e aplicado em conformidade;

iii) De acordo com o princípio de não discriminação, um contrato estabelecido com um Estado ou uma entidade ou qualquer componente de entidade referidos na subalínea *i*) da alínea *a*) incluirá condições que sejam semelhantes e não menos favoráveis do que as acordadas com qualquer investidor pioneiro registado mencionado na subalínea *ii*) da alínea *a*). Se a qualquer dos Estados ou entidades, ou a qualquer componente dessas entidades, referidos na subalínea *i*) da alínea *a*), forem concedidas condições mais vantajosas, o conselho estipulará condições semelhantes e não menos vantajosas relativamente aos direitos e obrigações assumidos pelos investidores pioneiros registados, mencionados na subalínea *ii*) da alínea *a*), desde que essas condições não afetem ou prejudiquem os interesses da Autoridade;

iv) O Estado patrocinador de um pedido de aprovação de um plano de trabalho, segundo o disposto nas subalíneas *i*) ou *ii*) da alínea *a*) pode ser um Estado Parte, ou um Estado que aplique provisoriamente o presente Acordo de harmonia com o artigo 7º ou um Estado que seja membro da Autoridade, a título provisório, de harmonia com o nº 12;

v) A alínea *c*) do nº 8 da Resolução II será interpretada e aplicada de harmonia com a subalínea *iv*) da alínea *a*).

b) A aprovação dos planos de trabalho para exploração reger-se-á pelo nº 3 do artigo 153º da Convenção.

7. O pedido de aprovação de um plano de trabalho será acompanhado de uma avaliação das potenciais consequências ecológicas das atividades propostas e da descrição de um programa de estudos oceanográficos e ambientais, em conformidade com as normas, regulamentos e procedimentos adotados pela Autoridade.

8. O pedido para aprovação de um plano de trabalho para exploração, nos termos das subalíneas *i*) ou *ii*) da alínea *a*) do nº 6, será analisado de acordo com os procedimentos estabelecidos no nº 11 da secção 3 do presente anexo.

9. Um plano de trabalho para exploração será aprovado para um período de 15 anos. Quando expirar o plano de trabalho para exploração, o contratante can-

didatar-se-á a um plano de trabalho para aproveitamento, a menos que já o tenha feito ou que tenha obtido um prolongamento do plano de trabalho para exploração. Os contratantes podem candidatar-se a prolongamentos por períodos não superiores a cinco anos cada. Esses prolongamentos serão aprovados se *a* contratante tiver, de boa-fé, realizado esforços no sentido de cumprir os requisitos do plano de trabalho mas, por razões que o ultrapassaram, tiver sido incapaz de completar o trabalho preparatório necessário para atingir a fase de aproveitamento, ou se as circunstâncias económicas existentes não justificarem a passagem à fase de aproveitamento.

10. A designação de uma área reservada à Autoridade efetuar-se-á, de acordo com o artigo 8º do anexo III da Convenção, conjuntamente com a aprovação de um plano de trabalho para exploração ou com a aprovação de um plano de trabalho para exploração e aproveitamento.

11. Não obstante as disposições do nº 9, um plano de trabalho para exploração que seja patrocinado por, pelo menos, um Estado que aplique o presente Acordo provisoriamente ficará sem efeito se esse Estado cessar a aplicação provisória do presente Acordo e não se tiver tornado membro a título provisório de harmonia com o nº 12, ou não se tiver tornado Estado Parte.

12. Quando o presente Acordo entrar em vigor, os Estados e entidades referidos no artigo 3º do presente Acordo que o tenham estado a aplicar provisoriamente conforme o artigo 7º e em relação aos quais não esteja em vigor poderão continuar a ser membros provisórios da Autoridade, até à entrada em vigor do presente Acordo em relação a esses Estados e entidades, em conformidade com as seguintes alíneas:

a) Se o presente Acordo entrar em vigor antes de 16 de novembro de 1996, esses Estados e entidades terão direito a continuar a participar enquanto membros da Autoridade numa base provisória, desde que notifiquem o depositário do Acordo da sua intenção, em participar enquanto membros provisórios. O estatuto de membro provisório cessará, ou em 16 de novembro de 1996, ou quando da entrada em vigor do presente Acordo e da Convenção em relação ao membro em causa, se esta ocorrer antes daquela data. O conselho, por solicitação do Estado ou da entidade interessada, poderá prolongar o seu estatuto de membro provisório para além de 16 de novembro de 1996, por um ou mais períodos que não excedam um total de dois anos, desde que o conselho considere que o Estado ou a entidade interessada desenvolveu de boa-fé esforços para se tornar parte no Acordo e na Convenção;

b) Se o presente Acordo entrar em vigor depois de 15 de novembro de 1996, aqueles Estados e entidades podem pedir ao conselho para continuarem membros provisórios da Autoridade, por um ou mais períodos que não ultrapassem a data de 16 de novembro de 1998. Se o conselho considerar que o Estado ou entidade interessada tem desenvolvido, de boa-fé, esforços no sentido de se tornar parte no Acordo e na Convenção, poderá atribuir essa qualidade de membro provisório com efeitos a partir da data do pedido;

c) Os Estados e entidades que sejam membros provisórios da Autoridade, de acordo com a alínea *a*) ou *b*), aplicarão as disposições da parte XI e do presente Acordo em conformidade com as leis e regulamentos nacionais ou internos e com as verbas anualmente orçamentadas e terão os mesmos direitos e obrigações dos outros membros, incluindo:

i) A obrigação de contribuir para o orçamento administrativo da Autoridade, de acordo com a escala de contribuições avaliadas;

ii) O direito de patrocinar pedidos de aprovação de planos de trabalho para exploração. No caso de entidades cujos componentes sejam pessoas jurídicas, singulares ou coletivas, que possuam mais de uma nacionalidade, o plano de trabalho para exploração só será aprovado se todos os Estados cujas pessoas jurídicas, singulares ou coletivas, compõem essas entidades sejam Estados Partes ou membros provisórios;

d) Não obstante as disposições do nº 9, um plano de trabalho aprovado sob a forma de um contrato para exploração que tenha sido patrocinado por um Estado membro provisório, nos termos da subalínea *ii*) da alínea *c*), ficará sem efeito se esse Estado ou entidade deixar de ter essa qualidade e não se tiver tornado Estado Parte;

e) Se um membro provisório não tiver pago as suas contribuições ou por outra forma não tiver cumprido as suas obrigações de acordo com este parágrafo, pôr-se-á termo à sua qualidade de membro provisório.

13. A referência à execução não satisfatória de um plano de trabalho, nos termos do artigo 10º do anexo III da Convenção, será interpretada como significando que o contratante não cumpriu os requisitos do plano de trabalho aprovado, apesar das advertências escritas que a Autoridade lhe dirigiu para esse efeito.

14. A Autoridade terá o seu próprio orçamento. Até ao final do ano seguinte ao da entrada em vigor do presente Acordo, as despesas administrativas da Autoridade serão suportadas pelo orçamento da Organização das Nações Unidas. A partir de então, as despesas administrativas serão suportadas pelas contribuições dos seus membros, incluindo os membros provisórios, de harmonia com a alínea *a*) do artigo 171º e o artigo 173º da Convenção e o presente Acordo, até que a Autoridade disponha de fundos suficientes, provenientes de outras fon-

tes, para suportar essas despesas. A Autoridade não exercerá o poder, referido no nº 1 do artigo 174º da Convenção, de contrair empréstimos para financiar o seu orçamento administrativo.

15. A Autoridade elaborará e adotará as normas, regulamentos e procedimentos previstos na subalínea *ii*) da alínea *o*) do nº 2 do artigo 162º da Convenção, com base nos princípios constantes das secções 2, 5, 6, 7 e 8 do presente anexo, bem como quaisquer normas, regulamentos e procedimentos adicionais necessários para facilitar a aprovação de planos de trabalho para exploração ou aproveitamento, de acordo com as seguintes alíneas:

a) O conselho poderá empreender a elaboração de tais normas, regulamentos ou procedimentos sempre que os julgar necessários para a realização de atividades na área, ou quando determinar que o aproveitamento comercial está iminente, ou ainda a pedido de um Estado do qual um nacional se proponha pedir a aprovação de um plano de trabalho para aproveitamento;

b) Se um Estado nas condições da alínea *a*) pedir que sejam adotadas tais normas, regulamentos e procedimentos, o Conselho fá-lo-á nos dois anos seguintes à solicitação efetuada, de acordo com a alínea *o*) do nº 2 do artigo 162º da Convenção;

c) Se o conselho não tiver concluído a elaboração das normas, regulamentos e procedimentos relativos ao aproveitamento no prazo prescrito e se estiver pendente um pedido para aprovação de um plano de trabalho para aproveitamento, deverá, não obstante, examinar e aprovar provisoriamente esse plano, com base nas disposições da Convenção e em quaisquer normas, regulamentos e procedimentos que o conselho possa ter adotado provisoriamente, ou com base nas normas contidas na Convenção e nas condições e princípios contidos no presente anexo, bem como no princípio da não discriminação entre contratantes.

16. Os projetos de normas, regulamentos e procedimentos e quaisquer recomendações relativas às disposições da parte XI, constantes dos relatórios e recomendações da Comissão Preparatória, serão tomados em consideração pela Autoridade na adoção de normas, regulamentos e procedimentos, em conformidade com a parte XI e o presente Acordo.

17. As disposições pertinentes da secção 4 da parte XI da Convenção serão interpretadas e aplicadas em conformidade com o presente Acordo.

SECÇÃO II – A empresa

1. O secretariado da Autoridade desempenhará as funções da empresa até que ela comece a operar independentemente do secretariado. O Secretário-Geral da Autoridade designará de entre o pessoal da Autoridade um diretor-geral interino para supervisionar o desempenho dessas funções pelo secretariado.

Essas funções serão as seguintes:

a) Acompanhamento e estudo das tendências e desenvolvimentos relativos à atividade mineira nos fundos marinhos, incluindo a análise regular das condições do mercado mundial de metais e seus preços, tendências e perspetivas;

b) Avaliação dos resultados da investigação científica marinha relativamente a atividades desenvolvidas na área, com especial ênfase para a investigação relacionada com o impacte ambiental das atividades desenvolvidas na área;

c) Avaliação dos dados disponíveis relativos à prospeção e exploração, incluindo os critérios a que devem obedecer tais atividades;

d) Avaliação dos desenvolvimentos tecnológicos relevantes para as atividades na área, em particular no que se refere à tecnologia relacionada com a proteção e preservação do meio marinho;

e) Avaliação de informações e dados relativos a áreas reservadas à Autoridade;

f) Avaliação das iniciativas de operações de empreendimentos conjuntos;

g) Recolha de informações sobre a disponibilidade de mão-de-obra qualificada;

h) Estudo das opções de política de gestão aplicáveis à administração da empresa nas diferentes fases das suas operações.

2. A empresa conduzirá as suas operações mineiras iniciais nos fundos marinhos através de empreendimentos conjuntos. Ao aprovar um plano de trabalho para exploração apresentado por uma entidade que não seja a empresa, ou ao receber um pedido para uma operação de empreendimento conjunto com a empresa, o Conselho ocupar-se-á do funcionamento da empresa independentemente do secretariado da Autoridade. Se o conselho considerar que as operações de empreendimento conjunto com a empresa estão de acordo com sãos princípios comerciais, o conselho emitirá uma diretiva, em conformidade com o nº 2 do artigo 170º da Convenção, autorizando esse funcionamento independente.

3. A obrigação dos Estados Partes de financiar um setor mineiro da empresa, tal como previsto no nº 3 do artigo 11º do anexo IV da Convenção, não se aplicará e os Estados Partes não terão nenhuma obrigação de financiar qualquer das operações em qualquer setor mineiro da empresa ou no quadro dos seus acordos de empreendimento conjunto.

4. As obrigações aplicáveis aos contratantes aplicar-se-ão à empresa. Não obstante as disposições do nº 3 do artigo 153º e do nº 5 do artigo 3º do anexo III da Convenção, um plano de trabalho da empresa, uma vez aprovado, revestirá a forma de um contrato concluído entre a Autoridade e a empresa.

5. Um contratante que tenha entregue uma determinada área à Autoridade como área reservada tem direito de preferência para concluir um acordo de empreendimento conjunto com a empresa para prospeção e exploração dessa área. Se a empresa não apresentar um pedido de aprovação de um plano de trabalho das atividades a desenvolver nessa área reservada no prazo de 15 anos após o início do seu funcionamento independente do Secretariado da Autoridade, ou dentro de 15 anos a partir da data em que essa área foi reservada à Autoridade, se esta última data for posterior, o contratante que entregou a área terá o direito de apresentar um pedido de aprovação de um plano de trabalho para essa área, sob condição de que ofereça de boa fé associar a empresa às suas atividades no quadro de um empreendimento conjunto.

6. O nº 4 do artigo 170º, o anexo IV e outras disposições da Convenção relativas à empresa serão interpretados e aplicados em conformidade com esta secção.

SECÇÃO III – Adoção de decisões

1. As políticas gerais da Autoridade serão estabelecidas pela assembleia em colaboração com o conselho.

2. Como regra geral, as decisões dos órgãos da Autoridade serão adotadas por consenso.

3. Se todos os esforços para alcançar uma decisão por consenso tiverem sido esgotados, as decisões por votação na assembleia sobre questões de procedimento serão adotadas pela maioria dos membros presentes e votantes, enquanto as decisões sobre questões de fundo serão adotadas por uma maioria de dois terços dos membros presentes e votantes conforme previsto pelo nº 8 do artigo 159º da Convenção.

4. As decisões da assembleia sobre qualquer questão a respeito da qual o conselho também tenha competência ou sobre qualquer questão de natureza administrativa, orçamental ou financeira serão baseadas nas recomendações do conselho. Se a assembleia não aceitar a recomendação do conselho sobre qualquer questão, devolverá a questão ao conselho para um novo exame. O conselho examinará a questão à luz das opiniões expressas pela assembleia.

5. Se todos os esforços para alcançar uma decisão por consenso tiverem sido esgotados, as decisões por votação no conselho sobre questões de procedimento serão adotadas pela maioria dos membros presentes e votantes, e as decisões sobre questões de fundo, exceto quando a Convenção preveja que o conselho deve decidir por consenso, serão adotadas por uma maioria de dois terços dos membros presentes e votantes, sob condição de que a essas decisões não se oponha uma maioria em qualquer das câmaras mencionadas no nº 9. Na adoção de decisões, o conselho deve procurar promover os interesses de todos os membros da Autoridade.

6. O conselho pode adiar a adoção de uma decisão para facilitar o prosseguimento das negociações sempre que se afigure não terem sido esgotados todos os esforços no sentido de alcançar um consenso sobre uma questão.

7. As decisões da assembleia ou do conselho que tenham implicações financeiras ou orçamentais serão baseadas nas recomendações do Comité Financeiro.

8. Não se aplicarão as disposições das alíneas *b*) e *c*) do nº 8 do artigo 161º da Convenção.

9. *a*) Cada grupo de Estados eleitos nos termos das alíneas *a*) a *c*) do nº 15 será considerado como uma câmara para efeitos de voto no conselho. Os Estados em desenvolvimento eleitos nos termos das alíneas *d*) e *e*) do nº 15 serão considerados como uma única câmara para efeitos de voto no conselho.

b) Antes de eleger os membros do Conselho, a Assembleia estabelecerá listas de países que preencham os critérios de participação nos grupos de estados referidos nas alíneas *a*) a *d*) do nº 15. Se um estado preenche esses critérios em mais de um grupo, só poderá ser proposto ao conselho, para eleição, por um só grupo e só poderá representar esse grupo nas votações no conselho.

10. Cada grupo de Estados referido nas alíneas *a*) a *d*) do nº 15 far-se-á representar no conselho através dos membros designados por esse grupo. Cada grupo designará apenas tantos candidatos quantos os lugares a preencher por esse grupo. Quando o número de potenciais candidatos em cada um dos grupos, a que as alíneas *a*) a *e*) do nº 15 se referem, exceder o número de lugares disponíveis em cada um dos respetivos grupos, aplicar-se-á, como regra geral, o princípio da rotatividade. Os Estados membros de cada um desses grupos determinarão o modo como esse princípio será aplicado em cada um desses grupos.

11.*a*) O conselho aprovará uma recomendação da Comissão Jurídica e Técnica para aprovação de um plano de trabalho, a menos que decida rejeitá-lo por maioria de dois terços dos seus membros presentes e votantes, incluindo a maioria dos membros presentes e votantes em cada uma das câmaras do conselho. Se o conselho não adotar uma decisão sobre uma recomendação de aprovação de um plano de trabalho dentro de um prazo fixado, considerar-se-á que a recomendação foi aprovada pelo conselho no termos desse prazo. O prazo fixado será, normalmente, de 60 dias, a menos que o conselho decida fixar um prazo mais extenso. Se a Comissão recomendar a não aprovação de um plano de trabalho ou não fizer qualquer recomendação, o conselho pode, apesar disso, aprovar o plano de trabalho de acordo com as disposições do seu regulamento interno relativas à adoção de decisões em questões de fundo.

b) Não se aplicarão as disposições da alínea *j*) do nº 2 do artigo 162º da Convenção.

12. Qualquer controvérsia que possa resultar da não aprovação de um plano de trabalho, será submetida aos procedimentos de solução de controvérsias previstos na Convenção.

13. A adoção de decisões por votação na Comissão Jurídica e Técnica será por maioria dos membros presentes e votantes.

14. As subsecções B e C da secção 4 da parte XI da Convenção serão interpretadas e aplicadas em conformidade com a presente secção.

15. O conselho será constituído por 36 membros da Autoridade, eleitos pela assembleia na seguinte ordem:

a) Quatro membros de entre os Estados Partes que, durante os últimos cinco anos para os quais se disponha de estatísticas, tenham consumido mais de 2% em valor do consumo mundial total ou tenham efetuado importações líquidas de mais de 2% em valor das importações mundiais totais dos produtos básicos obtidos a partir das categorias de minerais a extrair da área, desde que esses quatro membros incluam o Estado da região da Europa Oriental que tenha a economia mais importante dessa região em termos de produto interno bruto, e o Estado que, à data da entrada em vigor da Convenção, tenha a economia mais importante em termos de produto interno bruto, se esses Estados desejarem estar representados nesse grupo;

b) Quatro membros de entre os oito Estados Partes que, diretamente ou por intermédio dos seus nacionais, tenham feito os maiores investimentos na preparação e na realização de atividades na área;

c) Quatro membros de entre os Estados Partes que, com base na produção das áreas sob sua jurisdição, sejam os maiores exportadores líquidos das categorias de minerais a extrair da área, incluindo, pelo menos, dois Estados em desenvolvimento cujas exportações desses minerais tenham importância considerável nas suas economias;

d) Seis membros de entre os Estados Partes em desenvolvimento que representem interesses especiais. Os interesses especiais a serem representados incluirão os dos Estados com grandes populações, os dos Estados sem litoral ou geograficamente desfavorecidos, os dos Estados insulares, os dos Estados que sejam grandes importadores das categorias de minerais a extrair da área, os dos Estados que sejam produtores potenciais desses minerais e os dos Estados menos desenvolvidos;

e) 18 membros eleitos em conformidade com o princípio de garantir uma distribuição geográfica equitativa dos lugares do conselho no seu conjunto, no entendimento de que cada região geográfica conte, pelo menos, com um membro eleito nos termos da presente alínea. Para esse efeito, as regiões geográficas serão: África, Ásia, Europa Oriental, América Latina e Caraíbas e Europa Ocidental e outras.

16. Não se aplicarão as disposições do nº 1 do artigo 161º da Convenção.

SECÇÃO IV – Conferência de revisão

Não se aplicarão as disposições dos nºs 1, 3 e 4 do artigo 155º da Convenção, relativas à conferência de revisão. Não obstante as disposições do nº 2 do artigo 314º da Convenção, a assembleia, com base numa recomendação do conselho, poderá, em qualquer momento, tomar a seu cargo a revisão das questões referidas no nº 1 do artigo 155º da Convenção. As emendas relativas ao presente Acordo e à parte XI serão sujeitas aos procedimentos previstos nos artigos 314º, 315º e 316º da Convenção, sob condição de que se mantenham os princípios, regime e outras disposições referidos no nº 2 do artigo 155º da Convenção e de que não sejam afetados os direitos referidos no nº 5 desse artigo.

SECÇÃO V – Transferência de tecnologia

1. A transferência de tecnologia para os fins da parte XI é regida pelas disposições do artigo 144º da Convenção e pelos seguintes princípios:

a) A empresa e os Estados em desenvolvimento que desejem obter tecnologia para extração mineira dos fundos marinhos procurarão obter essa tecnologia segundo modalidades e em condições justas e razoáveis no mercado livre, ou através de acordos de empreendimento conjunto;

b) Se a empresa ou Estados em desenvolvimento não puderem obter tecnologia para extração mineira dos fundos marinhos, a Autoridade pode pedir a todos ou a algum dos contratantes e ao respetivo Estado ou Estados patrocinadores que cooperem com ela no sentido de facilitar a aquisição de tecnologia para a extração mineira dos fundos marinhos, por parte da empresa ou do seu empreendimento conjunto, ou por parte de um Estado ou Estados em desenvolvimento que procurem obter essa tecnologia segundo modalidades e em condições comerciais justas e razoáveis, compatíveis com a efetiva proteção dos direitos de propriedade intelectual. Com esta finalidade, os Estados Partes comprometem-se a cooperar plena e efetivamente com a Autoridade e a assegurar que os contratantes por eles apoiados também cooperem plenamente com a Autoridade;

c) Como regra geral, os Estados Partes promoverão a cooperação técnica e científica internacional no que respeita às atividades desenvolvidas na área, quer entre as partes interessadas quer desenvolvendo programas de estágio, assistência técnica e cooperação científica em ciência e tecnologia marinhas e na proteção e preservação do meio marinho.

2. Não se aplicarão as disposições do artigo 5º do anexo III da Convenção.

SECÇÃO VI – Política de produção

1. A política de produção da Autoridade será baseada nos seguintes princípios:

a) O desenvolvimento dos recursos da área será realizado de acordo com princípios comerciais sólidos;

b) As disposições de Acordo Geral sobre Pautas Aduaneiras e Comércio, os seus códigos pertinentes e os acordos destinados a suceder-lhes ou a substituí-las aplicar-se-ão tratando-se de atividades na área;

c) Em particular, não se atribuirão subsídios às atividades na área, salvo na medida em que os acordos referidos na alínea *b*) o permitirem. Para os fins visados por estes princípios, a atribuição de subsídios será definida nos termos dos acordos referidos na alínea *b*);

d) Não haverá discriminação entre os minerais extraídos da área e os de outras origens. Não haverá acesso preferencial aos mercados, para esses minerais ou para importações de produtos básicos obtidos a partir desses minerais, em particular:

i) Através do uso de obstáculos pautais ou não pautais; e

ii) Atribuído pelos Estados Partes a esses minerais ou a produtos básicos obtidos a partir deles pelas suas empresas estatais ou por pessoas jurídicas, singulares ou coletivas, que possuam a sua nacionalidade ou sejam controladas por eles ou por nacionais seus;

e) O plano de trabalho para exploração aprovado pela Autoridade relativamente a cada setor mineiro indicará o calendário de produção previsto, que incluirá uma estimativa das quantidades máximas de minerais a serem extraídas por ano segundo o plano de trabalho;

f) A solução de controvérsias relativas às disposições dos acordos referidos na alínea *b*) aplicar-se-ão as regras seguintes:

i) Se os Estados Partes interessados forem partes nesses acordos, recorrerão aos procedimentos de solução de controvérsias previstos nesses acordos;

ii) Se um ou mais dos Estados Partes interessados não forem partes nesses acordos, recorrerão aos procedimentos de solução de controvérsias previstos na Convenção;

g) Quando se determine que, ao abrigo dos acordos referidos na alínea *b*), um Estado Parte atribuiu subsídios que são proibidos, ou que tenham originado efeitos lesivos dos interesses de outro Estado Parte, e não foram adotadas as medidas adequadas pelo Estado ou Estados Partes interessados, um Estado Parte pode pedir que o conselho adote as medidas adequadas.

2. Os princípios contidos no nº 1 não afetarão os direitos e obrigações decorrentes das disposições dos acordos referidos na alínea *b*) do nº 1, ou dos acordos pertinentes de comércio livre e de união aduaneira, nas relações entre os Estados Partes que sejam partes nesses acordos.

3. A aceitação, por um contratante, de subsídios que não sejam os permitidos ao abrigo dos acordos referidos na alínea *b*) do nº 1 constituirá uma violação das cláusulas fundamentais do contrato que estabelece um plano de trabalho para o exercício de atividades na área.

4. Qualquer Estado Parte que tenha razões para crer que houve uma violação dos requisitos das alíneas *b*) a *d*) do nº 1 ou do nº 3 poderá dar início aos procedimentos de solução de controvérsias em conformidade com as alíneas *f*) ou *g*) do nº 1.

5. Qualquer Estado Parte poderá, em qualquer altura, chamar a atenção do conselho para atividades que, do seu ponto de vista, são incompatíveis com os requisitos das alíneas *b*) a *d*) do nº 1.

6. A Autoridade elaborará normas, regulamentos e procedimentos que assegurem o cumprimento das disposições da presente secção, incluindo as normas, regulamentos e procedimentos pertinentes que rejam a aprovação dos planos de trabalho.

7. Não se aplicarão as disposições dos nºs 1 a 7 e 9 do artigo 151º, da alínea *q*) do nº 2 do artigo 162º, da alínea *n*) do nº 2 do artigo 165º e do nº 5 do artigo 6º do anexo III, bem como as do artigo 7º da Convenção.

SECÇÃO VII – Assistência económica

1. A política da Autoridade de prestação de assistência a países em desenvolvimento cujos rendimentos de exportação ou economias sofram sérios prejuízos em consequência de uma redução no preço de um mineral que figure entre os extraídos da área, ou no volume das suas exportações desse mineral, na medida em que tal redução seja causada por atividades na área, basear-se-á nos seguintes princípios:

a) A Autoridade estabelecerá um fundo de assistência económica retirado da parte dos fundos da Autoridade que exceda os necessários para cobrir os encargos administrativos da Autoridade. O montante estabelecido para este fim será determinado pelo conselho, periodicamente, de acordo com as recomendações do Comité Financeiro. Só fundos provenientes de pagamentos recebidos dos contratantes, incluindo da empresa, e contribuições voluntárias serão usados para o estabelecimento do fundo de assistência económica;

b) Os Estados em desenvolvimento produtores terrestres cujas economias se verifique terem sido seriamente afetadas pela produção de minerais provenientes dos fundos marinhos serão assistidos pelo fundo de assistência económica da Autoridade;

c) Nos casos apropriados, a Autoridade prestará assistência, através do fundo, aos Estados em desenvolvimento produtores terrestres afetados, em cooperação com as instituições mundiais ou regionais de desenvolvimento existentes que tenham as infraestruturas e a experiência para executar esses programas de assistência;

d) O âmbito e a duração dessa assistência serão determinados caso a caso. Ao fazê-lo dar-se-á a devida consideração à natureza e à magnitude dos problemas encontrados pelos Estados produtores terrestres afetados.

2. Será dado cumprimento ao nº 10 do artigo 151º da Convenção através das medidas de assistência económica referidas no nº 1. A alínea *l*) do nº 2 do artigo 160º, a alínea *n*) do nº 2 do artigo 162º, a alínea *d*) do nº 2 do artigo 164º, a alínea *f*) do artigo 171º e a alínea *c*) do nº 2 do artigo 173º da Convenção serão interpretadas em conformidade.

SECÇÃO VIII – Cláusulas financeiras dos contratos

1. Os princípios seguintes constituirão a base para o estabelecimento de normas, regulamentos e procedimentos relativos às cláusulas financeiras dos contratos:

a) O sistema de pagamentos à Autoridade será justo, tanto para o contratante como para a Autoridade, e proporcionará os meios adequados para determinar se o contratante cumpre as cláusulas desse sistema;

b) As taxas de pagamento no quadro desse sistema serão semelhantes às praticadas no setor mineiro terrestre para minerais iguais ou similares, de forma a evitar dar aos produtores de minérios extraídos dos fundos marinhos vantagens artificiais ou impor-lhes desvantagens em relação à concorrência;

c) O sistema não deverá ser complicado e não deverá impor pesados encargos administrativos à Autoridade ou aos contratantes. Deverá considerar-se a possibilidade de adotar um sistema de direitos de exploração *(royalties)* ou um sistema combinado de direitos de exploração *(royalties)* e de partilha de lucros. Se se decidir por sistemas alternativos, o contratante tem o direito de escolher o sistema aplicável ao seu contrato. Não obstante, qualquer alteração posterior da escolha entre sistemas alternativos será feita por acordo entre a Autoridade e o contratante;

d) Uma taxa anual fixa será paga a partir da data do início da produção comercial. Essa taxa poderá ser deduzida dos outros pagamentos devidos conforme o sistema adotado de acordo com a alínea *c*). O montante dessa taxa será estabelecido pelo conselho;

e) O sistema de pagamentos pode ser revisto periodicamente à luz da alteração das circunstâncias. Quaisquer alterações serão aplicadas de forma não discriminatória. Essas alterações não podem aplicar-se aos contratos existentes a não ser que o contratante o deseje. Qualquer alteração subsequente na escolha entre sistemas alternativos será feita por acordo entre a Autoridade e o contratante;

f) As controvérsias relativas à interpretação e aplicação das normas e regulamentos baseados nestes princípios serão sujeitas aos procedimentos de solução de controvérsias estabelecidos na Convenção.

2. Não se aplicarão as disposições dos nºs 3 a 10 do artigo 13º do anexo III da Convenção.

3. No que se refere à aplicação do nº 2 do artigo 13º do anexo III da Convenção, a taxa para o processamento de pedidos de aprovação de um plano de trabalho limitado a uma fase, seja a fase de exploração, seja a fase de aproveitamento, será de 250 000 dólares dos Estados Unidos.

SECÇÃO IX – O Comité Financeiro

1. É constituído um Comité Financeiro composto por 15 membros com as qualificações adequadas em matéria financeira. Os Estados Partes designarão candidatos da mais elevada competência e integridade.

2. Do Comité Financeiro não poderá ser membro mais de um nacional de um mesmo Estado Parte.

3. Os membros do Comité Financeiro serão eleitos pela assembleia e será tomada em devida conta a necessidade de uma distribuição geográfica equitativa e a representação de interesses especiais. Cada grupo de Estados referidos nas alíneas *a*), *b*), *c*) e *d*) do nº 15 da secção 3 do presente anexo será representado no Comité por um membro pelo menos. Até que a Autoridade tenha fundos suficientes, além das contribuições destinadas a suportar os seus encargos administrativos, os membros do Comité deverão incluir representantes dos cinco maiores contribuintes financeiros para o orçamento administrativo da Autoridade. Posteriormente, a eleição de um membro de cada grupo será feita com base nas candidaturas apresentadas pelos membros do respetivo grupo, sem prejuízo da possibilidade de mais membros serem eleitos por cada grupo.

4. Os membros do Comité Financeiro são eleitos por um período de cinco anos e são reelegíveis para um novo mandato.

5. Em caso de morte, incapacidade ou renúncia de um membro do Comité Financeiro antes do fim do mandato, a assembleia elegerá para o período remanescente do mandato um membro da mesma região geográfica ou do mesmo grupo de Estados.

6. Os membros do Comité Financeiro não terão interesse financeiro em nenhuma atividade, qualquer que seja, relacionada com as questões sobre as quais o Comité tem competência para fazer recomendações. Não revelarão, mesmo após o termo das suas funções, qualquer informação confidencial que tenha chegado ao seu conhecimento através das funções que desempenharam ao serviço da Autoridade.

7. As decisões da assembleia e do conselho acerca das questões seguintes deverão ter em conta as recomendações do Comité Financeiro:

a) Projetos de normas, regulamentos e procedimentos financeiros dos órgãos da Autoridade e a gestão financeira e administração financeira interna da Autoridade;

b) Avaliação das contribuições dos membros para o orçamento administrativo da Autoridade, de harmonia com a alínea *e*) do nº 2 do artigo 160º da Convenção;

c) Todas as questões financeiras pertinentes, incluindo a proposta anual de orçamento, preparada pelo secretário-geral da Autoridade de harmonia com o artigo 172º da Convenção, e os aspetos financeiros da aplicação dos programas de trabalho do secretariado;

d) O orçamento administrativo;

e) As obrigações financeiras dos Estados Partes decorrentes da aplicação do presente Acordo e da parte XI, assim como as implicações administrativas e orçamentais das propostas e recomendações envolvendo dispêndio de fundos da Autoridade;

f) As normas, regulamentos e procedimentos sobre a partilha equitativa de benefícios financeiros e outros benefícios económicos resultantes de atividades e área e as decisões a serem tomadas a este respeito.

8. As decisões do Comité Financeiro sobre questões de processo serão adotadas pela maioria dos membros presentes e votantes. As decisões sobre questões de fundo serão adotadas por consenso.

9. A exigência, na alínea *y*) do nº 2 do artigo 162º da Convenção, da criação de um órgão subsidiário para tratar de assuntos financeiros será considerada como tendo sido satisfeita com a constituição do Comité Financeiro, de harmonia com a presente secção.

V
DIREITO PORTUGUÊS DOS TRATADOS

12
Constituição da República Portuguesa[1]

Artigo 4º – Cidadania portuguesa

São cidadãos portugueses todos aqueles que como tal sejam considerados pela lei ou por convenção internacional.

Artigo 5º – Território

1. Portugal abrange o território historicamente definido no continente europeu e os arquipélagos dos Açores e da Madeira.

2. A lei define a extensão e o limite das águas territoriais, a zona económica exclusiva e os direitos de Portugal aos fundos marinhos contíguos.

3. O Estado não aliena qualquer parte do território português ou dos direitos de soberania que sobre ele exerce, sem prejuízo da retificação de fronteiras.

Artigo 6º – Estado unitário

1. O Estado é unitário e respeita na sua organização e funcionamento o regime autonómico insular e os princípios da subsidiariedade, da autonomia das autarquias locais e da descentralização democrática da Administração Pública.

2. Os arquipélagos dos Açores e da Madeira constituem regiões autónomas dotadas de estatutos político administrativos e de órgãos de governo próprio.

[1] Aprovada em 2 de abril de 1976, na versão publicada no *Diário da República*, 1ª série-A, n.º 155, de 12 de agosto, após a Lei Constitucional nº 1/2005, de 12 de agosto, que aprovou a VII revisão constitucional.

Artigo 7º – Relações internacionais

1. Portugal rege se nas relações internacionais pelos princípios da independência nacional, do respeito dos direitos do homem, dos direitos dos povos, da igualdade entre os Estados, da solução pacífica dos conflitos internacionais, da não ingerência nos assuntos internos dos outros Estados e da cooperação com todos os outros povos para a emancipação e o progresso da Humanidade.

2. Portugal preconiza a abolição do imperialismo, do colonialismo e de quaisquer outras formas de agressão, domínio e exploração nas relações entre os povos, bem como o desarmamento geral, simultâneo e controlado, a dissolução dos blocos político militares e o estabelecimento de um sistema de segurança coletiva, com vista à criação de uma ordem internacional capaz de assegurar a paz e a justiça nas relações entre os povos.

3. Portugal reconhece o direito dos povos à autodeterminação e independência e ao desenvolvimento, bem como o direito à insurreição contra todas as formas de opressão.

4. Portugal mantém laços privilegiados de amizade e cooperação com os países de língua portuguesa.

5. Portugal empenha se no reforço da identidade europeia e no fortalecimento da ação dos Estados europeus a favor da democracia, da paz, do progresso económico e da justiça nas relações entre os povos.

6. Portugal pode, em condições de reciprocidade, com respeito pelos princípios fundamentais do Estado de Direito Democrático e pelo princípio da subsidiariedade e tendo em vista a realização da coesão económica, social e territorial, de um espaço de liberdade, segurança e justiça e a definição e execução de uma política externa, de segurança e de defesa comuns, convencionar o exercício, em comum, em cooperação ou pelas instituições da União, dos poderes necessários à construção e aprofundamento da União Europeia.

7. Portugal pode, tendo em vista a realização de uma justiça internacional que promova o respeito pelos direitos da pessoa humana e dos povos, aceitar a jurisdição do Tribunal Penal Internacional, nas condições de complementaridade e demais termos estabelecidos no Estatuto de Roma.

Artigo 8º – Direito Internacional

1. As normas e os princípios de Direito Internacional geral ou comum fazem parte integrante do Direito Português.

2. As normas constantes de convenções internacionais regularmente ratificadas ou aprovadas vigoram na ordem interna após a sua publicação oficial e enquanto vincularem internacionalmente o Estado Português.

3. As normas emanadas dos órgãos competentes das organizações internacionais de que Portugal seja parte vigoram diretamente na ordem interna, desde que tal se encontre estabelecido nos respetivos tratados constitutivos.

4. As disposições dos tratados que regem a União Europeia e as normas emanadas das suas instituições, no exercício das respetivas competências, são aplicáveis na ordem interna, nos termos definidos pelo Direito da União, com respeito pelos princípios fundamentais do Estado de Direito Democrático.

Artigo 14º – Portugueses no estrangeiro

Os cidadãos portugueses que se encontrem ou residam no estrangeiro gozam da proteção do Estado para o exercício dos direitos e estão sujeitos aos deveres que não sejam incompatíveis com a ausência do país.

Artigo 15º – Estrangeiros, apátridas, cidadãos europeus

1. Os estrangeiros e os apátridas que se encontrem ou residam em Portugal gozam dos direitos e estão sujeitos aos deveres do cidadão português.

2. Excetuam do disposto no número anterior os direitos políticos, o exercício das funções públicas que não tenham caráter predominantemente técnico e os direitos e deveres reservados pela Constituição e pela lei exclusivamente aos cidadãos portugueses.

3. Aos cidadãos dos Estados de língua portuguesa com residência permanente em Portugal são reconhecidos, nos termos da lei e em condições de reciprocidade, direitos não conferidos a estrangeiros, salvo o acesso aos cargos de Presidente da República, Presidente da Assembleia da República, Primeiro-Ministro, Presidentes dos tribunais supremos e o serviço nas Forças Armadas e na carreira diplomática.

4. A lei pode atribuir a estrangeiros residentes no território nacional, em condições de reciprocidade, capacidade eleitoral ativa e passiva para a eleição dos titulares de órgãos de autarquias locais.

5. A lei pode ainda atribuir, em condições de reciprocidade, aos cidadãos dos Estados membros da União Europeia residentes em Portugal o direito de elegerem e serem eleitos Deputados ao Parlamento Europeu.

....

Artigo 16º – Âmbito e sentido dos direitos fundamentais

1. Os direitos fundamentais consagrados na Constituição não excluem quaisquer outros constantes das leis e das regras aplicáveis de Direito Internacional.

2. Os preceitos constitucionais e legais relativos aos direitos fundamentais devem ser interpretados e integrados de harmonia com a Declaração Universal dos Direitos do Homem.

....

Artigo 29º – Aplicação da lei criminal

2. O disposto no número anterior não impede a punição, nos limites da lei interna, por ação ou omissão que no momento da sua prática seja considerada criminosa segundo os princípios gerais de Direito Internacional comummente reconhecidos.

....

Artigo 33º – Expulsão, extradição e direito de asilo

1. Não é admitida a expulsão de cidadãos portugueses do território nacional.

2. A expulsão de quem tenha entrado ou permaneça regularmente no território nacional, de quem tenha obtido autorização de residência, ou de quem tenha apresentado pedido de asilo não recusado só pode ser determinada por autoridade judicial, assegurando a lei formas expeditas de decisão.

3. A extradição de cidadãos portugueses do território nacional só é admitida, em condições de reciprocidade estabelecidas em convenção internacional, nos casos de terrorismo e de criminalidade internacional organizada, e desde que a ordem jurídica do Estado requisitante consagre garantias de um processo justo e equitativo.

4. Só é admitida a extradição por crimes a que corresponda, segundo o Direito do Estado requisitante, pena ou medida de segurança privativa ou restritiva da liberdade com caráter perpétuo ou de duração indefinida, se, nesse domínio, o Estado requisitante for parte de convenção internacional a que Portugal esteja vinculado e oferecer garantias de que tal pena ou medida de segurança não será aplicada ou executada.

5. O disposto nos números anteriores não prejudica a aplicação das normas de cooperação judiciária penal estabelecidas no âmbito da União Europeia.

6. Não é admitida a extradição, nem a entrega a qualquer título, por motivos políticos ou por crimes a que corresponda, segundo o Direito do Estado requisitante, pena de morte ou outra de que resulte lesão irreversível da integridade física.

7. A extradição só pode ser determinada por autoridade judicial.

8. É garantido o direito de asilo aos estrangeiros e aos apátridas perseguidos ou gravemente ameaçados de perseguição, em consequência da sua atividade em favor da democracia, da libertação social e nacional, da paz entre os povos, da liberdade e dos direitos da pessoa humana.

9. A lei define o estatuto do refugiado político.

....

Artigo 84º – Domínio público

1. Pertencem ao domínio público:

a) As águas territoriais com os seus leitos e os fundos marinhos contíguos, bem como os lagos, lagoas e cursos de água navegáveis ou flutuáveis, com os respetivos leitos;

b) As camadas aéreas superiores ao território acima do limite reconhecido ao proprietário ou superficiário;

c) Os jazigos minerais, as nascentes de águas mineromedicinais, as cavidades naturais subterrâneas existentes no subsolo, com exceção das rochas, terras comuns e outros materiais habitualmente usados na construção;

d) As estradas;

e) As linhas férreas nacionais;

f) Outros bens como tal classificados por lei.

2. A lei define quais os bens que integram o domínio público do Estado, o domínio público das regiões autónomas e o domínio público das autarquias locais, bem como o seu regime, condições de utilização e limites.

....

Artigo 112º – Atos normativos

1. São atos legislativos as leis, os decretos-leis e os decretos legislativos regionais.

2. As leis e os decretos-leis têm igual valor, sem prejuízo da subordinação às correspondentes leis dos decretos-leis publicados no uso de autorização legislativa e dos que desenvolvam as bases gerais dos regimes jurídicos.

3. Têm valor reforçado, além das leis orgânicas, as leis que carecem de aprovação por maioria de dois terços, bem como aquelas que, por força da Constituição, sejam pressuposto normativo necessário de outras leis ou que por outras devam ser respeitadas.

4. Os decretos legislativos têm âmbito regional e versam sobre matérias enunciadas no estatuto político-administrativo da respetiva região autónoma que não estejam reservadas aos órgãos de soberania, sem prejuízo do disposto nas alíneas *b*) e *c*) do nº 1 do artigo 227º

5. Nenhuma lei pode criar outras categorias de atos legislativos ou conferir a atos de outra natureza o poder de, com eficácia externa, interpretar, integrar, modificar, suspender ou revogar qualquer dos seus preceitos.

6. Os regulamentos do Governo revestem a forma de decreto regulamentar quando tal seja determinado pela lei que regulamentam, bem como no caso de regulamentos independentes.

7. Os regulamentos devem indicar expressamente as leis que visam regulamentar ou que definem a competência subjetiva e objetiva para a sua emissão;

8. A transposição de atos jurídicos da União Europeia para a ordem jurídica interna assume a forma de lei, decreto-lei ou, nos termos do disposto no nº 4, decreto legislativo regional.

....

Artigo 115º – Referendo

1. Os cidadãos eleitores recenseados no território nacional podem ser chamados a pronunciar se diretamente, a título vinculativo, através de

referendo, por decisão do Presidente da República, mediante proposta da Assembleia da República ou do Governo, em matérias das respetivas competências, nos casos e nos termos previstos na Constituição e na lei.

2. O referendo pode ainda resultar da iniciativa de cidadãos dirigida à Assembleia da República, que será apresentada e apreciada nos termos e nos prazos fixados por lei.

3. O referendo só pode ter por objeto questões de relevante interesse nacional que devam ser decididas pela Assembleia da República ou pelo Governo através da aprovação de convenção internacional ou de ato legislativo.

4. São excluídas do âmbito do referendo:

a) As alterações à Constituição;

b) As questões e os atos de conteúdo orçamental, tributário ou financeiro;

c) As matérias previstas no artigo 161º da Constituição, sem prejuízo do disposto no número seguinte;

d) As matérias previstas no artigo 164º da Constituição, com exceção do disposto na alínea *i)*.

5. O disposto no número anterior não prejudica a submissão a referendo das questões de relevante interesse nacional que devam ser objeto de convenção internacional, nos termos da alínea *i)* do artigo 161º da Constituição, exceto quando relativas à paz e à retificação de fronteiras.

6. Cada referendo recairá sobre uma só matéria, devendo as questões ser formuladas com objetividade, clareza e precisão e para respostas de sim ou não, num número máximo de perguntas a fixar por lei, a qual determinará igualmente as demais condições de formulação e efetivação de referendos.

7. São excluídas a convocação e a efetivação de referendos entre a data da convocação e a da realização de eleições gerais para os órgãos de soberania, de governo próprio das regiões autónomas e do poder local, bem como de Deputados ao Parlamento Europeu.

8. O Presidente da República submete a fiscalização preventiva obrigatória da constitucionalidade e da legalidade as propostas de referendo que lhe tenham sido remetidas pela Assembleia da República ou pelo Governo.

9. São aplicáveis ao referendo, com as necessárias adaptações, as normas constantes dos nºs 1, 2, 3, 4 e 7 do artigo 113º.

10. As propostas de referendo recusadas pelo Presidente da República ou objeto de resposta negativa do eleitorado não podem ser renovadas na mesma sessão legislativa, salvo nova eleição da Assembleia da República, ou até à demissão do Governo.

11. O referendo só tem efeito vinculativo quando o número de votantes for superior a metade dos eleitores inscritos no recenseamento.

12. Nos referendos são chamados a participar cidadãos residentes no estrangeiro, regularmente recenseados ao abrigo do disposto no nº 2 do artigo 121º, quando recaiam sobre matéria que lhes diga também especificamente respeito.

13. Os referendos podem ter âmbito regional, nos termos previstos no nº 2 do artigo 232º

………………………………………………………………………………………

Artigo 119º – Publicidade dos atos

1. São publicados no jornal oficial, *Diário da República*:

a) As leis constitucionais;

b) As convenções internacionais e os respetivos avisos de ratificação, bem como os restantes avisos a elas respeitantes;

c) As leis, os decretos-leis e os decretos legislativos regionais;

d) Os decretos do Presidente da República;

e) As resoluções da Assembleia da República e das Assembleias Legislativas das regiões autónomas;

f) Os regimentos da Assembleia da República, do Conselho de Estado e das Assembleias Legislativas das regiões autónomas;

g) As decisões do Tribunal Constitucional, bem como as dos outros tribunais a que a lei confira força obrigatória geral;

h) Os decretos regulamentares e os demais decretos e regulamentos do Governo, bem como os decretos dos Representantes da República para as regiões autónomas e os decretos regulamentares regionais;

i) Os resultados de eleições para os órgãos de soberania, das regiões autónomas e do poder local, bem como para o Parlamento Europeu e ainda os resultados de referendos de âmbito nacional e regional.

2. A falta de publicidade dos atos previstos nas alíneas *a)* a *h)* do número anterior e de qualquer ato de conteúdo genérico dos órgãos de soberania, das regiões autónomas e do poder local implica a sua ineficácia jurídica.

3. A lei determina as formas de publicidade dos demais atos e as consequências da sua falta.

………………………………………………………………………………………

Artigo 134º – Competência para prática de atos próprios

Compete ao Presidente da República, na prática de atos próprios:

a) Exercer as funções de Comandante Supremo das Forças Armadas;

b) Promulgar e mandar publicar as leis, os decretos-leis e os decretos regulamentares, assinar as resoluções da Assembleia da República que aprovem acordos internacionais e os restantes decretos do Governo;

c) Submeter a referendo questões de relevante interesse nacional, nos termos do artigo 115º, e as referidas no nº 2 do artigo 232º e no nº 3 do artigo 256º;

d) Declarar o estado de sítio ou o estado de emergência, observado o disposto nos artigos 19º e 138º;

e) Pronunciar se sobre todas as emergências graves para a vida da República;

f) Indultar e comutar penas, ouvido o Governo;

g) Requerer ao Tribunal Constitucional a apreciação preventiva da constitucionalidade de normas constantes de leis, decretos-leis e convenções internacionais;

h) Requerer ao Tribunal Constitucional a declaração de inconstitucionalidade de normas jurídicas, bem como a verificação de inconstitucionalidade por omissão;

i) Conferir condecorações, nos termos da lei, e exercer a função de grão-mestre das ordens honoríficas portuguesas.

Artigo 135º – Competência nas relações internacionais

Compete ao Presidente da República, nas relações internacionais:

a) Nomear os embaixadores e os enviados extraordinários, sob proposta do Governo, e acreditar os representantes diplomáticos estrangeiros;

b) Ratificar os tratados internacionais, depois de devidamente aprovados;

c) Declarar a guerra em caso de agressão efetiva ou iminente e fazer a paz, sob proposta do Governo, ouvido o Conselho de Estado e mediante autorização da Assembleia da República, ou, quando esta não estiver reunida nem for possível a sua reunião imediata, da sua Comissão Permanente.

....

Artigo 161º – Competência política e legislativa

Compete à Assembleia da República:

a) Aprovar alterações à Constituição, nos termos dos artigos 284º a 289º;

b) Aprovar os estatutos político administrativos e as leis relativas à eleição dos deputados às Assembleias Legislativas das regiões autónomas;

c) Fazer leis sobre todas as matérias, salvo as reservadas pela Constituição ao Governo;

d) Conferir ao Governo autorizações legislativas;

e) Conferir às Assembleias Legislativas das regiões autónomas as autorizações previstas na alínea *b)* do nº 1 do artigo 227º da Constituição;

f) Conceder amnistias e perdões genéricos;

g) Aprovar as leis das grandes opções dos planos nacionais e o Orçamento do Estado, sob proposta do Governo;

h) Autorizar o Governo a contrair e a conceder empréstimos e a realizar outras operações de crédito que não sejam de dívida flutuante, definindo as respetivas condições gerais, e estabelecer o limite máximo dos avales a conceder em cada ano pelo Governo;

i) Aprovar os tratados, designadamente os tratados de participação de Portugal em organizações internacionais, os tratados de amizade, de paz, de defesa, de retificação de fronteiras e os respeitantes a assuntos militares, bem como os acordos internacionais que versem matérias da sua competência reservada ou que o Governo entenda submeter à sua apreciação;

j) Propor ao Presidente da República a sujeição a referendo de questões de relevante interesse nacional;

l) Autorizar e confirmar a declaração do estado de sítio e do estado de emergência;

m) Autorizar o Presidente da República a declarar a guerra e a fazer paz;

n) Pronunciar se, nos termos da lei, sobre as matérias pendentes de decisão em órgãos no âmbito da União Europeia que incidam na esfera da sua competência legislativa reservada;

o) Desempenhar as demais funções que lhe sejam atribuídas pela Constituição e pela lei.

....

Artigo 164º – Reserva absoluta de competência legislativa

É da exclusiva competência da Assembleia da República legislar sobre as seguintes matérias:

a) Eleições dos titulares dos órgãos de soberania;

b) Regimes dos referendos;

c) Organização, funcionamento e processo do Tribunal Constitucional;

d) Organização da defesa nacional, definição dos deveres dela decorrentes e bases gerais da organização, do funcionamento, do reequipamento e da disciplina das Forças Armadas;

e) Regimes do estado de sítio e do estado de emergência;

f) Aquisição, perda e reaquisição da cidadania portuguesa;

g) Definição dos limites das águas territoriais, da zona económica exclusiva e dos direitos de Portugal aos fundos marinhos contíguos;

h) Associações e partidos políticos;

i) Bases do sistema de ensino;

j) Eleições dos deputados às Assembleias Legislativas das regiões autónomas;

l) Eleições dos titulares dos órgãos do poder local ou outras realizadas por sufrágio direto e universal, bem como dos restantes órgãos constitucionais;

m) Estatuto dos titulares dos órgãos de soberania e do poder local, bem como dos restantes órgãos constitucionais ou eleitos por sufrágio direto e universal;

n) Criação, extinção e modificação de autarquias locais e respetivo regime, sem prejuízo dos poderes das regiões autónomas;

o) Restrições ao exercício de direitos por militares e agentes militarizados dos quadros permanentes em serviço efetivo, bem como por agentes dos serviços e forças de segurança;

p) Regime de designação dos membros de órgãos da União Europeia, com exceção da Comissão;

q) Regime do sistema de informações da República e do segredo de Estado;

r) Regime geral de elaboração e organização dos orçamentos do Estado, das regiões autónomas e das autarquias locais;

s) Regime dos símbolos nacionais;

t) Regime de finanças das regiões autónomas;

u) Regime das forças de segurança;

v) Regime da autonomia organizativa, administrativa e financeira dos serviços de apoio do Presidente da República.

Artigo 165º – Reserva relativa de competência legislativa

1. É da exclusiva competência da Assembleia da República legislar sobre as seguintes matérias, salvo autorização ao Governo:

a) Estado e capacidade das pessoas;

b) Direitos, liberdades e garantias;

c) Definição dos crimes, penas, medidas de segurança e respetivos pressupostos, bem como processo criminal;

d) Regime geral de punição das infrações disciplinares, bem como dos atos ilícitos de mera ordenação social e do respetivo processo;

e) Regime geral da requisição e da expropriação por utilidade pública;

f) Bases do sistema de segurança social e do serviço nacional de saúde;

g) Bases do sistema de proteção da natureza, do equilíbrio ecológico e do património cultural;

h) Regime geral do arrendamento rural e urbano;

i) Criação de impostos e sistema fiscal e regime geral das taxas e demais contribuições financeiras a favor das entidades públicas;

j) Definição dos setores de propriedade dos meios de produção, incluindo a dos setores básicos nos quais seja vedada a atividade às empresas privadas e a outras entidades da mesma natureza;

l) Meios e formas de intervenção, expropriação, nacionalização e privatização dos meios de produção e solos por motivo de interesse público, bem como critérios de fixação, naqueles casos, de indemnizações;

m) Regime dos planos de desenvolvimento económico e social e composição do Conselho Económico e Social;

n) Bases da política agrícola, incluindo a fixação dos limites máximos e mínimos das unidades de exploração agrícola;

o) Sistema monetário e padrão de pesos e medidas;

p) Organização e competência dos tribunais e do Ministério Público e estatuto dos respetivos magistrados, bem como das entidades não jurisdicionais de composição de conflitos;

q) Estatuto das autarquias locais, incluindo o regime das finanças locais;

r) Participação das organizações de moradores no exercício do poder local;

s) Associações públicas, garantias dos administrados e responsabilidade civil da Administração;

t) Bases do regime e âmbito da função pública;

u) Bases gerais do estatuto das empresas públicas e das fundações públicas;

v) Definição e regime dos bens do domínio público;

x) Regime dos meios de produção integrados no setor cooperativo e social de propriedade;

z) Bases do ordenamento do território e do urbanismo;

aa) Regime e forma de criação das polícias municipais.

2. As leis de autorização legislativa devem definir o objeto, o sentido, a extensão e a duração da autorização, a qual pode ser prorrogada.

3. As autorizações legislativas não podem ser utilizadas mais de uma vez, sem prejuízo da sua execução parcelada.

4. As autorizações caducam com a demissão do Governo a que tiverem sido concedidas, com o termo da legislatura ou com a dissolução da Assembleia da República.

5. As autorizações concedidas ao Governo na lei do Orçamento observam o disposto no presente artigo e, quando incidam sobre matéria fiscal, só caducam no termo do ano económico a que respeitam.

....

Artigo 197º – Competência política

1. Compete ao Governo, no exercício de funções políticas:

a) Referendar os atos do Presidente da República, nos termos do artigo 140º;

b) Negociar e ajustar convenções internacionais;

c) Aprovar os acordos internacionais cuja aprovação não seja da competência da Assembleia da República ou que a esta não tenham sido submetidos;

d) Apresentar propostas de lei e de resolução à Assembleia da República;

e) Propor ao Presidente da República a sujeição a referendo de questões de relevante interesse nacional, nos termos do artigo 115º;

f) Pronunciar se sobre a declaração do estado de sítio ou do estado de emergência;

g) Propor ao Presidente da República a declaração da guerra ou a feitura da paz;

h) Apresentar à Assembleia da República, nos termos da alínea *d)* do artigo 162º, as contas do Estado e das demais entidades públicas que a lei determinar;

i) Apresentar, em tempo útil, à Assembleia da República, para efeitos do disposto na alínea *n)* do artigo 161º e na alínea *f)* do artigo 163º, informação referente ao processo de construção da União Europeia;

j) Praticar os demais atos que lhe sejam cometidos pela Constituição ou pela lei.

2. A aprovação pelo Governo de acordos internacionais reveste a forma de decreto.

....

Artigo 227º – Poderes das regiões autónomas

1. As regiões autónomas são pessoas coletivas territoriais e têm os seguintes poderes, a definir nos respetivos estatutos:

a) Legislar no âmbito regional em matérias enunciadas no respetivo estatuto político-administrativo e que não estejam reservadas aos órgãos de soberania;

b) Legislar em matérias de reserva relativa da Assembleia da República, mediante autorização desta, com exceção das previstas nas alíneas *a*) a *c*), na primeira parte da alínea *d*), nas alíneas *f*) e *i*), na segunda parte da alínea m) e nas alíneas *o*), *p*), *q*), *s*), *t*), *v*), *x*) e *aa*) do nº 1 do artigo 165º;

c) Desenvolver para o âmbito regional os princípios ou as bases gerais dos regimes jurídicos contidos em lei que a eles se circunscrevam;

d) Regulamentar a legislação regional e as leis emanadas dos órgãos de soberania que não reservem para estes o respetivo poder regulamentar;

e) Exercer a iniciativa estatutária, bem como a iniciativa legislativa em matéria relativa à eleição dos deputados às respetivas Assembleias Legislativas, nos termos do artigo 226º;

f) Exercer a iniciativa legislativa, nos termos do nº 1 do artigo 167º, mediante a apresentação à Assembleia da República de propostas de lei e respetivas propostas de alteração;

g) Exercer poder executivo próprio;

h) Administrar e dispor do seu património e celebrar os atos e contratos em que tenham interesse;

i) Exercer poder tributário próprio, nos termos da lei, bem como adaptar o sistema fiscal nacional às especificidades regionais, nos termos de lei-quadro da Assembleia da República;

j) Dispor, nos termos dos estatutos e da lei de finanças das regiões autónomas, das receitas fiscais nelas cobradas ou geradas, bem como de uma participação nas receitas tributárias do Estado, estabelecida de acordo com um princípio que assegure a efetiva solidariedade nacional, e de outras receitas que lhes sejam atribuídas e afetá-las às suas despesas;

l) Criar e extinguir autarquias locais, bem como modificar a respetiva área, nos termos da lei;

m) Exercer poder de tutela sobre as autarquias locais;

n) Elevar povoações à categoria de vilas ou cidades;

o) Superintender nos serviços, institutos públicos e empresas públicas e nacionalizadas que exerçam a sua atividade exclusiva ou predominantemente na região, e noutros casos em que o interesse regional o justifique;

p) Aprovar o plano de desenvolvimento económico e social, o orçamento regional e as contas da região e participar na elaboração dos planos nacionais;

q) Definir atos ilícitos de mera ordenação social e respetivas sanções, sem prejuízo do disposto na alínea *d*) do nº 1 do artigo 165º;

r) Participar na definição e execução das políticas fiscal, monetária, financeira e cambial, de modo a assegurar o controlo regional dos meios de pagamento em circulação e o financiamento dos investimentos necessários ao seu desenvolvimento económico-social;

s) Participar na definição das políticas respeitantes às águas territoriais, à zona económica exclusiva e aos fundos marinhos contíguos;

t) Participar nas negociações de tratados e acordos internacionais que diretamente lhes digam respeito, bem como nos benefícios deles decorrentes;

u) Estabelecer cooperação com outras entidades regionais estrangeiras e participar em organizações que tenham por objeto fomentar o diálogo e a cooperação inter-regional, de acordo com as orientações definidas pelos órgãos de soberania com competência em matéria de política externa;

v) Pronunciar-se por sua iniciativa ou sob consulta dos órgãos de soberania, sobre as questões da competência destes que lhes digam respeito, bem como, em matérias do seu interesse específico, na definição das posições do Estado Português no âmbito do processo de construção europeia;

x) Participar no processo de construção europeia, mediante representação nas respetivas instituições regionais e nas delegações envolvidas em processos de decisão da União Europeia, quando estejam em causa matérias que lhes digam respeito, bem como transpor atos jurídicos da União, nos termos do artigo 112º.

2. As propostas de lei de autorização devem ser acompanhadas do anteprojeto do decreto legislativo regional a autorizar, aplicando-se às correspondentes leis de autorização o disposto nos nºs 2 e 3 do artigo 165º.

3. As autorizações referidas no número anterior caducam com o termo da legislatura ou a dissolução, quer da Assembleia da República, quer da Assembleia Legislativa a que tiverem sido concedidas.

4. Os decretos legislativos regionais previstos nas alíneas *b*) e *c*) do nº 1 devem invocar expressamente as respetivas leis de autorização ou leis de bases, sendo aplicável aos primeiros o disposto no artigo 169º, com as necessárias adaptações.

....

Artigo 277º – Inconstitucionalidade por ação

1. São inconstitucionais as normas que infrinjam o disposto na Constituição ou os princípios nela consignados.

2. A inconstitucionalidade orgânica ou formal de tratados internacionais regularmente ratificados não impede a aplicação das suas normas na ordem jurídica portuguesa, desde que tais normas sejam aplicadas na ordem jurídica da outra parte, salvo se tal inconstitucionalidade resultar de violação de uma disposição fundamental.

Artigo 278º – Fiscalização preventiva da constitucionalidade

1. O Presidente da República pode requerer ao Tribunal Constitucional a apreciação preventiva da constitucionalidade de qualquer norma constante de tratado internacional que lhe tenha sido submetido para ratificação, de decreto que lhe tenha sido enviado para promulgação como lei ou como decreto-lei ou de acordo internacional cujo decreto de aprovação lhe tenha sido remetido para assinatura.

2. Os Representantes da República podem igualmente requerer ao Tribunal Constitucional a apreciação preventiva da constitucionalidade de qualquer norma constante de decreto legislativo regional que lhes tenha sido enviado para assinatura.

3. A apreciação preventiva da constitucionalidade deve ser requerida no prazo de oito dias a contar da data da receção do diploma.

4. Podem requerer ao Tribunal Constitucional a apreciação preventiva da constitucionalidade de qualquer norma constante de decreto que

tenha sido enviado ao Presidente da República para promulgação como lei orgânica, além deste, o Primeiro-Ministro ou um quinto dos Deputados à Assembleia da República em efetividade de funções.

5. O Presidente da Assembleia da República, na data em que enviar ao Presidente da República decreto que deva ser promulgado como lei orgânica, dará disso conhecimento ao Primeiro-Ministro e aos grupos parlamentares da Assembleia da República.

6. A apreciação preventiva da constitucionalidade prevista no nº 4 deve ser requerida no prazo de oito dias a contar da data prevista no número anterior.

7. Sem prejuízo do disposto no nº 1, o Presidente da República não pode promulgar os decretos a que se refere o nº 4 sem que decorram oito dias após a respetiva receção ou antes de o Tribunal Constitucional sobre eles se ter pronunciado, quando a intervenção deste tiver sido requerida.

8. O Tribunal Constitucional deve pronunciar se no prazo de vinte e cinco dias, o qual, no caso do nº 1, pode ser encurtado pelo Presidente da República, por motivo de urgência.

Artigo 279º – Efeitos da decisão

1. Se o Tribunal Constitucional se pronunciar pela inconstitucionalidade de norma constante de qualquer decreto ou acordo internacional, deverá o diploma ser vetado pelo Presidente da República ou pelo Representante da República, conforme os casos, e devolvido ao órgão que o tiver aprovado.

2. No caso previsto no nº 1, o decreto não poderá ser promulgado ou assinado sem que o órgão que o tiver aprovado expurgue a norma julgada inconstitucional ou, quando for caso disso, o confirme por maioria de dois terços dos Deputados presentes, desde que superior à maioria absoluta dos Deputados em efetividade de funções.

3. Se o diploma vier a ser reformulado, poderá o Presidente da República ou o Representante da República, conforme os casos, requerer a apreciação preventiva da constitucionalidade de qualquer das suas normas.

4. Se o Tribunal Constitucional se pronunciar pela inconstitucionalidade de norma constante de tratado, este só poderá ser ratificado se a Assembleia da República o vier a aprovar por maioria de dois terços dos Deputados presentes, desde que superior à maioria absoluta dos Deputados em efetividade de funções.

Artigo 280º – Fiscalização concreta da constitucionalidade e da legalidade

1. Cabe recurso para o Tribunal Constitucional das decisões dos tribunais:

a) Que recusem a aplicação de qualquer norma com fundamento na sua inconstitucionalidade;

b) Que apliquem norma cuja inconstitucionalidade haja sido suscitada durante o processo.

2. Cabe igualmente recurso para o Tribunal Constitucional das decisões dos tribunais:

a) Que recusem a aplicação de norma constante de ato legislativo com fundamento na sua ilegalidade por violação da lei com valor reforçado;

b) Que recusem a aplicação de norma constante de diploma regional com fundamento na sua ilegalidade por violação do estatuto da região autónoma;

c) Que recusem a aplicação de norma constante de diploma emanado de um órgão de soberania com fundamento na sua ilegalidade por violação do estatuto de uma região autónoma;

d) Que apliquem norma cuja ilegalidade haja sido suscitada durante o processo com qualquer dos fundamentos referidos nas alíneas *a)*, *b)* e *c)*.

3. Quando a norma cuja aplicação tiver sido recusada constar de convenção internacional, de ato legislativo ou de decreto regulamentar, os recursos previstos na alínea *a)* do nº 1 e na alínea *a)* do nº 2 são obrigatórios para o Ministério Público.

4. Os recursos previstos na alínea *b)* do nº 1 e na alínea *d)* do nº 2 só podem ser interpostos pela parte que haja suscitado a questão da inconstitucionalidade ou da ilegalidade, devendo a lei regular o regime de admissão desses recursos.

5. Cabe ainda recurso para o Tribunal Constitucional, obrigatório para o Ministério Público, das decisões dos tribunais que apliquem norma anteriormente julgada inconstitucional ou ilegal pelo próprio Tribunal Constitucional.

6. Os recursos para o Tribunal Constitucional são restritos à questão da inconstitucionalidade ou da ilegalidade, conforme os casos.

Artigo 288º – Limites materiais da revisão

As leis de revisão constitucional terão de respeitar:

a) A independência nacional e a unidade do Estado;

b) A forma republicana de governo;

c) A separação das Igrejas do Estado:

d) Os direitos, liberdades e garantias dos cidadãos;

e) Os direitos dos trabalhadores, das comissões de trabalhadores e das associações sindicais;

f) A coexistência do sector público, do sector privado e do sector cooperativo e social de propriedade dos meios de produção;

g) A existência de planos económicos no âmbito de uma economia mista;

h) O sufrágio universal, direto, secreto e periódico na designação dos titulares eletivos dos órgãos de soberania, das regiões autónomas e do poder local, bem como o sistema de representação proporcional;

i) O pluralismo de expressão e organização política, incluindo partidos políticos, e o direito de oposição democrática;

j) A separação e a interdependência dos órgãos de soberania;

l) A fiscalização da constitucionalidade por ação ou por omissão de normas jurídicas;

m) A independência dos tribunais;

n) A autonomia das autarquias locais;

o) A autonomia político-administrativa dos arquipélagos dos Açores e da Madeira.

....

Artigo 295º – Referendo sobre tratado europeu

O disposto no nº 3 do artigo 115º não prejudica a possibilidade de convocação e de efetivação de referendo sobre a aprovação de tratado que vise a construção e aprofundamento da União Europeia.

13
Regimento da Assembleia da República[1]

....

CAPÍTULO VI - Aprovação de tratados e acordos

Artigo 198º - Iniciativa em matéria de tratados e acordos

1. Os tratados e os acordos sujeitos à aprovação da Assembleia da República, nos termos da alínea *i)* do artigo 161º da Constituição, são enviados pelo Governo à Assembleia da República.

2. O Presidente da Assembleia manda publicar os respetivos textos no *Diário* e submete-os à apreciação da comissão parlamentar competente em razão da matéria e, se for caso disso, de outra ou outras comissões parlamentares.

3. Quando o tratado ou o acordo diga respeito às Regiões Autónomas, nos termos da alínea *t)* do nº 1 do artigo 227º da Constituição, o texto é remetido aos respetivos órgãos de governo próprio, a fim de sobre ele se pronunciarem.

Artigo 199º - Exame de tratados e acordos em comissão parlamentar

1. A comissão parlamentar emite parecer no prazo de 30 dias, se outro não for solicitado pelo Governo ou estabelecido pelo Presidente da Assembleia da República.

[1] Regimento da Assembleia da República nº 1/2020, de 31de agosto.

2. Por motivo de relevante interesse nacional, pode o Governo, a título excecional, requerer que a reunião da comissão parlamentar se faça à porta fechada.

Artigo 200º – Discussão e votação dos tratados e acordos

1. A discussão na generalidade e na especialidade dos tratados e acordos é feita na comissão parlamentar competente, exceto se algum grupo parlamentar invocar a sua realização no Plenário.

2. A votação global é realizada no Plenário.

Artigo 201º – Efeitos da votação de tratados e acordos

1. Se o tratado ou acordo for aprovado, é enviado ao Presidente da República para ratificação ou assinatura da resolução de aprovação, respetivamente.

2. A resolução de aprovação ou rejeição do tratado ou acordo é mandada publicar pelo Presidente da Assembleia da República no *Diário da República*.

Artigo 202º – Resolução de aprovação

A resolução de aprovação do tratado ou acordo contém o respetivo texto.

Artigo 203º – Reapreciação de norma constante de tratado ou acordo

1 – No caso de o Tribunal Constitucional se pronunciar pela inconstitucionalidade de norma constante de tratado, a resolução que o aprova deve ser confirmada por maioria de dois terços dos Deputados presentes, desde que superior à maioria absoluta dos Deputados em efetividade de funções.

2 – Quando a norma do tratado submetida a reapreciação diga respeito às Regiões Autónomas, nos termos da alínea *t)* do nº 1 do artigo 227º da Constituição, o Presidente da Assembleia da República solicita aos respetivos órgãos de governo próprio que se pronunciem sobre a matéria, com urgência.

3 – A nova apreciação efetua-se em reunião marcada pelo Presidente da Assembleia da República, por sua iniciativa ou de um décimo dos Deputados em efetividade de funções, que se realiza a partir do décimo quinto dia posterior ao da receção da mensagem fundamentada do Presidente da República.

4 – Na discussão apenas intervêm, e uma só vez, um membro do Governo e um Deputado por cada grupo parlamentar, salvo deliberação da Conferência de Líderes.

5 – A discussão e votação versam somente sobre a confirmação da aprovação do tratado.

6 – Se a Assembleia confirmar o voto, o tratado é reenviado ao Presidente da República para efeitos do nº 4 do artigo 279º da Constituição.

Artigo 204º – Resolução com alterações

1 – Se o tratado admitir reservas, a resolução da Assembleia que o confirme em segunda deliberação pode introduzir alterações à primeira resolução de aprovação do tratado, formulando novas reservas ou modificando as anteriormente formuladas.

2 – No caso previsto no número anterior, o Presidente da República pode requerer a apreciação preventiva da constitucionalidade de qualquer das normas do tratado.

....

ÍNDICE GERAL

NOTA PRÉVIA À 6ª EDIÇÃO 5

I. DIREITOS DO HOMEM

1. Declaração Universal dos Direitos do Homem 9
2. Pacto Internacional sobre os Direitos Económicos, Sociais e Culturais e Protocolo Facultativo
   2.1. Pacto Internacional sobre os Direitos Económicos, Sociais e Culturais 17
   2.2. Protocolo Facultativo ao Pacto Internacional sobre os Direitos Económicos, Sociais e Culturais 29
3. Pacto Internacional sobre os Direitos Civis e Políticos e Protocolos Adicionais
   3.1. Pacto Internacional sobre os Direitos Civis e Políticos 41
   3.2. Protocolo Facultativo referente ao Pacto Internacional sobre os Direitos Civis e Políticos 62
   3.3. Protocolo Adicional nº 2 com vista à Abolição da Pena de Morte 67
4. Convenção Europeia dos Direitos do Homem e Protocolos Adicionais
   4.1. Convenção Europeia para a Proteção dos Direitos do Homem e das Liberdades Fundamentais 71
   4.2. Protocolo Adicional nº 1 89
   4.3. Protocolo Adicional nº 4 91
   4.4. Protocolo Adicional nº 6 93
   4.5. Protocolo Adicional nº 7 96
   4.6. Protocolo Adicional nº 12 99
   4.7. Protocolo Adicional nº 13 102
   4.8. Protocolo Adicional nº 15 105
5. Estatuto de Roma do Tribunal Penal Internacional 109

II. ORGANIZAÇÕES INTERNACIONAIS

6. Carta das Nações Unidas 203
7. Estatuto do Tribunal Internacional de Justiça 237
8. Estatuto do Conselho da Europa 255

III. DIREITO DOS TRATADOS

9. Convenção de Viena sobre o Direito dos Tratados entre Estados 271

IV. DOMÍNIO INTERNACIONAL

10. Tratado sobre os princípios que regem as atividades dos Estados na exploração e utilização do espaço exterior, incluindo a Lua e outros corpos celestes 305
11. Convenção das Nações Unidas sobre o Direito do Mar e Acordo relativo à aplicação da Parte XI
 11.1. Convenção das Nações Unidas sobre o Direito do Mar 313
 11.2. Acordo relativo à aplicação da Parte XI 529

V. DIREITO PORTUGUÊS DOS TRATADOS

12. Constituição da República Portuguesa 553
13. Regimento da Assembleia da República 573